동양학 원론

바르고 따뜻한 교육학문, 동양학

동양학 원론

바르고 따뜻한 교육학문, 동양학

권일찬 지음

한국학술정보㈜

After a time of decay comes the turning point. The powerful light that has been banished returns. There is movement, but it is not brought about by force. . . . The movement is natural, arising spontaneously. For this reason the transformation of the old becomes easy. The old is discarded and the new is introduced. Both measures accord with the time; therefore no harm results.

— *I Ching* :역경(易經)

프리초프 카프라(Fritjof Capra)는 그의 1982년 저서인 『새로운 과학과 문명의 전환(Turning Point)』의 첫 페이지에 책의 내용을 종합적으로 나타내는 상징으로써 주역 상경(上經) 스물네 번째 괘인 지뢰복(地雷復)괘를 제시하고 있다. 지뢰복괘 괘의 상에서 정신-물질 이원론적 물질론적 기계론적인 서양 과학기술적 물질문명을 음(━━)으로 나타내는 것으로 보고, 정신-물질 일원론적이며 유기체론적인 주역으로 대변되는 정신문명인 동양사상을 양(━)으로 나타내는 것으로 보았다.

현대 사회는 서양 과학기술적 물질문명, 즉 음이 지배하는 시대이다. 그러나 우주론적 순환론적 자연의 이치인 물극필반(物極必反) 종즉유시(終則有始) 원리에 의해서, 음이 극하면 사라졌던 양, 여기서는 주역으로 대변되는 동양사상이 다시 부활한다는 의미를 상징적으로 나타내는 괘이다.

닐스 보어(Niels Bohr)는 자신의 상보성(相補性) 개념이 중국의 주역의 음양론과 유사성이 있음을 잘 알고 있었다. 그가 1937년 중국을 방문했을 때 보어의 양자론의 해석은 완전히 완성되어 있었는데, 고대 중국의 음양의 대립 개념이 서로 상보적인 관계에 있다고 하는 음양론에 깊은 감동을 받았다. 그때부터 그는 동양문화에 흥미를 갖게 되었다.

10년 후 보어는 과학 분야에 있어서의 공적이 인정되어 덴마크 귀족의 작위를 수여받았다. 그때 자신의 귀족 예복에 적절한 의장(意匠)을 결정해야만 했는데, 그는 '음양'이라는 원형적인 대립자의 상보관계를 표상해 주는 주역의 기호인 태극도(◉)를 선택했고, 거기에 'CONTRARIA SUNT COMPLEMENTA(대립적인 것은 상호보완적이다)'라는 문자를 새겨 넣었다. 이렇듯 그는 고대 동양의 지혜가 현대 첨단물리학인 양자역학과 많은 유사성이 있음을 알고 있었던 것이다.

 **머리말**

　동양에는 수천 년의 역사와 문화가 있어 왔다. 그 역사와 문화의 배경이 되는 학문이 동양학이다. 동양학 중에서도 천부경과 주역이 가장 근원적인 학문이라는 것이다. 그러므로 동양학은 우리나라를 비롯한 동아시아 나라들의 역사와 문화를 근본적이고 주체적으로 이해하고 설명하기 위해 가장 기본이 되는 필수적 학문이다.

　따라서 동양학을 배우고 연구하는 것은 지금과 같이 세계화 개방화시대에 서구의 학문과 문화에 거의 지배 종속되어 정신을 잃어 가고 있는 우리가 역사와 문화의 주체적인 국민으로 새롭게 거듭나기 위해 매우 중요한 일이다. 뿐만 아니라 서양 과학기술보다 새롭고 앞선 과학기술을 계승 발전시키는 일은 학문적으로 마땅히 해야 할 일이다. 또한 현대사회의 주류인 서양 과학기술 문명의 한계점과 문제점으로 지적되고 있는 범세계적 위기(world-wide crisis) 문제를 근본적으로 극복하고 보완하기 위해서는 동양사상에서 돌파구를 찾아야 한다고 동서양의 지도층과 식자층들이 오래전부터 언급해 왔던 관점에서 볼 때도 시대적으로 더욱 의미 있고 가치 있는 일이다.

　더욱이 현대 물리학이 발달하면서 양자역학자들을 중심으로 하는 신과학자들이 동양학에 대해서 그 의미와 가치를 인정하고 받아들이고 연구하는 상황에서 정작 우리는 동양학에 대해 홀대하고 있는 어처구니없는 생각을 하고 있다.

　특히 서구 사람들 스스로 그들 문명의 몰락을 자인하고 있는 이때 우리는 물질문명이 뒤떨어져 있다는 것만 생각하고 우리의 고유한 문화까지 버리고 서구적인 사상으로 기울어진 무지에 빠져 있는 어처구니없는 상황에 있다(청산선사, 『삶의 길』).

　동양학은 어쩌면 21세기 서양 과학기술 문명을 대체할 유일한 학문이라고 생각된다. 따라서 동양학을 배우고 연구하는 것은 시대적으로 가장 필요한 일이라고 본다. 물론 지금도 제도권 및 비제도권에서 동양학을 많이 연구하고 가르치고 있다. 그런데 그 연구하고 가르치는 내용과 형식, 또는 체제를 보면 학문적 체계와 방향감각이 상호 엇갈리고 합의가 되지 않아 초보자의 입장에서 혼란스러움을 느낀다.

동양학을 이해하고 배우는 데 가장 기본적인 출발점으로 필요한 것이 제도권과 비제도권의 모든 동양학의 가장 기본이 되는 개념과 이론 및 사상을 체계화하여 소개하는 일이다. 그런데 현재 제도권 및 비제도권의 거의 모든 동양학은 이차적인 각론적 내용은 많은데 모든 각론적 학문들의 가장 기초적이고 원론적인 내용을 체계적으로 소개한 저술이 없다는 것이 신기하다.

따라서 본고에서는 모든 동양학의 가장 기본이 되는 개념과 이론 및 사상을 고찰하여 체계적으로 서술하여 보고자 한다. 서술 형태는 현대 서양과학적 한글세대들이 이해하는 데 도움이 되도록 서양 과학기술과 비교하면서 주로 강의식, 수필식으로 서술하고자 하였다. 그리고 워낙 패러다임적으로 서양 과학기술보다 새로운 학문이다 보니 딱딱하게 학술적으로 간단히 표현하는 것보다는 현대사회 동양학의 문외한이며 까막눈이 된 사람들의 이해를 돕고자 중언부언 잔소리를 많이 했음을 밝혀 둔다.

동양학에 대한 깊은 배움과 연구가 부족한 사람이 동양학에 대한 글을 쓴다는 것에 대해 스스로 미흡함을 느끼고 앞으로 더욱 배우고 연구하는 출발점으로 삼고자 한다. 많은 질정과 비평을 해 주시기를 기대한다.

서론에서는 현대사회 동양학의 학문적 연구의 필요성과 체제에 대한 문제 제기 및 연구목적을 서술하였다.

제1부 총론에서는 동양학의 개념을 주역을 중심으로 서술하였고, 동양학의 학문적 체제를 체계화했으며, 학문적 인식모형에서는 동양학 각 학문 간의 관계와 동양학과 서양과학을 비교하여 서술하였다.

제2부에서는 모든 동양학의 가장 기본적인 개념과 이론 및 사상을 구체적으로 소개하였다.

제3부 각론에서는 동양학의 전문분야 또는 응용학 분야를 상수학과 의리학으로 나누어서 서술하였다.

2012년 6월
광헌 권일찬

차례

제1부   총론

제2부　기본 개념과 이론 및 사상

제3부 각론

제11장 상수학적 동양학 / 323

제12장 의리학적 동양학(인생론) / 402

서론(문제제기와 연구목적)

　현대사회는 동서양을 막론하고 서양 과학기술 문명이 지배하는 시대이다. 그래서 제도권 교육의 학문세계는 서양 교육기관이고 대학은 서양과학대학이다. 뿐만 아니라 우리나라를 비롯한 일본과 중국도 거의 서구적으로 변해 가고 있다.

　그러나 동양에는 서구적 학문이 들어오기 전 수천 년 동안 배우고 가르치고 생활해 왔던 동양학이 있다. 따라서 전통적인 동양의 문화와 역사를 근본적이고 주체적으로 이해하기 위해서는 동양학을 알아야 한다. 뿐만 아니라 과거 모든 동서양의 지도층들이 한결같이 주장하는 바와 같이 현대사회 서양 과학기술 문명의 문제점과 한계점을 극복하기 위한 돌파구를 동양사상에서 찾아야 한다는 점에서, 그리고 학문적으로 새롭고 앞선 것은 계승 발전시키기 위해서도 동양학을 새롭게 인식하는 일이 필요하다.

　그리고 지금과 같이 지구촌이 하나로 통합되어 가는 상황에서는 더욱 우리의 역사와 문화의 근본적인 배경이 되는 동양학을 알아야 한다. 진정한 세계화는 일방적인 서구적 세계화가 아닌 각 민족의 정체성과 주체성 및 독자성을 인정해 줄 때 비로소 가능하다. 또한 진정한 개방화란 서구적인 것을 무비판적으로 받아들이는 것이 아니고 주체적으로 취사선택하는 분별 있는 세계화여야 한다. 그리고 우리 것에 대한 폐쇄적 태도를 벗어나 열린 마음으로 우리 것을 제대로 이해하고 받아들이는 것이 더 의미 있는 진정한 개방화이다.

　현대사회는 서구적인 것은 많이 알고 있는 데 비해서 우리 것에 대해서는 가르치고 배우지 않아 거의 까막눈이 되었으며, 제도권의 교육·학문세계는 아직도 동양학에 대해서 폐쇄적인 상황에 있다. 따라서 지금의 개방화의 문제는 서구적인 것에 대한 개방화의 문제가 아니라 우리 것에 대한 개방화가 문제이다. 특히 제도권의 교육·학문세계는 서구적 학문 일색으로 도배를 한 데 비해서 우리 것인 동양학에 대해서는 거의 찾아 볼 수 없는 지경이 되었다.

그러나 현대 물리학이 발달하면서 그동안 서양 과학기술의 위세에 눌려 미신이고 비과학이라고 홀대를 받아 온 동양학이, 현대 물리학의 신과학자들을 중심으로 새롭게 그 의미와 가치를 인정받기 시작하면서 새삼 그 의미와 가치가 드러나고 있다.

이상과 같은 정황에 비춰 볼 때 동양학의 의미와 가치는 다른 모든 학문보다도 시대적으로 가장 의미 있는 학문이라고 볼 수 있다. 따라서 동양학을 배우고 연구하는 것은 시대적으로 뒤떨어진 것이 아니고 새롭고 앞선 과학기술이며 현대사회의 위기를 극복하고 21세기 새로운 문명 창조를 위해서 가장 의미 있는 일이라고 본다.

동양학을 배우고 연구를 시작하기 위해서 우선적으로 해야 할 일은 모든 동양학의 가장 기본적인 개념과 이론 및 사상에 대해 소개한 기초적 학문인 동양학 원론의 체계화이다. 그러나 그토록 제도권뿐만 아니라 비제도권의 동양학자들에 의해서 동양의 문화와 역사 그리고 학문을 연구해 왔건만 모든 동양학의 가장 오리지널한 기본 개념과 이론 및 사상의 개략적이고 대체적인 이해를 위한 안내서나 입문서가 없다는 것이 신기하고 이해가 되지 않는다. 왜냐하면 우리의 역사와 문화를 근본적이고 주체적으로 이해하기 위해서는 동양학을 알아야 하고, 동양학을 알기 위해서는 모든 동양학의 가장 기본적인 개념과 이론 및 사상을 소개한 동양학 원론적 내용이 우선되어야 하기 때문이다. 즉, 수천 년 동안 우리 조상들이 생활하고 사고해 왔던 역사와 문화 그리고 학문의 배경이 되는 동양학의 가장 기본이 되는 오리지널한 개념과 이론 및 사상을 소개한 동양학에 대해 현대인들이 쉽게 접할 수 있는 가장 기본적인 원론적 입문서가 없다는 것 자체가 이해가 안 된다.

현대사회 동양학 연구의 실태와 문제점

우리나라의 경우 현대사회 동양학의 실태를 보면, 제도권은 주로 사상 철학 또는 사서와 성리학 위주의 규범적 도덕 윤리적 학문이 주류를 이루고, 비제도권은 역학·역술인 과학기술적 학문이 주류를 이루고 있다. 이러한 동양학들은 모두 이차적인 각론에 해당하는 학문들이다. 그러나 학문을 배우고 연구하는 단계 또는 절차적 관점에서 볼 때 먼저 총론적으로 동양학의 가장 기본이 되는 오리지널한 개념과 이론 및 사상을 이해하고 이를 바탕으로 이차적인 각론 또는 전문분야와 응용학문을 하여야 타당하다. 그런데 그러한 원론적 학문은 한·중·일 세 나라에 거의 보이지 않고 이차적인 각론적 전문분야인 응용학문이 주류를 이루고 있어서 이해가 안 되고 혼란스럽다.

동양학이라고 하면 책을 중심으로 하면 사서오경인 사서삼경과 춘추·예기, 도가와 묵가서 그리고 불교관련 경전 등이 있다. 주제별로는 철학 사상, 과학기술, 어학, 역사학, 문학예술, 그리고 도덕 윤리학 등의 학문이 있다. 이러한 모든 학문들의 근본적인 출처가 되고 공통적인 배경이 되는 가장 기본이 되는 오리지널한 개념과 이론 및 사상 모두를 종합적으로 체계화한 동양학 원론서 또는 동양학 개론서가 우선적으로 필요하다. 즉, 주제와 문제 중심으로 가장 기본이 되는 개념과 이론 및 사상을 소개한 체계화된 동양학 원론서가 현대 서양과학적 한글세대들이 이해할 수 있도록 서술되어 있어야 한다. 그래야만 우리의 역사와 문화 그리고 학문을 연구하고 배우고 가르치는 데 필요한 기초학문으로서의 의미와 가치가 있다.

필자는 동양의 역사와 문화연구에서 가장 우선적으로 배워야 할 학문이 동양학이고 동양학 중에서도 가장 기본이 되는 개념과 이론 및 사상을 소개한 동양학 원론이라고 본다. 그런 다음 동양의 역사와 문화 및 학문을 배우고 연구하여야 근본적이고 주체적으로 연구할 수 있다.

현대사회 제도권 및 비제도권의 동양학 연구실태의 가장 큰 특징은 중국의 공자·맹자·노자·장자·묵자·정호·정이·소강절·주자 등 사람 중심 또는 우리나라의 퇴계·율곡·정다산 등 학자 중심으로 연구하거나, 사서삼경과 성리학, 도덕경 그리고 상수역인 동양오술 중심의 역학·역술과 천문기상, 음악, 예술 등의 저서나 단편적인 주제 중심으로 연구하는 것이 특징이다. 이들 모든 학문들은 그 근원적 출처가 무엇인가를 알아야 근본적인 인식이 가능하다.

그러다 보니 동양학하면 중국의 공자·맹자·노자·장자·주자, 우리나라의 퇴계·율곡·정다산, 그리고 비제도권의 동양오술 중심의 역학·역술 등을 동양학으로 생각하기 쉽다. 그러나 동양학과 각 동양학자들의 철학 사상이나 단편적인 동양오술 중심의 역학·역술 등과는 엄연히 다르다.

동양학은 동양의 전체적인 문화와 학문적 개념을 모두 포괄하는 보편적이고 기초적인 학문의 개념이고, 공자·맹자·노자·장자·퇴계·율곡 사상과 비제도권의 역학·역술 등은 동양학의 부분적이고 단편적인 각론적 내용들이다.

우리는 제도권 및 비제도권에서 동양학을 배우고 이해하는 데 있어서 가장 기본적인 보편적 동양학을 배우고 이해하고 이를 바탕으로 전문 분야의 각론적 동양학을 배우고 고찰하여야 함에도 불구하고 동양학자나 저서 또는 각론적인 학문 중심으로 배우고 익혔다. 그래서 부분적이고 단편적인 학자들의 사상이나 저서, 학문을 보편적인 동양학이라고 착각하면서 생활해 왔다. 즉 단편적이고 부분적이며 특수한 학문을 마치 보편적이고 기초적인 동양학이라고 인식하고 있다. 따라서 현대사회의 제도권 및 비제도권의 동양학 개념은 매우 왜곡되고 비정상적으로 인식되고 있는 것이 현실이다.

동양학의 형성과정이 수천 년의 세월이 흐르면서 완성된 학문인데 겨우 백년도 살지 못한 공자·맹자·노자·장자·퇴계·율곡·정다산 등의 사상과 철학 및 역학·역술을 동양학 전체를 대변하는 것같이 잘못 사용하고 있다. 즉 부분적인 개념으로 전체를 대변하는 오류를 범하고 있다.

따라서 동양학을 정상적이고 합리적으로 인식하기 위해서는, 먼저 원론적인 동양학의 보편적이고 전체적인 학문적 체계를 인지하고, 그다음 제도권의 공자·맹자·노자·장자·퇴계·율곡 사상, 사서삼경, 묵가, 그리고 비제도권의 역학·역술을 고찰하여야 학문적 인식의 체계가 타당하다. 그렇게 함으로써 각 동양학자들의 사상 철학과 사서삼경, 역학·역술의 의미와 위치를 동양학의 전체적인 체계와 맥락 속에서 이해할 수 있다.

그런데 현대사회의 동양학의 연구 실태를 보면 앞에서 언급한 바와 같이 동양학의 전체적인 체계를 나타낸 보편적인 동양학의 저서는 없이 부분적인 동양학자와 사서삼경 또는 역학·역술 등을 단편적으로 연구하는 것은 마치

숲 속에서 길을 잃고 헤매는 것과 같은 느낌을 갖는다. 즉, 학문적으로 체계적인 정리가 되지 않아서 혼란스럽다.

따라서 동양학을 전체적으로 종합하여 체계화한 동양학의 가장 기본적인 원론적 저서가 무엇보다도 시급한 현실이다. 학문이란 개념이 체계성을 의미하는데, 동양학의 학문적 체계가 완성되어 있지 않다는 것은 동양학으로서의 학문적 자격을 갖고 있지 않다고 볼 수 있다. 동양의 역사가 수천 년이 되도록 이러한 연구가 없다는 자체가 기이하고 또한 지금과 같은 시대에 서구사람들에게뿐만 아니라 조상님들께도 매우 수치스러운 일이다.

그래서 본 동양학 원론에서는 동양학의 가장 기본이 되는 오리지널한 개념과 이론 및 사상을 주제와 문제 중심으로 체계화하여 고찰하고자 한다.

끝으로 이 글을 쓰는 데 도움을 받은 저서와 논문이 많으나 가장 도움을 많이 받은 대표적인 글이 중국 장대년 교수의 『동양철학 대강』, 고 김우제 선생의 『오술판단전서』, 고 한동석 선생의 『우주변화의 원리』임을 밝혀 둔다.

1

제1부 총론

제1장 동양학이란?

제1절 동양학의 개념

동양학은 동양에서 발생한 학문이다.

지구 차원에서 학문의 발생지를 기준으로 학문을 분류해 보면, 각 지역마다 고유한 학문이 있겠으나, 크게 분류하면 동양에서 발달한 동양학과 서양에서 발달한 서양학으로 나눠 볼 수 있다.

동양학이라고 하면 가장 먼저 떠오르는 학문이 유학의 기본이 되는 사서삼경이다. 그리고 도가와 묵가, 제자백가가 있고, 종교로는 불교와 도교가 있다. 그리고 주제별로는 철학사상, 윤리도덕, 과학기술, 역사, 문학예술 등의 분야가 있다.

불교를 제외하고, 동양학 대가들의 일관된 말이 동아시아의 모든 학문의 가장 근원적인 학문이 주역이라는 것이다. 따라서 주역이 동양사상과 문화 및 학문의 근원적인 학문이다. 그러므로 주역을 모르고는 동양의 학문과 문화 그리고 역사를 주체적이고 근본적으로 이해할 수 없다.

우리나라의 재야사학자들과 도를 수련하는 도인들의 글을 보면 주역보다 훨씬 이전에 나타난 경전이 우리나라의 한 철학사상의 경전으로 규원사화와 삼대 경전인 천부경, 삼일신고, 참전계경 등이 있다는 것이다.

흔히 우리나라의 문화와 역사를 연구하는 사람들의 일반적인 경향이 우리의 문화적 근원이 중국에 있다고 강조하는 것을 종종 본다. 특히 제도권의 역사학자들의 연구가 이러한 주장을 많이 뒷받침하고 있는 것으로 보인다.

그러나 김상일 교수에 의하면 한국은 중국의 위성 문화권에 속하는 것이 아니라, 그 역사의 초창기에 있어서 중국 문화를 창조한 주인공이며, 동시에 자국의 고유한 문화를 지키고 보존해 내려왔다는 사실이다. 지금까지 중국 문화로 알려져 있던 것들의 많은 부분이 한국의 전통 문화 속에 그 순수한 모습 그대로 보존되어 내려오고 있다.

재야 사학자들, 민족사학자들은 우리나라의 역사와 문화가 왜곡된 이유를 세 가지 독, 즉 '삼독(三毒)'이라고 얘기하고 있다. 삼독이란 세 가지의 독소를 의미하며, 구체적으로 중독(中毒), 왜독(倭毒), 양독(洋毒)을 의미한다. 중독은 사대주의 사관에 의해서 왜곡된 것을 의미하고, 왜독은 식민주의 사관을 의미하고, 양독은 지금의 역사 연구의 주류를 이루고 있는 실증주의 사관을 의미한다.

우리 민족의 역사와 문화적 배경을 이루고 있는 한 사상과 한 철학의 삼대이념은 홍익인간(弘益人間), 재세이화(在世理化), 광명개천(光明開天)이며, 삼대이념의 근원이 되는 삼대경전으로는 천부경(天符經)·삼일신고(三一神誥)·참전계경(參佺戒經)이 있다.

대산 김석진 선생에 의하면 삼대경전 중에 특히 천부경의 이치는 주역의 이치와 매우 유사하다. 그러므로 상고시대의 사상은, 한 뿌리에서 나온 것이라고 볼 수 있다는 것이다. 그런데 천부경뿐만 아니라 주역의 발생 근원지도 우리나라라는 것이다.

우리나라 상고사 시대의 역사와 문화에 대한 기록서인 『한단고기』에 보면, 주역의 창시자인 복희씨에 대한 기록이 있다. 『한단고기』에 의하면, 배달국의 5대 천황인 태우의 한웅의 열두 아들이 있었는데, 열두 아들 중 막내아들인 태호가 바로 복희씨라는 것이다. 그는 "삼신산에서 제사 지내고 천하에서 괘도를 얻으니 셋으로 끊어지고 셋으로 이어지며, 위치를 추리하면 그 오묘함은 삼극을 포함하고 있으며 변화가 무궁하였다. 우사를 맡아 다스리다가 청구낙랑을 거쳐 진으로 가서 성을 풍으로 하고 백성을 다스렸다"고 기록하고 있다.

위에 나타낸 인용문에서 '셋으로 끊어지고 셋으로 이어지며'는 주역 팔괘중의 땅을 나타낸 곤괘(坤卦: ☷)와 하늘을 나타낸 건괘(乾卦: ☰)를 나타낸 표현이다. 그리고 '삼극'은 천·지·인 삼재를 나타낸 말이다.

이런 점에서 볼 때 동양사상의 근원은 우리나라의 한 사상과 한 철학이라고 할 수 있다. 그러나 아직은 제도권 사학계와 문화계에서는 인정을 받지 못하고 있는 것 같다.

동양학은 동양에서 탄생하여 동양인들이 배우고 가르치고 연구하던 학문을 의미하므로, 동양 사람들의 생활과 문화, 역사의 근본적인 배경이 되는 학문이다. 서양학은 서양을 근원으로 하여 서양 사람들이 배우고 연구하여 가르치던 학문이므로, 서양의 생활과 문화, 역사의 근본적인 배경이 되는 학문이다.

동양사회에서, 동양학은 서양학이 들어오기 전 수천 년 동안 동양 사람들의 생활과 문화에 절대적으로 영향을 준 학문이고, 현재 제도권에서 지배적 위치에 있는 서양학은 겨우 백여 년도 되지 않는 근래의 학문이다. 정확하게 말하면 서양학문이 동양에 본격적으로 영향을 미친 것은 수십여 년 정도밖에 되지 않는다.

그런데도 현대 사회에서 서양학의 영향력은 수천 년 전통학문인 동양학에 비해서 압도적으로 크고 강하다. 이만큼 현대 동양사회는 불과 몇십 년 사이에 완전히 상전벽해가 될 정도로 서양학, 특히 서양 과학기술에 압도될 정도로 서구화되었다.

여하튼 전통적인 동서양의 역사와 문화 그리고 생활을 주체적이고 근본적으로 이해하기 위해서는 동서양학을 알아야 한다. 즉, 동양의 역사와 문화를 주체적이고 근본적으로 알기 위해서는 동양학을 알아야 하고, 서양의 역사와 문화를 주체적이고 근본적으로 알기 위해서는 서양학을 알아야 한다.

그런데 현재 우리나라 사람들은 자라나는 젊은 세대뿐만 아니라 국가의 식자층과 지도층까지도 모두가 제도권에서 서양적 학문만 배우고, 가르치고, 연구하기 때문에 동양학에 대해서는 무지를 넘어서 까막눈이 된 데 비해 서양학에 대해서는 서양사람 이상으로 잘 알고 있다. 따라서 우리의 전통적인 생활과 문화 그리고 역사를 근본적이고 주체적으로 알 수가 없다.

제2절 동양학의 학문적 특성

동양학은 학문적 체계화가 안 되어 있다.

동양학은 서양학과 다르게 그 연구 분야가 다양하지 않고, 개념과 이론도 그렇게 많지도 않고 복잡하지도 않다. 그러면서 모든 분야가 몇 개의 개념과 이론으로 일관되게 그리고 통일적으로 연계가 되어 있다. 그런데 동양학 전반에 대해 기본 개념과 이론 및 각 전문분야별로 어떻게 상호 관련이 있는지 종합적이고 체계적으로 서술해 놓은 원론서 또는 개론서가 별로 눈에 띄지 않는다.

현대인들은 동양학에 대한 개념과 이론을 전혀 배우지 않았기 때문에 동양학에 대해서는 우리 것이면서도 거의 문외한이 되어 버렸다. 더욱이 동양학은 학문적으로 체계화되어 있지 않아서 서양 분석 과학적 학문에 익숙한 한글세대들이 이해하기가 더 어렵다.

이에 반해 서양학은 학문적으로 체계화가 잘되어 있다. 예를 들면 철학사상 특히 과학기술분야는 자연과학, 사회과학 그리고 인문과학으로 크게 나누고 각 영역별로 하위 전공이 나누어져 있다. 즉, 자연과학에는 기초과학영역으로 생물, 화학, 물리학이 있고 응용과학으로 공학, 농학, 약학, 의학 등이 있으며, 사회과학에는 기초과학으로 심리학, 사회학, 법학이 있으며, 응용과학으로 정치학, 행정학, 경제학, 경영학 등이 있다. 그리고 이를 종합하여 개념과 이론을 체계적으로 서술한 원론서 또는 개론서도 많이 있다. 뿐만 아니라 각 전공 분야마다 총론적으로 기초적인 개념과 이론을 소개한 원론 또는 개론이 있고 그다음 각 전공 분야에 대한 각론적 학문이 체계적으로 연계되어 있다.

그런데 동양학은 여러 분야 간에 어떻게 상호 관련이 있는지 종합하여 체계적으로 서술해 놓은 개론서 내지 개설서가 없어, 동양학의 전반적인 내용을 체계적으로 조망해 볼 수 없어서 접근하여 이해하기가 어렵다. 특히 모든 학문의 기본이 되는 가장 기본적 개념과 이론 및 사상을 소개한 동양학 원론서가 없다. 예를 들면 제도권에서 많이 가르치고 배우는 사서삼경, 성리학, 공맹사상, 한의학 그리고 노장사상과 비제도권의 풍수, 사주 명리학, 육효, 기수련, 정신수련 그리고 주역점술 등은 상호 어떤 관계에 있는가. 그리고 일반적으로 많은 사람들에게 회자되고 있는 기, 리, 도, 태극, 음양오행론, 팔괘란 어떤 의미이고 이들 간의 관계는 어떠한가? 각종 정신수련요법은 무엇인지 그리고 천문기상에 관한 학문은 어떻게 관련되는지 체계적으로 연구하지 않아서 혼란스럽다.

동양학의 가장 전형적인 텍스트인 사서삼경의 경우, 대학, 중용, 논어, 시경, 주역은 주제 중심의 학문 분류이고, 맹자는 사람 이름의 책이고, 서경은 책 이름이지 그 자체에 어떤 학문적 의미는 없다. 그런데 주제나 문제 중심으로 체계화된 학문에 익숙한 현대 한글세대들은, 이런 학문적 서술에 익숙하지 않아서 생소하고 산만하거나 혼란스러움을 느낀다. 그래서 잘 정리가 되지 않는다.

원래 학문이라는 개념 자체가 체계성을 전제로 하고 있다. 여기서 학문(學問)이란 개념의 어원을 살펴보면, 주역의 중천 건괘 문언전(文言傳)의 학이취지(學以聚之, 배워서 모으고) 문이변지(問以辨之, 물어서 구별하고)에서 유래했다. 학이취지의 '학'과 문이변지의 '문'을 합쳐서 '학문'이란 개념이 나왔다. 배워서 모으고(학이취지), 물어서 구별한다(문이변지)는 내용을 다른 말로 하면 '모으고 구별한다'는 의미로 나타낼 수 있다. '모으고 구별한다'는 의미는 현대적으로 표현하면, 사물을 '체계화'한다는 의미로 볼 수 있다. 그러므로 '학문'이란 체계성을 함의하고 있으며, 체계성(systematics)은 곧 과학성(scientifics)을 의미하기도 한다.

학문적 체계화는 학문적 기강 확립과 학문적 교통정리

학문적 체계화는 첫째, 모든 학문의 가장 기본이 되는 개념과 이론 및 사상인 원론적 학문을 이해하고 여기에서 파생된 각 전문 분야와 각 분야 내의 개념과 이론들 간에 상호 어떤 관계가 있는가를 인식하는 데 있다. 둘째, 전체적인 학문적 체제에서 각 개념과 이론 그리고 전문 분야 간의 중요성과 영향력 및 의미와 가치의 우선순위를 가늠 내지 분별할 수 있게 해 주는 데 있다.

그렇게 함으로써 각 학문의 전문 분야가 인간의 생활에 미치는 범위와 정도 그리고 의미와 가치를 인식하게 되고, 그 결과 다른 학문의 전문 분야에 대한 존중과 협조가 가능하다. 그렇게 될 때 각 전문 분야 간에 상호 배타적 관계가 아니라, 대화와 토론을 통해 상호 보완적으로 협력하면서 문제를 해결하려는 태도가 나타날 수 있다.

그런데 동양학의 경우, 학문 간 그리고 개념과 이론 간에 체계화가 되어 있지 않아서 그런 판단과 분별을 할 수 없게 되어 있다. 그렇다 보니 모든 동양학자들이 자기 전문 분야가 최고인 양 독단에 빠져 있는 것이 사실이다. 그리고 이러한 독단에 동양학의 고객들인 일반 국민들은 가뜩이나 동양학에 문외한인데, 동양학자마다 자신들의 학문이 최고이고 절대적이라고 강조하니 혼란스러울 수밖에 없다.

특히 동양학의 가장 기본이 되는 근본적인 원론에 해당되는 오리지널한 개념과 이론 및 사상은 모든 동양학을 연구하는 전문가들의 기초적 학문일 뿐만 아니라 우리의 역사와 문화를 근본적이고 주체적으로 이해하기 위해 모든 국민들이 교양적으로 알아야 할 필수적 내용이다. 그런데 그러한 동양학의 원론적 내용을 소개한 책이 없다는 것이 이해가 되지 않는다.

동·서양 학문을 통합한 체계화의 필요

이것은 현대 사회와 같이 동서양의 학문이 서로 담을 쌓고 배타적 관계에 있는 교육·학문세계의 학문적 풍토에 시사하는 바가 매우 크다. 여기에서 학문적 체계란 주로 동양학을 대상으로 언급했지만 동양학뿐만 아니라 서양 과학기술까지도 포괄하여 하나의 체제로 체계화하여야 한다. 즉, 동서양의 학문을 모두 종합하고 체계화하여 상호 간의 관계를 고찰해 보아야 한다는 의미이다. 그렇게 해야 동서양 학문 상호 간의 관계를 알 수 있고, 그 학문적 의미와 가치도 서로 비교해 볼 수 있다. 그렇게 되면 동서양 학문 간의 이해와 협조가 가능하다.

현대 물리학자들인 양자물리학자들의 우주삼라만상의 근원을 에너지 일원론이라고 하는 것과 같이 주역에서도 이 우주삼라만상은 태극 一氣에서 나온 것으로 보기 때문에, 우주삼라만상을 연구하는 동서양의 모든 학문은 하나이다. 따라서 서로가 배타적으로 배우고 연구할 이유가 없는 것이다. 서양 과학기술도 우주삼라만상에 대해 연구하는 학문이므로 동양학과 본질적으로는 전혀 다를 이유가 없다. 다만 표현하는 개념과 이론 및 접근방법이 다를 뿐이다. 따라서 동서양의 학문을 통합해서 연구하는 것은 학문적 본질로 볼 때 당연하다. 상호 배타적으로 담을 쌓고 연구하고 가르치는 것은 잘못된 것이다.

내가 동양학을 배우고 연구하면서 느낀 점은, 동서양 학문 간에 근본적인 인식의 범위와 접근 방법에 차이가 있지만, 구체적인 사물을 나타내는 개념과 이론들 중에는 형식적인 용어(term)는 달라도 내용 면에서는 유사한 것이 많다.

특히 지금과 같이 세계화 시대에 동서양 학문 간에 담을 쌓고 배타적 관계에 있다는 자체가 시대적으로 어긋나는 현상이다. 진정한 세계화는 먼저 학문적으로 세계화가 되어야 한다.

학문적 세계화

학문적 세계화란 동서양의 학문을 종합적으로 연구하여 상호 간의 관계를 인식함으로써, 상호 간의 의미와 가치를 분별하여 상호 보완적이고 상호 대등한 관계에서 존중하는 것을 의미한다. 그래야 동서양의 학문과 문화를 굴절·왜곡 없이 이해할 수 있고, 나아가 새로운 학문이 발달할 수 있으며, 새로운 문화의 발달도 가능하다고 볼 수 있다. 뿐만 아니라 동서양의 학문들을 상호 이해할 수가 있음으로 해서 인정할 것은 인정하여 받아들이고, 버릴 것은 버리는 분별 있는 교육·학문적 인식능력이 나타날 수 있다.

지금과 같이 제도권에서는 동양학은 윤리·도덕적·규범적 학문과 사상철학만 받아들이고 과학기술적 학문인 역학·역술은 무조건 배척하고, 서양학의 사상 철학과 과학기술은 무조건 받아들이는 현상은 비과학적이고 비지성적인 분별없는 행태이다. 이런 현상이 나타나는 가장 중요한 원인은, 첫째, 문화적 풍토로, 우리 동양학 특히 역학·역술에 대한 역사적, 현실적 인식이 아주 나빠서 알레르기 반응으로 무조건 혐오하고 기피하는 현상이며, 둘째, 동서양의 학문을 종합적으로 체계화하여 상호 비교할 수 있는 학문적 식견을 갖지 못해서 나타난 현상이다. 이것이 현대 사회에서 아주 중요한 교육·학문세계의 문제이고 병폐이다.

지금과 같이 세계화·개방화 시대에 동서양이 정치, 경제, 사회, 그리고 피상적인 문화 부문에서는 상호 밀접하게 교류와 협력이 이뤄지고 있지만 학문적 영역에서는 전혀 그렇지 못하다. 동양에서는 동양학 중에서도 특히 동양 과학기술인 역학과 역술을 연구 개발하여 서양 사람들에게 소개하고, 서양 사람들은 서양의 철학 사상과 과학기술을 동양에 소개하여 서로 비교하는 상호 대등한 학문적 교류가 있어야 한다. 그런데 동양은 서양과학을 무조건 수입, 모방하는 데 여념이 없고, 동양학 특히 역학과 역술을 무조건 배척하여 적극적으로 연구 개발하여 서구에 소개 내지 수출할 생각을 못하고 있다.

동서양이 모두 서양학, 특히 과학기술적 학문만이 지배적 위치에 있고 동양학, 특히 역학과 역술은 제도권의 교육·학문세계에서 전혀 인정을 받지 못하고 있다. 최근에는 오히려 서양에서 동양 과학기술인 역학과 역술을 학문적으로 의미 있게 연구하고 가르치고 있으나 정작 동양에서는 전혀 연구하고 가르치려고 하지 않고 있으니 참으로 기이한 현상이다.

학문이란 동서양을 막론하고 우주삼라만상의 사물을 이해하고 해석하기 위해서 인간이 만들어 놓은 체계화된 지식인데, 동서양 학문을 따로 분리해서 배우고 연구할 이유가 무엇인가? 즉, 서양 사람들은 사물을 어떻게 인식하고 해석하였는가, 그리고 동양 사람들은 사물을 어떻게 이해하고 설명하였는가를 비교 고찰하여, 상호 보완적으로 활용하고, 새롭고 앞선 것은 동서양을 막론하고 우선적으로 받아들여서 배우고 연구하는 것이 바람직한 교육·학문의 태도이다.

그렇지 않고 지금의 제도권 교육·학문체계와 같이 서양학은 무조건 받아들이고, 동양학은 윤리·도덕적 철학사상적 학문만 피상적으로 받아들이고, 과학기술적 역학·역술은 무조건 배척을 하는 흑백 논리적 교육·학문 풍토는 전혀 교육·학문하는 최고의 지성인의 자세와 태도가 아니다. 오히려 비제도권의 일반 국민들은 순수하고 열린 마음으로 현명하게 동서양의 학문을 상호 보완적으로 배우고 가르치고 있다.

그렇게 하기 위해서 제일 먼저 필요한 것은 동서양의 학문을 종합적으로 고찰하여 체계화하는 것이다. 그럼으로써 동서양 학문 간의 상호 관계와 위치, 중요성을 확인하고, 이를 통해 상호 간의 장단점을 인식함으로써 분별 있는 인식능력과 교육·학문적 환경이 조성된다고 본다.

그런데 지금과 같이 동서양 학문이 서로를 배척하고, 서로를 인정하지 않고, 따로 연구 교육하는 것은 비과학적인 교육·학문태도이다. 뿐만 아니라 동서양 학문 간뿐만 아니라 동양학은 동양학 내, 그리고 서양과학은 서양과학

내의 다른 전문 분야 간에 상호 관계를 무시하고 자신의 전문 분야만을 연구하는 사람들이 많다. 이렇게 닫힌 교육·학문적 태도는 인간을 폐쇄적이고 편협하게 만드는 결과를 초래하게 된다.

특히 동양학의 경우가 더욱 심한 것 같다. 왜냐하면 서양학은 학문적으로 체계화가 잘 되어 있어서 학문 간에 상호 간의 관계를 파악하여 각 전문 영역의 위치와 중요성 그리고 영향력을 가늠할 수 있는데, 동양학은 동양학 내의 각 전문 영역 간의 체계화가 되어 있지 않아서 전체 학문적 체계에서 각 전문 분야 간의 위치와 중요성의 정도를 파악하기가 어렵다.

그 결과 각 전문 분야의 전공자들이 자신의 전문 분야가 모든 것을 설명해 주고 해결해 줄 수 있는 것으로 잘못 인식하고 있는 것이 현실이다. 예를 들면 제도권의 동양학자들은 퇴계·율곡 중심의 성리학을 현대사회 물질문명의 문제점을 극복하기 위한 윤리·도덕적 학문으로 강조하는 것 같고 비제도권의 역학·역술의 사주명리학자들은 운이 최고라고 하고, 풍수지리가들은 명당발복이 최고라고 하며, 영혼의 세계를 강조하는 사람들은 조상천도가 최고라고 한다. 그리고 서양 과학자들은 물질세계와 인간의 노력이 최고라고 한다.

서술형태도, 현대 서양 분석과학적 개념과 이론 및 방법론에만 익숙한 한글세대들에게 이해될 수 있도록, 분석적 설명 해설 내지는 서술이 되어 있지 않다. 그래서 동양학에 대한 관심이 많은 사람들이 접근해 보려고 하면, 도대체 개념 이론에 대해 전혀 문외한인데다가 표현 방법이 분석적으로 자세하게 서술되어 있지 않고, 종합적으로 결론적인 것만 서술해 놓아서, 앞과 뒤의 상호 관계를 이해하기가 어려운데다가, 복잡하고 어려운 한문으로 되어 있어서, 접근하여 배우기가 현실적으로 어렵다. 앞으로 서양과학적 한글세대들이 쉽게 접근할 수 있도록 서술형태를 바꿔야 한다.

동양학의 학문적 서술형태의 특성

중국의 장대년 교수는 그의 『동양철학대강』에서 동양철학에 대해서 다음과 같이 언급하고 있다.

원래 세계의 철학계에는 세 가지 큰 계통이 있는데, 첫째, 중국철학, 둘째,

인도철학, 셋째, 서양철학이다. 철학이라는 개념은 서양에서 먼저 제기되었는데 고대 중국에서는 도술지학(道術之學)이라고 했다. 이 세 가지의 철학은 각각 특색을 지니고 있지만, 모두 우주 인생의 궁극적인 진리에 대한 추구를 주된 논지로 삼기 때문에 철학이라고 부를 수 있다. 여기에서 동양학이라고 하면, 넓게는 인도의 힌두교, 불교, 중국의 공맹사상과 노장사상 그리고 주역에서 비롯된 역학 등이 있으나, 여기서는 중국을 비롯한 동아시아에 관련된 학문을 의미한다.

장대년 교수는『중국철학대강』에서 동양학을 논술하는 데는 두 가지 종류의 체계가 있을 수 있다고 다음과 같이 언급하고 있다.

첫째는, 인물을 중심으로 하여 역사적인 순서대로 전후 각 시기 철학 사상의 발전을 서술하는 것이고, 둘째는 서양학적인 서술 형태와 유사하게, 문제와 주제를 중심으로 중국철학의 이론 체계를 상세하게 서술하는 것인데, 이러한 체계는 비교적 철학의 조리 있는 체계를 본질적으로 밝힐 수 있다.

물론 중국철학의 주제와 문제를 체계적으로 정리하는 것이 중국철학의 본래 모습을 손상시킨다고 여겨서 반대하는 사람도 많다. 그러나 '학문' 자체가 체계성을 의미하는데 동양학을 학문화한다면서 체계성을 무시하면 의미가 없다. 따라서 어느 정도 문제점이 있다 해도 현대인들의 지적 습관에 맞도록 체계화하는 것이 시대적 요청이라고 본다.

또한 서술형태도 현대 서양분석과학적 개념과 이론 및 방법론에 익숙한 한글세대가 이해될 수 있도록 분석적으로 설명, 해설 내지 서술이 되어 있지 않다. 더욱이 복잡하고 어려운 한문으로 되어 있어서, 접근하여 배우기가 현실적으로 어렵다. 앞으로 서양과학적 한글세대들이 쉽게 접근할 수 있도록 서술형태도 바꿔야 한다.

제3절 동양학의 학문적 연원

동양학의 학문적 근원은 주역(周易)이다

세계적인 동양학의 대가들이 한결같이 하는 말이, 주역이 동양의 문화와 역사 그리고 모든 학문의 근원이라는 것이다.

세계적인 동양학의 대가인 대산 김석진 선생은 "주역은 동양 최대의 경전이요 최고의 철학으로 손꼽히며 다른 학문은 모두 주역에 매이게 되고, 그렇기에 예로부터 '만학(萬學)의 제왕(帝王)'이라고 했다. 그리고 위정자의 학문이요 제왕학(帝王學)이라고 전해 왔다"고 언급하고 있다. 대만의 남회근 국사도 주역의 '계사전'을 알아야 동양문화의 근본을 제대로 파악할 수 있으며, 공자사상의 발원처도 역시 명확히 알 수 있다는 것이다. 그래야 사서오경의 원리를 이미 꿰뚫었다고 할 수 있다는 것이다. 중국의 양력 교수도, "易은 중국의 철학·자연과학·사회과학이 서로 결합된 거작이다. 따라서 중국 문화사의 3대 유파인 유가·도가·묵가와 제자백가가 모두 역을 근거로 삼고 있다"고 주장하고 있다.

"역의 신학자"로 한국인이면서 미국 신학계에 잘 알려진 드루대학교 신학교수였던 이정용 박사는 동서양의 문화와 학문의 근원을 비교해 보면, 주역이 동아시아의 형이상학과 우주론에 미친 영향은 서양의 플라톤의 영향과 비견할 수 있다. 서양은 화이트헤드가 진술한 바와 같이, 모든 철학과 사상이 단지 플라톤의 주해에 불과하다면, 대부분의 동아시아의 철학과 사상은 주역(周易)의 주석에 불과하다고 볼 수 있다. 원래 중국문화는 '易'에서 비롯되었다. 주역은 동양사상의 근원이요 문화의 남상(濫觴)이다.

대만대학 철학과 고희민 교수의 『중국고대역학사』와 중국 중의연구원 교수로 있는 양력(1946~)의 『주역과 중국의학』에서 주역과 다른 사상과의 관계를 다음과 같이 구체적으로 나타내고 있다.

주역의 발달과정을 역사적으로 살펴보면, 제일 먼저 복희(伏羲)씨에 의해 팔괘가 그려졌던 부호역 시기가 있었다. '부호역 시기'라고 한 것은 이 시기의 역학이 아직 문자가 없던 시대이므로 문자로 표현되지 않았고, 또한 아직 점술로 사용되지 않았으며, 단지 8개의 괘상 부호만 있었기 때문이다.

사상적 측면에서 볼 때 역(易)은 유가의 원조로서, 유가사상은 역에 근원을 두고 있다. 유가는 역을 덕의 준거로 삼아, 역의 의미에 마음을 쏟았다. 주역을 해설한 주역대전(周易大全), 즉 십익은 공자의 작품이라고 전한다. 유가의 인도(人道)사상과 천인합일의 이치는 역에서 비롯된 사상이다.

예를 들면 유가사상의 가장 핵심적 내용을 함의하고 있는 중용의 사상을 보면, 그것도 역학에 근거하고 있음을 알 수 있다. 즉, 중용의 첫머리에 나오는 '천명지위성(天命之謂性)'은 주역의 건괘 단전의 '건도변화(乾道變化), 각정성명(各正性命)'에서 나온 말이다. 그다음의 '중화(中和)', '천지위(天地位)', '군자이시중(君子而時中)'도 모두 역의 사상이다. 유학 중에서 중용이 역학에 가장 가까운 학문이며, 그래서 중용을 소주역(小周易)이라고도 한다. 맹자는 재기 넘치고 자질과 식견이 뛰어난 사람이었다. 그의 주장은 겉으로 보기에는 역과 무관한 듯하지만 그 근거는 역학에 있다.

중국 문화대학 고희민 교수에 의하면, "유가의 학자들이 역을 배우지 않는다면, 헛된 이름만을 지닌 유가에 지나지 않는다"고까지 말하고 있다.

도가의 으뜸 경전인 노자 역시 역을 기본으로 삼았다. 도덕경의 일정 부분은 곧 역경의 주석이라 할 수 있다. 노자의 유명한 구절인, "도는 하나를 낳고, 하나는 둘을 낳고, 둘은 셋을 낳고, 셋은 만물을 낳는다(道生一 一生二 二生三 三生萬物)"는 말은 곧 역경의 "낳고 또 낳는 것을 일러 역이라 한다(生生之謂易)"는 말에서 잉태된 것이며, 노자의 나머지 5,000자 또한 역을 존중하지 않은 것이 없다.

유가와 도가의 학문을 비교하면, 전자는 주역 건괘의 강건한 양(陽)의 움직임을 따른 것으로, 후자는 역의 곤괘의 유순한 음(陰)의 고요함을 본받은 것으로 볼 수 있으며, 그렇기 때문에 유가와 도가는 각기 역의 다른 종지(宗旨)를 발전시켰다고 할 수 있다. 이 중 후자가 곧 노자의 무위(無爲) 수정(守靜) 사상의 근원이 된다.

묵가사상도 역에 근본을 두고 있다. 그 근본사상 가운데 하나인 소장(消長)

과 성쇠(盛衰)가 우주만물 발전의 필연적 규율이라는 주장은 역의 변역(變易)의 개념과 일맥상통한다.

이상에서 중국학술사상의 3대 유파가 모두 역에서 근원했음을 설명했다. 중국 문화에 깊게 영향을 준 책으로서 주역과 비교할 수 있는 것은 없을 것이다. 그래서 주역은 동양학의 종합학문이며 기초학문에 해당한다고 볼 수 있다.

이런 점에서 볼 때 중국을 비롯한 동아시아의 문화와 학문 및 역사를 주체적이고 근본적으로 이해하기 위해서는 주역의 이해가 필수적이라고 볼 수 있다. 그러므로 주역을 모르고 연구하는 동양의 학문과 역사 및 문화는 피상적인 연구에 지나지 않는다고 할 수 있다.

동양학과 주역 (주역이 동양학이고 동양학이 곧 주역이다)

이상의 동양학의 개념과 학문적 연원의 관점에서 보면 동양학은 곧 주역이라고 할 수 있다. 즉 주역은 동양의 사상 철학의 발원처이고 이에 근거한 사물의 존재 이치와 이에 근거한 도덕 윤리적 인간의 도리적 내용인 의리학과 과학기술적 학문인 상수학의 모든 내용이 모두 주역에서 비롯되었다. 따라서 주역이 곧 동양학이고 동양학이 곧 주역이라고 볼 수 있다. 특히 과학기술적 학문이 주역에서 비롯되었다는 점에서 현대사회와 같이 과학기술 문명이 주도해 가는 지식산업 시대에 더욱 주역의 의미와 가치가 빛이 난다.

제4절 동양학의 주요 개념과 용어

본 글에서 사용하는 주요 개념과 용어들에 대해서 분명히 구별해야 할 필요가 있다.

첫째, 동양학은 서양학에 대비되는 개념으로 동양에서 발생한 모든 학문을 동양학이라고 할 수 있다. 따라서 동양학은 동양에서 가장 보편적인 학문적 개념이다. 동양학을 주제별로 나누면 동양철학 사상, 과학기술, 문학예술, 역사, 그리고 윤리도덕학 등이 있다. 그리고 학문별 또는 저서별로 나누면 의리학으로서 유가의 기본서인 사서삼경·춘추·예기, 신유학인 주자학, 도가의 도덕경, 묵가, 그리고 제자백가 등이 있고 과학기술적 학문으로 상수학인 동양오술(명리학·복서·의학·상학·산학), 천문기상, 음율, 그리고 수학 등이 있다.

이들 모든 동양학의 가장 근원적인 학문이 주역이다. 즉 주역에서 모든 동양의 철학사상, 과학기술, 문학예술, 윤리도덕학이 비롯되었다. 따라서 동양학 하면 주역이고 주역하면 곧 그것이 동양학이라고 볼 수 있다.

둘째 구체적으로 동양학의 개념 중에서 제일 많이 나타나는 개념이 주역, 역경, 역전, 역학·역술, 술수, 방술, 술법, 역이라는 개념의 구별이다. 이들 개념 중에서 주역·역학·역전·역학·역의 개념은 제도권 동양학자들에게서 많이 사용되고, 역술·술수·방술·술법 등의 개념은 비제도권의 철학관 중심의 동양학자들에 의해서 주로 사용되는 개념들이다. 제도권 동양학자들은 주역의 철학 사상과 인간의 도리인 의리역 중심으로 연구하기 때문이고, 비제도권 동양학자들은 과학기술적인 상수역 중심으로 연구하기 때문인 것 같다.

이들 개념들을 개괄적으로 구별하고자 한다.

지금으로부터 오천 년 전에 동이족의 왕이었던 복희씨가 하수에서 용마의 등에 나타난 하도의 계시를 받아서 팔괘를 그린 것이 주역의 시초였다. 이때는 문자가 없던 시대이므로 팔괘와 육십사괘만이 전해 왔다. 이때의 팔괘와 육십사괘는 그림으로만 전해 오고 있었지 이것을 주역이라고는 하지 않았다.

그러다가 지금으로부터 3,000여 년 전 주나라의 문왕이 유리옥에서 팔괘와 육십사괘를 연구하여 64괘의 괘사를 짓고, 그의 아들 주공이 64×6=384효의 효사를 지음으로써 주역이 완성되었는데 이것을 역경이라고 한다. 그런데 이 역경이 주나라 때 완성된 역이라고 하여 주역이라고도 한다.

역(易)이란 우주삼라만상의 변화를 나타내는 보편적인 자연현상을 의미하고, 이를 글로 나타내 완성한 책을 역경, 즉 주역이라고 한다. 즉, 우주삼라만상의 자연현상의 역을 연구하여 글로써 나타냈다고 하여 주역이라고 한다.

역경과 주역을 동일한 의미로 사용하고 있는 경우도 있으나, 이를 구별하여 사용하는 것이 더 바람직스러울 것 같다.

주역을 역경(易經), 역전(易傳), 역학(易學), 그리고 역술(易術)로 구별하여 사용한다. 역경이란 주나라 때 완성된 64괘의 괘사와 384효의 효사만을 나타낸 글을 의미하고, 역전이란 2,500년 전 공자가 역경을 보고 연구하여 해설한 해설서인 십익을 의미하며, 역학이란 그 이후의 학자들이 역경과 역전을 보고 연구한 글들을 모두 역학이라고 한다. 그리고 역술이란 주역을 연구하여 구체적으로 생활에 접목 응용한 실용적인 과학기술적 학문을 의미한다.

엄격하지는 않지만 가장 포괄적이고 보편적으로 사용하는 것은 주역(周易)이고, 이를 다시 역경·역전·역학 그리고 역술로 구별하여 사용하고 있다. 여기에서 가장 흔히 사용하는 개념이 역학과 역술이다.

앞에서 언급한 바와 같이 역학을 주역의 역경과 역전인 십익을 보고 학문적으로 연구한 모든 글들이라고 하면, 주역을 보고 연구한 학문에는 철학, 사상, 과학기술, 문학, 역사 그리고 예술 등이 있다. 즉, 주역에 입각하여 또는 주역의 영향을 받아서 쓴 모든 학문을 '역학'이라고 한다. 그런데 이 중에서 구체적이고 실용적인 학문인 과학기술적 학문을 상수역이라고 하는데 이를 '역술'이라고 한다.

결국 역학이란 주역, 즉 역경과 역전의 영향을 받아서 연구한 학자들의 모든 글을 의미하고, 이 중에서 과학기술적 학문인 상수역을 역술이라고 한다. 따라서 역학은 포괄적인 의미의 개념이고, 역술은 역학의 과학기술적 학문만을 의미한다.

역술에 해당하는 구체적인 학문으로 동양오술[명(命)·복(卜)·의(醫)·상(相)·산(山)]과 천문기상, 음악, 율려, 수학, 무용, 성리학 등이 있다. 그리고 역술과 술수, 술법, 방술의 개념적 구별은 뚜렷하지 않고 유사하게 사용하고 있으나 다소 차이가 나기도 한다. 역술이라는 개념은 더 과학기술적 전문분야를 포괄하는 개념 같고, 술수·술법은 각 전문분야의 더 구체적인 기술을 의미하는 것 같다. 그리고 방술(方術)이라는 개념은 학문적 근거가 없는 사이비적 술법을 의미하는 개념으로 사용하는 것 같다.

제2장 주역과 천부경 그리고 현대 물리학

제1절 주역 이야기

1. 서론

동서양의 수많은 학문, 즉 철학사상과 과학기술이 있지만 이 중에서 최고의 철학사상이며 과학기술적 학문으로 동양의 주역(周易: I Ching)을 들 수 있다. 즉, 주역은 이 시대 최고의 철학이요, 최첨단 과학기술이며, 인류 최고의 문화재이다.

주역이 추상적이고 관념적인 철학사상적 학문일 뿐만 아니라 철학 사상을 생활에 접목하여 응용한 구체적이고 실용적인 과학기술적 학문이었다는 점에서 대단한 의미가 있다. 주역이 단순히 추상적이고 관념적인 공허한 철학 사상적 학문으로만 의미가 있다고 하면, 현대 사회와 같이 과학기술이 주도하는 지식산업 시대에 별로 의미가 없다.

그러나 주역에서 비롯된 역학·역술은 과학기술적으로 물질적 가치를 추구하는 데 도움을 줄 뿐만 아니라 도덕 윤리적 사상 철학의 학문적 근거를 제시해 주고 정신세계의 문제를 해결하는 데도 도움을 준다는 점에서, 새로이 대두되고 있는 정신문명시대를 맞이하여 시대적으로 더욱 의미와 가치가 있다.

특히 서양의 '1+1=2'라는 식의 물질론적 기계론적인 정신 빠진 과학기술과 다르게, 유기체론적이며 정신세계까지 관련된 정신 차린 일원론적 과학기술적 학문이라는 점에서 서양과학과는 차원이 다른 과학기술이다. 그래서 주역을 서구 사람들은 'Mind Technology'라고도 한다. 즉, 정신-물질 일원론적이며 유기체론적인 철학사상과 윤리도덕 및 과학기술적 학문을 모두 포괄하고 있는 것이 주역이다. 또한 종교적 의미도 포괄하는 학문이다. 그래서 주역을 연구하는 동양학의 대가들이 하는 일관된 말이, 주역은 철학자가 보면 철학이요, 과학자가 보면 과학이며, 종교가가 보면 종교이고, 점술가가 보면 점술이라고 말한다.

서구인으로서 세계적인 주역 연구가의 한 사람인 독일의 리하르트 빌헬름(Richard Wilhelm)은 역경에 담긴 학문적 함축성에 관해 진지하게 다루었다.

예를 들어 그는 역경의 철학이 "인간의 의식적인 삶에서부터 무의식적인 영역으로까지 더욱 깊이 파고 들어가…… 우주-영혼의 체험에 대한 통일적 이미지를 전달해 준다. 이것은 개인을 초월하여 인류라는 집단적 실존에까지 미치고 있다"는 점을 강조했다. 여기서 중요한 것은, 주역이라는 학문이 나타내고자 하는 영역이 인간의 '의식세계와 무의식세계, 우주, 그리고 영혼'의 세계까지를 포괄하여 종합적으로 나타내고자 하였다는 점이다. 이 점이 보이는 객관의 세계만을 대상으로 연구하는 서양과학이 따라올 수 없는, 그리고 서양과학을 뛰어넘는, 차원을 달리하는 또 다른 철학이요, 과학기술이다. 그리고 그 학문적 적용 범위가 모든 인류의 실존에까지 이른다는 점이다. 이것은 주역이 지구상의 어떠한 나라와 민족에도 적용될 수 있는 보편적(universal) 학문이라는 의미라고 볼 수 있다.

리하르트 빌헬름의 아들이며, 오늘날 역경의 최고 권위자인 헬무트 빌헬름은 역경의 심원한 철학적 의미를 알아내기 위하여 애썼고, 그 결과 "역경의 체계는 다차원 세계의 표상이다"라고 결론을 내렸다. 여기에서 다차원 세계라고 하면, 앞에서 서술한 인간의 의식·무의식의 세계, 우주, 영혼, 즉 물질세계와 정신세계를 모두 포함하는 것을 의미한다. 이 세계 내에는 불변하면서 규칙적으로 변화하는 패턴이 있는 것이다. 여기에서 '규칙적으로 변화하는 패턴'이 있기 때문에, 주역이 단순히 미신이나 비과학이 아니고, 체계화된 학문인 과학성이 있다고 볼 수 있다. 그 규칙적으로 변화하는 패턴을 나타낸 구체적인 이론 틀이 음양론, 오행론, 그리고 육십사괘이다.

뿐만 아니라 동양문화의 근원적인 학문이다. 즉, 동양의 모든 철학사상과 과학기술의 근원적인 학문이다 보니 동양의 역사와 문화의 배경이 되는 근원적인 학문이다. 따라서 동양의 문화와 역사를 근본적이고 주체적으로 이해하기 위해서는 주역을 모르고는 불가능하다. 동양사상의 양대 산맥인 유가, 도가 그리고 묵가와 제자백가의 학문적 뿌리일 뿐만 아니라 불가와도 유사한 성격의 학문이다.

이런 점에서 주역은 동양문화의 총론적이고 종합적인 학문이며 기초적인 학문이다. 종합적이라는 의미는 주역이 동양의 철학사상, 과학기술 그리고 종교적 의미를 모두 포괄하고 있다는 의미이고, 기초적인 학문이란 모든 동양학의 근원적인 학문이라는 의미이다. 이런 의미에서 주역은 가히 어마어마하고 경탄할 만한 학문이다. 그런데 우리는 서양 과학기술에 빙의가 되어 옆에 두고도 모르고 있다. 참으로 안타까운 현실이다.

역경은 세계 이대 종교 경전인 기독교의 성경, 불교의 불경에 버금가는 경전이다.

주역의 학문적 특징은 간단하게 말하면, '천도를 미루어 인사를 밝힌(推天道以明人事者也)' 학문이라는 것이다. 여기서 천도는 대우주의 변화 법칙을 말한다. 천지는 대우주이고 대우주 속의 인간은 소우주이다. 그래서 소우주인 인간은 대우주인 천지의 질서인 천도의 지배를 받고 있다. 따라서 소우주인 인간사를 근본적으로 알기 위해서는 천도인 대우주의 변화 이치를 알아야 한다. 즉, 우주의 변화 원리인 우주의 섭리를 알아야 인간사의 모든 문제를 근본적으로 알 수 있다. 여기에서 인간사란 과학기술적인 건강과 길흉화복에 관한 상수역과 인간의 도리에 관한 의리역을 의미한다.

그런데 대우주의 변화 원리를 나타낸 개념과 이론이 다름 아닌 태극 그리고 기와 음양오행론이다. 태극은 주역을 가장 상징적으로 나타내는 것이고, 기와 음양오행론은 태극을 구체적이고 실용적으로 나타내는 학문적 개념과 이론이다. 즉, 주역의 철학 사상적 내용뿐만 아니라 과학기술적 내용까지 모두 기와 음양오행론으로 일관되게 설명할 수 있다.

주역이라는 학문을 앞에서 언급한 바와 같이 거창하게 표현했지만, 그 내용 면에서는 기와 음양오행론으로 간단하게 표현해서 의아해하는 것이 사실이다. 여하튼 주역은 정신-물질 일원론적인 관점에서 철학 사상, 규범적 윤리 도덕 그리고 과학기술까지 모두를 기와 음양오행론으로 일관되게 나타내고 있다. 이런 의미에서 너무 간단해서 복잡한 서양 분석과학과 비교하면 믿어지지 않을 정도이다.

그동안 제도권에서는 주역을 철학사상과 윤리도덕적 시각에서만 고찰해 온 것 같다. 그러나 주역의 학문적 내용을 철학 사상적 차원에서 학문적 이론적으로 연구하고 가르치는 것도 중요하지만, 현대 사회에서 더 중요한 것은 실제 생활 속에 들여와서 구체적이고 실용적으로 생활에 접목 응용하여 과학기술적으로 도움을 주고받는 것이다. 그래야만 명실상부한 그리고 생명력 있는 학문으로서의 의미와 가치가 있다.

　　주역의 이치를 응용한 구체적이고 실용적인 학문으로는 첫째, 상수역이라고 하는 과학기술적 학문으로는 미아리철학관 중심의 동양오술[명(命)·복(卜)·의(醫)·산(山)·상(相)]·천문기상·음악·율려학 등이 있고, 둘째, 의리역으로서 인간의 도리에 관련된 윤리도덕적 학문으로는 성리학과 사서, 그리고 도가서 등이 있다.

　　뿐만 아니라 전통적인 상수역과 의리역을 벗어나, 주역의 이치인 음양론을 통해 생활 속의 모든 현상을 이해 설명함으로써 인문사회적, 자연적 현상을 음양론적으로, 즉 동양과학적으로 고찰할 수 있다. 즉, 우리 삶의 여러 면을 음양오행론적으로 이해함으로써 이에 대처할 수 있는 도움을 얻을 수 있다. 즉 현재 지배적 위치에 있는 서양과학적 개념과 이론으로 설명할 수 없는 현상을 음양오행론적으로 설명을 하여 문제해결에 도움을 줄 수 있다.

　　이처럼 주역이 자연과 인간의 모든 것을 포괄하여 설명하고 있다는 점에서 볼 때 우리의 삶 자체가 사실상 기와 음양론이고, 이것은 곧 주역의 삶이다. 즉, 주역이 우리의 삶이고 우리의 삶이 주역이다. 이것은 주역으로 우리의 삶 모두를 밝힐 수 있고, 그래서 실제적으로 도움이 되어 지혜롭게 살 수 있다. 이것은 주역의 과학성과 적실성이 큼을 나타낸 표현이다. 그런데 우리는 주역을 배우지 않아서 보고도 모르고 있을 뿐이다. 그래서 주역의 계사전에 '백성(百姓)은 일용이(日用而) 부지(不知), 국민들은 매일매일 쓰면서도 모른다'고 표현했다.

　　사실상 우리는 이러한 주역의 이치에 의해서 생활하고, 또한 역학적 표현은 종종 우리들 전해 오는 말들 속에 살아서 지금도 그런 말들을 무의식중에 사용하고 있다. 그러나 그 의미와 가치, 과학성에 대한 생각을 못 하고 있다.

왜냐하면 우리 것인 주역에 대해 배우고, 가르치지 않아서 까막눈이 되어서 모르고 있기 때문이다. 우리는 서구적 사상과 학문의 지배종속을 받다 보니 우리 것이 무엇인지도 모르는 눈 뜬 장님이 되어 버렸다.

서양 과학기술과 철학사상이 실제 인간의 생활 속에 깊숙이 침투하여 우리의 삶에 많은 도움을 주는 것과 같이, 동양학도 철학사상적 차원뿐만 아니라 과학기술적 차원에서 도움을 주고 활용이 되어야만 더욱 의미와 가치가 있고 생명력이 있다. 그렇지 않고 단지 학문적 차원, 특히 철학 사상적 차원에서 동양학자들의 학문적 수준에만 그치고 인간의 구체적인 생활 속에 실용적으로 응용 접목하여 도움을 주지 못하면, 공허하고 현학적인 수준을 벗어나지 못하여 동양학의 의미와 가치를 일반 국민들의 입장에서는 서양과학과 같이 그 실용적 차원의 의미와 가치를 느낄 수 없다. 특히 현대 사회와 같이 실용적인 과학기술사회에 국민들의 관심을 끌 수가 없다.

2. 주역의 학문적 개념과 성격

중국 청나라가 국력을 기울여 편찬한 동양 아니 세계 최대의 총서로서 선진시대부터 청대 말기까지 역대 전적 모두 79,000여 권을 망라하여 만든 사고전서(四庫全書; 經・史・子・集)에 의하면 주역에 대한 개념을 아주 간단하게, '易之爲書 推天道以明人事者也(역의 글됨이 천도를 미루어 인사를 밝힌 것이다)'라고 나타내고 있다. '천도를 미루어 인사를 밝혔다'는 표현에서 천도는 대우주의 변화이치이고 인사는 인간을 비롯한 모든 삼라만상을 의미하는 것으로 볼 수 있다. 이렇게 표한한 이유는 대우주인 천지는 소우주인 인간을 비롯한 삼라만상을 지배하고 있기 때문에 대우주의 변화이치인 천도를 알아야 인사인 인간과 삼라만상을 이해할 수 있는 것으로 보았다.

주역이란 우주삼라만상을 우주론적 순환론적 자연의 이치, 즉 우주 변화의 원리인 도를 태극과 음양을 기본으로 하여 괘라는 부호와 글로서 체계화한 학문이다. 첫째, 우주론적이다. 둘째, 순환론적이다. 이는 변하고 변하는 이치를 나타낸 학문이라는 의미이다. 셋째, 자연의 이치이다. 여기서 자연의 이치를 구체적으로 나타낸 개념과 이론이 태극과 음양오행론이다. 즉, 주역은 태극과 음양오행론으로 우주삼라만상의 이치인 우주 변화 원리를 밝혀 놓은 체계화된 학문이다.

역은 자연을 그대로 본받은 학문이므로, 자연의 운행 질서 및 인류 사회의 근본원리를 모두 포함하고 있다. 대자연에서는 모든 것이 상호 작용을 한다. 하늘(天)의 기운은 땅에 영향을 주고, 땅(地)은 하늘의 기운에 영향을 받아 자신을 변화시키는 동시에 하늘에 영향을 주어 변화시킨다. 하늘은 이것을 받아들여 변화하고, 그 변화를 다시 땅에게 주는 순환의 연속이며, 그 가운데 사람(人)으로 대표되는 만물이 하늘과 땅의 교감작용에 영향을 받고, 다시 자연에 그 영향을 미치게 된다. 이러한 상호 교감작용을 끊임없이 되풀이하는 것이 자연의 도이며, 그 과정을 64괘라는 틀 속에 넣은 것이 주역이므로, 주역 안에 우주삼라만상의 변화가 존재하는 것이다. 우주 속에 벌어지는 자연 현상을 한마디로 한다면, 한 번 양하고 한 번 음하는 과정의 순환[일음일양지위도(一陰一陽之謂道)]이라고 할 수 있다.

주역은 어떤 의미에서 매우 쉽고 간단하다. 그래서 주역을 간역(簡易), 또는 이간지학(易簡之學)이라고 한다.

주역의 학문적 개념과 성격을 구체적으로 나타내면 다음과 같다.

첫째, 주역이 나타내고자 하는 학문 영역이 '우주삼라만상'이다. 여기서 '우주'란 시간과 공간을 모두 나타내는 의미이다. 다른 말로 하면 천지를 의미한다고 말할 수 있다. 하늘은 시간을 나타내고 땅은 공간적인 것을 나타내므로 천지는 시간과 공간을 나타낸다. 그러므로 주역이 나타내는 학문적 영역은 세상의 시공간에 해당하는 일체의 학문을 모두 포괄한다. 즉, 종교든, 철학이든, 과학이든 상관없이 모두 이 속에 다 포괄된다.

주역이 나타내고자 하는 학문적 범위인 우주삼라만상은 구체적으로 천·지·인 삼재 속에 모두 포괄된다. 즉, 하늘(天)과 땅(地), 그리고 그 사이의 사람(人)으로 대표되는 만물만사를 모두 포괄하는 학문이다. 주역이 천·지·인을 포괄하는 논리적 근거는 다음과 같다.

주역은 자연을 그대로 본받은 자연 그 자체의 학문이다. 자연 현상은 바로 천·지·인 모두를 말한다. 그런데 이들의 관계를 말하면, 하늘의 운행이 땅에 영향을 주고, 땅은 그 영향을 받아 자신을 변화시키는 동시에 그 영향을 하늘에 다시 미친다. 하늘은 이것을 받아들여 변화하고, 그 변화를 다시 땅에게 주는 순환을 연속한다. 그 가운데 사람으로 대표되는 만물 만사가 자연현상과 상호 교감하여 변화하는 과정을 태극과 음양론을 기초로 하여 주역 64괘라는 틀 속에 축소시킨 학문이 바로 주역이다.

그래서 공자는 주역의 계사상전 제6장에서 "역은 너무도 넓고 커, 멀기로 말하면 한계가 없고, 가깝기로 말하면 고요히 눈앞에 있어, 천지의 모든 것이 다 갖추어져 있다(夫易이 廣矣大矣라, 以言乎遠則不禦하고, 以言乎邇則靜而正하고, 以言乎天地之間則備矣라)"고 표현했다. 그래서 총괄적으로 말해, 천지간 일체의 학문 및 최고의 원리에 통달하고자 한다면 반드시 역경을 통해야만 한다는 것이다.

둘째, 학문적으로 사물의 접근방법이 '우주론적'이다. 우주론적이란 천기와 지기의 관점에서 천지간의 인간을 비롯한 모든 사물을 고찰한 학문이라는 의미이다. 그래서 주역을 우주학이라고 하는 것이다. 서양과학이 주로 인간 생활 주변의 개개의 객관적 사실에 근거하여 발달한 학문인 데 비해서 아주 대조적이다. 주역이 우주론적으로 접근하는 논리적 근거는, 천지는 대우주이고 인간과 만물 만사는 소우주라고 보는데, 대우주인 천지는 소우주인 인간과 만물 만사를 지배하고 있기 때문이다. 따라서 소우주인 인간과 만물 만사를 근본적으로 알기 위해서는 소우주인 인간을 지배하고 있는 대우주인 천지의 질서와 섭리 이법을 알아야 한다. 그것이 기와 음양오행론이다.

그래서 주역은 우주론적 Top Down과학이고, 철학이며, 윤리도덕학이다. 이에 비해서 서양학은 개개의 사물에 근거한 Bottom Up과학이고, 철학이라고 볼 수 있다.

셋째, '순환론적'인 변화 이치에 관한 학문이다. 그래서 주역을 변역(變易)이라고도 한다. 주역의 변화 원리는 한마디로 일음일양지위도(一陰一陽之謂道)이다. 주역의 세계는 우주가 변하고 변하는 이치를 전제로 발전한 학문이다. 불교에서는 이를 무상(無常)이라고 표현한다. 불교에서는 일체의 사물은 무상이라고 막연하게 표현하였지만, 주역에서는 일체의 사물이 변하고 변하지만 변하는 데에는 일정한 법칙이 있다고 본다. 즉, 달이 지구 주위를 돌고, 지구가 스스로 돌면서 태양의 주위를 돌며, 그리고 일체의 별들의 운행에는 일정한 궤도와 주기가 있는 것처럼, 일체의 삼라만상의 변화에는 변하지 않는 법칙이 있음을 전제로 하고 있다. 변하지 않는 일정한 법칙을 불역(不易)이라고도 한다. 변화하는 질서를 이치라 하고, 그 이치를 알면 모든 삼라만상의 변화 현상을 이해할 수 있다. 여기서 이치란 구체적으로 음양론이다.

넷째, 주역은 '자연의 이치'를 나타낸 학문이다. 여기서 중요한 개념은 자연의 이치의 '자연'이란 무엇인가이다. 자연이란 문자 그대로 해석을 하면 '스스로 그러한 것'을 의미한다. '스스로 그러하다'는 인위적인 것이 포함되지 않은 자연 본래의 모습을 나타낸 표현이다. 예를 들면 날씨가 더우면 땀이 나고 그래서 옷을 벗고, 낮이 되면 나아가 일을 하고, 밤이 되면 집으로 들어와 잠을 자고, 겨울이 되면 춥기 때문에 옷을 두껍게 입고, 비가 오면 우산을 쓰는 행위는 배워서 그렇게 하는 것이 아니고, 배우지 않아도 스스로 그렇게 하는 것이다. 배우지 않고 누가 시키지도 않았는데 스스로 하는 그러한 모습을 '스스로 그러한 것', 즉 자연이라 하고, 그러한 자연에는 일정한 변화의 패턴과 같은 법칙과 원리가 있는데 이를 자연의 이치라고 한다. 그러므로 자연의 이치는 인간이 연구하여 찾고자 하는 자연 본래의 모습을 나타낸 법칙 또는 원리를 말한다. 그 자연의 이치를 나타낸 구체적인 원리와 법칙이 태극과 음양오행론이다.

태극과 음양오행론은 인간이 인위적으로 발명한 원리가 아니라 자연 본래의 모습을 발견한 궁극적 원리이며 법칙인 것이다. 아마도 현대 서양과학이 더욱 발달하여 궁극적으로 찾고자 하는 우주삼라만상의 법칙을 찾는다고 하면, 그것이 주역에 있는 태극과 음양오행론이 될 것이다. 이미 성인들이 주역에서 현대 서양과학이 찾고자 하는 궁극적인 자연의 이치를 밝혀 놓았는데, 엉뚱하게 다른 곳에서 그것을 찾고자 엄청난 연구를 하고 있으니, 등잔 밑이 어둡다고 할 수밖에 없다.

다섯째, 주역은 우주삼라만상의 변화 이치를 음양오행론으로 나타낸 '체계화된 학문'이다. 주역이 세계의 다른 경전, 즉 기독교의 성경 그리고 불교의 불경과 다른 점은 체계화된 학문이라는 점이다. 자연법칙으로 나타낼 수 있으므로 체계화된 학문이 가능한 것이다. 주자도 주자어류에서 '제시리위주(帝是理爲主), 하느님은 리를 주제하는 분이다'라고 하였다. 여기서 리란 우주론적 자연 이치 또는 법칙을 말하고, 그것을 체계화해 놓은 책이 주역이다. 그 학문적 체계를 이루고 있는 일관된 논리를 나타낸 구체적인 개념과 이론이 태극과 음양오행론이다. 즉, 태극에서 음양, 음양에서 두 가지의 이론으로 전개되어 발전하는데, 하나는 사상 팔괘 육십사괘, 다른 하나는 오행으로 발전되어 나타나고 있다. 이런 점에서 주역은 압축해서 말하면, 음양론 하나로 나타낼 수 있고, 더 압축하면 태극 일기(一氣)이다.

여섯째, 주역에서 우주삼라만상의 변화를 나타내기 위한 구체적인 변화 이치가 '기와 음양오행론'이다. 기는 우주삼라만상의 가장 기본적인 구성인자 또는 실체이다. 기는 단순히 물질의 가장 기본적인 구성인자일 뿐만 아니라 정신의 가장 기본적인 인자도 된다. 그래서 기는 정신세계와 물질세계 그리고 시공간을 모두 아우르는 가장 기본적인 실체이다. 즉, 기는 정신세계와 물질세계 그리고 시간과 공간을 모두 아우르는 보편적 인자이다. 따라서 기는 정신과 물질을 연결시키는 고리 역할을 하고 시공간을 구성하고 있다.

기의 작용과 변화 원리를 나타낸 개념과 이론이 음양오행론이다. 즉, 개념적으로 음양론에는 음기와 양기가 있고, 오행론에는 목화토금수의 기가 있다. 그리고 작용의 관점에서 보면 음양의 기는 상호 대립, 갈등 그리고 통합 작용이 있으며, 오행의 기는 상생, 상극, 상승, 상모의 작용으로 나타난다. 변화 원리로 보면, 음양론에는 물극필반의 원리가 나타난다. 그래서 음이 극하면 양이 나타나고, 양이 극하면 음이 나타나는 순환반복하는 변화 현상이 나타난다. 오행의 변화 원리는 음양의 변화 원리와 같다. 다만 음양론을 더 구체화하면 오행으로 나타낼 수 있다.

일곱째, 학문적 성격이 정신-물질 일원론적 '유기체론적 전체론적 종합적'인 학문이다. 그래서 만물 만사의 존재는 물질과 정신이 결합된 것으로 본다. 철학, 과학기술, 종교, 그리고 점을 모두 포함하는 학문이다. 주역은 정신세계와 물질세계를 모두 포괄하는 유기체적인 학문이다. 이것을 가능케 하는 구체적인 개념이 정신세계와 물질세계 모두에 가장 기본이 되는 기(氣)이다. 서구의 양자역학자들은 이를 에너지라고 한다. 서양학이 철학·종교·과학기술이 서로 분리되어 있는 것과 아주 대조적이다. 서구에서도 최근에는 현대 물리학이 발달하면서 종교와 과학이 서로 만나기 시작하고 있다. 우주삼라만상의 모든 것은 분리의 개념이 아니고 하나이다. 따라서 종교, 철학, 과학으로 분리하는 것이 궁극적으로는 의미가 없다. 왜냐하면 모두가 기(氣), 즉 에너지 하나의 개념으로 설명이 가능하기 때문이다. 그래서 주역은 종교가가 보면 종교요, 철학자가 보면 철학이요, 과학자가 보면 과학이고, 점술가가 보면 점술이다.

3. 주역의 기본 원리

주역에는 우주삼라만상의 이치를 표현하는 형식으로 네 가지가 있으니, 상(象), 수(數), 리(理), 점(占)이 그것이다.

역경의 관점에서 보면 우주의 만물 만사에는 모두 각각의 원칙과 이치가 있다. 다시 말해 리(理)란 철학적, 과학적 원리 또는 법칙을 말한다. 우주의 만물 만사에는 모두 리가 있으며, 그리고 반드시 그 리의 구체적인 상(象)이 있다. 또 우주의 모든 리에는 반드시 거기에 해당하는 수(數)가 있다. 이 때문에 역경에 대해 어떤 사람은 리로써 해석하며, 어떤 사람은 상으로써 해석하며, 어떤 사람은 수로써 해석한다. 옛사람들이 손가락을 몇 번 짚어 만사를 미리 알곤 했는데 이것은 역의 수를 이해하고 있었기 때문이다.

우주의 만물 만사에는 모두 수가 있다. 여기서 수라는 의미는 시간의 흐름에 따라서 변화에 일정한 법칙이 있다는 것을 의미한다. 따라서 변화의 시간대에 따라서 변화의 모습이 달라지고 이를 상으로 나타낸 것이다. 가령 여기 있는 찻잔을 좌우로 한 번 흔들었다고 하자. 흔들리는 것은 현상(象)이다. 그리고 좌우로 몇 번이나 흔들었나, 또는 몇 초마다 한 번씩 흔들었나 하는 것은 수이다. 그리고 왜 잔을 흔들었나, 또는 왜 잔이 흔들렸나 하는 것은 리(理)이다. 이처럼 역경의 어떤 괘나 효 또는 어떤 것에도 모두 리, 상, 수가 내재되어 있다.

사람은 세계와 관계를 맺고 살아가는데, 이 관계는 계속 변화한다. 관계가 변하면 그 속에 포함된 리, 상, 수 역시 변한다. 그러므로 만약 사물의 리, 상, 수를 이해할 수 있다면 그 사물의 변화를 알 수 있다. 리, 상, 수에 통하면 변, 통, 달을 알아 만사를 사전에 대비할 수 있다는 것이다.

중국의 역학자이며 의학자인 중국 중의연구원 교수 楊力은 「주역과 중국의학」이라는 저서에서, 주역의 리에 해당하는 기본 원리를 중심으로 다음과 같이 다섯 가지로 언급하고 있다.

1) 천인합일사상

주역의 가장 기본이 되는 출발점은 태극이다. 즉, 주역 계사전에 "역유 태극하니 시생 양의 하고"에서 보면, 태극이 주역의 가장 기본이 되는 출발점이다. 태극은 우주가 탄생하기 이전의 하나의 기(一氣)의 상태를 의미한다. 여기에서 다시 양의가 나타났다는 것은, 양인 하늘과 음인 땅이 나타났음을 의미한다. 그리고 천지의 작용으로 인간을 비롯한 만물만사가 나타났다. 그렇다고 하면 이 우주삼라만상은 태극 일기에서 비롯되었으므로, 기의 관점에서 천·지·인이 모두 하나이다. 그 하나임을 설명할 수 있는 가장 기본이 되는 것이 기이다. 즉, 천지를 비롯한 인간과 만물만사 그리고 시공간도 모두 기라는 실체로 구성되어 있다. 따라서 시간과 공간을 나타내는 천지와 인간 그리고 만물만사는 하나임을 의미하고 이를 천인합일사상이라고 한다. 결국 동양학의 천인합일사상은 주역의 천인합일사상에서 비롯된 사상이다.

주역 괘의 배열 순서를 보면, 하늘을 나타내는 중천건괘가 제일 먼저 있고 그다음 땅을 나타내는 중지곤괘가 있다. 그리고 만물만사를 나타내는 나머지 62괘가 차례대로 배열되어 있다. 천인합일이라고 하면 천·지·인 모두를 하나로 본다는 것이다. 이는 다른 말로 하면 우아일체사상, 즉 '우주와 나는 하나이다'와 같은 내용이다. 그런데 여기서 천·지·인이 하나라는 천·지·인 합일사상이 가능케 하는 구체적인 개념이 기이다.

우주삼라만상의 가장 기본이 되는 구성체가 기(氣) 하나의 실체로 되어 있으며, 기는 정신-물질 그리고 시공간 일원론이 가능케 하는 구체적인 실체이므로 기의 관점에서 천·지·인이 하나라는 의미가 이해가 된다. 사실상 천·지·인의 시공간 속에 벌어지는 모든 사물의 현상은 모든 것의 가장 기본 인자인 기의 작용과 변화 원리에 지나지 않는다. 만물만사뿐만 아니라 공간과 시간의 흐름도 기의 흐름에 지나지 않는다.

2) "한 번 음이 되고 한 번 양이 되어 서로 전환하며 운동하는 것을 도(道)라고 한다"

이른바 "한 번 음이 되고 한 번 양이 되어 서로 전환하며 운동하는 것을 도라고 한다(一陰一陽之謂道)"는 말은 주역의 음양관을 잘 설명해 주고 있다. 이는 주역 학설의 확고부동한 원칙으로서 주역 철학의 기본원리이며, 또한 64괘 구조의 기본원칙이기도 하다. "한 번 음이 되고 한 번 양이 되어 전환하며 운동한다"는 것은 음양의 대립과 통일관계를 표현한 것이다. 주역에서 음양의 대립과 통일은 괘사와 효사에서 말로 밝혀져 있기도 하지만, 음효와 양효를 그리는 데서 나타나기도 한다. 이를테면, '--'는 음효가 되고, '—'는 양효가 되는데, 64괘의 변화는 바로 이 음효와 양효의 변화 속에서 이루어진다. '도(道)'는 법칙을 뜻하므로 주역이 음과 양이 전환하며 운동하는 것을 도라 한 것은, 음양 두 기(氣)의 변화가 우주의 기본 법칙임을 분명히 밝힌 것이다. 이밖에도 주역 계사에서는 "강건한 것과 유순한 것이 서로 미루어서 변화가 생긴다", "음과 양이 그 기능을 합함으로써 강건함과 유순함이 모습을 갖추었다"고 하였는데, 여기서 강건과 유순은 양과 음을 뜻하며, 음양이 모든 변화의 근원임을 설명한 것이다. 또한 "음양의 변화는 헤아릴 수 없으며 이를 신이라 한다"고 하여, 음양의 두 기가 우주운동의 근본임을 말하였다.

3) "궁극에 이르면 변하고, 변하면 통하고, 통하면 오래간다"

이 말은 주역 계사에 나온다. 즉 계사하전 2장에 '역(易)'이 궁즉변(窮則變)

하고 변즉통(變則通)하고 통즉구(通則久)라', 궁하면 변하고, 변하면 통하고, 통하면 오래간다. 이는 주역이 변화를 주요 명제로 삼고 있다는 것을 강조한 것이다. 주역은 일정 정도 음양의 대립을 기초로 하고, 변화를 핵심으로 하여, 이 둘을 주역 사상을 구성하는 기본으로 삼았다. 이는 주역의 살아 있는 혼(魂)으로 중국의 자연과학 발전에 지대한 영향을 끼쳤다. 주역 계사에는 "강건한 것과 유순한 것이 서로 미루어서 변화가 생긴다", "해와 달이 서로 미루어서 밝음이 생긴다", "강건한 것과 유순한 것이 서로 바뀌고", "한 번은 닫히고 한 번은 열리면서 전환하며 운동하는 것을 변화라고 한다", "변화란 나아가고 물러나는 상이다", "가고 오는 것에 끝이 없는 것을 통(通)이라 한다", "도에는 변동이 있기 때문에 효라 한다"는 내용이 있는데, 이러한 내용들은 주역에서 모든 사물이 끊임없는 운동 변화 속에 있다는 관점을 채택하고 있음을 보여 주는 것으로써 매우 중요한 관점이다.

주역은 또한 '상호 교감(交感)'이 변역(變易)의 주요 형식임을 강조한다. 예를 들면, "하늘과 땅이 교감함으로써 만물들이 서로 통한다", "태(泰)괘의 괘사에서, 음이 나가고 양이 들어온다"는 구절이라든가, 귀매괘(歸妹卦)에서 "하늘과 땅이 서로 교감하지 않아 만물이 흥기하지 않는다", 함괘(咸卦)에서 "하늘과 땅이 서로 교감하여 만물이 변화하고 생성된다"고 한 것 등은 모두 '교감'이 바로 변역의 주요 형식임을 설명한 것이다.

4) "낳고 또 낳는 것을 역이라 한다"

주역은 음양이 서로 교감함으로써 만물이 변화 생성한다는 것을 강조한다. '생성'은 근거 없이 이루어지는 것이 아니라, 이는 하늘과 땅의 교감(운동)으로 인해 이루어지는 것이다. 그러므로 원문에서는 "천지의 가장 큰 덕을 일컬어 낳는 것(生)이라 한다", "하늘과 땅의 원기가 왕성하니 만물이 생육하게 된다"고 한 것이다. 즉, "천지가 교감하여 만물이 생성된다"는 것은 바로 "천지가 교감함으로써 만물이 서로 통한다"는 뜻으로서, 후대에 노자의 "도(道)는 하나를 낳고, 하나는 둘을 낳으며, 둘은 셋을 낳고, 셋은 만물을 낳는다"는 말의 근원이 되었다. 이런 말들은 모두 주역이 새로 생성하고 새로 흥기하는 것을 강조한 말이다.

5) "위로는 하늘에서 상을 관찰하고, 아래로는 땅에서 상을 관찰한다……
가까이는 몸에서 취하고 멀리는 만물에서 찾는다"

주역이 "천지의 변화법칙을 체득하여", "신명의 창조정신과 통할 수 있다"고 한 것은 '변화하는 상을 관찰'했기 때문이다. 원문에서 "군자는 그 상을 관찰하고 그 말을 음미한다", "하늘은 그 상을 드리워 줌으로써 길흉을 보인다", "천지의 변화를 성인이 본받았다"고 한 것 등은 모두 주역에 유물 사상적 요소가 짙게 나타나 있음을 말해 준다. 즉 '변화의 상을 관찰'해서 얻는 것이므로, "그 사물의 가장 알맞음을 상징하기 때문에 상(象)이라" 한 것이다. 주역은 천지를 본받고 만물을 관찰하는 것을 중시한다. 이를테면 "역은 천지의 기준이다", "천하의 변동을 보고 그들의 변통을 안다"는 말들이 그것을 보여 주는데, 이에는 천지를 표상하여 만물의 변화를 인식한다는 태도가 잘 나타나 있다. 이는 주역의 우주관이 유물사상을 반영하고 있음을 나타낸 것으로, 천지의 변화법칙이 만물생성의 본원임을 뜻한다.

뿐만 아니라 송대의 정이 선생이 쓴 역전서(易傳序)에서 '주역의 글이 기위서야 광대실비하야 장이순성명지리하고 통유명지고하며 진사물지정하야(其爲書야 廣大悉備하야 將以順性命之理하고 通幽明之故하며 盡事物之情하야)……', '주역의 그 글됨이 (세상의 이치를) 넓고 크게 다 갖추어, 장차 성명의 이치에 순응하고 유명의 연고를 통하며 사물의 뜻을 다함으로써……'라고 나타내고 있다. 여기에서 '광대실비'는 주역이 모든 사물의 이치를 모두 포괄하고, '유명의 연고를 통하며'에서 유명은 어둡고 밝음, 즉 보이지 않는 세계인 기와 신의 세계(幽)와 보이는 세계(明)의 연고인 이치를 통하였다는 의미이다. 즉 주역의 학문적 범위가 보이는 세계와 보이지 않는 세계를 모두 포괄하고 있다는 의미이다.

4. 주역책의 구조와 내용

우리나라에서 동양학을 한문으로만 쓰인 원본을 발간하는 유일한 출판사가 서울의 명문당(明文堂)이다.

명문당에서 나오는 동양학의 원본은 거의 모두가 누런 황색 표지에 붓글씨로 책의 제목을 쓴 것이 가장 큰 특징이다. 가장 한국적이고 가장 동양적인 유일한 전통적 교과서이다. 그리고 책의 모양뿐만 아니라 그 내용과 서술 형태 및 내용에 있어서 이 시대에 가장 이색적인 책이며 그러므로 최고의 문화재이다.

나는 동양학의 원본을 국가가 아니고 개인 출판사가 발행하여 보급하는 것을 보고 다음과 같은 단상을 하게 되었다.

우리 문화와 역사의 가장 기본적 배경이 되는 학문이 동양학이다. 동양학 중에서도 주역에서 비롯된 역학과 역술이다.

일본사람인 무라야마 지준이 『조선의 풍수』 서문에서 진술한 바와 같이, 문화란 인간생활에 대한 사상·신앙의 표현이므로, 어떠한 문화에라도 그 생활이상을 관찰할 수 있다. 문화에는 또한 표리(表裏)가 있고 본말(本末)이 있다. 그런데 표면적인 것, 지엽적인 것이 바로 사람의 주의를 끌며, 비교적 화려한 모습을 띠고 있기 때문에 문화라고 하면 으레 이 표면적인 것을 의미하는 것이 보통이다. 그러나 그것이 아무리 화려하다고 해도 표면적인 것인 만큼 진정한 생활 이상에서 멀어진 한낱 장식에 지나지 않는다. 그렇지만 장식 아래에 가려져 보이지 않는 이면적인 문화가 생활 이상, 즉 생활에 대한 사상·신앙을 있는 그대로의 모습으로 나타내 주는 것이다. 그럼으로 문화의 근본적인 모습을 알기 위해서는 이면적인, 즉 근본적인 장식 없는 문화를 고찰해야만 한다.

동양의 경우 이면적인 문화의 가장 근본이 동양학이다. 동양학 중에서도 주역에서 비롯된 역학과 역술이다. 따라서 동양학, 특히 주역을 알아야 우리의 수천 년 역사와 문화의 표면적이고 지엽적인 것이 아니라 이면적이며 본질적인 내용을 근본적이고 주체적으로 이해할 수 있다. 그리고 서양 과학기술적 물질문명이 지배하고 있는 이 시대에 서양 과학기술에 대항하여 의미 있고 필요한 문화유산을 계승 발전시킬 수 있는 식견과 아이디어가 생길 수 있다.

이 시대 우리의 역사와 문화를 발굴하고 보존하며 더 나아가 계승 발전하는 데 가장 기초적이고 근본적인 중요한 문화유산의 발굴은 주역에서 비롯된 역학과 역술이다. 그러므로 국가가 우리의 역사와 문화를 계승 발전시키는 문화재 발굴의 가장 기초적인 사업의 일환으로 동양학의 원본을 출판하여 보급하는 것이 어떤 문화재 발굴보다도 더 중요하다. 그런데 이에 대한 국가의 정책적 사업은 거의 없다. 참으로 얼이 빠진 문화재 발굴사업이다. 울화통이 터질 지경이다. 별로 중요하지 않은 흙 속, 바닷물 속을 탐사하면서 돌조각, 쇳조각, 도자기 쪼가리 그리고 칙칙한 천조각, 종이쪽지 등과 같은 표면적인 문화재만을 무슨 엄청난 문화재이고 또는 조상을 받드는 무슨 효와 애국심의 발로라고 애지중지하면서 궁궐 같은 국립박물관에 진열하기 위해서 매년 국가 예산을 수천억 원씩 투자하고 있다. 더욱 가관인 것은 최고의 지성을 자랑하는 대학마저도 어마어마한 박물관 건물을 짓고 이에 많은 예산을 투자한다는 점이다. 나는 이런 것을 볼 때마다 가슴에서 치밀어 오르는 화를 참을 수가 없다. 이때 심정은 박물관의 진열된 도자기 쪼가리를 지게 작대기로 후려쳐서 깨 버리고 싶은 심정이 울컥 치밀어 오른다. 한낱 장식에 지나지 않는 깨진 도자기 쪼가리와 돌조각, 쇳조각, 그리고 칙칙한 천 쪼가리, 종이 쪼가리에서 우리가 의미 있게 계승 발전시킬 것이 무엇이 있나. 조상님들이 지하에서 그러한 도자기 쪼가리, 천 조각, 돌조각, 쇳조각 따위나 애지중지 발굴하여 진열하라고 했을까? 참으로 해괴망측하고 얼빠진 문화재 발굴사업이다.

주역 책의 원본을 펴면 제일 먼저 나오는 것이 중국 송나라 때 정이가 쓴 역전서와 주자의 주역본의의 서문인 역서(易序)가 나타난다. 그리고 몇 장을 넘기면 하도지도와 낙서지도, 즉 하도낙서가 나온다. 그다음 몇 장을 넘기면 복희팔괘와 복희 육십사괘가 나타난다. 그리고 몇 장을 넘기면 문왕팔괘가 나오고 또 몇 장을 지나서 점치는 방법인 서의(筮儀)가 나온다. 그리고 중국의 송나라 때 정자가 쓴 장문의 역경강설이 있다.

그다음에 비로소 주역의 본문인 역경(易經)의 상경 30괘의 그림과 한문으로 쓴 괘사와 효사 그리고 하경 34괘의 괘의 그림과 한문으로 쓴 괘사와 효사가 차례대로 서술되어 있다. 주역의 본문인 역경이 끝나면, 공자가 주역을 읽고 후세인이 알기 쉽게 해설한 해설전인 역전(易傳), 즉 십익(十翼)이 있다.

십익이란, 열개의 새의 날개라는 의미로 주역을 배우는 데 열 개의 날개를 달아 준 것과 같이 도와줬다고 하여 역전을 십익이라고도 한다. 대만의 남회근 국사에 의하면, 십익이란 공자가 역경을 연구하면서 마음속으로 체득한 10종의 연구보고서이다. 이 10익이 동양문화에 끼친 영향은 막대하다. 만약 십익을 이해할 수 있다면 사서오경의 원리를 이미 꿰뚫었다고 할 수 있다는 것이다. 뿐만 아니라 동양문화의 근본을 제대로 파악할 수 있고, 공자사상의 발원처도 역시 명확히 알 수 있다는 것이다.

역전인 십익의 내용을 보면, 계사상전, 계사하전, 설괘전, 서괘전 상, 서괘전 하, 잡괘전 여섯 가지의 전문이 나온다. 십익 중에 나머지 단전, 상전, 건문언전, 곤문언전 네 가지는 역경의 상경과 하경의 본문에 해당하는 곳에 어우러져 있다.

주역책의 원본의 구성 면에서 주자 정자의 서문과 강설을 빼고 나면, 가장 먼저 나타나는 그림이 하도낙서이고, 그다음 복희팔괘와 복희 육십사괘 그리고 문왕팔괘이다. 왜 하도낙서가 제일 먼저 나올까? 그것은 하도낙서가 주역이 탄생하는 첫 단초가 되기 때문이다. 즉, 5,000여 년 전 태호 복희씨가 하수에서 나온 용마의 등에 나타난 그림인 하도를 보고 주역의 기초인 팔괘를 그려서 복희팔괘와 육십사괘가 나오고, 그리고 3,500여 년 전 은나라의 문왕이 낙수에서 신령한 거북이 등에 나타난 그림인 낙서를 보고 지은 그림이 문왕팔괘이다.

주역의 내용이 64괘의 괘효사의 내용으로 구성되어 있는데, 64괘는 팔괘로부터 비롯된(8×8=64) 것이므로, 결국 주역의 기본이 되는 것은 복희팔괘이다. 그다음이 문왕팔괘이다. 또한 복희팔괘는 하도에서 비롯되었고, 문왕팔괘는 낙서에서 비롯되었으므로 하도낙서가 주역의 최초의 시발점이 된다. 그래서 주역의 책 첫머리에 하도와 낙서의 그림으로부터 시작한다.

사실상 이런 점에서 볼 때 주역도 하도낙서에서 비롯되었으므로, 동양문화의 조종은 하도낙서라고 할 수 있다. 동양문화의 조종은 곧 세계문화의 조종이다.

주역의 학문적 표현형식의 특색

주역이 동서양의 그 수많은 어떤 책과도 다른 특색이 있다면, 64괘라는 부호와 부호인 괘와 효를 해설한 글로 형성되어 있다는 점이다. 소위 괘라고 하는 것은 하나의 부호라는 사실이다. 현대 용어로 말하자면, 역은 기호논리학인 셈이다. 부호와 글로써 만들어진 저서이다. 이 세상에 어떤 저서가 부호와 글로 나타낸 글이 있는가.

주역의 학문적 표현 서술 형식의 이해를 돕고자 64괘 중 하나를 예를 들어서 그대로 아래 <그림 2-1>로 나타내고자 한다.

咸은 亨하고 利貞하니 取女면 吉하리라

上六은 咸其輔頰舌이라
九五는 咸其脢니 无悔리라
九四는 貞이면 吉하야 悔亡하리니 憧憧往來면 朋從爾思리라
九三은 咸其股라 執其隨니 往하면 吝하리라
六二는 咸其腓면 凶하니 居하면 吉하리라
初六은 咸其拇라

〈그림 2-1〉 택산함(澤山咸)

위의 괘는 주역 64괘 중 31번째 괘인 택산함괘의 원문을 예시한 것이다.

제일 위의 '咸은 亨하고…'로 시작하는 글은, 택산함괘의 괘상을 해설한 괘사이다.

괘사(卦辭)는 하나의 괘 전체의 형태에 대해 해석한 말이다. 역경은 64괘로 구성되어 있으므로 괘사도 당연히 64괘가 된다. 64괘 각각의 괘는 우주삼라만상의 만물만사를 상징하는 것으로, 이에 따라 각각의 괘에는 특별한 의미가 있어서 이를 상(象), 즉 괘상이라고 부른다.

그다음 아래에서 첫째 줄에 '초구는 함기모(咸其拇)라'로 시작하는 글은, 택산함(澤山咸)괘 제일 아래에 위치한 초효를 해석하여 나타낸 글, 즉 효사이다. 그리고 '육이… 구삼… 구사… 구오… 상육…'으로 시작하는 그다음 문장은 각각에 위치한 효의 의미를 나타낸 효사이다.

효사(爻辭)는 하나의 괘를 구성하는 여섯 개의 효의 하나하나에 대해 해석한 말이다. 효의 수는 역경 전체로 따지면 64×6=384효가 되므로 효사도 당연히 384개가 된다.

원래 주역은 문자가 없던 상고시대(5,000여 년 전)에 하수에서 나온 용마의 등에 그려진 하도를 보고 복희씨에 의해 우주의 이치를 밝힌 팔괘가 처음으로 만들어진 것이 그 시초가 되었다. 그리고 팔괘를 중첩(8×8=64)한 육십사괘의 그림이 나왔다. 그 이후 중고시대 주나라의 문왕이 유리옥에서 64괘를 해설한 괘사를 쓰고, 그 아들 주공이 64×6=384효를 해설한 효사를 지음으로 해서 주역의 경이 완성되었다. 이를 역경이라고 한다. 그리고 공자가 역경을 해설한 역전(易傳)인 십익(十翼)을 지음으로 해서 주역이 완성되었다. 그럼으로 주역을 크게 둘로 나누면 역경과 역전인 십익으로 구성되어 있다.

주역의 학문적 구조는 괘상과 효상으로 이루어져 있고, 효상·괘상은 주역의 형식을 구성하고 있다. 역경은 효괘상으로 사물을 상징하고 있어, 역경은 실제로 하나의 큰 '상'이다. 그렇기 때문에 역이란 상이요, 상이란 상징이다(是故易者, 象也 象也者 像也)"라고 주역 계사전에서 말한 것이다.

우주 사이의 만물이 비록 복잡다단하고 변화무쌍하지만, 象의 규칙만 파악하면 간단한 이치로 복잡한 변화를 터득하여 체계적으로 사물의 변화규칙을 인식할 수 있게 된다. 역경 중의 64괘상, 384효상을 "미루어 넓히고 같은 종류를 비교하고 확대하면(引而伸之 觸類而長之)" 모든 만상을 포괄할 수 있다. 그러므로 역의 상은 또한 '만상(萬象)'이라고도 부른다.

역경의 상은 객관적 사물의 형상으로서 사람들이 생활 속에서 사물의 현상을 관찰하고 추출해낸 의상(意象)이다. 그래서 주역 계사에서는 "본 것을 상이라 말한다(見乃謂之象)"라고 하였다. 즉 직관한 것은 현상이고, 추상한 것은 의상이라는 것이다. 이것을 바탕으로 하여 상을 본받으면 상도(常道)를 알 수 있고, 변화에 통달할 수 있으며, 자연의 규칙을 파악할 수 있다. 역경의 상은 하늘의 상, 사물의 상을 중시하는 것 외에도 인상(人象), 즉 사회 현상을 중시하고 있기 때문에 역경의 괘상은 하늘, 만물, 사람의 상을 서로의 관계 속에서 축소해 놓은 한 폭의 축약도라고 할 수 있다.

64괘로 구성된 역경은 다시 상경과 하경으로 나뉘어져 있다. 상경은 천도인 자연의 현상을 중심으로 30괘로 편제되어 있으며, 하경은 인간사회의 법도를 중심으로 34괘로 편제되어 있다. 상경 30괘는 천도(天道)를 나타낸 글이므로 하늘을 나타내는 건괘(乾卦)와 땅을 나타내는 곤괘로부터 시작하여 물괘(수 또는 월)인 감괘와 불괘(화 또는 일)인 리괘로 마치고, 하경 34괘는 인사(人事)를 나타낸 글이므로 소남 소녀가 만나는 함괘(咸卦)와 장남 장녀가 만나 가정을 이끌어 가는 항괘(恒卦)로 시작하여 물과 불이 서로 사귀는 기제괘와 미제괘로 마친다.

주역의 상경 처음에 나오는 건곤(乾坤)괘와 마지막에 나오는 감리(坎離)괘는 주역이 우주변화를 일으키는 기본 틀을 나타낸 것이라고 볼 수 있다. 즉, 우주삼라만상은 수없이 복잡다단하나 그러한 형상을 일으키는 근본은 하늘과 땅 사이에 해와 달이 운행하면서 나타난 현상이라고 간단히 요약할 수 있다. 그러므로 주역의 나머지 60괘는 하늘과 땅을 나타내는 건곤 괘를 체로 하고, 해와 달을 나타내는 감리 괘를 용으로 하여 나타난 모든 현상들을 상징해서 나타낸 것이라고 볼 수 있다.

공자가 지었다는 역전인 십익은 주역을 후세 사람들이 알기 쉽게 해설한 글로써 역에 자신의 사상과 경륜을 담았다는 것이다. 공자가 위편삼절할 만큼 역에 심취한 것은 대과 없이 오회 중천시대를 극복하고 후천시대를 맞이하고자 함에 있었다고 하며(논어 술이편: 子曰 加我數年하야 五十以學易이면 可以無大過리라), 이백여 년 후 중국을 통일한 진시황이 분서갱유할 것을 예견하고 주역을 점서 형태로 바꾸어 소실되지 않게 하였다고 한다.

공자의 주역해설서인 십익(十翼)의 내용

공자의 십익은 위에서 언급한 바와 같이 단전, 상전(대상. 소상), 건문언전, 곤문언전, 계사상전, 계사하전, 설괘전, 서괘 상전, 서괘 하전, 잡괘전으로 구성되어 있다. 그 구체적인 내용은 다음과 같다.

① **단전(彖傳)**: 단은 상·하 두 편으로 나뉘어져 있다. 문왕이 쓴 괘사를 공자가 해석한 글, 즉 괘의 뜻만 판단한 글이다. 단(彖)이라는 글자에는 '끊을 단'의 의미가 있어서 괘의 뜻을 판단한다는 뜻에서 단전이라고 했다. 판단이란 좋다·나쁘다·옳다·그르다 등의 판단을 확실히 하는 것이다.

② **상전(象傳)**: 상(象) 역시 상·하 두 편으로 나뉘어져 있다. 대상(괘상)과 소상(효상)으로 괘의 전체 형상과 효의 형상을 보고 설명한 글이다. 즉, 문왕이 쓴 괘사와 괘의 상을 공자가 풀이한 것이 대상이고, 주공이 지은 효의 상과 효사를 공자가 풀이한 것이 소상이다.

③ **건문언전(乾文言傳)**: 역경의 첫 번째 괘인 하늘을 나타내는 중천건괘를 부연 설명한 글이다.

④ **곤문언전(坤文言傳)**: 역경의 두 번째 괘인 땅을 나타내는 중지곤괘를 부연 설명한 글. 64괘 중 건·곤 두 괘에 대해서만 별도로 덧붙여 부연 설명한 것은 천지 이치를 설명한 건괘와 곤괘가 워낙 중요하고, 또한 설명할 내용이 많은데다, 모든 괘를 대표하는 부모 괘이므로 다른 괘들처럼 간단히 말할 수 없기 때문이다.

⑤ **계사상전(繫辭上傳)**: 역경의 전체적인 내용을 개론적으로 나타낸 글이다. 즉, 역도에 관한 개론을 본체적으로 설명한 글이다.

⑥ **계사하전(繫辭下傳)**: 주역을 총체적으로 해설한 내용이라는 점에서 계사상전과 같으나, 계사상전이 총론이라면 계사하전은 주역의 각론적 내용이다. 역도에 관한 개론으로서 현상적으로 설명한 글이다.

계사 상·하 두 편은 주로 괘·효사를 풀이한 글로 역전의 십익 가운데 가장 중요한 부분이다. 여기에는 역경의 중요한 철학적 이치가 내포되어 있으며, 중요 명제들을 제기하고 있다. 예를 들면 "한 번 음이 되고, 한 번 양이 되어 서로 전환하며 운동하는 것을 도라 한다", "낳고 또 낳는 것을 역이라 한다", "역은 궁극에 이르면 변하고, 변하면 통하고, 통하면 오래간다" 등과 같은 기본적이고 근본적인 주역의 원리를 나타내고 있다. 계사전은 역이라는 것을 전체로서 연구 대상으로 삼아, 기술적인 면에서부터 철학적인 면에 이르기까지 폭넓은 범위에 걸쳐 고찰하고 있다. 말하자면 역학개론이라고도 할 수 있다.

⑦ **설괘전(說卦傳)**: 주역의 가장 기본인 팔괘의 성질과 변화작용을 설명한 글이다. 선천 복희팔괘와 후천 문왕팔괘의 배열원리와 괘 하나하나에 대해 구체적으로 설명한 내용이다.

⑧ **서괘상전(序卦上傳)**: 상경 30괘의 순서를 설명한 글이다. 역경의 상경은 천도를 나타내는 내용이므로 상경은 하늘을 나타내는 건괘와 땅을 나타내는 곤괘에서 시작하여 달을 나타내는 감괘와 태양을 나타내는 리괘로 끝나는 30괘의 순서를 한 괘씩 순서에 따라 그 이유를 설명한 것이다.

⑨ **서괘하전(序卦下傳)**: 하경 34괘의 배열 순서를 설명한 글이다. 역경의 하경은 인사를 나타내는 내용이므로 남녀가 만나는 함괘로부터 시작하여 미제괘로 끝나는 34괘의 순서를 이치적으로 설명한 내용이다.

⑩ **잡괘전(雜卦傳)**: 64괘를 서괘 순서와는 달리 배열하여 설명한 글이다. 64괘 중에서 서로 상반되는 괘의 의미를 밝힌 글이다. 괘를 섞어 놓고 설명한 해설전이다. 모든 만물이 서로 뒤섞여 있는 이치 그대로 서괘전의 순서와 상관없이 괘들을 섞어 놓고 주역을 설명한 것이다.

5. 주역의 완성과정

주역이 처음으로 나타난 것은 복희씨가 팔괘를 그림으로써 비롯되었다. 그런데 팔괘를 그린 것은 하늘의 계시로 나타난 아래 <그림 2-2>인 하도를 보고 그린 것이다. 주역의 역전인 십익의 계사상전 제11장에 '하출도 낙출서 성인즉지(河出圖 洛出書 聖人則之)하니'라는 구절이 있다. 하수에서 하도가 나오고 낙수에서 낙서가 나옴에 성인이 이를 본받았다는 의미이다.

주역을 처음 창시하신 복희씨가 우리 민족, 즉 동이족의 왕이었다는 것이다. 따라서 주역은 원래가 우리나라로부터 비롯되었다는 것이다. 이것이 중국으로 넘어가서 주나라의 문왕과 주공 그리고 공자에 의해서 완성이 되었다. 그리고 고려 말에 우탁에 의해서 우리나라에 다시 전래가 되었다고 한다.

1) 하도 낙서

① 하도

하도는 하수(河水)에서 나온 그림으로 역의 기원이 된다. 복희씨가 천하를 다스릴 때, 머리는 용이고 몸은 말의 형상을 한 신비스러운 용마라는 짐승이 하수에 출현하였다고 하며, 그 등에 있는 55개의 점에서 천지창조와 만물생성의 이치를 깨달아 팔괘를 그렸다고 한다.

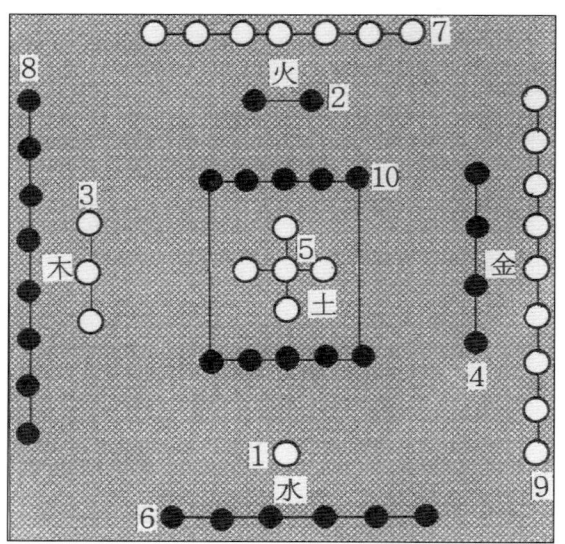

〈그림 2-2〉 하도

② 낙서

아래 <그림 2-3>인 낙서는 낙수(황하의 지류)에 나타난 신구(神龜 : 신령스러운 거북이)에서 유래한다. 하우씨가 순의 명을 받아 9년 동안 치수할 당시에 신령스런 거북이가 낙수에서 출현하였으며, 그 등에 나타난 45개점의 무늬에서 신묘한 이치를 깨달아 치수사업에 성공하였다고 전한다. '서(書)'라고 표현한 것은 문자가 없었던 복희씨 때에 그림으로 표현한 '하도'와는 달리, 하우씨 당시는 문자를 사용하던 시대였기 때문에 '낙서'라고 이름한 것이다.

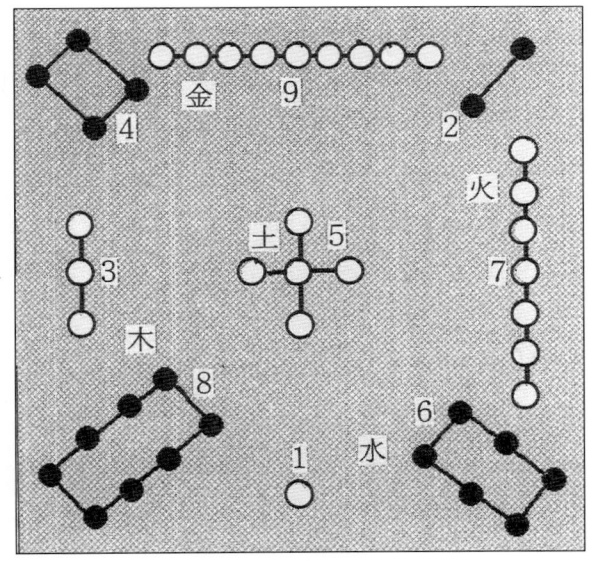

〈그림 2-3〉 낙서

역의 근본바탕을 이루는 하도와 낙서가 모두 하수·낙수 등 물에서 출현한 것은, 수(水)가 만물생성의 시원이 되는 이치와 상통한다. 또한 하도를 용마가 짊어지고 나온(龍馬負圖) 것은, 실재하지 않는 용마로서 선천의 형이상적인 도를 나타낸 것이고, 낙서가 신구의 등에 나타남은 실존하는 거북이로서 후천의 형이하적인 법을 보인 것이라고 할 수 있다.

2) 팔괘

팔괘란 양효와 음효가 각기 세 효씩 모여서 한 개의 괘를 이룸으로써, 건(乾)·
태(兌)·리(離)·진(辰)·손(巽)·감(坎)·간(艮)·곤(坤) 8종류의 괘가 생긴다.
이를 소성괘(小成卦)라 한다. 우주는 이 여덟 개의 기본요소로 대별하고 상징
지을 수 있다. 팔괘란 바로 우주의 여덟 가지 현상이다. 즉, 하늘을 나타내는
건, 바다를 나타내는 태, 불을 나타내는 리, 우뢰를 나타내는 진, 바람을 나타
내는 손, 물을 나타내는 감, 산을 나타내는 간, 땅을 나타내는 곤괘로 나타낼
수 있다.

여덟 개 괘의 배열에 따라서 선천팔괘와 후천팔괘로 나누어 볼 수 있다.

① 선천팔괘

복희씨가 하도를 본받아 천·지·인 삼재의 도로써 팔괘를 그린 것이, 자
연의 운행원리에 그대로 부합하여 일치하니 이를 '선천팔괘'라고 한다. 자연
의 운행원리란 일음 일양하는 음양이 발산하고 응축하는 과정을 의미한다. 복
희 선천팔괘의 배열은 아래 <그림 2-4>와 같다.

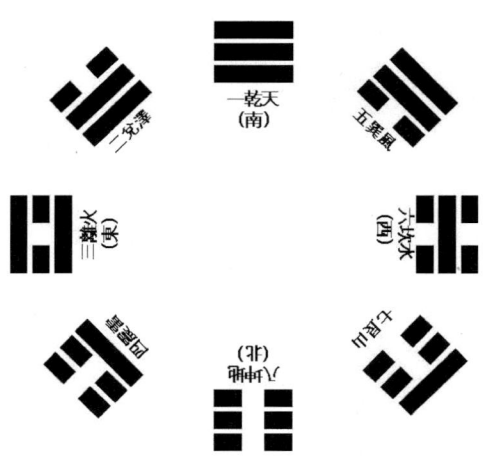

〈그림 2-4〉 복희선천팔괘

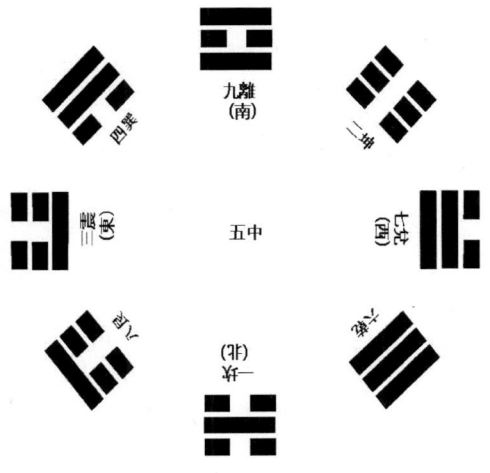

〈그림 2-5〉 문왕후천팔괘

② 후천팔괘

복희씨가 시획한 선천괘를 체로 하여 문왕이 계작한 것이 후천팔괘이다. 선천팔괘가 음양이 소장변화하는 기본원리로서 천도의 운행을 나타낸 것이라면(선천적인 자연의 도), 후천팔괘는 음양이 사귀어 화성하고 오행이 생극조화하는 작용 이치라 할 수 있다(후천적인 인사의 리). 문왕팔괘 방위도는 실제로 사용되는 위치를 말한 것이기 때문에, 후천팔괘 방위도라고도 한다. 마찬가지 이유로 주역에서 방위를 말할 때는 문왕팔괘 방위도를 사용한다. 문왕팔괘 방위도에 있는 각 괘의 순서는 낙서의 수(구궁수)에 기인한다. 위의 <그림 2-5>가 문왕후천팔괘도이다.

주역의 가장 기본이 복희팔괘라고 하면 <그림 2-6>과 같이 팔괘가 완성되는 과정을 살펴볼 필요가 있다. 주역의 본경인 역경 전체는 64개의 괘로 이루어져 있다. 사실 역경이라는 책의 내용은 64개의 괘에 대한 설명으로 이루어져 있다. 그 구체적인 내용은 64개 괘의 괘사와 효사이다. 괘사는 괘 전체의 상의 의미를 설명한 글이고, 효사는 괘를 구성하고 있는 여섯 개의 효, 즉 육효 하나하나를 설명한 글이다. 그런데 이 64괘의 괘의 형태는 8괘를 기초

로 해서 이루어지며, 또한 8괘는 음(--)이라는 기호와 양(-)이라는 기호의 조
합으로 이루어졌다.

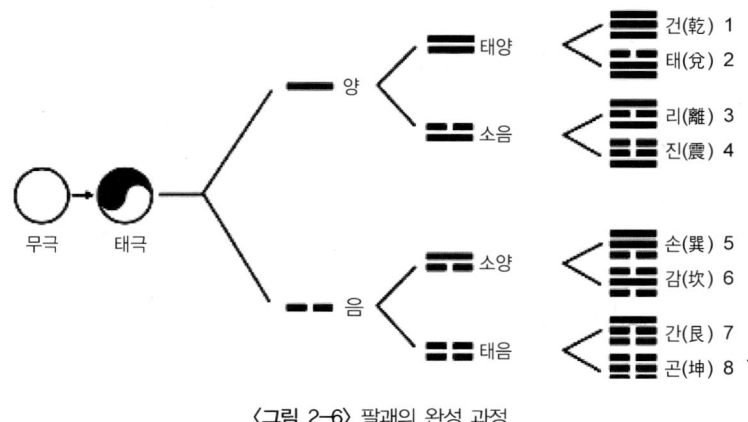

〈그림 2-6〉 팔괘의 완성 과정

주역의 구성은 먼저 음·양의 기호로부터 시작한다. 그리고 이 음양은 다
시 이전의 태극에서 비롯된 것이다. 결국 주역은 태극과 음양이 가장 기본적
인 출발점임을 괘의 구성 차례에서도 알 수 있다. 그래서 역전의 계사상전 제
11장에 '易有太極하니 是生兩儀하고 兩儀 生四象하고 四象이 生八卦하니
八卦 定吉凶하고 吉凶이 生大業하나니라[역에 태극이 있으니, 이것이 양의
(음양)를 낳고, 양의가 사상을 낳고, 사상이 팔괘를 낳으니, 팔괘가 길흉을 정
하고, 길흉이 대업을 낳는다]'라고 하였다.

결국 주역은 태극에서 음양인 두 가지 기호(-, --)가 나오고(일변), 다시
재변하여 나온 것이 사상이다. 사상에는 태양(⚌) 소음(⚎) 소양(⚍) 태음(⚏)
이 있다. 사상이 분화된 것은, 먼저 양의(陽儀, -)를 본체로 하여 양으로 분
화한 것이 태양이고 음으로 분화한 것이 소음이며, 음의(陰儀, --)를 본체로
하여 양으로 분화한 것이 소양이고, 음으로 분화한 것이 태음이다. 사상에서
다시 음양 작용으로 분화하여 팔괘가 성립된다. 사상의 태양을 본체로 하여
양으로 분화된 것이 건(☰)이 되고, 음으로 분화한 것이 태(☱)가 되며, 소음

을 본체로 하여 양으로 분화한 것이 리(☲)가 되고, 음으로 분화된 것이 진(☳)이 되며, 소양을 본체로 하여 양으로 분화한 것이 손(☴)이 되고, 음으로 분화한 것이 감(☵)이 되며, 태음을 본체로 하여 양으로 분화한 것이 간(☶)이 되고, 음으로 분화된 것이 곤(☷)이 된다.

팔괘에는 여덟 개 각각의 괘에 고유한 수가 배열되어 있다. 괘의 숫자는 괘의 생성순서를 나타내며, 건괘에는 1, 태는 2, 리는 3, 진은 4, 손은 5, 감은 6, 간은 7, 곤은 8이 배열되어 있다.

위의 그림에서 처음에 시작되는 그림에 무극(○)으로부터 시작하는데 이는 송나라 때 주돈이 선생 '태극도설'에 처음 제시하면서부터 비롯된 것이다. 원래 공자의 계사전에서는 '역유태극(易有太極)하니……'에서 보는 바와 같이 태극(☯)이 역의 시초로 되어 있는데, 중국의 송나라 때 주돈이 선생이 '태극도설'에서 무극을 말하고 그다음 태극을 언급함으로써 비롯된 것이다.

③ 팔괘의 괘명과 속성

팔괘는 우주삼라만상을 관찰하여 여덟 가지 괘로 나타내고 있는데 팔괘의 속성을 우주삼라만상의 중요한 몇 가지의 대표적인 사물과 관련해서 나타내면 아래 <표 2-1>과 같다.

〈표 2-1〉 팔괘 속성표

괘상	☰	☱	☲	☳	☴	☵	☶	☷
괘명	건(乾)	태(兌)	리(離)	진(震)	손(巽)	감(坎)	간(艮)	곤(坤)
자연	하늘	못	불	우뢰	바람	물	산	땅
인간	아버지	소녀	중녀	장남	장녀	중남	소남	어머니
성질	굳셈	기쁨	걸림(麗)	움직임	들어감	함정	그침	순함
동물	말	양	꿩	용	닭	돼지	개	소
신체	머리	입	눈	다리	넙적다리	귀	손	배
오행	양금	음금	화	양목	음목	수	양토	음토

공자가 주역해설을 위해 쓴 10가지 해설전 중 설괘전(說卦傳)의 내용을 중심으로 자연 현상으로 건괘는 하늘, 태괘는 못, 리괘는 불, 진괘는 우뢰, 손괘는 바람, 감괘는 물, 간괘는 산, 곤괘는 땅을 상징적으로 나타내며, 인간은 건괘는 아버지, 태괘는 소녀, 리괘는 중녀, 진괘는 장남, 손괘는 장녀, 감돼는 중남, 간괘는 소남, 곤괘는 어머니를 나타낸다. 그 이하도 표와 같이 나타낼 수 있다.

3) 8×8=六十四卦(상경 30괘, 하경 34괘)

육십사괘는 팔괘를 거듭 중첩하여[일정팔회(一貞八回): 8×8=64] 만들어진 것으로, 팔괘의 모든 가능한 결합들로 구성된다. 이를 대성괘(大成卦)라고 한다. 64괘는 우주삼라만상의 변화하는 현상을 근원적으로 나타낸 상징적 부호이다. 따라서 이들을 아는 것은 곧 변화의 과정을 아는 것이 된다. 여덟 개로 되어 있는 소성괘(팔괘)가 우주대자연을 구성하고 있는 기본적인 요소라면, 이 소성괘가 둘씩 모여서 이루어진 64개의 대성괘로 우주대자연의 현상을 모두 표현할 수 있다고 본다. 즉, 우주대자연의 삼라만상은 64개의 괘로 모두 표현하고 설명할 수 있다는 것이다.

현대적인 표현으로 말하면 우주삼라만상의 현상과 변화를 64가지 괘라는 부호로 또는 모델로 정형화하여 나타낸 것이다. 따라서 인간이 궁금하게 생각하는 관심사항이 64괘 중 어디에 해당되는가를 알면 그 괘의 의미, 즉 그 괘를 나타낸 괘사와 효사를 해석하면 관심사항에 대해 알 수가 있다. 인간의 관심사항이 어느 괘에 해당되는가를 알 수 없으면, 주역점을 쳐서 나타난 괘를 가지고 해석하면 알 수 있다.

아래 <그림 2-7>의 주역 64괘는 상경 30괘, 하경 34괘로 구성되어 있다. 괘의 순서의 배열은 공자가 쓴 십익의 서괘전(序卦傳)에 서술되어 있다.

상경											
重天乾 (1)	䷀	重地坤 (2)	䷁	水雷屯 (3)	䷂	山水蒙 (4)	䷃	水天需 (5)	䷄	天水訟 (6)	䷅
地水師 (7)	䷆	水地比 (8)	䷇	風天小畜 (9)	䷈	天澤履 (10)	䷉	地天泰 (11)	䷊	天地否 (12)	䷋
天火同人 (13)	䷌	火天大有 (14)	䷍	地山謙 (15)	䷎	雷地豫 (16)	䷏	澤雷隨 (17)	䷐	山風蠱 (18)	䷑
地澤臨 (19)	䷒	風地觀 (20)	䷓	火雷噬嗑 (21)	䷔	山火賁 (22)	䷕	山地剝 (23)	䷖	地雷復 (24)	䷗
天雷无妄 (25)	䷘	山天大畜 (26)	䷙	山雷頤 (27)	䷚	澤風大過 (28)	䷛	重水坎 (29)	䷜	重火離 (30)	䷝
하경											
澤山咸 (31)	䷞	雷風恒 (32)	䷟	天山遯 (33)	䷠	雷天大壯 (34)	䷡	火地晉 (35)	䷢	地火明夷 (36)	䷣
風火家人 (37)	䷤	火澤睽 (38)	䷥	水山蹇 (39)	䷦	雷水解 (40)	䷧	山澤損 (41)	䷨	風雷益 (42)	䷩
澤天夬 (43)	䷪	天風姤 (44)	䷫	澤地萃 (45)	䷬	地風升 (46)	䷭	澤水困 (47)	䷮	水風井 (48)	䷯
澤火革 (49)	䷰	火風鼎 (50)	䷱	重雷震 (51)	䷲	重山艮 (52)	䷳	風山漸 (53)	䷴	雷澤歸妹 (54)	䷵
雷火豐 (55)	䷶	火山旅 (56)	䷷	重風巽 (57)	䷸	重澤兌 (58)	䷹	風水渙 (59)	䷺	水澤節 (60)	䷻
風澤中孚 (61)	䷼	雷山小過 (62)	䷽	水火旣濟 (63)	䷾	火水未濟 (64)	䷿				

〈그림 2-7〉 주역 64괘

64괘 중에서 상경은 천도인 자연의 현상을 중심으로 30괘로 편제되어 있으며, 하경은 인간사회의 법도를 중심으로 34괘로 편제되어 있다.

먼저 상경 30괘는 천도(天道)를 나타낸 글이므로 하늘을 나타내는 건괘(重天乾卦)와 땅을 나타내는 곤괘(重地坤卦)로부터 시작하여 물괘(수 또는 월)인 중수감괘와 불괘(화 또는 일)인 중화리괘로 마치고, 하경 34괘는 인사(人事)를 나타낸 글이므로 소남 소녀가 만나는 택산함괘(咸卦)와 장남 장녀가 만나 가정을 이끌어 가는 뇌풍항괘(恒卦)로 시작하여 물과 불이 서로 사귀는 수화기제괘와 수화미제괘로 마친다.

역의 상경의 처음에 나오는 건곤괘와 마지막에 나오는 감리괘는 주역이 우주변화를 일으키는 기본 틀을 나타낸 것이라고 볼 수 있다. 즉, 우주삼라만상은 수없이 복잡다단하나 그러한 형상을 일으키는 근본은 하늘과 땅 사이에 해와 달이 운행하면서 나타난 현상이라고 간단히 요약할 수 있다. 그러므로 주역의 나머지 60괘는 하늘과 땅을 나타내는 건곤 괘를 체로 하고, 해와 달을 나타내는 감리 괘를 용으로 하여 나타난 모든 현상들을 상징해서 나타낸 것이라고 볼 수 있다.

6. 주역학의 학파

주역은 동양의 모든 학문의 조종이며 그래서 만학의 제왕이라고도 한다. 따라서 동양의 모든 학문은 앞에서 누차 언급한 바와 같이 주역에서 비롯되었다고 해도 과언이 아니다. 이들 학문을 주역과 관련하여서 분류하고자 한다.

중국 청나라가 국력을 기울여 편찬한 동양, 아니 세계 최대의 총서로서 선진시대부터 청대 말기까지 역대 전적 모두 79,000여 권을 망라하여 만든 사고전서(四庫全書)에서 첫 번째 소개한 책이 주역이다. 주역이 그만큼 중요한 책이기 때문에 제일 먼저 수록하였다. 여기에서 처음으로 역학을 '두 학파와 여섯 분파[양파육종(兩派六宗)]'로 나누어 소개하였다.

'두 학파'란 역의 내용으로 구분하여 상수역파와 의리역파, 혹은 시대로 구분하여 한역(漢易)과 송역(宋易)을 가리킨다. 즉, 상수역이 가장 발달하고 성행한 시기가 한나라였고, 의리역이 가장 발달했던 때가 송나라였기 때문에, 상수역을 한역, 의리역을 송역이라고도 한다. '여섯 분파'란 상수역의 점서역(占筮易)·기상역(禨祥易)·도서역(圖書易)과 의리역의 도가역(道家易)·유가역(儒家易)·사사역(史事易)을 가리킨다.

중국의 『사고전서총목제요(四庫全書總目提要)』에서 "주역은 천도를 미루어 인사를 밝힌 학문이다"라고 적고 있다. 우주론적 자연의 이법, 즉 천도(天道)를 가지고 인간의 모든 일(人事)을 밝힌 학문이다. 주역이 천도를 미루어 인사를 밝힌 이유는, 원래 주역이 만들어진 목적이 인간의 우환의식에서 비롯되었으므로, 여러 가지 우환에 적절히 대응하기 위해서는 먼저 대우주인 우주론적 천도에 입각한 만물만사의 변화 이치를 알아야 하고, 그렇게 함으로써 우환에 대처할 수 있는 지혜(피흉추길)를 발견할 수 있기 때문이다.

천도란 하늘의 운행원리를 말하고 이는 우주론적 순환론적 자연의 이치를 말하며, 이를 한마디로 태극과 음양오행론으로 표현할 수 있다. 즉, 하늘의 운행원리인 천도란 구체적으로 태극과 음양오행론을 말한다.

인사란 인간에 관련된 모든 것을 의미한다. 인사에는 첫째, 인간의 행동 규범과 관련된 도리적 내용이 있고, 둘째, 건강과 생활 속의 길흉화복에 관련된 과학기술적 내용이 있다. 도리적 내용과 관련된 주역의 내용을 의리역(義理易)이라 하고, 건강과 길흉화복과 같은 과학기술적 내용이 상수역(象數易)이다.

의리역의 '의리'란, 일상생활에 흔히 쓰는 '의리인정(義理人情)'이라거나 '경박한 세태 속의 의리'라는 의미는 아니고, 일체 사물의 존재 이유나 사물의 이치, 원리를 가리킨다. 이런 면에서 주자학과 같은 유교철학을 대표적인 '의리지학'이라고도 한다. 결국 의리역이란 주역의 이치에 근거한 모든 인간의 행동 규범과 사상 및 철학을 일괄하여 의리역이라고 한다.

상수역으로서 주역은, 점을 치는 행위(Divination)의 본질로서 당연히 신비(Divine)와 관련을 맺게 된다. 상수역의 대표적 학문인 점술은 인간의 능력을 넘어선 어떤 힘에 의지하여 문제를 해결하려는 것이 바로 점이기 때문에, 거기에는 인간을 초월한 어떤 힘, 즉 신에 대한 신앙이 요청된다. 이런 점에서 주역에는 종교적 의미가 내포되어 있음을 알 수 있다.

그러나 의리, 즉 사상과 도리의 책으로 이해될 때 주역은 거기에 쓰인 것에 대한 해석과 음미를 통해 현실세계의 의미를 추구하는 인간 이성의 활동대상이 된다.

주역은 인간을 초월한 신비와 관련되는 성격 그리고 인간적 이성과 관련되는 성격 등 두 개의 얼굴을 가지고 있다. 그리고 이 두 개의 얼굴은 결코 하나로 합쳐지지는 않지만, 서로 미묘하게 연관되어 있다. 역이 흥미를 끄는 이유는 바로 여기에 있다(카나야 오사무, 『주역의 세계』).

상수역의 '상수'는 상(象)과 수(數)를 합친 말로서 점과 각종 역술과 관련된 내용을 의미한다. 주역점을 칠 때 괘와 효를 상이라 하고, 괘와 효를 나타내기 위해서 서죽을 나누고 셀 때 수를 활용하므로 이를 수라 한다. 즉, 수를 세서 효와 괘의 상을 나타내기 때문에 이를 상수라고 한다. 상수역은 점을 위시해서 인간의 건강을 비롯한 길흉화복에 관련된 모든 역학·역술을 말한다.

상수역을 현대적으로 말하면 자연의 변화하는 패턴을 상과 수로 나타낸 것이다. 우리는 패턴의 우주 속에 살고 있다. 또한 자연의 패턴 속에는 자연 현상과 과정을 지배하는 규칙을 알아낼 수 있는 중요한 단서가 있다. 그 단서를 상과 수로 구체화한 것이 상수역이다.

결국 주역은 하늘의 운행 원리이며 천도(天道)인 태극과 음양오행론의 시각에서 인간의 도리와 길흉화복인 인사(人事)에 대한 내용을 밝힌 학문이다.

주역의 가장 큰 학문적 특징은, 모든 인간사를 우주론적 순환론적 자연의 이치인 천도(天道)의 관점에서 밝히고 있다는 점이다. 즉, 현대적으로 표현하면 사물을 고찰하는 접근방법이 우주론적이라는 점이다. 서양의 철학 사상뿐만 아니라 과학기술이 주로 인간 자체와 개개의 객관적 사물에 근거해 발달한 학문이라는 점과 아주 대비되는 점이다.

여기서 동서양 학문의 가장 근본적인 차이점을 발견할 수 있다. 현재 우리나라 제도권 교육기관이 서양학문을 위한 교육·학문기관이다 보니 처음에 초등학교에 들어가면 배우기 시작하는 내용이, 바둑이, 철수, 영희 그리고 송아지처럼 인간(철수, 영희)과 가까운 사물(바둑이, 송아지)이 중심을 이루고 있는 데 비해서, 옛날 우리 조상들의 교육기관인 서당에 처음 들어가서 배우는 책인 천자문의 첫째 말이, 하늘 천, 따지, 검을 현, 누루 황, 즉 천지현황으로 되어 있는 것은 동양학이 우주론적 학문이기 때문이다.

즉 주역은 우주론적 Top Down 학문이고 서양과학은 개개의 사물에 근거한 Bottom Up 학문이다.

의리역과 관련된 구체적인 동양학문에는 동양의 가장 대표적인 사상 철학인 유가가 있고 그리고 도가, 묵가, 제자백가가 있다. 그리고 송나라 때 유학을 다시 발전시킨 신유학인 성리학이 있다.

상수역과 관련된 구체적인 학문은 동양오술인 명·복·의·상·산학과 천문기상·율려·음악·무용 등이 있다.

동양학은 일원동류 일이관지(一源同類 一以貫之)

주역은 동양의 철학사상과 과학기술 및 윤리도덕의 근원적인 학문이다. 따라서 동양문화의 종합적 학문이며 가장 기초적인 학문이다. 종합적 학문이란 동양의 철학, 사상, 윤리, 도덕 그리고 과학기술적 길흉화복에 관련된 내용을 모두 포함하고 있다는 의미이다. 기초적인 학문이란 모든 학문의 준거 기준이 되는 근원적인 학문이기 때문이다. 그래서 주역은 모든 동양 철학·사상뿐만 아니라 과학기술적 학문의 종지(宗旨)가 된다. 따라서 주역을 모르고는 동양의 학문과 역사 문화를 근본적으로 이해할 수 없다는 것은 바로 이 때문이다.

동양 사상을 표현하는 언어는 비록 여러 가지일지 모르나, 그 흐름은 전혀 갈라지지 않고 하나의 흐름을 유지해 왔다. 그러나 서양의 철학사상을 접했을 때 머리에 통증을 느끼는 이유 중의 하나가 수많은 철학자들이 백가쟁명식으로 다양한 설을 내세우며 나름대로 그럴듯한 논리를 전개하기 때문이다. 서양철학사를 보면 수많은 철학자들이 나와서 나름대로 철학이론을 펼치는데 하나하나 보면 다 그럴듯하지만 책을 덮고 나면 어지럽다. 왜 그럴까? 그것은 철학자들에 따라서 각각 서로 다른 논리를 내세우기 때문이다.

다시 말해 칸트의 철학과 베르그송의 철학 그리고 존 듀이의 철학은 서로 체계가 다르기 때문이다. 최근에는 푸코의 철학이 어떻고, 들뢰즈의 철학이 어떻다고 하는 식의 수없는 논리와 창의적인 관점을 가지고 백가쟁명식으로 내세우고 있다. 그들 나름으로 모두 의미 있고 일리 있는 내용이지만, 적어도 서양의 모든 철학자들이 일관된 체계를 갖고 사상을 전개해 나간 것이 아니라는 것은 분명하다.

그러나 동양의 철인들은 달랐다. 동양에도 수많은 사상가와 유학자들이 있고 각기 나름대로 독특한 학설을 내세우고 있지만, 그들의 사상을 관통하는 하나의 맥이 분명히 존재하고 있다. 그것이 바로 주역의 '음양'이다(김구연, 『동양학 아카데미』).

동양의 철학 사상들은 하나의 종지(宗旨), 즉 주역의 음양론을 준거기준으로 일관되게 전개하고 있다는 점이다. 이에 비해서 서양의 철학사상은 거의 철학사상가의 개인적 아이디어 내지 관점에 근거하고 있지 않나 생각된다. 그래서 백가쟁명식의 철학 사상들이라고 볼 수 있다.

뿐만 아니라 주역의 철학사상은 우주론적 관점에서 정신-물질 일원론적 학문이다 보니 영원하고 궁극적 철학이며 과학기술이다.

7. 현대 사회에서 동양학(주역)의 의미와 연구 방향

지금까지 주역이라는 학문을 주마간산 격으로 살펴보았지만, 필자인 나 자신도 주역이라는 학문의 깊이와 넓이의 감을 전혀 알 수가 없다. 다만 주역을 연구한 대가들의 말씀과 그동안 배우고 연구하면서 희미하게 느끼는 내용으로 볼 때, 주역은 최고의 철학이요 최첨단 과학기술이며 인류 최고의 문화재이다.

첫째, 최고의 철학이란 천인합일사상에 의해서 우주론적 자연의 이치인 궁극적 진리인 도(道)에 의해서 인간의 궁극적인 삶의 의미와 방향 및 표준을 말해 준다는 의미에서 궁극적이고 영원한 철학이기 때문이다. 즉, 뚜렷한 궁극적인 종지인 준거기준이 있다는 점에서 과학적이다. 이것이 다른 동서양의 철학이 단순히 개인적 삶의 수준과 환경 속에서 우러나온 관점적 철학 사상과 근본적으로 차원이 다른 철학이라고 본다.

둘째, 최첨단 과학기술이다. 정신-물질 일원론적 관점에서의 정신 차린 유기체론적 과학기술이다. 현대 물리학의 원리, 즉 양자역학, 상대성이론, 카오스, 복잡계, 홀로그램, 프랙탈 등의 이론에 의한 체계화된 구체적이고 실용적인 과학기술이다. 서구는 양자역학자들을 중심으로 신과학적 이론들을 원론적 수준에서 원리를 밝히고 해명하는 데만 초점을 두고 있지 그러한 원리 법칙에 의한 구체적으로 체계화한 주역과 같은 학문은 없는 것 같다.

셋째, 인류 최고의 문화재이다. 동양의 문화재 중에 세계적으로 대두되는 문화재라면 주역과 만리장성이 아닐까 생각한다. 그런데 만리장성은 그 시대의 의미 있는 문화재인지는 모르지만 현대에서는 아무 쓸모없는 돌덩어리에 지나지 않는 죽은 골동품에 지나지 않는다. 그러나 주역은 지금과 같은 서양 첨단과학이 아무리 발달해도 여전히 많은 국민들의 실제 생활에 도움을 주고 있으며 서양첨단과학기술이 따라올 수 없는 보다 새롭고 앞선 과학기술이라는 점에서 여전히 살아 있는 생명력 있는 문화재라는 점에서 인류 최고의 문화재이다.

여기에서는 주역학의 원문에서 공자께서 후천을 대비하기 위해서 주역을 연구하며 숨겨 놓은 비사체(秘辭體)를 중심으로, 그리고 세계적인 주역의 대가이신 우리나라 대산 김석진 선생과 대만 남회근 국사의 글을 직접 인용하여 현대와 미래에 주역의 의미와 연구방향을 소개하고자 한다. 주역의 원문과 주역의 대가되는 분들이 역학적 관점에서 제시한 내용이기 때문에 현대 학문이 분석적으로 고찰한 것과 전혀 패러다임적으로 새로운 차원의 다른 의미와 가치가 있다.

존호기인(存乎其人)

대산 김석진 선생의 주역 강의와 저서에서 중간 중간 주역의 현대적 의미와 가치에 대한 내용이 있어서 이를 인용하는 것으로 대신하고자 한다.

"공자께서 위편이 삼절을 한 학문이 주역이다. 주역은 그 당시 대나무에 써서 보관하여서 그것을 죽역(竹易)이라 하였고, 이를 서역(書易)이라고 한다. 인역(人易)은 사람의 역, 천역(天易)은 천지자연의 역이고, 서역(書易)은 천지자연을 대나무나 종이에 써서 책을 만든 것이 서역이다. 인역이란 서역으로 공부해서 천지자연의 역의 이치를 알아서 세상에 내놓는 것을 말한다. 그러면 무엇이 제일 소중한가? 천역, 역이란 꼭 천역에 있다. 천역이 아니면 안 된다. 본체니까. 서역이 아니면 역은 공부할 수 없다. 그러나 인역이 제일 소중하다. 그래서 존호기인(存乎其人)하고 역을 못 보면 천지가 공허하듯이 사람이 그 주역을 통해서 환하게 알아서 세상에 내놓을 수 있어야지 그렇지 못하면 그 역이 무슨 소용이 있고 질로 쌓아 놓으면 무슨 소용이 있고, 천지자연의 역이 본체 그대로 있으면 무슨 소용이 있겠는가. 천지자연의 역을 주역인 책으로 만들었으면 사람이 주역을 공부해 가지고 알아서 세상에 내놓는 것이 그것이 중요하다. 존호기인하고 그래서 사람이 중요하고, 존호기천하고 존호기서하고 하늘에 존하고 글에 존했다고 하지 않고 존호기인 그 사람에 존하고 그 사람의 덕행에 존하다.

그래서 존자가 존호기인 그 사람이 주역을 공부해 가지고 통하여 세상에 내놓고 하는 것이 가장 중요하다.

그래서 잔 주역에 보면 부재기천(不在其天)하고 역이 하늘에 있지 않고, 부존어천(不存於天)하고 부존어서(不存於書)하고, 존호인(存乎人)이다. 가장 사람이 중요하고 사람이 주역을 공부해 가지고 내놓는 것이 중요한 것이다."

위 글의 내용은 역에는 천역(天易), 서역(書易), 인역(人易), 세 가지 역이 있는데, 이 중에서 인역이 제일 중요하다는 것이다. 그래서 역의 중요성은, 하늘에 있지 않고, 책에 있지 않고, 존호기인(存乎其人) 그 사람에게 있다는 것이다. 천역이란 하늘의 역으로서 하늘의 변화 이치 그 자체를 천역이라고 하여 역의 본체를 의미하고, 천역을 관찰하고 고찰하여 글로 나타낸 것이 서역이며, 사람이 글로 나타낸 서역을 공부해 가지고 이를 인간의 삶에 내놓은 것이 인역이다. 결국 주역의 천역과 서역은 인간의 삶에 도움을 얻기 위한 수단이고, 궁극적인 목적은 인간 삶에 내 놓아 삶에 도움이 되도록 해 주는 인역에 있다는 것이다.

대산 선생님의 스승이신 야산(也山) 이달(李達) 선사께서 주역의 학문적 의미를 언급한 부분에서, 인간 생활에서 주역점의 의미를 나타낸 내용 중에서 주역 공부의 의미를 나타낸 내용이 있다.

"주역점술은 주역에서 이치를 알아 세상에 내놓는 것을 말한다. 하늘과 땅의 이치를 점쳐 아는 것이 복(卜 = ㅣ + 丶)이고, 이를 입으로 말해 주는 것을 점(占 = 卜 + 口)이라고 한다. 주역을 아무리 많이 배웠더라도, 그것을 점술로 풀이하여 내놓지 않는다면 아무 소용이 없는 것이다."

이 말은 주역의 이치가 오묘하다 할지라도 점과 술로서 내놓지 않는다면, 몇몇 통한 사람의 전유물일 뿐 일반인에게는 아무 소용이 없다는 의미이다. 즉, 주역을 아무리 연구하여 통했다 해도 인간에게 내놓지 않으면 그것이 인간 삶에 무슨 소용이 있느냐 하는 내용이고, 이는 앞에서 언급한 '주역이 존호기 인에 있다'는 내용과 유사한 것으로 생각된다. 점과 술에서 '술'에 해당하는 구체적 의미가 현대적 표현으로 말하면 과학기술을 의미한다.

주역이 존호인(存乎人)에 있다고 하면 주역을 공부해서 인간의 삶에 도움이 되는 역에는 상수역과 의리역이 있는데, 시대적으로 의리역보다는 상수역이 더 중요한 시대이다. 현대는 자본주의 사회이므로 물질적 가치를 추구하고 나아가 윤리도덕적 행위에 대한 의미를 밝히는 데 과학기술적 상수역이 더 의미 있고 생활에 도움을 주기 때문이다.

더욱이 1940년대로 추정되는 시기에, 야산선사께서 앞으로 문명이 발달 전개되는 상황에서 서구의 과학기술 문명이 엄청나게 들어오게 되는데, 우리가 이에 대항해서 내놓을 수 있는 학문은 사서삼경 중에서 사서(四書: 대학, 중용, 맹자, 논어) 가지고는 안 되고, 삼경 중에서 주역이라고 하셨다는 것이다. 주역이라야만 서구과학기술 문명에 대항해서 우리의 과학기술 문명의 위대성을 과시할 수 있다는 것이다. 그런데 이 말씀대로 서구의 최첨단 물리학인 양자역학자들에 의해서 주역의 의미와 가치를 학문적으로 인정받고 있지 않은가? 즉, 서구의 뉴턴, 데카르트적 고전역학의 한계성을 넘어서는 양자역학이 발달하면서 그들에 의해서 동양의 신비주의 사상이 학문으로 각광을 받고 있

는 것은, 야산 이달 선사께서 예측한 대로 실현되고 있음이 입증되었다고 볼
수 있다.

홍역학 부문(洪易學 敷文)

우리가 살고 있는 것은 사실 음양오행의 이치 속에서 살고 있는 것이다. 해
가 동에서 떠서, 물론 중천에 떠 있지만, 이치로 미루어 볼 때 해가 동에서
떠서 서쪽을 비추는 것이다. 그런데 사람들은 뜨는 것은 모르고 비추는 것만
알고 있다. 나무가 뿌리가 감춰져 있으나 뿌리 없이 가지와 잎이 있을 수 없
는데 가지와 잎만 알고 뿌리는 모른다. 보이지 않는 공기를 마시고 사는 것은
모르고, 보이는 것만 가지고 얘기하니까 그런 것이다.

서양의 과학이나 물질문명은 다 그런 것이 아니겠는가. 그런데 그 근원은
사실 동양에 있다. 그래서 동양학문은 늘 근원적 학문이라 할 수 있다. 그중에
서 음양이라는 것을 설명한 주역, 오행을 설명한 홍범구주가 바로 홍역이다.

야산 이달 선생님이 대둔산 석천암이라는 곳에서 처음 주역을 공개적으로
가르치실 때 비록 산 중 절이지만 많은 사람들이 와서 배웠다.

선생님의 주의 주장은 앞으로 이 세상은 근본을 망각하고 그저 음양오행도
모르고 지엽적인 서양의 물질문명을 따라서 살 것이다. 그렇게 되면 결과가
어떻게 될 것인가. 세상은 물질과 물질이 서로 부딪혀서 다 서로 자취멸망,
스스로 모두 다 자기가 그걸로 멸망할 것을 모르고 멸망을 하게 된다.

그것을 구제하자면 동양의 근원적인 주역과 홍범구주라야 한다. 주역에는
음양이 있고 홍범구주에는 오행이 있는데, 음양오행을 연구해서 서양과학과
대항해야 한다.

앞으로의 세상은 서양의 물질적 과학이 극도로 발달해서 몸은 비록 편히
살게 될지 모르지만 정신은 늘 황당하고 어지럽고 답답한 세상을 살게 될 것
이다. 늘 위기의식을 가지고 살아야 하는 그런 시대가 된다. 물질이 극도로
발달하게 되면 물질과 물질이 서로 부딪혀서 파괴를 초래하게 된다. 그리고
과학이 고도로 발달하면 사람이 자연이 하는 것을 다 하게 돼 버린다. 그러면
나중에 가서 무부무군이 되어 아버지도 없고 임금도 없고 그저 과학적으로

사람을 만들어 내고 모두 다 만들어 내고 그러니 무슨 도의가 있고 정신이 있고 기본이 있고 뭐가 있겠느냐.

동양의 그 기본 도덕 정신문명은 말살이 돼 버린다. 그런 세상이 오는데 우리가 그냥 있을 수 있느냐. 동양이 내놓을 것이라고는 음양오행이다.

음양오행은 우주만물의 근원이 되는 것이고, 그것을 풀이한 글, 주역과 홍범구주는 그렇기 때문에 동양 최고의 철학이고 최대의 경전이 아니겠느냐. 그래서 이 글을 가르치고자 하는데 그걸 공부하기 위해 홍역학이란 이런 모임을 또 창립하는 것이고, 이걸 창립하니까 여기에 대한 글을 지어서 펴는 것이 아니겠느냐. 그래서 부문(敷文)이다. 즉, 널리 펼치는 글이다.

홍역학 부문이란 대산 선생의 스승이신 야산 이달 선생이 주역과 홍범구주를 배우고 연구하여 널리 펼치기 위해서 홍역학회를 창립하면서 쓴 글이다.

대산 김석진 선생의 『미래를 여는 주역』

대산 선생의 『미래를 여는 주역』에서 현대 사회에서 주역의 의미를 나타내는 글로서 해방 무렵 유행했던 말이 있어서 소개한다.

아마도 해방 후 혼란한 시대적 상황에서 모든 국민들이 국가의 장래가 불투명하여 갈피를 잡지 못하고 있을 때, 어떤 선각자가 국가의 나아갈 길을 갈파하고 내놓은 것을 국민들이 공감하여 나온 말이라고 볼 수 있다.

민심은 천심인데 국민들은 직접 말로 표현은 못 하지만 누군가가 민심을 간파하고 정곡을 찌르는 말을 하면, '아! 이것이구나' 하고 공감하며 호응하는 경우가 있다. 그런 말 중에 다음과 같은 말이 있었다는 것이다.

> "이러(日語)하고 못 사는데, 영악(英學)하고 어찌 살랴? 지독(支讀)하고 노력(勞易)하면 살 수 있지."

이 말은 일본말이나 서양학문을 하기보다는, 한문(지독: 여기서 '지'는 지나, 즉 중국을 뜻함)을 공부하고, 특히 주역(노역) 연구에 힘써야 된다는 뜻이다. 그때 당시로서야 잘 이해가 안 되었지만, 동양 사상으로 돌아오는 작금의 추세를 보면 참으로 선견지명이라 할 수 있다.

서양의 물리학, 유전자 등 첨단과학 분야에서 주역의 원리가 적용되고 있고, 정치에서도 상생의 원리니 상극의 원리니 하며 주역을 원용하고 있으며, 현 문명의 첨단 산물이라는 컴퓨터 역시 주역의 원리에 기초한 것이다.

그래서 당시 대산 선생님의 조부님 말씀처럼 "인기아취(人棄我取) 다른 사람은 버리는데 나는 취한다"라고 말했을 때 해볼 만한 학문이었음을 작금에 와서 알 수 있다.

상양우이(喪羊于易)

주역의 뇌천(雷天) 대장괘(大壯卦)의 육오(六五)의 효사에 '상양우이는 위부당야(喪羊于易는 位不當也: 양을 쉽게 잃음은 위가 마땅치 않음이라)'라는 구절이 있다. 여기에 '양(羊)'은 서방(西方) 태(兌)로 서양의 물질문명을 뜻하고, '역(易)'은 동방의 주역의 도(道)를 뜻한다.

이는 공자의 비사체로서 서양의 물질문명(西方 兌: 羊)을 그대로 상대하지 아니하고, 동방의 역도(易道)로써 물리쳐야 한다는 뜻이다. 즉, 서방의 물질문명을 쉽게 이기는(易) 방법은, 결국 모든 동양철학의 으뜸인 주역에 있다는 뜻이기도 하다.

양을 쉽게 물리치는 방법(상하게 하는 법)은 양의 속성을 잘 이용하는 데 있다는 것이다. 양이란 동물은 고집이 센 데다 앞장서서 가는 것을 좋아하여, 앞에서 끌면 오히려 뒤로 물러간다.

따라서 앞에서 억지로 끌고 가기보다는 뒤에서 방향만 조종하면서 순하게 몰고 가는 것이 가장 좋은 방법이다. 또 양은 앞으로만 달려드는 성질이 있으므로, 앞에서 막으려 하지 말고 뒤에서 몰면 양의 강한 성질을 쉽게 다스릴 수 있는 것이니, 양의 성질을 잘 이용하여 다스리라는 뜻이다.

상사에 '위부당야(位不當也)'라고 한 것은 양(陽)의 자리에 음(陰)이 있어 부정(不正)한 것이므로 바름만을 주장하지 말고 화합하여 나가라는 뜻이다.

서구의 물질문명을 동양의 정신 세계적 학문인 역(易)의 이치로 순화 내지

정화해야 한다는 의미로 본다. 순화를 시키는 데 서구의 물질문명을 너무 일방적으로 부정하지 말고, 어느 정도 인정하면서 주역(周易)의 이치로 잘못된 것을 설득해서 수정·보완해 나가라는 의미로 볼 수 있다.

음주유수 역부지절야(飲酒濡首 亦不知節也)

주역의 마지막 괘에 해당하는 화수미제괘(火水未濟卦)의 상구효(上九爻)에 대해 공자께서 쓰신 상사(象辭)에 '음주유수 역부지절야(飲酒濡首 亦不知節也: 술을 마시는데 머리까지 적시면 또한 절을 알지 못한다)'라고 하신 구절이 있다. 여기에서, '주(酒)' 자의 'ㅣ'에는 유·불·선이, 유(酉)에는 서양의 비의(秘意)가 있다는 것이다. 이것은 너무 유·불·선과 서양 것에 몰두하고 탐닉하면 절(節)을 알지 못한다는 것이다. 여기서 '절(節)'은 절도·사리분별과 같은 의미로 해석할 수 있다. 그런데 주역을 아는 자만이 절을 안다고 하였다.

이상 주역의 미제괘 상구의 효사를 해석한 내용을 종합적으로 서술하면, 너무 유불선과 서양적인 것에 탐닉하고 몰두하면 자신의 본래의 것을 잃어버린다는 것이다. 그리고 본래의 자신을 찾기 위해서는 절도와 사리분별력이 있어야 하는데, 그러기 위해서는 주역을 알아야 한다는 것이다.

이것은 주역을 알아야 우리 것을 근본적으로 알 수 있고, 서양 것도 대강은 인식할 수 있다는 것이다. 그렇게 되면 동서양 간의 문화에 대해 중립적인 입장에서 객관적인 이해가 가능하다고 본다. 따라서 동서양 간의 굴절 없는 상호 이해가 가능할 수 있다.

그러므로 동양인은 동양의 문화와 역사를 주체적으로 이해하기 위해 주역을 알아야 하며, 서구인들도 주역을 배워서 지금과 같이 자신의 입장에서 동양을 일방적으로 폄하하지 말아야 한다. 이것은 동서양이 서로 절도 있고 분별 있게 인식하는 데 도움을 준다.

결국 주역은 계속 연구 개발되어 현대문명과 서양과학의 한계점을 극복, 보완하는 데 활용하여야 한다고 본다. 이 점에 대해서 대산 김석진 선생님은 다음과 같이 말씀하시고 있다.

주역이란 오랜 세월 동안 伏羲·文王·周公·孔子 네 성인에 의해 이루어진 경전이기 때문에 세계의 다른 경전이 따라올 수 없는 진리의 보편성이 있다는 것이다. 성인의 말씀은 진리이고 그러기 때문에 주역 안에는 한국은 말할 것 없고 미국, 소련, 중국, 일본 등 세계의 문제를 다 찾아볼 수 있으며, 그런 가운데서도 각 민족의 역사성을 인정하고 있다는 것이다. 또한 현대과학이 인간세상을 이롭게 하는 쪽으로 발전하기 위해서는 주역을 바로 응용할 때에만 가능한 것이며 첨단과학도 주역을 통해서 완성을 이루리라고 전망된다는 것이다. 주역이 양호 192개, 음호 192개, 총 384호로 구성된 점을 상기할 때 장차 이 384호의 부호가 인류로 하여금 우주만물을 생각하는 공통어와 같은 기능을 발휘할 수 있을 것이라는 것이다.

앞으로의 세계역사는 주역의 심오한 이치를 어떻게 이해하고 응용하고 이용하느냐에 따라 달라질 것이라는 것이다.

대산 김석진 선생의 『우리의 미래』

2009년 2월에 80평생 주역을 연구하고 후학을 양성해 온 대산 김선진 선생께서 역학의 관점에서 우리나라의 미래를 밝힌 『우리의 미래』라는 책을 내셨다.

이 책의 의미는 2008년도 미국발 금융위기에서 비롯된 세계적인 경제 위기로 한 치 앞을 알 수 없을 정도로 불확실한 상황에서 우리나라 미래를 주역의 관점에서 밝히셨다는 점에서, 그리고 제도권에서 서양 분석 학문적 내용이 지배하고 있는 상황에서 전혀 새로운 시각과 내용이라는 점에서 대단한 의미가 있는 책이다.

이 글은 '지금 왜 우리가 이렇게 혼란한 세상을 살아가는가? 혼란을 다스리기 위해서 우리는 무엇을 해야 하나? 혼란은 언제쯤 안정되는가? 그 후에는 어떤 세상이 전개되는가?'의 네 가지 의문에 대해서 썼고, 그 요점은 넷으로 요약된다.

첫 번째는 세계의 중심은 대한민국으로 이동하고 있다는 것이고, 둘째는 새로운 제도가 탄생할 때가 되었다는 것이며, 셋째는 주역적으로 볼 때 새 제도의 탄생은 앞으로 10년 이내이고, 그것은 우리나라의 건국이념인 홍익인간 사상의 재탄생을 의미하며, 넷째로 그 전 단계로 한국, 일본, 중국의 3개국이 연방제에 근접하는 수준의 친밀성을 유지해야 하고, 이를 바탕으로 우리나라에 세계적인 금융시장을 유치하고, 한글을 세계화시키고, 상수역학·한의학 등 소프트웨어가 될 학문을 발전시켜야 한다. 먼저 현대 사회의 위기의 진단을 음양론적으로 다음과 같이 진단하였다.

세상의 변화는 음양의 변화에서 벗어나지 않는다. 수많은 사건이 발생하고 정신 못 차릴 만큼 변화가 일어난다 하더라도 그 역시 음양의 변화일 뿐이다.

음과 양은 태극 한 뿌리에서 나왔고, 이것이 균형을 이루어야 우주가 존재할 수 있다. 따라서 모든 것에 우선하는 선(善)은 음과 양의 균형인데, 현재의 혼란은 양이 음보다 월등히 성해졌기 때문에 그 균형을 맞추기 위한 용트림이다.

이 시대를 사는 우리의 사명은 그 균형을 이룰 수 있도록 돕는 데 있고, 그 방법은 홍익인간철학에서 찾을 수 있다.

선생께서는 세상의 문명이 간방인 우리나라에서 시작해서 해 뜨는 방향으로 진행하여 다시 우리나라로 돌아오게 된 것이라고 하였다. 문명이 한 바퀴 돌았다는 것인데, 해는 계속 뜨고 지는 순환 속에서 사람들은 체제를 바꾸고 생활을 바꾸어 살아가는 것이다.

따라서 이제 새로운 문명, 새로운 체제를 열어야 할 때가 온 것이고, 그것도 모든 종교, 철학, 정치체제 등을 새로이 하는 문명이며, 그 사명이 바로 대한민국에 주어졌기 때문에, 대한민국으로 모든 종교, 철학 등이 몰려들 것이고, 그것들을 융합해서 창조해 낼 이념은 홍익인간사상인데, 우리 민족은 홍익인간 사상이 익숙하기 때문에 그런 사명을 받은 것이라는 결론이다.

남회근 국사의 『역경잡설』

대만 총통의 국사(國師)였던 남회근 국사는 그의 저서인 『역경잡설』에서, 현대 사회와 같은 시대에 주역을 연구하는 방향을 다음과 같이 말하였다.

"주역이라는 학문의 내용이 되는 64 매괘 매효의 뜻은 성상학(星象學)에서 나왔다. 뿐만 아니라 천간, 지지, 오행, 팔괘도 지극히 복잡한 성상학을 일반 사람들도 알 수 있게끔 간략화시킨 것이다. 일반인들은 천간이나 지지 등을 단지 시중에 나도는 술수쯤으로 생각하지만 실제로 그 뒤에는 심오한 문화적 배경이 깔려 있다. 이런 까닭에 단지 '주역'의 테두리 내에만 집착해서 해석하려는 것은 아무 쓸모가 없다. 최근 역경 연구가 붐을 일으키고 있지만, 단지 이런 식이라면 죽도록 연구해도 아무런 공헌도 할 수 없을 것이다. 유일한 용도가 있다면 할 일이 없는 사람의 소일거리 정도일 것이다.

진정으로 활용될 수 있기 위해서는 과학적인 태도가 필요하다. 그렇지만 과학이라 해서 현대의 자연과학과 같은 것이어서는 안 된다. 역학은 심오한 것이지만 진정으로 활용되기 위해서는 반드시 과학적 정신이 있어야 한다. 실용성 없는 사상은 공허한 내용이다. 역경을 연구하면서 결코 해결될 수 없는 문제를 붙들고 늘어져서는 안 된다. 옛 사람들의 태도 역시 이러했다. 역경이라는 저작은 훌륭한 것이지만 먹어 봐야 배도 부르지 않다. 송대의 성리학자들처럼 역경의 도리만을 말하는 데 그쳐서는 안 된다."

위의 남회근 국사의 핵심적 내용은, 주역을 실용적인 과학기술적 관점에서 연구해야 한다는 의미이다. 옛 사람들과 같이 주역의 태두리 내에만 집착해서는 결코 해결될 수 없는 문제를 붙들고 늘어져서는 안 된다. 그리고 실용성 없는 사상은 공허한 내용이다.

과학이란 공허하고 현학적인 철학·사상과 다르게 실용성과 구체성이 있는 학문을 의미한다. 즉, 주역의 과학적 성격을 개발하여 국민들의 실제 생활에 구체적이고 실용적으로 도움을 주어야 하고, 그 과학이 기존의 서양과학과 상호 보완적이며 더 앞선 것이어야 더욱 의미가 있다. 이것이 비제도권의 역학과 역술이라고 볼 수 있다.

과거 중국의 송나라와 조선시대의 통치이념인 성리학 위주의 공리공론적인 인간의 도리만을 강조하는 주역 연구는 지양해야 한다는 말이다. 이런 점에서 볼 때 우리가 제도권에서 그렇게 오래도록 힘써 배웠던 현대 첨단 서양과학이 해결할 수 없는 문제들을, 우리가 오래도록 무시하고 홀대해 왔던 비제도권의 역학과 역술이 해결해 주고 극복하는 데 도움을 주는 것은, 대단한 의미와 가치가 있음은 두말할 필요가 없으며, 또한 두루 알고 있는 사실이다.

제도권에서 미신이고 비과학이라고 그렇게 무시하고 홀대하고 있음에도 주민들은 생활 속에서 부딪치는 여러 문제들을 해결하고 극복하기 위해 꾸준히 역학과 역술인들을 찾고 이용하는 것이 이를 잘 입증해 준다.

그런데 제도권에서는 머리에 해당하는 철학과 사상 그리고 성리학 위주의 규범적인 내용을 교육·연구하고 있는 데 비해, 어떻게 보면 현대인들에게 실질적으로 더 필요한, 이를 실용화하는 실천적 학문으로써 팔다리에 해당하는 과학기술인 상수역인 역술(易術)을 터부시하고 홀대하여 교육·연구가 전혀 이뤄지지 않고 있는 것은 잘못되어도 엄청나게 잘못된 불완전한 교육체제라고 볼 수 있다.

뿐만 아니라 동양학이 서양과학 못지않게 과학적 특성을 가지고 있는데도 불구하고, 제도권에서는 서양 분석 과학적 시각에서 이해가 되지 않는다고 일방적으로 비과학적이고 미신이라고 폄하 내지는 홀대를 하고 있는 것은 너무도 잘못된 비과학적 태도이다.

우리는 지금과 같은 첨단과학시대를 맞아서 가장 개명되었다고는 하지만, 역설적이게도 서양과학적인 것에 지나치게 편향되어 지배 종속을 받다 보니 제정신을 못 차리고 있다고 해도 과언이 아니다. 즉 서양과학을 위한 인간으로 변하여 버렸다.

남회근 국사의 『주역강의』

남회근 국사는 『주역강의』에서 현대 사회의 주역 연구에 대해서 현대 첨단 물리학과 함께 연구해서 새로운 지평을 여는 문명세계의 발전이 이루어질 것이라고 강조하고 있다.

주역을 배워 점을 치거나 산명, 즉 사주명리학만 한다면 참으로 애석한 노릇이다. 현재로서는 물리학과 같은 첨단과학을 제대로 공부한 사람으로서 이 방면에 관심을 기울이는 사람은 거의 없다. 만약 이 두 방면이 잘 배합되기만 하면 현재의 과학은 새로운 지평을 열 것이고 동서문화의 융합도 새로운 차원으로 들어설 것이다.

제2절 천부경

일시무시일석삼극무진본(一始無始一析三極無盡本)
천일일지일이인일삼(天一一地一二人一三)
일적십거무궤화삼(一積十鉅無匱化三)
천이삼지이삼인이삼(天二三地二三人二三)
대삼합육생칠팔구(大三合六生七八九)
운삼사성환오칠일(運三四成環五七一)
묘연만왕만래용변부동본(妙衍萬往萬來用變不動本)
본심본태양앙명(本心本太陽昻明)
인중천지일일종무종일(人中天地一一終無終一)

상고사를 연구하는 재야 사학자들에 의하면 천부경(天符經)은 상고시대부터 전해 내려온 우리 배달민족의 경전이라는 것이다. 상고사에 의하면 단군조선 시대 이전의 배달국 시대부터, 즉 단기 앞 1564년부터 천황이 백성에게 천부경을 가르쳤다 한다. 천부경의 역사는 지금으로부터 약 6,000년 전에 시작된 것이다.

6,000여 년 전 그렇게 아득한 먼 예전에 우리 민족에게 경전이 있었다는 사실 그 자체가 매우 흥미롭다. 천부경은 6천 년 인류문명사에 인간이 기록하고 가르친 경전 중 가장 간결하고, 가장 완전하고, 가장 오래된, 가장 심오한 진리서라는 것이다. 복희가 시획을 하여 탄생한 주역도 그 조종은 천부경이라는 것이다.

천부경의 역사가 그토록 오래되었음에도 불구하고 그것을 제대로 아는 이는 극히 드물다. 그렇게 된 연유는 역대의 왕조가 불교나 유교에 치우쳐 천부경을 배척하거나 금기시하였고, 일제 강점기에는 민족의 혼을 말살하는 정책 때문이었고, 현재는 서양에 정신이 나가 의식이 혼미해진 탓일 것이다.

최의목 교수는 그의 저서인 『도통하는 천부경』에서 천부경에 대해서 다음과 같이 기술하고 있다.

천부(天符)란 말은 '하늘의 이치에 부합되는' 또는 '하늘이 내려 준다'는 뜻이다. 따라서 천부경은 하늘이 내려 준 경전인 것이다. 천부경은 우주의 창생 원리와 우주 만물의 운행 법칙을 밝히고, 자연의 이치에 따르는 인간의 도리를 천명하고 있다. 다시 말해서 천부경은 하늘의 법도, 땅의 법칙 그리고 인간의 도덕 윤리의 기준이 되는 가치를 밝힌 경전이다.

고운(孤雲) 최치원 선생은 천부경을 일러 유불선 삼교를 포함한다고 했다. 경전으로서 유교, 불교, 선도 각각의 내용이 방대하고 심오함이 대단하다. 그 방대한 내용을 오직 81자로 압축시켜 놓았기 때문에 천부경은 난해하다 못해 일종의 암호문과 같은 느낌을 준다.

경전이란 옳고 그름을 밝혀 인간이 행할 것과 삼가야 할 것을 가르쳐 주는 것이다. 행해야 하는 것은 진리이고, 삼가야 하는 것은 거짓이다. 그러나 보는 관점을 잘못 잡으면 진리가 진리일 수 없고, 거짓 또한 거짓이 아닌 진리가 될 수 있는 것이다. 그 까닭은 사물의 안과 밖은 연결되어 있고, 그 모습은 시간적으로 변모되고 변질될 수 있기 때문이다. 그러므로 법과 진리를 구하기가 그만큼 어렵다.

천부경은 사물의 겉과 속, 상하좌우, 본과 말, 시작과 끝을 보게 하여 진리의 진수가 무엇인가를 스스로 터득케 한다. 따라서 천부경을 잘 이해하면 이 세상과 우주 대자연의 본질과 그 운행 원리, 즉 쉬운 말로 사물의 이치를 온전히 깨칠 수 있다.

천부경은 천·지·인 사상의 경전이다. 천부경은 하늘의 뜻, 땅의 이치 그리고 인간의 도리가 어떻게 성립된 것이며, 하늘과 땅과 인간이 서로 어떠한 관계에 놓여 있는가를 알려 준다. 즉, 우주의 원리가 하나이며, 이 하나를 꿰뚫으면 하나님의 마음을 이해하여 하나님에게로 가까이 갈 수 있다는 말이다. 한마디로 깨달음을 얻는다는 뜻이다. 천부경은 깨달음의 경전이므로 이해하고 암송하면 도통할 수 있게 된다는 것이다.

천부경의 가장 기본적이고 근본적인 이념은 홍익인간(弘益人間)과 이화세계(理化世界)의 정신을 담고 있다. 홍익인간이라 함은 많은 사람을 이롭게 한다는 뜻이며, 이화세계란 사람이 살아생전에 이 세상을 밝게끔 이치에 맞게 꾸려 간다는 뜻이다. 홍익인간, 이화세계는 큰마음을 갖고 마음의 평화를 찾는 데 있다. 큰마음은 전체를 생각하는 마음이며, 바로 이것이 우주심의 표현이며, 하느님의 마음이라고 할 수 있다.

천부경은 이러한 정신을 숫자로 설명하고 있다. 그 숫자는 1부터 10까지의 수이다. 천부경은 몇 자 안 되는 문자와 함께 이들 숫자로써 우주의 원리, 물리법칙 이전의 법칙, 진화의 원칙, 자연의 본성 등을 천명하고, 인간이 지켜야 할 가치를 밝혀 준다. 따라서 천부경은 수리철학과 정신물리학에 근거한 사상적 경전이라고 할 수 있다는 것이다.

우리나라의 신선도와 풍류도 그리고 한 사상, 한 철학의 배경이 되는 3대 경전이라고 하면 천부경 외에 삼일신고와 참전계경이 있다. 이를 삼화경이라고 한다.

천부경은 우주의 근본원리를 다루는 81자로 이루어져 있으며, 진화창조의 원리, 수승화강의 원리, 본성광명의 원리, 우아일체의 원리, 영생의 원리를 담고 있다. 삼일신고는 사람들이 살아가는 데 지켜야 할 도리를 다루고 있으며, 366자 5장으로 나뉘어져 있으며, 하늘, 하느님, 하늘나라, 우주, 인간에 대한 가르침을 담고 있다. 참전계경은 치화경(治化經)으로서 성, 신, 애, 제, 화, 복, 보, 응 등의 8강령으로 나뉘어져 있다.

'천부경'과 '삼일신고' 그리고 '참전계경'은 아득한 옛날 처음 하늘이 열렸을 때부터, 입에서 입으로 전해져 내려온, 하늘의 가르침이라고 알려진 우리 민족 최고의 경전인 이른바 개천성서(開天聖書)이다.

이 세 경전 속에는 우주의 이치와 원리, 하늘과 땅과 사람의 생성 원리, 그리고 이 세상 만물을 감싸고 있으면서 모두에게 생명을 불어넣고 키우고 거두어들이면서도 자신은 전혀 변함이 없는 하늘의 본체, 나아가 그 본체를 깨치고 하늘이 내린 참 본성에 따라 삶을 살아야 한다는 가르침이 자세히 적혀 있다. 다시 말해 이 세 경전 속에는 우주의 본체, 그 본체와 인간의 관계, 그리고 그 진정한 관계 속에서 우러나는 인간의 삶에 대한 얘기 등이 폭넓게 전개되어 있다.

지금까지 서구 사람들은 한국이란 한갓 중국 문화의 위성권에 속해 있었으며, 한국 문화는 일본에 와서야 완성되었다고 믿고 있다. 한국 사람들마저도 자신의 전통문화에 대한 이런 식의 이념과 종교를 맹목적으로 받아들인 사람들이 있음을 볼 수 있다.

그러나 최근의 고고학 발굴 등 새로운 역사 연구는 이러한 한국에 대한 견해를 전혀 다른 방향으로 바꾸어 놓고 있으며, 새로운 양상을 우리에게 보여주고 있다. 즉, 한국은 중국의 위성문화권에 속하는 것이 아니라, 그 역사의 초창기에 중국 문화를 창조한 주인공이며, 동시에 자국의 고유한 문화를 지켜 보존해 왔다는 사실이다. 지금까지 중국 문화로 알려져 있던 것들의 많은 부분이 한국의 전통문화 속에 그 순수한 모습 그대로 보존되어 내려오고 있다.

천부경과 주역

대산 김석진 선생은, 우리나라 삼대 경전 중에 특히 천부경의 이치는 주역의 이치와 매우 유사하다는 말씀이시다. 그러므로 상고시대의 사상은, 한 뿌리에서 나온 것이라고 볼 수 있다는 것이다. 그런데 천부경뿐만 아니라 주역의 발생 근원지도 우리나라라는 것이다.

우리나라 상고사 시대의 역사와 문화에 대한 기록서인 『한단고기』에 보면 주역의 창시자인 복희씨에 대한 기록이 있다. 『한단고기』에 의하면, 배달국의 5대 천황인 태우의 한웅의 열두 아들이 있었는데, 열두 아들 중 막내아들인 태호가 바로 복희씨라는 것이다.

천부경의 첫 구절에 '一始無始'는 주역의 무극 태극의 내용이고, '一析三極'은 태극에서 천·지·인 삼재가 나온 것을 의미한다. 無盡本, 그리고 '天一一 地一二 人一三'은 태극에서 천·지·인이 탄생하는 순서를 나타낸 것이다. 즉 천일일은 태극에서 하늘이 제일 먼저 나오고, 그다음 땅이 탄생해서 지일이라고 했으며, 인이 제일 나중에 나왔으므로 인일삼이라고 표현했다. 그다음의 내용도 대산 김석진 선생님의 강의에서 보면 거의 주역의 이치와 연결해서 설명하고 있으시다.

결국 천부경과 주역이 하늘의 이치에 딱 부합되는 글이다. 즉 주역과 천부경은 우주삼라만상의 변화 이치를 나타낸 경전이라는 점에서 유사하다고 볼 수 있다. 다만 차이점은 천부경은 하늘의 이치를 81자로 압축해 놓은 경전이고, 주역은 상(象)과 수(數)인 태극과 음양오행의 원리에 근거해서 팔괘와 64괘로 더 구체적으로 실용화해 놓은 경전이라고 볼 수 있다.

제3절 주역과 현대 물리학

나는 주역을 비롯한 역학과 역술 중심으로 동양학을 배우고 연구하고 직접 대학원에서 가르치면서 동양학의 맛과 멋, 즉 서양과학에서 느끼지 못하는 거대한 우주론적 스케일과 깊고 오묘한 신비스러움, 그러면서도 형식 논리적 공허한 학문이 아니고, 실제 생활에 도움이 되는 적실성 있는 철학사상과 과학기술을 직접 체험도 하고, 아직 확실하게 입증이나 체험을 하지 못한 것은 간접적으로 미루어 희미하게 그 과학적 적실성을 느끼면서, 그동안 제도권에서 수십 년간 배우고, 연구하고, 가르쳐온 서양 과학기술의 여러 분야와 비교하게 되었다. 그러면서 내가 내린 최종 결론은, 서양 과학기술 여러 분야 중에서도 물리학이 가장 학문적 의미와 가치 그리고 매력이 있고 위대한 학문이라고 뒤늦게 생각하게 되었다.

내가 만약 다시 학문을 시작한다고 하면 제도권 서양과학의 모든 학문 중에서 다른 모든 과학을 주도하고 있는 물리학을 배우고, 연구하고 싶다. 그래서 학부 수준의 물리학 강의 또는 교양물리학을 청강하고자 마음먹고 있으며, 언젠가는 그렇게 할 생각이다. 늦었다고 생각할 때가 가장 빠른 때라고 생각하면서 말이다.

우리나라의 유일한 역학 잡지인 『월간 역학』 1994년 7월호에서 비제도권의 철학관 동양학자가 미국의 U.C.L.A. 대학원 교수인 코웬 박사의 요청으로 "동양의 오행과 십간 십이지에 관하여"라는 주제로 미국인 교수들을 대상으로 강의를 하면서, 미국 교수들에게 음양과 오행의 원리를 성경과 비교 설명하여 교수진을 경탄케 하였다는 내용의 기사가 실려 있는 것을 보았다.

또한 1993년 8월호에는, "이제 주역은 동양의 전유물이 아니다" 그리고 부제로 '이대로 가다가는 미국이나 구라파에서 배워 와야 할 판'이라는 제하에 미국대학 물리학과에서 주역을 공부시킨다는 내용의 기사가 실려 있다. 미국에서 물리학을 연구하는 대학생들의 경우, 주역을 공부하지 않으면 졸업을 시키지 않는다는 것이다. 즉, 주역은 물리학의 기초과목이 되기 때문이다.

나는 이를 통해 느끼고 생각나는 것이 두 가지이다. 하나는 서구에 우리의 전통학문을 소개하는 학자들이 제도권의 교수 또는 학자들이 아니고 비제도권인 철학관 동양학자라는 점이고, 또 하나는 서구의 유명교수와 대학에서 우리 것을 우리보다 더 많이 알고 연구하고 있다는 점이다. 그러면 우리나라 제도권의 수많은 천재 학자와 지도층들은 지금까지 무엇을 했고, 무엇을 연구하고 있는지 참으로 부끄러운 일이다.

하루빨리 국립동양과학대학(Korea National University of East Asia Science)과 동양과학기술원을 설립하여 동서양의 학문을 상호 보완적으로 가르치고 연구하면, 엄청난 학문적, 민족적 파급효과를 생산할 것으로 생각된다. 그래서 미아리철학관의 동양학자와 하버드 예일 출신의 최첨단 물리학자를 비롯한 과학기술자들이 공동으로 연구하고 노력하면, 얼마나 위대하고 멋있으며, 그렇게 되면 국민들이 제도권 지도층과 식자층을 진정으로 존경하게 될 것이다. 하루빨리 그런 날이 오기를 간절히 기원하는 바이다.

대만의 총통 국사였던 남회근 국사도, "현재로서는 물리학과 같은 첨단과학을 제대로 공부한 사람으로서 역학에 관심을 기울이는 사람은 거의 없습니다. 만약 이 두 방면이 잘 배합되기만 하면 현재의 과학은 새로운 지평을 열 것이고 동서문화의 융합도 새로운 차원으로 들어설 것입니다"라고 하였다. 불확정성의 원리로 유명한 현대 물리학자 중의 한 사람인 하이젠베르크도 "인류의 사상사에서 문화적 배경을 이루는 분야, 시대, 환경 그리고 종교적 근원을 달리하는 사상이 만날 때 가장 푸짐한 발전이 이루어진다"고 하였다.

동양의 학자들 중에서는 동양학과 서양과학을 연계해서 연구하는 학자들이 한국정신과학회 첨단 자연과학자들에 의해서 나타나고 있지만, 오히려 서구의 물리학자들 사이에서 이를 연구하는 사람이 나타났다.

F. Capra와 G. Zukav

서구 현대 물리학자들 중에서 동양학의 학문적 의미를 인식하고 이를 학문적으로 의미 있게 연구하는 학자들이 많으나 가장 대표적인 학자로는 카프라(Fritob Capra)와 주커브(Gary Zukav)를 들 수 있다. 이 두 학자가 동양학과 현대 물리학을 연계해서 연구한 접근방법이 아주 대조적이기 때문에 비교해 보는 데 의미가 있다.

카프라는 물리학 전문지에 입자물리학과 동양철학(힌두교, 역경, 불경)을 비교 연구한 논문을 여러 차례 발표하고, 로스앤젤레스의 절에서 선(禪)을 연구한 철학도이기도 하다. 그의 유명한 저서 『현대 물리학과 동양사상(Tao of Physic)』은 아원자의 세계에서 경이적인 깨달음에 도달한 하이젠베르크가 앞에서 언급한 내용을 출발점으로 삼고 있다. 그런데 카프라의 저서와 쌍벽을 이루는 대표적인 학자의 저서로서, 쥬커브의 역작 『춤추는 물리(The Dancing Wu Li Masters)』가 있다. 이 두 책은 미국의 시사 매체인 『뉴스위크』가 1980년에 나란히 소개한 바 있다. 『춤추는 물리』는 정확하게 번역을 하면 『춤추는 물리도사들』이다.

이 두 권의 책은 궁극적으로 동일한 명제, 즉 과학사상과 동양철학의 만남을 다루고 있으나, 그 접근방법은 날카로운 대조를 보이고 있다.

카프라가 이론물리학에서 출발하여 동양사상으로 나아가 있는 것과는 달리, 쥬커브의 『춤추는 물리』는 동양철학사상의 관념의 틀을 통해서 아원자 물리학을 파고드는 역과정을 밟고 있다. 표의문자인 한문의 문리(文理)를 적절히 활용하여, 쥬커브는 양자역학을 중심으로 첨단 이론 물리학을 알기 쉽게 풀이하여, 동양적 사유의 틀 안에 현대 물리학의 첨단 이론을 담고 있다. 다시 말하면 쥬커브는 동양사상 쪽에서 현대 물리학을 이해하려는 대담한 시도를 하고 있다. 이는 동양사상의 틀 안에 입자물리학의 기본 이론을 담을 수 있음을 입증하고 있다.

쥬커브의 『춤추는 물리』를 번역한 서강대 물리학과 김영덕 교수는 역자 후기에서 현대 사회 새로운 사조의 출현 가능성에 대해서 매우 의미 있는 내용을 언급하고 있다.

오늘날 양자역학을 둘러싼 물리학이론에 기울여지는 관심은 단순히 첨단적 과학이론에 대한 호기심에서 비롯된 것이 아니다. 뉴턴의 고전적 절대세계가 아인슈타인의 상대적 우주로 대체된 이후, 하이젠베르크는 미시세계에서 불확정성 원리를 도출하여 양자역학을 확립함으로써 이론물리학의 코페르니쿠스적 전환을 가져왔다. 자연 과학계의 일각에 머물고 있는 이 과학사상의 혁명은 그 충격파를 서서히 자연과학에서 인문사회과학으로 확산시키면서 마침내는 인간 의식의 전 영역에까지 침투시키게 되리라 믿어지며, 현대사조의 물결을 결정적으로 바꾸어 놓을 잠재력을 지니고 있는 인식에 도달하게 된 것이다.

20세기에 대두한 상대성이론이나 양자물리학이 분석적 논리만으로는 진정한 진리를 파악할 수 없다는 것을 깨닫고, 존재론적이 아닌 인식론적인 입장에서 역동적인 자연상을 갖게 됨으로써 현대 물리학은 이들 동양사상에서 많은 공통점을 발견한 것이다. 그래서 서구의 현대 물리학자들이 동양사상에 관심을 갖고, 배우고, 연구하고 있다.

현대과학기술의 종주국인 서구에서 동양의 제도권 지도층과 식자층에서 미신이고 비과학이라고 전혀 거들떠보지도 않는 학문을, 저들이 의미 있게 학문적으로 관심을 갖고 연구를 하니 참으로 아이러니한 현상이며 흥미 있는 일이다.

동서양과학이 우주삼라만상의 변화를 이해하고 설명하는 학문이라고 하면, 동양의 가장 기본적인 과학이 주역이고, 서양은 물리학이라고 본다.

쥬커브(Gary Zukav)는 『춤추는 물리』에서 물리학이 연구하는 내용을 보면, '우주는 무엇으로 만들어졌느냐, 어떻게 작용하고 있는가, 그 안에서 우리는 무엇을 하고 있는가, 가령 우주가 움직인다면 어디로 가느냐를 궁리하고 있다'고 말하고 있다.

위에서 쥬커브가 제시한 물리학의 연구 내용이 주역의 연구 내용과 매우 유사함을 알 수 있다. 물리학에서 '우주는 무엇으로 만들어졌는가'는 역학에서 우주의 본체론에 해당하고, '어떻게 작용하고 있는가'는 기(氣)의 작용과 변화원리에 해당하는 주역의 변화론과 같고, '그 안에 우리는 무엇을 하고 있는가'는 주역의 기의 작용과 변화원리에 의해서 인간을 비롯한 만물만사는 어떻게 변화를 하는가를 나타낸 것이며, '우주가 움직인다면 어디로 가는가를 궁리하는 것'은 동양학에서 우주의 궁극적인 목적론에 해당한다.

사실상 동서양의 학문이 개념과 이론, 접근방법이 다를 뿐 연구의 목적은 같다는 것을 알 수 있다. 동서양의 학자나 사람들이 동일한 사람이고 학자들인데 자신들의 학문적 목적이 다를 이유가 있을 수 없다. 사물에 대한 문제의식과 학문적 관심사가 동서양의 사람들이나 학자들 간에 차이가 날 리가 없다. 그러나 서로 다른 문화권에서 오랫동안 각 문화권마다 폐쇄적으로 상호교류 없이 연구하고, 가르치고, 생활해 왔기 때문에 구체적인 내용면에서 다를 뿐이다. 따라서 동서양 학문의 개념과 이론의 접근방법을 구체적으로 비교해 보면 차이점을 알 수가 있다.

동양학과 물리학의 차이점은 여러 가지 있겠으나, 가장 기본적이고 가장 큰 차이를 하나만 들어 보면 다음과 같다고 볼 수 있다.

물리학에서는 사물의 변화와 움직임을 나타내는 개념으로 고전물리학에서는 역학(力學)이라고 하고, 동양학에서는 역학(易學)이라고 한다. 한자로는 서로 달라도 우리말로는 모두 '역학'이다. 서구는 역학(力學)을 연구하는 학문이 물리(物理)이고, 동양의 역학(易學)은 기리(氣理)라고 볼 수 있다. 동서양의 역학이 모두 우주삼라만상의 변화 이치를 연구하였다는 점에서는 같으나, 서구의 역학을 연구하는 물리학의 '물(物)'과 동양의 역학을 연구하는 기리의 '기(氣)'의 개념에서 차이가 있다. 즉 물과 기의 차이점을 알면, 동양의 역학과 서양의 역학이 학문적으로 다른 점을 알 수 있을 것이다.

간단히 말하면 '물리'는 유기적 에너지와 물질의 무늬들을 말한다. 즉, '물'에는 '물질과 에너지' 개념이 포함되어 있고, '리'에는 '우주질서 또는 유기적 무늬'를 의미한다. 기리의 '기'는 물질과 에너지의 개념과 전혀 다른 정신-물질 일원론적 개념이다. 물리에서 물의 개념인 물질과 에너지의 개념은 정신이 빠진 정신-물질 이원론적 개념이나, 기리에는 정신이 포함된 정신-물질 일원론적 기의 무늬를 기리(氣理)라고 볼 수 있다.

서구에서 과학이 발달해 온 과정을 살펴보면 처음에는 종교와 과학이 분리되어 있지 않았었다. 그러나 기독교가 국교로 공인된 이후에는 기독교 교리가 모든 학문을 압도하고 심지어 예술조차도 종교예찬 일변도가 되었다. 이 시기를 우리는 중세 암흑시대라고 한다. 이 암흑시대는 르네상스와 종교개혁 등으로 막을 내리게 되고 근대과학이 싹트게 되는데 가장 대표적인 인물이 데카르트(Descart)이다.

데카르트는 정신-물질 이원론에 입각한 유물론적 과학관에 의해서 객관성과 재현성을 기본으로 기계론적 과학관을 정립하게 되는데 그동안 받은 종교로부터의 핍박에 대한 반작용으로 과학, 특히 자연과학에서는 신이나 영혼, 마음 등을 완전히 배제하게 되었다. 그 이후 뉴턴 역학, 즉 『자연철학의 수학적 원리』가 나타나면서 물질론적 기계론적 과학관이 더욱 공고해졌다.

이러한 서구의 자연과학은 제임스 와트의 증기기관 발명을 시발로 해서 산업혁명의 계기가 되었고, 아담스미스의 국부론이 발표되면서 자유경제 질서를 바탕으로 해서 그 이후 눈부신 발전을 거듭하여 오늘날의 현대문명을 이룩하는 데 크게 기여하였음을 부정할 수 없다. 그러나 20세기 들어서면서 최근의 현대 물리학 연구에서는 종래의 기계론적 과학관이 송두리째 뒤집어지는 결과가 속속 나오고, 그동안 기계론적 과학관에 의한 물질문명의 발달로 나타난 부작용으로 인간성 상실과 자연환경 파괴와 같은 심각한 문제가 나타나면서 신과학운동의 계기가 되었다. 그러면서 정신-물질 일원론적인 동양사상에 대한 관심이 높아지고 있다.

지금까지 서구의 물리 법칙을 연구하는 학파는 크게 두 개의 학파, 즉 고전물리학과 현대 물리학으로 나누어진다.

고전물리학 또는 고전역학은, 데카르트를 시발로 해서 1687년 Newton이 관성운동 및 작용 반작용 등 세 가지 기본명제를 정립하여, 그의 저서 『자연철학의 수학적 원리(Philosophiae Naturalis Principia Mathematica)』를 통해서 공표함으로써 탄생되었다고 본다. 이 역학법칙을 바탕으로 하여 중력을 발견(만유인력의 법칙)함으로써 지상의 운동과 천상의 운동이 통일되었다.

이는 지구와 천체는 이질적인 존재가 아니고 동질적인 실재라는 혁명적인 인식을 가능케 했다. 운동초기조건으로 물체의 위치와 속도가 주어지면, 미래의 운동은 인과율에 따라 결정론적으로 확정된다. 현대 사회에서 기계문명의 바탕은 바로 이 고전역학에 원리적인 기반을 두고 있을 뿐만 아니라, 인공위성과 우주선의 성공적인 운항으로 극적인 실증을 얻고 있다.

이 역학에서의 물리량은 모두 연속량이고 시간만이 절대화되어 매개변수의 구실을 하고 있는 것이 특색이다. 고전역학에서는 인과율이 결정론적으로 적용되어 운동의 예측성이 확정적이다. 이 역학에 따라 이른바 역학적 자연관이 탄생하였다.

양자역학(Quantum Physics)을 중심으로 하는 현대 물리학에서는 고전물리학의 인과율적 결정론이 인정받을 수 없는 현상이 나타났다. 현대 물리학에서의 물리량은 불연속적이고, 인과율은 확률적으로 적용된다. 즉, 고전물리학은 결정론적 인과율의 지배를 받는 연속적 자연관이 바탕이 되는 반면에, 현대 물리학은 확률론적 인과율의 지배를 받는 불연속적 자연관을 바탕으로 하고 있다.

현대 물리학의 이러한 원리들이 동양사상과 상통하는 점이 많이 발견되면서 현대 물리학자인 양자역학자들이 동양사상에 관심을 갖게 되었다.

제3장 동양학의 학문적 체계

동서양을 막론하고 국가가 탄생하기 이전부터 자연현상이 있어 왔고, 또한 국가가 탄생한 이래로 국가와 사회 및 인간의 생활이 있어 왔다. 그리고 그러한 생활의 배경이 되는 학문이 있었음은 너무도 당연하다. 왜냐하면 모든 나라 국민들의 생활 문화 뒤에는 항상 그 배경이 되는 학문이 있기 때문이다.

그렇기 때문에 동양에서는 자연, 사회, 국가 그리고 인간의 문제에 대해 어떻게 대응하면서 생활해 왔는지 이해하기 위해서는 어떤 학문적 배경을 갖고 문제에 대응하면서 생활하였는가를 고찰해 보아야 한다. 즉, 동양의 고유한 사회와 국가, 자연 및 인간생활을 이해하고, 설명하며, 해결하기 위한 학문이 어떤 것이었나를 고찰하여야 지나간 동양의 문화와 생활 및 역사를 근본적으로 이해할 수 있다. 그것이 곧 동양학이다.

동양학 중에도 여러 분야가 있는데, 예를 들면 주제별로는 동양철학·사상·역사·과학기술·윤리도덕학·문학·예술·어학 등이 있으며, 경전별로는 가장 기본이 되는 사서삼경과 묵가서가 있고, 저자중심으로는 공맹사상과 노장사상, 묵가와 제자백가사상 등이 있다.

동양학의 학문적 체계를 알아보기 위해서, 먼저 동양학의 전체적인 학문적 영역을, 서양학의 학문적 영역과 관련하여 크게 분류해 보면, 철학사상, 기초학문, 응용분야로 나눠 볼 수 있다.

제1절 동양철학(氣 철학)

동양철학이란 동양학자들이 연구하고자 하는 학문적 인식대상인 우주삼라만상의 본질을 이루고 있는 궁극적인 실체(본체론)를 무엇으로 보는가를 연구하는 학문분야를 말한다(장대년, 『동양철학 대강』).

동양철학에 해당하는, 즉 우주삼라만상의 가장 기본적인 실체를 구성하는 가장 본질적인 개념으로는 기(氣)·신(神)·기(器)·심(心) 등의 개념이 있고, 기(氣)의 작용과 변화 원리에 해당하는 법칙과 이론으로는 도(道)와 리(理)가 있다.

우주삼라만상을 이루고 있는 가장 궁극적인 실체를 무엇으로 보느냐에 따라서 기(氣), 신, 기(器), 심, 도, 리가 있다. 그리고 이를 주장하는 학문적 학설적 표현으로는, 기(氣)를 궁극적 실체로 보는 학설을 유기론(唯氣論), 기(器)를 궁극적 실체로 보는 학설을 유기론(唯器論), 신으로 보는 학설을 신화론(神化論), 마음으로 보는 입장은 유심론(唯心論), 그리고 도와 리로 보는 입장은 유리론(唯理論)이다. 유리론은 도와 리를 통합해서 나타낸 것이다.

결국 동양철학에서 연구하는 동양학의 가장 기본적인 개념은 기(氣)·기(器)·신·심·도·리라고 볼 수 있다. 이들의 내용을 더 구체적으로 서술하고자 한다.

1. 유기론(唯氣論)

동양학에서는 모든 만물만사의 이치와 개념을 나타내는 가장 기본적인 실체적 개념을 기(氣)로 보았다. 기는 가장 작고 가장 유동적인 물질이라고 말할 수 있다. 우주를 설명할 때 기는 가장 작고 유동적인 물질로서 일체의 근본이라고 보았다. 여기서 일체라면 사물과 시공간을 모두 포함하여 기 하나의 개념으로 나타내고 있다. 공간뿐만 아니라 시간도 기의 흐름에 지나지 않는다는 것이다. 여기에서 기로서 공간개념을 설명하는 것은 이해가 되는데, 시간개념까지 기 개념으로 설명한다는 점에서 매우 어렵다. 그런데 양자물리학자들의 연구내용을 보면 시간의 개념을 에너지의 흐름으로 파악한다는 점에서 매우 유사하다. 여기에서 양자물리학자들의 에너지의 개념을 살펴보면 동양학의 기 개념과 매우 유사하다. 이는 동일한 실체를 동서양이 서로 다르게 표현한 것에 지나지 않는다고 볼 수 있다.

전국시대의 도가는 온갖 사물을 모두 하나의 기가 변화된 것이라고 여겼는데, 장자 외편에서는 다음과 같이 말하고 있다.

사물의 생성과 소멸은 기의 모임과 흩어짐이며, 우주 전체가 단지 하나의 기일 뿐이다.

기는 물질적이지만 아주 작고 극미해서 볼 수 없는 물질을 말한다. 즉, 기는 일종의 형체가 없는 존재이다. 기는 형체는 없지만 존재로서 엄연히 있다. 형체로서 있는 것은 아니지만, 형체가 없는 존재로서 있다가 변화하여 형체를 형성할 수 있다.

유기론(唯氣論)의 대표적인 학자는 중국 송대의 장재(張載)이다. 그는 기와 태허(太虛)로 우주를 설명했다. 우주의 온갖 사물은 모두 기가 이룬 것이며, 기의 원시적 모습이 태허, 즉 태극이다. 기는 가장 미세하고 유동적인 물질이며, 태허는 곧 시간과 공간이다.

기의 변화에는 이치가 있으며, 기가 모여서 사물을 생성하는 데도 자연적 질서가 있다. 기의 변화과정이 도이며, 기의 변화법칙이 이치이다. "도의 이치"는 자연의 이치이며, 기의 변화로부터 사물이 생길 때의 법칙이다. 도는 오직 하나이지만, 이치는 나누어진다. 도는 정연한 우주의 큰 변화 과정이며, 이치는 그 다양하게 나누어진 법칙이다. 즉, 도는 하나이지만 나누어져 다양한 개체가 된다(道一分殊).

이치는 기의 조리(條理)이며, 기가 지니고 있는 것으로써 기 속에 있는 것이다. 기는 가장 근본적인 것이지만, 이치는 사물의 본체는 아니다.

장재는 기의 이치를 구체적으로 음양운동으로 나타내고 있다.

기란 음양 양단으로 구성된 것인데, 이 음양 양단은 기에 고유한 대립적인 두 측면이다. 따라서 기의 운동은 바로 이 '음양 양단'의 대립이며 상호 전이 과정인 것이다. 우주에 존재하고 있는 수없이 많고 서로 다른 사물이나 현상이라 할지라도, 그것들은 모두 그 사물을 구성하고 있는 기 자체에 내재하고 있는 음양의 법칙으로 말미암아 생겨났다는 것이다. 따라서 어느 것 하나라도 이 음양의 법칙을 벗어날 수 없다.

기 자체가 가지고 있는 운동성의 근본적인 원인은 바로 음양이기(陰陽二氣)의 모순으로, "기 그 자체의 운동은 음양의 대립으로 말미암은 모순에서 발생하는 것이다." 이 음양의 모순이 쉼 없는 기의 운동을 이끌어 내고, 끊임없이 우주 만물의 운행을 만들어 낸다. 결국 우주의 모든 변화는 음양 두 대립 면의 상호 작용의 결과이다.

따라서 '기' 자체는 모순적이고 대립적인 본성을 가지고 있고, 바로 이와 같은 모순과 대립의 상호 작용으로 말미암아 내부의 동력이 형성되며, 이러한 동력이 기와 기가 구성하고 있는 만물이 생겨나는 운동의 내재적 원인이 된다. 이러한 모순·대립의 관계는 기 자체에 고유한 것이다.

2. 유기론(唯器論)

유기론의 대표적인 학자는 중국 청나라 때의 왕부지이다.

유기론에서는 우주의 근본적인 실체를 기(器)로 보았다. 왕부지는 형체를 지닌 "기(器: 물질)"가 비로소 근본적인 것이며, 형체를 넘어서는 "도(道)"는 결코 근본이 아니라고 여겼다. 우주는 오직 기(器)뿐이다. 도는 곧 기(器)의 도이며, 홀로서서 스스로 존재하며 기(器) 밖에 있는 것이 아니다.

도는 기(器) 속에 있으며, 그 기(器)가 있으므로 그 도가 있지, 기(器)가 없으면 도도 없다. 일이 있으면 이치가 있고, 사물이 있으면 법칙이 있으며, 그 일과 사물이 없으면 그 이치와 법칙도 없다.

일과 사물이란 보이는 객관의 세계에 관한 것을 의미한다고 볼 수 있다. 이는 현대 서양과학이 연구 대상으로 하는 분야와 같다고 하겠다. 이것은 유리론의 대표학자인 주자가 말한 "사물이 있지 않아도 이미 사물의 이치는 있으며(未有物而己有物之理)", "이 일이 아직 없어도 이 이치가 먼저 있다(未有這事先有這理)"는 주장과 정반대이다.

왕부지의 천하유기론(天下唯器論)의 견해는 동양사상 중에서 실제로 가장 뚜렷한 유물론이다.

기(氣)는 형체가 없는 물질이며, 기(器)는 형체를 지닌 사물이다. 기(氣)와 기(器)의 관계를 더 구체적으로 살펴보면 다음과 같다.

기(氣)의 작용과 변화원리에 의하여 형상화된 것을 기(器)라고 할 수 있다. 기(氣)는 볼 수 없는 존재이지만, 기(氣)가 모여서 형상화되면, 볼 수 있는 사물이 되고, 그것을 기(器)라고 한다. 그렇게 되면 인간의 오감으로 느낄 수 있게 된다.

여기에서 형상화된 기(器)란, 첫째, 기(氣)의 작용과 변화원리에 의하여 물질화된 것을 의미하고, 둘째, 객관적으로 파악이 가능한 자연적 · 사회적 현상을 의미한다. 즉, 기(器)는 물질적 기(器)와 현상적인 기(器)로 나눠 볼 수 있다.

흔히 우리가 동양과 서양을 비교하는 것으로서 동도서기(東道西器)라고 하는 말에는, 동양은 기(氣)의 작용과 변화원리에 해당하는 보이지 않는 근원적인 법칙 또는 이치적인 도(道)를 중시한 것에 비해서, 서양은 기(氣)의 작용과 변화 원리에 의해서 나타난 결과인 객관적인 현상과 물질적 기(器)를 중시한다는 것을 나타낸 말이라고 생각된다.

3. 신화론(神化論)

신이란 미묘한 작용 또는 변화를 일으키는 동력의 의미를 나타내는 신화론과, 신을 인격적 존재로서 인정하는 유신론(有神論)이 있다. 전자는 기의 작용과 변화원리인 도나 리로 설명할 수 없는 묘한 변화를 나타내는 개념이고, 후자는 우리가 일상적으로 말하는 상제 · 샤머니즘적 귀신 · 하느님과 같은 인격적 실체로서 신의 개념이다.

신과 기(氣)의 관계는, 신이라는 인격적(有神論)인 실체도 기(氣)의 실체로 이뤄졌으며, 인간 생활에 실제 영향을 주고받고 하는 관계에 있다. 그 주고받는 관계를 실제로 가능케 하는 매체가 또한 기(氣)이다. 그리고 기(氣)의 작용과 변화원리인 도와 리로 표현이 불가능한 기의 신묘한 작용은 신화론이라고 한다. 즉, 기(氣)의 작용과 변화 원리는 도와 리로 표현할 수 있는 것이 있는가 하면, 그렇지 않고 신묘한 작용도 있음을 말한다.

신화론에서 신으로서 우주의 큰 변화를 논하는 것은, 우주 안의 변화작용이 주재자가 있어서 그렇게 시키는 것도 아니고 또한 기계적으로 변화하는 것도 아니며, 단지 일종의 지극히 미묘한 변화를 일으킬 수 있는 동력 또는 미묘한 작용에서 일어난다는 의미이다. 이것도 기(氣)의 소행이라고 볼 수 있다. 즉, 신의 기의 소행이다.

4. 유심론(唯心論)

유심론의 대표적인 학자는 왕수인(王守仁)이다. 왕수인은 모든 것이 다 마음에 의존하며, 모든 것이 마음속에 있다고 여겼는데, 마음이 없으면 모든 것도 없으니 마음이 우주의 주재라고 보았다.

심(心)이란 인간의 주관적 마음의 작용을 말한다. '우주는 곧 내 마음이며, 내 마음은 곧 우주이다'는 시각을 말한다. 모든 존재가 다 개인의 마음에 의존하며, 마음을 떠나면 존재가 없다는 사상이다.

뿐만 아니라 심은 기(氣)와 신(神)과 기(器)에 영향을 주는 실체 또는 변수로 보는 입장이다. 인간의 의식에서 기(氣)가 나오고(思則氣, 心生氣), 이 마음의 기(氣)가 다른 기(氣)에 영향을 주고, 또한 사물인 기(器)에 영향을 주며, 신(神)과의 소통도 가능하다고 본다.

5. 유리론(唯理論)

기(氣)의 작용과 변화원리를 나타내는 이치를 도(道)와 리(理)라고 한다. 즉, 기(氣)는 실체적 개념이고 이 실체가 작용하고 변화하는 규칙과 법칙을 도와 리라고 볼 수 있다.

주자의 제자인 진순은 『北溪字義』에서 도와 리를 대체로 같은 것으로 보았다. 그러나 다소 차이점이 있다. 도는 사람들이 두루 다닌다는 측면에서 보편성을 나타낸 용어이다. 리와 비교해 볼 때 도는 비교적 넓고, 리는 비교적 실질적이다. 리는 확고하여 변하지 않는다는 뜻을 가지고 있다. 그러므로 영원히 변하지 않는 것이 리이다.

송대의 정이천 선생도 리를 우주의 본체로 보았는데, 이치는 실제로 도의 다른 이름이다. 이치에 관한 이론은 실제로 도에 관한 이론의 새로운 형태이다.

기(氣)의 작용과 변화 원리에 의하여 물리적인 기(器)로 변화하는 것은 어떤 법칙과 이치에 의해서 이뤄지므로, 이러한 이치와 법칙을 현대의 자연과학적 물리적 법칙과 유사한 것으로 볼 수 있다. 그리고 사회적 현상을 나타내는 현상적인 기(器)의 리나 도는 사회과학적 법칙에 해당되는 것으로 볼 수 있다.

물론 동양과학에서는 자연현상이나 사회현상을 하나의 동일한 물리적 법칙인 동일한 기(氣)의 작용과 변화원리로 보기 때문에, 구태여 나누어 볼 필요가 없으나 인식의 편의를 위해 나눈 것이다. 즉, 동양과학에서는 사회현상이나 자연현상을 모두 기의 작용과 변화원리에 의하여 나타나는 결과로 보았다.

물론 현대 서양과학에서도 물질론적 기계론적 과학관과 세계관의 입장에서 자연현상과 사회현상을 동일한 원리에 의해서 고찰한다는 점에서 유사하다. 그러나 동양과학의 기 개념과 서양과학의 물리적 역학 개념은 근본적으로 다르다. 동양과학의 기 개념은 정신-물질 일원론적 개념이며 유기체론적으로 설명하는 데 비해서, 서양과학의 역학(力學) 개념은 정신세계를 배제한 물질론적 기계론적 현상만을 설명한다. 이런 점에서 서양 과학기술은 기계론적 물질론적 자연과학에는 타당성이 있으나, 유기체론적이며 정신세계와 관련이 깊은 인문사회현상을 설명하는 데는 한계와 문제점이 많다.

유리론(唯理論)의 대표적인 학자인 주자에 의하면, 우주 안에 리(理)와 기(氣)가 있지만, 우주의 본체는 기가 아니고 리라는 것이다. 리치(理致)와 기(氣)는 서로 떨어지지 않는다. 그러나 비록 서로 떨어지지 않으나 두 개다. 이치와 기 둘 중에 이치는 근본이며, 기는 그다음이다. 이치는 궁극적 본체이며, 기는 그다음의 것이다.

이치와 기는 서로 떨어질 수 없으나, 우주에는 기가 존재하기 전에 이미 이치가 있다. 이치는 영원히 존재하며, 어떤 사물도 존재하기 전에 그 이치는 이미 먼저 있는 것이다.

기(氣) 일원론(기 철학)

이상 동양철학의 기본개념인 기(氣)·신·기(器)·심·도·리의 개념을 개괄적으로 살펴보았다. 학자들마다 다양하게 주장하지만 이들 간의 관계를 종합적으로 고찰하면 왕수인의 유심론을 제외하고는 기(氣) 하나의 개념으로 통일적으로 나타낼 수 있다.

동양학에서는 우주삼라만상의 모든 일과 사물을 구성하고 있는 가장 중요한 기본적인 실체적 개념을 기(氣)라고 말할 수 있다. 기(氣)는 기(器)와 신(神) 그리고 심(心)의 실체적 구성 인자이고, 기의 작용과 변화 원리는 도와 리라고 볼 수 있다. 그래서 기일원론적으로 모든 설명이 가능하다. 즉, 기의 작용과 변화원리인 도와 리로 기적(器的)인 사물을 이해 설명하고, 법칙적인 도와 리로 설명이 안 되는 묘한 현상은 신의 작용으로 본다(신화론). 그리고 인간의 생각과 의식인 심이 기(氣)와 기(器) 그리고 인격적 신(有神論)에게 영향을 주고, 반대로 이들에 의해, 기를 매체로 해서, 인간의 의식에 영향을 준다고 볼 수 있다. 이런 점에서 기는 실체적 개념일 뿐만 아니라 영향을 주고받는 기능적 매체이기도 하다.

결론적으로 동양학은 기(氣) 하나의 개념으로 모든 사물을 이해 설명하는 기일원론적 학문이라고 할 수 있다. 즉, 기는 모든 물질세계와 정신세계의 가장 기본적인 구성인자일 뿐만 아니라 상호 작용을 가능케 하는 기능적 매체이기도 하다.

제2절 기초학문

기초학이란, 동양학에서 우주삼라만상을 이해, 설명, 해석하는 가장 기본이 되는 개념과 이론 체계에 관한 분야를 말한다.

동양학의 기초학에 관련된 내용을 구체적으로 나타내면, 가장 기본적인 실체적 개념은 기(氣)이고, 이론은 기(氣)의 작용과 변화원리를 나타낸 리(理)와 도(道)를 의미한다.

기초학에 관련된 도와 리의 내용을 구체적으로 나타내면 먼저 무극과 태극이다. 무극이란 이 우주가 탄생하기 이전 단계로서, 오직 하나의 기(氣)상태만 존재하였던 상황을 의미한다고 볼 수 있다.

　태극(太極)이란 무극의 일기가 음양으로 분화하는 시작단계를 의미한다고 볼 수 있다. 즉, 음양의 기운을 잠재적으로 가지고 있으면서 아직 분화되어 발현되지 않은 상태를 의미한다. 지금의 우주삼라만상은 무극·태극 상태로부터 수없는 세월 동안 기(氣)가 분화하고 작용, 변화하여 나타난 현상이라고 볼 수 있다. 그러므로 거꾸로 수없는 세월을 거슬러 올라가면 현재의 수없는 우주삼라만상은 무극 일기만 존재했던 상황이라고 추정할 수 있다.

　따라서 노자의 만유일기(萬有一氣)라는 말의 의미가 이러한 의미와 관련하여 나온 말이 아닌가 생각된다.

　하나의 기(氣) 상태로 존재했던 무극이 분화하기 시작하면서, 태극의 맑고 가벼운 기(氣)는 위로 올라가 하늘(陽)이 되었고, 무겁고 탁한 기(氣)는 아래로 내려와서 땅(星: 陰)이 되었다는 것이다. 그리고 하늘의 양의 기(氣)와 땅의 음의 기(氣)가 상호 작용하여 인(人)이 나타났다. 여기에 인(人)에 대한 개념은 단순히 사람만을 의미하는 것이 아니라 우주삼라만상을 모두 포괄하여 나타낸 말이다. 즉, 우주를 구성하는 모든 만물과 만사를 인(人)으로 대표해서 나타낸 것이다. 그러므로 사람은 우주삼라만상 중의 극히 일부분에 지나지 않으며, 다만 대표로 인(人)을 내세운 것에 지나지 않는다. 이것이 소위 천·지·인(天地人) 삼재의 원리이다. 다시 말하면 이 우주는 하늘과 땅, 그리고 그 사이에 만물만사로 대표되는 인으로 구성된 세 가지인 삼재(三才)로 구성되었다는 원리를 말한다.

　천·지·인 삼재로 분류만 할 뿐 아니라 이들 간의 상호 관계를 유기체적으로 설명해 놓은 학문이 동양학이다. 아마도 이렇게 우주삼라만상을 종합하여 천·지·인 삼재로 나누어서 정확하게 분류해 놓은 학문은 동양학뿐일 것이다. 서양과학에서는 우주삼라만상을 포괄, 종합해서 분류해 놓은 학문적 체계를 찾아볼 수 없다. 단지 인에 해당하는 만물만사를 횡적으로 산만하게 분류하여 각각의 영역을 독립적으로 연구한다. 즉 자연과학, 사회과학, 인문과학으로 분류하여 각각의 영역에서 칸막이식으로 연구하는 학문이다. 그것도 보이는 객관적 사실만을 대상으로 물질론적, 기계론적 그리고 분석적 환원주의로 연구하는 것이 특징이다.

삼재원리를 구성하고 있는 天·地·人 삼재 간의 상호 작용과 삼재를 구성하고 있는 만사만물들을 구체적으로 분류하고, 이렇게 분류한 삼재 간의 상호 작용을 나타낸 개념과 이론으로, 무극에서 태극, 태극에서 음양, 음양으로부터 사상 팔괘 64괘로 분화한 이론체계와 오행론이 있다.

오행론에는 단순히 목화토금수 오행의 개념과 이들 간의 상호 작용을 나타낸 이론체계가 있고, 음양오행의 원리에 의하여 하늘과 땅의 순환원리를 나타낸 10천간(天干)인 오운(五運)과 12지지(地支)인 육기(六氣)가 있다. 전자는 우주삼라만상과 만사를 오행으로 분류하고 이들 간의 관계를 상생(相生), 상극(相剋)의 상호 관계로 이해, 설명하는 이론체계이다. 후자는 우주순환원리에 의하여 하늘에는 10천간 음양오행의 운이 순환하고 지구에는 12지지 음양오행의 기가 순환하는 교류작용이 만사만물에 상생, 상극 관계를 통해 사물에 어떤 작용과 변화를 일으키는가를 설명하는 이론체계이다.

이상 동양학의 기본 개념과 이론에 해당되는 무극·태극, 천·지·인 삼재론, 음양사상, 팔괘, 64괘, 오행론 그리고 천간지지론은 우주론적 순환론적 자연의 이치 차원에서 포괄적이고 유기체적으로 만물 만사를 이해, 설명, 기술하는 기초학의 기본이 되는 개념과 이론이라고 볼 수 있다. 이들 개념과 이론의 구체적이고 자세한 설명은 제2부에서 서술하고자 한다.

제3절 응용학문

위에서 기술한 기초학의 개념과 이론에 입각하여 인간의 여러 가지 실제적인 생활에 접목 응용하여 도움을 줄 수 있는 학문인 소위 응용학문으로서 상수학과 의리학이 있다. 먼저 상수학으로는 동양오술인 명(命)·복(卜)·상(相)·의(醫)·산학(山學)과 천문, 기상, 역법, 병법, 율려, 음률, 서화, 무용, 수학 등이 있고 의리학으로는 유가, 도가, 묵가, 신유가인 성리학, 그리고 제자백가 등이 있다.

이들 학문은 앞에서 서술한 동양학의 가장 기본적인 개념과 이론 및 사상을 인간의 실제생활에 접목하고 응용하여 구체적인 문제들에 대처하기 위해 만들어진 응용학 분야라고 볼 수 있다. 특히 상수학의 동양오술은 인간의 일상생활 문제들을 해결하고 극복하는 데 실제적으로 도움을 주는 예측을 통한 피흉추길, 즉 흉한 것은 피하고 길한 것은 적극적으로 나아가기 위한 목적으로 만들어진 전문 응용과학기술 분야라고 할 수 있다. 의리학은 인간 생활에서 우주론적 자연의 이치인 천리에 의하여 인간에 부여된 성(性)인 오상(인례신의지)과 도에 입각한 삶을 살도록 설득하는 과학적 윤리도덕 학문이다.

동양학의 관념적이고 추상적인 철학사상이 최종적으로 인간생활에 구체적이고 실용적으로 실제 생활에 어떻게 도움을 주고 있는가를 이해하기 위해서는, 동양오술인 응용과학기술을 실제 습득하고 생활에서 구체적으로 어떻게 활용되고 있는가를 경험하고 체험하여야 그 학문적 의미와 가치를 실감할 수 있다. 그리고 현대 사회의 서양 과학기술과 비교하여 그 가치와 의미를 새롭게 인식할 수 있다. 그렇게 되면 서양 과학기술의 최고 메카인 하버드·예일보다 동양 과학기술의 최고의 메카인 미아리철학관이 더 위대하다는 것을 저절로 알 수가 있다. 그러면서 무궁무진한 학문적 의미와 가치, 그리고 배우고 연구할 내용에 가슴이 뛰는 흥분을 느낀다.

고 김우제 선생의 동양오술에 대해 다음과 같이 나타내고 있다. 동양오술은 인류가 더 행복한 삶을 추구하기 위해 구체적으로 설계한 피흉추길(避凶趣吉)의 기술, 즉 응용과학기술로서 명(命)·복(卜)·의(醫)·상(相)·산(山) 다섯 가지의 술수로 이뤄져 있다. 이 오술을 정면에서 보면 매우 독특한 성질을 갖춘 술법이며, 이것을 측면에서 살펴보면 오술은 저마다 매우 밀접하고 미묘한 횡적인 연고관계가 있다. 여기서 횡적인 연고 관계란 기와 음양오행론으로 일관되게 체계화되어 있음을 말한다. 이러한 동양오술 각 분야에 대한 자세한 내용은, 제3부 각론에서 구체적으로 서술하였다.

이와 같은 동양학의 철학, 기본적인 개념과 이론의 학문적 연원은 천부경

(天符經), 하도낙서(河圖 洛書), 주역(周易), 그리고 서경(書經)의 홍범구주(洪範九疇)에서 비롯된 것이다.

천부경은 한국철학사상의 뿌리로서 주역의 이치가 천부경의 이치와 아주 유사하다. 그래서 상고시대의 천부경과 주역 사상은 결국 한 뿌리에서 나온 것이라고 볼 수 있다. 하도(河圖)는 우주의 운행을 흰 점 25개와 검은 점 30개로 표현한 도본으로, 이를 보고 천지창조와 만물생성의 이치를 깨달아 복희씨가 처음으로 주역(周易) 팔괘를 그렸으며, 음양과 오행의 작용 등 만물생성의 이치를 담고 있다.

낙서(洛書)는 낙수에 나타난 신령스런 거북의 등에 45개의 점으로 된 무늬가 있었는데, 하나라의 우(禹)씨는 이 무늬에서 오행이 서로 상극하며 조절하는 작용을 깨우쳐 9년 동안의 홍수를 다스릴 수 있었다고 전한다.

사서삼경 중 서경의 홍범구주는 우왕이 만든 9가지 정치대법으로, 제일 첫 번째 범주로 오행을 들고 있다. 홍법구주는 주역과는 표리관계에 있다. 그래서 홍범이 정치학이라면 주역은 우주학이요, 홍범이 오행학설이라면 주역은 음양학설이다.

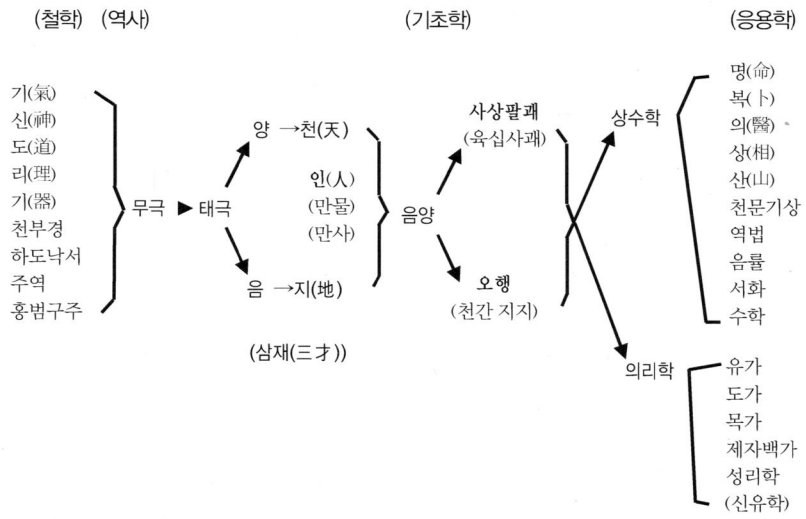

〈그림 3-1〉 동양학 기(氣)학의 학문적 체계

동양학의 철학, 기초학, 응용학 분야를 종합적으로 통합하여 체계화하여 간단히 그림으로 나타내면 위의 <그림 3-1>과 같다.

위의 <그림 3-1>를 구체적으로 설명하면, 먼저 왼쪽의 철학, 역사 부문에서 철학은 동양철학의 기본 개념들인 기(氣), 기(器), 신(神), 도(道), 리(理)를 나열해 놓은 것이다. 그리고 역사는 동양학의 학문적 근원을 역사적 발달순서대로 천부경, 하도낙서, 주역, 그리고 홍범구주를 나타냈다. 동양학 최고의 학문은 우리나라 삼대경전 중의 하나인 천부경이고, 그다음 하도에서 복희씨가 선천팔괘를 그려 주역이 최초로 탄생하였고, 문왕이 낙서를 보고 후천팔괘를 그렸다.

천부경과 주역에서 처음으로 태극과 음양론 그리고 삼재론이 나왔으며, 서경의 홍범구주에서 오행의 개념이 최초로 구체적인 내용으로 나타났다. 물론 홍범구주 이전 주역의 근원인 하도낙서에 오행의 이치가 내재되어 있고, 주역의 경문에도 오행의 개념을 함의하고 있으나, 오행의 개념을 문자로 구체적으로 나타낸 것은 홍범구주가 최초이다.

기초학에 해당하는 개념과 이론으로서 무극·태극과 천·지·인 삼재 그리고 음양론이 있다. 즉, 무극에서 태극이 나오고, 태극에서 가볍고 맑은 양의 기운은 하늘이 되었고 무겁고 탁한 기운은 땅이 되었다. 그리고 하늘과 땅의 상호 작용 속에 만물만사인 인간이 태어나서 삼재가 되었다. 삼재, 즉 하늘과 땅 그리고 인간을 비롯한 만물만사 간의 관계를 나타낸 가장 기본적인 이론 체계가 음양론이다. 그리고 음양론에서 다시 하나는 사상, 팔괘, 육십사괘로 분화되어 나갔고, 다른 하나는 오행론과 천간 십이지로 발달하였다. 이런 점에서 기초과학의 가장 기본이 되는 개념과 이론은 음양론, 즉 태극이라고 볼 수 있다. 음양론 하나의 개념과 이론이 동양학 전 분야를 포괄해서 설명하고 있다고 해도 과언이 아니다.

음양론을 더 구체화하면 사상, 팔괘론, 육십사괘론 그리고 오행론이고, 음양오행론을 천기에 적용하여 더 구체화한 개념과 이론이 천간지지론이다.

음양론 이전, 즉 음양이 분화되기 이전의 개념은 태극이고, 태극 이전은 무극이다. 무극은 기 하나의 개념으로 나타낸, 우주가 탄생하기 이전의 상황을 나타낸 개념이다. 무극과 태극의 차이점은, 무극은 음양의 기운이 나타나기 이전 일기의 상태이고, 태극은 음양의 기운을 잠재적으로 갖고 있는 분화되기 이전의 상태로 볼 수 있다. 학자에 따라서 무극과 태극을 같은 개념, 즉 일기(一氣)로 보는 경우도 있다.

응용학 분야는 일상적으로 많은 국민들이 실생활에 사용하는 전문 분야로 상수학인 역술분야와 도와 도덕 윤리 중심의 인간의 도리를 나타낸 의리학을 말한다. 역술에는 동양오술인 명리학, 점술, 의학, 정신수련(산학) 그리고 상학이 있으며, 이 외에 천문, 기상, 음악, 음율, 수학, 무용 등이 있다. 의리학에는 유가, 도가, 묵가, 제자백가와 성리학이 있으며 이에 대한 자세한 서술은 제3부 각론에서 하고자 한다.

우주가 내 손안에 있소이다

동양학의 학문적 체계를 보면 서양학에 비해 개념과 이론이 그렇게 복잡하지 않고 매우 간단하고 체계화가 잘 되어 있다. 즉, 기(氣)라는 하나의 실체와 氣의 작용과 변화원리를 나타낸 개념과 이론인 무극·태극과 음양오행론이 전부이다. 무극·태극은 이념적 상징적인 개념이자 일기(一氣)를 나타낸 개념이고, 실제세계에 구체적으로 활용되는 개념과 이론은 기와 음양오행론이다. 즉, 기와 음양오행론으로 우주삼라만상의 현상을 이해하고 설명하는 학문이다. 따라서 기와 음양오행론의 개념과 이론에 통달하면 동양학은 거의 완성되었다고 볼 수 있다.

복잡한 서양분석과학을 전문 분야별로 다양한 개념과 이론을 배우고 연구하다가, 동양학의 간단한 개념과 이론체계로 모든 것을 나타내는 것을 보면, 믿어지지 않을 정도로 신기하기도 하다. 그러나 구체적이고 실용적인 동양응용과학기술 분야에 해당하는 동양오술과 천문기상 등을 배우고 연구하고 실제생활에 적용을 해 보면, 그 의미와 가치를 생생하게 인식할 수 있다.

원래 발달된 학문과 과학기술일수록 배우기 쉽고 간단한데, 복잡한 서양과학기술에 편향되어 있어서 이를 보고도 그 의미와 가치를 모르고, 또한 믿어지지도 않는다.

기초학에 해당하는 태극, 음양오행과 사상팔괘 그리고 천간지지를 모두 그릴 수 있는 것이 우리 몸의 손이다. 즉, 우리 몸의 손바닥에 태극 음양오행론을 그려 넣을 수 있다. 그 구체적인 그림이 아래 그림들이다.

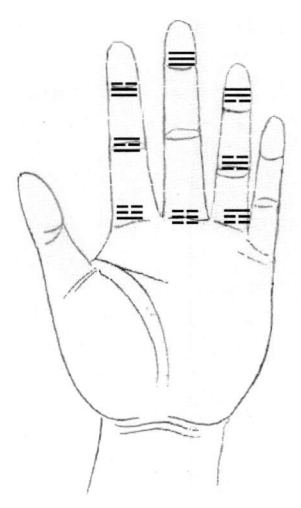

〈그림 3-2〉 손바닥의 선천팔괘

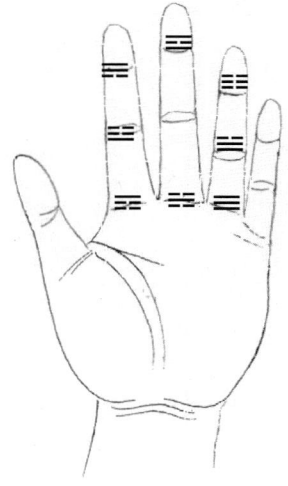

〈그림 3-3〉 손바닥의 후천팔괘

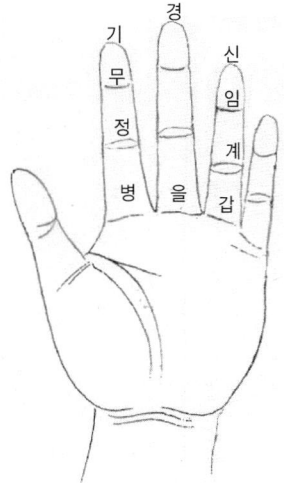

〈그림 3-4〉 손바닥의 10천간

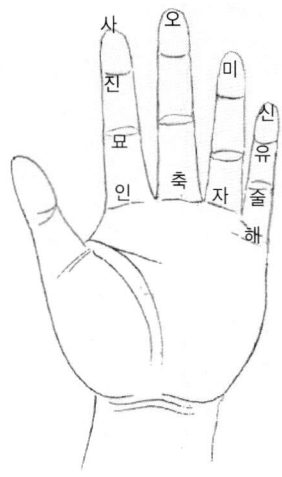

〈그림 3-5〉 손바닥의 12지지

동양학이 우주론적 학문이고, 그 가장 기본적인 개념과 이론이 기와 음양오행론이며, 이를 구체적으로 표현한 선천팔괘(그림 3-2), 후천팔괘(그림 3-3) 그리고 천간(그림 3-4) 지지(그림 3-5)를 손바닥에 모두 그려 넣을 수 있으니까, '우주가 내 손안에 있소이다'라는 옛 말은 여기에서 나왔다. 손바닥 안에 그려 넣은 음양오행론의 구체적인 표현인 주역팔괘와 천간지지로 우주삼라만상을 알 수가 있기 때문에 '우주가 내 손안에 있소이다'라고 하였다.

서양은 지구 밖으로 떠나거나 고배율 망원경, 즉 허블망원경을 동원해야 우주를 이해하지만, 동양은 자기 손바닥의 손금으로도 우주를 이해할 수 있다. 서양의 우주론적 이해는 엄청난 돈과 노력이 들지만, 동양의 우주는 수천 년 전 우리 조상들의 연구업적 유산으로 쉽게 배우고 이해할 수 있다. 그리고 내용 면에서도 동양의 손바닥 우주론이 더 실용적이고 인간생활에 더 의미가 있으며 도움을 준다.

예를 들면 서양에서 우주를 연구한 내용을 보면, 빅뱅설이니, 수십 억 년 전후에 어떻고, 빛이 일초 동안에 30만km를 가는데 일 년 동안에 가는 거리를 일 광년이라고 하며, 하늘의 별들 중에는 몇 백만 광년이니, 몇 억 광년 거리로 떨어진 별들이 있다는 어마어마한 말을 하지만, 그래서 어쨌다는 것이냐(so what)? 내용 면에서 인간생활에 의미 있는 내용이 별로 없다. 그러나 동양학에서는 손바닥의 손금을 만지면서 갑자, 을축, 병인 등의 육갑을 짚으면서 인간의 미래 운명이 어떻고, 내년에 가뭄이 들고 또는 비가 많이 오겠다느니, 정치 경제적으로 국가에 무슨 일이 일어난다 하면서 실제 인간생활에 실용적이고 궁금한 일을 의미 있게 가르쳐 주고 대비하도록 해 준다.

동양학이 이렇게 인간생활에 도움을 주는 구체적인 정보를 제공해 주니까, 제도권에서 그렇게 미신이고 비과학이라고 홀대해도 없어지기는커녕 계속 존속하고 확대되고 있지 않은가.

진리는 아무리 없애려고 해도 없어질 수가 없다. 다만 학문적 운이 비색해서 서양 과학기술의 위세에 눌려서 음지에서 찬밥 신세일 뿐이다.

원래 역학의 운명론뿐만 아니라 '만물은 유전한다'는 서구의 고대 철학자의 말과 같이 모든 만물만사는 진리 비진리, 선과 악에 관계없이 음양 간에 성쇠가 있을 뿐이다.

동양학이 미신이고 비과학적이라는 의미

우리는 초등학교 때부터 지금까지 수십여 년 동안 서구적 학문 주로 서양 과학기술만 배우고 연구를 하다 보니 우리 것이 무엇인지도 모를 정도로 우리 것인 동양학에 대해서 무지를 넘어서 까막눈이 되어 버렸다. 뿐만 아니라 현 제도권에서 배우고 가르치는 거의 모든 학문은 100여 년 전에 서구에서 들어온 외래학문이지만 그것이 우리 것이라고 착각을 하고 있을 정도로 완전히 서구화, 특히 아메리카나이즈되어 있다.

물론 학문에 국경이 없다지만, 문제는 우리 것이 무엇인지도 모르고 멸시까지 하면서 우리 것만 못한 서구적인 것을 우리 것으로 착각을 하고 있으니 말이다. 그만큼 우리는 우리 것에 대해 무엇인지도 모를 정도로 서구적인 학문과 물질문명에 완전히 빙의가 되어 제정신이 아니다.

그렇다고 서구적인 학문이 우리의 동양학, 특히 동양 과학기술인 역학과 역술보다 모두 앞서고 바람직한 것도 아니면서 그러니 더더욱 어처구니가 없다. 여기서 특히 문제가 되고 중요한 것은, 우리 것이 서구적인 것보다 새롭고 앞선 것이 많이 있음에도 불구하고 우리 것에 대해 일방적으로 홀대를 하면서 우리 것만 못한 서구적인 과학기술에 완전히 지배 종속을 받고 있다는 데 있다.

학문적·문화적 지배 종속은, 단순한 문화적·학문적 지배 종속을 넘어서 우리들 스스로 우리 민족문화의 말살에 적극적으로 앞장을 섰으며, 그 결과 민족문화의 뿌리가 되는 민족혼과 민족정기 그리고 민족적 주체성을 잃어버린 뿌리 없고 체통머리 없는 부평초적 민족으로 전락하고 있다는 점에서 더욱 안타깝고 가슴 아픈 일이다. 특히 서구 물질문명과 물질과학을 최고의 가치로 생각하고 몰두하는 제도권 지도층과 식자층이 더욱 심하다.

그러다 보니 서구적인 것은 무조건 과학적 학문이고 우리 것은 무조건 미신이고 비과학적 학문이라고 홀대를 하는 것이 현 제도권 교육·학문기관의 비과학적 풍토이다. 즉, 인종적·학문적 국가적 편견을 벗어나지 못하고 있으니 말이다. 최고의 지성을 자랑하는 교육·학문세계가 이렇게 분별이 없다는 것은 참으로 기이한 현상이다. 그러니 국민들이 지도층과 식자층을 존경해야 할 근거가 없다.

그러나 비제도권의 일반 국민들은 그렇지 않은 것 같다. 국민들은 우매하고 미개한 것 같지만 국민들의 무의식속의 양심은 표현은 하지 않고 있지만 생생하게 살아 있음을 나는 비제도권 동양 과학기술인 역학과 역술을 배우고 가르치는 미아리철학관을 다니면서 간파를 할 수 있었다. 다만 때가 오지 않아서 이를 표출하고 있지 않을 뿐이다. 언젠가는 국민들의 이러한 동양학에 대한 욕구가 비등해 있는 심정에 점화를 시킬 수 있는 결정적 계기를 마련해 줄 수 있는 정치지도자가 나타나면 봇물이 터지는 것과 같은 대사건이 벌어질 것이다. 아마도 머지않아 그 날이 올 것이고 오고야 말 것이다. 아무리 꽃샘추위가 시샘을 해도 봄은 기어코 오는 것과 같이 말이다.

사실상 동양 과학기술인 역학과 역술은 미신도 아니고 비과학적인 것도 아니다. 과학이니 아니니 따져 보고 말고 할 것도 없이 동양학에 들어와서 배우고 연구를 해 보면 너무도 과학적인 학문이다. 다만 서구적 학문에 빙의가 되어 우리가 이에 대해서 의미 있게 학문적으로 배우고 연구를 하지 않아서 일방적으로 판단을 하여 모르고 있을 뿐이다. 매우 안타깝고 가슴 아픈 일이다.

동양학, 특히 역학·역술을 미신이고 비과학적이라고 말하는 그 의미와 내력을, 내가 동양학을 배우고 연구하면서 수십 년 동안 제도권에서 서양 과학기술을 배우고 연구하며 가르친 경험에서 종합적으로 살펴보고자 한다.

첫째, 우리들 스스로가 동양 과학기술인 역학과 역술에 대하여 거의 무지한 상태에서 과거부터 미신이고 비과학이라고 들어왔기 때문에 관례적으로 모르고 한 말이다. 여기서 모르고 판단하였다는 것은 그 자체가 잘못된 비과학적 태도이고 판단이다. 이 점에 대해서는 나 자신도 학문하는 한 사람으로서 매우 부끄럽게 생각한다. 나도 이 세계에 들어오기 전에는 미신이고 비과학이라고 업신여겼기 때문이다.

둘째, 제도권의 서양 과학기술적 관점에서는 전혀 이해되거나 설명되지 않기 때문에, 서구 우월주의적 의식에서 일방적으로 판단하기 때문이다. 이것은 서양과학의 독선과 횡포 및 오만에서 비롯된 말이다. 민족적 자존심에서 대단히 부끄럽고 화가 나는 일이며 가슴 아픈 일이다. 그리고 우리들 스스로 이들의 판단에 눈먼 채 추종하고 부화뇌동하면서 우리 것을 깎아내리는 데 앞장서 왔다. 나는 동양학을 배우고 연구하면서 울화통이 터지는 경우를 많이 겪었다. 서양과학보다 새롭고 앞선 동양 과학기술을 그만 못하다고 생각하였으니 화가 나지 않겠는가?

셋째, 역학과 역술을 미신이라고 하는 이유는, 서양과학보다 차원이 높은 학문인 것을 저차원의 학문 입장에서 이해가 되지 않아서 미신이라고 잘못 판단하는 것이다. 천재가 밝혀 놓은 학문을 범인들이 이해가 되지 않아서 미신이고 비과학이라고 하니 참으로 어처구니없는 말이다. 사실상 지금의 제도권에서 미신이라고 치부하여 홀대하는 학문이나 과학기술은 제도권의 서구적 학문보다 앞선 학문과 과학기술로 보면 틀림없다. 사실상 서양 과학자들이 동양학의 신비주의 때문에, 실제로 과학적이지 않은 게 아니라 제도권의 서양과학이 아직 거기까지 미치지 못한 것인데도 불구하고 마구 천대를 해 왔다.

넷째, 관습적으로 미신이라고 하는 이유는, 그 관습이 일제 강점기 때 일본 사람들이 우리의 민족문화 말살정책의 일환으로, 우리 것을 무조건 미신이고 비과학이라고 교육시켰기 때문이다. 해방이 된 지 반세기가 지난 지금도 그 인식의 틀을 벗어나지 못하고 있다. 이것은 일제 식민지 시대의 잘못된 역사적 사건으로 이를 바로잡아야 한다. 이를 바로잡는 데 종합적으로 연구하여 국민들이 잘못된 것을 바르게 인식하도록 계몽하는 것이 진정한 살아 있는 역사와 문화의 연구가 아닌가?

다섯째, 동양학의 학문적 성격 때문에 그렇게 잘못 생각할 수 있다. 동양학의 사물에 대한 접근법이 우주론적이고, 주로 보이지 않는 기(氣)와 신(神)의 세계를 출발점으로 학문하다 보니, 자칫 황당무계한 학문으로 오해받기 쉽다. 그래서 조선시대에도 잘 모르는 사람들은 미신이라고 하였다. 그래서 잘못 사용하게 되면 혹세무민하는 사이비 학자들이 많이 나타나기 쉽다.

그래서 그런지 동양학의 사서삼경 중, 가장 기본서인 대학(大學)의 학문적 방법론과 태도에 관련된 내용인 팔조목 중, 네 가지 조목인 격물치지(格物致

知)와 성의정심(誠意正心)을 수신(修身)의 과정으로 파악하고, 전자가 지식을 획득하는 방법론적 문제라면 후자는 실천의 문제인데, 여기서 후자인 실천적 태도에서 성의정심과 같은 인간 심성의 올바름을 강조한 것은 앎(知)을 올바르게 행하도록 강조한 내용이라고 볼 수 있다.

여하튼 이런저런 이유로 우리 것을 미신이고 비과학으로 생각해 오던 고정관념이, 수지침과 오행생식요법의 기와 음양오행론에 관한 학문을 배우고 익히면서 말끔히 지워지고, 오히려 서양과학과 차원을 달리하는 엄청난 과학이고, 철학이라는 생각을 갖게 되었다. 그리고 서양보다 앞선 과학기술적 학문을 가진 것에 대해 민족적, 학문적 자부심을 저절로 갖게 되었다.

서구학문이 그렇게 많지만, 기와 음양오행론의 근원적 학문인 주역(周易: I Ching)에 비견할 만한 학문이 어디 있는가? 즉, 동서양의 학문 중에 주역만한 글이 어디 있느냐 말이다.

필자의 눈에는 하버드대학 도서관에 꽂힌 수백만 권의 책보다 주역 한 권이 더 위대해 보이는 것이 솔직한 심정이다.

오히려 서구에서는 동양학을 과학이라고 한다

오히려 서구 사람들은 동양학을 미신이고 비과학이라 하지 않고 우리보다 훨씬 이전부터 과학이라 하였고, 학문적으로 의미 있게 연구하고 있다. 그 대표적인 학자가 『중국의 과학과 문명』을 쓴 영국의 조셉 니담(Joseph Needham)이고, 독일의 심리학자인 칼 융(Carl Gustav Jung)이며, 미국의 현대 물리학자인 프리초프 카프라(Fritjof Capra)는 『물리학의 도(道)(Tao of Physics)』를 써서 주역의 '도(道)'와 현대 물리학의 이론을 연계시키고자 하였다.

나는 동양학을 연구하면서, 우리보다 선진국의 학자들이 동양학을 학문적으로 의미 있게 연구하는 것을 보고, 연구하고자 하는 의욕이 더욱 고취되었다. 현대과학의 종주국인 서구에서 우리의 역학·역술을 과학이라 하고 그들의 학문보다 높이 평가하여 의미 있게 연구하고 있다니, 누가 감히 이를 부정할 수 있겠는가?

아마도 초등학교에부터 동양 과학기술의 개념과 이론들을 체계적으로 가르치고 배웠으면, 지금쯤 동양 과학기술이 미신이고 비과학이라는 말은 없었을 것이다.

동양의 기라성 같은 천재, 수재 학자들은 그동안 무얼 했느냐 말이다.

제4장 동양학의 학문적 인식모형

인식모형이란 사물을 인식하는 인식의 범위와 시각 내지 접근방법에 관한 체계이다.

동양학의 학문적 인식모형을 고찰하는 것은 단순히 동양학 상호 간의 분별뿐만 아니라 서양학과의 상호 관계를 비교 고찰하는 데도 의미가 있다. 왜냐하면 동양학의 학문적 인식모형에서는 동서양 학문의 상호 관계를 나타내 주기 때문이다.

현대 사회는 동서양의 상호 교류가 거의 일반화된 시대이다. 그래서 동서양 간의 문화적·정치경제적 거리가 거의 없어질 정도로 교류와 이해가 매우 빈번하고 용이해졌다. 이에 비해서 동서양의 전통적 학문 간에는 전혀 교류가 없으며 완전히 벽을 쌓고 있다. 실제적인 정치, 경제, 사회, 문화적 생활의 교류와 이해는 많이 이뤄지고 있는 데 비해 동서양의 전통적 학문 간에는 거의 이뤄지지 않고 있다. 진정한 세계화는 학문적 영역들에서 먼저 일어나야 하는 것이 아닌가? 참으로 기이한 현상이다.

더욱 이해가 되지 않는 것은 동아시아 국가인 한·중·일의 제도권 교육·학문세계는 서양 과학기술이 지배적이고, 동양학은 제도권에서 거의 가르치고 연구하지 않는다. 실제생활에서 동서양 상호 간에 교류가 이뤄지는 것과 동시에 학문도 동서양 학문 간에 교류되는 것이 자연스러운데 말이다. 동양사회인데도 불구하고 동양학은 전혀 가르치지 않고 배척을 하면서 오직 서양과학 일색이다.

동서양의 학문을 종합적으로 상호 비교 고찰하여 학문적으로 어떤 차이와 의미가 있는가를 고찰하는 것이 필요하다. 그래서 인정할 것은 인정하여 상호 보완적이고 발전적으로 고찰하는 것이 필요하다.

그러면 동양학의 학문적 인식모형의 관점에서 동양학문 간의 관계뿐만 아니라 동서양의 학문을 상호 비교하고자 한다.

제1절 인식모형이란

동양학의 학문적 인식모형이란, 동양학에서 우주삼라만상의 사물을 인식하는 범위와 변수들 간의 관계, 궁극적인 실체와 이론, 그리고 사물을 인식하는 접근방법에 관한 연구 분야를 의미한다. 즉, 동양학에서는 우주삼라만상의 어느 부분까지를 학문적 연구의 인식범위로 하였으며, 각 부분 간의 관계를 어떤 관계로 보고, 우주삼라만상을 이루고 있는 궁극적인 실체와 이론이 무엇이고, 어느 위치에서 그리고 어떤 시각에서 사물을 이해, 설명하고자 했는가를 고찰하는 분야이다.

첫째, 인식의 범위란, 동양학이 사물을 고찰하는 부분이 어디까지인가 하는 문제이다. 즉, 사물을 고찰하는 시각과 범위를 어디까지 포괄하는가를 연구하는 분야를 의미한다.

제3장에서 서술한 바와 같이 우주삼라만상은 보이는 객관의 세계인 물질세계인 기(器)의 세계가 있고, 객관화가 어려운 기(氣)와 영혼의 세계인 정신세계가 있으며, 그리고 주관적인 인간의 심(心)의 세계가 있다. 여기에서 기(器)의 세계는 눈에 보이는 피상의 세계이고, 기(氣)와 신의 세계는 모든 사물의 보이지 않는 본질의 세계이다.

동양학에서는 인식의 범위로 이 세 범위를 모두 포괄하고 있다. 즉, 보이는 피상의 세계와 보이지 않는 본질의 세계를 모두 포괄하는 더 완벽한 근본적인 학문이다.

서양학에서는 보이지 않는 기와 신 그리고 주관적 심의 세계는 객관성이 없다고 제외시키고 주로 보이는 객관의 세계인 기(器)의 세계만을 인식의 범위 내지 연구의 대상으로 한다. 이에 비해서 동양학은 보이는 세계와 보이지 않는 세계 그리고 주관적 심을 모두 포괄하여 종합적으로 연구한다. 이런 점에서 동양학이 서양학보다 과학적이고 정확하게 본질적으로 사물을 인식한다.

동양학이 신비롭다는 의미

흔히 서양학을 하는 사람들은 동양학을 신비스러운 학문이라고 한다. 여기에서 '신비스럽다'는 의미는 객관적 사실에 근거해서 $1+1=2$라는 식의 기계론적, 물질론적 학문을 하는 사람들의 입장에서는 전혀 이해가 안 되기 때문에 나온 말이라고 생각된다.

그런데 신비스럽지 않고, 분명하고, 명확한 서양학은 그 범위 내에서는 정확하고 확실하나, 사물의 본질을 제외시키고, 형식적인 겉껍데기를 근거로 발달한 학문이다 보니 깊이가 없고 피상적이다.

신비스럽다는 말의 의미는, 첫째, 동양학이 서양학과 패러다임 면에서 새로운 학문이다 보니 전혀 이해를 못 해서 나타난 말이다. 동양학을 기초부터 체계적으로 배우고 익혔으면 지금쯤은 그렇게 생각을 하지 않을 것이다. 둘째, 서양학에 비해서 학문적 연구대상이 주로 보이지 않는 정신세계를 대상으로 하는 학문이기 때문이다.

아마도 앞으로 서양학이 더욱 발달하면 동양학의 학문적 영역까지 포괄하는 학문으로 발달 할 수 있으나, 그 날이 언제 올지 감감하다. 이미 서구에서는 양자물리학자들이 동양학에 관심을 갖고 의미 있게 연구하는 것을 보면 동양학의 의미를 이해할 수 있다. 즉, 미신도 비과학도 아니며 차원 높은, 즉 양자물리학적 차원의 학문이라고 볼 수 있다.

그래서 지금도 서양학자들이 이에 도달하기 위해서 수많은 사람들이 연구하고 있지 않는가? 서양학은 미완성 학문이기 때문에 완성을 위해 수많은 연구를 하고 있다.

그러나 동양학은 이미 완성된 학문이다. 즉, 서양학이 완성을 위해 도달하고자 하는 경지에 이미 도달해 완성해 놓았다고 볼 수 있다. 동양학자들이 보이는 세계와 보이지 않는 세계를 포괄하여 이미 완성한 학문이다. 그것이 주역이다. 그런데 이를 보지 못하고 엉뚱한 곳에서 완성을 위해서 수많은 연구를 하고 있으니 답답한 일이 아닐 수 없다. 시간과 자원의 비효율적인 낭비라고 볼 수 있다.

수많은 천재 수재들이 아직도 $1+1=2$라는 식의 정신 빠진 형식적이고 기계론적 논리에서 벗어나지 못하고 아까운 재능을 썩히고 있다.

둘째, 우주삼라만상을 구성하고 있는 변수 간의 관계를 어떻게 보는가의 문제이다. 이에 대해 동양학에서는 '우아일체적 전일적(全一的) 학문'이란 표현으로 나타내고 있다. 우아일체란 인간을 비롯해서 우주삼라만상의 모든 것은 어느 것도 독립된 것이 없고 상호 영향을 주고받는 관계에 있다는 점과, 모든 것은 기(氣)라는 하나의 실체로 구성되어 있다는 것을 나타낸 것이다. 이 우주삼라만상이 매우 복잡다단하나 태초에 태극이라는 하나의 氣에서 수없는 세월이 흐르면서 취산(聚散)된 것이므로, 그 기본적인 실체는 기 하나일 뿐이다. 그리고 모든 변수는 상호 영향을 주고받는 관계에 있으며, 그 영향을 주고받는 것이 가능하게 하는 매체 또한 기이다. 그러므로 우주삼라만상은 결국 하나이기 때문에 너와 나의 분별이 의미가 없으며, 모두가 같은 동포이고, 같은 기체(氣體)다. 양자물리학에서는 에너지일체라고 한다.

그래서 우리나라의 건국이념인 홍익인간(弘益人間)은 단순히 머리에서 나온 것이 아니라, 우주삼라만상이 하나이기에 모두가 대등한 형제자매라는 의미이다. 그래서 우아일체적 우주론적 관점에서 나온 우주적 기준(universal standard) 또는 우주심은 사랑이다. 유학의 인(仁)과 이상적 세계를 대동사회라고 한 것도 이에서 연유된 것이라고 본다.

셋째, 동양학이 모든 사물을 인식하는 궁극적인 실체와 이론은, 기와 음양오행론이다. 우주삼라만상의 모든 사물의 궁극적이고 기본적인 실체를 기로 보았으며, 기의 작용과 변화 원리를 나타낸 개념과 이론으로는 음양오행론이 있다.

넷째, 동양학의 접근 방법의 문제이다. 동양학에서는 사물을 고찰하는 데 보이지 않는 기와 영혼의 세계가 보이는 세계인 기(器)의 세계를 지배하고 있다는 관점에서 출발한다. 특히 기(氣)의 실체적 관점에서, 우주론적 순환론적 자연의 이치에 의한 변화원리에 입각하여 개개의 객관적 사물을 고찰하고 있다. 그 변화 원리가 도와 리이고 구체적으로 음양오행론이다. 여기에서 중요한 것은 자연의 이치 앞에 '우주론적'이라는 말이 중요하다. 이는 동양학이 우주론적 시각에서 개개의 사물에 접근하여 고찰한다는 점을 나타낸 것이다.

동서양의 학문을 막론하고 학문을 하는 근본적인 이유는, 우주삼라만상에 대한 이해 설명, 즉 해석을 하고, 이에 근거하여 인간이 살아가면서 부딪히는 문제를 해결하고 개선하기 위해서 매일매일 배우고 연구를 한다. 우주삼라만 상을 구체적으로 표현하면 시공간적 자연현상, 사회 국가적 현상, 인간의 현 상으로 나눠 볼 수 있다.

여기에서 가장 우선적으로 필요한 것이 우주삼라만상을 이해·설명·해석 하기 위한 개념과 이론의 개발이다. 즉, 우주삼라만상을 이루고 있는 궁극적 이고 근본적인 실체와 그 실체의 작용과 변화원리에 대한 개념과 이론의 발 견 내지는 개발이다. 이러한 개념과 이론이 정확하게 제대로 개발이 되어야 우주삼라만상을 정확하게 고찰할 수 있다. 이러한 개념과 이론을 논리적으로 체계화하여 자연현상, 사회현상, 그리고 인간현상을 나타낸 글을 학문이라고 한다.

학문이란 체계성을 내포하고 있다. 즉, 학문이란 일과 사물을 이해·설명하 고 해석하기 위해서 논리적으로 체계화된 글이다. 체계화되어 있지 않은 단편 적인 개념과 이론의 조각들의 나열은 학문이 아니다. 학문이란 거듭 말하지만 '논리적으로 체계화된 지식'을 전제로 한다. 물론 체계성에는 논리성을 포함 하고 있다.

체계화된 글을 학문이라고 했을 때 학문을 구체적으로 영역별로 나누면 역 사, 철학 사상, 과학 기술 등이 있다. 체계적인 글이라는 점에서는 철학 사상 이나 과학기술이나 차이가 없다. 다만 철학 사상은 보다 근본적이고 궁극적인 것을 추구하는 학문이므로 그 학문적 성격이 관념적이고 추상적이어서 구체 성과 실용성이 적다. 이에 비해서 과학기술은 보다 실제적인 현상을 추구하는 학문이므로 학문적 성격이 구체적이고 실용적이다. 과학기술도 구체성과 실용 성의 정도에 따라서 기초과학과 응용과학이 있다. 기초과학보다 응용과학이 보다 구체적이고 실용적인 학문이다.

예를 들면 동양학에서 철학분야와 관련된 내용으로 우리가 모두 상식적으 로 알고 있는 가장 기본적인 우아일체 사상이니 천인합일 사상이 있다. 우아 일체니 천인합일이라는 개념은 동양학의 철학 사상의 가장 기본적 개념과 이론이다. 그런데 이러한 이론을 알았다고 해서 인간에 구체적이고 실용적인 행위와 생활에 도움을 주지 못한다. 단지 그러한 사상철학이 있다는 내용을 지식적으로 형식적으로 기억을 하고 있을 뿐이다. 그러면 인간이 살아가면서 부딪히는 구체적인 문제, 즉 건강을 비롯한 각종 사회국가적·개인적 문제에 어떤 도움과 의미를 주는가? 즉 우아일체니 천인합일적 사상철학을 알았다고 인간에게 어떠한 도움을 주는가? 이는 구체적으로 인간의 행위에 도움을 주지 못한다. 따라서 이러한 내용을 모르는 사람과 다를 것이 무엇인가. 이는 마치 논어, 맹자를 수없이 읽고 익혀서 인간 도리에 관한 충효사상에 학문적으로 도통을 했다 해도 실제적으로는 인간의 도리와 충효에 반한 행동을 한다면 아무 의미가 없는 것과 같다고 볼 수 있다. 논어 맹자를 수없이 읽고 익혀서 충효사상을 학문적으로 도통을 했을망정 실제 행동은 그렇지 못하다면 그것은 머리로 형식적으로 도통을 한 것이지 진정으로 도통을 한 것은 아니다.

이와 마찬가지로 철학사상적으로 도통을 했다 해도 구체적인 생활에 도움을 주지 못하면 그것은 죽은 철학 사상이다. 어떤 사람은 이러한 철학자를 몽중철학자라고도 한다. 단지 지적 유희에 지나지 않는다.

철학사상이 생활에 도움을 주고 의미 있기 위해서는 생활에 접목하여 응용을 한 과학기술로 구체화하고 실용화하여야 한다. 그리고 그러한 과학기술이 기존의 서양 과학기술과 상호 보완적이고 보다 새롭고 앞선 과학기술일 때 더욱 의미와 가치가 있고 생명력이 있다.

동양학에서는 우주를 구성하고 있는 궁극적인 실체를 무엇으로 보느냐에 따라서 여러 학설이 있다. 앞에서 서술한 바와 같이 기(氣)를 강조하는 유기론, 기(器)를 강조하는 유기론, 신을 강조하는 유신론, 심을 강조하는 유심론, 리와 도를 강조하는 유리론이 있다. 그런데 그 학설적 차이는 근본적인 차이라고 하기보다는 어느 입장을 보다 강조하고 중시하느냐의 차이이다. 즉 다른 학설을 전적으로 부정하지는 않지만 무엇을 보다 강조하고 우선시하느냐의 차이라고 본다.

무엇이 우선적이고 중요하느냐에 따라서 우주삼라만상에 대한 인식의 출발점이 다르다. 즉, 우주삼라만상의 궁극적인 실체가 기(氣)냐 신이냐 기(器)냐

심이냐 또는 도와 리이냐에 따라서 인식의 출발점이 다르고 그에 따라서 그 이후의 학문의 전개 내용이 다르다고 볼 수 있다.

보이는 세계를 연구하는 서양학에서와 같이 보이지 않는 세계를 연구하는 동양학에서도 학설적 차이가 많음은 매한가지이다.

동양학적 본체론의 각 학설의 차이점이 우주를 구성하고 있는 궁극적 실체들 중에서 어느 것을 강조하고 중시하느냐 하는 데서 나타난 차이라면, 각각의 실체들이 모두 우주를 구성하고 있는 실체라고 볼 수 있다. 다만 어느 것을 우선적으로 중시하고 강조하느냐 하는 차이이다. 그렇다면 이들 간의 관계가 어떠한가를 종합적으로 구체적으로 밝혀야 하는 일도 필요하다고 본다. 즉, 기(氣)·기(器)·신·심 그리고 도와 리 간의 상호 관계가 어떠한 것인가를 밝혀야 이들의 개념이 보다 명확해질 수 있다. 뿐만 아니라 학문 간의 장단점과 문제점 그리고 한계점을 인식할 수 있는 분별력이 생길 수 있다.

동양학에서 우주삼라만상의 가장 기본적인 실체적 개념으로는 기(氣)·신·기(器)·심의 개념이라고 볼 수 있다. 그리고 기(氣)의 작용과 변화 원리에 해당하는 법칙적이고 이론적인 것으로는 도와 리가 있다.

이들의 관계를 살펴보면, 먼저 기(氣)의 작용과 변화원리에 의하여 형상화된 것을 기(器)라고 할 수 있다. 여기에서 형상화된 기(器)란, 첫째, 기(氣)의 작용과 변화원리에 의하여 물질화된 것을 의미하고, 둘째, 객관적으로 파악이 가능한 자연적 사회적 현상을 의미한다. 즉 기(器: 사물)는 물질적 기(器)와 현상적인 기(器)로 나눠 볼 수 있다.

동도서기(東道西器)라고 하는 말에는, 동양은 기(氣)의 작용과 변화원리에 해당하는 근원적인 법칙 또는 이치적인 것인 도를 중시한 것에 비해서, 서양은 기(氣)의 작용과 변화 원리에 의해서 나타난 결과인 객관적인 현상과 물질적인 것인 기적(器的)인 것을 중시하였다는 것을 나타낸 말이다.

기(氣)의 작용과 변화원리를 나타내는 이치적인 것을 도와 리라고 한다. 즉, 기(氣)는 실체적 개념이고 이 실체가 작용하고 변화하는 규칙적이고 법칙적인 것을 도와 리라고 볼 수 있다. 氣의 작용과 변화 원리에 의하여 물리적인 기(器)로 변화하는 과정은 어떠한 법칙과 이치에 의해서 이뤄지므로 이러한 이치와 법칙을 현대의 자연과학적 물리적 법칙과 유사한 것으로 볼 수 있다. 그리고 사회적 현상을 나타내는 현상적인 기(器)는 사회과학적 법칙에 해당되는 것으로 볼 수 있다. 물론 동양학에서는 자연현상이나 사회현상을 하나의 동일한 이치인 기(氣)의 작용과 변화원리로 보기 때문에 구태여 나누어 볼 필요가 없으나 인식의 편의를 위해 나눈 것이다.

신과 기(氣)의 관계는 다음과 같다. 신이라는 실체도 기(氣)의 실체로 이뤄졌으나 기(氣)의 작용과 변화원리인 도와 리로 신의 작용과 변화 원리로 표현이 불가능한 묘한 변화를 신의 작용과 변화원리라고 볼 수 있다. 즉 신도 기(氣)라는 실체로 이뤄졌으나 그 작용과 변화는 기(氣)와 다르게 법칙적이고 원리적인 도와 리로 표현이 불가능한 신묘한 작용을 말한다. 그리고 인격적 신의 개념도 있다.

이상 동양학의 기본개념인 기(氣)·신·기(器)·심·도·리의 개념 간의 관계를 살펴보았으며 동양과학은 몇 안 되는 개념으로 우주삼라만상에 관한 학문인 철학 과학을 일관되게 기술하고 설명하고 있는 것이 특징이다. 즉 기(氣)의 작용과 변화원리인 도와 리로 기적(器的)인 것을 이해 설명하고 법칙적인 도와 리로 설명이 안 되는 것은 신의 작용인 것으로 본다.

동양학에서는 보이지 않는 세계인 기와 신의 세계를 더 중시한다

동양학의 기본개념 간의 관계를 설명한 것에 근거해서 보면 객관적 사물의 세계인 기(器)의 세계와 객관적으로 파악이 어려운 기(氣)와 신의 세계 그리고 주관적인 심의 세계로 볼 수 있는데 동양학에서는 보이지 않는 기(氣)와 신의 세계를 더 중시하고 강조하였다. 즉, 보이지 않는 기(氣)와 신의 세계가 보이는 객관적 사물의 세계인 기(器)의 세계를 지배하는 것으로 보고 기(氣)와 신의 세계의 작용과 변화원리의 관점에서 모든 기적(器的)인 객관적 사물의 현상을 고찰하고자 하였다.

이를 다시 말하면 우주삼라만상의 변화 현상을 기(氣)·신·기(器)·심의 상호 작용에 의한 다차원의 포괄적으로 나타나는 것으로 인식하고 있으나 이들 중의 보다 중요한 것은 기(氣)와 신 그리고 심의 세계로서 이들이 기(器)의 세계인 사물을 지배하고 있는 것을 동양과학에서는 인식의 출발점으로 하고 있다고 볼 수 있다.

세계적인 주역 연구가인 독일의 리하르트 빌헬름이 쓴 『주역강의』의 서문에서, "역경(易經)의 철학이 인간의 의식적인 삶에서부터 무의식적인 영역으로까지 더욱 깊이 파고들어가…… 우주－영혼의 체험에 대한 통일적 이미지를 전달해 준다고 하였다. 즉, 역경의 체계는 다차원세계의 표상이며 이 세계 내에는 불변하면서 규칙적으로 변화하는 패턴이 있는 것이다." 그 패턴을 구체적으로 나타낸 개념과 이론을 태극 음양오행론이라고 할 수 있다. 여기에서 보면, 의식적 무의식적 세계는 인간의 주관적 심의 세계이고, 우주는 천지자연의 기(氣)와 기(器)의 세계이며, 영혼은 신의 세계를 나타낸 것으로 볼 수 있다. 이런 점에서 주역은 기(氣)·기(器)·심·신의 다차원의 세계를 종합적으로 나타낸 학문으로 볼 수 있다. 즉, 주역은 보이는 세계인 기(器)의 세계, 보이지 않는 기(氣)와 신의 세계, 그리고 주관적인 인간의 심의 세계 간의 상호 작용을 나타낸 학문으로 볼 수 있다.

일반적으로 볼 때 동양학의 인식의 출발점은 보이지 않는 기(氣)와 신의 세계가 보이는 객관의 세계인 기(器)의 세계를 지배하는 것으로 보고, 기(氣)와 신의 작용과 변화 원리에 입각하여 우주삼라만상을 이해하고 설명하고자 하였다. 그리고 인간의 주관적 심의 기능을 중시하였다. 그래서 인간의 주관적 의식이 인간외계의 사물에 미치는 영향을 중시하여 인간의 마음을 닦고, 수양하며, 수행하는 행위를 중시하였다. 기(氣)와 신 그리고 심의 작용과 변화 원리를 구체적으로 나타낸 개념과 이론이 태극, 음양오행론, 사상, 팔괘론 등이다.

동양학의 인식론적 체계를 간단하게 그림으로 나타내면 <그림 4-1>과 같다.

먼저 인간을 중심으로 고찰하면, 인간에 영향을 주는 모든 우주삼라만상의 큰 변수로는 천기·지기·기(器: 만물, 만사)·신(상제, 하느님, 샤머니즘적 신)으로 크게 나눠 볼 수 있다. 인간은 더 구체적으로 영(靈)·심·육 세 가지의 구성체로 볼 수 있다.

인간을 비롯한 천기·지기·기(器)·신 모두의 가장 기본적인 구성체는 기(氣)라고 볼 수 있다. 그리고 인간을 비롯한 우주삼라만상은 서로 독립된 것들이 아니고, 유기적으로 상호 밀접하게 영향을 주고받는 의존관계에 있다. 그런데 그 구체적인 영향을 주고받는 의존관계를 가능케 하는 실질적인 매개체는 기(氣)라고 볼 수 있다. 그러므로 동양학에서 우주삼라만상의 인식모형은 거듭 말하지만 기(氣) 일원론이라고 할 수 있다. 따라서 기의 관점에서 볼 때 인간과 만물만사는 하나이다.

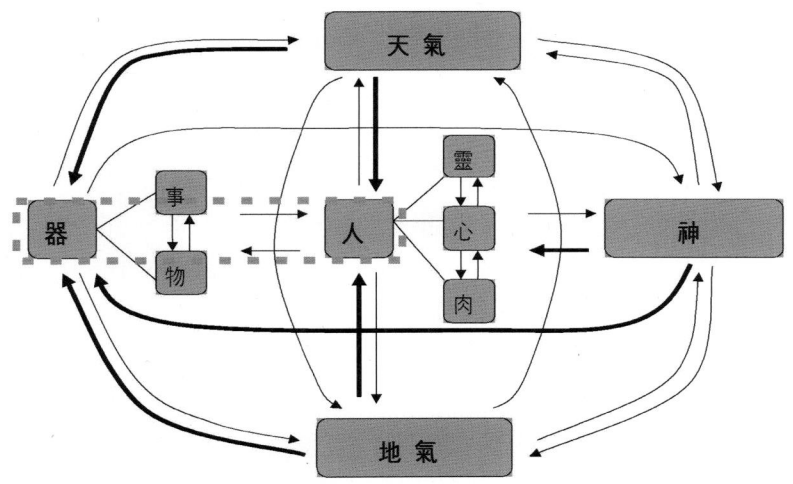

〈그림 4-1〉 동양학의 우아일체적(宇我一體的, universal unitary whole) 학문의 인식모형

여기서 기일원론이라는 표현이 단순히 인간을 비롯한 우주삼라만상을 표현하기 위해서 동양학자들이 임의로 비과학적으로 묘사한 것이 아니고 과학적근거가 있는 내용이다. 이 점은 양자역학이 발달하면서 입증되고 있다.

양자역학자들은 우주삼라만상을 에너지 일원론으로 나타내고 있다. 그래서현대 물리학자들의 주장도 우주삼라만상은 모두 분리된 것이 아니고 하나라는 것이다. 그런데 양자역학의 에너지 개념과 동양학의 기 개념은 매우 유사하다. 이것은 동일한 개념을 용어를 다르게 표현한 것뿐이다.

<그림 4-1>에서 구체적인 변수들 간의 관계를 나타낸 기(氣)의 작용과 변화원리를 도와 리라고 볼 수 있다. 도와 리에 해당되는, 우주삼라만상의 구성

원리와 변화원리 및 작용을 나타낸, 소위 과학적 모형(scientific model)이 태극과 음양오행론이다. 이를 구체적으로 말하면, 태극, 음양, 사상, 팔괘, 육십사괘, 그리고 천간지지와 오행론이다.

위의 그림에서 '우아일체적 학문의 인식모형'이란 개념이 있다. 이는 동양학의 학문적 접근이 우주론적이며, 우주와 내가 하나라는 의미를 나타낸 것이다. 우주론적이란, 미시적인 서양과학과 대비되며, 이는 우주론적 큰 틀에서 인간과 사물을 고찰하는 학문을 의미한다.

우주삼라만상과 인간이 하나라는 것은, 앞에서 거듭 설명한 바와 같이 모든 것이 태극 일기(一氣)에서 비롯되었으므로 당연히 하나이다. 우주와 내가 하나인데 이를 구체적으로 대별해서 관계를 나타내 보면, 우주는 대우주이고 인간과 사물은 소우주라는 것이다. 그래서 대우주인 천지자연과 소우주인 인간은 하나이기 때문에 상호 영향을 주고받는 관계에 있다는 의미이다.

대우주인 자연과 소우주인 인간과 하나라는 의미는, 각각의 구성체가 기(氣)라는 하나의 실체로 이뤄져 있고 또한 인간과 자연은 기라는 실체를 매체로 해서 상호 영향을 주고받는 관계에 있다는 것을 의미한다. 이것이 주역의 우주관이고 세계관이다. 상호 영향을 주고받는 구체적인 관계를 나타낸 개념과 이론이 음양오행론이다.

<그림 4-1>에서 각 구성 요소 간에 상호 작용을 나타낸 화살표 중에서 더 굵게 표시한 것과 그렇지 않은 것이 있다. 더 굵게 표시한 것은 더 많은 영향을 준다는 것을 나타낸 것이다. 즉, 모든 구성요소들은 어느 것이고 독립적으로 존재하는 것은 없고, 모두 상호 영향을 주고받는 관계에 있는데, 인간과 사물인 기(器)는 하늘과 땅의 기(氣) 그리고 신의 영향을 더 많이 받고 있다는 것을 나타낸 것이다. 즉, 인간과 사물인 기(器)는 천기·지기·신에 대해 종속변수적 위치에 있고, 천기·지기·신은 독립변수적 위치에 있다는 것이다.

다만 마음을 우주의 본체로 보는 유심론의 입장에서는, 인간의 주관적 심이 인간 밖의 사물에 주체적으로 대응할 수 있는 것으로 보고 있다. 그래서 인간의 마음을 어떻게 닦고 수행하느냐에 따라서 우주삼라만상의 주체가 될 수 있고, 그렇지 않을 수도 있다는 것이다. 대만의 남회근 국사는 그의 『주역

강의』에서 인간과 우주의 관계를 다음과 같이 언급하고 있다.

"인간은 우주의 운행법칙에 지배 종속을 받고 있기 때문에 이를 벗어날 방법이 없다. 만약 심신 양면의 수련에 성공한다면, 그때야 비로소 이 법칙에서 벗어날 수 있다. 우주 법칙을 벗어날 수 있으면 곧 초인이다. 그렇게 되면 우주를 초월하는 역량을 갖게 된다. 도교에서 장생불사를 감히 말할 수 있는 것도 그들이 이런 법칙을 장악하고 있기 때문이다."

따라서 이들은 인간이 마음먹기에 따라서 세상사가 달라지니 심이 본체라는 것이다. 이것은 다른 말로 하면 보이지 않는 천기·지기·신·심의 기(氣)가 보이는 기(器)와 인간의 육의 세계를 지배하고 있다는 것을 의미한다. 따라서 인간과 만물만사는 보이지 않는 천기·지기·신·인간의 심의 지배를 받고 있으므로, 인간을 비롯한 만물만사를 제대로 이해, 설명하려면 보이지 않는 천기·지기·신 그리고 인간의 심의 세계를 알아야 하며, 이를 위해서 우리 조상들이 수천 년간 연구하여 체계화한 학문이 주역에서 비롯한 동양 과학기술인 역학과 역술이다. 그래서 동양 과학기술인 역학·역술을 우주론적 근본적인 학문이라고 하는 것이다.

이런 점에서 동양학을 연구한 우리 선조들의 학문적 식견과 수준은, 보이는 사실만을 근거로 체계화한 서양학에 비해서 가히 상상할 수 없도록 높다고 볼 수 있다.

위의 <그림 4-1>에서 나타낸 것을 근거로 해서 동양학자들 사이에 회자되는 말이 있다.

천기에 대한 학문에 도통하면 상통천문(上通天文)이라 하고, 인간과 사물에 관한 학문에 도통을 하면 중찰인사(中察人事)라 하며, 지기에 대한 학문에 도통하면 하달지리(下達地理)라고 하는 말이 있다. 이 세 가지, 즉 천문, 지리, 인사에 능통하면 도통해서 무불통지가 된다는 것이다. 즉, 인간과 우주삼라만상에 대해서 모르는 것이 없다는 것이다.

공자가 주역을 해설한 해설서인 계사상전 제4장과 계사하전 제1장에 주역을 만든 학문적 근거와 범위를 나타낸 표현이 있다.

계사상전 제4장에

易이 與天地準이라 故로 能彌綸天地之道하나니. 仰以觀於天文하고 俯以察於地理라 是故로 知幽明之故하며 原始返終이라 故로 知死生之說하며 精氣爲物이오 游魂爲變이라 是故로 知鬼神之情狀하나니라.

▶역이 여천지준이라 고로 능미륜천지지도하나니. 앙이관어천문하고 부이찰어지리라 시고로 지유명지고하며 원시반종이라 고로 지사생지설하며 정기위물이오 유혼위변이라 시고로 지귀신지정상하나니라.

위의 문장을 직역·의역하면 다음과 같다.

직역: 역이 천지와 더불어 기준을 함이라. 그러므로 능히 천지의 도를 미륜하느니라. 우러러서는 천문을 보고, 구부려서는 지리를 살피니라. 이런 까닭에 그윽하고 밝은 연고를 알며, 시(始)를 근원으로 하고 종(終)을 돌이키느니라. 그러므로 죽고 사는 말을 알며, 정과 기가 물건이 되고 혼이 놀아서 변이 됨이라. 이런 까닭에 귀신의 정상을 아느니라.

의역: 역이라는 책이 천지의 도와 더불어 같으니, 천지의 모든 일을 다 엮어 빠짐없이 경륜한다는 뜻이다. 역을 짓기 위해서 하늘과 땅을 관찰하였으므로 유명의 까닭을 알고, 죽고 사는 일을 알고, 귀신의 세계까지도 안다.

역은 천지의 준칙이기 때문에 천지의 도를 모두 포괄할 수 있다. 위로는 천문을 관찰하고, 아래로는 지리를 살폈기에, 눈에 보이는 것뿐 아니라 보이지 않는 것까지도 그 근원을 안다. 시작과 끝을 알기 때문에 생사의 문제를 알수 있다. 정기가 물이 되고, 유혼이 변화하니 귀신의 정상을 안다.

주역이 동양문화에서 차지하는 위치는, "경전 중의 경전이요, 학문 중의 학문이며, 철학 중의 철학이다"라는 말과 사서오경 등 일체의 사상이 주역으로부터 유래하는 최정점의 사상이라는 말을 여기에서 알 수 있다.

대만의 남회근 국사는 『주역강의』에서 위의 글을 근거로 다음과 같이 언급하였다.

첫째, 주역은 모든 학문의 표준이기 때문에 인사나 물리를 막론하고 모두 이것을 법칙으로 삼는다는 것이다. 다시 말해, 화학이든 물리든 수학이든, 자연과학이든 인문과학이든, 정치든 경제든 사회든 문학이든 예술이든, 모두 이 법칙을 벗어날 수 없다는 것이다. '천지의 표준'이라는 것은 우주 최고의 표준이요 최고의 논리이다. 그런데 그 우주의 모든 법칙이 주역에 들어 있다는 의미이다.

둘째, 역경은 관념적 유희가 아니라는 것이다. 이것은 과학적인 절차를 거쳐 확립된 학문이다. 즉, "위로는 천문을 관찰하고, 아래로는 지리를 살펴" 연구를 거듭한 결과인 것이다. 다시 말해 과학적 관찰에 입각해서 천지의 법칙을 알아내려고 했다.

셋째, 주역이 포괄하는 학문적 범위가 유명(幽明)의 세계라는 것이다. 유(幽)의 세계란, 눈에 보이지 않는 세계를 말한다. 종교에서 말하는 하나님이니 천당 지옥과 같은 세계를 의미한다. 명(明)이란 우리 눈앞에 널려 있는 모든 것들을 의미한다. 따라서 역경의 이치를 이해할 수 있다면, 눈에 보이는 것뿐만 아니라 보이지 않는 귀신의 세계까지도 그 근원을 알 수 있다. 이뿐만 아니라 시작과 끝을 알기 때문에 생사의 문제도 알 수 있다. 또한 귀신도 인간이 수중에 장악해서 인간의 명령에 따르게 할 수 있다. 역경을 배우면 귀신을 두려워하지도 않고 도리어 귀신을 자기의 명령에 따르게 할 수 있다는 것이다.

계사하전 제2장에는

古者包犧氏之王天下也에 仰則觀象於天하고 俯則觀法於地하며 觀鳥獸之文과 與地之宜하며 近取諸身하고 遠取諸物하야 於是에 始作八卦하야 以通神明之德하며 以類萬物之情하니
▶고자포희씨지왕천하야에 앙즉관상어천하고 부즉관법어지하며 관조수지문과 여지지의하며 근취제신하고 원취제물하야 어시에 시작팔괘하야 이통신명지덕하며 이류만물지정하니

직역: 옛적에 포희씨가 천하에 왕을 할 적에 우러러서는 하늘의 형상을 보고, 구부려서는 땅의 법을 보며, 새와 짐승의 무늬와 땅의 마땅함을 보며, 가까이는 저 몸에서 취하고 멀리는 저 물건에서 취하여, 이에 비로소 팔괘를 지

음으로써 신명의 덕을 통하여 만물의 실정을 같이하니

의역: 주역의 가장 기본적인 출발점인 팔괘를 만든 연구과정을 나타낸 것
이다. 즉, 팔괘를 그릴 때 그 근거를 천문과 지리, 각종사물과 인간을 두루 관
찰하여 팔괘를 지었다는 것을 의미한다. 즉, 오랜 세월 동안 관찰 끝에 과학
적 이치를 알아낸 것이 팔괘이다. 팔괘를 그린 이유는 통신명(通神明), 신명
의 세계를 알고, 이류만물지정(以類萬物之情), 만물의 실정을 알기 위해서이
다. 이는 팔괘의 그림에서 다른 모든 것을 알 수 있다는 것이다. 팔괘는 하나
의 유기체적 전체적인 부호논리이므로 무엇이든 다 표현할 수 있다. 즉, 물질
세계뿐만 아니라 정신세계까지도 모두 포괄하는 부호논리이다. 천문, 지리, 동
물·식물뿐 아니라 일체의 과학, 철학, 종교 등을 다 포괄한다. 예를 들면 '이
통신명지덕(以通神明之德)'은 종교와 관련된다고 볼 수 있다.

아마도 현대 서양학이 현재 미완성 학문이기 때문에 계속 연구하여 점점
발전하여 완성단계에 이르면, 동양학이 이루고자 하는 도통의 단계에 이르게
될 것이다. 즉, 상통천문 하달지리 중찰인사가 이루어지면 도통이 되고, 도통
이 되면 우리가 알고자 하는 우주삼라만상의 모든 것을 알게 되어 무불통지
가 되어 학문적 연구가 완성된다고 볼 수 있다.

그때가 언제일까? 1+1=2라는 식의 물질론적, 기계론적이며 객관적 사실만
을 진리라고 보는, 사실에 근거한 형식적인 현대 서양 과학기술적 학문만 고
집한다면 요원한 이야기가 될 것이다.

위의 <그림 4-1>과 지금까지 설명한 내용을 종합하여 더 역동적으로 다
르게 나타내면, 우리나라 국기인 태극기의 문양으로도 나타낼 수 있다.

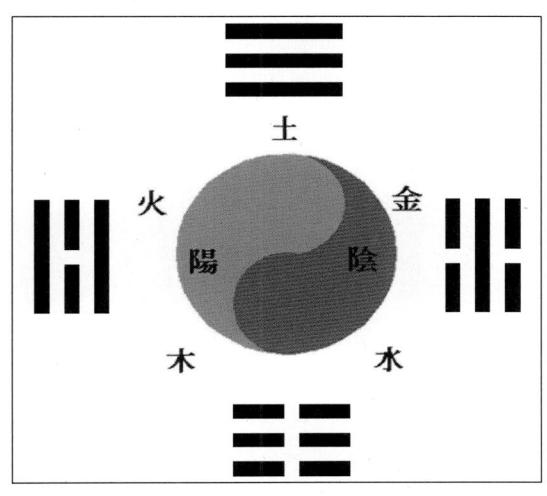

〈그림 4-2〉 태극문양

위 〈그림 4-2〉의 태극 문양은 우리나라 국기를 바르게 놓은 그림이다. 태극문양에서 제일 위의 괘상이 하늘을 나타내는 건괘이고, 아래의 괘상이 땅을 나타내는 곤괘이다. 그리고 왼쪽 괘상은 태양을 나타내는 리괘이고, 오른쪽 괘상은 달을 나타내는 감괘이다. 즉, 괘의 이름으로는 건곤감리이고, 이는 천지일월을 나타내는 부호이다. 가운데 태극문양은 음양을 나타내는 것이고, 태극문양 바깥에 목화토금수는 오행을 나타낸 것이다. 즉, 음양과 음양을 더 세분한 오행을 나타낸 것이다. 오행을 더 구체적으로 나타낸 것이 천간지지의 오운육기이다.

우리나라 국기인 태극기 문양에서 태극과 건곤감리의 괘가 나타내는 의미는 무엇인가? 앞에서 설명한 동양학적 학문의 인식모형과 비교하면, 신의 세계를 제외하고는 같은 내용인데, 태극기 문양에서는 음양오행으로 나타낸 것이 다르다. 태극기의 문양이 나타내는 의미를 알아보면 다음과 같다.

우주삼라만상은 천지, 즉 천기와 지기를 중심(체)으로 해서 일월성신(日月星辰)(용)의 작용으로 모든 현상이 변화한다는 의미이다. 즉, 천지를 상징하는 건곤을 체로하고, 일월을 상징하는 감리, 즉 일월을 용으로 해서 모든 우주의 변화가 나타난다는 것이다. 여기에서는 일월만 말했지만 더 확대하면 태양계의 오성과 북극성을 중심으로 28수와 북두칠성을 모두 포함한다. 다만 지구에 가장 많이 영향을 주는 별이 일월이므로 모든 별, 즉 일월성신을 대표해서 일월만을 나타낸 것이다. 우리나라에 전해 오는 전통적인 말 중에 '천지일월의 조화'라는 말은 이를 두고 하는 말이다. 이 지구상의 만물만사의 변화는 천지를 중심으로 일월성신이 운행하면서 나타나는 현상들이다. 그래서 대만의 남회근 국사는 주역을 성상학(星象學)이라고도 한다. 이를 간단하게 나타낸 그림이 위의 태극기 문양이다.

이 세상에는 수많은 자연현상과 국가·사회·인간의 현상이 있지만, 그러한 현상을 일으키는 근본적인 것은 천지를 중심으로 해서 일월성신이 운행하면서 우주의 기운, 즉 음양오행의 기운의 영향을 받아서 나타나는 현상들이라는 것이다.

고 한동석 선생은 『우주변화의 원리』에서 우주와 인간·사물의 관계를 다음과 같이 표현하고 있다.

"사람은 변화무쌍한 지구 위에서 살고 있다. 지구는 인간과 만물을 가득히 안고서 음양이 교차하는 일월과 서로 맞물려 돌아가고 있다. 특히 해와 달이 계속 뜨고 지는 운행을 번갈아 하면서 만물만사의 변화가 나타나는 것이다." 일월의 운행을 나타낸 구체적인 내용이 태양력과 태음력이다.

이렇게 우주삼라만상의 변화를 간단하고 본질적이며 그리고 정확하게 표현한 이론체계가 서양학문에는 어디 있는가? 동양학의 종합력과 포괄성에 놀라울 따름이다. 그리고 거대한 우주론 스케일로 모든 현상을 고찰하였다는 점에서 획기적으로, 즉 패러다임적으로 전혀 새로운 학문이다. 서양의 수많은 철학, 사상, 과학기술자들이 보이는 세세한 객관적 사실에 근거해서 백가쟁명식으로 혼란스럽게 헤매는 학문에 비하면, 너무나 간결해서 믿어지지 않을 정도로 신기하다.

일월의 운행이란 표현은 자연현상을 그대로 표현한 것이고, 이를 이론적으로 나타낸 말이 음양오행의 작용이라고 볼 수 있다. 일월이 운행하면서 변화하는 지구의 기운, 즉 기후의 변화를 학문적으로 나타낸 이론체계가 음양오행론이다. 음양오행론을 더 구체화한 이론체계가 오운육기론이다. 즉, 달력의 연월일에 표시돼 있는 천간지지, 즉 육십갑자가 이를 나타낸 것이다.

위의 태극기 문양에서 일월의 작용으로 나타난 시간적 자연의 변화를 나타내면, 먼저 하루로는 낮이 양이고 밤이 음이다. 오행으로 세분하면 낮 중에 새벽은 목이고, 오전은 화이고, 한낮은 토이며, 오후는 금이고, 밤중은 수가 된다. 한 달을 기준으로 하면, 초하루부터 상현달까지가 목이고, 상현달부터 보름 전까지가 화이며, 보름달 전후가 토이며, 하현달까지 금이고, 그믐달까지가 수에 해당한다. 그다음 다시 초승달이 되면 목이 나타나면서 계속 순환 반복하는 것이다. 일 년을 기준으로 하면, 봄은 목이 되고, 여름은 화, 한여름은 토, 가을은 금, 겨울은 수이다.

그러므로 위의 태극도에 나타난 문양은 하루, 한 달, 일 년의 오운육기의 변화를 음양오행론으로 나타낸 것이다. 이는 거듭 말하지만 일월이 운행하면서 나타나는 시간과 계절의 변화이다. 일월의 운행은 음양오행의 순환을 의미하고, 이는 인간을 비롯한 만물만사에 영향을 주면서 변화를 일으키고 있다. 동양학의 우주론적 순환론적 자연의 이치는, 바로 일월의 운행으로 모든 만물만사를 설명하는 이론체계이다.

인간사를 비롯해서 만물 만사가 변화하는 것은 '천도지사연(天道之使然), 즉 하늘의 도가 그렇게 시킨 것'이라고 한다. 그러니까 인간의 자유의지에 의해서 인위적으로 모든 것이 일어나고 변화하는 것 같지만, 사실은 천도의 운행원리, 즉 오운육기 줄여서 운에 의해서 인간도 그렇게 변화해 간다는 것이다. 다만 동양학을 몰라서 우리가 모르고 있을 뿐이다.

따라서 이를 요약하면, 역(易)은 역(曆)이요 또한 그것은 역(歷)이다. 易은 우주의 변화원리 또는 섭리를 나타낸 학문이고, 이는 우주의 기운, 즉 천도인 오운육기의 변화원리로 구체적으로 나타낼 수 있으며, 이를 나타낸 것이 태음·태양력, 즉 역(曆)이다. 그리고 역의 변화, 즉 천도의 변화에 따라 나타난 것이 인간의 역사(歷史)이다. 인간의 역사는 우주의 변화원리에 의해서 나타난, 즉 천도지사연(天道之使然) 하는, 즉 운(오운육기)이 그렇게 시킨 것의 결과로 나타난 것에 불과하다는 것이다.

결국 우주의 변화원리는 주역의 이치이고, 이는 또한 오운육기로 나타낸 태음태양력(太陰 太陽曆)이다. 그래서 역(易)은 역(曆)이며, 이는 또한 모든 만물 만사의 변화를 일으키는 근본적인 틀이므로 또한 역사(歷史)를 말한다.

인간 삶에 대한 동양학적 설명 사례(우주론적 합리성)

동양학의 학문적 인식모형의 이해를 돕기 위해서 인간을 중심으로 현실 문제와 실제 연결하여 설명해 보고자 한다.

동양학은 천도에 입각하여 인간의 현실문제와 관련해서 나타난 인사에 관한 학문이 앞에서 설명한 바와 같이 의리학과 상수학이 있다.

의리학은 천도에 입각하여 인간이 살아가면서 행하고 지켜야 할 도리와 도덕 윤리적, 사상 철학적 내용을 말하고, 상수학은 인간 생활 속에 나타나는 건강과 길흉화복 문제에 대처하기 위한 과학기술적 학문을 말한다.

여기에서는 상수역과 관련된 내용을 중심으로 실재 사례 문제를 설명해 보고자 한다.

인류가 탄생한 이래로 갖가지 문제에 부딪히면서 이를 해결하고 극복하기 위해 노력하면서 지금까지 존속해 왔다. 아마도 인간의 역사와 문화의 발달은 인간이 부딪히는 문제를 해결하는 과정의 역사이고, 문화의 발달과정이라고 해도 과언이 아니다. 즉, 개인은 개인의 건강을 비롯한 길흉화복의 문제, 조직은 조직의 문제, 사회와 국가는 사회적, 국가적 문제를 해결하고 극복하면서 존속해 왔다. 이것이 곧 역사와 문화의 발달과정이라고 볼 수 있다.

그렇다면 그런 모든 문제는 어디에서 비롯되었는가? 문제가 발생한 근원을 정확하게 알아야 그에 대한 처방을 제대로 제시할 수 있다. 여기서는 이해를 돕기 위해서 조직, 사회, 국가적 문제는 다음으로 미루고, 개인의 문제를 중심으로 설명하고자 한다.

위의 인식모형에 입각해서 볼 때, 인간의 문제는 인간 자신의 자유의지에 의한 행위와 인간과 상호 관계가 있는 환경적 변수인 천기, 지기, 신, 사물과 관련하여 설명할 수 있다. 즉, 자신의 의지와 생각에 입각한 행위는 자유의지이고, 천기와 관련된 것이 운과 명이고, 지기와 관련된 내용이 풍수이고, 신과 관련된 내용이 하느님과 그 외의 신과 같은 종교이며, 사물과 관련된 것이 인간의 가정, 사회, 국가, 자연적 환경과 관련된 변수이다.

인간의 모든 문제는 위에서 서술한 다양한 변수와 관련되어서 나타나고 있음을 알 수 있다. 따라서 인간의 문제는 위에서 서술한 다양한 변수를 모두 고려해서 판단해야 정확하게 설명할 수 있으며, 또한 그것이 동양학적 우주론적으로 합리적이다. 즉, 인간의 자유 의지적 노력, 운명적 변수, 풍수적 요인, 영적인 세계의 영향 그리고 자신이 처한 물질적 세계의 환경적 변수가 복합적으로 작용하여 나타난 결과라고 볼 수 있다.

이것을 더 구체적으로 말하면, 인식모형에서 천기에 해당하는 사주명리에서 명운이 좋고, 지기에 해당하는 풍수에서 조상을 명당에 모시고, 사는 생활공간인 주택이 명당이고, 영혼의 세계에서 도와주고, 기(器)의 세계인 자신이 처한 가정, 사회, 국가, 자연적 환경이 바람직하며, 본인이 자유의지에 의해 열심히 노력하면, 모든 것이 가장 이상적인 만사형통의 생활이라고 할 수 있다.

그러나 현실적으로 모든 사람들의 문제는, 모든 변수 중에서 좋은 것도 있고 그렇지 못한 것도 있어서 모두가 만사형통할 수 없다는 점이다. 따라서 모든 사람들은 만사형통이 되도록 여러 가지 노력을 하지만 그렇지 못함을 알 수 있다. 따라서 문제를 해결하기 위해 가장 우선적으로 고려해야 할 일이, 문제의 근원을 제대로 알고 대처하는 것이다. 즉, 천기, 지기, 신, 만물만사, 인간의 자유 의지적 노력 중에서 무엇이 문제인가를 먼저 분별하여 대처해야 문제를 효율적이고 합리적으로 해결할 수 있다. 즉, 문제에 따라서 천기, 지기, 영적인 문제인가, 아니면 보이는 세계인 기(器)의 문제인가, 아니면 인간 자유의지의 문제인가에 따라서 문제를 해결하는 대처방법이 다르다고 볼 수 있다. 만약 천기인 운의 문제를 기(器)로 해결하거나, 영적인 문제를 기(器)로 대처하면, 또 반대로 기(器)적인 문제를 영적으로 또는 천기인 운(運)으로 대처해도, 그것은 동양학적 또는 우주론적으로 비합리적인 문제 해결방법이다.

그런데 현재 제도권의 교육·학문세계는 주로 개인의 자유의지적 행위와 기(器)의 세계인 가정적, 사회적, 국가적, 자연적 환경과 관련해서만 모든 것을 설명하고 이해하려고 한다. 즉, 개인 자신의 노력과 보이는 물질세계인 사물, 즉 기(器)적인 것과의 관계만을 고려하여 인간의 문제를 설명하려고 한다. 보이지 않는 천기, 지기, 영혼의 세계는 보이지 않는 세계라고 무시하고 있다. 그러나 동양과학에서는 보이는 사물의 세계와 인간의 자유의지보다도 보이지 않는 천기와 지기 그리고 신의 세계를 더 중시한다. 따라서 동양과학적 관점에서 볼 때 서양과학적 학문은 매우 부분적이고 피상적이고 비합리적인 학문이라고 볼 수 있다.

실제 위에서 서술한 내용을 직접 사례를 들어서 설명하고자 한다.

일본의 후나이 유키오

일본의 유명한 경영 컨설턴트의 한 사람인 후나이 유키오는 일본산업심리연구소와 일본매니지먼트협회를 거쳐, 현재 후나이 종합연구소의 총수로 4,800개 기업체의 고문을 맡고 있다. 기업을 성공적으로 이끄는 탁월한 지도력을 발휘하여 세계 제일의 경영 컨설턴트로 인정받고 있다. 그는 그의 저서 『지구의 운명과 인류의 미래』의 서문에서 다음과 같은 자신의 경험담을 말하고 있다.

"20여 년 전 후나이 유키오 자신이 고문을 맡고 있는 작은 기업이 새로운 점포를 내게 되었다. 그는 점포의 레이아웃이나 상품 구성, 개점일 등을 합리적으로 판단해서 정하고, 사장을 비롯한 임원의 동의를 받았다. 그런데 개점 예정 며칠 전에 사장에게서 '어쩔 수 없는 사정으로 개점 일을 바꾸고 싶다'는 전화가 왔다. 그는 스케줄을 바꿀 수 없어서 개점 일에 그 점포에 갈 수 없었다. 개점 일주일이 지난 후에 그 가게에 가 보니, 점포의 레이아웃이나 상품 구성도 그의 의견과는 전혀 다른 가게로 변해 있었다. 당시 그는 몹시 화가 나서 사장 이하 간부들에게 '분명히 그의 자문을 받아들인다고 해 놓고 무엇 때문에 마음대로 바꾸어 버렸는가' 하고 따졌다. 결국 나중에 알았지만 사장이 늘 찾아가는 신들린 사람, 즉 무속인이 있었는데, 그때도 그 무속인의 지시로 그의 자문을 받아들이지 않았던 것이다.

지금 생각해 보면 그 당시의 그는 경영 컨설턴트로서 미숙했다는 생각이 들었다. 그때 그는 경영 컨설턴트는 역술인이나 신에게 이길 수 없으므로 무슨 대책이 필요하다'고 생각했던 때였다. 그래서 그는 바로 새로운 대책을 세운 것이다. 그 대책이란 구체적으로 컨설턴트팀을 의뢰하는 소비자와 고문 계약을 체결할 때, '사장님, 미안하지만 사장님이 가장 위급할 때 상담하러 가는 신이나 영능력자, 역술인이 있으면 나에게 소개해 주십시오. 그분과도 의논하여 자문을 하도록 하겠습니다'라고 제안했다. 대부분의 사장은 기쁜 마음으로 절체절명의 순간에 조언을 해 주는 신이나 영능력자, 역술인 등을 소개해 주었다. 그 덕분에 수백 명에 달하는 이런 종류의 사람을 알게 되었다. 그 중에는 정말 훌륭한 분들도 많아, 그가 이 세상을 올바르게 이해하는 데 많은 힘이 되었다는 것이다.

그 결과 어떤 사람도 어떤 일에 대해서도 부정하거나 욕하지 않게 되었다. 그리고 무엇이든 포용하고 모든 것에 적용되는 논리를 발견하기 위해 노력했다."

후나이 유키오 이야기를 동양과학의 인식모형의 구성요소와 비교해서 분석해 보면, 첫째, 자신의 경영에 관한 전문적 지식은 서양과학적인 객관적 사실에 근거한 주로 기적(器的)인 지식이고, 둘째, 신들린 사람 또는 영적능력자는 신(神)의 세계에 대한 전문가이며, 셋째, 역술인은 역학·역술의 기(氣)의 세계의 전문가이다.

후나이 유키오가 자신이 제도권 교육기관에서 배우고 습득한 서양과학적, 즉 기(器)적인 전문지식만을 가지고 판단했을 때보다 기(氣)와 신(神)의 세계의 전문가, 즉 역술인과 영적 전문가와 공동으로 연구하고 대책을 만들었을 때, 우주론적으로 더 합리적이고 타당한 연구와 대책을 세울 수 있었을 것이라고 생각할 수 있다. 그렇게 종합적으로 연구하고 대책을 만들었으므로 더 현실에 적합한 대책과 판단을 할 수 있었음을 알 수 있다.

이러한 사례를 다른 말로 하면, 제도권의 서양과학적 지식으로만 판단하는 것보다는 동양과학적 전문가 그리고 영능력자들과 공동으로 종합적이고 상호 보완적으로 연구하면, 더 정확한 판단을 내릴 수 있다는 것이다.

그 결과 '이 세상을 올바르게 이해하는 데 도움을 준다'는 말과 '무엇이든 포용하고 모든 것에 적용되는 논리를 발견하기 위해 노력했다'는 말이 시사하는 바가 매우 크다. 이 세상을 올바르게 이해했다는 말은, 우주론적 관점에서 관련된 모든 변수, 즉 기(器)와 기(氣) 그리고 신의 세계를 모두 고려해서 종합적이고 포괄적으로 이해했기 때문이고, 무엇이든 포용한다는 말은, 열린 마음으로 사물에 영향을 미치는 모든 변수를 차별하거나 배척하지 않고 모두 고찰하였다는 의미이다. 즉, 종합적인 방법과 열린 마음의 자세가 사물을 인식하는 데 더 과학적이고 타당한 방법이자 자세이다.

이것을 통해 우리나라 제도권 교육·학문세계가 보이는 객관적 세계만을 연구대상으로 하는 서양과학만을 영원한 진리라고 여기는 것이 얼마나 답답하고 어리석고 부질없는 일인가를 알 수 있다. 그래서 비제도권에서는 제도권의 서양 과학자들을 '전문가 바보'라고 한다. 즉 자기의 좁은 영역의 학문을 영원한 진리라고 생각하면서 평생을 온몸을 받쳐서 연구하고 가르치는 것을 빗대서 표현한 것이라고 볼 수 있다.

비제도권의 일반 국민들은 이미 오래전부터 동서양의 학문을 상호 보완적으로 활용하고 있다

위에서 일본의 사례를 들어서 설명했지만, 우리나라의 경우도 비제도권의 일반 국민들뿐만 아니라 정재계의 유명인들까지도 동서양의 학문을 이미 오래전부터 상호 보완적으로 활용하고 있음은 주지의 사실이다.

비제도권의 국민들은 자신의 문제를 해결하기 위해서 제도권에서 배운 서양과학적 지식으로 어려우면, 아무 부담 없이 순수하고 열린 마음으로 동양과학자들인 역학·역술인, 영적인 전문가, 기의 초능력자 그리고 각종 민간요법자들을 찾아가서 상담하고, 그들이 하라는 대로 하는 것이 일반화되어 있다. 그렇게 해서 자신들의 문제 해결에 도움이 되기 때문에, 지금도 없어지기는커녕 계속 존속하고 확산되는 것이 아니겠는가.

이것은 일반국민들이 자신들의 문제해결에 있어서 제도권의 서양 과학자들보다 앞서 간다는 단적인 예이다. 따라서 일반국민들의 이러한 태도를 비판적으로 볼 것이 아니고, 이를 인정하고 이들에게서 제도권 교육·학문세계가 편협한 서양 과학기술에 예속되어 있는 것을 반성 하고, 오히려 배우고 받아들이는 것이 더 올바른 과학적 태도이다.

따라서 국민들이 필요로 하는 지적 수요를 충족시키고, 서양과학 자체의 발전을 위해서도 동양과학을 제도권에 들여와서 서양과학과 함께 연구하고 가르쳐야 한다. 이것이 이 시대의 진정한 교육개혁이요, 순수하고 열린 과학교육이라고 할 수 있다.

이것이 현실적으로 실현되기 위해서 국가 차원에서 국립동양과학대학과 동양과학기술원의 설립이 필요하다.

제2절 인식모형에서 본 동서양 학문 간의 관계

위의 <그림 4-1>에 입각하여 더 현실적으로 인식할 수 있도록 현존하는 모든 동서양의 학문 간의 관계를 설명해 보고자 한다. 즉, 앞에서 서술한 동서양 학문을 모두 통합한 체계화 작업의 하나이다.

먼저 기(器)와 기(器)의 관계, 즉 사물 간의 관계, 기(器)와 인간 간의 관계 그리고 인간 상호 간의 관계와 현상을 고찰하여 개념과 이론으로 체계화하여 연구하고 가르치는 학문이 현 제도권의 서양학에 해당된다고 볼 수 있다. 즉 <그림 4-1>의 점선으로 표시한 네모난 부분이 제도권 교육·학문세계의 지배적 학문인 서양학에 해당하는 부분이다. 그 나머지 부분인 천기, 지기, 신의 세계는 동양학에서 강조하는 부분이다.

제도권의 서양학은 객관적으로 파악이 가능한 사실, 즉 보이는 세계인 기적(器的)인 사물과 인간에 관한 학문이라고 볼 수 있다. 다시 말해서 객관적 사실에 근거해서 개념화, 이론화해서 체계화한 학문이다. 그러나 동양학은 기(器)적인 사물과 인간을 포함한 천기, 지기, 신의 세계를 모두 포괄하는 종합적인 학문이다.

이런 점에서 볼 때 동양학의 학문적 범위에는 서양학의 학문적 범위를 포괄하고 있으나, 서양학의 학문적 범위에는 동양학의 범위를 포괄하지 못하고 있다. 따라서 동양학이 더 우주론적으로 타당하고 과학적인 학문이며, 서양학은 부분적인 것에 편향되어 있어서 사물을 인식하는 데 비과학적인 학문이다.

동도서기(東道西器)

동양학의 학문적 인식모형의 관점에서 동서양의 학문을 비교하면 다음과 같이 말할 수 있다.

주역에서는 모든 것의 논리적 근거를 우주론적인 관점에서 출발하는데 동양과 서양은 우주론적으로 볼 때 정반대 경향을 띤다. 즉, 우주론적으로 동양은 해가 뜨는 곳이고, 서양은 해가 지는 곳이므로, 동양은 근본적인 것을 강조하고, 서양은 지엽적이고 결과를 중시한다. 그래서 일반적으로 동양과 서양을 비교하여 동도서기(東道西器)라는 말이 나왔다.

'하늘 天 따 地'와 '바둑이 철수'

학문도 그 영향을 받아서 동양학은 처음부터 배우는 것이 천자문인데, 천자문 첫째 말이 하늘 天, 따 地, 검을 玄, 누를 黃, 집 宇, 집 宙로 시작한다. 이것은 동양학이 우주론적 근원적 도적(道的) 학문이므로 그와 관련된 것으로 천지현황(天地玄黃)으로 시작하며, 서양학은 처음 초등학교에 입학하면 배우는 것이 바둑이, 철수, 송아지와 같은 실증적이며, 객관적이고, 생활에 가까운 기적(器的)인 것들이다.

왜 동양학은 '하늘 천, 따 지'를 배우는 것으로부터 시작을 하고 서양학은 '바둑이 철수'로부터 시작을 하는가. 동양학은 우주론적 학문이기 때문에 하늘 천, 따 지부터 배우고, 서양학은 개개의 사물에 근거한 학문이기 때문에 바둑이 철수부터 배운다. 하늘 천, 따 지 중심의 동양학은 일반인들에게는 보이지 않는 세계의 학문이고 바둑이 철수 중심의 서양학은 보이는 세계의 학문이다.

서양학의 바둑이 철수와 동양학의 하늘 천, 따 지를 비교하면 동서양 학문의 차이점을 알 수 있다. 이를 비교해 보면 동양학이 서양학보다 위대한 학문임을 인식할 수 있다. 그 이유는 '바둑이 철수'는 없어도 '하늘 천, 따 지'는 존재하지만, 하늘 천, 따 지가 존재하지 않으면 바둑이 철수는 존재할 수가 없다. 그러므로 하늘 천, 따 지 중심의 동양학은 근본적이고 본질적인 학문이고 바둑이 철수 중심의 서양학은 피상적이고 지엽적인 학문이다.

뿐만 아니라 하늘 천, 따 지는 대우주이고 바둑이 철수는 소우주인데 소우주는 대우주에 지배 종속되어 있기 때문에 대우주인 하늘 천, 따 지의 근본 이치를 모르면 바둑이 철수의 사물을 근본적으로 알 수가 없다. 이는 무엇을 의미하는가 하면 '하늘 천, 따 지' 중심의 동양학은 근본적이고 본질적인 학문이고 '바둑이 철수' 중심의 서양학은 피상적이고 지엽적인 학문이라는 것을 의미한다.

또한 학문적 방법론으로 볼 때 근본적인 출발점 또는 접근방법이 아주 다르다. 즉, 동양학은 종합적이고, 전체론적(holism)이며, 인식 방법이 객관적인 것에 근거해서 분석한 것과 직관적이며, 주관적인 깨달음을 모두 사용하는데, 서양학은 개개 사물 간의 분석적, 환원주의적(reductionism), 객관적, 실증적 사실관계만을 근거로 출발한다.

동양학은 우주론적(하늘 천, 따 지) Top Down 학문이고, 서양학은 개개의 사물(바둑이, 철수)에 근거한 Bottom Up 학문이다

뿐만 아니라 동양학과 서양학의 가장 근본적인 패러다임(paradigm)적 차이점은 우주삼라만상의 현상을 기술하고 설명하는 개념과 이론체계임은 말할 것도 없지만 더 근본적인 차이점은 인식론적 출발점인 접근방법에 가장 큰 차이점이 있다. 즉, 동양학에서는 우주론적 순환론의 관점에서 기(氣)와 신의 종합적인 작용과 변화원리인 도적(道的)인 관점에 입각하여 개개의 사물(器)을 이해하고 설명하는 개념과 이론으로 체계화되어 있다. 이 점이 서양학이 객관적인 개개의 사물인 기적(器的)인 것에만 근거하여 귀납적 연역적 방법으로 개념화 이론화하여 논리적으로 체계화한 학문이라는 점에서 근본적으로 다르다. 즉, 동양학은 <그림 4-3>에서 보는 바와 같이 우주론적 Top Down 학문이고 서양학은 개개의 사물에 근거한 Bottom Up 학문이다.

즉 동양학은 우주론적 관점에서 전체론적(holistic) 학문인 데 비해서 서양학은 개개의 사물에 근거한 환원주의적(reductionism) 학문이다. 그런데 지금 21세기 초입의 현 단계에서 동서양의 학문이 도킹하기 직전까지 도달하였다.

서양학은 <그림 4-4>에서 보는 바와 같이 바둑이, 철수로부터 출발을 해서 family, local, social, national, international, global까지 계속 확대되어 오늘에 이르고 있다. 즉 서양학은 물질적 가치를 극대화하기 위한 노력과 목적으로 바둑이, 철수로부터 출발을 하여 세계화(globalization) 단계에까지 발전을 하였다. 동양학은 반대로 하늘 천, 따 지인 우주론적 관점에서 출발하여 그 이하인 세계화·국제화 국가…… 바둑이, 철수까지 고찰하는 Top Down적인 학문이다.

현재 지배적인 서양학이 세계화까지 이르고 있지만 환경파괴와 인간성 상실로 지구 차원의 위기문제가 많이 발생하고 있으며 이를 극복하기 위해 학문적으로 뚜렷한 대안을 아직은 만들어 내지 못하고 있다. 그런데 그 문제들을 보면 모두가 동양사상, 즉 주역에서 비롯된 역학·역술로 인간의 의식의 변화 또는 진화를 통해서 근본적으로 해결이 가능한 문제들임을 느낄 수 있다. 따라서 동양학, 특히 역학과 역술이 21세기 현대 세계화시대의 모든 문제에 대해 근본적으로 해결의 실마리를 제공해 줄 수 있다고 본다.

주역은 우주론적 학문이므로 서양학의 세계화를 넘어서 우주화를 지향해야 한다는 의미이다. 즉 서양학이 물질적 가치를 극대화하기 위한 노력으로 세계화까지 발전을 하였으나 지구 차원의 심각한 문제로 인해서 어려움에 처해 있고 이를 극복하기 위해서는 정신세계의 학문인 우주론적 동양학이 새롭게 대두될 수밖에 없다고 본다. 즉, 이는 세계화(globalization)를 넘어서 우주화(universalization)로 갈 수밖에 없음을 의미하고 이는 곧 서양과 동양이 만나는, 즉 학문적으로 도킹단계에 이르게 되었다는 의미이다.

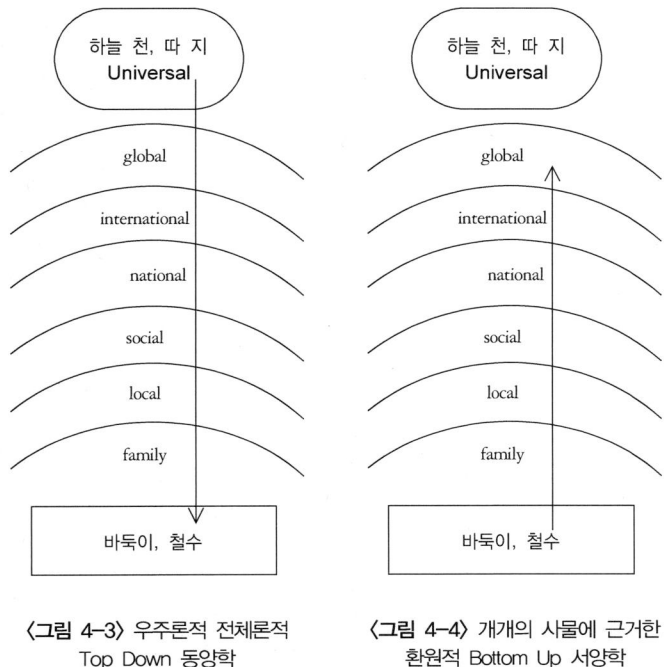

〈그림 4-3〉 우주론적 전체론적
Top Down 동양학

〈그림 4-4〉 개개의 사물에 근거한
환원적 Bottom Up 서양학

　뿐만 아니라 실제 내용 면에서도 동서양이 지금 만나고 있는 조짐들이 계속 속속들이 나타나고 있다. 의식의 탐구 분야에서 세계적인 명성을 얻고 있는 저술가이자 편집자인 John White에 의하면 동양과 서양은 지금 초월 세계에서 서로 만나고 있다. 많은 결실을 바로 눈앞에 두고 있으며, 계속 뻗어 나가고 있는 중이다. 물질과학과 객관 세계 및 외부 세계를 강조하는 서양의 흐름이 영적과학과 주관 세계 및 내면세계를 강조하는 동양의 흐름과 섞이고 있는 것이다. 그리하여 의식과 우주의 관계에 관한 유용한 정보가 하나하나 결실을 맺어 가고 있는 중이다. 현대 의식 탐구자들은 동양과 서양의 전통 모두에 대한 탄탄한 기반 덕분에 그 의식과 우주의 관계를 더욱 상세하고 정밀하게 밝혀내고 있다. 의식을 이끄는 초창기 지도들이 현대생활과의 관련 하에서 다시 언급되고 있는 한편으로 새로운 지도들도 계속해서 제작되고 있는 중이다.

또한 최근에 세계적인 경제위기 이후에 나타나는 세계적인 이슈들, 예를 들면 자본주의 4.0, 월가를 점령하라, 기후변화, 녹색성장 그리고 우리나라의 공생발전, 동반성장, 중도실용주의 등의 문제들이 나타나는 근본적인 배경은 그동안 물질론적 기계론적 환원주의적 서양 과학기술 문명의 발달로 환경파괴와 인간성 상실로 나타나는 문제에 대응하기 위한 대안적인 정책방향의 문제들이다. 그러나 이러한 이슈들에 대한 내용들을 고찰해 보면 모두 정신-물질 일원론적 유기체론적·전체론적 학문인 동양학, 특히 주역에서 비롯된 역학과 역술에 의해 근본적인 해결이 가능한 문제들로 보인다. 이러한 것들은 동양학이 새롭게 대두될 수밖에 없는 징후들이 세계 곳곳에서 나타나고 있다고 볼 수 있다.

동서양의 학문이 이렇게 상호 만나고 있는 데 비해서 동양에서는 동양학에 대한 체계적인 연구와 저서 및 교육이 이루어지지 않고 있다.

여기에서 우리가 하나 짚고 넘어가야 할 의문이 동양에서는 왜 서양학적 학문을 발전시키지 않았는지 생각해 보아야 한다.

동양학 분야에는 현대 서양학적 접근으로 체계화한 학문이 거의 보이지를 않는다. 그러면 왜 우리 조상들은 현대 서양학적 학문을 발달시키지 못했는가에 대해서 생각해 볼 필요가 있다. 다만 있다면 인간의 도리나 윤리적인 분야에만 있다. 즉, 현대 서양학과 같이 자연현상이나 사회현상의 객관적 사실에 근거한 개념과 이론에 의해서 논리적으로 체계화한 과학기술적 학문이 우리의 전통학문에서는 거의 보이지를 않고 발달시키지를 않았다. 그렇다면 우리 조상들, 즉 동양학자들은 현대 서양학적 학문을 왜 연구를 하지 않았는지 의문을 갖게 된다. 지금 우리는 서양학적 학문에 빠져 온통 서양과학에 빙의가 된 상태에 있어서 이러한 의문을 갖지조차 못하는 것이 현실이지만 말이다.

자칫 모르는 사람들은 우리 조상을 비하하는 투로 미개한 야만인시대 또는 인지가 발달하지 않았던 시대라 그러한 학문이 발달할 수 없었다고 생각하기 쉽다. 즉, 서양학은 문명사회에서나 발달할 수 있는 학문이지 미개한 옛 사람들은 그러한 학문을 발달시킬 수 없었다고 무시하고 만다. 이렇다고 생각하면 참으로 무식한 생각이고 서양과학에 빙의된 체통머리 없는 망발이라고 해도 과언이 아니다.

동양에서는 서양학에서 중시하는 보이는 세계의 사실적인 기(器)적인 현상은, 근본적인 것이 아니고 종속적이고 피상적이며 지엽적인 것으로 여겨서 가볍게 보고 무시하여 학문적으로 중요시하지 않았다는 점을 우리가 유의할 필요가 있다. 즉, 우리 조상들이 현대 서양학적 학문을 발전시키지 않은 것은 서양학적 학문의 의미와 가치를 몰라서 그렇게 한 것이 아니다. 우리 조상들은 현대 서양학적 학문이 중시하는 보이는 객관의 세계보다 보이지 않는 기와 신 그리고 심의 세계가 더 근본적이고 본질적이므로 이를 연구하고 발전시키지 않았기 때문이다. 뿐만 아니라 과거의 동양의 지도층들은 물질적 가치를 추구하는 과학기술이 발달하면 인간 간에 물질적 가치 추구 때문에 갈등과 불화가 발생하여 인간성이 상실되고 자연이 파괴되기 때문에 의도적으로 발전을 시키지 않았다는 것이다(남회근, 『주역강의』).

그런데 제도권에서는 그러한 서양학문이 전부인 것인 양, 그리고 대단한 것인 양, 수많은 천재 수재들이 밤낮으로 머리를 싸매고 오늘도 엄청난 돈과 노력을 쏟아 붓고 있는 것이 현실이다. 동양학의 관점에서 보면 한심스럽고 어처구니없는 일이라고도 볼 수 있다. 특히 사회과학의 경우가 더욱 그렇다고 볼 수 있다.

지금까지 동양학의 학문적 인식모형을 주로 학문적으로만 고찰해 보았다. 이해를 돕기 위해서 실제 현실적인 문제와 관련해서 구체적으로 서술해 보고자 한다. 즉, 실제적인 문제인 인간의 건강을 비롯한 각종 문제와 국가적인 사회현상, 자연현상 등을 서술해 보고자 한다.

먼저 개인의 문제의 경우, 인간의 건강을 비롯한 여러 가지 문제, 예를 들면 취업, 결혼, 승진, 사업 등과 같은 문제에 있어서 본인의 노력에 의해서도 행해지지만 인간의 노력 외의 변수도 영향을 많이 준다. 즉, 그 사람의 타고난 명운인 사주팔자의 문제는 인식모형에서 천기에 해당하고, 사람이 살고 있는 주택과 조상들의 산소 문제는 지기에 해당하고, 영혼의 세계에서 주는 영향력 그리고 그 사람의 가정환경과 사회적 국가적 환경인 기적(器的)인 환경이 영향을 준다. 따라서 개인의 삶의 성공과 실패 그리고 건강과 가정 등의 모든 문제는 개인의 노력과 마음가짐, 그리고 보이지 않는 천기, 지기, 영혼의 세계, 그리고 보이는 사물의 세계에 의하여 영향을 받으면서 총체적으로 행해지고 있다.

그런데 지금까지 제도권 교육·학문세계에서는 주로 자신의 노력과 보이는 사물의 세계만을 중요시하고, 보이지 않는 천기 지기 영혼의 세계를 무시하였다. 그러다 보니 인간의 현실적인 모든 현상과 문제에 대한 정확한 설명과 이해를 할 수가 없는 불완전한 학문을 하였다. 뿐만 아니라 동양학에서는 보이지 않는 천기, 지기, 영혼의 세계를 더 중시하는 데 비해서 제도권 서양과학에서는 이를 무시하고 보이는 사물의 세계와 본인의 노력을 더 중시하였다는 점에서 더욱 어처구니없는 학문을 하였다고 볼 수 있다. 그러다 보니 동양학적 관점에서 볼 때 제도권 서양과학을 연구하고 배운 것은 삶에 그렇게 중요하지 않은 껍데기에 지나지 않는 피상적인 학문을 해 왔다고 해도 과언이 아니다.

둘째, 국가 사회의 모든 조직, 예를 들면 개인, 회사, 그리고 국가적인 정치, 경제, 사회 현상 등도 모두 개인에서와 마찬가지로 보이는 사물의 세계와 보이지 않는 천기, 지기, 영혼의 세계의 영향을 받으면서 행해지고 있다. 개인 회사의 경우에 회사를 경영하는 경영자의 능력과 회사원들의 노력도 중요하지만 그보다 더 중요한 것은 보이지 않는 천기, 지기, 영혼의 세계의 영향을 더 많이 받으면서 행해지고 있다. 천기란 그 회사의 운을 말하고, 지기란 회사가 위치한 공간적 위치, 즉 풍수를 말하고, 영혼의 세계란 회사와 관련된 영혼의 영향력을 말한다.

국가 정치의 경우 정치인들과 국민들의 노력도 중요하지만 더 중요한 것은 정치의 운 또는 그 나라의 운과 정치가 행해지는 공간의 위치 그리고 국가와 관련된 영혼의 세계의 영향을 벗어날 수가 없다. 경제·사회 현상 등도 마찬가지로 볼 수 있다.

우리는 부분적으로 알고 부분적으로 예언하니, 온전한 것이 올 때에는 부분적으로 하던 것이 폐하리라(기독교 성경 고린도전서 13장)

지금까지 동양학의 학문적 인식모형에 입각하여 개인과 회사조직 그리고 국가사회의 정치, 경제, 사회 현상을 서술하였다. 그러면 서양학과 비교해 볼 때 누가 더 현명하게 학문하고, 판단하고 있는가. 두말할 것도 없이 동양학이 훨씬 정확하고 현명한 과학적 교육·학문을 한다.

따라서 현대 서양학의 학문적 발전을 위해서는 학문적 인식의 범위를 동양학에서 중시하는 천기, 지기, 영혼의 세계까지 확대해야 할 것이다.

이와 관련하여 나는 기독교 성경에서 매우 의미 있는 내용을 발견하였다.

기독교 성경의 고린도전서 13장에 보면, '우리는 부분적으로 알고 부분적으로 예언하니, 온전한 것이 올 때에는 부분적으로 하던 것이 폐하리라'는 구절이 있다. 이 구절의 내용이 의미하고 시사하는 것이 무엇인가를 동양학의 인식모형과 관련해서 생각해 보았다.

'우리는 부분적으로 알고 부분적으로 예언하니'의 '부분적'이란 현대 제도권 서양학을 말하는 것 같고, '온전한 것'은 상대적으로 동양학인 주역을 의미한다고 볼 수 있다. 서양학은 학문적 인식모형에서 볼 때 연구범위가 보이는 객관적 사실만 대상으로 하기 때문에 아주 부분적인 학문이고, 동양학은 보이는 부분과 보이지 않는 부분까지 포함하기 때문에 훨씬 포괄적인 학문이므로 온전한 학문이라고 볼 수 있다. 그런데 현재는 부분적 학문인 서양학이 온통 제도권의 교육·학문세계를 지배하고 있다. 그러나 언젠가는 온전한 학문인 동양학, 즉 주역이 나타나면 서양학은 폐하여 물러날 수밖에 없다.

학문적으로 당연한 말이다. 부족한 것은 완전한 것이 나타나면 물러나는 것이 당연하다. 그날이 머지않아 오리라고 확신하면서 이 글을 쓴다.

현대 사회의 진정한 해방과 자유는 정치적 육체적 속박으로부터 벗어나는 것보다도 학문적 문화적 종속으로부터의 해방과 자유가 더 중요한 시대가 되었다.

인간은 배우고 느낀 대로 생각하고 행동하면서 생활한다. 우리는 초등학교부터 대학, 대학원에 이르기까지 서양학만을 영원한 진리인 양 배우고, 연구하고, 생활하고 있다. 그러다 보니 보이는 객관적 사실을 근거로 체계화된 학문인 서양학만 학문이고 진리인 것으로 착각하면서 생활하고 있다.

물론 서양학만이 진리가 아니고 다른 데에 더 발달된 학문이 있을 수 있다고 말로는 가르치지만, 그런 학문을 전혀 가르치지 않아서 서양학 중에서 특히 서양 과학기술만이 영원한 진리로 착각하면서 생활하고 있는 것이 현실이다. 부처님 말씀 중에 '아는 만큼 보이지 않는다. 아는 것에 갇혀서'라는 말이 아주 의미 있게 다가온다.

서양학은 우물 안 개구리, 동양학은 우주 비행선

현재 우리는 <그림 4-1>의 학문적 인식모형에서 서양학에 해당하는 네모난 박스권의 학문인 기적(器的)인 학문에 집착하여 벗어나지 못하고 있다. 따라서 모든 문제와 현상을 네모난 박스권, 즉 기적(器的)인 동굴 속의 문제로만 인식하고 해결하려고 하는 것이 현 제도권 교육·학문적 세계의 경향이다. 이를 동양과학의 학문적 인식모형의 관점에서 보면, 현 제도권 교육·학문기관은 인간을 소견머리 없는 편협한 인간으로 만들고 있다.

그러나 현실적인 모든 문제는 <그림 4-1>에서 보는 바와 같이, 보이는 세계인 박스권의 세계와 보이지 않는 기와 신 그리고 심의 세계가 상호 작용하면서 나타난 현상들인데, 박스권의 객관적 사실인 기(器)의 세계로 한정해서 이해, 설명하려고 하니 그것이 온전한 학문이 되겠는가? 전혀 불가능하고 유치한 학문이다.

한마디로 서양학은 우물 안 개구리식 교육·학문이고, 동양학은 우주 비행선을 타고 사물을 인식하는 더 광범위하고 포괄적인 학문이다.

영광의 탈출(Exodus)

나는 동양학을 배우고 연구하면서 서양학에 종속된 상태에서 벗어나 동양학의 의미와 가치를 새로이 볼 수 있는 눈을 갖게 되었다. 그러면서 새로운 과학관, 세계관, 우주관을 갖게 되었다. 즉, 이전에 네모난 박스권의 기(器)적인 학문적 틀 속에서 벗어나, 보이지 않는 기와 신의 세계에서 우주론적으로 사물을 볼 수 있는 동양학적 눈을 갖게 된 것을 여간 다행으로 생각지 않는다.

이는 콩이니 팥이니 분석적으로 따지며 '1＋1＝2다'라는 식의 정신이 빠진 물질론적 기계론적이며 토닥토닥 퀴즈 풀이식 단답형의 갑론을박적 학문을 하다가 우주적 스케일이면서 정신을 차린 정신-물질 일원론적이며 궁극적이고 유기체론적이며 본질적이고 스케일이 큰 동양학을 하는 맛은, 마치 앞뒤가 콱 막힌 갑갑한 골방으로부터 벗어나서 구름을 타고 무변광대한 우주로 날아가는 기분이다.

이것은 서양학이 들어오면서 우리 동양 사람들을 네모난 박스권의 답답한 세계에 꽁꽁 묶어 놓았던 사슬을 끊고 시원하고 후련한 본래의 궁극적 세계로 날아간 느낌이다. 마치 콩나물시루와 같은 갑갑한 골방에서 벗어나 시원하고 후련한 넓고 넓은 생명력 넘치는 푸른 들판으로 날아간 느낌이다.

동굴 속의 네모난 박스권에서 벗어나 무변광대한 우주론적 동양학을 배우고 연구를 한 것은 학문하는 사람으로서 더없는 영광의 탈출이다. 하버드 노벨상 중심의 서구적 학문의 사슬을 끊고 미아리철학관의 우리의 동양학의 의미와 가치를 새롭게 인식하게된 것은 궁극적 의미의 인간의 해방이고 자유이다.

따라서 이는 영광의 탈출이다. 기계론적 물질론적 인간으로부터 탈출하여 정신적 유기체론적 본래의 인간의 모습으로 나아가게 되었다. 이것은 생명력 없는 기계론적 학문의 세계에서 살아있는 유기체론적 학문의 세계로 나아가게 되었으며, 이는 100여 년 동안 서구적 문화와 학문의 압박과 설움 속에서 벗어나서 진정으로 인간다운 모습을 찾을 수 있는 궁극적이면서 영원한 철학사상과 과학기술적 학문의 세계이다.

서구적 강박관념으로부터의 해방

뿐만 아니라 학문적 관성 타성과 강박관념으로부터 벗어날 수 있다는 점에서 영광의 탈출이다. 우리는 제도권에서 미국 중심의 서구적 학문의 관점에서 모든 학문을 하는 습관과 강박관념에 젖어서, 이들의 학문을 답습, 모방, 수입하려는 습관이 만연하고 있다.

그래서 스스로 독자적으로 사물을 인식하고 연구하는 주체적인 학문적 자세가 없어졌다. 그 결과 미국 중심의 서양학자들에 의존해서 학문을 하지 못하면 불안하고, 또한 그렇게 해야 한다는 강박관념에서 벗어나지 못하는 학문적으로 정신병적인 경향이 있다. 그 결과 하버드·노벨상의 꼭두각시 같은 교육・학문세계가 되고 말았다.

그렇다 보니 자연히 미국 중심의 서양학의 지배 종속을 벗어날 수 있는 학문적 태도가 생길 수 없다. 더욱이 제도권 교육의 학문적 평가가 제도적으로 미국 중심의 서양학의 우수학회지에서 인정받아야 학문적 성과가 우수한 것으로 인정하기 때문에 더욱 그렇다. 그러니 서구적 학문의 영향을 벗어나, 창의적인 새로운 학문의 발전이 요원함을 느낀다.

자신의 커뮤니티에 대한 독자적인 인지방식 없이 다른 사람들의 생각과 방식으로 자신의 커뮤니티에서 일어나는 현상을 인식하는 사회는 결국 다른 사람들의 사회를 위한 종속체와 기생체가 되고 만다. 이의 내용은 서구적 개념과 이론에 의존해서 자신의 문화와 생활을 설명해야 한다는 강박관념에 사로잡혀 있는 동양의 문화와 학문 연구자들에게 따끔한 일침을 가한 예라고 본다.

아직도 우리 주변에는 "동양의 문화는 동양인 스스로가 대변할 수 없으며 오직 서구에 의해서만 대변될 수 있다"고 여기는 제국주의적 시각에 세뇌당한 사람이 많으며, 한국의 지성계는 식민지적 종속에서 벗어나지 못하고 있다.

동양학에 이런 말이 있다. 처음에 배운 지식의 지배를 벗어나기 위해서 어느 정도 단계에 이르면, 지금까지 배운 지식이 걸림돌이 되어서 앞으로 나아갈 수 없다는 것이다. 그래서 지금까지 배운 모든 지식을 버려야 새로운 궁극적 깨달음의 경지에 도달한다는 것이다.

진정한 자유는 자신이 진리라고 믿고 배운, 불완전하고 미완성된 학문으로부터 벗어날 때 누릴 수 있다고 본다. 이를 위해서는 현실적으로 동양학이 매우 의미 있는 학문이다. 왜냐하면 동양학은 제도권의 서양학과 천지개벽과 같은, 즉 패러다임적으로 새롭고 앞선 학문이기 때문이다. 따라서 동양학은 서구적 학문과 문화의 지배종속에서 벗어날 수 있는 계기가 될 수 있다. 나아가 새로운 시각에서 서구 학문을 볼 수 있는 능력이 생길 수 있다. 뿐만 아니라 서구적 학문을 비판하고 평가할 수 있는 사고가 생긴다. 그러면서 자기 존재에 대한 객관적이고 주체적인 자세가 생길 수 있다. 그리고 우리 것의 의미와 가치가 새롭고 앞선 것으로 다가오게 된다.

제3절 동양학 학문 간의 관계

위의 <그림 4-1>에서 인간을 중심으로 인간과 다른 변수와의 관계를 고찰하면 몇 가지로 나눠 볼 수 있다.

첫째, 인간·사물과 천기와의 관계, 둘째, 인간·사물과 지기와의 관계, 셋째, 인간·사물과 신과의 관계, 넷째, 인간과 사물인 器와의 관계, 그리고 사물 간의 관계, 다섯째, 인간 상호 간의 관계로 나눠 볼 수 있다.

이들의 관계를 나타낸 구체적인 동양학의 학문을 서술하면 다음과 같다.

첫째, 인간·사물과 천기와의 관계를 나타낸 대표적인 학문으로는 천간지지론으로 체계화된 오운육기학에 바탕을 둔 동양오술과 농학, 자연과학, 천문, 기상 그리고 의리학, 특히 성리학 등이 있다.

동양오술 중 대표적인 학문인 명리학과 관련된 학문 분야는 다시 사주학, 하락리수, 육임, 자미두수, 구성학, 태을, 기문둔갑 등이 있다. 이 학문은 하늘의 운행의 변화, 즉 오운육기의 변화에 따라서 인간이 타고난 명의 관점에서 길흉화복과 건강과 생명이 변하는 것을 연구하는 학문이다. 여기서 인간의 명을 구체적으로 나타낸 것이 소위 사주팔자이다. 사주팔자란 인간이 태어난 연월일시의 천기를 의미하며, 이때의 천기가 그의 평생 하늘이 부여한 명인 천명이 된다. 이 사주팔자를 해석하면, 하늘이 그 사람에게 부여한 사명인 일생의 모든 것을 알 수 있다.

인간의 타고난 사주팔자는 천명이며, 변화하는 우주의 기운은 운이다. 그래서 이를 합쳐서 소위 운명 또는 명운이라고 한다.

하늘의 운행의 변화를 구체적으로 체계화해서 나타낸 이론체계가 오운육기, 즉 육십갑자이다. 육십갑자는 하늘의 별자리의 움직임에 따라서 천기가 변화하는 현상을 나타낸 우주의 기(氣) 코드, 즉 기의 상이다. 즉, 우주의 분위기를 나타낸 이론체계이다. 이는 현대 첨단과학도 밝히지 못한 이론체계이다.

동양의학에는 하늘의 운행원리에 의해서 인간의 건강과 질병을 연구하는 분야가 있다. 이것을 운기체질이라고 한다. 태어난 연월일시에 의해서 인간의 질병을 진단하고, 운기의 변화에 따라서 인간의 건강과 질병을 예측하는 의학의 한 분야이다.

의리학인 유가, 도가, 묵가와 제자백가 그리고 성리학은 하늘의 운행 이치(천도)에 입각하여 인간의 도리를 연구하는 학문이다. 인간은 자연의 이치에 맞게 살아야 한다는 말이 있다. 그 자연의 이치에 맞게 인간의 행동규범을 고찰하는 학문이 의리학의 하나인 성리학이다. 뿐만 아니라 유학과 도가 제자백가가 모두 천도 운행원리에 입각한 인간의 도리를 나타낸 철학사상이다.

여기서 자연의 이치란 우주론적 순환론적 자연의 이치를 말한다. 예를 들면 우주론적 순환론적 자연의 이치를 나타낸 대표적인 말이 원형이정(元亨利貞)이다. 원형이정을 구체화한 이론이 오운육기이론이다.

원형이정이란 다른 말로 하면, 봄·여름·가을·겨울을 나타낸 말이다. 우리 국민들 사이에, 경우 없이 마구 행동하는 사람에게 '사람이 원형이정으로 살아야지 그러면 되나' 하는 말이 있다. '원형이정으로 살아야지' 하는 말을 그대로 해석을 하면, '봄·여름·가을·겨울로 살아야지'로 말할 수 있다. '봄·여름·가을·겨울로 살아야지'를, 윤리적으로 말하면, 진실무망하게 살아야 한다는 말이다.

천도인 하늘의 운행은, 수많은 세월이 흘러도 변함없이 망령을 부리지 않고 봄·여름·가을·겨울이 정확하게 쉬지 않고 순환 반복하는 진실무망하고 지공무사한 것처럼, 인간도 이를 본받아 진실무망하고 지공무사하게, 즉 성실하게 살아야 한다는 것이다. 그래서 봄·여름·가을·겨울의 운행을 원형이정으로 대신해서 표현한 것뿐이다. 이러한 하늘의 원형이정의 천도운행의 원리에 의해서 인간의 도리와 윤리를 체계화한 학문이 성리학이다.

사물과 천기와의 관계이다. 천기는 인간에 영향을 줄 뿐만 아니라 모든 사물에도 영향을 준다. 사물을 다시 자연현상과 사회현상으로 나누면 이들에게도 천기의 영향으로 변화가 나타난다.

천기의 변화로 자연현상에 나타나는 변화를 고찰한 것이 24절기이며, 이에 따라서 옛사람들은 농사일을 해 왔다. 천기가 자연에 미치는 영향을 고찰한 것이 자연, 즉 동식물의 운명론이라고 볼 수 있다.

사회·국가 현상과 천기의 관계를 고찰한 학문이 소위 국운론, 사운론 등이다. 인간 개인의 운명뿐만 아니라 모든 일에는 천기의 영향을 벗어날 수 없다. 따라서 모든 국가, 정치, 경제, 사회 및 조직 그리고 정책에도 운의 문제가 있다. 만사는 모두 때(時)가 있다. 그때에 관한 것이 구체적으로 시간적 기운인 천기를 말한다. 따라서 국가, 조직, 개인은 모두 운에 맞게, 즉 다른 말로 하면 시의에 맞게 행동하면 바람직하나, 운에 맞지 않게 행하면 그렇지 않다는 것이다.

둘째, 인간 사물과 지기와의 관계를 고찰하는 대표적인 동양과학이 풍수지리학이다. 땅의 기운이 인간과 사물에 미치는 영향을 고찰해서 체계화한 학문이다.

풍수지리학에는 음택론과 양택론이 있다.

음택론은 조상의 산소가 어떤 위치에 있느냐에 따라서 그 땅의 기운이 그 후손에 영향을 준다는 이론이다. 땅의 기운이 좋은 곳을 명당이라 하고, 반대로 나쁜 곳은 흉지라 한다. 이 이론은 두 가지 이론에 의해서 설명이 된다. 먼저 동기감응론(同氣感應論)에 의해서 설명이 가능하다. 부모와 자식은 유전적으로 기운이 같다. 기운이 같기 때문에 조상이 묻힌 땅의 기운이 그 조상에게 영향을 줄 것이고, 그 영향을 받은 조상의 기운이 다시 동기감응론에 의해서 후손에게 영향을 준다는 것이다. 또한 인간의 영혼백론에 의해서 설명이 된다. 인간에게는 혼백(魂魄)이 있는데, 인간이 죽으면 영혼은 하늘로 올라가고, 백은 뼈와 함께 뼈가 묻힌 땅으로 간다는 것이다. 그래서 백은 뼈가 묻힌 땅의 기운의 영향을 받아서 그 기운이 다시 동기감응론에 의해서 후손에게 영향을 준다는 것이다. 조상의 시신은 단순한 물체가 아니고, 그 후손과 영향을 주고받는 관계에 있는 살아 있는 유기체이다. 이런 관계를 가능케 하는 것이 기이다.

양택론은 인간이 거주하고 생활하는 공간의 위치가 어디냐에 따라서 인간의 건강과 생활에 영향을 준다는 이론이다. 즉, 인간이 거주하고 생활하는 땅의 기운이 어떠하냐에 따라서 인간의 건강에 영향을 주고, 생활상의 길흉에도 영향을 준다는 것이다. 뿐만 아니라 공간의 배치와 공간 내의 가구배치와 인테리어가 어떻게 설계되었느냐에 따라서 그 공간에 거주하고 생활하는 사람에게 영향을 준다. 양택론은 땅의 기운과 건물의 방향 그리고 건물 내의 공간배치 등이 그 건물에서 생활하는 인간에게 영향을 준다는 풍수이론이다. 풍수인테리어는 양택론을 현대적으로 개발한 공간구성론이다.

지기와 사물과의 관계를 고찰하면 다음과 같다. 사물과 풍수의 음택론과는 직접적인 관계는 없고, 사물이 행해지고 위치한 공간인 양택론과 관계가 있다.

양택론은 인간의 개인적인 관계뿐만 아니라 정치, 경제, 사업, 연구, 교육 등에 이르기까지 모든 일에 영향을 주기 때문에 아주 중요하다. 따라서 국가적, 사회적 일과 관련된 정치, 경제, 교육, 연구 등도 풍수를 고려해야 한다.

예를 들면 정치가 잘 행해지려면 정치가 행해지는 공간이 명당이어야 한다. 경제가 잘 되려면 경제와 관련된 일을 행하는 정부기관뿐만 아니라 기업의 공간이 명당이어야 한다.

셋째, 인간과 신의 관계, 신 상호 간의 관계에 관련된 학문과 의식들이 우리 조상들이 수천 년간 해 왔던 민속 신앙이며, 또한 각 종교 신앙이라고 볼 수 있다. 즉, 인간의 문제에는 신의 영향을 받아서 나타나는 영적인 문제가 많으며, 따라서 이에 대응하여 나타난 것이 제도권에서는 미신이라고 무시하는 소위 샤머니즘이라고 볼 수 있다.

신의 세계에 대해서는 하느님과 상제와 같은 절대자적 위치에 있는 신의 개념이 있고, 샤머니즘, 토템, 애니미즘 같은 하급신의 개념이 있다. 동양에서 상제, 하느님은 인격적 신의 개념으로도 말하고 이치적 개념으로도 말을 한다.

이치적인 하느님과 상제의 개념에서는 우주의 섭리, 우주의 질서를 주재하고 통치하는 하느님이라고 할 때, 그 통치의 섭리와 원리를 하느님의 뜻 또는 의지의 표현이라고 말을 한다. 즉, 하느님은 우주를 주재하고 통치를 할 때, 주먹구구식으로 하는 것이 아니고, 이치적으로 한다는 것이며, 그 이치, 즉 도가 주역의 원리인 음양오행론이다.

샤머니즘은 미개한 야만인들의 미개한 행위가 아니고, 현대 첨단과학이 따라갈 수 없는, 신의 세계에 대응하기 위한 인간의 지혜이다. 따라서 현대와 같이 첨단과학시대에도 여전히 없어지지 않고 존재하는 샤머니즘과 관련된 직업인 수많은 무속인들, 그리고 각 종교단체들이 현존하는 것을 보면, 영적인 세계가 있음을 단적으로 나타내는 것이다. 첨단과학이 발달했다고 이를 부정하고 야만시하는 행위는 전혀 비과학적인 태도이다.

첨단과학도 인간의 문제를 일부(partial)만 해결해 줄 뿐이지 영적인 문제는 전혀 해결을 못 해 준다. 따라서 영적인 관점에서 보면 현대 첨단과학도 아주 보잘것없는 학문이다. 현대 첨단과학의 발달과 영적인 세계의 존재하고는 아무런 관계가 없다.

현대 첨단과학은 인간의 물질세계에 관한 기계론적 과학기술이지 영혼의 세계에 대한 학문이 아니다. 따라서 첨단과학기술이 아무리 발달해도 영혼의 세계와는 아무런 관계가 없고, 따라서 영혼 세계의 문제에 아무런 도움이 되지 않는다. 첨단과학기술이 발달했다고 영혼의 세계를 무시하고, 샤머니즘을 무시하면, 물질과학의 독선과 오만이라고 말할 수 있다.

그런데 오히려 서양에서는 영혼의 존재에 관한 과학적 검증을 이미 끝냈으며, 이 세계를 체계적으로 연구하여 법칙 내지 이론을 개발하여 인간생활에 도움을 주기 위한 심령과학회(心靈科學會)가 이미 19세기 중엽에 설립되었다.

서구에서는 신의 세계를 연구하는 심령과학회가 이미 1846년에 창설되었다
서구에서 심령과학회의 탄생과정을 살펴보면 다음과 같다.

1846년 미국 뉴욕 주의 앤드류 잭슨 데이비드는 최면상태에서 지금 영계로부터 부름이 쇄도하고 있고, 머지않아 영계(靈界)와 통신의 길이 열리리라고 말했는데, 이 예언이 들어맞아, 그로부터 2년 뒤인 1848년 3월 31일, 뉴욕 주의 한 초라한 마을 하이즈뷰에서 영계로부터 통신이 수신되었고, 이것이 도화선이 되어 마치 영계에서 이 날을 고대하고 있었던 것처럼, 수년에 걸쳐 약 5천 건의 심령현상이 미국 각지에서 계속 일어났다.

이로 말미암아 진보적인 기질이 풍부한 미국인들이 기독교에서는 가르치지 않는, 살아 있는 사람과 똑같이 자유의지를 가진 인간의 영혼이 존재한다는 사실을 알게 되었다.

그 후 독일계 미국인이자 대장장이인 존 폭크 씨 집안의 영적인 문제가 사건이 되어 일어났고, 그 사건 이후 객관적인 방법으로 또한 많은 사람들이 입회한 자리에서 사후의 영혼과 통신을 갖게 되었다. 이로 말미암아 죽은 뒤 영혼의 존재가 증명됨과 동시에 영혼에 관한 문제가 새로 과학적으로 연구되는 동기가 되었기 때문에 심령주의자들은 하이즈뷰 사건이 일어난 날, 즉 1848년 3월 31일을 심령과학의 날로 정한 것이다. 그리고 1851년 영국의 캠브리지 대학 안에 혼령학회가 결성되었으며, 후일에 캔터베리사원의 대사제가 된 에드워드 벤스 교수가 주도가 되어 신학교 교수인 라이드홋, 홀트, 마이야즈, 가아네이, 유명한 철학교수인 헨리 시지위크, 유명한 과학자이며 물리학 교수인 레레 경, 발포아 양 등이 참가하여 1882년에 심령연구회(Society for Psychic Research)가 창설되었다. 약간 뒤 늦게 옥스퍼드대학 안에 오스만 경을 주임으로 하여 옥스퍼드 현상학회(Oxford Phasmatological Society)가 발족되어 오늘에 이르고 있다.

넷째, 인간의 주관적인 심과 그 이외의 모든 것과의 관계를 연구하는 학문이 동양학의 마음을 닦는 수행공부라고 할 수 있다. 마음의 수행이 어느 정도에 이르렀느냐에 따라서 인간은 인간 외적인 자연 변수에 대해 주체적으로 살 수 있는 정도가 다르다고 볼 수 있다.

우주와 나는 일체이므로 사람 마음의 태도가 어떠하냐에 따라서 우주의 주인이 될 수도 있고, 우주의 객체가 될 수도 있다. 이 관계를 인식하고 인간이 주체가 되기 위해서 수행하는 것이 소위 수련의 궁극적인 목표라고 본다.

최근에 발간된 인간 계발서들의 내용을 보면 인간의 마음자세가 어떠하냐에 따라서 인간의 미래가 결정된다는 내용이 많다. 그리고 양자역학이 발달하면서 인간의 의식에 의해서 만물이 창조되었다고 주장하고 있다. 이는 인간의 의식이 사물에 영향을 준다는 의미이다. 그뿐만 아니라 천기에도 영향을 준다는 연구결과가 양자물리학자들에 의해서 나타나고 있다. 중국에서는 기공수련자들을 대상으로 실험한 연구 결과들을 보면, 기공사들이 비를 오게 하는 실험에 성공했다는 내용도 있다. 이는 마음이 천기에 영향을 준다는 내용을 입증한 사례들이라고 본다.

사서삼경 중의 중용 제1장에서 주자가 주해한 내용 중에서, "일반적으로 하늘과 땅과 만물은 본래 나와 한 몸이니, 나의 마음이 바르면 곧 하늘과 땅의 마음도 또한 바르게 될 것이고, 나의 기운(氣)이 순조로우면 하늘과 땅의 기운도 또한 순조롭게 될 것이다(盖天地萬物, 本吾一體, 吾之心, 正則天地之心, 亦正矣, 吾之氣, 順則天地之氣, 亦順矣)"라는 구절이 있다. 이 구절의 내용은, 천인합일 사상에 의해서 인간의 마음이 하늘의 기운, 즉 천기에 영향을 준다는 것을 나타낸 내용이다.

제4절 하버드와 미아리철학관

우리나라의 경우 현대 사회의 교육·학문기관을 크게 나누면, 제도권과 비제도권의 교육·학문기관으로 나눌 수 있다. 제도권의 교육·학문기관이라고 하면, 초등학교부터 중·고·대학·대학원을 말하고, 비제도권의 교육·학문기관이라고 하면, 동양학 중심의 철학관과 각종 민간요법을 가르치고 연구하는 사설 교육·학문기관을 말한다.

제도권과 비제도권의 교육·학문기관의 특징을 비교하면, 제도권은 서양 과학기술 중심의 교육·학문기관이며 동양학의 경우는 유가 도가 성리학 중심의 의리적 동양학이 주류이고, 비제도권은 제도권에서 배척을 받고 있는 동양학, 그중에서도 상수적 동양학인 역학·역술과 각종 민간요법 중심의 교육·학문기관이다.

상식적인 수준에서, 학문 중에서 과학기술적 학문에 한정해서 말하면 제도권의 서양 과학기술을 배우고 가르치며 연구하는 교육·학문기관의 최고의 메카가 미국의 하버드 대학이고, 비제도권의 동양 과학기술인 역학·역술의 교육·학문기관의 최고의 메카라고 하면 상징적 의미로 미아리철학관이다. 즉, 서양 과학기술의 최고의 메카는 하버드이고, 동양 과학기술의 최고의 메카는 미아리철학관이다.

두 교육·학문기관에 대한 국민들의 일반적인 인식은, 하버드는 최고의 교육·학문적 그리고 사회적·국가적 명예와 권위를 인정을 받지만, 미아리철학관이라고 하면, 우리의 전통적 교육·학문기관이면서, 제도권에서 전혀 인정을 받지 못할 뿐만 아니라 가장 홀대하고 천시해 온 교육·학문기관이다.

현대 사회의 젊은 신세대들은 하버드는 많이 알고 있는 데 비해서, 미아리 철학관이라고 하면 전혀 모르고 있다.

내가 학부 강의시간에 주역에서 비롯된 동양 과학기술인 역학·역술이 서양 과학기술보다 더 위대하다는 것을 강조하는 의미에서 학생들에게 '하버드 예일 보다 미아리철학관 학문이 더 위대하다'고 하였더니, 학생들이 묻기를, 교수님? '미아리철학관이 뭐유?' 하는 것이었다. 당연히 알고 있을 것이라고 생각하여 아무 의심 없이 말했는데 신세대, 즉 20대, 30대 이전 학생들은 전혀 모르고 있는 것을 뒤늦게 알게 되었다.

미아리철학관이라고 하면, 상징적으로 동양 과학기술인 역학과 역술, 즉 동양오술인 사주명리학·풍수·점술·의학·정신수련과 천문기상 등을 가르치고 연구하는 대표적인 교육·학문기관이다. 우리가 사회적으로 천시하는 동양 과학기술자들인 소위 점쟁이, 사주쟁이, 풍수쟁이들의 대표적인 교육·학문기관의 원조가 상징적으로 미아리철학관이다. 서울의 미아리라고 하면 최근까지도 아주 이미지가 좋지 않았던 빈민가, 슬럼가를 연상하는 곳이다. 그런 곳에 우리가 천시하는 사주, 점술, 무속인들이 많이 거주하면서 국민들의 점을 본다. 허름한 판잣집 같은 골방에서 사회적으로 천시하는 소위 점쟁이라고 하는 사람들이 사주 운명을 보던 아주 낙후된 곳이라, 그 외적인 이미지가 아주 좋지 않았다.

그래서 미아리철학관이라고 하면, 그 학문적 의미와 가치를 떠나서, 기성세대들은 무조건 눈살을 찌푸리고 알레르기적 반응으로 혐오감을 갖고 기피하는 것이 현실이다. 이에 비해서 하버드는 학문적인 의미와 가치를 떠나서 무조건 모두가 선망하는 최고의 명예와 권위를 인정받는 교육·학문기관이다.

우리는 어쩌면 진정성을 갖고 순수한 학문적 관점에서 학문을 하기보다는 외적인 표면적 문화에 더 관심을 갖고, 지금까지 서구적인 것에 몰두해 왔다고 볼 수 있다.

그러나 학문적으로 볼 때, 서양 과학기술에 비해 미아리철학관의 동양 과학기술인 역학과 역술이 질적으로 뒤떨어진 것이 아니고, 오히려 훨씬 높은 차원의 과학기술이다. 그리고 국민 생활에 더 실용적으로 도움을 주고, 뿐만 아니라 많은 국민들이 실제생활에 활용을 하고 있다. 우리나라 성인 인구의 60~70%가 철학관을 활용하고, 의학 분야, 소위 민간요법이라는 수지침 오행 생식 생체자기 경락요법 그리고 그 외의 민간요법 등을 이용하는 국민들이 우리 주변에 수없이 많다. 뿐만 아니라 풍수·요가·명상·정신수련·점 그리고 천문기상 등을 배우고 연구하는 사람들이 수없이 많음을 우리 주변에서 조금만 관심을 갖고 보면 바로 알 수 있다. 이런 점에서 볼 때 동양 과학기술인 역학과 역술은 우리 국민들 생활에 널리 퍼져 일반화되어 있다.

그런데도 미아리철학관은 천시와 멸시를 받고 있다.

왜 그런가를 생각해 보자. 결론적으로 말하면, 학문적 질적인 우수성을 떠나서 첫째, 우리의 제도권 지도층과 식자층들이 서양 과학기술에 빙의가 되어 제정신이 아니어서 방치하여 그렇게 되었다. 즉, 부자나라 강대국이 하는 모습과 똑같이 그대로 하면 우리도 부국강대국이 된다고 생각을 하여 무조건 모방을 하려고 하는 행태 때문이다. 둘째, 현실적으로 표면적인 교육·학문의 문화적 차이 때문이다. 셋째, 사회적 국가적 보상체계의 차이 때문이다. 이를 보다 자세하게 진술하면 다음과 같다.

첫째, 동양 과학기술인 역학과 역술은 우리 조상들이 수백, 수천 년 동안 배우고 연구해 오며 우리의 전통 생활문화 저변에 종교적 의미와 같이 널리 퍼져 있는 가장 한국적인 과학기술이고 학문인데도 불구하고 현대인들이 가장 무시하고 천시하는 학문이다. 이렇게 된 것은 국민교육을 주도하는 제도권의 지도층과 식자층들이 부유하고 강대국인 미국 중심의 서양 과학기술에 빙의가 되어 서구우월주의와 비민주적 입장에서 우리의 전통적 학문에 대해서 보고도 그 의미와 가치를 모르고 무조건 멸시를 하고 방치를 하여 돌보지를 않아서 그렇게 되었다. 그리고 비제도권의 일반국민들은 자신들의 교육·학문적 권익을 위해서 정치적으로 주장을 하지 못하고 국민 교육을 주도하는 제도권 지도층과 식자층들의 주장을 아무 비판 없이 무조건 받아들여서 그렇게 되었다.

둘째, 교육·학문의 표면적인 문화적 관점에서 하버드와 미아리철학관을 비교해 보자. 결론적으로 말하면, 하버드는 교육·학문적 표면적 문화가 선진화되었는데 비해서, 미아리철학관은 아주 낙후되어 있다.

표면적인 교육·학문적 문화를 비교해 보자. 하버드는 교육·학문하는 공간인 캠퍼스와 건물이 그럴듯하고, 교육·학문하는 방법과 체계가 그럴듯하다. 뿐만 아니라 세계적인 천재 수재와 유명인들이 모두 그곳에 모여 있다. 그래서 외적인 교육·학문적 문화가 화려하고 쟁쟁하다. 이에 비해서 미아리철학관은 교육·학문하는 공간이 그럴듯한가, 아니면 교육·학문하는 방법과 체계가 그럴듯한가? 허름한 골목집의 골방에서 호롱불 켜놓고 몇몇 사람들이 모여서 배우고 연구를 하는 궁상맞은 모습이다. 그리고 세계적인 천재수재들이 전혀 가지 않고 사회적으로 뒤떨어진 사람들이 소일거리로 궁상맞게 배우고 연구를 한다.

셋째, 사회적·국가적 보상체계를 비교해 보자.

하버드는 사회적·국가적 보상체계가 가장 최고이다. 그래서 교육·학문의 최고의 명예와 권위를 인정받고 있다. 미아리철학관은 사회적·국가적 보상체계가 전혀 없을 뿐만 아니라 오히려 역보상체계를 받고 있다. 역보상체계라면 우리의 동양 과학기술을 하면은 사회적으로 대우를 받는 것이 아니고 오히려 천시를 받는 것을 의미한다.

그런데 아이러니하게도 하버드 출신의 최고의 엘리트들이 미아리철학관에 찾아가서 상담을 하고 자문을 구한다. 이에 비해서 미아리철학관의 동양학자들은 하버드 출신들에게 찾아가서 도움을 받는 경우가 거의 없다. 그럼에도 불구하고 하버드를 미아리철학관보다 더 위대하게 생각한다. 왜 그럴까? 미아리철학관은 교육·학문하는 문화가 낙후되고 보상체계가 전혀 없을 뿐만 아니라 오히려 역보상체계를 이루고 있기 때문이다. 즉, 학문 자체의 질적인 관점에서 판단을 하는 것이 아니고 표면적, 피상적, 외적인 문화적 모습과 사회적 보상체계 때문이다. 마치 상품의 내용물보다는 겉포장만을 보고 판단하는 것과 같은 얼빠진 지도층과 식자층들 때문이다.

그러나 만약 미아리철학관에서 하는 동양 과학기술을 하버드에서 가르치고,

하버드의 서양 과학기술을 미아리철학관에서 가르치고 연구를 하면 어떻게 될까? 그리고 사회적·국가적 보상체계를 하버드보다 미아리철학관을 더 잘 해 주면, 그래도 동양 과학기술이 천시를 받고 서양 과학기술이 우대를 받을 까? 결국 학문적으로 질적인 것보다도 외적인 문제로 평가를 하는 것이 얼빠 진 우리의 현 제도권 교육·학문세계의 실상이다.

그러나 학문적 평가는 외적인 겉모습이나 보상체계보다도 학문 본래의 인 간의 삶에 도움을 주는 학문적 질과 의미의 관점에서 평가를 해야 한다. 최고 의 지성을 자랑하는 교육·학문하는 사람들이 표면적인 외적인 간판과 권위 위주로 평가를 하면 그것은 지성인으로써의 가치와 의미 그리고 자격이 없는 것이다. 오히려 비제도권의 일반 국민들이 더 순수하고 열린 마음으로 현명하 게도 미아리철학관을 더 높이 인정을 하여 하버드보다 더 많이 활용을 한다. 이는 비제도권의 국민들이 제도권의 지도층과 식자층들보다도 더 잘 학문적 우수성을 순수하고 열린 마음으로 판단을 한다.

그런데 재미있는 것은 이상하게 비제도권의 국민들도 제도권의 지도층·식 자층과 같이 미아리철학관을 미신이고 비과학이라고 멸시를 한다. 즉 무의식 적으로는 우리 것인 철학관 학문을 더 높이 인정을 하기 때문에 찾아가서 활 용을 하면서도, 의식적으로는 그렇지 않다고 한다.

이는 교육·학문에 대한 사회적·국가적 제도의 이해관계와 사회적 체면의 식에서 나타난 왜곡된 현상이라고 생각된다. 즉, 하버드는 위대하고 미아리철 학관은 홀대를 해야 교육·학문적으로 인정을 받고 사회적으로 떳떳하기 때 문이다. 그리고 제도권에서 잘못 가르치고 잘못 배운 지식 때문이다. 즉, 하버 드는 위대하고 우리 것은 무조건 미신이고 비과학이라고 멸시하며 홀대해 온 교육·학문세계의 풍토 때문이다.

서양과학 우민화

제도권의 지도층과 식자층에서 하버드 노벨상을 얼마나 철저하고 위대하게 해 놓았는지 현대 사회에서는 거의 하버드 노벨상을 우상화·신격화해 놓았 다. 그 결과 국민들을 '서양과학 우민화'로 만들어 놓았다.

여기서 서양과학 우민화란, 서양과학만이 유일한 최고의 진리라고 하는 서양과학 위주의 교육에 의해서 서양과학에 완전히 노예가 되어, 그 결과 서양과학기술보다도 더 새롭고 앞선 과학기술인 우리의 전통과학기술을 보고도 그 의미와 가치를 몰라서 생활에 활용을 못 하여 해결할 수 있는 문제를 해결을 못 하는 안타까운 상태를 말한다. 즉, 무조건 미국 중심의 서구적 학문은 과학이고 우리 것은 무조건 비과학이고 미신시하여 하버드 노벨상을 학문적으로 신격화해서 나타나는 바람직하지 못한 현상을 말한다.

과학이란 중립적이고 객관적이어야 하는데도 불구하고 학문적·인종적·문화적·국가적 편견에 의해서 편향된 판단과 이러한 학문의 기득권세력들이 자신들의 기득권을 보호하기 위하여 국민들에게 자신들의 학문만 과학이고 그 외의 특히 우리 전통과학은 무조건 비과학이고 미신이라고 몰아치는 행위를 말한다.

이는 정치적 독재 권력자가 자신의 권력 유지를 위해서 자신 외의 다른 권력자들을 비하하고 자신은 신격화하여 도전하지 못하도록 국민들을 정치교육으로 세뇌를 시켜서 국민들의 정치적 판단능력을 잃어버리게 만드는 정치우민화정책과 다른 것이 무엇이 있는가?

참으로 안타까운 상황을 나는 수없이 보았다. 이것도 제도권의 서양과학을 일방적으로 강조하는 교육·학문의 지도층과 식자층들의 악업이다. 선량한 국민들을 잘못 가르치고 지도하여 과학 우민화로 피해를 보는 국민들을 나는 수없이 보아 왔다.

서양 과학기술보다도 동양 과학기술인 역학과 역술이 질적으로 차원이 높은 과학기술인데도 불구하고 말이다. 학문은 새롭고 앞선 것을 하는 것이 진정으로 학문을 하는 행위이다. 우리의 5000년 역사에서 서양 과학기술보다도 새롭고 앞선 과학기술이 하나도 없고 오직 서양 과학기술만이 유일한 새롭고 앞선 과학기술인가? 과학은 서구의 전유물이고 우리 것에는 전혀 없다는 말인가?

이런 점에서 하루빨리 교육·학문세계를 과학화·민주화시켜서 국민들에게 진정으로 다가가는 열린 그리고 깨어 있는, 영혼이 살아 있는 교육·학문이 되어야 한다. 지금과 같이 일방적 서양과학적 엘리트를 위한 교육·학문 세계는 지양을 하여야 한다. 몇몇 서양과학적 엘리트들에게는 그들의 지위 유 지와 이익을 위해서는 서양과학 일방적인 교육·학문세계가 바람직할는지는 모르지만, 서양과학을 체질적으로 싫어하고 관심이 없는 일반국민들에게는 크 게 유익한 교육·학문이 아니다.

교육·학문 따로, 생활 따로

그러다 보니 제도권 교육·학문세계에 대한 문제제기는 못 하면서 어쩔 수 없이 사회적 진출을 위해서 배우지만 실제 사회에 나와서는 동양학의 도움을 더 많이 활용하는 것 같다. 즉, 일반국민들은 정치권력의 비호를 받는 제도권 의 서양과학적 교육·학문에 저항을 할 수 없을 정도로, 서양과학에 무조건 순응할 수밖에 없을 정도로 세뇌가 되어 자신들의 권리를 주장하거나 보호할 수 없을 정도로 멍텅구리가 되어 버렸다. 이것은 하버드 노벨상을 신격화시켜 놓고 서양과학 우민화 정책을 편 결과라고 볼 수 있다.

정치·경제·사회의 민주화와 자율화를 위해서는 목숨을 걸고 그렇게 투쟁 을 하고 외치면서 그것보다도 국민들 개개인에게 더 영향을 주고 의미 있는 교육·학문세계에 대해서는 왜 꼼짝을 못하고 제도권 서양과학적 엘리트들 위주의 학문적 독재체제의 교육·학문세계에 대해서는 정치적 요구와 저항할 것을 전혀 생각조차 하지 못하는가 말이다. 이것은 모든 국민들을 서양과학만 이 최고의 학문이고 진리라고 수십 년간 교육을 잘못시킨 결과 나타난 해괴 한 현상이다. 즉, 서양과학 우민화 교육의 결과로 나타난 기이한 현상이라고 볼 수 있다.

우리는 서구적인 유명한 철학가, 문학가, 사상가, 그리고 과학자들의 위대 성에 대해서 피부에 와 닿게 또는 가슴에 와 닿게 느껴서 마음에서 우러나와 감화를 받아서 스스로 받아들이는 주체적인 것이 없이 무조건 위대하다는 것 을 강요당해 왔다.

예를 들면 칸트, 헤겔, 소크라테스, 플라톤, 뉴턴, 아인슈타인 등과 같은 위 대한 사상 철학 과학자들의 구체적인 연구 내용들을 제대로 이해하고 인식을 하고 그것을 바탕으로 위대하다고 스스로 느껴서 인정을 하기보다는 지도층과 식자층이 그렇다고 하니까 그렇다고 인정을 하고 있다. 이는 간판과 권위에 의해 무조건적으로 위대하다고 강요당해 왔다고 볼 수 있다. 이는 마치 정치 독재자가 정권 유지 차원에서 독재자를 정치선전으로 또는 정치 교육으로 '위대하다고' 강요하고 이를 우상 숭배하는 것과 무엇이 다른가.

칸트가 위대한 철학자라고 하면 칸트의 철학을 직접 배우고 이해를 바탕으로 그것을 가슴에 와 닿도록 위대하다는 것을 주체적으로 느끼고서 받아들이게 될 때 칸트에 대한 철학적 위대성을 진정으로 인정할 수가 있다. 그런데 그런 것이 없이 지도층과 식자층들이 위대하다고 하니까, 그리고 교육·학문기관에서 위대하다고 교육을 하니까 교육·학문적 이해관계로 또는 사회적·제도적 체면과 이해관계로 형식적이고 꼭두각시격으로 위대하다고 말하고 있다. 이는 정치 독재자가 자기 정권유지 차원에서 정치 선전으로 정치 독재자를 우상화, 세뇌 교육을 하는 것과 다른 것이 무엇인가.

그러나 많은 국민들은 비제도권의 미아리철학관에서 보다 훌륭한 철학적·과학적·학문적 도움을 가슴에 와 닿게 느끼고 있다. 그래서 제도권에서 그렇게 천시하고 멸시해도 자발적으로 찾아가고 배우고 상담을 한다. 그러면서도 하버드 칸트를 위대하다고 하면서 미아리철학관을 멸시한다는 것은 이상하다. 이는 실질적으로 마음에 느끼는 진실과 형식적으로 제도권에서 배운 지식과 차이가 나는 허구적, 비과학적 인식과 판단의 결과이다.

나는 일반국민들 사이에서 하버드 노벨상을 무색케 하는 철학과 과학기술적인 것을 많이 보아 왔다. 그런데 그 가치와 의미를 의식적으로는 모르고 있다. 그런데 무의식적으로는 인식을 하여 하버드 노벨상 중심의 학문에는 관심을 두지 않으면서 우리 것을 우선적으로 이용을 한다. 그런데도 불구하고 의식적으로는 우리 것을 무시하고 있다. 앞뒤가 맞지 않는 이야기 이다.

하버드에서 하는 서양 과학기술과 미아리철학관의 동양 과학기술의 학문을 비교해 보자.

서양 과학기술은 정신-물질 이원론적 정신 빠진 물질론적 기계론적인 학문이고, 학문의 궁극적 목적은 글로벌리제이션(globalization)을 통한 물질적 가치의 극대화와 제도적인 민주화와 효율화를 위한 교육·학문이다. 즉, 지구 차원의 국제적 감각 속에서 생명과 물질적 가치 그리고 제도적인 것을 연구하는 최고의 교육·학문이다.

미아리철학관의 교육·학문은, 정신-물질 일원론적 정신 차린 유기체론적이며, 학문의 궁극적 목적은 유니버설리제이션(universalization)의 시각에서 정신세계와 물질세계의 가치를 극대화하는 데 있다. 우주론적 차원과 우주적 감각에서 인류와 지구를 살리기 위한 연구와 교육을 한다. 그리고 인간의 삶의 궁극적 의미와 가치를 교육하고 연구를 한다. 우주적 감각이 있을 때 인간의 궁극적인 본질적인 문제를 알 수 있다. 즉, 우주의 수수께끼를 알아야만 인간의 정신세계와 물질세계의 근본적인 수수께끼가 풀린다.

위에서 언급한 바와 같이 동양 과학기술이 서양 과학기술보다도 질적으로 차원 높은 학문이고, 인간생활에 더 실제적으로 도움을 주는 학문인데도 불구하고, 표면적인 문화적 낙후와 제도권 지도층과 식자층의 인식의 잘못으로 억울하게 폄하되고 홀대를 받고 있다.

이를 벗어나기 위해서 하루빨리 미아리철학관의 근대화의 일환으로 동양과학대학을 만들어서 동양 과학기술을 현대 서양첨단과학기술과 응용 접목을 하여 체계적으로 연구하고 가르치는 대학을 만들자. 그래서 하버드에 맞먹는 대학으로 발전을 시키자. 이런 날이 올 때 우리는 제정신을 차리게 되고 그렇게 되면 지금보다 새로운 차원의 인류 문명의 발전이 있을 것이고, 우리의 주체성과 정체성, 민족혼과 민족정기도 회복하게 되며, 그렇게 되면 서양과학적 물질문명이 주도하는 현대 사회가 안고 있는 모든 문제가 거의 완화되고 해결의 실마리를 찾게 될 것이며 그렇게 되면 21세기 정신과 물질이 조화를 이룬 새로운 문명사회가 될 것이라고 생각된다.

제도권 및 비제도권에서 우리의 역사·문화 연구의 내용은 과거만 있지 현재와 미래가 없다. 다만 미아리 철학관에만 현재와 미래가 있는 것 같다.

인공위성과 사주 명리학

하버드 중심의 서양 과학기술의 가장 대표적인 최고의 발명품이 인공위성이라고 하면, 미아리철학관의 동양 과학기술의 가장 대표적인 과학기술이 사주 명리학이라고 볼 수 있다.

인공위성은 1+1=2라는 식의 정신-물질 이원론적 정신 빠진 물질론적 기계론적이며 분석적 환원주의적 학문이 최고의 경지에 도달하여 발명한 것이나, 그 근본적 본질적 이치는, '화살로 과녁을 맞히는' 아주 간단한 이치이다. 사주명리학은 1+1=2로 설명할 수 없는 정신-물질 일원론적 정신 차린 유기체론적이며 종합적이며 전체론적 학문으로 이치적으로는 상상을 할 수 없는 신비스러운 우주론적 학문이다.

인공위성을 발사해서 달과 화성 등의 별에 갔다 와서 하는 말이, 화성에 물이 있다, 동굴이 있다, 홍수가 난 흔적이 있다는 것을 알려 주곤 한다. 그리고 우주가 몇십억 년 전에 어떻고 몇십억 년 후에 어떻고, 또 별과 별 사이의 거리가 빛이 일 년간 간 거리를 일 광년이라고 하는데 몇백만 몇억만 광년 동안 간 거리에서 빛이 오고 하는 식의 어마어마한 말을 하지만, 그래서 어쨌다는 거냐? 100년도 못 사는 인간이 몇 십억 전후의 일을 알아서 무엇을 하나? 그리고 100킬로미터 일도 모르는데 몇천만 광년의 거리를 알아서 무엇하나. 요란하고 화려한데 비해서 내용이 없고 빈껍데기이다. 그리고 이를 연구하기 위해서 엄청난 돈을 투자한데 비해서는 우리에게 의미 있는 내용이 없다. 이에 비해서 미아리철학관에서는 운칠기삼이라는 논리에 의해서 내가 사업을 해서 돈을 벌 수 있는가, 인간의 궁극적 삶의 의미가 무엇인가, 또 언제 승진을 하고, 언제 결혼을 할 수 있는가 등의 우리가 생활에 가장 의미 있는 알고 싶고 궁금한 내용이면서 실용적인 내용이 풍부하다.

하버드 중심의 서양 과학기술 문명은 자연을 정복을 한다고 하지만 사실은 그렇지도 못하면서도 말이다 허세적 허풍적 이야기만 말한다. 미아리철학관 중심의 동양학은 우주론적 자연에서 배운다. 서양은 지구 밖으로 떠나거나 고배율 허블 망원경을 동원해서 우주를 이해하지만 동양은 자기 손바닥의 손금으로도 우주를 이해한다고 말한다. 그래서 우리의 말들 중에 '우주가 내 손안에 있다'고 하는 말이 전해 왔다. 서양의 우주이해방식은 엄청난 돈과 노력이 필요하지만 동양의 이해 방식은 돈과 노력이 거의 들지 않고 간단하고 쉽다.

그러나 그 내용 면에서 서양의 우주적 관점에서 고찰한 내용은 생활에 별로 의미가 없는 데 비해서, 손바닥 손금으로 우주를 이해하는 동양학의 내용은 우리의 건강을 비롯한 물질과 정신적 생활에 매우 의미 있는 내용들이 많다.

필자의 입장에서 인생철학의 경우 제도권 교육·학문기관에서 동서양의 철학을 수십 년 배우고 듣고 한 것보다도 미아리철학관에서 한 달 동안 배우고 들은 것이 훨씬 가슴에 와 닿고 의미가 있었다.

뉴턴이 만유인력의 법칙을 발견하여 엄청난 위대한 학자라고 영웅적 대우를 해 주지만 내용 면에서는 별것 없다. 사과가 나무에서 떨어지는 것을 보고 만유인력의 법칙을 발견했다지만 그 내용은 세 살짜리 아이도 알 수 있는 내용이다. 만유인력의 법칙이라는 그 학문적 내용, 즉 『자연철학의 수학적 원리』에 대한 내용을 학술적으로는 모르지만 사과가 위에서 아래로 떨어진다는 내용은 세 살짜리도 아는 별것도 아닌 내용이다. 만유인력의 법칙이라는 그 학문적 학술적 내용을 모른다고 사과가 위로 날아가고 옆으로 날아가는가. 아래로 떨어진다는 사실만 알면 됐지 뭐 그렇게 형식적인 복잡한 학술적 내용을 가지고 자랑을 하는가. 세 살짜리 아이도 아는 내용을 가지고 말이다.

또한 그러한 내용을 엄청나다고 모든 동양의 지도층과 식자층들이 침이 마르도록 뉴턴을 위대한 과학자라고 하는가. 그런데 갑자 을축하면서 손바닥으로 육갑을 짚어 가면서 내년에 비가 많이 오고, 바람이 많으니, 또는 개인의 경우 관운이 좋으니 승진할 운이고 재운이 좋으니 돈 벌 운이라고 하는 미아리철학관의 동양 과학기술은 내용도 의미가 있고 실용적이며 국민들의 건강과 생활에 많은 도움을 주는데 이들에 대해서는 뉴턴 이상의 과학자라고 평가도 하지 않을 뿐만 아니라 미신이고 비과학이라고 홀대를 하고 멸시를 하는가?

마치 정치 독재자가 자신의 권력 유지를 위해서 독재자를 신격화 우상화시켜 놓고 국민들을 지배하기 위해서 정치적으로 우민화시켜 놓은 것과 무엇이 다른가? 국민들을 이렇게 서양과학 우민화를 시킨 사람들이 제도권의 지도층과 식자층들이다.

국립박물관과 미아리철학관

우리나라의 전통적인 역사적 문화재를 관리 보관하고 진열하며 계승 발전시키는 기관을 말한다면, 상징적으로 볼 때, 제도권의 국립박물관과 비제도권의 미아리철학관이라고 할 수 있다.

국가에서 우리 전통적인 문화재를 발굴하고 보존하며 관리하기 위해 매년 많은 예산을 투자하고 있다. 공공부분에서는 주로 유형문화재와 예술적 문화의 기능 보유자를 발굴·보존·관리하기 위해서 많은 국가 예산을 투자하고 있다.

국립박물관이라고 하면 주로 예술품을 중심으로 유형문화재가 주를 이루고 있다. 그 진열된 문화재는 우리 생활에 별로 도움을 주는 것들도 아니다. 그런데 무슨 의미와 가치 때문인지는 모르지만 여하간 매년 많은 예산을 투자하여 발굴하여 모아서 진열하고 전시를 하여 역사적·문화적 가치에 대해서 전문가들은 말을 하고는 있다. 그러나 나뿐만 아니라 일반 국민들은 그런가 보다 하고 듣고만 있지 전문가들과 같이 그 의미와 가치를 실감을 하지는 못하고 있다. 그래서 문화재를 보고 감상하기 위해서 박물관에 자발적으로 찾아가는 국민들이 매우 적다. 그 결과 매년 박물관 수입이 적어서 운영에 적자를 면치 못하고 있는 것 같다. 그래서 이를 보완하기 위해서 초·중·고교생들을 역사교육이라는 명목으로 강제로 동원을 하여 입장료를 받고 관람을 시킨다.

미아리철학관은 우리의 전통적 학문인 주역의 과학기술적 학문을 연구하여 계승 발전시켜서 국민들에게 궁금하고 필요한 인간의 여러 가지 일, 즉 건강과 길흉화복에 대한 상담과 조언을 해 주는 교육 연구기관이다. 지금과 같이 서양 과학기술이 엄청나게 발달하였다고 해도 인간이 살아가면서 부딪히는 문제들 중에는 현대 첨단과학기술로는 이해·설명이 안 되고 그래서 뚜렷한 해결방안을 제시하지 못하는 경우가 많다. 그래서 답답하고 궁금한 문제가 많이 있다. 그런데 그러한 문제를 설명해 주고 해결방안을 제시해 주는 곳이 미아리철학관이다. 즉, 서양 첨단과학기술로도 설명하고 해결할 수 없는 문제를 설명·해결해 주는 곳이 미아리철학관이다. 그래서 많은 국민들은 건강을 비롯하여 갖가지 생활 속의 문제를 알아보기 위해서 돈을 직접 지불하면서 자발적으로 찾아가서 상담을 하고 있다.

국립박물관의 입장료와 미아리철학관의 상담료를 비교하면 미아리철학관의 상담료가 훨씬 비싸다. 그리고 국립박물관은 화려하고 현대적이며 예술적으로 그럴듯한 데 비해서, 미아리철학관은 허름하고 궁상맞고 들어가기에는 뒤통수가 부끄러울 정도이다.

그런데 국립박물관은 가는 사람이 많지 않아서 건물만 덩그러니 썰렁하다. 그러나 미아리철학관은 문전성시다. 그 으슥하고 허름한 골목길에 있는 볼품없는 미아리철학관이 문전성시를 이루고 있는 것은 무엇을 의미하는가?

동북공정과 미아리철학관

최근에 중국에서 우리의 고구려 역사를 중국의 역사로 편입시키려는 계획으로 중국이 많은 예산을 투자하여 동북공정이라는 역사 연구 작업을 펼치고 있다고 신문에 대서특필로 보도를 하고, 이에 역사학계와 교육 관계기관에서 요란스럽게 대응하는 글과 소리가 보도되고 있다. 정치권에서도 이에 적극적으로 반응을 나타내면서 급기야는 노무현 대통령까지 직접 중국의 총리에게 이에 대한 문제를 제기하기까지 하는 등 초유의 역사적 문제에 대해 거국적 대응을 하였다. 이는 우리가 고구려 역사에 대해서 소홀히 하는 사이에 저들이 자기들 나라의 역사에 편입시키려는 공작을 한 것이라고 볼 수 있다. 그래서 역사학계에서 이를 빼앗기지 않으려고 뒤늦게 이에 대해 대응하기 위한 노력의 일환으로 고구려 역사 연구를 위한 무슨 연구소인가를 만들고 하였다는 것을 신문을 통해서 보았다. 늦었지만 우리의 고구려 역사를 저들에게 빼앗기지 않기 위한 거국적인 역사학계의 대응이라고 볼 수 있다. 이는 우리가 고구려 역사에 대해 소홀히 하는 사이에 저들이 우리의 역사를 빼앗아 가려고 하는 역사적 사건이라고 할 수 있다. 이는 마치 우리가 고구려 역사에 대해 소홀히 하면서 잠자고 있는 동안 저들이 몰래 깊은 밤중에 담을 넘어와서 역사를 도둑질해 가는 일이라고 볼 수 있다.

이와 비슷한 현상으로 우리의 전통과학기술이며 국민과학기술인 동양 과학기술은 서구의 과학기술보다도 차원 높은 보다 새롭고 앞선 과학기술이기 때문에 모든 국민들이 현재 지배적 위치에 있는 제도권 서양 과학기술보다도 훨씬 선호하고 국민들의 건강과 생활에 많은 도움을 주고 있다. 그런데도 불구하고 이를 제도권 지도층과 식자층이 홀대를 하고 폄하하고 방치를 하여서 완전히 제도권 교육·학문세계에서 배척을 하여 미아리철학관의 초라하고 볼품없는 교육·학문기관으로 전락을 당하고 있다. 그래서 지금은 서양 과학기술이 완전히 우리의 안방격인 교육·학문세계인 초·중등부터 대학·대학원까지 정복을 하여 초·중등은 서양교육기관이고 대학은 서양과학대학이 되어버렸다. 우리나라 대학이 전문대학까지 포함을 하면 모두 수백 여 개의 대학이 있다고 하는데 이들 대학은 모두 한마디로 말하면 모두 서양과학대학이다.

서양 과학기술보다도 차원 높은 새롭고 앞선 과학기술이며 국민들의 건강과 생활에 더 많은 도움을 주면서도 제도권에서 완전히 추방을 당하고 억울하게 천덕꾸러기 취급을 받고 있다. 이는 무엇을 의미하는가? 한마디로 '벌건 대낮에 눈 뜨고 도둑을 맞은 격'이다.

동북공정으로 고구려 역사를 도둑맞은 것이 우리가 잠자고 있는 깊은 밤중에 몰래 담 넘어와서 도둑질해 간 것이라면, 우리의 전통과학기술인 역학과 역술이 서양 과학기술에 의해서 완전히 무시를 당하여 제도권에서 완전히 추방을 당하여 미아리철학관으로 전락한 것은, 벌건 대낮에 눈 뜨고 도둑질당한 격이다.

우리가 잠자고 있는 깊은 밤중에 도둑맞은 고구려 역사가 더 억울한가? 벌건 대낮에 눈 뜨고 도둑맞은 우리의 전통과학기술인 역학·역술이 추방당한 것이 더 억울한가? 그런데 제도권에서는 깊은 밤중에 도둑맞은 동북공정에 대해서는 온갖 수단을 다해서 대항을 하면서, 벌건 대낮에 눈 뜨고 도둑맞은 우리의 교육·학문에 대해서는 왜 한 마디 말도 못 하고 있는가? 과거의 우리의 고구려 역사도 중요하지만 우리의 전통과학기술인 교육·학문이 더 중요하다. 왜냐하면 역사는 아무리 화려하고 의미가 있다 해도 과거의 일이다.

과거의 역사에 너무 집착을 하고 지나치게 이를 자랑을 하고 이를 뽐내고 하는 것도 일종의 허세이다. 지구상에 어느 나라 어느 민족 치고 과거 역사의 무대에서 크게 행세를 하지 않은 나라와 민족이 있었던가? 우리 민족, 즉 고구려 역사만이 세계의 역사 무대에서 두각을 나타낸 역사인가. 즉, 왕년만 생각을 하면 왕따당하기 쉽다. 과거 얘기를 자꾸 하는 사람 치고 바쁜 사람 있는가? '과거를 이야기하는 사람은 현재가 형편없거나 미래에 대한 희망이 없는 사람이 대부분이다'라는 말이 있다. 중요한 것은 과거가 아니고 현재와 미래이다. 현재와 미래를 위해 가장 중요한 역사 연구는 과거의 역사적 사건을 자랑하는 허세적 역사연구보다는 현재와 미래에 실질적으로 국민들에게 도움을 주는 교육·학문이라고 생각된다. 교육·학문 중에서도 용도 폐기된 시대에 뒤떨어진 성리학 위주의 도덕 윤리적 학문과 경학 위주의 철학사상 연구보다 국민 생활에 실질적으로 도움을 주는 서양 과학기술보다도 새롭고 앞선 과학기술인 역학과 역술이다.

지금과 같은 과학기술이 주도해 가는 자본주의 세계화 시대에 맞게, 우리가 실질적으로 세계에 자랑스럽게 내놓을 수 있는 우리 것은, 성리학 위주의 도덕 윤리와 공허한 철학 사상도 아니고 과거의 우리의 화려했던 역사적 사건도 아니며, 바로 미아리철학관 중심의 역학과 역술이다. 세계인들이 아무리 우리의 과거의 역사가 화려해도, 그리고 윤리·도덕·철학 사상이 훌륭하다 해도 그것을 배우기 위해서 코가 큰 서구인들이 배우려고 우리나라에 유학을 오지 않을 것이다. 그러나 서양 과학기술보다도 새롭고 앞선 과학기술이 우리나라에 있다고 하면 그것을 배우려고 물밀듯이 몰려올 것이다.

만일 동양과학대학을 설립하여 서구인들이 동양 과학기술을 배우려고 돈을 싸들고 물밀 듯이 몰려오면 이것이야말로 신나는 일이 아니겠는가? 이것이야말로 수많은 역사를 연구하는 허세적 연구보다도 실질적으로 민족정기, 민족얼을 살리기 위한 살아 있는 그리고 정신을 차린 역동적인 역사 문화 연구가 아니겠는가.

우리 조상님들이 물려준 새롭고 앞선 과학기술을 서양 과학기술에 빙의가 되어 제대로 알아보지 못하고 미신이고 비과학이라고 제도권에서 추방하고 우리 것만 못한 서양 과학기술을 무슨 유토피아 건설을 위한 유일한 학문으로 도배를 한 것도 일종의 민족문화 말살행위라고 해도 지나친 말이 아니다.

제5절 현대사회 학문적 통섭·통합·융합과 동양학의 학문적 인식모형

　동양학은 우주론적 차원의 통섭(統攝: Consilience)적 학문이다. 이는 현 제도권에서 최근에 대두되고 있는 지구차원 학문의 통섭과 종합 개념인 High Concept보다 차원이 훨씬 큰 우주론적 초특급 개념인 Universal Super high concept이다.

　현재 제도권의 교육·학문세계에서 새롭게 일어나고 있는 학문적 특징 중의 하나가 학문적 통섭(consiliance), 통합(integretion), 융합(convergence) 노력들이다. 세 가지 개념은 엄밀하게 말하면 다르지만 여기서는 유사한 개념으로 보겠다.

　이는 지난 300여 년 동안 주도해 왔던 뉴턴·데카르트적 물질론적, 기계론적, 분석적, 환원주의적 학문적 접근방법의 문제점과 한계점을 인식하고, 이를 극복하고 보완하기 위해 새로이 나타나는 학문적 조류이다.

　이러한 최근의 학문적 통합·통섭·융합 노력을 소개하면서 동양학의 학문적 특징과 비교설명하고, 그 안에서 동양학의 학문적 의미와 가치를 살펴보고자 한다.

　먼저 결론적으로 말하면, 학문적 통합(통섭·융합) 노력은 지구차원의 보이는 세계, 즉 물질세계 위주의 학문적 통합을 지향하고 있다. 그러나 동양학에서는 이미 수천 년 전에 지구(global) 차원의 물질세계뿐만 아니라 정신세계까지도 포괄하는 우주론적(universal) 종합적 학문을 발전시킨 학문이다. 즉, 동양학은 지구차원의 물질세계를 넘어서 우주와 정신세계를 포괄하여 우주론적으로 발전시킨 통섭·통합·융합학문이다.

　최근에 미국 하버드대학교 생물학과 펠레그리노 석좌교수인 윌슨(Edward Osborne Wilson)의 저서 중에 지식의 대 통합(The Unity of Knwoledge)을 주제로 쓴 『통섭(Consilience)』이라는 책이 국내에 번역 출판되었다.

　이 책의 주제는 저자가 서문에 밝힌 바와 같이, 지식이 갖고 있는 본유의 통일성이다. 본래 지식은 인간이 인위적으로 만들어 놓은 칸막이 식의 분파적 또는 파편적 지식이 아니다. 그런데 인간이 연구의 편의에 따라서 쪼개고 쪼개서 만들어 놓은 학문적 영역 내에서 지식은 본래의 진리가 아니라는 의미라고 볼 수 있다. 따라서 본래 하나인 통일적 지식이 진정한 지식이다. 통일적 지식이란, 동일 학문 영역 내의 각 전문분야의 통합뿐만 아니라 인문, 사회, 자연현상에 통용될 수 있는 통합적 지식을 의미한다고 볼 수 있다.

역자인 최재천 이화여자대학교 석좌교수는 옮긴이 서문에서, 현대 서양학문이 지나치게 세분화된 문제점에 대해서 지적하면서 학문적 통섭의 필요성을 강조하고 있다.

진리의 행보는 우리가 애써 만들어 놓은 학문의 경계를 존중해 주지 않는다. 학문의 구획은 자연에 실재하는 것이 아니기 때문이다. 진리의 궤적을 추적하기 위해 우리 인간이 그때그때 편의대로 만든 것일 뿐이다. 우리는 우리가 만들어 놓은 학문의 울타리 안에서 진리의 한 부분만을 붙들고 평생 씨름하고 있다.

대체로 지식은 16세기를 기점으로 하여 쪼개지기 시작했다. 엄밀하게 말하면 지식 자체가 쪼개진 것이 아니라, 지식을 탐구하는 방법과 사람들이 쪼개졌다고 생각하는 것이 더 옳을지도 모른다.

이 같은 추세를 부채질한 환원주의(reductionism)가 엄청난 양의 지식을 발굴해 내는 데 기여했음을 부인할 수는 없다. 그러나 20세기를 마감하며, 우리가 그토록 열심히 찾아낸 부분들을 한데 묶어도 좀처럼 전체를 이루지 못한다는 사실을 발견했다.

21세기에 들어서며 거의 모든 학문 분야에 통합(integration) 바람이 거세게 불고 있다. 그동안 분석적 환원주의 일변도로 나아가던 생물학이 드디어 종합 차원으로 접어든 것이다.

이제 우리는 진리의 행보를 따라 과감히 그리고 자유롭게 학문의 국경을 넘나들 때가 되었다. 진정한 세계화는 진리를 추구하는 학문 영역들에서 먼저 일어나야 한다. 그러나 현재 전 세계적으로 일어나는 세계화는 서구 중심의 물질적 세계 안의 세계화이다. 그런데 학문적 세계에서는 동서양의 학문이 완전히 벽을 쌓고 상호 간의 교류가 전혀 이루어지지 않고 있다.

그동안 우리는 학제적(interdisciplinary) 연구라는 걸 한답시고 적지 않은 시도를 해 왔다. 하지만 우리 노력의 대부분은 단순히 여러 학문 분야의 연구자들이 제각각 자기 영역의 목소리만 전체에 보태는 다학문적(multidisciplinary) 유희에 지나지 않았다. 이제는 진정 학문의 경계를 허물고 일관된 개념과 이론의 실로 모두를 꿰는 범학문적(transdisciplinary) 접근을 할 때가 되었다. 이것이 바로 통섭의 시대를 맞이하는 것이다.

기와 음양오행은 우주론적 Super High Concept

위 내용 중에서 "학문의 경계를 허물고 '일관된 개념과 이론'의 실로 모두를 꿰는 범학문적 접근"의 의미에 해당하는 개념과 이론이, 동양학의 경우 기와 음양오행론이다. 즉, 동양학이 우주삼라만상을 하나로 보는 천인합일과 우아일체의 관점에서 우주론적 순환원리적 자연의 이치인 기와 음양오행론으로 모든 사물을 고찰한 동양학의 범학문적 접근이다. 다시 말하면 기와 음양오행론은, 범학문적 접근이 하고자 하는 학문의 경계를 허물고 일관된 개념과 이론의 실로 모두를 꿰는 구체적인 개념과 이론이다. 여기에서 '일관된 개념과 이론의 실'이 다름 아닌 동양학의 기와 음양오행론이다.

최첨단 과학기술 시대에 지나친 분과학문의 문제점을 극복하기 위해 새롭게 대두되는 최근의 학문적 노력이 이미 수천 년 전에 동양에서 이미 완성되어 전해 오고 있음을 발견한 것은 참으로 흥미 있고, 이를 발견한 나는 가슴이 뛴다. 그것도 가장 천시하고 홀대해온 미아리철학관에서 발견하였다는 점이 더욱 그렇다.

2009년 4월 4～5일자 조선일보 土日섹션 Cover Story의 세계적 미래학자 3인이 보는 '메가트렌드'에서, 미국발 금융위기에서 비롯된 현대 사회의 경제적 혼란을 야기한 근본적 원인을 분석한 내용이 보도되었다.

미래학자 3인은, 소개한 기사내용 그대로 옮기면, 미래학의 거목인 세계적 석학 앨빈 토플러(Toffler), IBM・맥킨지・코카콜라 등 주요 글로벌 기업에 미래 트렌드를 컨설팅하는 리처드 왓슨(Waston), 떠오르는 차세대 미래학자 다니엘 핑크(Pink)이다.

세 미래학자들은 나이도, 활동무대도 각각 다르지만, 세 미래학자의 전망은 주요 키워드에서 교집합을 이뤘다. 그들은 대체로 다음과 같은 밑그림에서 서로 교직했다.

"너무 빨라지고 너무 복잡해진 세계……, 그래서 위기가 왔다. 그래도 미래는 낙관한다. 인간은 늘 위기를 이겨 왔다. 도저히 양립하지 않을 것 같은 극단들이 공존하는 미래가 머지않아 열릴 것이다. 정치든 경제든 사회든 점점 하이콘셉트(high-concept)가 각광받을 것이다. 감성과 예술까지 아우르면서 전체를 조망하는 통섭과 종합 능력을 뜻한다. 인간의 오른쪽 뇌가 주로 관장하는 영역들이어서, 우뇌 시대의 개막이라고 표현할 수도 있다."

특히 세 미래 학자들은 인류가 격고 있는 이례적 글로벌 경제 위기가 '하이콘셉트(high concept)의 시대', '우뇌의 시대', '통섭의 시대'의 도래를 더욱 가속화시킬 것이라는 전망에서 이견이 없었다. 그 이유는 현재의 위기가 한 분야만 깊게 파고 들어간 전문가들의 전체에 대한 조망(眺望) 능력 결여에서 비롯됐다고 진단하기 때문이다.

기사 서론 부분의 큰 타이틀을 그대로 나타내면, '미래가 궁금하다고? 당신의 우뇌에 답이 있다', 작은 타이틀로 '한 분야만 너무 깊이 파던 좌뇌형 천재들이 유례없는 금융위기 불렀다. 이젠 전체를 조망하고 아우르는 우뇌형 인재가 각광받을 거야…… 교육제도 완전히 뜯어고쳐야'라고 제시하고 있다.

뒷면에는 본문이 소개되었는데, 큰 타이틀로, 'High Concept'가 있고 작은 타이틀 중에는, '너무 빠르고(Speed) 너무 복잡한(Complexity) 세계, 그래서 위기가 왔다'고 제시하고 있다. '전체를 조망하는 통섭과 종합의 high concept의 능력이 각광받는다.'

하이콘셉트란, 나무만 보고 숲을 못 보는 분석과학의 문제점에 대해 전체를 조망하는 통섭과 종합, 즉 숲을 볼 수 있는 개념이다. 숲을 보기 위해서는 높은(high) 곳에서 보아야 하기 때문에 통섭, 종합의 개념을 비유적으로 하이콘셉트(hign concept)라고 표현한 것 같다.

특히 기와 음양오행론은 물질세계뿐만 아니라 정신세계 그리고 우주론적 범위를 포괄한다는 점에서 위에서 서술한 물질세계에 한정된 통섭, 통합, 융합적 개념보다 훨씬 스케일이 큰 개념과 이론이다.

최근에 성신여대 최민자 교수의 저서인 『통섭의 기술』에서 에드워드 윌슨의 통섭의 개념이 주로 다양한 지식세계를 넘나드는 지식차원의 언어적 기술이라고 하는 데 대하여 그는 아(我)와 비아(非我)의 두 대립되는 자의식을 융섭하는 지성 차원의 영적 기술임을 밝히고 있다. 즉, 물질계와 정신계를 포괄하는 관점에서 통섭 개념을 강조하고 있다. 지식 차원의 통섭 개념을 넘어서는 궁극적인 지성 차원의 통섭개념을 강조하였다는 점에서 의미는 있으나 구체적인 통섭의 개념을 제시하고는 있지 않다. 즉, 기존의 개념에 대한 비판과 함께 새로운 차원의 개념을 제시하면서 방향제시적인 것으로 끝나고 있다.

그런데 기와 음양오행론은 물질세계와 정신세계를 모두 포괄하는 통섭 개념이라는 점에서 궁극적 세계의 통섭 개념이라고 볼 수 있다. 즉, 천·지·인과 물질계 정신계를 구체적이고 일관적으로 통괄하는 우주론적 Super High Concept 개념과 이론이라는 점에서 더욱 의미 있는 통섭 개념이다. 뿐만 아니라 기와 음양오행론을 생활에 접목 응용한 과학기술적 학문으로 역학과 역술이 있다는 점에서 생활 속에 살아 있는 영원한 통섭개념이다.

The Systems Science와 음양오행론

근래에 현대 학문이 극도로 분화되고 전문화되면서 개별 학문 간의 상호 교류를 위한 커뮤니케이션이 거의 불가능한 상태여서 학문적 발전에 문제가 많다는 것을 인식하게 되었다. 그래서 학제 간 학문적 교류와 협조를 위한 통합적 연구의 필요로 나타난 이론이 일반 체계론(General System Theory: G.S.T)이다.

시스템 과학이 여러 학문 간의 소통이 가능하게 하기 위한 일반 용어(genreal language)를 제공하고 그 노력의 결과 법칙들의 법칙(law of laws)을 만들어서 보편적 과학(universal science)을 달성하기 위한 것이다. 그래서 시스템과학은, 자연·사회·인문과학뿐만 아니라 과학·철학·종교까지도 더 이상 분리된 것이 아니고 하나로 통합시키기 위한 학문적 노력이다.

일반체계론의 주요 학문적 목적은, 실증 세계(empirical world)의 일반적 관계(general relationship)를 서술하기 위한 체계적이고 이론적인 틀(framework)을 개발하는 데 있다. 즉, 일반체계론의 궁극적 목적은 모든 학문을 의미 있는 관계로 엮을 수 있는, 또는 통합할 수 있는 이론적 틀을 만드는 데 있다. 여기서 모든 학문이란, 자연과학, 사회과학, 그리고 인문학 모두를 말한다. 즉, 일반체계론의 목적은 자연과학·사회과학·인문학까지 모두 통합적으로 활용할 수 있는 이론적 틀을 만드는 데 있다.

1930년대 오스트리아의 생물학자 루트비히 폰 베르탈란피(Ludwig von Bertalanffy)는 그의 '전체성의 일반과학'에 대한 관점은 시스템이라는 개념과 원리를 다른 연구 분야에도 적용할 수 있다는 그의 관찰에 기반을 두고 있었다. 그는 이렇게 설명했다. "여러 다른 분야들 속에서 일반 개념들, 심지어는 특수한 법칙들까지도 유사하게 나타난다는 사실은 그것들이 '시스템'과 연관되어 있고, 그 특정한 일반원리들을 그 성질과는 무관하게 시스템에 적용할 수 있다는 사실의 결과이다." 살아 있는 시스템이 생물 개체에서 그 부분, 사회적 시스템, 생태계에 이르기까지 매우 폭넓은 현상들의 범위에 걸쳐 있기 때문에, 베르탈란피는 일반시스템 이론이 지금까지 고립되고 단편화되어 왔던 여러 과학 분야들을 하나로 통합시키는 이상적인 개념적 틀을 제공할 것이라고 확신했다.

그러나 일반체계론이 앞에서 언급한 문제의식에서 출발을 했는데 현실적으로 구체적인 통합적 틀을 제시해 주지는 못하고 있다.

그런데 동양학을 배우고 연구를 하면서 발견한 것이, 현대 일반체계론이 하고자 하는 목적으로 탄생한 것이 동양학의 기와 음양오행론이다. 기와 음양오행론은 모든 학문을 통섭할 수 있는 일반 용어(general language)이고 보편적 과학(universal science)이며 법칙들의 법칙(law of laws)이다. 뿐만 아니라 기와 음양오행론의 통섭·통합의 정도가 인문·사회·자연과학뿐만 아니라 과학, 철학, 종교까지를 모두 포괄하는 개념과 이론이라는 점에서 더욱 의미가 있다. 그리고 현실적으로 많은 문제를 이해·설명하고 나름대로 문제 해결을 위한 처방도 제시해 주는 구체적이고 실용적인 과학기술이라는 점이다. 더욱 새롭고 의미 있는 것은 기와 음양오행론은 천문(天文)과 지리(地理) 및 인사

(人事)의 질서를 종합적이고 체계적으로 상호 연관하여 이해, 서술, 설명해 주고 있다는 점이다. 즉, 현대 서양 과학기술 차원뿐만 아니라 서양 과학기술이 관여할 수 없는 보이지 않는 세계인 천문·지리·정신세계까지를 포괄한다는 점에서 더욱 새롭고 앞선 과학기술이다.

미국의 경제학자인 볼딩(Kenneth Boulding)은 그의 일반 체계 이론에서 시스템의 관점에서 모든 현상의 시스템을 분류하였는데, 시스템의 복잡성의 정도에 따라서 시스템의 수준(level)의 계층을 9단계로 나누고 그중에서 마지막 계층인 제9단계 수준을 초상적(超常的) 시스템(transcendental system)이라고 하였다.

그는 제9층에 해당하는 초상적 시스템이 모든 그 이하의 시스템보다 훨씬 중요하다는 것을 대단히 강조하였다. 즉 시스템의 구조를 완성하기 위해서는, 비록 이 시점에서 구름 속에 바벨탑을 짓는다고 비난을 받을지라도, 마지막 초상적 시스템을 추가하여야 한다고 강조를 하였다. 그러나 초상적 시스템은 궁극적(ultimate)이고 절대적(absolute)이며 피할 수 없을(inescapable) 정도로 중요하지만 불행하게도 알 수 없는(unknowable) 시스템이다. 그리고 그들은 체계적인 구조(sytematic structure)와 상호 관계(relationship)를 나타내고 있다.

헤겔(Hegel)은 일반체계론이 제기하는 문제들 중 하나는 연구대상이 되는 특정 체계를 우주의 나머지 부분으로부터 어떻게 분리해 내는가 하는 것이다. 헤겔은 모든 것은 '전체'의 하위체계라고 주장한다. 그래서 한 사물의 전체를 알지 못한다면, 우리는 그 사물을 알지 못하는 것이다. 비록 헤겔이 '전체'를 알기 위한 체계를 발전시키려고 시도했지만, 그 질문에 대한 대답은 일반적으로 수용되지 않았다. 결과적으로 우리가 생각하는 체계는 '우주' 안의 하위체계들에 초점을 두어 왔다.

전체에 초점을 맞추는 변증법적 사고를 이용할 때 나타나는 문제는 전체를 에워싸고 있는 범위를 어떻게 정할 것인가 하는 점이다. 극단적인 입장은 모든 것은 전체의 한 부분이라는 주장이다. 이 입장은 미국과 영국의 네오헤겔리안들, 특히 1890년부터 1920년대까지 브래들리(Francis H. Bradley), 테일러(Alfred E. Taylor), 보산케(Bernard Bosanquet)와 그밖에 많은 연구자들에 의해 받아들

여겼다(도날드 폴킹혼, 『사회과학방법론』). 이 입장을 지지하는 사람들에게 있어 모든 관계는 내적 - 즉, '우주' 안에서 - 이며, 따라서 실체를 어떻게 다루더라도 '전체' 가운데서 나타나는 새로운 속성(emergent property)을 놓치게 된다. 왜냐하면 부분들은 전체로부터 분리시켜서 이해될 수 없으며, 실재의 어떤 한 측면으로부터 도출된 모든 지식은 불완전(defective)하기 때문이다.

그런데 동양학에서 우주론적 자연의 이치의 관점에서 보이지 않는 기(氣)와 신(神)의 작용과 변화 원리에 입각하여 모든 사물을 이해·설명하기 위하여 접근하였다는 것은 볼딩의 제9층의 초상적 시스템을 가장 중시한 것과 헤겔의 '우주론적 전체'를 알고자 노력한 것과 동일한 것으로 볼 수 있다. 뿐만 아니라 볼딩은 궁극적이고 절대적이며 피할 수 없을 정도로 중요하다고 표현한 것과 헤겔이 우주론적 전체를 무시한 모든 지식은 불완전하다고 한 것은 동양학이 중시한 우주론적 보이지 않는 세계가 얼마나 중요한가를 알 수 있다. 그리고 이것을 인지하고 이미 수천 년 전에 이를 발전시킨 우리의 조상님들이 얼마나 위대한 식견을 가졌는가를 알 수 있다. 동양학에서 중요시한 접근법과 볼딩과 헤겔이 가장 중시한 초상적 시스템이 일치한다는 점에서 매우 흥미 있는 일이다. 다만 차이점은 볼딩은 초상적 시스템의 작용을 알 수가 없고 헤겔이 우주론적 전체를 알고자 노력한 것이 받아들여지지 않았다고 하였는데 비해서 동양학에서는 그 세계를 나타내는 체계화된 학문이 이미 수천 년 전에서부터 개발되어 지금까지 전해 오고 있다는 데 있다.

동양학에서 '기와 음양오행론'은 범학문적으로 통용될 수 있는 일반 체계이론이 구축하고자 하는 일반용어(general language)이고 개념들의 개념(concept of concepts)이며 법칙들의 법칙(law of laws)이다. 즉, 모든 자연·사회·인문학뿐만 아니라 종교·철학·과학기술까지도 통합적으로 학문의 경계를 허물고 일관된 이론의 실로 모두를 꿰는 범학문적으로 접근할 수 있는 개념과 이론이다.

그런데 동양학의 기와 음양오행론과 현대 학문들이 제기한 통섭·통합·융합의 개념과 근본적인 차이점이 있다.

첫째, 동양학에서 통합·융합·통섭의 범위가 보이는 객관의 세계와 보이지 않는 기와 신의 정신세계까지를 포괄하고 있는 학문이라는 점이다. 현대 학문이 주로 보이는 객관의 세계인 기(器)의 세계를 중심으로 통섭·융합·통합하려는 점에서 다르다.

둘째, 현대 학문은 현대 사회의 분석적 환원주의적 학문의 문제점과 한계점을 인식하고 이를 개선하기 위해서 학문적 통합·통섭·융합적 노력을 하여야 한다는 방향제시적이지 구체적인 개념과 이론의 틀은 제시하고 있지 못하다. 즉, '학문의 경계를 허물고 일관된 이론의 실로 모두를 꿰는 범학문적 접근'을 할 수 있는 구체적인 개념과 이론을 제시하고 있지 못하다. 그러나 동양학에서는 이미 수천 년 전부터 범학문적으로 접근할 수 있는 개념과 이론이 기와 음양오행론으로 전해 오고 있다는 점이다. 뿐만 아니라 체계화된 학문으로써 철학과 구체적이고 실용적인 과학기술도 있다.

현대 사회의 학문적 조류가 시스템과학으로 발전해 가는 경향이 동양학과 일치하는 것은 어떻게 보면 21세기는 주역에서 비롯된 동양학이 주도해 갈 수밖에 없는 조짐의 하나로 보이는 것도 같다.

하기는 21세기는 동아시아 문화권 시대이고, 21세기라는 천 년의 세기가 바뀌는 밀레니엄 시대이며, 서양 과학기술에 비해서 새롭고 앞선 과학기술이고, 또한 서양 과학기술의 한계점과 문제점에 의한 현대 사회의 위기가 고조되고 있으니 동양학이 새롭게 대두될 수밖에 없다고 생각된다.

2

제2부 기본 개념과 이론 및 사상

제5장 태극론

앞에서 누차 언급한 바와 같이 동양의 역사와 문화 그리고 모든 학문의 가장 근본이 되고 기본적인 학문이 천부경과 주역이라고 하면, 천부경과 주역의 가장 기본이 되는 근본적 출발점이 태극이다. 주역이 우주학이라고 하면, 우주를 나타내는 상징이 태극이고, 이는 다른 말로 우주의 홀로그램이다. 따라서 태극이 동양사상의 가장 기본이다. 즉 동양사상은 곧 태극사상이라고 할 수 있다. 동양학의 거의 모든 학문이 태극으로부터 나온 학문이고 사상 철학이라고 해도 과언이 아니다.

대산 김석진 선생의 스승이신 야산 선사께서는 "주역은 모든 도와 교를 초월해 태극사상으로 귀일하는 것이며, 천·지·인 삼합이 일체이고 선불유(仙佛儒) 삼도가 일체로서, 모두 주역에 귀일하는 것이다"라고 말했다는 것이다.

결국 태극은 우주삼라만상뿐만 아니라 인간의 정신세계까지를 모두 포괄하는 가장 기본적인 개념이다. 태극 하나의 개념으로 이렇게 광범위한 세계를 포괄하여 나타낼 수 있다니 믿어지지 않을 정도로 엄청난 개념이다.

이러한 태극을 우리나라 국기의 문양으로 정했다는 것은 가장 자랑스러운 일이다. 즉 우리나라 국기인 태극에는 우주의 정신과 우주적 이치를 나타내고 있으니 이 지구상의 어느 나라 국기도 태극기 이상의 의미 있는 내용을 상징하는 문양을 나타낸 국기는 없다고 본다.

동양학이 서양 분석과학적 학문과 다른, 가장 매력적인 학문적 멋과 맛이라고 하면, 복잡하고 광범위한 세계를 종합적으로 간단하게 표현하는 종합력이라고 볼 수 있다.

제1절 우리 문화 속의 태극론

88올림픽 개막식을 본 사람은 누구나 다 기억할 것이다. 혼돈을 암시하는 가지가지 형상을 나타낸 놀이마당이 끝나고, 고요한 적막 속에서 한쪽 모서리에서 대각선 방향으로 한 소년이 흰 모자를 쓰고 굴렁쇠를 굴리며 지나가는 모습을 말이다. 내가 어린 시절 시골 골목길에서 굴렸던 굴렁쇠이다.

세계 각국에서 뽑힌 선수와 임원들, 우리 국민뿐만 아니라 세계의 모든 사람이 지켜보던 그 순간에 왜 하필이면 굴렁쇠를 굴리며 지나갔을까? 그것이 의미하는 것이 구체적으로 무엇인가? 그 굴렁쇠는 시작도 끝도 없이 순환 반복하는 우주 본래의 모습을 잘 표현한 태극을 상징적으로 나타낸 놀이였다. 하루의 시작은 0시에 시작되어서 0시에 끝이 나고, 끝이 남과 동시에 다시 0시에 시작된다. 또 일 년의 시작은 동짓날 시작했다가 봄, 여름, 가을, 겨울을 거쳐 다시 동짓날 끝나며, 끝나는 동시에 다시 일 년이 시작된다. 24절기가 입춘으로 시작한다 해도 일 년의 순환은 동일하다.

이 우주삼라만상에서 모두 순환 반복하는 이치를 벗어나는 현상은 하나도 없다는 것이다. 그러한 순환 반복하는 우주의 변화이치를 체계적으로 나타낸 학문이 주역이고, 그 순환 반복하는 현상을 나타낸 심벌마크가 곧 태극이다. 즉 우주삼라만상의 변화이치를 나타낸 학문이 주역이고, 주역의 핵심사상이 음양의 순환 반복이며, 이를 나타낸 심벌 문양이 태극이다.

우리 인생도 태어남이 시작이요, 죽는 것이 끝이다. 그러나 죽는 것은 바로 태어남을 의미하기에, 시작은 끝이요, 끝은 시작이 되는 것임을 알 수 있다. '○'은 시작과 끝이 같이 있어서, 태극을 가장 잘 표현했다.

시작과 끝이 하나이며, 하나는 전부이며, 전부는 하나이다. 이러한 이치를 나타낸 것이 태극이다. 이러한 태극원리를 무엇보다도 가장 쉽고 명확하게 상징적으로 표현한 것이 바로 88올림픽 때 어린이가 굴리던 굴렁쇠의 동그라미이다.

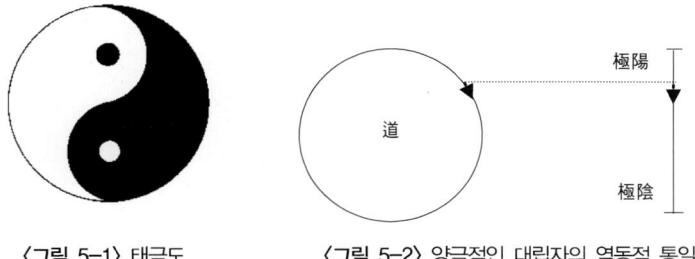

극양 (極陽)

道

극음 (極陰)

〈그림 5-1〉 태극도   〈그림 5-2〉 양극적인 대립자의 역동적 통일

<그림 5-2>는 <그림 5-1>의 태극운동을 구체적으로 나타낸 것이다. 즉, <그림 5-2>에서 동그라미는 태극의 음양이 순환 반복하는 현상을 나타낸 것이고, 오른쪽 <그림 5-2>의 직선은 음양이 순환하면서 음극과 양극에서 다시 반대로 돌아오는 모습을 직선으로 표시한 것이다. 동그라미에서 음양이 순환 반복하는 현상은 직선에서 극즉반(極則反)이라는 현상으로 나타낸 것이다.

우리나라의 전통 놀이 중 굴렁쇠놀이는 태극운동을 나타내는 <그림 5-1>의 모양을 본떠서 만든 놀이다. 즉, 굴렁쇠 놀이에는 동그라미 쇠와 동그라미 쇠를 굴리는 직선 막대기가 있는데, 동그라미 쇠는 <그림 5-2>의 왼쪽 동그라미를 본떠서 만든 것이고, 직선 막대기는 <그림 5-2>의 오른쪽 직선을 본떠서 만든 것이다.

누구나 다 알다시피, 우리나라를 나타낸 상징이 태극이며, 또 한국의 심벌마크이다. 그래서 대한민국의 국기는 태극기라고 한다. 태극기가 우리나라 국기인 것은, 만물의 시작과 끝남을 나타내는 태극의 의미와 일치하는 지역이 동북(東北) 간방(艮方)인 우리나라이며, 또한 주역을 처음 지으신 분인 복희씨가 우리나라 사람이라는 것과 의미 있게 일치한다. 그러므로 우리나라의 국기가 태극기인 것은 우연이 아니고, 필연적으로 우리나라를 상징하는 국기가 되었다고 본다.

우리나라의 국기가 우주의 마음과 우주삼라만상의 변화 이치를 나타낸 주역의 핵심인 태극을 나타내는 태극기라는 점에서, 내 자신이 글로 표현할 수 없는 엄청난 의미가 있음을 가슴으로 느낀다.

뿐만 아니라 주역에서 우리나라를 후천팔괘의 동북 간방으로 보는데 간방(艮方)은 주역을 해설한 설괘전 제5장에서 '간(艮)은 東北之卦也니萬物之所成終而成始也일세 故로曰成言乎艮이라(간은 동북의 괘니, 만물이 마침을 이루는 바요, 시작함을 이루는 바이니, 성언호간이라고 하니라)', 그리고 제6장에서 '終萬物始萬物者莫盛乎艮이니(만물이 끝나고 시작하는 것이 간보다 성한 것이 없으니)'에서 보는 바와 같이 모든 만물은 간방에서 시작하고 끝나고, 종즉유시(終則有始) 다시 또 끝나는 데에서 시작을 한다는 것이다. 따라서 동북 간방인 우리나라에서 모든 만물이 시작을 해서 끝나고 다시 또 끝나는 데서 시작을 한다. 이는 <그림 5-1>의 태극도의 양이 극해서 끝나는 곳에서 음이 시작하고 음이 극한데서 양이 시작하는 것을 나타내는 이치와 같은 것이므로 우리나라 국기가 태극기인 것은 우연이 아니고 필연인 것이다.

낫 놓고 기역자도 모른다

우리는 어린 시절 또는 텔레비전 연속 사극에서 대갓집 양반집 대문의 태극문양을 보았으며, 가장 흔하게는 우리나라 국기에서 태극 문양을 종종 보아왔다. 뿐만 아니라 최근에는 우리나라를 대표하는 올림픽 출전 선수들을 '태극전사'라고 표현 하는 것을 종종 듣는다. 그만큼 우리는 태극과 매우 친숙한 관계에 있음을 알 수 있다. 그러나 그 태극이 무엇을 의미하고 우리 민족과는 어떤 관계가 있는가를 물어보면 아는 사람이 얼마나 있을까?

이 엄청난 의미와 사상을 서구적인 것에 빙의가 되어서 모르고 있다니 참으로 안타까울 뿐이다.

제2절 태극의 연원

공자가 쓴 주역 계사전에, "易有太極하니 是生兩儀하고 兩儀 生四象하고 四象이 生八卦하니(역에 태극이 있으니, 이것이 양의를 내고, 양의가 사상을 내고, 사상이 팔괘를 내니)"라는 말이 있다. 주역의 이론체계가 음양론인데 음양은 태극에서 나왔으며 따라서 태극은 주역의 근원이다. 여기서 역이란 책으로서의 역(書易)일 뿐만 아니라, 우주 자연으로서의 역(天易)을 나타낸 것이다. 천역으로서 역에서 태극은 우주삼라만상의 모든 변화이치를 나타내는 것이다. 그러므로 태극은 우주를 나타낸 심벌이다.

주자가 썼다는, 일설에는 정자가 썼다는 설도 있지만, 주역의 서문인 역서(易序)에, "散之在理則有萬殊하고　統之在道則無二致니　所以易有太極하니　始生兩儀라(흩어서 이치로 보면 만 가지로 다르고, 모아서 도로 보면 두 가지가 아니니, 그렇기 때문에 역에 태극이 있으니 이것이 양의를 낸다)"는 말이 있다. 이 글은 우주삼라만상을 나타낸 것은 역이고, 역의 도가 태극이며, 태극에서 음양이 나온다는 의미이다. 주역이 우주삼라만상의 수많은 이치를 나타낸 학문이지만, 그 수많은 변화 이치를 나타낸 핵심이 태극이다.

주역이 나타나기 이전인 우리나라 상고사 시대의 경전인 천부경에 처음으로 태극사상이 나타났다. 그러므로 태극의 뿌리는 천부경이며, 천부경은 한국에서 구전되어 전해 온 것이라 하니, 이를 따르면 그 기원은 한민족 역사의 시원인 기원전 7197년경으로, 태극사상은 지금으로부터 9200여 년의 역사를 가진 한민족 고유의 사상이라 할 수 있다는 것이다.

결국 태극은 우주의 존재 원리를 일컫는 가장 핵심적인 말로서 고대부터 동양철학의 근본 바탕이 되어 왔고, 현금에 이르러서는 한국의 국기인 태극기에 그 모습을 나타내고 있다. 즉, 우주의 근본 바탕이 되고 근본원리가 되는 사상을 나타내는 태극이 우리 사상이고, 그것을 나타내는 심벌이 우리의 국기가 되었다는 것은 엄청난 의미를 갖고 있다는 것을 알아야 한다.

제3절 현대 사회에서 태극

근래 한국적인 소재의 캐릭터가 한국뿐만 아니라 세계를 휩쓸고 있다. 물론 꼭 태극 모양은 아니라도 한국적인 것을 말한다. 10여 년 전만 해도 우리 것, 우리 역사는 왠지 촌스럽다고 생각한 사람이 많았다. 그러나 이제는 한국적인 것이 오히려 고상하고 품위 있어 보이기 시작했다. 그중에서도 가장 한국적인 것이 태극이다. 그 태극은 전체가 원으로 되어 있지만, 자세히 깨달아 보면 삼라만상이 갖추어 있다.

최용희는 중국에 유학하여 태극권과 철학을 연구하면서 태극관을 정립하여 쓴 『태극으로의 여행』에서, 태극에 대한 중국인과 한국인의 인식을 비교해 보면 커다란 차이를 보이고 있다고 하였다. 중국인은 태극을 어떤 현상에 대한 원리와 작용으로 보는 시각이 주류를 이루는 반면, 한국인은 태극을 고리타분하고 실속 없는 형이상학적인 것으로 여기는 시각이 주류를 이루어 대화나 토론조차 기피하는 현상을 보이고 있다.

그런데 태극은 그렇게 고리타분하게 생각할 것이 아니라, 계승 발전시키는 것이 이 시대 우리가 할 일이다. 태극은 인간사를 비롯해서 모든 현상 세계를 태극으로 설명이 가능하다는 것이다. 즉, 우주론적 이론(universal grand theory)이다.

그러면, 현재 한국인은 태극으로 현상 세계를 설명하고 있는가? 그리고 태극을 현실생활에 반영하고 있는가? 현상 세계의 존재 원리를 밝히는 과학을 태극의 관점에서 풀이하고 있는가?

중국에서는 태극의 원리를 무술에 응용하여 만든 태극권이 대중 스포츠로 자리 잡아 심신을 단련하는 실체로서 살아 움직이고 있다. 그리고 서구에서는 태극이라는 명칭을 사용하지는 않지만 음양의 원리를 이용한 전기를 만들어 과학기술을 발달시켰으며, 음과 양으로 대변할 수 있는 0과 1의 원리를 응용하여 컴퓨터를 만들어 첨단 문명을 이끌고 있다.

한국인은 태극을 천 조각에 그려 놓고 국기로만 사용할 뿐, 생활에 응용하여 실제로 사용하고 있는 것을 찾아보기 어렵다. 단지 태극기 하나뿐이다. 태극을 국기로 내세우고 있는 나라에 태극에 관한 다양한 문화가 없다는 것은 참으로 이해가 되지 않는 일이다.

태극을 아무리 부르짖어도 현실과 동떨어져 있다면, 허무맹랑한 꿈속의 이야기와 다를 바 없다. 태극은 우리의 삶 그 자체를 중심으로 논해지고 해석되어야 한다. 또한 이를 바탕으로 우리의 삶에 능히 태극의 원리를 응용하여 그 존재와 가치를 몸으로 직접 느끼고 실감할 수 있을 때라야, 감히 태극을 안다고 할 수 있는 것이다. 이는 곧 주역의 이치를 생활에 접목하고 응용하여 인식 내지 체험을 통해 실제 그 과학성과 적실성을 인지하여야, 그 의미와 가치를 피부로 느낄 수 있다.

제4절 태극의 의미

태극에는 두 가지 서로 다른 태극의 개념이 있다. 첫째는 우주가 나타나기 이전의 최초의 세계를 나타낸 태극, 즉 일기(一氣)의 상태가 있고, 둘째, 우주 삼라만상의 음양론적 특성을 나타낸 태극이 있다.

전자는 천지가 나타나기 전 단계로서 우주만물이 생기기 이전의 공허하고 혼돈된 상태를 태극이라고 한다. 즉, 음양으로 분화되기 이전의 일기(一氣) 상태를 의미한다. 태극이란, '클 태: 太, 덩어리 극: 極'이니 공간적으로는 '큰 덩어리'라는 뜻이다. 또 '처음 태, 끝 극'이라고도 하니, 시간적으로는 처음부터 끝까지란 뜻이다. 이것은 한도 끝도 없어서 무극(無極)이라고도 한다. 주역에서는 우주의 운행을, 태극에서 만물이 분화되어 나와서 생장소멸의 단계를 거쳐 다시 태극으로 돌아가는 순환체계라고 본다.

태극을 근본으로 해서 우주 만물이 나왔기 때문에, 태극은 모든 일의 시작이고, 으뜸이자 중심이 되며, 인격을 부여할 때는 만물을 다스리는 상제로 보기도 한다. 또 첫머리로 시작한다는 뜻으로 춘하추동의 사계절에서는 봄이, 동서남북의 사방에서는 동방이, 시작하고 끝난다는 뜻에서는 해가 뜨고 만물이 시작되는 간방(艮方 : 동북방)이 태극이 되며, 그 간방은 바로 우리나라에 해당한다. 다른 나라에 없는 태극기를 우리나라만이 갖고 있는 것도, 우리나라가 간방에 위치하며, 간방이 태극방위이기 때문이다.

태극에는 시공의 이치가 내포되어 있으니, 만물을 모두 포함한다는 공간적인 뜻과, 처음부터 끝까지를 포함하는, 즉 태초부터 궁극에 이르는 시간적 뜻이 함께 있다. 우주만물이 생기기 이전의 공허하고 혼돈된 상태를 태극이라고 한다. 태극을 근본으로 해서 우주 만물이 나왔기 때문에 태극은 모든 일의 시작이고 으뜸이자 중심이 되며 인격을 부여할 때는 만물을 다스리는 상제로 보기도 한다.

후자의 태극은 우주삼라만상의 현상을 음양론적으로 나타낸 태극이다. 세상의 모든 것은 태극에서 나왔기 때문에, 그 속에는 태극운동이 들어있다. 태극운동은 다른 말로 음양 순환운동이다. 크게는 우주 전체가 그렇고, 은하계가 그러하며, 태풍운동이 그러하다. 작게는 소립자의 운동부터 전자, 양자 등의 운동이 그러하다. 뿐만 아니라 인간사도 모두 태극운동을 벗어나지 않는다는 것이다. 왜냐하면 인간도 우주론적 자연의 일부이고, 그래서 우주론적 순환론적 자연적 이치의 지배를 받고, 그렇기 때문에 우주론적 순환론적 자연의 이치인 태극운동인 음양운동을 벗어날 수 없다는 것이다.

먼저 태극을 나타내는 문양이 구체적으로 무엇을 나타내는 것인지부터 알아보고자 한다. 태극의 모양은 동그라미 속에 S자 모양으로 나누어 한쪽은 양을 상징하는 짙은 색으로 다른 한쪽은 음을 상징하는 엷은 색으로 나타내고 있다. 동그라미는 하나의 지구일 수 있고, 또 우주일 수도 있으며, 하나의 사람일 수도 있다. 또한 하나의 세포일 수도 있다. 즉, 임의의 사물이나 생명체를 대신한다고 보면 된다. 심지어 어떤 집단이나 단체를 대입해서 생각해도 무방하다. 소위 이를 일물일태극(一 物 一 太極)이라고 한다.

이 동그라미는 우주 만물을 대변하는 것이다. 우주만물의 특성은 움직이는 것이므로 이 도형을 살아서 움직이는 구체로 보면 된다. 또한 탄성을 가지고 팽창과 수축을 하며 호흡을 하고 있는 것으로 보면 더욱 바람직하다. 즉, 태극의 가장 큰 특성인 스스로 움직이는 '동(動)'의 속성을 가지고 있는 것으로 보아야 한다.

이처럼 태극도는 고정된 평면 도형이 아니라 끊임없이 움직이는 입체적 운동체로 보아야 한다. 지구처럼 살아 움직이는 구체와 같이 말이다. 그럼 이 구체는 어떤 동력원을 사용해 움직이고 있을까.

첫째, 이 태극 도형은 음양의 특성으로 움직이고 있다. 즉, 태극은 음과 양이 병존 병립하면서 서로에게 영향을 주기도 하고 받기도 하면서 움직이는 것이다. 그래서 태극도의 음양을 S자로 그려서 나타냈다. S자는 음양의 변화 현상을 나타내는 의미로 그려진 것이다. 즉, 음이 극하면 양이 나타나기 시작해서 그다음 양이 점점 커지며 그리고 음이 상대적으로 적어지는 현상을 나타낸 것이며, 반대로 양이 극하면 음이 나타나기 시작해서 그다음 음이 점점 커지며 그리고 반대로 양이 상대적으로 적어지는 현상을 나타낸 것이다.

둘째, 태극도 전체 그림에서 볼 때 음과 양의 면적이 동일한 것은 음양 간의 상호 평등, 병존, 병립, 공존의 관계와 조화를 나타낸 것이다. 음양이 변화순환하는 과정에서 어느 시점에서는 음이 많고 양이 상대적으로 적고, 반대로 양이 많고 음이 상대적으로 적다해도, 궁극적으로는 음과 양의 관계가 대등하고 평등한 관계라는 것을 의미한다.

셋째, 태극의 음양적 현상이 하나의 동그라미 속에서 나타나는 현상은 둘이면서 하나라는 것을 나타낸 것이다. 음양론적으로 볼 때 음과 양은 상호 반대 개념이기 때문에 상호 배타적이고 이질적이지만, 그래도 하나의 동그라미 속에 있기 때문에 둘이면서도 하나인 일체라는 것이다. 그래서 서로 반대이기 때문에 갈등관계이지만, 상호 조화와 협조를 필요로 하는 관계라는 것이다. 마치 한 집안의 부부가 남녀라는 이질적 관계이지만, 서로 화합하고 협조하면서 살아갈 수밖에 없는 관계인 것과 같다.

태극은 서로 반대되는 음과 양의 관계가 변화를 거듭하고, 그러한 반대 관계가 크게는 우주로부터 작게는 미세한 세계에 이르기까지 동일한 현상으로 존재하기 때문에, 모든 세계는 갈등하면서도 협조와 조화 그리고 통일을 이뤄야 하는 숙명에 있다는 것이다. 그러면서 우주삼라만상은 변화 발전해 나간다는 것이다.

태극은 음양을 함유한 양면성의 통일체이다. 태극은 음양의 상호 작용에 의해 항상 움직인다. 태극은 음양에 의해 변화 발전한다. 태극은 이러한 특징으로 우주만물을 생성 발전시킨다.

태극의 시사점

이러한 태극이 시사하는 점을 간단히 요약하면 다음 몇 가지로 말할 수 있다.

먼저, 우주만물은 항상 움직이고, 변화하며, 창조되고 있음을 일깨운다. 태극의 움직임은 우리에게 이 세상에는 움직이지 않는 존재는 없으며, 움직이지 않으면 생존할 수 없다는 현실을 알리며, 따라서 부지런함과 근면함, 즉 자강불식(自彊不息)을 일깨운다. 주역의 하늘을 나타낸 중천건괘의 상전에 보면, '天行이 健하니 君子 以하야 自彊不息하나니라(하늘의 운행이 굳건하니, 군자가 이로써 스스로 굳세어 쉬지 않느니라)'고 하였다. 이는 하늘의 운행이 쉼 없이 굳건하게 돌아가는 것을 군자가 본받아, 끊임없이 굳건한 마음으로 노력하는 것이다.

둘째, 태극의 음과 양은 안과 밖은 물론 종과 횡으로 두루 살피며 최상의 해결책을 찾아 조화를 이루고 있다. 이는 우리에게 음과 양이 조화롭게 공존하듯 인간관계에 있어서나 자연계에 있어서나 항상 조화롭게 처세하는 지혜로운 인간이 될 것을 제시한다. 이런 조화와 관련된 말은 우리 주변에서 다양하게 표현되고 있다. 예를 들면 상생, 공생, 공존, 박애, 사랑, 화합, 평화, 통일, 중용 등이 바로 그것이다. 태극은 우리에게 이러한 조화들을 실천할 것을 시사하고 있다.

셋째, 태극도의 음양은 '평등'을 의미한다. 병립 공존하는 음과 양은 우리에게 우주의 모든 생명체는 다 평등하므로 평등을 실천할 것을 제시하고 있다. 이는 우리에게 어느 것이 우위이고, 어느 것이 열등하냐는 것을 구분하는 것이 어리석은 행위임을 일깨우고 있다. 우리나라의 건국이념인 홍익인간 사상이 여기에서 비롯된 것으로 생각된다.

넷째, 태극도의 곡선은 우주의 모든 존재가 곡선과 원형으로 이루어져 있음을 상징하고 있다. 이는 우리에게 원만한 삶을 살 것을 제시한다. 현실적으로도 자연계의 곡선은 인간의 정서를 안정시키는 역할을 하고 있다.

다섯째, 태극도의 음양 순환은 우주만물이 순환하고 있음을 나타낸다. 자전과 공전, 사계절, 낮과 밤, 생태계, 신진대사 등 우주와 자연의 질서정연한 움직임은 순환이라는 특성을 가지고 있다. 이는 우리에게 자연의 순환적 특성을 잘 이해하여 다가올 일을 미연에 예측하여 준비하는 지혜를 가질 것을 제시한다. 또한 순환은 변화와 움직임에 순응하고, 굳이 역행하지 말 것을 의미하기도 한다.

여섯째, 태극도는 인간인 내가 수많은 태극으로 이루어졌고, 또 몸 밖의 수많은 태극들과 하나로 관계하고 있음을 일깨운다. 이는 우리에게 자연을 사랑하는 것이 곧 나를 사랑하는 것이고, 자연을 파괴하는 것이 곧 나 자신을 파괴하는 행위, 우아일체(宇我一體)라는 사실을 깨닫게 한다. 따라서 태극도는 인간의 존재는 자연의 일부이기에 자연과 더불어 사는 지혜를 가질 것을 나타내고 있다.

결국 태극은 음양론의 특성을 그림으로 상징적으로 나타낸 것이다. 그러므로 궁극적으로는 음양론과 태극론은 내용 면에서는 같다고 볼 수 있다. 다만 음양론적 변화 현상을 상징적으로 나타낸 것이 태극문양으로 표현한 것일 뿐이다. 그래서 태극현상은 음양론적 현상이라고 볼 수 있다.

외국 사람이 본 태극기

외국 사람으로서 우리나라 국기인 태극기를 보고 연구한 결과를 다음과 같이 소개한다(www.stb.co.kr).

첫째, 미국 코넬대학의 천문학자이며 우주과학자인 칼 세이건 교수는, "한국의 태극기는 우주 그 자체를 상징하고 있다"고 표현했다.

둘째, 25시 작가이며 루마니아 망명 작가이며 신부인 게오르규는 태극기를 보고 다음과 같이 언급하였다.

"한국의 국기는 유일하다. 어느 나라의 국기와도 닮지 않았다. 그러나 거기에는 세계 모든 철학의 요약 같은 것이 새겨져 있다. 태극기는 멋지다. 거기에는 우주의 대질서, 인간의 조건과 생과 사의 모든 운명이 선, 점, 원, 붉은색, 흰색 그리고 파란색으로 그려져 있다."

태극기가 암시하고 있는 홍익인간 사상이 21세기를 주도할 사상이다.

제5절 태극과 홍익인간사상

우리가 어린 시절부터 지도층과 식자층들로부터 흔하게 들어 왔던 말 중에 '가장 한국적인 것이 가장 세계적인 것이다', 그리고 '반만년의 유구한 역사와 찬란한 문화'라는 말을 많이 들어 왔다. 그러면서 우리 문화를 자랑하는 것으로 내놓는 것들이 주로 신라시대 금관, 고려시대 청자, 이조시대 백자, 한글, 그리고 불상들과 같은 주로 언어와 예술적인 골동품들이었다. 그러나 그 당시 나는 한글과 골동품들에서 별로 세계인들에게 자랑할 수 있는 내용 있는 문화라고는 생각지 못하고 의문을 갖고 지금까지 지내왔다. 그래서 그 당시는 우리가 세계인들에게 정말로 자랑할 수 있는 문화유산의 구체적인 내용이 무엇인지도 모르고 막연히 지도층들이 우리 국민들의 사기앙양을 위한 립서비스적으로 나타낸 구호적인 것으로만 생각해 왔다. 그래서 지도층과 식자층이 그렇다고 하니까 그렇다고 느끼지 못하면서도 형식적으로 알고 지내 왔다.

그런데 그동안 동양학, 특히 주역을 비롯한 역학역술을 배우고 연구하면서 느낀 경험을 토대로 종합해 볼 때 '가장 한국적인 것이 가장 세계적이다'는 말과 '반만년 유구한 역사와 찬란한 문화'에 걸맞게 세계인에게 내놓을 수 있는 구체적인 우리의 전통 문화적 내용이 우리나라의 건국이념인 '홍익인간(弘益人間)' 사상이 아닌가 생각된다. 경전으로는 홍익인간 사상의 발원처인 천부경과 주역이 가장 위대한 문화유산이라고 생각된다.

뿐만 아니라 중국에 유학하여 태극권과 철학을 공부하고 돌아와서『태극을 찾아서』를 저술한 최용희에 의하면 한국의 일부 지식인들 중에는 한국에는 한국의 주체적 정신이 없으니 그 주체성을 찾기 힘써야 한다고 주장하고 있는 것과 한국에는 고유한 민족정신이 없기 때문에 다른 나라로부터 정신적으로나 문화적으로 쉽게 침식당하는 것이라고 단정 짓는 그들의 경박한 태도가 잘못되었다고 지적하였음을 미아리철학관 중심의 동양학을 배우고 연구하면서 나도 동감하게 되었다.

우리나라의 주체성과 고유한 민족정신은 태극에서 나온 홍익인간 사상임을 확신하게 되었다. 그런데 홍익인간 사상은 워낙 그 사상적 범위가 크고 깊기 때문에 마치 없는 것과 같이 보인다. 즉 우주의식 차원에서 나온 사상이고 이념이기 때문에 지구차원의 세계의 모든 종교와 철학사상 그리고 학문을 모두 포용하는 그러한 무변광대한 의식을 갖고 있는데 바둑이, 철수와 같은 개개의 사물과 같은 차원의 학문인 현대 서양의 분석과학적 자잘한 학문에 길들어진 시각에서 볼 때 전혀 보이지 않을 뿐만 아니라 볼 수도 없고 이해가 되지 않는다. 왜냐하면 현대 서양학적 학문이란 바둑이, 철수와 같은 생활에 가까운 개개의 사물에 근거한 세분화되고 전문화된 분석적 학문이다 보니 현대인들은 근시안적이고 편협해져 있기 때문이다. 막말로 밴댕이 소갈딱지로 만들어 놓았다. 그래서 우주론적 차원의 사상과 이념을 말하면 황당무계하다, 미신이고 비과학이다 하면서 전혀 거들떠보지 않게 되도록 편협하고 근시안적 인간으로 전락되어 버렸다. 뿐만 아니라 서구 우월주의에 편승해서 오만스러워져 있다. 그래서 우리 것을 비하하고 홀대하는 데 과감해져 있다. 참으로 어처구니없는 일이라고 보지 않을 수 없다.

따라서 한국인은 주체성이 없느니 고유한 민족정신이 없어서 외국의 문화와 정신에 침식당한다고 한 일부 식자층들의 말들은 잘못된 생각이다. 주체성이 없고 외국의 문화와 정신에 침식당하는 것이 아니고 우리 민족의 집단무의식 차원의 홍익인간 사상이념이 워낙 우주론적 차원의 무변광대하고 깊다 보니 주체성이 없는 것같이 보이고, 또한 우주의식 차원에서 무변광대하여 나와 너를 가리지 않고 포용하다 보니 외국의 정신과 문화를 모두 저항 없이 포용하는 아량으로 받아들이는 것이 문화와 정신이 침식을 당하는 것으로 잘못 보일 뿐이다. 인간의 생각은 모두 제 눈에 안경이라는 말과 같이 우리들 모두 바둑이, 철수 중심의 서구적인 학문에 길들여져서 우리 것에 대해서 잘 알지도 못하면서 어처구니없는 생각과 행동을 하고 있다.

홍익인간은 태극의 우주의식에서 나온 우리 민족의 건국이념이다.

홍익인간은 너, 나가 하나 되는 마음이고 하나는 '큰' 것이다. 세상은 하나에서 시작해서 하나에서 끝난다. 하나를 이루는 건 사랑이다. 사랑으로 이루고 통하는 세상이 홍익인간이다.

우리 민족의 최초의 경전인 천부경의 81자 내용이 '일시무시일석삼극(一始無始一析三極)'으로부터 시작하여 '일종무종일(一終無終一)'로 끝을 맺는다. 하나에서 시작(一始)을 하여 하나에서 끝난다(終一)는 것으로 되어 있다. 여기에 '일(一)'이 태극을 의미한다. 이는 주역의 태초에 태극에서 양의(음양)인 천지가 나오고 그다음 만물 만사를 대표하는 인이 나와서 천·지·인(天地人) 삼극이 되는 것과 같은 이치이다.

우주의식에서 볼 때 우주삼라만상은 하나이다. 이에 따라 동양학에서는 '우아일체적 전일적(全一的) 학문'이란 표현으로 나타내고 있다. 우아일체란 인간을 비롯해서 우주삼라만상의 모든 것은 태극 일기에서 나왔으므로 모든 것은 기(氣)라는 하나의 실체로 구성되어 있으며, 어느 것도 독립된 것이 없고 상호 영향을 주고받는 관계에 있다는 것을 나타낸 것이다.

이 우주삼라만상이 매우 복잡다단하나 태초에 태극이라는 하나의 氣에서 출발하여 수없는 세월이 흐르면서 기(氣)가 취산(聚散), 즉 모이고 흩어져서 된 것이므로, 그 기본적인 실체는 기(氣) 하나일 뿐이다. 그리고 모든 삼라만상은 상호 영향을 주고받는 관계에 있으며, 그 영향을 주고받는 것이 가능하게 하는 매체 또한 기이다.

그러므로 우주삼라만상은 결국 하나이기 때문에 너와 나의 분별이 의미가 없으며, 모두가 같은 동포이고, 같은 기체(氣體)다. 양자물리학에서는 에너지 일체라고 하는데 그 에너지 개념은 동양의 기의 개념과 같다고 볼 수 있다.

태극(홍익인간), 자비, 인, 사랑

그래서 우리 민족의 건국이념인 홍익인간(弘益人間)은 단순히 머리에서 나온 것이 아니라, 태극 일기 정신에서 나온 우주삼라만상뿐만 아니라 조상이 하나이기에 모두가 대등한 형제자매라는 의미이다. 우아일체적 우주론적 관점에서 나온 우주정신은 태극정신이고 이는 홍익인간사상이고 이는 다른 말로 하면 모든 것에 차별 없는 사랑의 정신이다. 유학의 인(仁)과 이상적 세계를 대동사회라고 한 것도 이에서 연유된 것이라고 본다. 따라서 우리 민족의 홍익인간사상은 주역의 태극사상이고 이는 그리스도교의 사랑, 불교의 자비, 유학의 인과 같은 개념이라고 볼 수 있다. 그러므로 태극은 그리스도교의 하느님과 불교의 부처와 같은 개념이라고 볼 수 있다.

기독교 성경 첫 페이지의 창세기 편 천지창조의 첫 번째 글에 "태초에 하나님이 천지를 창조하시니라"의 구절은 주역 계사전의 "태극에서 양의인 음양이 나왔다(易有太極始生兩儀)"는 글과 같은 내용이다. 주역의 양의인 음양은 천지를 나타낸 것이다. 즉 천지(天地)는 우주가 탄생하면서 나타난 최초의 음양이라고 할 수 있다. 주역에서 최초의 음양인 천지(天地)는 성경의 태초의 하나님이 천지를 창조한 것과 표현은 다르지만 같은 내용이다.

성경의 천지를 하나님이 창조하셨다면 천지에는 하나님의 정신 또는 마음이 깃들어 있듯이 태극에서 천지가 나왔다는 것은 천지에 태극의 정신이 있는 것과 같다. 사실상 성경의 하나님과 주역의 태극은 같은 개념이다. 뿐만 아니라 불교의 부처와 주역의 태극과 같은 내용이라는 것이다. 탄허 스님은 태극을 우주만유를 자아내는 근본 자리라고 하였으며 태극을 아는 것을 깨달음(覺)이라고 하였다. 그것이 불교의 근본사상이며 해탈의 경지라는 것이다.

홍익인간은 우주의식인 태극정신에서 나왔다면 홍익인간정신을 보다 구체적으로 나타내면 태극에서 음양인 천지가 나왔으므로 천지의 정신과 같은 개념이다. 이는 곧 성경의 하나님의 마음이다. 즉 태극은 천지를 하나로 보았기 때문에 천지정신을 종합하여 홍익인간 사상이 나왔다고 볼 수 있다. 그러나 태극은 다시 음양인 천지로 나눠지기 때문에 음양 천지의 정신 또는 덕성을 각각 고찰하는 것이 태극의 홍익인간정신을 보다 구체적으로 알 수 있는 내용이 된다고 볼 수 있다.

천지의 덕성에 대해 나타낸 글은 공자가 지은 주역 중천건괘와 중지곤괘의 대상전(大象傳)에 잘 나타나 있다. 먼저 하늘의 덕성을 나타낸 글은 중천건괘 大象傳 첫 번째 문장에서 "天行은 健하니 君子 以하야 自彊不息하나니라(하늘의 운행이 굳건하니, 군자가 이로써 스스로 굳세어 쉬지 않느니라)"라고 나타냈다. 그리고 땅의 덕성을 나타낸 글은 중지곤괘 대상전에서 "地勢 坤이니 君子 以하야 厚德으로 載物하나니라(땅의 형세가 곤이니, 군자가 이로써 두터운 덕으로 만물을 싣느니라)"라고 나타냈다.

천의 덕성은 자강불식, 스스로 굳세어 쉬지 않는 것으로 간단히 나타낼 수 있고, 땅의 덕성은 후덕재물, 두터운 덕으로 만물을 싣는다는 의미이다. 스스로 굳세어 쉬지 않는 자주·자립·자조하는 하늘의 정신과 덕이 후해서 만물을 모두 포용하는 땅의 정신을 합해서 홍익인간 정신이 아닌가 생각된다. 따라서 홍익인간의 모든 인간을 넓게 이롭게 하는 사랑의 정신에는 만물을 모두 포용하는 땅의 정신과 스스로 굳세고 쉬지 않는 자주·자립·자조하는 하늘의 정신도 함의하고 있다고 볼 수 있다.

이는 곧 주역에서 음양의 역동적 균형의 상태를 바람직한 도의 상태로 보는 우주관과 같은 맥락으로 볼 수 있다. 즉 후덕재물의 사랑만 있고 자강불식이 없어도 바람직한 도의 상태가 아니고 자강불식만 있고 사랑의 후덕함이 없어도 바람직한 도의 상태가 아니다. 두 가지 음양의 역동적 평형을 이뤄야 바람직한 홍익인간적 도의 상태라고 볼 수 있다.

21세기와 홍익인간(弘益人間)사상

최근(2009)에 대산 김석진 선생은 『우리의 미래』에서 세계의 중심이 대한민국으로 이동했고 10년 이내에 자본주의도 아니고 공산주의도 아닌 너와 내가 하나라는 '홍익인간' 사상이 다시 일어나 아시아가 부흥한다. 지금의 혼란은 새문명이 탄생하기 위한 꽃샘추위라는 희망의 메시지를 나타냈다. 이를 극복하기 위해서 우리 민족의 건국이념인 잠들어 있는 홍익인간 DNA를 깨워내기만 하면 된다는 것이다.

선생은 서문에서 현대사회의 혼란스러운 변화에 대해서 주역학적 시각에서 다음과 같이 진술하였다.

"세상의 변화는 음양의 변화에서 벗어나지 않는다. 수많은 사건이 발생하고 정신 못 차릴 변화가 일어난다 하더라도 그 역시 음양의 변화일 뿐이다.

환한 낮이 되면 어느새 어두운 밤이 되고, 그랬나 싶으면 어느새 다시 낮이 찾아오는 것이 바로 음양의 변화다. 밝고 따뜻한 것은 양이고 어둡고 추운 것은 음의 작용이다. 봄·여름·가을·겨울의 변화도 그렇고, 나라의 흥망성쇠도 그렇고, 인간의 생로변사도 그렇다. 모두가 한 번은 양이 되었다가 한 번은 음이 되는 음양변화의 과정이다.

금융권에서 시작된 거짓과 부정으로 세계적인 경제위기가 오고, 젊은이들이 패륜을 저지르고 폭력이 난무하여 법망이 더욱 치밀해지고, 나라와 나라끼리 전쟁을 벌이고, 남의 것을 빼앗아 나의 부유함을 채우는 등 차마 눈뜨고 볼 수 없는 참상은 한 문명이 다하고 새문명이 오기 전의 현상이다.

여름이 다하고 가을이 되는 현상이요, 양이 다하고 음의 시대로 가는 과정이다. 그래서 천했던 것이 귀하게 되고, 낮았던 것이 높아지고, 감춰졌던 것이 드러나게 되고, 지하자원이 다 드러나고, 남성우위시대에서 여성우위시대로 변천하고, 군림의 정치에서 화합의 정치로 바뀌는 것이다.

그러면 새 시대를 여는 철학은 무엇이고 제도는 무엇일까? 그것은 바로 나와 너가 하나 되고, 귀하고 천한 것이 하나 되는 사회를 이루려는 철학! 바로 '홍익인간' 사상인 것이다. 나의 이익을 위해 남을 해치는 것이 아니고, 내가 잘살기 위해서는 남도 잘살아야 가능하다는 철학이고, 우리 민족만 잘살겠다는 것이 아니고 다른 민족도 잘살아야 된다는 사상이며, 사람뿐이 아니고 모든 생물을 비롯해 무생물까지도 사랑해야 한다는 이념이다. 이것이 바로 단군이 통치하던 조선이 아시아의 광대한 지역을 수천 년 다스릴 수 있었던 철학의 모체다.바로 이러한 철학을 알고 삶의 근간으로 삼아 수천 년을 이어 온 민족이기에 새 시대를 주관할 권리와 의무가 부여된 것이다. 이제 전개될 새로운 문명은 나와 너의 분리가 아닌 '우리'라는 말로 이어질 대화합의 문명이다. 그 문명이 전개되기 위해 종만물(終萬物) 시만물(始萬物)의 땅 간방(艮方) 나의 조국에서 세상의 모든 종교·철학 제도가 다 경험되었고, 이제 그들을 하나로 용융할 용광로에 불이 지펴진 것이다.

그 용광로 속에 끝 간 데를 모르는 패륜이 넣어졌고, 경제·정치·종교 등 온갖 문제가 넣어졌다. 현 문명이 갖고 있는 모든 모순을 다 넣고 끓이는 것이다. 과연 무엇이 나올까? 시뻘겋게 타오르는 용광로의 불빛을 바라보는 나의 가슴이 희망으로 고동친다. '다시는 이 땅에서 서로 해치고 빼앗는 것을 가르치지 말아야 한다. 다시는 이 땅에서 나의 이익을 위해 상대를 해치는 사람이 나오지 않도록 해야 한다'고 다짐해 본다."

또한 이 글은 '지금 왜 우리가 이렇게 혼란한 세상을 살아가는가? 혼란을 다스리기 위해서 우리는 무엇을 해야 하나? 혼란은 언제쯤 안정되는가? 그 후에는 어떤 세상이 전개되는가?'의 네 가지 의문에 대해 다음과 같이 밝혔다.

'첫 번째는 세계의 중심은 대한민국으로 이동하고 있다는 것이고, 둘째는 새로운 문명과 제도가 탄생할 때가 되었다는 것이며, 셋째로 주역적으로 볼 때 새 제도의 탄생은 앞으로 10년 이내이고, 그것은 홍익인간 사상의 재탄생을 의미하며, 넷째로 그 전단계로 한국·일본·중국의 3개국이 연방제에 근접하는 수준의 친밀성을 유지해야 하고, 이를 바탕으로 우리나라에 세계적인 금융시장을 유치하고, 한글을 세계화시키고, 상수역학·한의학 등 소프트웨어가 될 학문을 발전시켜야 한다'는 것이다.

선생은 "지금 우리나라에서 벌어지고 있는 혼란은 새 세상을 열기 위한 꽃샘추위이고, 그러한 혼란을 모두 경험하여 새로운 사상과 제도를 만들라는 역사적 사명이라"고 하였다.

이러한 진단이 나온 근거를 선생은 음양론적 관점에서 다음과 같이 언급하였다. "음과 양은 (태극) 한 뿌리에서 나왔고, 이것이 균형을 이루어야 우주가 존재할 수 있다. 따라서 모든 것에 우선하는 선(善)은 음과 양의 균형인데, 현재의 혼란은 양이 음보다 월등히 성해졌기 때문에 그 균형을 맞추기 위한 용틀임이다. 이 시대에 사는 우리의 사명은 그 균형을 이룰 수 있도록 돕는 데 있고, 그 방법은 홍익인간철학에서 찾을 수 있다"는 것이다.

제6장 삼재론

동양학에서 삼재(三才)란 천·지·인(天地人) 셋을 의미한다. 즉, 우주를 구성하고 있는 구체적인 가장 큰 시공간적 범주로서 하늘(天)과 땅(地) 그리고 인간(人) 셋을 말한다. 이는 우주삼라만상을 구성하고 있는 세 가지 큰 시공간적 틀 또는 범주를 의미한다.

동양학이 우주학이라고 하면, 구체적인 범주는 천·지·인 삼재라고 볼 수 있다. 즉, 우주삼라만상의 우주는 시간과 공간을 의미하고, 삼라만상은 인간을 비롯한 만물만사를 의미한다. 이는 또한 천·지·인을 의미한다. 천지는 우주이고, 인은 하늘과 땅 사이에 존재하는 인간을 포함한 삼라만상을 의미한다.

우주가 탄생하기 이전에는 태극 일기의 상태에 있었다. 태극이 분화하여 맑고 가벼운 기운이 올라가서 하늘이 되었고, 무겁고 탁한 기운이 아래로 내려와서 땅이 되었다. 그리고 하늘과 땅의 상호 작용 속에 인간을 비롯한 만물만사가 이루어지고 있다.

태극이 분화하여 천지가 탄생했다는 학설은 서양물리학에서 말하는 Big Bang 설과 유사하다. 동양학에서는 우주가 태극에서 분화하여 탄생했다고 하는데 현대 물리학에서는 빅뱅설에 의해서 우주가 탄생하였다고 한다. 표현은 다르지만 같은 내용이라고 볼 수 있다. 다른 점은 동양학의 태극에서 천지가 탄생한 이후의 만물만사에 대한 이치를 기와 음양오행론으로 일관되게 계속 지금까지 학문적으로 발전시켰다. 그러나 서양물리학에서는 빅뱅설 이후의 우주가 계속 팽창하고 있다는 말은 있지만 그것이 인간 생활에 어떤 의미와 가치가 있는지 구체적인 과학기술적 학문이 없다. 그렇다면 빅뱅설이 어쨌다는 것이냐(so what)? 그 이후의 의미 있는 내용이 없다. 그리고 빅뱅설은 제쳐 두고 뜬금없이 바둑이, 철수 중심의 개개의 사물에 근거한 과학기술이 나타났다. 그렇다면 빅뱅설은 무엇이고 바둑이, 철수는 무엇이냐? 동양학은 태극에서 천지가 분화되었다는 것을 근거로 계속 일관적으로 우주론적 관점에서 만물 만사를 이해 설명하는 주역과 주역에서 비롯된 과학기술적 학문인 역학과 역술을 발전시켜서 지금까지 전해 오고 있다.

천·지·인 이들 세 범주는 서로 간에 독립된 상태로 존재하는 것이 아니고, 상호 영향을 주고받는 인과관계에 있다. 그래서 천·지·인 삼재로 범주화한 것의 의미가 있다. 단지 기계적, 독립적으로 분류를 위해 범주화한 것이 아니다. 즉, 시공간과 인간을 포함한 만물만사 간에 상호 영향을 주고받는 인과관계가 있기 때문에 천·지·인 삼재의 범주화가 학문적으로 의미가 있다.

하늘(天)의 운행이 땅(地)에 영향을 주고, 땅은 그 영향을 받아 자신을 변화하는 동시에 그 영향을 하늘에 다시 미친다. 하늘은 이것을 받아들여 변화하고, 그 변화를 다시 땅에 주는 순환을 연속한다. 그 가운데 사람(人)으로 대표되는 만물만사가 기(氣)라는 매체를 통해서 하늘과 땅의 우주적 자연현상과 상호 교감하며 변화하는 과정을 음양오행론으로 설명하는 것이 동양학이다.

서양과학에서도 천·지·인 삼재라는 개념은 없어도 실제적으로는 천·지·인 간의 관계를 인과관계로 나타내고 있음은 사실이다. 예를 들면 하늘의 기후 변화가 인간과 사물에 미치는 영향 그리고 땅에 의한 인간 생활의 변화와 같은 내용이 있다. 그러나 서양과학에서는 주로 자연과학적, 물리적, 기계론적(mechanism) 인과관계로만 보는 데 비해서, 동양학에서는 자연과학적 인과관계뿐만 아니라 인문사회적 인과관계, 즉 정신세계까지도 포괄하는 유기체론적(organism) 관계로 본다는 의미에서 다르다.

동양학의 천·지·인 삼재론(三才論)에서는 천·지·인 삼재를 하나로 본다. 하나라는 의미는 태극 일기에서 분화되어서 천지가 먼저 나타나고, 그다음 인간을 비롯한 만물 만사가 나타났으므로, 그 본질에 있어서는 하나이다.

천·지·인이 하나라는 의미는 단순히 관념적 추상적인 철학적 이념만 의미하고, 현실적, 구체적, 과학적 근거가 없는 허구는 아니다. 천·지·인이 하나라는 구체적이고 과학적인 근거는 기(氣)라는 하나의 실체로 구성되어 있다는 데 있다. 즉, 동양학의 가장 기본적 실체적 개념이 기라는 의미에서, 천·지·인 삼재는 기라는 실체로 이뤄진 하나이다. 하늘이라는 시간적 의미와 땅이라는 공간적 의미 그리고 시공간상에서 구체적으로 나타나는 인간을 비롯한 만물만사가 모두 기라는 하나의 실체의 소행이다. 시간의 흐름까지도 기의 흐름이라는 것이다.

천·지·인 삼재를 하나로 볼 때, 이들 간의 상호 관계는 천지를 독립변수로 보고, 인간과 만물만사를 종속변수로 본다. 천지를 대우주로 보고 인간과 만물만사는 소우주로 본다. 그런데 소우주인 인간과 만물만사는 대우주인 천지에 지배 종속되어 있다. 따라서 동양학에서는 천지의 천기와 지기를 더 중요하게 생각한다.

인문 사회적 인과관계란, 도덕 윤리적 내용뿐만 아니라 정신세계가 주체인 인간생활의 길흉화복에 대한 내용을 의미한다. 도덕 윤리적 내용에 해당하는 대표적인 학문이 성리학이다. 성리학은 천도의 운행원리를 모범으로 해서 인간의 윤리적 규범을 추론하였다. 동양오술은 천도의 운행원리에 의하여 인간의 길흉화복을 논한 학문이다. 이에 관련된 학문으로는 명리학, 점술학, 풍수지리학, 관상학, 의학, 기 수련학 등의 과학기술적 학문이 있다.

제7장 천인관계론(천인합일론)

동양학의 가장 기본적인 출발이 주역의 태극에서 비롯되었다고 하면 태극에서 맑고 가벼운 기운인 양의 기운은 하늘이 되었고, 무겁고 탁한 음의 기운은 아래로 내려와서 땅이 되었다. 그리고 하늘과 땅의 기운의 상호 작용 속에서 인간을 비롯한 만물만사가 나타나서 천·지·인 삼재가 형성되게 된 것이다. 뿐만 아니라 하늘과 땅의 상호 작용 속에서 인간을 비롯한 만물만사가 생멸하고 있는 것이다.

동양학에서는 천지는 대우주, 인간은 소우주로 보고 있다. 따라서 소우주인 인간은 대우주인 천지에 지배 종속되어 있다. 그러므로 인간의 문제와 모순, 부조리, 갈등 등과 같은 모든 문제는 단순히 인간 자체의 문제라기보다는 근본적으로는 대우주의 문제로 나타난 현상으로 볼 수 있다.

이처럼 인간은 우주의 운동법칙에 따라 모든 역사적 사건을 일으키고, 천재지변, 환란, 전쟁, 살상 등이 뒤엉키는 상황에서 살아갈 수밖에 없는데, 이러한 길흉의 발단은 사람들의 사상, 행위, 의사결정 등에 의해서 생기지만, 이러한 생각이나 행동들은 사실 천도지사연(天道之使然), 즉 하늘이 그렇게 시킨 것이지 인간 스스로에 의해서 발달된 것이 아니다. 다시 말해서 인간사에서 일어나는 크고 작은 모든 사건들은 바로 천체의 운행에서 생겨나는 우주의 섭리가 인간에 의해서 표출된다는 뜻이다. 그렇기 때문에 고금을 막론하고 인간으로서는 어찌 할 수 없는 불가항력의 사태에 부딪쳤을 때, 하늘의 섭리라고 체념할 수밖에 없었던 것이다. 공자께서 주역을 우환지서(憂患之書)라고 한 것은 이런 이유 때문이다. 주역을 알아서 우주섭리를 알아야 이러한 환란과 우환에서 벗어나 추길피흉할 수 있다는 깊은 의미를 말씀하신 것이다(장태상, 『기문둔갑 예측학』).

따라서 인간의 모든 문제는 대우주인 천지의 이치와 문제를 이해하여야 근본적으로 이해할 수 있다. 그것이 우주변화원리이고 우주변화원리는 구체적으로 음양오행의 원리이다.

하늘이라는 천은 인간과 어떤 관계가 있는가를 연구하는 분야가 천인관계론이다.

우리의 전통적인 문화를 나타내는 말과 의식 속에는, 우리가 어린 시절 어른들께 그리고 이야기책 속에서 '천'에 대한 말을 많이 들어 왔다. 예를 들면 '천지신명', '천제', '하늘이 무섭지 않느냐', '천명', '모사는 재인이요 성사는 재천이다' 등등의 말을 많이 들어 왔다. 그만큼 우리는 하늘과 관련된 내용이 많은 문화민족이라고도 말할 수 있다. 어떤 학파에서는 우리 민족을 천손(天孫)민족이라고 할 정도로 우리 민족과 하늘과는 밀접한 연관이 있다.

또한 동양학에도 천에 대한 개념이 많이 있다. 우선 사서삼경 중에서 동양학의 가장 근원적인 학문인 주역의 첫머리에 하늘을 상징하는 중천건괘가 나오고 그다음 땅을 나타내는 중지곤괘가 나온다. 이것만 보아도 동양학의 사물에 대한 인식의 가장 근본적인 출발은 우주론적 천지의 개념에서 출발한다고 볼 수 있다. 뿐만 아니라 유교사상의 중심문제를 집약적으로 나타낸 중용(中庸)의 첫 머리에도 '천명지위성(天命之謂性)이요'라는 구절에 천이 나온다.

차상원 선생은 동양학에서 천을 나타낸 내용을 네 가지로 분류해 나타내고 있다.

첫째, 물리적인 현상으로서의 상천하지(上天下地)의 상천을 가리킨다. 둘째, 우주 만물의 절대적인 주재자로서 인격신을 나타내는 천제(天帝), 천신(天神), 상제(上帝) 등의 의미이다. 이것은 동양의 상고 때부터 상천이 천재의 거소라는 생각과 결부된 것으로, 주로 원시신앙의 대상이 되어 왔으며, 서양의 신(God)에 해당한다. 셋째, 운명, 숙명의 뜻으로서 천의 섭리가 바로 천으로 불린 경우이다. 넷째, 리(理)의 근원으로서 의미를 가진 천의 개념이다.

현대 중국의 저명한 철학자 웅십력(熊十力)은, 중국철학사에는 두 개의 '도깨비 같은 것'이 있다고 말하였는데, 그가 지적한 두 가지 가운데 하나는 '하늘(天)'이고, 다른 하나는 '기(氣)'이다.

무엇 때문에 그는 이 두 가지를 '도깨비 같은 것'이라고 비유하였을까? 의미가 너무 복잡하고, 너무 풍부하여, 시대나 사상가에 따라서 해석이 매우 달라지며, 심지어는 완전히 상반될 수도 있어서 번역자들이 하늘이라는 말 앞에서 곤혹을 느끼고 해석하지 못한다든지, 어찌할 바를 모르기 때문이라는 것이다.

중국을 위시한 동아시아의 전통철학에서 천인 관계의 문제는 매우 큰 영향력을 가진 분야이다. 그러므로 중국 전통문화를 이해하거나, 그 문화를 비판적으로 계승하고자 한다면, 동양 역사 속의 천인 관계론을 깊이 연구하고 총체적으로 개괄하지 않으면 안 된다.

북경대 장대년 교수는, "천인관계론은 인생론의 논의를 연 실마리이다"라고 했다. 그리고 우주론에서 인생론에 이르기까지 가장 최초의 논의는 천인관계론이다. 천인관계론은 사람과 자연 또는 사람과 우주의 관계에 관한 탐구이다.

지금은 거의 없어졌지만, 과거 우리가 어렸을 때 우리 어머니께서 장독대에 정화수를 떠다 놓고, "천지신명이시여……" 하고 정성을 다하여 비는 모습을 본 기억이 난다. 그리고 우리나라 말에 '원형이정은 천도지상이요 인의예지는 인륜지성이다'라는 말이 있다. 이 말은 주역에서 비롯되었지만, 명심보감 첫 페이지에 나온 말이다. 원형이정은 하늘의 운행원리를 말하고, 이는 다른 말로 하면 천명을 의미하고, 이에 의하여 인간의 성에는 인의예지가 있다는 것이다. 이것이 성리학이 인간의 성을 하늘의 천도와 연관하여 체계화한 근거가 된다. 즉, 성리학에서는 하늘의 원형이정이라는 천명에 의하여 의리역적인 인간의 윤리적 행동규범의 근거를 제시하였다. 그리고 명리학에서는 원형이정의 천도의 운행에 의하여 인간 삶의 길흉화복에 관한 상수역인 운명학을 발전시켰다.

이러한 예에서 보는 바와 같이, 동양학에서는 하늘의 운행인 천도에 근거하여 인간의 윤리적 규범을 제시하고, 또한 인간 삶의 길흉화복의 근거를 찾았다. 그만큼 우리의 윤리적 행동 규범뿐만 아니라 삶의 길흉화복에 대한 근원도 하늘, 즉 천도에 근거하여 생각하였다. 이것이 곧 동양학의 가장 기본이 되고 근본이 되는 출발점인 천인합일 사상의 구체적인 사례이다.

동양학의 근원인 주역의 천인관계론은 천·지·인 삼재론을 나타내는 구체적인 근거로서 주역 상경 괘의 순서로서 이를 나타내 주고 있다.

주역의 상경은 천도, 즉 자연의 이치를 나타낸 부분인데, 그 첫 번째가 하늘을 나타내는 중천건괘이고, 그다음이 땅을 나타내는 중지곤괘이다. 그리고 하늘과 땅의 조화로 만물 만사가 처음 탄생할 때, 어려움과 조심스러움을 나타내는 수뢰둔(水雷屯)괘가 세 번째이다. 즉, 하늘과 땅이 문을 연 뒤에 만물 만사가 생겨나며, 그것이 처음 탄생하는 초창기(草創期)에는 어려움을 겪기 마련이므로 하늘을 나타내는 건괘와 땅을 나타내는 곤괘 다음에 어렵다는 뜻의 둔괘를 놓았다.

여기서 둔괘는 만물만사를 대표적으로 나타내는 人을 나타내는 괘로 보아도 된다. 즉, 하늘이 제일 먼저 생기고, 그리고 땅이 생기고, 그다음 인으로 대표되는 만물 만사가 나타난다는 것을 의미한다.

주역의 계사상전 제1장에 '재천성상(在天成象)코 재지성형(在地成形)하니 변화(變化) 현의(見矣)라(하늘은 상을 이루고 땅은 형을 이루니 변화가 나타난다)'로 시작하고, 계속해서 천과 지의 작용에 의해서 만물이 생멸하고 길흉회린이 나타난다는 말이 나오고 있다.

더욱이 성인이 주역의 가장 기본이 되는 팔괘를 만든 그 방법론도 천·지·인 삼재를 두루 관찰해서 만들었다고 한다. 계사하전 제2장에 보면, '고자포희씨지왕천하에 앙즉관상어천하고 부즉관법어지하며 관조수지문과 여지지의하며 근치제신하고 원취제물하야 어시에 시작팔괘하야 이통신명지덕하며 이류만물지정하니(古者包犧氏之王天下也에 仰則觀象於天하고 俯則觀法於地하며 觀鳥獸之文과 與地之宜하며 近取諸身하고 遠取諸物하야 於是에 始作八卦하야 以通神明之德하며 以類萬物之情하니)'에서 보면 팔괘를 만든 천·지·인 삼재의 근거를 나타내고 있다. 즉, '앙즉관상어천'은 하늘을 관찰한 것을 의미하고, '부즉관법어지'는 땅을 관찰한 것을 의미하며, '관조수지문과 여지지의하며 근취제신하고 원취제물'은 인에 해당하는 것을 나타낸다. 여기서 인이란 단순히 인간만을 나타낸 것이 아니고 만물 만사를 모두 포함하여 인으로 대표해서 나타낸 것이다.

천·지·인 간의 관계

동양학에서는 천·지·인 삼재의 상호 작용 속에서 모든 만물만사의 변화를 고찰한다고 볼 수 있다. 그런데 천·지·인 중에서 더 근본적이고 독립변수적인 요인이 천이고, 그다음 땅이고, 마지막이 인이다. 즉, 인보다는 천과 지가 인에게 큰 영향을 준다는 것이다. 그리고 천과 지의 관계에서는 천이 더 근본적이고 독립변수적 위치에 있다. 인은 천과 지의 종속변수적 입장에 있다는 것이다. 천·지·인 중에서 인이 가장 종속적 위치에 있다고 본다. 그래서 우리말에 인간사 알 수 없는 일이 일어나면, '모두 천지 조화 속으로 그런 것이다'라는 말이 있다.

천지조화로 인간에 영향을 주는 구체적인 성명(性命)의 이론체계에는 대표적으로 성리학과 명리학이 있다. 성리학은 천지의 영향으로 인간의 심·성·정의 관계를 체계화하여, 인간의 도리와 수양 문제를 전개하고 제시한 학문이다. 명리학은 천지가 순환하면서 나타나는 변화기운을 나타낸 이론체계로, 인간의 길흉화복에 대해서 전개하고 제시한 학문이다. 그리고 성리학과 명리학의 기본이 되는 천지의 순환을 구체적으로 나타낸 개념과 이론이 음양오행론이고 사상팔괘론이며, 더 구체적인 천지기운의 흐름을 나타낸 이론체계가 천간지지론이다.

여기서 천인관계론이란 단순히 천과 인의 관계를 나타낸 것이 아니라 천·지·인 관계로 보는 것이 마땅하다고 본다. 천인관계론의 천은 천지를 줄여서 천으로 표현한 것이라고 본다. 이러한 천인관계론의 가장 큰 특징은 천인합일사상이다.

천인관계론(天人關係論)에는 천인합일론과 천인상분론이 있으나, 전통적인 동양사상의 주류는 천인합일론이다.

천인상분론은 하늘과 인간의 구별을 강조한다. 대표적인 학자는 순자이다. 그는 하늘과 사람은 구분되는 것이며, 사회의 다스려짐과 혼란해짐은 사람에 달렸지 하늘에 있는 것이 아니다. 하늘과 사람은 각각 맡은 직분이 있으며, 사람은 마땅히 힘을 다하여 자기의 직분을 완성하고, 하늘의 직분은 고려할 필요가 없다고 보았다.

천인합일론은 우아일체론적 동양사상에서 비롯된 이론으로서, 인간과 자연계를 하나의 통일체로 간주하였다. 즉, 천·지·인 삼재는 서로 분리된 존재가 아니고 태극 일기에서 분화된 일체로서 통일적으로 본다. 그러므로 천·지·인은 서로 분리된 존재가 아니고, 서로 영향을 주고받는 상호 의존관계로 본다.

중국 인민대학 철학계 교수인 풍우는 그의 『천인관계론』에서 중국의 천과 인의 관계에 대하여 여섯 가지 학설을 제시하고 있다.

중국을 비롯한 동아시아 역사 속에 내재된 하늘과 인간의 범주와 의미를 귀납적 방법에 따라 가장 중요한 것들을 뽑아 보면 다음과 같은 여섯 가지의 문제, 혹은 여섯 가지의 기본 방향으로 귀결됨을 알 수 있다.

첫째, 하늘과 인간 사이에는 '감응'이 존재하는가? 그리고 어떻게 감응하는가?

둘째, '천명'과 '인력'의 관계는 어떻게 보아야 하는가?

셋째, 천도와 인도의 관계는 어떠한가?

넷째, 천성과 인위의 관계는 어떠한가?

다섯째, 천리와 인욕의 관계는 어떠한가?

여섯째, 하늘이 인간을 지배하는가, 아니면 인간이 하늘을 지배하는가? 바꿔 말하면 하늘과 인간이라는 두 대립적 요소 가운데 어느 것이 주도적인가?

위의 몇 가지 문제는 각각 독립적인 의미를 가지고 있으며, 현실에 대한 영향도 다르지만, 또 서로 연관되어 있기도 한다. 그리고 천지와 인간의 관계를 설명하는 데 있어서 천지라는 하나의 범주는 여러 가지 측면과 방향에서 신(神)·수(數)·기(氣)·성(性)·도(道) 등의 범주와 연관하여 서술하고 있다.

제8장 오운육기론

　원래 동양철학과 과학은 모든 사물을 천인합일사상에 입각하여 '우주론적 순환원리적 자연의 이치'에서 개개의 사물을 이해, 설명한다는 데 가장 큰 특징이 있다. '우주론적 순환론적 자연의 이치'를 나타낸 구체적인 개념과 이론체계가 오운육기(五運六氣)론이다. 음양오행론은 우주삼라만상을 음양과 오행으로 추상화한 가장 대표적인 개념들의 개념(concept of concepts)과 이론들의 이론(law of laws)이고, 오운육기론은 음양오행론의 하나의 구체적인 이론으로 우주론적 순환원리를 보다 실제적으로 표현한 개념과 이론체계다.

　우주론적 순환론적 자연의 이치를 보다 쉽게 표현을 하면, 하루의 경우 낮과 밤이 순환반복을 하고, 한 달은 달이 초승달과 보름달 그리고 하현 그믐달로 순환 반복한다. 일 년의 경우는 봄・여름과 가을・겨울이 계속 이어지면서 순환 반복하는 현상을 말한다. 이러한 순환 반복은 다른 말로 표현을 하면 달과 태양, 즉 일월이 계속 지구를 중심으로 순환을 하면서 나타나는 규칙적인 기운의 변화 현상들이다. 이 기운의 변화로 인해서 우주삼라만상의 만물 만사의 모든 변화가 이뤄지고 있는 것이니 그것을 연구하는 것이 운기학, 즉 오운육기학이다.

　달과 태양이 지구를 중심으로 순환하면서 나타나는 것은 기운, 즉 우주 분위기의 변화이고, 그 기운의 변화를 나타낸 구체적인 이론체계가 음양오행론이며, 이를 더 구체적이고 실제적으로 표현한 이론체계가 오운육기론이다.

　'우주론적 순환론적 자연의 변화 이치'를 구체적이고 실제적으로 나타낸 이론 체계가 10천간(甲乙丙丁戊己庚辛壬癸), 12지지(子丑寅卯辰巳午未申酉戌亥)이고, 이를 오운육기라고 한다. 오운육기란 우주가 순환하면서, 즉 자미원의 28수와 일월이 운행하면서 나타나는 기의 성질의 변화를 더 구체적이고 사실적으로 나타낸 것이다. 오운(五運)이란 10천간인 갑을병정무기경신임계와 관련된 하늘의 기운, 즉 갑기토운・을경금운・병신수운・정임목운・무계화운

다섯 가지의 운(運)을 말한다. 육기(六氣)란 12지지인 자축인묘진사오미신유 술해와 관련된 기운, 즉 사해 궐음풍목, 자오 소음군화, 축미 태음습토, 인신 소양상화, 묘유 양명조금, 무진 태양한수 여섯 가지의 기(氣)이다.

10천간을 음양오행으로 분류하면, 갑을은 목에 해당하고, 갑을을 다시 음양 으로 나누면 갑은 양목, 을은 음목이 된다. 병정은 오행의 화에 해당하고, 병 정을 다시 음양으로 나누면 병은 양화 정은 음화가 된다. 나머지 천간도 이와 같이 분류하며 이를 표로 나타내면 <표 8-1>과 같다.

〈표 8-1〉 천간의 음양오행 분류

음양\오행	목	화	토	금	수
양	갑(甲)	병(丙)	무(戊)	경(庚)	임(壬)
음	을(乙)	정(丁)	기(己)	신(辛)	계(癸)

12지지를 음양오행으로 분류하면, 인묘는 목에 해당하고, 인묘를 다시 음양 으로 나누면 인은 양목, 묘는 음목이 된다. 사오는 화에 해당하고, 사오를 음 양으로 나누면 사는 양화이고, 오는 음화가 된다. 나머지 지지도 이와 같이 분류하며 이를 표로 나타내면 <표 8-2>와 같다.

〈표 8-2〉 지지의 음양오행분류

음양\오행	목	화	토	금	수
양	인(寅)	오(午)	진(辰)술(戌)	신(申)	자(子)
음	묘(卯)	사(巳)	축(丑)미(未)	유(酉)	해(亥)

10천간은 하늘의 다섯 가지 기운, 즉 오운을 의미하고, 12지지는 지구의 여 섯 가지 기, 즉 육기를 말한다. 지구의 육기와 하늘의 오운이 차이가 나는 이 유는 지구가 23도 7분 기울어져 있기 때문에, 땅에는 무근지화(無根之火), 즉 뿌리 없는 화(火)인 인신상화(寅申相火)라는 새로운 불(火)이 하나 더 불어나

서 오운(五運)＋상화(相火)＝육기(六氣)로서 나타난 것이다. 그리고 10천간 12
지지를 차례대로 배합하면 육십갑자(六十甲子)가 된다. 이 육십갑자는 다른
말로 하면, 달이 지구를 돌고 지구가 자전하면서 태양을 중심으로 공전하며 9
성이 순환하고, 그리고 북극성을 중심으로 28수의 별들이 지구에 영향을 미
치는 기의 흐름과 기의 성격이 변화하는 패턴을 나타낸 것이다.

이러한 기의 흐름과 기의 성격의 변화 패턴이 지구의 만물만사, 즉 보이는
물질세계뿐만 아니라 보이지 않는 정신세계까지 영향을 주면서 나타나는 현
상을 체계화한 학문이 운기학이고 이를 각 전문분야에 접목 응용한 학문이
역학・역술이다. 따라서 오운육기의 법칙 또는 음양오행의 운동법칙이란 우
주의 변화법칙이며 만물의 생사법칙이고 정신의 생성법칙이므로 우주의 모든
변화가 이 법칙 밖에서 일어날 수는 없다(한동석, 『우주변화의 원리』).

결국 동양학에서 우주의 운동은 오운육기의 운동이라고 볼 수 있다. 즉 하
늘의 오운과 지구의 육기가 상호 작용함으로써 우주에서 일어나는 모든 천변
만화의 기본이 된다. 즉 운은 五이고 기는 六이기 때문에 언제든지 어긋나면
서 운행하게 마련이고 변화란 바로 여기에서 일어나는 것이다.

우주의 운동과 인간사를 구체적으로 나타내면 우주의 운동은 간단하게 표
현하면 음양 상태로써 나타나는바 그것이 분열(양)과 통일(음)을 반복하면서
사물의 변화를 일으키는 것이다. 그러므로 우주의 변화가 질서정연하면 사물
의 변화도 그 질서를 따라서 일어날 것이지만 만일 우주가 질서를 잃게 된다
면 모든 변화가 무질서상태에 빠지게 되므로 우주에 일대 혼란이 일어날 것은
물론이거니와 우리가 또한 그 변화상태를 알 수가 없는 것이다.

그렇지만 우주운동은 규칙적인 가운데 불규칙이 있고 질서적인 속에 무질
서가 있다. 이것은 운의 태과부족(太過不足)이라고도 하며 기의 승부(勝負)라
고도 한다. 그런데 운의 태과부족과 기의 승부는 지축의 경사 때문에 일어나
는 것인즉 이것은 현실세계에만 있는 것이다. 그러므로 현실의 변화는 정상성
이 어느 정도 침해를 받게 되는 것이니 이것을 변고(變故)라고 한다. 변고란
개념은, 즉 우주의 본질이 변한다는 말이다. 다시 말하면 우주의 목적은 변화
하려는 데 있는 것인바 소위 변화란 것은 정상적인 음양운동을 의미하는 것

인데 기의 승부와 운의 태과부족(太過不足) 때문에 그 정상운동의 바탕인 음양작용에 고장이 생기게 된 것을 변고라고 하는 것이다.

이와 같이 우주운동의 변화가 변고로 된다고 할지라도 이것을 대우주의 규모나 성능으로 보면 극히 경미한 것이다. 그런데 이처럼 경미한 우주의 변고가 그 영향을 지구에 미칠 때에는 그 반응은 너무나 크게 일어난다. 왜 그런가 하면 그것은 바로 현실세계는 천체에 비하면 구우일모(九牛一毛)도 안 되는 존재인 까닭이다.

지구의 지축이 기울어져 있기 때문에 성덕군자를 배반하고 편벽된 소인배가 등극하고 있으므로 천도에는 모순과 대립을 일으킬 요인이 있고 人道에서는 사치와 타락의 시운이 흐르게 되는 것이니 이것은 천체운동의 불완전에서 오는 것이다. 천도가 이러하거늘 천지에서 정신과 육체를 받았고, 또한 그 기운에서 호흡하고 살아가는 인간이 어찌 천운의 지배를 받지 않을 것인가? 아마도 봉건제후의 부패나 현대문명의 핵심을 잃은 타락은 이러한 시운의 영향이리라(한동석, 『우주변화의 원리』).

동양철학 사상의 근본적인 사상이 천인합일사상이라면, 천인합일사상을 구체적으로 체계화하여 나타내고 실용화한 이론체계가 오운육기라고 볼 수 있다. 동양학을 연구하는 제도권의 동양학자들이 동양사상을 천인합일사상이라고 공공연히 이야기는 하지만, 그 구체적인 내용은 말하지 않고, 막연히 사상철학으로만 말하니까 공허하게 들린다.

그 천인합일 사상을 구체화하고 실용화한 학문에 의하여 일반국민들의 실제 생활에 필요한 지적 수요를 충족시켜 주면, 막연히 말하는 것보다 훨씬 힘이 있고 가슴에 와 닿게 이해할 수 있게 된다. 더욱이 서양 첨단과학으로 설명할 수 없는 부분을 설명해 주고, 해결할 수 없는 문제를 해결해 주면 더욱 의미가 있고 또한 민족적 자부심도 저절로 생기지 말라고 해도 생긴다. 그런데 그러한 학문은 모두 비제도권인 철학관에서만 하고, 뿐만 아니라 그것마저도 제도권의 천인합일사상을 연구하는 동양학자들은 비과학이고 미신이라고 멸시하는 경향이 많다. 전혀 앞뒤가 맞지 않는 이야기이다.

오운육기이론 체계에 의하여 인간생활에 미치는 영향을 접목 응용하여 발달한 구체적인 학문이 역술이다. 제도권에서는 동양사상은 천인합일사상이라고 하면서 그 사상을 구체화하고 실용화한 응용과학기술에 해당되는 학문을 계승하고 발전시켜서 가르치고 연구할 생각을 왜 못 하는가?

운기란 기가 운행하면서 변화하는 것으로, '우주론적 자연의 궁극적인 질서'라는 추상적인 개념뿐만 아니라, '계절에 따른 기후변화의 질서'라는 개념도 포함하고 있다.

운기론이란 '기에 의하여 변화하는 법칙적인 질서를 수학적 계산에 의해 추측함으로써, 자연의 질서에 순응하는 방법을 모색하였던 고대 동양의 자연관을 연구하는 분야'라 할 수 있다. 옛 사람들이 그들 나름대로 합리적인 자연의 법칙을 파악함으로써, 자연의 변화와 함께 호흡하고, 자연의 변화에 순응하고자 하였던 고대 동양인들의 지혜로운 자연관이 반영되어 있다. 또한 그 활용을 통해 파악한 자연법칙을 다른 분야에도 적용함으로써, 결국 자연의 법칙과 동떨어진 세계를 생각하지 않고, 실재 존재하는 자연 속에서 인간사를 해석하였다는 점에서, 운기론은 그 의의를 찾을 수 있으리라 생각한다.

예를 들면 음력으로 2012년 3월 20일 오후 8시를 오운육기의 육십갑자로 나타내면, 壬辰年, 甲辰月, 辛丑日, 丙戌時이다. 이것이 소위 사주팔자이다. 이 사주팔자를 음양오행으로 분석하면, 그 시간 우주의 기운 또는 분위기를 알 수 있다. 이는 그 시간대의 태양계와 북극성을 중심으로 하는 자미원 28수의 별의 위치를 나타낸 것이라고도 볼 수 있다.

태양계와 자미원의 별의 위치가 어떻게 배열되어 있느냐에 따라서 기화(氣化), 즉 우주의 분위기가 다르고, 그것에 따라서 지구에 미치는 기운이 또한 다르며, 그에 따라서 지구의 모든 만물만사에 미치는 영향이 다르다고 볼 수 있다. 그렇게 다르게 영향을 받으면 지구의 만물만사는 변화를 일으키게 된다. 이러한 변화를 연구하는 학문이 동양과학인 역학과 역술이다.

오운육기는 흔히 '운기'라고 약칭한다. 옛 사람들은 우주의 사물변화는 모두 기화(氣化)의 끊임없는 운행에 기인한다고 인식하였다. 기화를 자연계에서 말하면 바로 기후의 변화를 말한다. 오운육기는 기후변화의 규칙을 연구하는 학문이다.

그러면 오운은 무엇이며, 육기는 무엇인가.

오운은 목·화·토·금·수라는 오행의 속성을 말하는데, 바로 목/풍, 화/열, 토/습, 금/조, 수/한이 서로 연속적으로 운행되는 것이다. 그리고 육기는 풍·열·화·습·조·한이 연속적으로 운행되는 것을 말한다. 육기는 오운에 비해서 화, 즉 상화가 하나 더 있어서 육기이다. 이렇게 지구에는 하늘에 비해서 하나의 기, 즉 상화가 하나 더 많은 것은, 앞에서 말한 바와 같이 지구가 23도 7분 기울어져 있기 때문이다.

고 한동석 선생의 『우주변화의 원리』

고 한동석 선생은 그의 필생의 저서인 『우주변화의 원리』에서 육기란 지구의 운동과정에서 오행의 질에 변화를 일으켜서 운행지기가 하나 더 불어나게 됨으로써 육종의 기가 된 것인데 이것은 지구에만 있는 기이다. 다시 말하면 오행이란 것은 허공에 있는 오행성단이 각각 자기의 빛을 발사하는바 이 빛들은 그들이 지니고 있는 성질 그대로의 빛인 것이다.

우주 간에는 이 기운들이 꽉 차 있는데 이 기운이 운동을 시작하면 오운으로 변화하는 것이다. 그러나 오운의 기화작용이 지구 주위에 집중하게 되면 지구가 23도 7분 기울어져 있어서 무근지화(無根之火), 즉 오운에 근거 없는 상화(相火)가 하나 늘어나서 육기로 변화하는 것이다.

그러면 우리들이 어떻게 오운·육기 운행의 변화규칙을 파악할 수 있을까? 옛 사람들은 장기간의 실천을 바탕으로 10천간(天干)의 음·양간(干)을 오행에 배합하고, 12지지(地支)의 음·양지(支)를 육기에 배합하여, 음양오행의 작용과 변화 원리에 의해서 기후 변화를 예측하고 그 규칙을 파악해 냄으로써 질병의 예방과 치료라는 목적을 달성하였다. 또한 인간사를 예측하는 역학과 역술을 발전시켰다.

오운육기는 모두 오행이 변화하여 이루어지므로, 천간지지는 우리들이 오운육기를 파악하고 활용함에 있어서 도구가 된다. 그러므로 오운육기를 공부하고 연구하기 위해서는 가장 먼저 오운육기, 그리고 천간지지의 내용과 의미를 반드시 이해해야 한다.

10천간 12지지를 음양오행으로 분류한 것이 <표 8-1>, <표 8-2>와 같다. 그리고 10천간 12지지를 차례대로 배합하여 만든 60갑자는 <표 8-3>과 같다.

<표 8-3> 육십갑자

甲子	乙丑	丙寅	丁卯	戊辰	己巳	庚午	辛未	壬申	癸酉	甲戌	乙亥
丙子	丁丑	戊寅	己卯	庚辰	辛巳	壬午	癸未	甲申	乙酉	丙戌	丁亥
戊子	己丑	庚寅	辛卯	壬辰	癸巳	甲午	乙未	丙申	丁酉	戊戌	己亥
庚子	辛丑	壬寅	癸卯	甲辰	乙巳	丙午	丁未	戊申	己酉	庚戌	辛亥
壬子	癸丑	甲寅	乙卯	丙辰	丁巳	戊午	己未	庚申	辛酉	壬戌	癸亥

황제내경 운기편의 오운육기론에 입각하여 우주삼라만상의 변화 이치를 한글세대인 현대인들이 이해할 수 있게, 현대적 의미로 분석적으로 쓴 대표적인 저서가 고 한동석(1911~1968) 선생의 『우주변화의 원리』이다.

「한동석 선생의 생애에 관한 연구」로 석사논문을 쓴 대전대학 한의학과 대학원 권경인은 논문 서문에서 『우주변화의 원리』의 연구 업적에 대한 내용을 다음과 같이 소개하고 있다.

전해 오는 이야기로는 한동석 선생이 『우주변화의 원리』를 쓰기 위해서 연구한 책들이 주역을 비롯해서 많으나, 가장 인상적인 것은, 동양의학의 최고 경전인 황제내경을 삼천 독을 하고, 황제내경 운기편을 만 독을 하고 깨우쳐서 이 책을 썼다는 것이다.

두암 한동석 선생은 『우주변화의 원리』를 통해서 그동안 명확하게 해명되지 못했던 음양오행의 신비를 밝혀내 발표함으로써 수천 년간 이어져 온 음양오행의 원리를 일이관지하는 업적을 남겼다. 이 저서는 우리 민족뿐만 아니라 전 인류에게 남겨 주고 간 우주의 비밀을 풀 수 있는 열쇠와도 같은 것이다

『우주변화의 원리』는 그 부제가 '음양오행원리'로서, 우주운동의 법칙이 되는 음양오행에 대한 이치를 밝히고 있는데, 이것은 동양철학 육천 년의 연구업적을 일거에 매듭짓는 쾌거라 할 수 있다.

실로 엄청난 독서량과 연구 업적이다.

한동석 선생은 책의 서문에서 음양오행론의 의미에 대해서 다음과 같이 언급하고 있다.

오늘날 세계의 관심은 우주는 어떻게 움직이며 인간과 만물은 어떻게 그 속에서 변화하면서 생멸하는가 하는 문제에 집중하기 시작하고 있다. 생각건대 오늘의 철학(서양철학)은 우주의 본체와 변화를 탐색하는 바탕인 본질적인 능력을 거의 상실하고 다만 피상적인 개념에만 집착한 나머지 철학 본연의 자세에 신비개발의 임무를 단념할 수밖에 없이 되고 말았다.
그러나 인간의 신비개발의 의욕은 없어지지 않고 다시 도전 의욕으로 나타난 것이다. 이와 같은 탐구욕은 드디어 신비개발의 수단이며 방법인 우주운행의 법칙을 발견하게 되었으니 이것이 음양오행의 법칙이다.
음양오행의 운동법칙이란 우주의 변화법칙이며 만물의 생사법칙이며 정신의 생성법칙이므로 우주의 모든 변화가 이 법칙 밖에서 일어날 수는 없다.
그러나 이것은 어느 개인의 창작이 아니고 역대 성철(동양)들의 합심 협작의 결정인 것이다. 따라서 여기에 진리가 있으니 이것은 상대적 진리가 아니고 절대적 진리이다.

위 내용 중에서 맨 앞부분의 내용인 "오늘날 세계의 관심은 우주는 어떻게 움직이며 인간과 만물은 어떻게 그 속에서 변화하면서 생멸하는가 하는 문제에 집중하기 시작하고 있다"는, 동서양의 모든 학문이 우주의 변화와 인간과 만물만사가 어떻게 상호 변화하고 있는가에 관심을 갖고 있다는 표현이다. 그런데 그다음 "오늘의 철학(서양철학)은 우주의 본체와 변화를 탐색하는 바탕인 본질적인 능력을 거의 상실하고 다만 피상적인 개념에만 집착한 나머지 철학 본연의 자세에 신비개발의 임무를 단념할 수밖에 없이 되고 말았다"는 내용에서는, 현대 서양철학이 우주 본체와 변화의 본질적인 연구는 하지 않고, 바둑이 철수와 같은 피상적인 개념에만 집착하여 철학 본연의 신비개발의 임무를 단념했다고 비판하였다.

그러나 인간의 신비개발의 의욕은 없어지지 않고, 다시 도전 의욕으로 나타난 것이니, 그것이 음양오행의 법칙이다. 이는 우주의 변화법칙이며, 만물의 생사법칙이며, 정신의 생성법칙이므로, 우주의 모든 변화가 이 법칙 밖에서 일어날 수는 없다. 즉, 물질세계뿐만 아니라 정신세계에까지도 영향을 준다는 점이다. 특히 정신세계에까지도 영향을 주기 때문에 인문 사회 종교적 의미의 이론이다. 따라서 우주의 모든 변화가 이 법칙 밖에서 일어날 수 없다는 의미에서 볼 때 이는 상대적 진리가 아니라 절대적 진리라는 것이다. 절대적 진리라고 표현한 것은, 이 이론이 얼마나 중요하고 의미와 가치가 있는가를 나타낸 표현이라고 볼 수 있다.

서구에서의 천기(오운육기) 연구

서구에서도 동양의 오운육기와 유사한 내용의 연구가 있다. 동양학의 오운육기와 같이 학문적으로 체계화되지는 않았지만 원리적으로 유사한 내용이 있어서 소개한다. 여기에서 소개한 내용은 한국표준과학연구원의 방건웅 박사가 『기가 세상을 움직인다』는 저서에서 인용한 내용이다.

방건웅 박사의 저서는 동양의 고전, 특히 우리나라의 『한단고기』 등을 중심으로 소개된 내용을 근거로 하여 기의 개념을 도출함과 동시에, 그 결과를 현대과학의 연구 성과들과 비교하면서 차이점과 유사점을 탐구한 내용이다. 이 저서의 가장 특징적인 것은, 고전적 기의 개념과 현대과학을 연결시켜서 기의 실체를 밝히고자 하였다는 점에서, 시대적으로 조상들의 학문적 연구결과를 계승 발전시킨 가장 의미 있는 연구 결과이다.

유럽에서도 동양의 기와 비슷한 개념을 인식하고 있었다. 대표적인 학자들의 연구 결과를 소개한다. 서양에서 약물요법(drug theraphy)을 처음 도입한 파라켈수스(Paracelsus, 1493~1541)는 감응요법(感應療法, sympathetic system of medicine)의 기초도 다졌다. 감응요법의 내용은 모든 공간에 가득 차 있는 유체(流體)를 통해 하늘의 별들과 자석이 인체에 영향을 미친다는 것으로서, 이 때문에 그는 자연의 자기생명력(magnetic vital force)을 주장한 사람으로 기록되고 있다. 생명력은 인체 내에서만 한정된 것이 아니라, 인체 주위에서 밖으로 방사되어 먼 거리에서도 작용한다고 주장하였다.

그 후 300년 뒤인 19세기에 메스머(Fraz Anton Mesmer, 1734~1815)가 파라켈수스의 생명력에 관심을 갖고 연구를 시작하였다. 메스머는 31세 때 비엔나 의대에서 의학박사학위를 받았으며, 이 당시 이미 두 개 이상의 학위를 받은 상태였다. 학위 논문의 내용은 별들이 인체에 미치는 영향에 관한 것으로서, 이 주제를 설정하는 데 파라켈수스의 영향을 받았다고 전한다. 별들의 운동이 지구의 자연현상과 생물체에 영향을 미치는데, 인간도 생명체의 일부이므로 그 영향을 받지 않을 수 없다는 것이 그의 주장이다. 그는 별들의 영향이 어떤 매체를 통해 전달될 것이라고 보고, 이를 '유자(流子, fluidum)'라고 이름 붙였다.

메스머는 자신이 유자라고 이름 붙인 우주의 에너지를 이용하여 환자의 믿음 여부와 관계없이 치료할 수 있다고 하여 큰 관심을 끌었다. 그는 유자가 우주를 가득 채우고 있는 미세한 실체(subtle physical body)로서, 보이지 않는 실체이며, 사람을 포함하여 모든 만물을 연결하고 있다고 주장하였다. 이 유자는 매우 미세하기 때문에 에너지 손실이 없이 신경계에 은밀하게 침윤하여 생물체에 경향을 미친다고 하면서, 자기적 특성을 지니고 있다고 주장하였다. 이것을 광물에서 나타나는 자장과 구분하기 위해 동물자기(動物磁氣, animal magnetism)라고 이름 지었다.

위의 내용 중에서 동양학의 오운육기론과 매우 유사한 원리가 두 가지 있다. 첫째, 별들의 운동이 지구의 자연현상과 생물체에 영향을 미치는데 인간도 생명체의 일부이므로 그 영향을 받지 않을 수 없다는 것이다. 별들의 운동에 따라서 우주의 기운이 주기적으로 변화하는 현상을 나타낸 이론체계가 동양학의 오운육기론이다. 즉, 오운육기론은 지구에 영향을 주는 일월과 그 밖의 별들의 움직임에 따라서 나타나는 기운의 패턴을 학문적으로 나타낸 것이다. 둘째, 유자가 우주를 가득 채우고 있는 미세한 실체(subtle physical body)로서 보이지 않는 실체이며, 사람을 포함하여 모든 만물을 연결하고 있다. 유자가 우주를 가득 채우고 인간을 포함하여 모든 만물을 연결하고 있다는 것은 동양학의 가장 기본 개념인 기(氣)와 아주 유사하다.

18세기에 이루어진 메스머의 연구 결과들을 살펴보면, 오늘날 알려지고 있는 기의 특성과 유사한 면을 많이 발견할 수 있다. 그는 자신이 유자, 혹은 동물자기라고 불렀지만, 실제로는 동양학의 기(氣)에 해당하는 개념의 에너지를 연구하고 있었던 것으로 추정된다.

동양학에서 별들의 운동 변화에 따라서 이 유자의 변화 패턴을 체계적으로 나타낸 학문이 오운육기론이다. 메스머는 별들의 운동이 지구의 모든 사물에 영향을 준다는 원리적인 것만 언급했지, 구체적으로 어떻게 영향을 주는지에 대한 체계적인 설명은 없다. 그러나 동양학에서는 수천 년 전부터 이에 대해 체계적으로 연구한 학문이 오운육기론이다.

제9장 기(氣)·기(器)·신(神)·도·리·심

한국인들의 언어습관 중에서 가장 많이 사용하는 말이 기(氣)와 천(天)이 아닌가 생각한다. 앞에서 서술한 바와 같이 중국의 현대 저명한 철학자 웅십력(熊十力)은 중국철학사에는 두 개의 '도깨비 같은 것'이 있다고 말하였는데, 그가 지적한 두 가지 가운데 하나는 '하늘(天)'이고 다른 하나는 '기(氣)'라고 말한 바와 같이, 천과 기는 중국을 비롯한 동아시아 문화권에서 가장 많이 사용하는 용어라고 볼 수 있다.

뿐만 아니라 필자가 지금까지 동양학과 관련된 여러 전공 분야를 공부하면서 가장 특징적으로 느낀 점은, 기와 천의 실체를 이해하면 동양학은 거의 이해가 된다는 것이다. 그만큼 동양학 특히 역학·역술의 핵심적인 실체는 기와 천의 개념이라고 생각된다.

이 우주삼라만상의 구성요소와 상호 작용 그리고 모든 것은 기의 작용과 변화원리로 설명 하고 있다. 그러므로 동양학에서 기는 만능적인 실체로 볼 수 있다. 즉, 기 하나의 실체로 설명되지 않는 것이 없다. 보이는 세계와 보이지 않는 세계뿐만 아니라 심지어 인간의 윤리적 개념까지 모두를 포괄해서 기 하나의 개념으로 설명하고 이해할 수 있다. 참으로 기 하나의 개념은 거듭 말하지만 만능적인 개념이다.

이 엄청난 개념을 현대인들은 단순히 미개했던 시대에 언어 습관적으로 사용하는 일상적인 용어로 대수롭지 않게 생각하고 있다. 그러나 기의 개념은 지금의 첨단과학도 밝힐 수 없는 가장 근본적이고, 가장 기본적인 실체이다. 이 기에 대한 개념의 실체를 이해하면 동양학 전체를 이해했다고 해도 과언이 아니라고 생각된다. 왜냐하면 동양학의 모든 것은 기 하나의 실체로 귀결되기 때문이다.

그런데 현대인들은 그 말의 뜻이 무엇인지 제대로 알고서 사용하는 사람은 거의 없을 것이라고 본다. 단지 오랫동안 언어 습관적으로만 사용되어 왔기 때문에 그냥 의미도 모르고 사용한다고 볼 수 있다. 그런데 그 하나하나 사용하는 뜻을 살펴보면 대단한 의미와 내용이 있다. 서양과학의 개념 중에는 동양학의 기 개념에 대적할 것이 없다. 그러나 사용하는 한국인들은 그 하나하나의 의미를 생각하며 사용하는 것이 아니고 그냥 단지 습관적으로 무의식적으로 사용한다.

이렇게 된 것은 기 개념과 관련된 학문인 역학과 역술이 제도권에서 거의 사라져 버려 공식적으로 배우고, 가르치지 않아서 그렇게 되었다. 그런데 우리 민족의 문화, 특히 학문을 이해하기 위해서는 기(氣)와 천(天)에 대한 개념을 모르고는 근본적인 이해가 어렵다.

서양 사람들이 동양문화를 접하면서 쉽사리 이해하기 어려운 용어 중에 하나가 기일 것이다. 그리고 동양학이 서양과학적 시각에서 잘 이해되지 않고 신비스럽게 느껴지는 가장 큰 이유 중의 하나가 기 개념의 속성에서 비롯되었다고 볼 수 있다. 따라서 동양학을 제대로 이해하려면 서양과학의 물질론적 기계론적 시각에서 벗어나, 기 개념의 속성을 정확하게 알고 고찰하여야 한다.

다행히 최근에 이르러 젊은 첨단 자연과학자들이 주도가 되어, 기 개념을 더 과학적으로 밝히고 연구하기 위한 학회가 제도권에 설립이 되었는데, 그것이 한국정신과학회이다.

우리 언어 습관 속의 기(氣)

우리는 말을 배우면서부터 기라는 단어를 익혀 왔기 때문에 정확하게 그 뜻을 몰라도 심정적으로 누구에게나 그 뜻이 통한다. 우리가 일상생활 속에 사용하는 기와 관련된 말들을 인용해 보면 매우 다양하게 사용하고 있다. 그리고 그러한 내용이 무슨 의미이냐가 매우 중요하다.

예를 들어 우리가 기와 관련하여 일상적으로 사용하는 말들을 찾아보기로 하자. 기가 차다, 기가 막히다, 기가 살다, 기가 죽다, 상기되다, 기운이 없다, 기력이 넘치다, 기진맥진하다, 기승을 부린다, 기골이 장대하다, 기절하다, 기급하여 까무러치다, 기품이 있다. 심지어 인간의 덕성을 나타내는 용기, 패기, 총기, 덕기 등 기에 대한 참으로 많은 말을 우리는 일상생활에서 사용하고 있다.

그런데 이런 말들의 의미를 하나하나 살펴보고 생각해 보면, 기 개념의 속성을 이해하는 데 매우 의미가 있다. 그리고 단순한 표현이 아니고, 그 근거가 있는 표현이라는데 실증적, 과학적인 성격을 가지고 있다.

그런데 기에 대한 내용은 흔히 서양학적 관점에서는 미신이고 비과학적이며 신비주의적으로 보는데 단순히 그렇게만 볼 수 없다고 본다. 왜냐하면 기에 대한 최근의 연구결과들을 보면, 현대 첨단과학이 따라올 수 없는 엄청난 비밀이 숨어 있으며, 앞으로의 연구 결과에 주목할 만한 내용이 굉장히 많다고 본다.

여기에는 기에 대한 개념을 동양의 고전부터 현대에 이르기까지 어떻게 이해하고, 설명하고 있는가를, 일본의 기학 연구가로서 국제적 명성을 얻고 있는 마루야마 도시아키의 저서 『기란 무엇인가』를 중심으로, 차례대로 서술하고자 한다.

지금까지 기의 개념을 고찰한 내용을 중심으로 필자 나름대로 결론을 내리면, 요컨대 기란 동양학의 '모든 것'이었다. 기란 '현상계에서 일체의 존재 또는 기능의 근원'이며, 물질·생명·마음·에너지·정보 오계(五界)를 이루는 본바탕이다.

예를 들면 우리나라 말 중에 마음과 기에 관련된 말에, 정신적으로 허약하거나 불안할 때 사용하는 심기(心氣)가 불편하다는 말이 있다. 이는 인간의 마음과 기를 상호 관련하여 표현한 것으로 볼 수 있다. 그리고 생명이 잠시 끊어진 상태를 기절이라고 할 때, 이는 기를 생명으로 본 개념이다. 사람의 성격이나 품행을 말할 때 기질, 기품이 어떻다고 표현한다. 이때의 기는 물질의 특성을 나타낸 의미로 볼 수 있다. 그리고 사람이 힘이 세거나 힘이 다 소진되면, 기력이 대단하다거나, 기진맥진이라고 말한다. 이때의 기 개념은 에너지의 개념이라고 볼 수 있다.

우리가 일상적으로 아무 생각 없이 사용하는 기 개념의 사용 예에서 보는 바와 같이, 기 개념에는 물질적 개념, 생명의 개념, 마음의 개념, 에너지 개념까지 포함하고 있음을 알 수 있다. 그러므로 기란 동양에서는 거의 '모든 것'이라고 해도 과언이 아니다. 그러므로 기란 만물만사를 구성하고 있는 가장 기본이 되는 구극, 극미의 원자적 요소인 구성체이다.

기에는 현상계에서 근원적인 존재로서의 의미가 포함되어 있음과 동시에 근원적인 기능으로서의 의미도 포함되어 있다. 또 음양의 기나, 오행의 예에서 보는 것과 같이 현상을 설명하는 원리, 혹은 이론체계 자체에도 기라는 용어가 사용되고 있다.

근대과학에서는 존재와 기능과 이론이 각각 별개의 개념이기 때문에, 이들 모두에게 공통적으로 사용되는 기 개념을 이해하기 매우 어려운 일이다. 그래서 근대과학에서는 '기'를 오랫동안 비과학이고 시대에 뒤떨어진 개념으로 무시해 왔다. 그 하나의 이유는 기 개념을 중심으로 하는 중국의 자연관이나 동양의학 등이 서양과학의 발상과는 너무도 달라서, 근대과학의 입장에서 도저히 이해할 수 없는 것처럼 보였기 때문일 것이다. 그러나 여기서 주의할 것은 서구 근대과학의 입장에서 이해가 어려울 뿐이지, 이것이 거짓이다, 아니다는 별개이다. 서구 학문 자체가 한계가 있고 전지전능한 학문이 아닌데, 그런 학문의 기준으로 우리의 기 개념을 판단하는 것도 비과학적이고 서구우월적 편향된 판단이다. 그러므로 우리의 고유한 학문적 이론과 개념은 서구적 학문을 벗어나서 우리들 자신의 주체적 관점에서 복원하고 되찾아야 하는 것이 이 시대의 사명이라고 본다.

기가 응집하거나 확산을 거듭하며 끊임없는 운동과 흐름을 계속하는 사이 모든 현상이 일어난다. 그리고 그 기가 바탕이 되고 여러 방면으로 침투함으로써 찬란한 중국 문명을 꽃피웠다. 그러면 현대는 기를 어떻게 이해하고 어떻게 받아들이며, 어떻게 평가하고 있는가. 또한 서양과학과 접점이 되는 부분이 있는지를 찾아보아야 한다. 이와 관련하여 요즈음 새롭게 나타난, 이른바 '신과학(New Age Science)'의 동향을 근거로 생각해 보고자 한다.

제1절 사물(器)로서의 기

사물의 형상이 있기 전의 것을 도(道)라 하고, 형상이 갖추어진 이후의 것을 도를 담아 놓은 그릇, 즉 기(器)라 한다.

눈에 보이는 개개의 사물에는 그런 사물이 나타나게 된 소이연(所以然), 즉 까닭이 있다. 그 까닭(리)이 도에 해당하고, 나타난 현상과 물질(器)은 기(氣) 의 취합체이다. 즉, 器란 일정한 형체를 갖춘 개개의 사물을 말하고, 이것은 기의 취합체이지 다른 것이 아니다.

도란 '노자'에서 말하는 것처럼, 무형 무상하면서 개물을 개물이게 하는 존재의 근거 또는 현상의 배후에 있으면서 온갖 현상을 일어나게 하는 원인이다. 그리고 그러한 도에 근거하여 나타난 사물은 기(氣)의 취합체인 기(器)라는 것이다.

중용의 제일장 삼강령인 "천명지위성이오 솔성지위도오 수도지위교니라(天命之謂性이오 率性之謂道오 修道之謂敎니라)"를 주자가 해설한 주해에 다음과 같은 내용이 있다.

하늘이 음양오행으로 만물을 만들어 낼 때에, 기로써 형체를 이루고 이치를 또 부여하니 명령을 함과 같고……(천이음양오행으로 화생만물에 기이성형이리역부언하니 유명령야요: 天以陰陽五行으로 化生萬物에 氣以成形而理亦賦焉하니 猶命令也요……)

위의 글에서 '氣以成形而理亦賦焉'라는 구절 중에 '기이성형(氣以成形)'의 '기로서 형체를 이루고'는 기(氣)의 취합에 의해서 형체를 이룬다는 뜻이며, 여기서 형체는 다른 말로 '기(器)(만물만사)가 탄생하고' 라는 뜻이며 '리역부언(理亦賦焉)'은 그러한 만물의 탄생에는 또한 동시에 이치(理)가 부여된다는 것이다.

이는 기에 의해서 형체가 있는 기(器)인 만물만사가 나타나고, 그 사물의 탄생에는 그 탄생의 소이연인 까닭, 즉 리(理)가 반드시 있다는 의미이다. 여기서 이치(理)를 다른 말로 도라고도 하며, 그것은 곧 음양오행이다. 즉, 음양오행의 이치 또는 도에 의해서 만물만사가 나타나게 된다는 의미이다.

동양학에서 만물만사의 가장 기본적인 구성인자는 기라는 것이다. 서양과학이 모든 물체의 근본적인 구성인자들을 분자, 원자, 전자로 나타내는 데 비해서 동양학에서는 기로 나타내고 있다. 그러면 서양과학이 밝힌 원자, 전자, 아원자, 쿼크가 맞느냐, 아니면 동양학의 기가 맞느냐 하고 의문을 가질 수 있다. 그런데 현대 첨단 서양과학이 밝히지 못한 실체가 또 있다는 것이다. 그것이 무언지 모르지만 말이다. 그것이 아마도 동양학에서 말하는 기의 실체와 동일한 것이 아니겠느냐고 추측해 볼 수 있다. 그런데 그 실체는 단순히 기계론적 물체가 아니고, 인간의 의식에 의해서도 영향을 받는 그런 물질이라는 것이다. 즉, 의식을 가진 물질이라고도 볼 수 있다. 그런 물질을 연구하는 학문을 정신물리학이라고도 한다.

그것은 수천 년 전에 이미 우리 조상들이 발견한 기 개념과 매우 유사한 것이라고 볼 수 있다. 과거에 우리 것을 미신이고 비과학이라고 치부하여 무시하였는데, 오히려 현대 첨단과학이 발전하면서 우리의 과학 기술적 개념과 이론들이 밝혀지고 인정받게 되었다는 것이다.

모든 눈에 보이는 현상도 기의 작용과 변화원리로 나타난 결과이다. 예를 들면 국가적으로는 정치, 경제, 사회 현상과 문제 그리고 개인의 여러 가지 행동 현상과 문제(器)는 기의 작용과 변화원리로 나타난 결과라는 것이다. 다른 말로 하면 보이는 세계의 여러 가지 현상과 문제는 모두 기의 소행으로 나타난 현상이고 문제라는 것이다. 그 기의 구체적인 작용과 변화원리를 나타낸 이론과 개념이 음양오행론이다.

따라서 기의 속성을 잘 이해하면 기를 우리가 적극적으로 통제할 수 있다고 본다. 다음에 설명하겠지만 기는 의식을 가진 물체이므로 인간의 의식과 서로 영향을 주고받는다. 이것은 다른 말로 하면 보이는 세계의 사물인 기가 인간의 의식에 영향을 줄 뿐만 아니라, 인간 의식의 기도 사물에 영향을 줄 수 있다는 것이다. 그러므로 이 우주삼라만상의 현상과 인간의 의식은 매우 밀접한 관계에 있으며, 하나이다.

이러한 기의 이치를 알게 되면 인간은 우주삼라만상이라는 현상에 일방적으로 지배, 종속되는 것이 아니라, 인간이 적극적으로 우주삼라만상을 지배, 조종할 수도 있다는 것이다. 즉, 현재 눈앞에 있는 물체를 인간 의식의 기로 움직일 수 있을 뿐만 아니라, 눈앞에 나타난 자연현상과 사회현상도 인간의 의식으로 바꿔 놓을 수가 있다는 것이다. 또한 그 사회, 국가를 구성하고 있는 개개 국민의 의식이 어떠냐에 따라서 국가, 사회의 운명도 결정되고, 더 나아가 바꿔 놓을 수도 있다는 것이다.

최근에 미국의 작가이자 정신치료 전문가인 뇔르 C. 넬슨과 임상전문분석의인 지니 르메이 칼라바가 공동으로 쓴 『감사의 힘』이라는 저서에서 다음과 같은 동양의 기 개념과 매우 유사한 에너지 개념을 나타내고 있다.

> 감사의 힘을 이해하려면 먼저 우리의 삶이 에너지로 이루어졌다는 사실을 깨달아야 한다. 의자나 강아지, 우리의 감정 등 모든 것은 형태만 다를 뿐 에너지라는 공통점을 가지고 있다. 단지 의자는 무생물, 강아지는 생명체 그리고 감정은 마음의 상태로, 에너지가 존재하는 형태만 다른 것이다…… 모든 사물은 근본적으로 에너지 자체이기 때문에 서로 교류가 가능하다…… 진심으로 감사하는 마음은 감사할 일들을 자꾸 끌어들이는 마력을 지니고 있다.

위의 인용문에서 의자, 강아지, 그리고 우리의 감정은 형태만 다르지 에너지라는 말은 동양학의 만물만사(器)는 기(氣)로 형성되어 있다는 말과 일치하는 내용이며, 감사하는 마음은 감사할 일들을 끌어들인다는 말은, 주역의 동기상구(同氣相求), 즉 같은 기운은 서로 구한다는 말과 같은 내용이다.

이 외에도 서구 사람들의 저서 중에서, 기 개념과 성격이 매우 유사한 내용의 저서들이 자기계발서로 많이 나타나고 있다. 예를 들면 『마인드 파워』, 성경의 믿는 대로 될지어다, 믿는 것이 보는 것이다. 『가슴 뛰는 삶을 살아라』, 생각대로 된다. 세상만사 마음먹기에 달렸다. 『긍정의 힘』, 『시크릿』" 등은 사물과 인간 의식의 기운과 외적인 사물의 관계를 나타낸 대표적인 말들이고 저서이다.

형이상이라는 것은 현상수준에서 상대적인 위치관계가 아니다. 어디까지나 존재론적인 논리구조를 표현한 것이며, 개물과 현상이 있는 한 그 존재를 존재이게 하는 배후의 어떤 무엇인가가(道) 있어서, 양자는 상즉불리(相卽不離)

의 관계에 있다는 것을 의미한다. 송대 유학에서는 도에 갈음하여 리(理)가 형이상자로 세워졌다.

도와 리의 개념에 대해서 진순(1159~1223)은 『북계자의(北溪字義)』에서 다음과 같이 언급 하고 구별하였다.

도(道)와 리(理)는 대체로 같은 것이다. 그러나 두 개의 글자로 나뉘어 있으므로 구별이 있음이 틀림없다. 도는 사람들이 두루 다닌다는 측면에서 용어를 상정한 것이다. 리와 비교해 볼 때 도는 비교적 넓고, 리는 비교적 실질적이다. 리는 확고하여 바뀌지 않는다는 뜻을 가지고 있다. 그러므로 영원히 통하는 것이 도이고, 영원히 변하지 않는 것이 리이다. 리는 형상이 없는데 어떻게 볼 수 있는가? 그저 사물이 그러해야 하는 법칙이 바로 리이다.

제2절 마음으로서의 기

기 개념을 설명하는 말 중에, 인간의 의식과 기의 관계를 나타낸 표현으로, '사즉기(思則氣) 기즉사(氣則思) 심생기(心生氣) 기생심(氣生心)'이라는 말이 있다. '사즉기 심생기'는 인간의 의식작용에 의하여 기가 나오고, 반대로 '기즉사 기생심'은 외부의 기에 의하여 마음이 영향을 받는다는 의미이다. 다른 말로 하면 인간의 생각에 의하여 기가 발생하고, 반대로 외부의 기, 좀 더 쉽게 표현하면, 외적인 분위기에 의해서 인간의 의식이 영향을 받는다는 의미라고 볼 수 있다.

여기서 '사즉기 심생기'는 인간의 주체적이고 적극적인 면을 말하고, '기즉사 기생심'은 인간이 기에 의하여 영향을 받는 종속적 입장을 나타낸 것이라고 볼 수 있다.

1. 사즉기 심생기(思則氣 心生氣)

사즉기 심생기의 관점에서 기를 설명하면, 인간의 의식이나 생각에 의해서 기가 발생하고, 그 발생하는 기가 어떠냐에 따라서, 사물에 영향을 주는 것이

다르다는 의미라고 볼 수 있다. 그러므로 의식에 의해서 사물을 조절할 수가 있다. 사물을 조절하는 구체적인 매체는 인간의 의식에 의해서 발생하는 기다. 여기서 사물이란 물질적인 것뿐만 아니라 자연현상, 사회현상, 인간의 모든 것을 다 포함한다.

예를 들면 눈앞에 있는 돌멩이를 인간의 의식에 의해서 움직일 수 있다는 것이다. 인간의 의식에 의해서 기가 나오고, 그 기의 힘으로 돌멩이를 움직일 수 있다는 것이다. 이런 관점에서 보면 '인간의 신념은 태산도 움직일 수 있다'는 말이 그냥 교훈적으로 비유해서 말한 것이 아니다. 인간의 정신적 의식으로 실제 가능한 일이다. 옛날 우리 조상들 중에 도인이라는 분들이 신비스러운 능력을 발휘한 신출귀몰한 이야기는 미신도 비과학도 아니다. 기의 관점에서 이해되고 설명이 된다.

현대 물리학이 발달하면서 양자물리학에서는 물질을 구성하는 입자가 항상 물질적인 성질만 나타내는 것이 아니라, 측정자의 의사에 따라서 에너지인 파동의 성질을 나타낼 수도 있다는 사실이 밝혀졌다. 이 개념은 지금도 이해하기가 힘든 것으로, 서양에서는 물질적인 입자와 에너지의 파동이 양립할 수 있다는 사실로 인해서 불경이나 힌두교의 경전 등을 통해 이를 이해하고자 하는 문헌들이 여러 편 발표되었다. 여기서 더 나아가 모든 물체의 독립성, 즉 개체성도 의심을 받아 흔들리게 되었고, 모든 입자들은 떨어져 있어도 서로 보이지 않는 끈으로 연결되어 있다고 보는 견해로까지 변화하였다.

윗글에서 중요한 점은 첫째, 측정자의 의사가 물질에 영향을 준다는 사실, 둘째, 서로 반대되는 것이 동시에 존재한다는 사실, 셋째, 모든 사물은 보이지 않는 끈으로 서로 연결이 되어 있다는 사실이다.

현대 물리학이 새롭게 발견한 사실들을 동양학과 연관하여 유추해서 상호 유사성을 살펴보면, 측정자의 의사가 물질에 영향을 준다는 사실과 모든 사물은 모두가 보이지 않는 끈에 의해서 연결되어 있다는 것은 기의 속성을 나타낸 것과 유사하고, 서로 반대되는 것이 동시에 존재한다는 사실은 음양론을 나타낸 말이라고 볼 수 있다. 특히 측정자의 의사가 물질에 영향을 준다는 사실은, 동양학에서 이미 수천 년 전부터 인정한 기의 속성과 유사하다는 점에서 매우 흥미 있는 일이라고 본다. 양자물리학자에 의하면, 이 우주삼라만상의 기본구성 단위는 앞에서 누차 말한 바와 같이 에너지이고, 이 우주는 에너지 바다라는 것이다. 그런데 현대 물리학자들이 말하는 에너지의 속성과 동양학의 기 개념이 아주 유사하다. 이것은 현대 물리학이 발달하면서, 그동안 비과학적이고 미신이라는 동양학의 핵심 개념인 기의 실체가 오히려 입증이 되려고 한다는 점에서 매우 고무적인 사건이라고 본다.

서구에서 마음과 물질과의 관계 연구

서구에서 물질과 마음의 상관관계를 입증한 실험 사례를 또 나타내면 다음과 같다. 미국 프린스턴 공과대학의 얀(Robert G. Jahn) 교수팀은 인간의 의식이 물질계에 영향을 미칠 수 있음을 실험으로 증명하였다. 이 연구팀은 기초 실험으로 수많은 막대를 박은 장치의 한가운데에 쇠구슬을 계속해서 떨어뜨리면 그 떨어지는 위치가 통계적으로 가우스 분포(정상분포)를 이룬다는 사실을 확인한 다음, 이 장치 앞에 사람이 앉아서 어느 한쪽으로 더 많이 떨어지라고 생각했을 때 강구의 분포도가 영향을 받는지에 대하여 연구한 결과, 통계적으로 유의한 결과를 얻었다. 이에 고무된 연구팀은 컴퓨터를 이용해서 유사한 실험을 했는데, 역시 같은 결과를 얻었다. 그런데 흥미 있는 사실은, 실험에 참여했던 사람들이 실험과정에서 기계를 제어하는 것이 아니라 기계와 하나가 된 듯하다는, 즉 기계와 공명을 일으켰음을 시사하고 있는데, 그 경험담이 꼭 선(禪)을 하다가 삼매경에 든 것과 같았다는 것이다. 이 실험결과는 인간의 의식이 물질세계에 영향을 주고 있음을 분명하게 나타낸 실험결과라고 본다. 그런데 인간의 의식이 물질세계에 영향을 주는, 위 실험에서 떨어지는 강구에 영향을 주는 구체적인 매체는 나타내고 있지 않지만, 동양학적으로는 기라고 볼 수 있다. 즉, 인간의 의식에 의해서 나타난 기가 그 실험장치의 떨어지는 강구에 직접적으로 작용해서 그러한 결과가 나타났다고 볼 수 있다.

미국에서 활동 중인 뉴에이지 명상 분야의 중요 인물인 다릴 앙카가 쓴 『가슴 뛰는 삶을 살아라』에 다음과 같은 내용의 글이 있다.

자신이 갖고 있는 믿음에 따라 현재 당신의 삶이 만들어져 간다는 사실을 말해 주고 있습니다. 우주의 에너지는 자력을 갖고 있기 때문에 당신이 어떤 생각을 갖느냐에 따라 그 생각에 관련된 에너지가 딸려 온다. 당신이 어둡고 부정적인 생각을 갖고 있다면 당신에게는 어둡고 부정적인 일만 일어납니다. 당신이 긍정적으로, 가슴 뛰는 일을 하고 있다면 우주는 또 그것과 관련된 에너지만 당신에게로 보내 줄 것입니다. 왜냐하면 우주는 당신의 생각에 따라 백 퍼센트 당신을 돕고 있기 때문입니다. 우주는 다른 것을 할 수가 없습니다. 왜냐하면 우주는 에너지의 집합이고, 그 에너지는 자력에 따라 움직이기 때문입니다. 두려움을 믿는 사람은 자신의 삶도 두려움으로 가득 차게 만듭니다. 사랑과 빛을 믿는 사람은 삶에서 오직 사랑과 빛만을 체험합니다. 나는 지금 어떤 거창한 철학을 말하는 것이 아닙니다. 이것은 우주의 기본적인 물리 법칙입니다. 당신 자신이 체험하는 모든 물리적 현상은 당신이 무엇을 믿고 있는가에 따라 결정됩니다. 왜냐하면 물리적인 현실이라는 것은 환상이기 때문입니다. 당신이 믿고 있는 것이 연출해 내는 환상에 불과합니다.

이상의 서술에서 말한 바와 같이 인간의 의식이 주체적으로 사물에 영향을 줄 수 있다는 것을 입증하였으며, 그것을 가능케 하는 구체적인 매체는 다릴 앙카는 우주에너지라고 했지만 동양학적으로는 기이다. 즉, 의식에 의해서 기가 발생하고, 그 기에 의하여 사물에 영향을 줄 수 있다. 우리나라 말에, '생각대로 된다, 인간사 마음먹기에 달려 있다, 정신일도 하사불성, 그리고 주역의 동기상구원리' 등이 위의 사례와 같은 내용이라고 볼 수 있다. 그리고 이를 가능케 하는 실체는 의식의 기이다.

최근 전문가들 사이에서 염려하고 있는 것이 지구에서 일어날 가능성이 큰 '극이동'과 '지자기 이변'이다. 극이동이란 북극이나 남극의 위치가 바뀌어 지축이 변화하는 것을 말한다. 이 극이동의 원인이 지구의 지자기의 변화가 주요 원인이라는 것이다. 최근 과학자들의 연구에 의하면 이 지자기의 힘이 감소하여 마침내 소멸하면, 상공의 자기권과 밴앨런대(Van Allen帶) 등의 베일이 사라지는 것은 물론이고, 나아가 지구의 역전이라는 극이동이 일어난다는 것이다.

최근의 연구에서 지자기는 2,000년 동안 반감하였고, 특히 지난 100년 동안 5퍼센트 이상 감소하고 있다고 한다. 게다가 지자기를 감소시키는 요인은 인간의 스트레스 등 부정적 의식이라는 사실도 알게 되었다. 스트레스에 의해 지자기와 역방향의 자기가 발생하게 되는 것이다. 여하튼 인간의 정신력으로 자계와 전계에 큰 변화를 일으킬 수 있다는 것은 많은 실험을 통해 밝혀진 사실이다.

1979년 7월 12일 밤 7시부터 경이적인 세계 시리즈 '초능력의 수수께끼 해명'이라는 일본 텔레비전 프로그램에서, 정신파가 자계(磁界)에 변화를 일으키는 실험이 행해졌다. 실험결과 인간의 정신력으로 자계가 변화한다는 것이 텔레비전 프로그램에 의해 증명된 것이다. 만일 이것이 사실이라면 세계 수십억에 달하는 인간의 정신 에너지의 총화는 지자기에 막대한 영향력을 끼칠 것이다.

더 깊이 들어가면 전문적인 분야가 되므로 여기서는 설명을 생략하겠지만, 우리 지구인들이 계속 에고이즘에 빠져 있거나, 경쟁을 긍정하고 스트레스를 느끼면, 바로 그 때문에 극이동이나 지자기 이변이 일어날 것이란 사실을 알아야 한다.

우리나라의 경우 입시철에 매년 나타나는 한파는 시험을 치르는 수험생들과 가족들의 긴장과 두려움, 스트레스가 기상에 부분적으로 반영된 것으로 생각해 볼 수 있다. 그러나 최근 입시철에 한파가 사라진 이유는 수시 모집이나 정규대학에 진학하여도 취업이 잘 안 되는 등 다른 이유 때문에 대학 입시에서 수학능력시험의 비중이 많이 떨어진 것에 기인한다고 보인다.

결국 이상의 연구 결과에 의하면, 지금 우리가 할 수 있는 일이란, 한 사람한 사람이 평화로운 마음을 가지고, 비뚤어진 정신 에너지를 발하지 않는 것이 매우 중요하다. 인간의 의식에 의해서 기가 발생하고, 그 기가 우주에 꽉차 있는 기에 영향을 줄 것이라는 것은 명약관화한 이야기이다. 그런데 인간의식의 특성에 따라 발하는 기의 특성도 다르고, 그에 따라서 우주의 기에 영향을 주는 것이 다르다고 본다. 인간이 부정적, 어둠, 불평불만, 오만, 원한, 저주, 비뚤어짐, 횡포 등으로 인한 스트레스가 많아지면 지구를 둘러싼 우주의 기에 바람직하지 못한 영향을 줄 것이다. 그 결과 위에서 언급한 바와 같이 지자기의 감소 현상과 같은 문제가 발생하고, 극이동이 일어날 가능성을 배제할 수 없다고 생각된다.

그러나 인류의 미래는 대다수 사람들의 의식이 '에고 중심에서 더 거시적인 선한 발상'으로 바뀌고, 거기에 따른 양심적인 행동을 취하지 않으면 파멸로 나아가고 말 것이다.

대학 제1장에 주자가 쓴 주석에 '심자(心者), 신지소주야(身之所主也)(인간의 마음이란 몸의 주인이다)'라는 말이 있다.

인간이 어떤 생각, 어떤 의식을 갖느냐에 따라서 그런 기가 발생하고, 그런 기운이 나타나면, 인간의 몸에 영향을 주게 되고 또한 외적으로는 그런 분위기가 만들어진다. 예를 들면 어떤 사람이 화를 내면 화에 관련된 기가 나오고, 그 결과 몸에 화의 기운이 영향을 주어서 바람직하지 못한 영향을 주고 외적으로 그 기가 주변에 많이 모이면, 그런 분위기가 만들어지고, 기감이 예민한 다른 사람이 그 분위기를 감지하면 그 사람이 화를 낸 것을 알 수 있다.

우리나리 말에 '생각대로 된다, 마음먹기 달렸다, 말이 씨가 된다, 정신일도 하사불성, 믿는 대로 된다. 하늘은 스스로 돕는 자를 돕는다.『가슴 뛰는 삶을 살아라』,『마인드 파워』,『시크릿』' 등은 모두가 인간의 의식 작용으로 외부세계에 영향을 줄 수 있다는 말이고, 그 영향을 주는 구체적인 작용의 실체는 기라고 볼 수 있다.

2. 기생심 기즉사(氣生心 氣則思)

'기생심'과 '기즉사'의 관점에서 의식과 기의 관계를 설명하고자 한다. 심생기와 사즉기는 인간이 주체적으로 외부 사물을 인간의 의식에 의해서 창조하는 관점이라면, '기생심'과 '기즉사'는 인간의 의식이 외적인 기에 의하여 영향을 받아서 변화해 가는 피동적인 상태를 말한다.

여기서 기를 더 구체적으로 말하면 인간의 의식에 영향을 주는 환경적인 분위기에 해당하는 기를 의미한다. 환경적인 분위기에 해당하는 기의 종류와 성격에 따라서 인간의 의식에 미치는 결과가 다르다고 볼 수 있다. 먼저 환경적인 분위기에 관련된 기를 크게 분류하면, 우주론적 하늘의 기운, 풍수지리적 땅의 기운, 주변 사람(人)과 사물(器)로부터 오는 기운으로 나눠 볼 수 있다.

첫째, 우주론적 하늘의 기운이란 하늘의 지구와 달과 태양 그리고 별자리가 바뀜에 따라서 우주의 분위기가 변함을 의미한다. 이를 체계적으로 나타낸 학문이 오운육기, 즉 육십갑자이며, 이는 소위 운의 기운을 말한다. 우주론적 하늘의 기운인 운의 기가 바뀜에 따라서, 기생심과 기즉사의 이치에 의하여, 인간의 의식에 영향을 주고, 그에 따라서 인간의 사고와 태도가 바뀌게 된다. 그리고 인간의 건강에도 영향을 준다. 운이 좋을 때는 자신에게 유리한 쪽으로 올바른 판단을 하게 되고, 그래서 자신에게 좋은 행운의 결과가 나타나고, 그래서 하는 일마다 잘 풀리고 건강도 좋지만, 운이 나쁠 때는 불리한 쪽의 판단을 하여, 하는 일마다 일이 잘 풀리지 않아서 불운을 겪게 되고, 건강도 좋지 않게 된다. 이를 체계적으로 밝힌 학문이 사주명리학이다.

하늘의 떠돌이 별인 혜성이 뜨면 그 영향이 짧게는 3개월 안에 나타나고, 길게는 3년까지 간다고 한다. 지구는 수많은 별로 둘러싸여 있는데, 특히 북극성이 있는 자미원은 수많은 성운이 집중되어 있는 별들의 보고다. 그 많은 별들이 지구가 탄생했을 때부터 영향을 주었고, 그래서 지구상의 생명체들은 별들이 보내는 빛과 파장에 익숙해져 있다.

인간의 두뇌는 전기적인 작용을 화학적으로 바꾸면서 생각을 전개한다고 한다. 그러므로 우주에서 보내는 전자파에 민감하기 마련이다. 우주에서 오는 파장(기)들은 아주 미세한 것같이 보인다. 그러나 그것이 인류의 사고에 미치는 영향은 지대하다. 평소 같으면 얌전하게 말을 잘 들었을 아랫사람이 상사에게 대드는 것도 일종의 파장 간섭현상의 영향이다. 상대방의 변화가 감지될 정도로 크다면 미리 대비하면 된다. 그러나 아주 미세하여 잘 감지하지 못하고 있다가 상대방의 변화된 행동이 나타나서야 비로소 깨달을 수 있게 되니 더욱 잘못될 소지가 높은 것이다.

우리가 TV를 볼 때 기차나 자동차 등이 지나가면 '지지직' 현상이 일어난다. 전자파가 파장을 간섭하기 때문이다. 떠돌이 혜성이 하늘을 지나가면서 우주로부터 오는 파장을 간섭하면 그것이 인류의 신체에 미치는 시기가 3개월에서 3년 사이라는 것이 동양 천문 점의 시각이다.

둘째, 풍수지리적 땅의 기운도 인간의 모든 문제에 크고 작게 영향을 주는 주요한 변수이다. 그래서 우리 조상들은 항상 풍수적으로 명당에 조상을 모시고, 명당 터에 집을 짓고 사는 것을 대단히 중시하였다. 왜냐하면 명당에 조상을 모시고 명당에서 살아야, 그 터의 기운을 받아서 건강하고 운이 좋아진다고 믿었기 때문이다. 즉, 땅의 기운이 인간의 신체와 의식에 영향을 주고, 그에 따라서 신체적 건강과 의식적인 옳고 그름의 판단에 영향을 주고, 그 결과 행불행이 나타난다고 볼 수 있다. 그리고 건강에도 영향을 준다. 터의 기운이 어떠하냐에 따라서 의식의 변화가 일어나고, 의식이 변화하면 신체에도 변화가 일어난다. 대학 제1장에 보면 '심자 신지소주야'란 말이 있다. 문자 그대로 인간의 의식이 인간의 신체를 지배하고 있는 주인이라는 것이다. 이는 인간의 의식이 어떠하냐에 따라서 신체의 건강을 결정한다는 것이다. 인간의 건강과 좋은 행운을 위해서는 명당에서 살아야 한다.

풍수와 관련된 우리나라 말에 '탈신공 개천명(奪神功 改天命)'이라는 말이 있다. 문자 그대로 해석하면 '신의 조화를 차지해서 자신의 천명을 바꿀 수 있다'는 것이다. 소위 팔자를 바꿀 수 있다는 말이다. 그만큼 우리 조상들은 풍수를 중시하였다. 그래서 인간은 명당에 조상을 모시고, 사는 장소는 명당에서 살아야 한다. 명당이란 문자 그대로 표현하면 밝은 기운이 있는 곳을 의미한다. 밝은 기운의 영향을 받으면, 기생심 기즉사의 이치에 의해서 밝은 생각을 하게 되고, 그렇게 되면 밝은 판단과 밝은 생활을 하게 되고, 그렇게 되면 좋은 일과 건강한 생활을 하게 된다는 것이다.

셋째, 타인과 사물의 기가 인간의 신체와 의식에 영향을 준다. 모든 사물과 인간으로부터는 그에 관련된 고유한 기가 발생한다. 그 기의 종류, 즉 음양오행에 따라서 개개인에게 이로운 기가 있고, 해로운 기가 있다. 기의 종류에 따라서 인간의 신체와 의식에 영향을 미치는 것이 다르고, 그에 따라서 인간의 의식이 영향을 받는다. 뿐만 아니라 인간의 육체에도 영향을 준다. 인간의 육체도 기로 구성되어 있기 때문에 그 개인의 육체를 구성하고 있는 기의 성격이 어떠하냐에 따라서, 외부 사물에서 오는 기가 이로울 수도 있고 해로울 수도 있다. 예를 들면 풍수적 환경 면에서 볼 때, 건물의 위치와 생김새, 건축

자재, 그리고 가구의 모양과 재료 등에서 나오는 기가 인간의 신체와 의식에 영향을 준다. 따라서 그 이치에 맞게 가구를 선택하고 배열하는 것과 관련한 학문이 서구, 특히 불란서에서 크게 인기를 얻고 있는 풍수 인테리어이다.

다른 예로 사회적, 국가적으로 어떤 일이 있으면 국민 개개인의 정신적, 신체적 기에 영향을 준다. 즉, 사회적, 국가적 어떤 현상에서 나오는 기운이 국민 개개인의 정신적, 신체적 기운에 싫든 좋은 영향을 준다. 그리고 개개인의 인간들에게서 나오는 기운은 서로 상호 작용 하면서 기의 영향을 주고받고 있다. 그 기운이 서로 좋으면 상호 간의 관계가 원만하고 부드럽게 되나, 그렇지 않고 나쁘면 관계가 좋지 않고 상호 간에 갈등과 불신의 관계가 나타나게 된다. 그래서 우리조상들은 남녀 간의 배우자를 선택할 때 궁합을 중시한 것이 이런 연유에서이다. 개개인이 갖고 있는 고유한 기운이 인간 상호 간에 어떻게 영향을 주고받는가를 연구하는 학문이 사주 명리학에서 궁합론이다. 배우자 간의 관계뿐만 아니라 직장 동료 또는 사회적 정치적인 인간 상호 간에 기운이 맞느냐 맞지 않느냐에 따라서 영향을 준다고 볼 수 있다.

제3절 생명으로서의 기

동양의학에서는 인간의 생명은 기에 의해서 유지되고 보존된다고 본다. 우리나라 말에 사람이 갑자기 정신을 잃고 쓰러지면 '기절했다'고 표현하는 것이 이를 나타낸 것이다.

인간이 생명을 유지하기 위해서 음식을 먹고, 호흡하는 모든 것은 기를 흡수하기 위한 행위이다. 그러므로 동양의학의 핵심이론은 기미론(氣味論)이 핵심이다. 기와 맛이 인간의 건강과 질병에 절대적인 영향을 준다고 본다. 기미론의 미, 즉 맛도 결국은 기이다. 그렇다고 하면 동양의학의 핵심 개념은 기일원론이다.

지금 제도권에서는 인간의 건강 문제를 서양의학에서는 5대 영양소 중심으로 설명하고 있으나, 동양의학에서는 기를 중심으로 설명한다. 인간이 섭취하고 호흡하는 음식과 공기의 기가(氣價)가 어떠하냐에 따라서 건강 문제가 결정된다는 것이다.

살아 있는 동식물 생명체의 근원은 동양학에서는 기의 소행으로 본다. 즉, 모든 동식물이 살고 죽는 것은 단지 기의 취(聚)와 산(散)의 결과로 본다. 인간이 태어나는 것은 기가 모여서 나타나는 것이고, 죽는 것은 기가 흩어지는 것으로 본다. 그래서 인간의 생과 사는 기의 취와 산에 지나지 않는다는 것이다. 흔히 우리는 사람은 죽으면 흙으로 돌아간다고 하는데, 동양학의 관점에서는 틀린 말이다. 기의 관점에서 보면 흙으로 돌아가는 것이 아니고 기로 흩어지는 것이다. 즉, 인간의 신체는 죽으면 흙으로 변화하는 것이 아니고, 기로 흩어지는 것이 더 정확한 표현이다.

기가 모여서 인간이 태어나지만 또한 그 태어난 인간의 생명을 주관하는 것도 기이다. 한의학에서 가장 중요한 인체의 생리적 현상을 기의 작용으로 본다. 즉, 인체를 구성하는 기본 인자는 기로 이루어져 있지만, 그 인체의 생명을 좌우하는 것도 기이다. 그래서 우리나라 말에 갑자기 숨을 쉬지 못하고 정신을 잃은 상태를 '기절했다'고 하는 말이 여기에서 나온 말이다.

동양의학에서는 인간의 신체와 생명을 주관하는 기의 흐름을 나타내는 학설로 경락학설이 있다. 인간의 몸에는 생리적으로 기와 혈의 통로인 경락이 존재한다. 이 경락의 흐름 체계인 경맥에 의해 인간의 생사가 결정되고, 백병이 치료된다는 것이다. 경락은 인체 생명 메커니즘으로 그 주요 작용은 정보 전달이며, 기혈은 정보 운반체이다. 인체의 혈도 기의 흐름에 의해서 영향을 받는다는 것이다. 그래서 인간의 질병과 건강은 기가 경맥을 통해서 원활하게 소통이 되느냐 여부에 의해서 결정된다.

동양의학에서는 경락의 이상 그 자체가 질병의 본태이고, 경락의 이상을 인식하는 것이 질병의 진단이며, 그 이상을 개선하는 것이 치료이다. 이는 다른 말로 기의 흐름을 소통시켜 주는 것이다. 기가 정체하여 흐르지 않거나 기의 흐름에 문제가 있으면, 이것이 인간의 건강과 질병의 원인과 결과이다.

그런데 이 생명의 기는 인간의 생명에만 관계가 있는 것이 아니고 모든 살아 있는 동식물도 기와 관계가 있다는 것이다. 그래서 동식물에도 각기 생명을 주관하는 기가 다니는 경락이 모두 있다는 것이다.

인간과 모든 동식물에 존재하는 기는 그 생명체에 독립적으로 존재하는 것이 아니고, 우주의 기운과 상호 작용을 한다. 이것은 '모든 생명체는 우주의 순환원리에 따라 운행하는 오운육기에 의하여 직접, 간접으로 영향을 받는다'라는 뜻이다. 그에 따라 인간의 체질을 구별하는 이론을 운기체질이라고 한다. 이것은 우리가 평소에 느끼는 사실에서도 쉽게 이해할 수 있다. 사람에 따라서 하루에도 아침에 컨디션이 좋은 사람이 있고, 저녁에 좋은 사람이 있으며, 일 년 중에도 사계절에 따라 몸의 상태가 다르다. 이는 우주의 기운 변화가 인체에 직·간접으로 영향을 주는 것을 나타낸 실증적인 사실이다. 이 영향을 주는 것을 더 과학적으로 체계화한 학문이 운기체질론이다.

제4절 에너지로서의 기

기는 또한 에너지적 힘을 나타내는 데도 사용된다. 우리나라 말에 '기력이 쇠했다'는 말이 이를 대변하는 말이다. 인간이 힘이 세다는 것을 표현할 때 '기운이 세다'는 말도 이를 나타낸 말이라고 본다.

우리가 어렸을 때 병을 앓고 일어나면 기운을 차리기 위해서 가장 중요한 음식으로 밥을 먹을 것을 강조한다. 즉, 사람은 곡기가 들어가야 기운을 차린다는 말이다. 곡식의 기를 먹어야 신체적 기력을 회복한다는 것이다. 황제내경에서는 식물의 곡기(穀氣), 즉 곡식의 기운을 최고 약으로 또한 음식으로 강조한다.

최근에 첨단 자연과학자들이 기 개념의 실체를 밝히고자 하는 연구가 많이 나타나고 있다. 대표적인 학자 중의 한 사람인 한국표준과학연구소의 방건웅 박사는 우주에너지 연구와 기의 속성을 유사하게 관련하여 연구한 사실들을 다음과 같이 서술하고 있다.

동양에서 기에너지에 대한 연구는 일본과 중국에서 활발하게 진행되고 있으며, 일본에서는 통상산업성의 지원 아래 '기에너지 응용기술 실용화 연구위

원회'가 구성되어 있고, 학문적으로는 '인체과학연구원'이 설립된 지 20여 년이 된다.

서구에서는 화석연료의 고갈과 환경오염 문제로 대체에너지 개발이 많이 이루어지고 있다. 그러나 현재 태양에너지와 풍력 에너지 등을 이용한 대체에너지 연구개발은 느리게 진행되고 있으며, 차지하는 비율도 매우 미미하다.

최근 들어 우주에서 그대로 에너지를 뽑아 쓰는 기술의 연구개발이 활발히 진행되고 있으며, 1991년에는 미국에서 매년 열리는 '에너지변환공학학회'에서, 처음으로 우주에너지를 이용한 기술에 대한 공식적인 발표와 토론의 장이 마련되었다. 이것은 미국의 정통과학 학회가 우주 에너지 및 우주 에너지 발전기를 공인했다는 의미에서 획기적인 일이다. 이 에너지는 기존의 열에너지와는 다른 개념의 에너지원을 활용하기 때문에 영점 에너지(zero point energy)라고도 한다. 이 에너지원을 실용화하여 발명한 것으로는 M - L 변환기를 들 수 있다.

일본 후나이 유키오의 『지구의 운명과 인류의 미래』라는 저서에 의하면, 이 우주 에너지는 우리 주변의 공간으로부터 무진장한 상태로 존재하고, 심지어 진공상태에도 이 에너지는 존재한다는 것이다. 과거에 진공 속의 무진장한 에너지에 착안하여 이 에너지를 추출하여 이용하는 기술 - 이른바 입력보다는 출력 쪽이 더 큰 우주 에너지(영구적) 발전기 - 을 개발한 사람이 많았다.

우리가 그 존재를 모르고 있었던 것은 지금까지 우주에너지 발전기가 개발되자마자 화석에너지 지배세력에 의해 모두 사장되고 말았기 때문이다.

앞에서 기의 에너지적 속성을 서술한 내용 중에서 동양학자들의 기에너지와 서구의 우주에너지 개념은 사실상 동일한 개념으로 봐도 무리가 없을 듯하다. 동양에서는 이미 수천 년 전부터 이 우주는 기로 꽉 차 있는 기의 바다(氣海)라고 해 왔다. 그리고 기일원론의 관점에서 우주삼라만상을 고찰하고 있다.

제5절 정보로서의 기

인간의 의식으로부터 기가 나온다는 말은, 앞의 의식으로서의 기 부분에서 서술했다. 의식에서 나오는 기는 두 가지 의미로 나누어 볼 수 있다. 즉, 에너지로서의 기와 정보로서의 기를 나누어 볼 수 있다. 인간은 정신이라는 의식으로 생각하고, 생각을 하면 그에 따라서 에너지가 나오며, 그 에너지는 단순한 에너지가 아니고 생각의 내용, 즉 정보가 담겨 있는 에너지이다. 정보가 실려 있는 에너지이기 때문에 의식의 내용이 무엇이냐에 따라서 정보가 다르고 정보가 다름에 따라서 에너지의 질과 성격이 다르다고 볼 수 있다.

기는 정보가 실려 있는 실체이기 때문에 그 정보가 기의 발송자로부터 수신자에게 전해진다. 그러므로 기를 발송하는 자의 마음 정보가 어떠하냐에 따라서 그 기를 수신하는 자에 미치는 영향이 다르다고 볼 수 있다.

마음 정보가 기에 같이 실려 간다는 것을 뒷받침하는 실험결과가 중국의 기공사들을 대상으로 실험한 결과 나타났다. 기공사가 환자를 기공으로 치료하는 경우에 기공사의 마음이나 의지에 따라서 결과가 반대로 된다는 것이다. 여기서 '기공사의 마음이나 의지'는 기의 정보를 말하고, 이의 내용이 어떠하냐에 따라서 치료의 결과가 다르다는 것이다.

마찬가지로 미국의 연구 결과에서도 박테리아의 성장에 있어 치유사의 마음에 따라 성장이 촉진되기도 하고 반대가 되기도 하였다는 것이다. 예를 들면 기공사가 A, B 두 개의 군으로 나눈 박테리아 군에, 한 곳에는 부정적이고 미워하는 마음을 계속 보내고(A), 다른 한 곳에는 밝고 긍정적이며 사랑의 마음을 계속 보냈더니(B), B군의 박테리아는 성장이 촉진되는 데 비하여, A군은 성장이 억제되는 결과로 나타났다는 것이다.

흔히 제도권의 서양 과학자들이 초상현상에 대한 논의에서 재현성이 거의 없다는 점을 들어 초상현상이 과학적 연구의 대상이 될 수 없다고 주장하는 논거로 삼는 경우가 많으나, 인간사회를 연구 대상으로 하는 사회과학에서 자연과학 수준의 재현성을 요구한다면 미친 사람 취급을 받을 것이다. 초상현상은 그 속성상 어느 정도의 경계 영역 안에서 되풀이되는 카오스현상과 매우 유사하다는 것이다.

양자역학자들은 소립자세계에 들어가면 물질은 물질이 아니고, 의식과 개념과 정보라는 것이다. 극미의 세계인 양자의 세계에서는 물질은 없고, 의식과 정보와 개념만이 있다는 것이다. 이것은 동양학의 기 개념과 같은 내용이라고 볼 수 있다.

제6절 기와 도리 간의 관계

중국 전국시대의 도가(道家)는 도(道)를 우주의 본체로 여겼으나, 또한 "천하는 하나의 기로 통한다(通天下一氣)"는 관점도 있었으니, 道와 氣의 二元論의 경향을 지니고 있었다고 말할 수 있다. 도와 기에 관한 이원론을 주장한 後漢의 王符의 잠부론(潛夫論) 본훈(本訓)을 보면 도와 기에 대해 다음과 같이 서술하고 있다.

上古之世 太素之時 元氣幽冥 未有形兆 萬精合幷 混而爲一 莫制莫御 若斯久之 翻然自化 淸濁分別 變成陰陽 陰陽有體 實生兩儀 天地壹鬱 萬物化淳……道德之用 莫大于氣 道者氣之根也 氣者道之使也 必有其根 其氣乃生 必有其使 變化乃成 是故道之爲物也 至神以妙 其爲功也 至疆以大 天地以動 地之以靜 日之以光 月之以明 四時五行 鬼神人民 億兆醜類 變易吉凶 何非氣然

▶아주 옛날 물질이 최초로 생성되기 시작할 때에 원기가 어렴풋하여 형체의 조짐이 있기 전에, 온갖 정기가 합쳐져 두루 섞이고 하나가 되어서 그것을 제어할 수 없었다. 그것이 오랜 뒤에 엎치락뒤치락 스스로 변화하여 맑은 것과 탁한 것이 나누어 구별되고, 변화작용으로 인하여 음양이 이루어졌다. 음양에는 중심의 체가 있어서 실제로 양의가 생기고, 천지에 기가 가득 차서 온갖 사물이 변화하고 생성되었다……. 도와 덕의 작용은 氣보다 큰 것이 없다. 도는 기의 뿌리이며 기는 도가 부리는 것이다. 반드시 그 뿌리가 있고 나서야 그 기가 생겨난다. 반드시 그 부리는 바가 있어서 변화가 이루어진다. 이 때문에 도가 사물을 낳음에 지극히 신묘함으로 하여 그 사물을 낳는 공적이 지극히 넓고 크다. 움직임이 하늘이 되고, 고요함이 땅이 되고, 빛이 해가 되고, 밝음이 달이 된

다. 사계절과 오행 귀신과 사람들 수많은 무리들 길흉화복이 어찌 기의 작용이 그러한 것이 아니겠는가?

위에서 보는 바와 같이 천지의 온갖 사물은 모두 원기(元氣)가 변화되어 생성된 것이지만, 도(道) 또한 기(氣)의 뿌리이다. 도는 제1본체이며 기는 제2본체이다. 도가 없으면 기가 생성될 수 없고, 기가 없으면 도가 변화를 일으킬 수 없다.

북송시대에 이르러서는 리기이원론(理氣二元論)이 정호(程顥)·정이(程頤) 형제에 의해서 언급되었다. 여기에서 리란 생성하고 생성하는 이치를 말하며, 기의 원리를 가리킨다. 그래서 이치를 궁극적인 본체로 여겼고, 기는 그 다음으로 여겼다. 정이의 이치 관념은 실제로 고대 도가의 도 관념이지만, 도 관념에 비해서 더 순수하다. 주자가 황도부(黃道夫)에 보낸 편지에 의하면, 朱文公文集 제58권 答黃道夫第一書에서

天地之間 有理有氣 理也者 形而上之道也 生物之本也, 氣也者 形而下之器也 生物之具也 是以人物之生 必稟此理 然後有性, 必稟此氣 然後有形

▶경험계의 모든 구체적 존재는 모두 리와 기가 합하여 구성된다. 理란 시간과 공간을 초월하며 형체를 초월한 것(形而上者)으로 생물의 근본이 된다. 氣란 시간과 공간에 내게 하며 형체를 갖춘 것(形而下者)으로 생물의 질료(具)가 된다. 이 질료란 경험계의 모든 구체적 존재물의 구성재료를 가리킨다. 그러므로 사람과 사물의 존재는 반드시 이 리를 품은 후에 비로소 그 사물의 성이 있게 되고, 반드시 이 기를 품은 후에 비로소 그 사물의 형체가 있게 된다.

결국 리(理)란 한 사물로 하여금 그 사물이 될 수 있게 하는 존재 근거이며, 바로 그 사물의 내재 원리가 되는 것이며, 기(氣)란 곧 어떤 구체 사물의 존재를 결정하는 외재형식을 말한다. 그러므로 리는 사물의 궁극적인 본체이므로 사물을 낳는 근본이다. 그러나 이치만 가지고 사물을 낳을 수 있는 것이 아니고, 기가 있어야 사물을 낳을 수 있다. 그래서 기는 사물을 낳는 바탕 도

구이다.

또한 주자는 성(性)과 형체를 구분하여 둘로 보았는데, 성은 이치에 근원하고 형체는 기에 근원한다. 이치는 기의 원인 또는 원리이다. 기는 형체와 모습이 있지만 기의 원리인 이치는 소리도 없다는 것이다. 즉, 형체와 모양이 있는 것은 물질적인 기(器)이고(凡有形有象者卽器也), 물질적인 것의 원리가 되는 것은 도이다(所以爲是器之理者則道也).

이러한 리와 기는 실제로 떨어지지 않는다. 그러나 서로 떨어지지 않으나 두 개이다. 즉, 우주에 이치 없는 기는 없으며, 기 없는 이치도 없다(天下未有無理之氣 亦未有無氣之理). 이치와 기는 분명히 두 개의 존재이지만, 사물의 입장에서 보면 두 존재는 서로 섞여서 각각의 장소에 나누어 있을 수 없다. 그러나 두 존재가 각각의 한 존재라는 사실이 손상되지는 않는다(所謂理與氣決是二物 但在物上看 則二物渾淪 不可分開各在一處 然不害二物之各爲一物也).

그러나 이치는 궁극적 본체이며 기는 그다음의 것이다. 이치와 기는 서로 떨어질 수 없으나, 우주에는 기가 존재하기 전에 실제로 이미 이치가 있다. 이치는 영원히 존재하며, 어떤 사물도 존재하기 전에 그 이치는 이미 먼저 있는 것이다. 주희는 말했다. 이치는 영구적이며 본래부터 있기 때문에 없다고 논의할 수 있는 것이 아니다. 어떤 사물이 있기 전에 그 이치는 모두 이미 존재한다. 단지 자연사물만 이와 같은 것이 아니고, 사람의 일에서도 역시 먼저 이치가 있은 후에 그 일이 있다. 모든 일이 있기 전에 앞서, 오직 이치가 존재한다. 이치가 있으면 곧 기가 있으니, 온갖 사물이 다 의지하여 발생한다.

제7절 기와 신의 관계

신(神)이란 주역계사전과 설괘전에 '陰陽不測之謂神', '神也者 妙萬物而爲言者也'라는 말이 있는데, 이것에 대하여 한강백의 주역정의에서는, "신이라는 것은 변화의 극치니 '만물을 묘하게 함'을 말한 것이므로 형체로써 따져

물을 수가 없기 때문에 '음양불측지위신'이라고 한 것이다(神也者 變化之極 妙萬物而爲言 不可以形詰者也 故曰陰陽不測)"고 설명하고 있다.

기(氣)와 신(神)의 관계를 구별해 보면, 기의 작용과 변화원리인 도는 '한 번 음하면 다음에는 반드시 양하고, 한 번 양하면 반드시 음한다'고 하는 규칙적이며 필연적인 음양적 질서로서, 측량할 수 있는 세계를 의미한다. 반면에 신이란 음이 되기도 하고 양이 되기도 하는 등, 음양운동의 불규칙적, 우연적 측면으로서 인간의 합리적인 지성으로 측량할 수 없는 영역이다.

일반적으로 우리가 생활 속에서 알고 있는 신이라고 하면, 하나님처럼 전지전능하고 절대적인 권세를 가진 분과 흔히 귀신이라 일컫는 저급한 존재까지를 총망라하는 개념이다. 그 권세와 역할에 관계없이 육을 갖지 않았으되 그 형상과 각각에 맞는 힘을 갖고 존재하는 실체를 신이라고 한다.

이 우주에는 신으로 가득 차 있다. 그리고 모든 것에는 신성이 깃들어 있다는 것이다. 그래서 인간이 살아가면서 신과 관련된 일이 많이 있다는 것이다. 사람은 삶의 모든 부분에서 100% 신과 연관된다 해도 과언이 아니다. 기독교에서는 모든 것을 신의 역사로 보고 있다. 때문에 신을 모르고서는 사람의 삶을 진정으로 이해한다고 말할 수 없는 것이다. 주역도 곳곳에 신에 관한 내용이 많이 나타나 있다. 그것은 인간의 삶은 신의 문제를 배제하고는 말할 수 없다는 것과 같다고 본다. 왜냐하면 주역은 보이는 기(器)의 세계와 보이지 않는 신과 기의 세계를 모두 포괄해서 종합적으로 나타낸 학문이기 때문이다.

천지를 가득 메우고 있는 신을, 그 성격에 따라 크게 나누면 자연신과 인격신으로 구분할 수 있다. 인간으로 살다가 죽어서 신으로 남아 있는 인격신이 있고, 신의 본성으로서 존재하는 자연신이 있다.

그런데 신의 모습은 일정한 모습을 지녔으나 물질이 아닌 기의 형체로 이루어진 것이다. 즉, 만물의 구성인자가 되는 기가 특정한 형체를 가질 때 그것을 신이라 한다. 물론 기가 모여서 보이는 물체를 형성하나, 눈으로 보이지 않는 기가 특정한 형체로 되어 있을 때 이를 신이라고 한다. 기는 일반 사람의 눈으로는 보이지 않기 때문에, 기가 뭉쳐서 하나의 덩어리를 이룬 신도 사람의 눈에는 보이지 않는다.

이상의 글에서 보는 바와 같이 도·신·리·기(氣)·기(器)의 관계를 간단히 정리해서 살펴보면, 氣는 정신과 물질적인 실체를 구성하는 가장 기본적인 요소를 의미하고, 이것이 형상을 이루면 기(器)라고 하고, 기(氣)의 작용과 기가 변화하는 보편적 법칙이나 원리를 도 또는 리라고 할 수 있다. 그런데 신은 규칙적인 운동질서로 포착될 수 없는 존재로서 초합리적이고 우연적인 측면을 의미한다.

결국 기는 정신과 물질적인 실체를 구성하는 가장 기본적 요소를 의미하고 이것이 형상을 이루면 기(器)라 하며, 기(氣)가 작용, 변화하는 보편적 법칙이나 원리를 도 또는 리라 할 수 있다. 그리고 보편적 법칙이나 원리로 표현이 불가능한 작용은 신의 소행으로 보았다.

제8절 기의 작용과 변화 원리

기(氣)의 작용과 변화원리를 나타낸 구체적이고 기본적인 이론을 살펴보고자 한다. 여기서 작용과 변화원리는 다른 말로 하면 리이고 도라고 할 수 있다.

먼저 동양사상, 동양철학 그리고 동양과학의 가장 기본적인 출발점은 태극이론이다.

程子가, 일설에는 朱子가 썼다는 周易 序文에, "散之在理則有萬殊하고 統之在道無二致니 所以易有太極하니 始生兩儀라. 太極者는 道也요 兩儀者는 陰陽也니 陰陽은 一道也요 太極者는 無極也라(흩어져 이치로 보면 만 가지로 다르고, 모아서 도로 보면 두 가지가 아니니, 그렇기 때문에 역에 태극이 있으니 이것이 양의를 낸다. 태극은 도이고, 양의는 음과 양이니, 음양은 한 도이며 태극은 무극이다)"는 말이 있다. 이는 주역의 가장 기본 이론이 태극이라는 것이다.

주역의 계사상전(繫辭上典) 제11장에, "역에 태극(☯)이 있으니 이것이 양의(兩儀), 즉 음양을 낳고, 양의가 사상을 낳고, 사상이 팔괘를 낳는다(易有太極 是生兩儀 兩儀生四象 四象生八卦)"고 하였으니, 역은 일생이법의 원리에 의해서 이루어졌음을 알 수 있다. 즉, 만물의 근원인 태극이 한 번 동(動)하고 한 번 정(靜)한 것이 '양의(兩儀)'이고, 이 음과 양이 서로 교합하여 사상을 낳고, 사상은 다시 팔괘를 이루게 된다. 여기서 먼저 태극은 만유의 본바탕으로서 만물이 나오고 들어감이 모두 이로 말미암음이다. 태극은 시공의 이치가 내포되어 있으니, 만물을 모두 포함한다는 공간적인 뜻과, 처음부터 끝까지를 포함하는, 즉 태초부터 궁극에 이르는 시간적 뜻이 함께 있다.

태극과 관련된 개념으로 송대의 주렴계(1017~1073) 선생은 태극도설(太極圖說)에서 "무극이 곧 태극(無極而太極)"임을 주장하였으니, 이는 태극 이전에 무극[無極(○)]이 있음을 강조하였다기보다는, 태극의 무한한 이치를 말한 내용으로 보인다. 무극은 뜻 그대로 중심이 없어 두미(頭尾)를 잡을 수 없고, 한 획의 둥근 상으로 공허하여 시종(始終)이 없는 태극의 모체이다. 태극은 상하의 극점을 중심으로 하여 한 획을 이루니 시종이 분명하고, 하나로 말미암아 두 밭(陰陽)이 좌우로 형성되어 一生二의 이치가 나타난다.

둘째, 음양론이다. 양의는 두 가지의 양태(거동이나 모습)를 뜻하는 것이니, 태극이 한 번은 양이 되고(變) 한 번은 음이 되는(化) 시간성과, 태극이 음양으로 나뉘었다는 동시적인 공간성을 포함하는 말이다. 즉, 양의는 태극의 양과 음의 두 가지 양태로서 실제적인 운동을 하니 양의 경청한 기운이 위로 올라 하늘의 체를 이루고, 음의 중탁한 기운이 안으로 엉겨 땅의 형을 갖추어 천지가 창조되며, 음이 변해 양이 되고 양이 화(化)해 음이 되는 순환과정으로 낮과 밤, 나아가서 사시가 이루어진다. 그리고 음양론은 자연계의 모든 사물을 음류와 양류로 나누고 이들 간의 관계, 즉 상호 의존((相互依存), 상호 소장(相互消長), 상호 전화(相互轉化) 그리고 상호 대대(相互對待) 등의 관점에서 보는 이론이다.

셋째, 사상론(四象論)이다. 음양이 태극으로부터 분화한 후(一變), 다시 재변하여 나온 것이 사상이다. 즉, 양의(陽儀)를 본체로 하여 양으로 분화된 것이 태양(太陽)이고 음으로 분화된 것이 소음(少陰)며, 음의(陰儀)를 본체로 하여 양으로 분화된 것이 소양(少陽)이고, 음으로 분화된 것이 태음이다. 그 象의 성격을 보면, 태양은 견실하니 강건불식(剛健不息)하고, 태음은 공허하니 유순안정(柔順安靜)하며, 소음은 내실외허(內實外虛)하니 위로 나아가 생장하고, 소양은 내허외실(內虛外實)하니 아래로 들어가 수축한다. 이를 작용 면에서 사시로써 설명하면, 소음은 안의 양이 자라는 상이므로 봄(아침)이요, 태양은 양이 자라서 마침내 극성한 상이므로 여름(낮)이며, 소양은 안의 음이 자라는 상이므로 가을(저녁)이요, 태음은 음이 자라서 마침내 극성한 상이므로 겨울(밤)에 해당한다.

넷째, 팔괘론(八卦論)이다. 태극이 양의가 되고(一變), 양의가 사상이 되고(二變), 사상이 팔괘를 이룸으로써(三變), 변화의 기본과정이 이루어진다(三變成道). 그 분화하는 방법은 이분법이나 삼변(三變)으로 완성하여 삼재를 이루니, 역은 음양과 삼재(天地人)를 기본 바탕으로 하는 것이다. 사상에서 분화한 것이 팔괘이므로 팔괘는 그 분화된 체를 따라 사상으로 분류된다. 즉, 太陰(==)에서 분화된 것이 坤卦(☷) 艮卦(☶)이고, 小陽(==)에서 분화된 것이 坎卦(☵) 巽卦(☴)이고, 少陰(==)에서 분화된 것이 震卦(☳) 離卦(☲)이고, 太陽(=)에서 분화된 것이 兌卦(☱) 乾卦(☰)이다.

이러한 팔괘는 우주만물의 음양운동의 상징이기 때문에 우주의 만물만사는 모두 태극과 팔괘에 종합정보가 존재한다. 팔괘의 종합정보법칙은 미시적 세계든 거시적 세계든 모든 곳에서 구체적으로 나타난다는 것이다.

이상의 태극에서 팔괘까지 일생이법에 의해 분화되는 과정을 간단하게 표로 나타내면 아래 <표 9-1>과 같다.

〈표 9-1〉 태극분화도

坤(8)	艮(7)	坎(6)	巽(5)	震(4)	離(3)	兌(2)	乾(1)	괘명 및 팔괘
☷	☶	☵	☴	☳	☲	☱	☰	팔괘(三變)
☷		☵		☳		☱		사상(二變)
▬▬				▬				양의(一變)
☯								태극

다섯째, 오행론(五行論)이다.

오행설은 우주삼라만상 간에 운행하는 원기(元氣)로서 만물을 낳게 한다는 다섯 종류의 원소(元素), 즉 木·火·土·金·水 오종물질(五種物質)의 운동과 상호 작용으로 우주의 모든 현상과 만물의 생존을 관찰하여 설명한 일종의 사상체계이다.

중국 주렴계(1017~1073)의 태극도설(太極圖說)에 의하면, 우주의 본체를 태극이라 하고, 거기에는 음과 양 두 가지의 기가 있고, 거기에서 목화토금수 다섯 가지의 기가 생기고, 그러한 것들의 배합에 의하여 우주만물이 생성된다는 것이다. 즉, 오행은 만물을 구성하는 다섯 가지의 기본적인 원소로 이들의 상호관계, 즉 생극제화(生克制化)를 통해서 정치와 사회, 인생과 자연 각 방면에서 일어나는 현상의 변화를 설명한다.

따라서 삼라만상을 木火土金水의 오대 범주로 귀납시켜서 오행학설을 성립시키는데, 이 학설은 사물의 계통성을 파악하는 데 있어서나 사물에 내재한 연계성, 즉 상생상극을 반영하는 데 있어서 중요한 의미를 가지고 있다.

제9절 현대과학에서 기의 연구

한국정신과학회에 가보면 현대 서양 첨단 자연과학자들이 동양학의 가장 기본이 되는 개념인 기의 실체를 밝히고자 많은 연구를 한 논문을 볼 수 있다. 그들은 현대 첨단 과학적 방법과 장비를 동원하여 기의 실체를 밝히고자 연구를 한 논문을 발표한다. 그리고 서구에서 기 개념과 유사한 연구를 한 결과도 소개한다. 물론 서구에서는 기라고는 하지 않지만, 그 연구 결과를 보면 우리의 기 개념과 유사한 내용이 많이 있다. 그런데 서구에도 이런 연구는 기존의 지배적인 과학기술적 관점에서 전혀 이해가 되지 않아서, 기존의 학회에서 받아들여지지 않는 경우가 많다는 것이다.

동양학의 기(氣)와 양자물리학의 에너지

최근 인터넷(www.hiramid.kr)에서 소개해 준 동영상 중에서 "양자역학과 마음DVD"라는 동영상에서 150여 분간 서구의 양자역학자들이 양자물리 세계에 대해 연구한 내용들을 대화와 강의식으로 생생하게 소개하였다.

양자물리학자들의 대화와 강의 내용 중에서 기(氣)의 개념과 유사한 내용만 발췌해서 다음과 같이 소개하고자 한다.

> "정신계와 과학계가 다시 결합하려고 하는 걸까요? 교회와 연구소가 의견일치를 본 걸까요? 신에 대한 탐구와 우주에 대한 지식이 손을 잡고 나란히 걷게 되었습니다."

이 말의 내용은 정신세계에 관한 종교와 물질세계에 관한 첨단 과학기술자들이 서로 만나서 학문적으로 대화하기 시작했다는 것이다. 이는 다른 말로 하면, 양자물리학이 발달하면서 기존의 지배적인 정신-물질 이원론적 물질론적 기계론적 과학관이 정신-물질 일원론으로 다시 회귀하는 현상이라고 볼 수 있다. 그러면서 과학자들이 그동안 외면했던 정신계의 신학자들과 대화하기 시작하였다는 표현이다.

동양학의 기 개념은 정신-물질 일원론적 학문의 가장 기본적인 개념이며, 이를 근거로 발달한 역학과 역술은 수천 년 전부터 보편화된 동양문화의 근간을 이루고 있다.

> "시간과 공간의 작은 모퉁이에서 과학자들은 깊이를 헤아릴 수 없는 에너지와 믿지 못할 정도의 신비들을 발견하게 됩니다. 그 신비는 우리가 모두 연결되어 있으며, 물질우주는 본질적으로 물질적이지 않다는 것이었습니다. 물질을 구성하는 것은 더 이상 물질이 아니라 생각이나 개념, 정보들입니다."

위의 글에서 '에너지'라는 표현은 동양학의 '기' 개념과 유사한 표현이다. '우리가 모두 연결 되어 있으며'는, 동양학의 기일원론으로 모두 설명하는 내용과 같다. 동양학에서는 만물만사는 모두 기 하나의 개념으로 구성되어 있으며, 그리고 '기라는 매체로 모두 연결되어 있는 하나이다'라는 내용과 같다.

'물질은 물질이 아니고 생각이나 개념 정보들이다'라는 표현은 역학·역술의 기즉사(氣則思) 사즉기(思則氣) 내용과 일치한다. 물질의 최소단위로 내려가면 물질이 아니고 의식만 남는다는 내용과 만물의 최소 단위가 정신-물질 일원론적인 '기'라는 내용과 같다. 기는 사(思)이고 사는 기(氣)이기 때문이다.

"우리는 모두 연결되어 있습니다. 저는 물질의 가장 근본이 되는 것이 우리가 에너지장에 의해 모두 연결되어 있다는 것이라고 생각합니다. 우리는 기본적으로 영점장이라고 할 수 있는 빛의 바다에서 헤엄치고 있는 셈입니다. 그래서 우선 우리는 분리라고 하는 모든 개념으로부터 빠져나와야 합니다. ……인간의 경험이 공명한다고 가정을 하면 그것이 어떻게 나타나는지가 궁금해질 수도 있겠죠. ……다른 사람의 마음과 연결이 되면 그것을 텔레파시라고 할 수 있고, 다른 장소의 물건과 연결이 되면 그것을 투시라고 할 수 있고, 시간을 넘어 일어나는 일들과 연결이 되면 예지력이라고 할 수 있습니다. 그리고 나의 의도가 세상에 어떤 식으로 표현되는 쪽으로 연결이 되면 그것을 염력이나 원격치료 같은 말로 부를 수도 있을 것입니다."

위의 글에서 '에너지장'이란 동양학의 기의 바다(氣海)와 같은 표현이다. 동양에서 기 개념과 서구 양자물리학자들의 에너지는 유사한 개념이다. 그리고 '텔레파시, 투시, 예지력, 염력, 원격치료'라는 초능력은 동양의 도통한 기의 달인들이 행했던 신출귀몰한 현상과 일치한다. 서구의 양자물리학자들의 에너지이론에 입각하여 '텔레파시, 투시, 예지력, 염력, 원격치료'와 같은 초능력은 동양의 기에 달통한 도사들의 신출귀몰한 능력과 유사하므로, 양자물리학자들의 에너지 개념과 동양의 기 개념이 같다고 볼 수 있다. 서구의 양자물리학자들이 수천 수백 년 전에 동양의 기 달인들이 행했던 신출귀몰한 행위를 설명한다는 것은 참으로 흥미 있고 가슴 뛰게 하는 일이다.

대부분의 사람들은 실질적인 방법으로 현실에 영향을 미치지 못합니다. 왜냐하면 그렇게 할 수 있다고 믿지 않기 때문이죠. 우리가 주위의 세상을 바라보는 방식은 어떤 것이든지 다시 우리에게 돌아옵니다. 그 이유는 제 삶을 예로 들어 보자면 삶 속에서 기쁨이나 행복, 성취감이 부족한 이유는 정확히 이런 것들에 대한 나의 초점이 부족하기 때문입니다. 내가 희생자라면 스스로에게 물어보아야 합니다. 정신적으로 내가 희생자라고 느끼고 있는지를 말이죠. 그리고 계속해서 불행과 사고들과 비극과 마주친다면 아마도 그것은 나의 정신이 기본적으로 인생이 그렇다고 받아들이는 데 맞추어져 있기 때문입니다. 그래서 그런 일들이 일어나는 것이죠. 이런 것들을 이루지 못하는 이유는 무엇일까요? 기본적으로 집중력이 부족한 것입니다.

우리가 손길 하나로 사람들을 치료하고 죽은 자를 일으키고 손에서 빵을 만들어 내지 못하는 이유를 궁금해합니다. 그렇지 않나요? 항상 왜 그렇게 할 수 없을까를 의아해합니다. 하지만 우리가 그 정답을 모르고 있다는 것은 결코 생각해 보지 않습니다. 그 정답은 우리가 할 수 있다는 것을 믿지 않기 때문이라는 것이죠.

위의 글에서 나타내는 내용은 두 가지로 볼 수 있다. 하나는 우리말에 '생각대로 된다'는 주역의 동기상구(同氣相求)원리와, 다른 하나는 믿음의 가능성, 즉 우리말의 정신일도하사불성(精神一到何事不成)을 나타낸 것이라고 볼 수 있다.

윗글에서 "대부분의 사람들은 실질적인 방법으로 현실에 영향을 미치지 못합니다. 왜냐하면 그렇게 할 수 있다고 믿지 않기 때문이죠……. 계속해서 불행과 사고들과 비극과 마주친다면 아마도 그것은 나의 정신이 기본적으로 인생이 그렇다고 받아들이는 데 맞추어져 있기 때문입니다"라는 표현은 기의 원리인 동기상구원리를 나타낸 표현이라고 볼 수 있다. 동기상구를 양자물리학에서는 '같은 에너지는 같은 에너지를 끌어 온다'는 말로 표현하고 있다.

동기상구란 같은 기운은 같은 기운의 일을 끌어들인다는 말이다. 우리의 일상적인 말 중에 "끼리끼리 만난다, 유유상종"이라는 표현과 유사한 내용이다. 이는 다른 말로 하면, 내가 생각하는 대로 일이 벌어진다는 것이다. 예를 들면, 밝고 긍정적이고 풍요롭게 생각하면 사즉기 원리에 의해서 밝고 긍정적이며 풍요로운 기운이 나오고, 그러면 동기상구 원리에 의해서, 그와 동일한 기운이 나오는 밝고 긍정적이며 풍요로운 일들이 벌어진다는 것이다. 반대로 어둡고 부정적이며 부족하다고 생각하면 사즉기의 원리에 의하여 어둡고 부정적이며 부족한 기운이 나오고, 그렇게 되면 동기상구원리에 의해서, 어둡고 부정적이며 결핍적인 일들을 끌어들여서 그러한 일들이 벌어진다. 결국 인간의 앞날과 주변에서 벌어지는 모든 일들은 인간의 마음에 의해서 창조되는 것이라고 볼 수 있다.

윗글에서, "기본적으로 집중력이 부족한 것입니다. 우리가 손길 하나로 사람들을 치료하고 죽은 자를 일으키고, 손에서 빵을 만들어 내지 못하는 이유를 궁금해합니다. 그렇지 않나요? 항상 왜 그렇게 할 수 없을까를 의아해합니다. 하지만 우리가 그 정답을 모르고 있다는 것은 결코 생각해 보지 않습니다. 그 정답은 우리가 할 수 있다는 것을 믿지 않기 때문이라는 것이죠."라는 말은 우리말의 정신일도하사불성과 연관된 내용이라고 볼 수 있다. 우리 선인들의 옛날이야기 책속에서 읽었던 신출귀몰한 내용이 허구적인 공상만화가 아니고 실제적인 가능성이 서구의 양자물리학자들에 의해서 입증이 되고 있으니 매우 흥미 있고 가슴 뛰는 일이라고 할 수 있다.

"양자물리학은 20세기까지의 물리학이었고 과학과 영성을 연결하는 새로운 무엇이 21세기에 나타날 것이라고 이야기하고 싶습니다."

이 글에서는 21세기는 새로운 과학관과 세계관에 입각한 새로운 과학기술이 나타난다는 것을 암시하는 내용이라고 볼 수 있다. 아마도 그러한 세계관과 과학관에 입각한 학문이 철학사상과 과학기술이라고 하면, 동양의 역학과 역술이라고 볼 수 있다. 그러므로 21세기는 周易(I Ching)이 주도하는 시대가 도래할 것이라고 표현하는 것이 지나치다고 할 수 있을까?

현대 양자물리학자들의 이론과 신과학자들의 새로운 과학이론은, 기존의 뉴턴 역학적 정신-물질 이원론적이며 기계론적 물질과학에 대해, 새로운 정신-물질 일원론적인 유기체론적 과학관과 세계관을 주장한다. 그런데 이들의 주장이나 새로운 이론들은 각 학자들의 연구결과에 의해서 나타난 단편적인 주장이다. 즉, 기존의 뉴턴 역학적 기계론적 학문과 새로운 원리나 이론을 학자들마다 단편적이고 산발적으로 주장하는 것이지, 새로운 이론에 의해서 구체적이고 실용적인 체계화된 학문은 아직 나타나지 않고 있다. 새로운 이론에 입각해서 우주삼라만상을 이해하고 설명하는 체계화된 학문, 즉 철학 사상과 과학인 자연과학, 사회과학, 인문과학이 아직은 나타나지 않고 있다.

그러나 동양에는 이미 수천 년 전부터 서구의 현대신과학자와 양자물리학자들의 이론과 원리에 입각한 체계화된 학문이 전해 내려오고 있다. 그것이 주역과 주역에서 비롯된 역학과 역술이다.

따라서 주역과 주역에서 비롯된 역학과 역술은 21세기 새로운 시대를 주도해 갈 수밖에 없는 학문이라고 해도 과언이 아니다. 마침 이 시대가 세계사적으로 동아시아 문화권 시대라는 시대적 상황과 맞물려서 주역이라는 학문이 다시 빛을 발한다는 것과 서로 절묘하게 맞아떨어진다는 점에서 그 의미가 더욱 빛난다.

결국 위에서 소개하고 설명한 내용의 핵심은 정신-물질 일원론적 과학관과 세계관의 일면을 나타낸 것이다. 윗글을 소개한 것은, 동서양의 서로 다른 시대의 다른 나라 학자들이 연구한 내용이지만 그 내용이 매우 유사하다는 점이다. 즉, 수천 년 전 동양학자들이 연구한 기(氣) 개념과 현대 물리학자들의 양자물리이론이 매우 유사하다는 점이다. 이것은 서로 다른 시대의 다른 나라 학자들의 동일한 대상, 즉 용어는 달라도 같은 개념인 동양학의 기와 현대 물리학의 양자를 연구한 결과로 볼 수 있다. 시대와 나라 그리고 연구한 사람이 달라도 연구 내용이 유사하다면 동일한 대상을 연구한 것이라고 유추할 수 있다.

우주의 진리라고 할 수 있는 자연계의 법칙은 오직 하나일 뿐이며 둘이 있을 수 없다. 다만 이 법칙을 관찰하고 표현하는 방식이 관점과 문화적 배경에 따라 다를 뿐이다.

이것은 우리가 미신이고 비과학이라고 그렇게 천시했던 동양학의 가장 기본이 되는 기(氣)의 개념이 현대과학의 종주국인 서구 최첨단 과학자들에 의해서 밝혀진다는 것은 참으로 아이러니한 일이다.

극과 극은 통하고, 돌고 도는 인생 물레방아 인생, 사람팔자 시간문제인 것처럼 학문팔자도 시간문제이다. 사람은 무조건 오래 살고 봐야 이런 재미있는 연구 결과라도 본다. 그래서 동양에서는 인간의 오복 중에 수(壽), 즉 오래 사는 것을 최고의 복으로 쳤다.

생전에 미신이고 비과학이라고 그렇게 천시를 받고, 음지에서 외롭게 기한 번 펴 보지 못하고, 대접 한 번 제대로 받지 못하고 죽은, 억울한 우리 미아리철학관의 동양학자들은 얼마나 한이 많겠는가? 그리고 그것도 모르고 홀대해 온 살아 있는 우리는 얼마나 못할 일을 했는가?

서양 과학기술에 빙의가 되어 제정신이 아닌 제도권의 하버드 노벨상 중심의 지도층과 식자층들에게 반격을 가할 수 있는 동양과학자들, 특히 미아리철학관의 동양학자들은 얼마나 신 나는 일인가.

조상님들이 얼마나 위대하고 감사한가를 수천억 원의 호화로운 국립박물관에서가 아니고 궁상맞고 초라한 미아리철학관에서 발견을 하니 이 또한 얼마나 재미있고 아이러니한 일인가?

제10장 음양오행론

동양의 문화와 학문의 배경이 되는 근원적인 학문이 주역이라는 말을 수없이 많이 했다. 그런데 주역이라는 학문을 대표하는 가장 기본이 되는 개념과 이론이 음양오행론이다. 즉, 음양오행론에 입각하여 주역이라는 학문이 체계화되어 있다.

따라서 주역의 영향을 받아서 형성된 우리 민족, 아니 동양의 정신세계와 물질세계 및 문화를 이루는 사상 철학적 기초는 다름 아닌 음양오행설이다. 음양오행설은 거대한 사상적 근원일 뿐만 아니라 오랜 세월 우리의 풍속, 도덕, 신앙, 의학 등 모든 분야에 깊숙이 침투하여 삶의 근간을 이루고 있어서, 음양오행설과 이를 바탕으로 한 역학을 빼놓고는 동양의 사상과 문화를 근본적으로 논할 수 없다. 따라서 음양오행은 모든 개념들의 개념(concept of concepts)이고 이론들의 이론(law of laws)이다.

하지만 우리 민족은 지난 백여 년간 근대화의 물결, 즉 자본주의, 서양과학, 서구 민주주의 그리고 기독교로 대표되는 서양문화와 서양문명에 휩쓸리면서, 오랜 세월 전승되어 온 가치체계 대신 맹목적인 물질 중심의 사고를 받아들였고, 그 결과 선대에게서 물려받은 모든 유산에 대해 무지의 차원을 넘어 미신이라는 혐오감마저 일으키게 되었다. 그러나 음양오행설과 역학은 그 자체가 우주론적 순환론적 자연의 이치이며, 인간이 살아가는 삶의 조건에 대한 총체적인 자연과학이면서 인문학이다. 즉, 음양오행설과 역학은 천체 운행과 천지간 기운 변화가 어떻게 일어나는지, 이것이 인체 내부에 어떤 생리적인 변화를 일으키고, 인간사 길흉화복에 어떤 영향을 주는지 등을 규명해 주는 과학이고 철학이다.

역학의 음양오행설은 우주론적 순환론적 자연의 이치로서 보이는 물질세계뿐만 아니라 보이지 않는 정신세계까지도 기의 작용과 변화원리로서 일관되게 설명하는 이론체계이다. 이것은 다른 말로 하면, 철학, 과학, 종교를 모두 설명하는 이론체계라고 볼 수 있다. 즉 인문학과, 자연과학 그리고 종교가 만나는 세계를 가능케 한다.

바로 이런 점에서 시대정신에 맞게 복원될 절실한 필요성이 있는 것이다. 여기서 시대정신이란 현대 사회의 모든 학문이 쪼개고 쪼개서 칸막이 식으로 전문화되고 분화되면서 실제 현실세계를 왜곡시키는 문제점을 개선하고자 하는 학문적 노력을 의미한다. 우주삼라만상은 원래는 하나인데도 불구하고 분리하고 분화시켜 쪼개고 쪼개서 칸막이 식으로 따로따로 연구 한다는 자체가 실제세계를 벗어난 비과학적 연구이다.

앞 절에서는 동양과학의 가장 기본적인 개념을 개괄적으로 서술했다. 그런데 그 개념들 중 기(氣)의 구체적인 작용과 변화원리를 나타낸 리와 도에 해당하는 이론체계가 음양오행론이다. 즉, 보이는 세계인 기(器)의 세계뿐만 아니라 보이지 않는 기(氣)와 신의 세계의 모든 작용과 변화원리는 음양오행론으로 이해, 설명이 가능하다는 것이다. 그리고 우주가 순환하는 변화원리를 더 구체적으로 나타낸 이론체계가 오운육기(五運六氣)인 육십갑자이다. 우리가 일상적으로 많이 사용하는 "병신 육갑 떤다"는 말의 육갑은 육십갑자를 줄인 말이다. 여기서 육십갑자의 구체적인 의미는, 달이 지구를 돌고 지구가 자전하면서 태양 주위를 돌며 순환하는 과정에서 지구를 둘러싼 우주의 분위기, 즉 기운의 변화를 나타낸 이론체계이다.

사상, 팔괘, 육십사괘론은 사실상 음양에서 일생이법의 법칙에 의해서 더 분화된 것이므로 그 근본 출발점은 음양론이다.

동양과학, 철학 사상의 가장 기본적인 이론체계는 음양오행론이라고 볼 수 있다. 동양학에서 기와 음양오행론만 달통하면 동양학 전반을 달통했다고 해도 지나친 말은 아니라고 본다.

음양오행이 우리 인간을 비롯한 만물만사에 미치는 영향을 구체적으로 설명한 글이 황제내경의 운기편인데, 음양오행론의 의미와 중요성을 천원기대론 첫머리에 다음과 같이 나타나 있다.

夫五運陰陽者 天地之道也 萬物之剛紀 變化之父母 生殺之本始 神明之府也 可不通也
▶무릇 오운(오행) 음양은 천지의 도요, 만물을 규제하는 벼리와 기강이요, 변화의 부모라
고 할 수 있으며, 생명을 주기도 하고 빼앗기도 하는 대본이요, 신명의 부니 통하지 않
음이 없다.

음양오행은 천지간의 모든 조화, 교체의 도리이고, 삼라만상을 규제하는 규
율이며, 만물의 변화의 아버지와 어머니로도 비할 수 있고, 생명을 주기도 하
고 빼앗기도 하는 근본이며, 자연을 지배하는 창조주의 영묘(靈廟)이다.

이 음양오행론의 개념적 의미는 인간을 비롯한 만물만사 그리고 신명세계
까지를 모두 지배하는 법칙이요, 원리라는 말이다. 이는 인문, 사회, 자연과학
과 철학, 종교까지를 모두 포괄하는 개념과 이론이라는 의미이다. 즉, 물질계
와 정신계를 두루 아우르는 보편적인 개념과 이론이다. 고 한동석 선생은,
1960년대에 한의학자로서 황제내경 운기편을 만 독하고 깨우쳐 썼다는 그의
유명한 저서인 『우주변화의 원리』 머리말에서 음양오행을 다음과 같이 나타
냈다.

"음양오행의 법칙이란 우주의 변화법칙이며, 만물의 생사법칙이며, 정신의 생성법칙이므로
우주의 모든 변화가 이 법칙 밖에서 일어날 수는 없다. 그러므로 이를 우주변화의 원리라
고 한다. 이 우주변화의 원리인 음양오행론은 상대적 진리가 아니고 절대적 진리이다."

음양오행론은 우주의 법칙이며 따라서 우주 속에서 일어나는 모든 것은 이
법칙의 지배를 벗어날 수 없는 절대적 법칙이라는 것이다. 우주운행의 법칙이
음양오행론이니, 이것은 상대적 진리가 아니고, 절대적 진리라고까지 강조하
고 있다. 어마어마한 이야기이다. 아마도 이런 말을 하면 서양 과학기술에 빙
의된 제도권의 지도층이나 식자층들은 무슨 소리냐고 하면서 정신 나간 사람
이라고 일고의 가치도 없다고 무시할 것이다.

그런데 나는 이 말이 의미 있게 다가온다. 결코 과장된 황당무계한 말이 아

니고, 그만한 충분한 의미와 가치가 있다고 말이다. 이 음양오행론은 한마디로 우주의 주재자인 하느님이 우주를 통치하는 통치원리이다. 성경에서는 하느님의 뜻을 말씀으로 전했지만, 주역에서는 이치, 즉 음양오행론으로 하느님의 뜻을 나타내고 있다.

대만의 세계적인 주역 연구가인 남회근(1918~) 국사는 『주역강의』에서 역경의 입장에서 서양의 종교를 언급하였다.

성경에서는 하나님이 자신의 모습을 본떠 만물을 창조했다고 한다. 여기서 말하는 하나님 또는 천(天)은 천지의 천이 아니라 형이상학적 법칙이다. 만물의 다양한 모습은 형이하적 현상이다. 이 구체적인 현상은 형이상적인, 알 수도 없고 설명할 수도 없는 어떤 것으로부터 변화되어 나와 그 고유한 형태를 갖추게 된 것이다. 단도직입적으로 말하면, 하나님이란 자연법칙일 뿐이다. 주역에서는 하느님의 뜻을 자연법칙으로 나타내고 있다는 의미이다. 이때 자연법칙이란 다름 아닌 음양오행론이다. 주자도 『주자어류』에서 '제시리위주(帝是理爲主), 상제는 이치로 세상을 주재하신다'고 하였다. 여기에서 리는 다름 아닌 음양오행이다.

음양론과 오행론의 관계

음양오행론이라는 개념은 글자 그대로 음양론과 오행론을 합쳐서 나타낸 말이다. 음양론과 오행론의 근원적 출발, 주역팔괘의 출발점이 되는 하도낙서에서 비롯되었으므로 동일하다. 그러나 학문으로 나타난 것은 음양론이 주역에서 먼저 나오고, 오행론이 그다음 홍범구주에서 비롯되었다.

음양론과 오행론은 유사한 개념인데 또 자세하게 고찰하면 다른 점도 있다. 무극에서 태극, 태극에서 음양, 음양에서 오행이 나왔으므로 사실상 음양론과 오행론은 같은 개념이라고 볼 수 있다. 즉, 음양이 오행이요, 오행이 음양이라고 볼 수 있다. 그러나 자세하게 고찰해 보면 다른 점도 있다.

음양론은 만물을 상대적으로 대비되는 둘로 나누어, 하나는 음으로, 다른 하나는 양으로 분류하여, 이들 간의 관계를 연구하는 이론체계이다. 이에 비해서 오행론은 음양론을 더 세분하여 다섯 가지, 즉 목·화·토·금·수로 분류하여 이들 간의 관계를 고찰하는 이론체계이다. 오행의 목화토금수를 음양으로 크게 둘로 나누면 목화는 양이고, 금수는 음에 해당한다. 그런데 토는음도 양도 아닌 중에 해당된다. 즉, 이것은 오행을 크게 분류하면 음양으로만나눌 수 없고, 음양과 중으로 나눌 수밖에 없다. 그렇다면 오행에는 음양 외에 중의 개념이 있다. 음양론이 음과 양으로만 존재하는데, 오행에는 중의 개념이 있다는 점에서 음양론과 오행론은 다르다.

우리나라의 고대 사상 중에 삼태극이 음양중을 나타낸 문양으로 볼 수 있다. 이런 점에서 주역의 음양론과 우리나라 고대 전통사상의 삼태극 사상이다소 다르나 오행론의 음양중과는 같은 것으로 볼 수 있다.

제1절 음양론

1. 음양의 개념

주역의 음양학설은 각종 우주 자연현상을 무수히 많은 관찰을 통하여 얻은것으로서, 자연계의 모든 사물은 음류와 양류로 나누어지고, 또한 어떤 사물일지라도 그 자체 내부에 음적인 면과 양적인 면을 동시에 공유함과 동시에,음과 양 사이에 상호 관계를 형성하고 있다고 보고, 그런 관점에서 우주삼라만상의 변화 현상을 설명하는 이론이다. 여기서 음과 양의 개념적 차이는 한자에서 볼 때 '陰'자와 '陽'자에는 모두 'ß'변이 있는데, 陰은 언덕(ß: 언덕부)이 그늘짐(陰)을 뜻하고, '陽'은 언덕에 햇빛(昜)이 비쳐 별이 듦을 말하니,한쪽에 별이 들면 반대편은 그늘지게 마련인 것처럼 서로 뗄 수 없는 양면인것이다. 그래서 음양이란 말의 기원은 햇볕의 향배에 따라서 일광을 받아서햇볕이 충만한 곳을 양이라 하고, 일광을 등져서 햇볕이 적은 그늘진 곳을 음이라고 한다. 이렇게 글자의 뜻을 볼 때 음양의 개념적 특징은, 양은 밝고 적극적이고 동적인 속성을 의미하고, 음은 소극적이고 정적인 상태의 표현이라는 것이다. 가장 대표적인 예로서 주역 계사전에서 '음양의 뜻이란 일월과 같은 것이다(陰陽之義 配日月)'라고 표현한 것과 같다.

그리고 사물들 가운데 상호 대립적 관계에 있을 때, 어느 한쪽을 양으로 정하면, 반대쪽은 자연히 음이라는 것이다. 이때는 음양 본래의 개념에 일치하여 반드시 음양으로 나눠지는 것은 아니다. 예를 들면 좌우를 음양으로 나누는데, 좌를 양으로 정하면, 우가 음이 된다는 것이다. 이때 좌우는 음양 본래의 개념 속성으로 나눈 것이 아니지만, 상호 대립적 관계에서 어느 한쪽을 인위적으로 양(좌)으로 정하면, 그 나머지는 자연히 음(우)이 된다는 것이다. 반대로 모두가 약속하기를 우를 양으로 정하면, 자연히 대립관계에 있는 좌는 음이 된다는 것이다. 그러므로 음양 관계를 정하는 것은 음양의 본래의 개념 속성에 의해서 결정하는 것이 원칙이나, 시대에 따라서 그렇지 않고 인위적으로 개념 속성을 떠나서 정하는 경우도 있다. 예를 들면 조선시대 양반제도에서 문반을 양으로, 무반을 음으로 정한 것은, 문무 본래의 속성에 따라서 양음으로 정한 것이 아니고, 인위적으로 정한 것이라고 볼 수 있다.

음양의 개념적인 구별은 절대적으로 구분되는 것이 아니고, 비교되는 대상에 따라서 상대적으로 결정된다. 예를 들면 밤이 음이면 밤에 비해서 새벽은 양이지만, 새벽은 다시 아침과 비교하면 음이 되고, 아침은 다시 한낮과 비교하면 다시 음이 된다. 또한 지구가 태양에 비해서는 음이지만, 달에 비해서는 양이 된다. 그러므로 음양의 구별은 비교 기준에 따라서 음양의 구분이 달라진다고 볼 수 있다.

결론적으로 음양 개념의 특징은 대비되는 사물의 상대적 표현일 뿐이다.

그리고 모든 사물은 음과 양의 두 면만이 있는 것이 아니라, 음양의 내부에도 음양을 또 포함하고 있다. 황제내경 소문(素問)의 금궤진언론에서 음 중에 음이 있고, 양 중에 양이 있는데, 낮 중의 정오는 하늘의 양, 양 중의 양이라 하였고, 일과 중에서 오후와 저녁은 하늘의 양에서 양 중의 음이라 하였다. 그리고 밤중의 초저녁은 깊은 밤에 비해서 음 중의 양이 되고, 밤중의 깊은 밤은 초저녁에 비해 음 중의 음이 된다. 즉, 모든 사물은 음과 양 두 부분으로 구분할 수 있을 뿐만 아니라 음과 양 중에서 다시 음양으로 나눌 수가 있는데, 이를 음양의 분화라고 한다. 즉, 음 중에도 다시 음양으로 구분할 수 있고, 양 중에서도 다시 음양으로 나눌 수 있으며, 이런 식으로 무궁무진하게 음양으로 나눌 수 있다.

이러한 음양론은 자연계와 인간계의 사물을 그 시(時)·위(位)·처(處) 등에 따라서 모두 음양의 두 가지로 짝 맞춘 것이라고 볼 수 있다. 이를 구체적으로 나타내면 다음과 같이 열거해 볼 수 있다.

自然: 陽: 天 動 乾 高 大 日 晝 暑 外 奇 前 左 東 左……
　　　陰: 地 靜 坤 低 小 月 夜 寒 內 于 後 右 西 右……
人事: 陽: 君 父 生 吉 福 功 道 眞 是 貴 男 神 氣 進……
　　　陰: 臣 母 亡 凶 禍 過 器 僞 非 賤 女 鬼 血 退……

결국 음양론은 우주·대자연의 모든 사물을 음양의 이분법으로 나누어서 이들 간의 상호 관계를 나타낸 이론체계이다. 음양의 개념 속성은 절대적이고 엄격한 분류기준에 의해서 나누는 것이 아니고, 대비되는 사물을 상대적으로 나눈 것이며, 어느 하나의 사물을 고정적으로 대표하는 것이 아니라, 사물의 대립 면에서 변화에 따라서 음양의 판단기준이 바뀌게 되며, 인위적인 것도 있는 것이 특징이다.

2. 음양론의 변화관

음양론의 중요성과 의미는 우주삼라만상을 음양으로 분류하는 것보다는 이렇게 분류한 음양 간의 상호 관계를 밝히는 이론에 있다고 본다. 즉, 음양은 대립되는 것을 고정하여 관찰하는 것일 뿐만 아니라 변화하는 것으로써 관찰된다. 주역 계사전(繫辭傳)에 '한 번 음(陰)이 되고 한 번 양(陽)이 되어 서로 전환하여 운동하는 것을 道라고 한다(一陰一陽之謂道)'는 말은 주역의 음양관의 변화를 잘 나타내 주고 있다. 음양은 서로가 변하니, 음이 변하면 양이 되고, 양이 변하면, 음이 된다. 즉, 낮이 변하면, 밤이 되고, 밤이 변하면, 낮이 되는 이치이다. 음은 양을 밀어내고 양은 음을 밀어내며, 음이 오면 양이 물러나고 양이 오면 음이 물러난다. 그러니까 음의 전성기에는 양이 꿈틀거리고, 양의 전성기에는 음이 시작된다. 그래서 음이라고 늘 음일 수 없고, 양이라고 늘 양일 수 없는 것이다.

주역의 태극 8괘의 종합정보법칙이 구현하는 원리도 음양이론이다. 전 우주자연계의 모든 사물에는 음양소장이론이 존재하며, 간단에서 복잡으로, 저급에서 고급으로, 미시에서 거시까지, 모두 음양의 상호 작용에 의해 이루어진다. 즉, 우주의 만물만사는 모두 이 법칙, 즉 음양의 대립제약(對立制約), 상호 의존(相互依存), 소장평형(消長平衡) 및 상호 전화(相互轉化)의 규칙을 함축하고 있다. 이 음양학설의 내용을 구체적으로 나타내면 다음 4가지로 말할 수 있다.

서로 반대되는 것은 상호 보완적이다

첫째, 상호 대립과 제약(대대합일)관계를 말할 수 있다. 이것은 자연계의 일체사물이나 현상은 모두 상호 대립하는 음양의 두 방면으로 존재한다는 인식이다. 예를 들면 天地, 日月, 上下, 左右, 出入, 動靜, 晝夜 등의 관계이다. 음양의 대립적인 면은 통일적인 균형관계를 유지하는데 중요하다. 왜냐하면 통일은 대립갈등의 결과로 나오기 때문이다. 바꾸어 말하면 대립은 둘 사이의 상반적인 일면이고, 통일(균형)은 둘 사이의 상대적인 일면이다. 이는 대립이 없다면 통일이 있을 수 없고, 상반적인 면이 없다면 상성관계를 이룰 수 없다는 것을 의미한다. 이를 상반상성의 법칙이라고도 한다. 즉, 서로 반대되는 또는 상호 모순적인 관계를 상호 배척적인 관계로 보는 것이 아니라 상호 성취의 관계, 더 나아가 운동의 추동력의 근거로 본다.

따라서 음과 양, 두 방면의 상호 대립은 주로 그들 사이의 상호 제약과 상호 소장의 결과, 통일을 이루어 동적 평형을 이루게 된다는 것이다.

이를 다른 말로는 대대관계라고도 한다. 대대관계란 독립적으로는 아무런 의미가 없고 상대를 자기 존재성을 확보하기 위한 필수적인 전제로서 요구하는 관계를 말한다. 주역에서는 대대(對待)하는 것의 차이에 의해 변화가 일어난다고 본다. 이 대대관계는 양강음유(陽剛陰柔)로 나타나고, 이들이 조화를 향해 끊임없이 진퇴하는 과정이 변화이다(주역 계사전 상 2장: 剛柔相推移生

變化).

　음양의 상호 제약 과정은 바로 상호 소장으로 나타나는데, 소장이 없다면 제약도 있을 수 없다. 음양이 상호 대립 관계에서 서로 간에 제약관계가 있을 때 소장관계가 형성된다. 즉, 양과 음이 대립관계에 있다 해도 양이 음을, 음이 양을 견제 제약하려고 할 때 소장관계가 형성되어, 사물은 변화 발전할 수 있고, 자연계는 생생불식(生生不息)할 수 있다는 것이다.

　만약 음양 간에 상호 형식적으로 대립 관계만 있고 상호 견제·제약관계가 없다면, 상호 간에 협조·평형상태 즉 음양 조화의 상태를 유지할 수 없다는 것이다. 따라서 음양의 상호제약과 상호 소장관계가 존재함으로써 사물은 항상 협조·평형상태, 즉 음양조화의 상태를 유지한다는 것이다. 음양이 서로 대립하고 의존한다는 것은 이들이 정지 불변의 상태에 있지 않고 부단한 소장과 운동 및 변화를 거듭하고 있음을 나타낸다.

　둘째, 음양 간의 상호 호근(相互互根) 관계이다. 음과 양은 대립적이면서도 통일된 상태를 유지하고 있는데, 둘 사이는 비록 상호대립하고 있지만 또한 상호 의존하고 있어서, 어느 한쪽이든 다른 쪽을 떠나서는 홀로 존재할 수 없다는 것이다. 즉, 양이 존재하므로 음이 존재하고, 음이 존재하므로 양이 성립된다는 것이다. 따라서 음양은 서로 떨어져서 독립적으로 존재할 수 없고 반드시 서로 동시에 존재한다고 볼 수 있다.

　그러므로 "陽根于陰, 陰根于陽", "無陰則陽無以化, 無陽則陰無以化", "孤陰不生, 獨陽不長"이라고 옛 사람들은 말한 것이다. 예를 들면 위는 양이고 아래는 음이라고 할 때, 위가 없으면 아래가 있을 수 없고, 역시 아래가 없으면, 위가 없다. 또한 뜨거운 것은 양, 찬 것은 음이라고 할 때, 뜨거운 것이 없으면 찬 것도 있을 수 없고, 찬 것이 없으면 뜨거운 것도 있을 수 없는 것과 같은 이치이다. 그래서 양은 음에 의존하고 음은 양에 의존하며, 이는 상대방의 존재를 자기 존재의 조건을 규정하는 데 활용하고 있는 것을 의미한다. 결국 음은 양에 의존하여 존재하고, 양은 음에 의존하여 존재하므로, 음이 없다면 양을 말할 수 없고, 양이 없다면 역시 음을 말할 수 없다. 만약 어떤 이유로 음과 양 사이에 이러한 호근의존(互根依存)관계가 깨지면, 곧 고음불

생(孤陰不生), 음 혼자서는 낳지 못하고, 고양부장(孤陽不長), 양 홀로는 자라지 못하는 상태를 이루게 된다.

음양의 상호 의존관계는 또 음양전화(陰陽轉化)의 내재적인 근거가 된다. 음과 양이라는 것은 관련된 사물의 대립적인 양면 혹은 하나의 사물 내부에 있어서 대립적인 양면이므로, 음양은 일정한 조건 아래에서 각각 상대방으로 전화할 수 있다. 만약 음양 사이에 호근호용의 관계가 없다거나 음과 양이 하나의 통일체 중에 존재하지 않는다면, 상호 전화의 관계가 발생하는 것이 불가능하다는 것이다.

노벨상을 수상한 덴마크의 양자물리학자인 닐스 보어는 양자이론은 사실 '철학의 보고'이며, 지혜의 보석이 묻혀 있는 새로운 과학이라고 했다. 그러면서 보어는 비서구 문명의 전통이라는 또 다른 보고도 지적했다.

그는 1920년대 말 양자가 입자와 파동의 성질을 동시에 보이고 있다는 역설을 설명할 방법을 찾던 중 '상보성'이란 용어를 만들어 냈다. 즉, 고전물리학을 지배하고 있는 이원론을 배격하면서, 서로 다른 두 물질이 짝을 이뤄 의지하고 있다고 주장한 것이다. 자신의 개념이 인정받을 길을 찾던 중 이것이야말로 고대 중국 사상의 기본 원리임을 발견했다. 그래서 보어는 의미심장하게도 말년에 덴마크 왕실로부터 서훈을 받았을 때, 자신의 紋章으로 음과 양이라는 상반된 두 힘을 포괄하는 역동적인 원, 즉 역의 태극을 선택했다.

보어가 부딪혔던 문제는 문화적인 선입관을 뚫고, 새로운 이해로 나아가기가 얼마나 지난한 일인가 하는 문제를 상기하게 만든다. 이것이냐, 저것이냐, 이분법적인 양자택일적 분석과학적 사고가 오랫동안 지배했기 때문에, 이것도 저것도 모두 상보적이라는, 상반된 것이 결합해 전체를 이룬다는 생각을 하기가 몹시 어려운 것이다.

음양론의 상호 호근관계에서 볼 때 모순이라는 말을 우리는 받아들여야 한다. 어떤 창도 뚫을 수 없는 방패와 어떤 방패도 뚫을 수 있는 창이 같이 존재하는 것이다. 창은 어떤 방패도 뚫을 수 있고, 막을 수 있는 방패가 없다면 창만 존재하게 된다. 또 어떤 창도 막을 수 있는 방패가 있다면, 방패만 존재하는 것이다. 창 없는 방패가 무슨 소용이 있느냐 말이다. 물과 불은 서로 상극이면서 같이 존재한다.

이런 점에서 우주는 모순 속에 존재한다는 것이다. 지구도 원심력과 구심력, 팽팽한 두 상극 때문에 우주공간에 떠 있는 것과 같다. 얄팍한 지식인들이 표피적인 것만 가지고 모순이라고 공격한다. 이분법으로 갈라놓고 하나로 만들려는 것이 인간의 이기와 착각이다. 동양에서는 여백이 있다. 여백도 있고 모순을 수용한다. 서양에서는 뭐든지 2개로 갈라놓고 하나로 만들려고 한다.

요즘 흔히 무한경쟁이라는 말을 한다. 무한경쟁이 얼마나 무서운 말인가. 무한경쟁의 끝이 어디냐 하면 하나만 남는다는 이야기이다. 둘만 있어도 경쟁하는 것이다. 하나만 남으면 결국에 종자가 없어진다. 2개가 있어야 종자가 남는다. 그러니까 무한경쟁은 결국에는 멸망을 의미하는 것이다.

셋째, 음양의 소장(消長)과 평형(平衡)관계이다. 음과 양 사이에 대립제약, 호근호용은 결코 정지되고 불변하는 상태에서 일어나는 것이 아니고, 항상 끊임없이 변화하는 가운데서 발생하므로, 이를 특히 소장평형(消長平衡)이라고 부른다. 소장평형이란 음양의 평형상태가 정지된 상태에서 발생한 절대적 평형을 말하는 것이 아니고, 일정한 한도와 일정한 시간 내의 음소양장(陰消陽長)과 양소음장(陽消陰長) 가운데 유지되는 상대적 평형을 의미한다. 음양의 소장평형(消長平衡)은 사물의 운동은 절대적인데 정지는 상대적이며, 소장은 절대적인데 평형은 상대적이라는 기본 규율에 근거하고 있다. 이는 또한 절대적인 운동 가운데는 상대적 정지를 포함하고 있고, 상대적인 정지 가운데는 또 절대적인 운동이 잠복해 있으며, 절대적인 소장 가운데서 상대적 평형을 유지하고 있고, 상대적 평형 가운데는 또 절대적 소장이 존재하고 있음을 의미한다. 따라서 사물은 절대적 운동과 상대적 정지, 절대적 소장과 상대적 평형 가운데 생화불식(生化不息)하여 발생과 발전을 이루고 있다.

결국 음양소장(陰陽消長)과 평형이란 음양 간의 관계가 정지 불변의 상태에 있지 않고, 부단한 소장과 운동 및 변화를 거듭하고 있음을 의미한다. 음양의 소장이 비록 절대적이고 평형은 상대적인 것이지만, 상대평형의 중요성과 필요성은 결코 소홀히 해서는 안 된다. 왜냐하면 부단한 소장과 평형이 있어야만 사물의 정상적인 발전을 유지할 수 있으며, 인체에 대해서 말하면 정상적인 생명활동을 유지할 수가 있다. 만약 음소양장(陰消陽長)만 있고 양소음장(陽消陰長)이 없다면, 음양의 상대 평형은 파괴되어 음 또는 양의 편성편쇄(偏性偏衰)를 야기하며 음양의 소장(消長)에 실조(失調)를 초래하게 된다.

넷째, 음양의 상호 전화(相互轉化) 관계이다. 음양 간의 관계에서 가장 중요한 관계가 음양 간의 상호 전화 관계라고 볼 수 있다. 주역이 우주삼라만상의 변화이치를 음양론에 입각해서 64괘라는 틀 속에 밝혀 놓은 인류최대의 경전이라면, 우주 속에 벌어지는 자연의 변화 현상은 한마디로 한다면, '한 번 양하고 한 번 음이 되어(一陰一陽之謂道)' 서로 전화하며 운동하는 것이다. 이는 주역 학설의 확고부동한 원칙으로서 주역철학의 기본원리이며, 또한 64괘 구조의 기본원칙이기도 하다. '한 번 음이 되고 한 번 양이 되어 전화하며 운동한다'는 것은 음양의 대립과 통일관계를 표현한 것이다. 주역의 음양 대립과 통일은 괘사와 효사에서 말로 밝혀져 있기도 하지만, 음효와 양효를 그리는 데 나타나기도 한다. 이를테면 '--'는 음효가 되고, '—'는 양효가 되는데, 64괘의 변화는 바로 이 음효와 양효의 변화 속에서 이루어진다. '道'는 법칙을 뜻하므로 주역이 음과 양이 전화하며 운동하는 것을 도라 한 것은, 음양 두 기(氣)의 변화가 우주의 기본법칙임을 분명히 밝힌 것이다.

여기에서 한 번 음하고 한 번 양이 되는 것이 도라는 말은, 음양 간의 관계에서 볼 때 영원한 양도 영원한 음도 없다는 것이며, 반드시 시간이 흐름에 따라서 음이 양으로 변하고, 양이 음으로 변한다는 것이다. 이러한 음양의 전화 또는 순환이란, 음양이 대립하는 양쪽에서 일정한 조건 아래에서 반대방향으로 전화하는 것을 말한다.

서양에도 이런 이론이 있는데, 서양에서는 그것을 자연섭리의 하나로 '역정의의 법칙(reverse justice)'이라고 한다. 이는 두 개의 사회, 예를 들면 사회A와 사회B의 관계에서 A가 B를 오랫동안 지배하면, 어느 시기에 이르러서는 반대로 역전하여 B가 A를 지배할 날이 반드시 온다는 법칙이다. 여기서 A가 B를 지배하는 관계는 음양론으로 볼 때, A는 양의 위치이고 B는 음의 위치로 볼 수 있으며, 반대로 역전하여 B가 A를 지배하게 되면, B가 음에서 양이 되었고, A는 양에서 음으로 전화되었다고 볼 수 있다. 이는 시간이 흐르면서 양은 음으로 변하고, 음은 양으로 변한다는, 음양론의 전화법칙과 동일한 현상이다. 예를 들면 일본이 미국으로부터 비참한 패망의 경험을 맛보았지만, 지금에 와서는 미국이 일본에게 지배당하고 있는 상황, 또는 긴 안목으로 볼 때 동양과 서양의 관계에서도 역정의 법칙이 적용되어, 현재까지는 서양이 동양에 우위를 점하고 있으나, 이제 그 관계가 역전되려 하고 있다. 여기서 일정한 조건이란 '물극(物極)'을 의미하고, 이때에 음양 간의 상호 전화가 이뤄지고, 이를 '물극필반(物極必反)'이라 한다. 이를 다른 말로 하면 아래 <그림 10-1>의 태극도에서 보는 바와 같이, 음이 극하면 양이 시생을 하고(陰極陽始生), 양이 극하면 음이 시생한다(陽極陰始生)는 것이다. 음양의 소장을 양적(量的)인 변화의 과정이라고 말한다면, 음양의 전화는 양적 변화의 기초 위에서 발생하는 질적 변화라고 말할 수 있다. 따라서 음양의 전화는 비록 돌연히 발생하지만 흔히 양적인 변화에서 질적인 변화에 이르는 과정이다.

이렇게 음양이 상호 전화하려면 반드시 일정한 조건이 구비되어야 한다는 것이다. 즉, 음양의 전화에 대해 黃帝內徑 靈樞 論疾診尺編에서는 "四時之變 寒暑之勝 重陰必陽 重陽必陰 故 陰主寒 陽主熱 故 寒甚則熱 熱甚則寒 故 寒生熱 熱生寒 此陰陽之變也"라 하였고, 소문·응상대론에서는 "重陰必陽 重陽必陰 寒極生熱 熱極生寒"이라 하였다. 여기에서 중(重)과 극(極)은 전화(轉化)를 촉진시키는 조건으로, 음에 중이라는 조건이 있어야 양으로 전화할 수 있고, 양에서 중이라는 조건이 있어야 음으로 전화할 수 있다. 또한 한(寒)은 극의 조건 아래서 열(熱)로 전화할 수 있고, 열은 극의 조건 아래서 한으로 전화할 수 있다. 여기서 조건이 중요한데 만약 일정한 조건이 없다면 상대방으로 전화할 수 없다는 것을 의미한다. F. Capra는 이런 현상을 그림으로 그려서 아래 <그림 10-2>와 같이 나타내기도 하였다.

이 음양 전화의 법칙은 모든 만물과 현상이 고정되거나 정체하지 않으며, 부단히 흐르고 바뀐다는 것이다. 밤과 낮이 바뀌고, 춘하추동 사계절이 바뀜은 음양의 변전으로 말미암음이다. 주역에서 말하는 음양론의 변화론은 모든 만물의 현상은 궁극에 도달하면 변화가 생기고, 변화가 생기면 새로운 국면이 전개되어 시작한다는 데 있다.

주역 계사에 보면 窮則變 變則通 通則久(궁극에 이르면 변하고, 변하면 통하고, 통하면 오래 간다)라고 하는데, 이는 주역이 변화를 주요 명제로 삼고 있다는 것을 강조한 것이다. 그래서 서양사람들은 음양론에 의해 우주삼라만상의 변화 이치를 밝혀 놓은 주역을 'The Book of Changes'라고 번역한다.

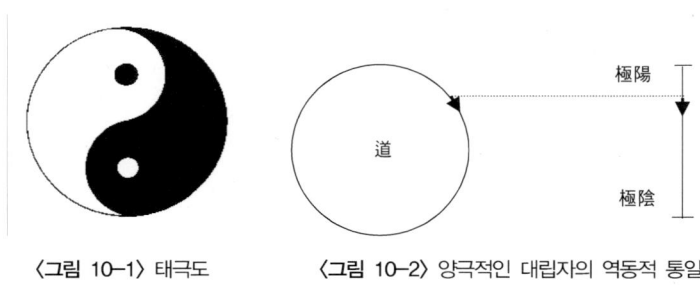

〈그림 10-1〉 태극도   〈그림 10-2〉 양극적인 대립자의 역동적 통일

온갖 힘을 기울여 정상에 올라가면 다음에 오는 것은 내리막길이 있을 뿐이다. 봄에 새싹이 움터 뜨거운 여름철에는 한껏 산과 들에서 무성함을 자랑하는 나무들이, 그 번영 속에 이미 가을의 조락(凋落)이 담겨 있는 것이다. 한껏 둥글어진 달은 이지러질 수밖에 없고, 겨울의 등걸처럼 굳어진 앙상한 나목의 내면에는 봄의 움틈과 여름의 무성한 번영을 위한 준비가 축적되어 있는 것이다. 이렇듯 항상 흐르고 바뀌면서, 서로 작용하여 한순간의 상황은 다른 장시간의 상황을 낳는 것이 음양의 법칙이다. 그리하여 우주에 일어나는 모든 현상은 항상 생성되고, 생성되며, 새롭고 새로워져서, 발전과 번영을 영원히 계속한다는 것이다(生生之謂易).

현대 물리학자의 한 사람인 미국의 F. Capra는 그의 저서에서 주역을 연구하고, 음양론에 대하여, 음과 양은 결코 윤리적 가치와 연결되는 것이 아니며, 좋은 것은 음도 양도 아니며 다만 그들의 역동적 평형(dynamic balance)이다. 나쁘거나 해로운 것은 비평형(imbalance)이라고 했다.

도란 음과 양 사이에 부단한 운동의 주기성에 있다. 즉, 물리계뿐만 아니라 심리적, 사회적 영역에서도 자연의 모든 발전은 주기적 형태를 나타낸다. 변화의 주기를 한정하는 것으로서 상반하는 양극, 즉 음과 양을 도입함으로써 이 주기 형태의 관념에 일정한 구조를 부여했다. 즉, 양이 극에 달하면 음을 위해 물러나고, 음이 극에 달하면 양을 위해 물러난다. 음양론에서는 이 양극의 역동적 상호 관계에서 도는 발현하는 것이며, 양극은 자연과 사회생활 속의 상반적인 많은 이미지와 연관되어 있다. 이 상반적인 것들이 서로 다른 범주에 속하는 것이 아니라, 전일한 것의 양극이다. 따라서 음뿐이거나 양뿐인 것은 없다. 모든 자연현상은 양극 사이에 연속적 진동의 표현이며, 모든 변화는 점진적으로 단절 없이 진행된다. 자연의 질서는 음과 양 사이의 역동적 변화 속의 하나이다.

음양 간의 이러한 전환주기를 구체적인 그림으로 나타내면 <그림 10-3>과 같다.

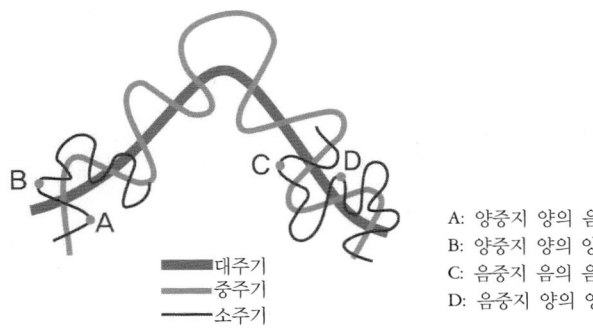

대주기
중주기
소주기

A: 양중지 양의 음
B: 양중지 양의 양
C: 음중지 음의 음
D: 음중지 양의 양

〈그림 10-3〉 음양론의 변화 주기

3. 우리 역사와 문화 속의 음양론

유승국 교수는 한국의 사상에 있어서 역학의 위치는 철학적, 윤리적 내지 종교적 차원에서 최고의 원리로 인식되어, 동양제국 어느 나라보다도 최상의 경전으로 취급해 왔다고 강조하였다. 한민족의 역사와 이념을 상징하는 태극기가 된 것도, 한국에서 역리를 얼마나 소중히 여겼는가를 단적으로 보여 주는 것이며, 이는 우연한 것이 아니다. 역사적 배경과 사상적 흐름에 있어서 역학사상이 매우 중요한 위치를 차지하고 있는 증거라 하겠다. 그리고 세종대

왕의 훈민정음 창제라든지 이제마 선생의 사상의학 등은 역리가 한민족의 문화창달에 지대한 역할을 한 뚜렷한 사례이다.

이와 같이 태극과 음양사상인 역리는 한민족의 신앙과 민속예술, 윤리관의 형성과 발전에 지대한 영향을 끼쳤을 뿐만 아니라 정치제도와 관제 그리고 군제에 이르기까지 사고의 기반을 이루고 있다. 삼국시대의 오부 오방제도, 군현제, 문무 양반제, 도시설계의 원칙이나 건축에 사대문을 설치하고, 정부청사를 중심에 둔다든지, 조선조의 아악이 오성(궁상각치우)으로 구성된다든지 심지어 관혼상제의 모든 예속이 음양법으로 구성되어 있는 등은 역리가 암암리에 한국문화 전반에 침투되어 있는 증거이다. 그리고 나라를 처음 건국한 첫 임금을 태조라고 한 것도 태극사상에서 유래된 것이다. 결국 고대의 모든 학문에 주역사상의 근간이 되는 음양소장이론과 오행상생상극이론이 바탕이 되고 있다.

이상의 서술에서 보는 바와 같이 우리나라 역사와 문화에 있어서 역리(易理)인 태극과 음양오행 등을 빼놓고는 이해와 설명을 할 수 없음을 실증적으로 알 수 있다. 이는 우리나라뿐만 아니라 동양사회라는 거대한 사회의 역사와 문화에 한결같이 역학의 개념과 이론이 수천 년간 면면히 내려오면서 영향을 주어 왔다는 것이다. 그래서 음양오행은 동양문화의 기초가 된다는 것이다.

이 태극과 음양오행 및 사상팔괘론의 시원은 주역에서 비롯된 것이다. 그래서 주역은 동양사상과 문화, 역사, 학문을 이해하는 데 가장 기본적인 학문임을 알 수 있다. 주역에 근원한 구체적인 동양의 과학기술에 해당하는 학문을 역술이라 하며, 이에는 동양오술이라는 명(命)·복(卜)·의(醫)·상(相)·산학(山學)이 있고, 천문, 기상, 율려, 무용 등이 있다.

동양오술은 지금도 제도권에서는 미신이고 비과학적이라고 하지만, 우리 생활 속에 뿌리 깊게 자리하고 있다. 예를 들면 결혼 시에 상호 간의 궁합을 본다든가, 중요한 일이 있을 때 또는 어려운 일을 당할 때 사주를 본다든지, 집을 짓거나 사고팔 때 풍수지리를 본다든지, 산소자리를 구할 때 명당을 음택으로 정한다든지, 그리고 역술을 통해 택일한다든지 하는 것은 주지의 사실이다. 현대 서양과학이 고도로 발달했다고 하지만, 그에 비례해서 동양과학의 영향력은 줄어들기보다는 오히려 그 영향력이 넓어지고 있다고 볼 수 있다. 이는 우리 민족 고유의 학문이라는 문화적 영향력뿐만 아니라 현대과학이 아직도 우리 일반국민들의 지적 수요를 충족시켜 주지 못하고 있어서 일어나는 자연발생적인 현상이라고 볼 수 있다. 따라서 이제는 이를 미신시, 비과학시할 것이 아니라 제도권에서 진지하게 재검토해 보아야 한다.

결국 역학의 이치인 음양론은 우리 역사와 문화에 깊숙이 뿌리박고 있을 뿐만 아니라 현대 최첨단 과학시대에도 없어지지 않고 더 많이 영향을 주고 있다는 것이다. 이런 점에서 볼 때 제도권에서는 서양과학적 지식과 사고가 지배하고 있지만, 일반국민들의 일상 생활문화에서는 동양과학인 역학적 사고와 지식이 많은 영향력을 미치고 있어, 제도권의 학문적 지식과 일반 국민의식 간에 이중적 현상이 나타나고 있음을 볼 수 있다. 그래서 우리 국민들의 의식구조에는 음양론의 변화관을 많이 반영하고 있다. 예를 들어 서술하면 다음과 같은 것들이 있다.

"양지가 음지 되고 음지가 양지된다. 돌고 도는 인생 물레방아 인생. 사람 팔자 시간문제다. 그래서 사람은 오래 살고 보아야 한다." "밤이 깊으면 새벽은 멀지 않다. 겨울이 깊으면 봄은 가까이 있다." "궁즉통이요 통즉궁이다. 쥐구멍에도 볕들 날이 있다. 쨍하고 햇뜰날." "흥진비래(興盡悲來) 고진감래(苦盡甘來). 길흉(吉凶)이 반반(半半)이요." "달도 차면 기우나니. 화무십일홍(花無十日紅)이요. 권불십년(權不十年)이요." "물극필반(物極必反)", "선후천사상 개벽사상" "천지조화 음양의 조화", "삼대 가는 부자 없다", "천석꾼은 천 가지 걱정 만석꾼은 만 가지 걱정", "일치일란(一治一亂), 상생의 정치" 등……

음양론의 변화관을 반영한 의식구조의 사례를 더 구체적으로 서술하고자 한다.

첫째, "음지가 양지되고 양지가 음지된다, 돌고 도는 인생 물레방아 인생, 사람팔자 시간문제다. 그래서 사람은 오래 살고 보아야 한다"는 말은 우리 국민들의 일상적인 말 중에서 가장 많이 회자되는 것이다. 이 말은 음양론의 원전인 주역 계사전의 핵심 변화이론인 "일음 일양 지위도"를 일상적인 말로 변형하여 사용하는 말들이라고 볼 수 있다. 이는 다른 말로 하면, 우주대자연의 법칙과 같이 영원한 양지도 영원한 음지도 없고, 모든 것은 반드시 양지가 음지 되고, 음지가 양지된다는 말이다.

따라서 인간사의 경우에도 반드시 양지에 있던 사람이 음지로 가고, 음지에 있던 사람은 양지로 간다는 것이며, 이것은 상호 간의 순환(人生流轉 법칙)을 의미하는데, 이것을 일상적인 표현으로 "돌고 도는 인생 물레방아 인생"이라고 표현한 것이다. 그러니까 "사람팔자 시간문제이다." 왜냐하면 영원한 양지도 영원한 음지도 없고, 반드시 음지가 양지되고 양지가 음지된다고 하면, 남는 것은 언제 양지가 음지되고, 음지가 양지되는가 하는 시간이 문제라는 것이다. 그러므로 "사람팔자 시간문제다"고 한 말은 음양론적 변화관의 관점에서 타당한 표현이다. 그리고 "그래서 사람은 오래 살고 보아야 한다"는 것이다. 이 말은 음지에 있어서 어렵고 괴로워도 결코 포기하지 말고 끈기 있게 계속 참고 견디라는 말이다. 왜냐하면 극도로 어려운 극음지(極陰地)에 있어서 괴롭다고 삶을 포기하면, 이때 극음에서 얼마 되지 않아서 양지로 변하게 되는데 포기하지 말고 견디면 더 좋은 일이 있게 된다는 것이다. 이것은 다른 말로 우선 오래 살고 보아야 한다는 표현과 같은 것이다. 극도로 괴롭고 어렵다는 것은 뒤집어 말하면 이제는 앞으로 점점 나아질 수 있는 시간이 온다는 것을 의미한다. 왜냐하면 더 이상 괴롭고 어려움이 없을 만큼 최악의 상황인 극음(極陰)의 상황이므로 이것을 최저점으로 이제는 점점 나아지는 양의 상황이 다가오는 것으로 볼 수 있기 때문이다. 이것은 음양론의 순환론적 전화이론에 의해서만 가능한 예측이고 생각이라고 본다.

그래서 우리의 말 중에 '사람은 죽으라는 법이 없다'는 말과도 상호 연관된 말이라고 볼 수 있다. 죽음 직전과 같은 최악의 상황은 더 이상 최악의 상황이 아니고, 이제는 그보다 나은 상황이 올 수밖에 없기 때문이라는 것이다.

이와는 반대로 양지에 있다고 교만하거나 게으르지 말라는 것이다. 왜냐하면 영원한 음지도 없듯이, 반대로 영원한 양지도 없고, 반드시 음지로 가게 되는 것이 필연이며, 극양(極陽)에 이르면 이제는 음지로 향하게 마련이며, 이때 이에 순응하는 것이 자연의 이치에 맞는다는 것이다. 따라서 음지에 이르렀을 때 비참해지지 않으려면, 양지에 있을 때 이에 대비해서 교만하지 말고,

겸허하고, 절제하며, 근신하라는 것이다. 이러한 교훈은 단편적인 경험에서 나온 말이 아니고, 주역의 변화이치에 입각한 과학적 교훈이라고 볼 수 있다. 이렇게 천지자연뿐만 아니라 인간사 모두 일음일양지위도의 순환법칙에 따라서 움직이며, 이로부터 나온 교훈이 양지에 있을 때 교만하지 말고 잘해야 한다는 것이고, 반대로 음지에 있다고 비굴하거나 좌절하지 말라는 것이다. 왜냐하면 양지에 있던 사람도 언젠가는 음지로 가고, 음지에 있던 사람도 노력하고 정진하면 양지로 가기 때문이다.

이와 같은 현상은 마치 밤이 가면 낮이 오고, 낮이 가면 밤이 오는 현상과 봄·여름이 가면 가을·겨울이 오고, 가을·겨울이 가면 다시 봄·여름이 오는 우주대자연의 순환법칙과 같이 인간의 모든 일도 그렇다는 것이다. 왜냐하면 주역에서는 인간사의 현상도 자연의 일부로 보기 때문이다. 그래서 주역은 자연과 인간의 모든 변화 이치를 담은 최고의 경전이다. 자연의 변화이치를 천도라 하고, 천도에 입각한 인간의 변화이치 및 도리를 인도(人道)라는 것이다.

이러한 변화 이치를 무시하고 인간이 마구 행동하면 안 된다는 것이다. 즉, 인간은 양지에 있을 때 항상 음지에 갈 때를 생각하여 겸허해야 하고, 음지에 있다고 좌절하거나 포기하지 말라는 것이며 참고 노력하면 반드시 좋은 날이 온다는 것이다. 이는 인간으로써 주역의 변화이치, 즉 우주대자연의 이치에 맞는 행위규범이라는 것이다.

그런데 우리가 흔히 국민적 사기와 용기를 북돋아 주기 위해서 예로서 많이 드는 말 중에 다음과 같은 말이 있다. "내 사전에 불가능은 없다, 하면 된다, 운명아 비켜라 내가 간다" 등의 이야기가 있다. 그런데 그런 말을 남겼던 나폴레옹, 우리나라의 정·재계 최고지도자들의 결과가 어떻게 되었는가? 한마디로 모두가 끝이 안 좋았다. 그것은 역의 이치에서 볼 때, 최고봉에 올라간 사람들일수록 겸허하고 근신해야 함에도 불구하고, 그렇게 하지 않고 교만하고 오만해져서 그런 비운을 남겼다고 본다. 역의 이치에 입각해서 새롭게 다시 생각해 보아야 한다.

그래서 주역의 계사전에 보면 일음일양지위도(一陰一陽之謂道)요 계지자선야(繼之者善也)요 성지자 성야(成之者 性也)라 했다. 이 말은 우주의 변화 이치가 한 번 음이 되고 한 번 양이 되는 것이 도인데, 이 도를 어기지 않고 이으면 선이 되고, 이러한 흐름이 완성된 틀은 性이 된다는 것이다. 여기에서 선이나 성은 도의 또 다른 표현으로, 굳이 나눈다면 선은 시작인 원형(元亨)에 가깝고, 성(性)은 마무리 결산인 이정(利貞)에 가깝다 한 것이다.

두 번째 "밤이 깊으면 새벽은 멀지 않고, 겨울이 깊으면 봄은 가까이 있다"는 말도 음양론적으로 보면 다음과 같이 분석적으로 설명이 가능하다. '밤이 깊으면'이란 음양론적으로 볼 때 음이 극한 것을 나타낸 것이고, '새벽은 가까이 있다'는 것은 양적인 것이 나타나기 시작한다는 것을 의미한다. 즉, 이것은 음이 극하면 양으로 변한다는 음양론의 변화관을 표현한 것이다. 또한 '겨울이 깊으면'은 이것도 음이 극에 도달했다는 것을 의미하고, '봄이 가까이 있다'는 양이 가까이 있다는 것을 의미한다. 즉, 이것도 음이 극하면 양으로 변한다는 음양론의 변화관을 잘 나타낸 표현이다. 이러한 변화 이치는 개인의 생활에만 적용되는 것이 아니고, 정치, 경제, 사회 등 모든 변화현상에 그대로 적용되어 종종 사용되고 있다. 예를 들면 고 김대중 전 대통령이 IMF 시대에 경제문제 기자회견에서 국가경제의 어려움과 관련하여, '어둠이 깊으면 새벽은 가까이 있다'고 한 것도 음양론의 변화관을 나타낸 좋은 예이다.

최근에 우리나라 사회지도층 인사들 중에 자살하는 경우를 종종 본다. 국가적으로 손실일 뿐만 아니라 국민 모두에게 충격적이고 실망감을 안겨 준 사건들이라고 본다. 자살할 정도로 극도의 절망감 속에서도 희망을 잃지 않는 것이 역의 이치인데, 그렇지 못하고 불행한 결과로 끝난다는 것은 아쉽다. 서양적 사고는 직선적 사고이기 때문에 극도의 절망감을 느끼는 상황에서 희망을 갖게 해 주는 것이 아니라 더 많은 절망감을 주기 때문이다. 그러나 역의 이치는 극도의 절망감 속에서도 희망을 잃지 않게끔 해 준다. 즉, 밤이 깊으면 새벽이 가까이 있고 겨울이 깊으면 봄은 가까이 있는 이치로 볼 때 가장 절망적일 때 희망이 있다는 것이다. 이런 절망적 상황에서도 희망을 잃지 않도록 하는 것은 역의 순환론적 사고에서 비롯된 것이다.

셋째, "궁즉통(窮則通)이요 통즉궁(通則窮)이다"는 말도 음양론의 변화관을 잘 나타낸 말이다. 여기서 궁(窮)이라는 것은 음양론적으로 음이 극한 것을 말하며, 통(通)이라는 것은 양을 표현한 것이며, '궁즉통'이란 음이 극하면 양이 된다는 것을 의미하고, '통즉궁'이란 양이 극하면 음이 된다는 것을 나타낸 것이다. 이는 또 다른 음양론의 변화관인 전화현상을 나타낸 예라고 볼 수있다. 이를 좀 더 구체적으로 설명하면 다음과 같다. '궁즉통'이란 사람이 일반적으로 볼 때 궁해서 어려운 일에 부딪치면 이를 이겨 내기 위해 조심하고 근신하면서 진력을 다해 노력하고, 그러다 보면 좋은 결과가 자연히 나타나고, 이렇게 된 것을 통이라고 표현한 것이다. 반대로 '통즉궁'이란 통해서 좋은 일이 있고 즐겁게 되면 사람은 일반적으로 교만해지고 게을러지고, 또 항상 좋을 것으로 생각해서 교만하고 낭비와 사치하게 되며, 그러다 보면 자연히 나쁜 일이 생기고 어렵게 되므로 이를 궁이라고 할 수 있다. 그래서 통하는 것이 오히려 막히고 궁하게 된다는 것이며, 궁한 것이 오히려 통하게 된다는 것을 의미한다. 이는 음양론의 양이 극하면 음으로 변하는 현상과 음이 극하면 양으로 변하는 음양론의 변화관과 같은 이치이라고 볼 수 있다.

넷째, 흥진비래(興盡悲來), 고진감래(苦盡甘來)도 음양론의 변화관인 전화현상을 나타낸 말이다. 흥진비래는 좋은 일이 다하면 또는 좋은 일이 극에 도달하면 그다음은 슬픈 일이 찾아온다는 것을 의미한다. 이는 음양론의 양이 극하면 음이 나타난다는 것과 같은 이치를 의미한다. 반대로 고진감래란 고생을 다하면 좋은 일이 온다는 것을 의미하며, 이는 음양론의 음이 극하면 양이 나타난다는 말과 같은 현상이다.

다섯째, "달도 차면 기울고", "화무십일홍(花無十日紅)이요", "권불십년(權不十年)이다"는 모두 음양론의 전화현상을 나타낸 것들이다. 즉, '달도 차면', '十日紅', '十年'은 음양론적으로 볼 때 양이 극한 현상을 의미하고, '기울고', '花無', '權不'은 음으로 변화하기 또는 음이 나타난다는 표현이라고 볼 수있다. 결국 이 말들은 음양론의 일음일양지위도인 양지가 음지로 되고, 음지가 양지로 된다는 것의 또 다른 표현이다.

여섯째, "오르막이 있으면 내리막이 있고, 내리막이 있으면 오르막이 있다"는 말도 음양론의 변화관을 나타낸 표현이다. 즉 인간이 살아가는 과정에서 양지에 있을 때를 오르막으로 표현했고 음지에 있을 때를 내리막으로 표현해서, 양지에서 음지로, 음지에서 양지로 전화하는 현상을 나타낸 말이라고 볼 수 있다.

이 외에도 천지조화니, 길흉이 반반이니, 남존여비니, 천존지비니 하는 표현들도 모두 음양론의 또 다른 표현들이라고 볼 수 있다. 천지조화란 음양의 조화로 또는 음양의 상호 작용으로 만물이 나타나고 없어지며 이루어지고 허물어지는 현상을 표현한 것으로 볼 수 있다. 그리고 길흉이 반반이란, 다른 표현으로는 음양이 반반이라는 말과 같다. 즉, 인간이 살아가면서 겪는 일 가운데는 길한 일(陽), 흉한 일(陰)이 반반이지 절대적으로 좋은 일만 있는 것이 아니고 절대적으로 나쁜 일만 있는 것도 아니라는 것이다. 이 말은 서양의 어느 소설에서 "인생은 그렇게 행복한 것도 아니고, 그렇게 불행한 것도 아니다"라는 표현과 같은 내용이라고 볼 수 있다. 이 표현이 동일하다는 것은 동서양이 동일한 易의 변화이치 속에 살고 있다는 것을 의미하고, 다만 용어와 표현방법이 다를 뿐이라고 볼 수 있다. 그리고 남존여비 천존지비라는 말은 음양론의 억음존양(抑陰尊陽)에서 유래된 것이다. 즉, 양에 해당하는 남과 천은 존(尊)하고, 음에 해당하는 여와 지는 음에 해당하므로 비(卑)하다고 보았다.

그 우주론적 자연의 이치인 '운(運)'의 관점에서, 운이 인간에게 얼마나 많은 영향을 미치는지 예를 들어서 생각해 보자.

복잡하고 변화가 심한 생활을 하는 사람들, 즉 사업가, 정치인, 주식투자자들에게 일관되게 회자되는 말 중에 운칠기삼(運七技三)이라는 말이 있다. 즉, 사람이 일을 하여 성공하는 데 운이 70% 작용하고, 자신의 노력이 30% 작용한다는 것이다. 그만큼 운이 절대적으로 영향을 미친다는 것을 의미하고, 이는 인간이 자유 의지가 있다고 하지만, 우주론적 자연의 이치에 더 많이 지배받는다고 볼 수 있다. 여기서 운이란 다른 말로 하면 우주론적, 순환론적 자연의 이치를 말한다.

운명론이란, 좋을 때는 좋고 나쁠 때는 나쁜 일이 순환 반복되는 현상을 체계적으로 나타낸 학문이다. 따라서 이를 미리 알아 예측을 통해서 피흉추길하는 데 의미가 있다. 즉, 나쁠 때는 물러나 때를 기다리고, 좋을 때는 적극적으로 나아가는, 즉 분별 있게 행동하라는 지혜로운 학문이다. 즉, 나아갈 때 나아가고, 물러날 때 물러나는 것을 가르치는 학문이다. 그런데 현대 서양학문이 들어오면서, 앞으로 적극적으로 나아가는 진취적인 교육과 사상만 가르쳤지, 때에 따라서 물러나 은인자중하는 교육·사상은 가르치지 않는 것 같다. 이런 교육의 결과로 현대 사회에 엄청난 문제가 발생하고 있다고 볼 수 있다.

흔히 우리는 국가적으로 사회적으로 엄청난 성공을 한 위인들이 자신의 의지와 노력으로 이룬 것으로 자랑하고 과시하지만, 천만에 말씀이지만, 그 사람의 절대적인 운과 조상 등의 영혼의 세계와 같은 보이지 않는 세계의 도움으로 그렇게 된 것에 지나지 않는다. 즉, 조상 등의 신의 음덕과 그가 타고난 사주팔자 명운, 그리고 태어나고 현재 살고 있는 땅의 기운 등의 도움(德)으로 그렇게 된 것이다.

흔히 자신의 운명을 개척했다고 하는 사람들도 보면, 그 사람의 운이 그렇기 때문에 그렇게 된 것에 지나지 않는다. 그런데 자신의 주체적인 노력에 의해서 그렇게 된 것이라고 오만한 착각을 하고 있다.

운명을 개척한 사람들, 예를 들면 나폴레옹의 '내 사전에는 불가능이 없다'라든가, 우리나라의 최고 통치자들 중에 '하면 된다'라든가, 독일에 누군가는 '운명아 비켜라 내가 간다', 그리고 진시황은 안 죽으려고 별 노력을 다하였던 역사적 사례들이 있다. 그런데 이런 사람들의 공통된 특징은 본인의 노력과 운으로 최고봉에 올라갔지만 교만하여 말로가 안 좋았던 사람들이다. 자연의 이치는 올라가면 내려올 것을 생각하고 겸허하여야 하는데도 불구하고 오만 방자하다가 결국 끝이 안 좋았던 사람들이다. 어디 우주론적 순환론적 자연의 이치 앞에서 '불가능이 없다, 하면 된다, 운명아 비켜라, 그리고 영원히 안 죽으려고' 함부로 말하고 행동할 수 있는가. 그렇게 했던 사람들이 정말로 그 사람들의 말대로 그렇게 되었는가?

우리는 지금 우주론적 순환론적 자연의 이치 앞에 오만방자한 사고와 행위를 하여 좋지 못한 결과를 초래한 사람들을 무슨 엄청난 교훈적 인간이라고 그들을 인생의 성공한 모델로 내세우고 이들을 배우고 닮으라고 가르치고 연구를 하고 있으니 참으로 정신없는 교육과 생각을 하고 있다.

그래서 지금도 이런 잘못된 교육과 학문의 결과로 인간성이 파괴되고, 지나치게 나아가 날뛰다가 거꾸러지고, 세상이 혼탁하며, 자연이 파괴되고 있지 않은가? 뿐만 아니라 반대로 불운한 시기에는 희망을 갖고 은인자중하면서 참고 기다리는 태도가, 자연의 이치로 볼 때 중요한데, 참고 기다리지 못하고 극단적으로 삶을 포기하는 사례까지 나타나는 현상이 많이 나타나고 있다.

현대 사회의 이런 현상은 서양의 직선적 사고로 나타난 잘못된 교육의 결과로 본다.

동양의 역학적 이치는 좋을 때는 겸허하라고 가르치고, 없을 때는 희망을 갖고 은인자중하라고 가르친다. 이는 역의 이치가 순환 반복하는 순환론적 변화이치에서 나온 삶의 지혜로운 태도이다. 즉, 있을 때 오만하거나, 없을 때 삶을 포기하지 말라고 이치적으로 가르치고 있다.

제2절 생활 속의 음양론의 의미와 과학성

주역의 음양론적 이치는 인문, 자연, 사회 등 모든 분야에 포괄적으로 적용할 수 있다. 왜냐하면 우아일체, 즉 우주와 나는 하나로 보기 때문이다. 따라서 우주삼라만상은 하나의 개념과 이론으로 설명이 가능하다. 그래서 대산 김석진 선생은 우리는 음양오행론적 이치 속에서 살고 있다고 표현하고 있다.

우주삼라만상은 하나의 개념과 이론으로 이해, 설명이 가능하다. 따라서 서양학문과 같이 자연, 인문, 사회 그리고 철학, 종교, 과학으로 나누어서 고찰하는 것은 의미가 없다. 주역은 인문, 자연, 사회뿐만 아니라 철학, 과학, 종교를 따로따로 보지 않고 하나로 보기 때문이다. 그래서 주역의 이치인 태극과 음양오행론은 모든 학문 분야에 일관되게 적용되는 개념과 이론이다.

자연의 변화이치를 근거로 인문사회적 현상을 설명한 사례를 들어 보자. 많은 사례를 장황하게 설명하고자 하는 이유는 주역의 음양론을 학문적 또는 이론적으로만 서술하면 무미건조할 뿐만 아니라, 음양론에 대한 인식이 보편화되지 않은 상황에서 객관적으로 인지할 수 없다고 생각되기 때문이다. 우리의 삶이 음양론과 얼마나 관계가 깊은가를 실증적으로 나타내고, 독자들이 음양론을 이해하는 데 도움을 주고자, 장황하지만 구체적으로 여러 분야의 예를 들어서 분석하고자 한다.

> "온갖 힘을 기울여 정상에 올라가면, 다음에 오는 것은 내리막길이 있을 뿐이다. 봄에 새 싹이 움터 뜨거운 여름철에는 한껏 산과 들에서 자기들의 무성함을 자랑하는 나무들이, 그 번영 속에 이미 가을의 조락(凋落)이 그 무성함 속에 담겨 있는 것이다. 한껏 둥글어진 달은 이지러질 수밖에 없고, 겨울의 등걸처럼 굳어진 앙상한 나목의 내면에는 봄의 움틈과 여름의 무성한 번영을 위한 준비가 축적되어 있는 것이다. 이렇듯 항상 흐르고 바뀌면서, 서로 작용하여 한순간의 상황은 다른 장시간의 상황을 낳는 것이 음양의 법칙이다. 그리하여 우주에 일어나는 모든 현상은 항상 생성되고, 생성되며, 새롭고, 새로워져서, 발전과 번영을 영원히 계속한다는 것이다(生生之謂易)."

위의 예문에서는 자연의 변화이치에 입각하여 인간사의 변화이치를 음양론적으로 설명하는 내용을 나타낸 것이다.

자연현상과 사회, 국가 현상 그리고 인문분야를 나누어서 음양론적 변화관의 관점에서 구체적으로 고찰하고자 한다. 이는 우주론적 순환론적 자연의 이치가 실증적으로 작용하고 있음을 구체적으로 나타내는 것이다. 즉, 음양론적 변화관의 과학성을 구체적으로 입증한 것이다.

1. 우주론적 순환론적 자연의 이치인 음양론(자연과학적 음양론)

하루로 치면 낮과 밤이 음양이고, 한 달로 치면 그믐과 보름이 음양이며, 일 년으로 치면 봄·여름, 가을·겨울이 음양이다. 대자연의 자연현상은 이들 음양이 계속 순환 반복하는 현상을 의미한다. 기후와 기상이 변화하는 현상은 음양의 기운이 순환하면서 나타나는 현상을 말한다. 즉, 일 년 24절기가 이를 구체적으로 나타낸 현상들이다. 이와 더불어 만물이 그 영향을 받아서 생장소멸하면서 온갖 천지자연의 변화가 나타난다. 이들의 변화를 구체적으로 나타낸 그림이 <그림 10-4> 태극도이다.

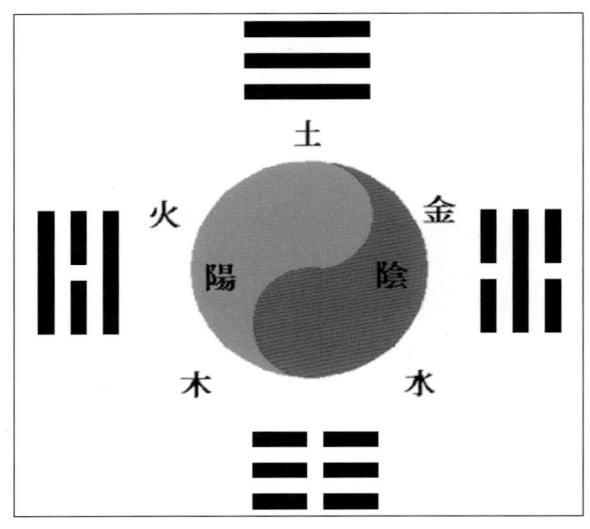

〈그림 10-4〉 태극도

<그림 10-4>의 태극도에서 보면, 천지를 나타낸 건곤괘가 체가 되고, 일월을 나타낸 감리가 용이 된다. 이는 천지를 체로 해서 일월이 계속 순환하면서 음양론적으로 우주삼라만상에 변화가 일어난다는 뜻이다. 물론 일월 이외의 성신, 즉 태양계의 5성과 북극성을 중심으로 한 28수와 북두칠성이 모두 영향을 미치지만, 가장 큰 영향을 미치는 별이 일월이다. 이 일월의 작용이 음양의 대표적인 작용을 나타낸다. 음양을 구체적으로 세분하면 다시 오행이 된다. 음양오행을 더 구체화하면 오운육기의 작용이 된다.

결론적으로 오운육기, 즉 운의 변화에 의해서 모든 동물과 식물 그리고 인간사와 기후의 변화가 나타난다. 따라서 오운육기의 이론체계를 알면 모든 삼라만상의 변화현상을 알 수 있다.

2. 인간 생활 속의 음양론(인문과학적 음양론)

인간은 생활하면서 다양한 문제들을 겪는다. 그런 문제들을 구체적으로 나타내면 건강문제, 직장생활의 문제, 학교에서 학업의 문제, 성장과정에서 겪는 길흉화복의 문제, 인간관계, 그리고 심리적으로 느끼는 문제 등을 들 수 있다. 이들 문제를 음양론적 관점에서 구체적으로 하나씩 서술하고자 한다.

1) 건강문제

인간은 나아서 죽을 때까지 건강상태(양)와 건강치 못한 상태(음)를 계속 순환 반복하면서 살아간다. 즉, 건강한 양의 상태로 살다가 어떤 원인으로 질병을 얻어 건강이 나쁜 음의 상태를 겪는다. 그러다가 또 질병을 치료하여 건강을 회복하여 살아간다. 이렇게 건강과 건강치 못한 상태가 계속 순환 반복하는 것이 사람들의 일반적인 삶의 모습이다. 평생을 감기도 걸리지 않고 건강한 상태로만 사는 사람은 거의 없다고 볼 수 있다. 그리고 이는 음양론적 변화이치를 벗어난 현상이기 때문에 그런 삶을 살기가 거의 어렵다고 볼 수 있다. 반대로 평생을 질병의 상태로 고생만 하면서 사는 사람도 거의 없다. 모든 사람은 건강과 건강치 못한 상태를 교대로 겪으면서 살아가고 있다. 다만, 그 순환 반복의 주기가 빈번하냐, 그렇지 않느냐에 차이가 있다.

뿐만 아니라 평생 감기도 한 번 안 걸릴 정도로 건강한 사람도, 컨디션이 좋고 나쁜 경우를 계속 반복한다. 즉, 건강한 사람도 질병에 걸리지는 않더라도 컨디션이 좋고 나쁨을 경험하는 것은 사실이다. 이는 건강한 상태에서도 음양이 순환 반복하기 때문이다. 건강한 상태에서 컨디션이 좋은 경우를 양 중지 양이라고 하고, 컨디션이 나쁜 경우는 양 중지 음이라고 표현한다. 반대로 평생 동안 질병에서 벗어나지 못하고 건강이 나쁜 사람도 컨디션이 상대적으로 좋은 경우가 있고 반대로 나쁜 경우가 있다. 전자는 음 중지 양이고, 후자는 음 중지 음이다. 따라서 평생 건강이 나쁜 사람도 그 상태에서 상대적으로 좋고 나쁜 상태가 순환 반복을 하는데, 이는 음양이 순환 반복하기 때문이다. 이는 주역의 음양론의 변화이치가 인간의 건강 문제에도 그대로 적용됨을 나타낸 것이다.

2) 직장생활

직장생활에서도 어느 때는 직장 생활이 즐겁고 그래서 일도 잘하여 상사로부터 칭찬도 듣고 승진도 잘되는 양의 상태였다가, 반대로 직장생활이 싫고 일의 능률도 오르지 않고 그래서 상사에게 야단맞기도 하여 승진도 안 되는 음의 상태를 겪는다. 한 직장에서 오래 몇십 년을 겪다 보면 이런 음양 상태가 계속 순환 반복한다. 그 순환 반복의 주기가 짧은 경우와 긴 경우가 있을 수 있다. 그러나 음양론적 순환반복을 겪는 것은 틀림없다. 다만 사람에 따라서 그 정도가 심하냐 그렇지 않느냐가 다르다. 이는 직장생활에서의 음양론적 순환반복 현상을 서술한 것이다. 또한 양의 상태에서도 상대적으로 좋고 나쁜 상태가 계속 순환 반복하는데 전자를 양 중지 양이요, 후자를 양 중지 음이라한다. 음의 상태에서도 상대적으로 좋고 나쁜 경우를 순환 반복하는데, 전자를 음 중지 양이요 후자는 음 중지 음이라 한다.

3) 성장과정

인간이 나서 죽을 때까지 평생을 살면서 즐겁고 행복한 시절인 양의 시대가 있었다면, 괴롭고 힘든 음의 시절이 있다. 이것은 모든 사람들이 겪는 공통적인 과정이다. 누구는 평생 행복하게만 사는 것도 아니고, 반대로 불행하게만 사는 것도 아니다. 흐린 날이 있으면 맑은 날이 있고, 오르막이 있으면 내리막길이 있듯이 말이다.

프랑스의 문학가인 모파상의 소설 『여자의 일생』을 보면, 마지막 결론이 '인생은 그렇게 행복한 것만도 아니고 그렇게 불행한 것도 아니다'는 말은 음양이 동시에 존재한다는 표현이다. 우리나라 말에 '길흉이 반반이다'는 내용과 일치한다.

4) 학교생활

우리는 초등학교부터 중·고·대학·대학원까지 이십 년 넘게 학교생활하면서 배우고 연구한다. 개인에 따라서 초·중등에서 잘했던 사람이 고등·대학에서는 그렇지 못한 사람이 있고, 반대로 초·중등에서는 열등생이었던 학생이 대학·대학원에서 우등생인 경우도 있다. 즉, 개인에 따라서 공부를 잘하고 못하고가 세월에 따라서 변화한다는 의미이다. 물론 초등부터 대학원까지 우등으로 잘하는 사람도 있고, 반대로 열등생으로 그렇지 못한 사람도 있지만, 이는 희귀한 경우이고, 일반적으로 잘하고 못하고를 순환하는 것이 보통이다. 이것은 다른 말로 음양이 순환 반복한다는 우주의 변화 이치가 여기에서도 작용한다는 의미이다. 공부와 연구도 잘될 때가 있고, 어렵고 안 될 때가 있다.

5) 인간관계

인간관계에서는 교우 간, 직장동료 간, 그리고 친구 간의 관계에서도 처음에 친밀했던 사람이 어느 시점에 소원해지고, 더 나아가 적대적 관계로 변하는 경우가 있고(양에서 음으로), 반대로 소원하고 적대적 관계에 있던 사람들이 어느 시점에서는 친밀해지고 우호적 관계로 변하는(음에서 양으로) 경우가 있다. 그러다가 또다시 우호적 관계에 있던 사람들이 다시 소원해져서 적대적 관계로 변한다. 그리고 친밀한 경우도 완전히 적대적 관계로 변하지는 않지만 친밀도가 엷어지는 경우가 있고, 이를 양 중지 음이라고 하며, 어느 시점에 가면 다시 친밀해지는 관계가 되는데 이는 양 중지 양의 관계라고 한다. 반대로 적대적 관계에서도 정도가 엷은 경우는 음 중지 양이고, 강해지는 경우는 음 중지 음이라 한다. 인간관계에서도 음양론적 변화관이 나타나고 있음을 입증해 주고 있는 것이다.

6) 심리현상

인간은 나서 죽을 때까지 정신과 육체의 평화와 건강, 불안과 초조, 질병을 순환적으로 교대하면서 살아가고 있다. 인간의 정신상태는 잠시도 쉬지 않고 움직이기 때문에 우리나라 말에 '오만가지 생각'을 한다고 표현한다. 원래 인간에게 중요한 것은 육체보다 정신이다. 그래서 대학을 주자가 주해한 내용

중 '心者 身之所主也(마음이란 몸의 주인이다)'라는 말이 있다. 불교에서는 '一切唯心造'라고 표현한 것을 보아도, 인간의 주인은 육체가 아니고 마음이라는 것이다. 마음이란 어떻게 보면 영혼의 목소리일 수 있다. 그런데 이 마음이란 대단히 변화가 심하다. 오죽했으면 우리나라 말 중에 '오만가지를 생각'한다는 말이 있을 정도인가. 그만큼 인간의 마음은 변덕스럽다. 이런 변덕스러운 마음을 잡기 위해서 수련하는 것이 정신수련, 마음수련, 기수련이다. 아마도 인간이 인간의 마음을 자유자재로 통제할 수 있다면 이보다 더 행복할 수 없을 것이다.

인간 마음의 변화를 살펴보면 외적, 환경적인 요인을 떠나서, 스스로 즐겁고 유쾌하게 생각을 하는 경우가 있고, 반대로 슬프고 절망적인 생각을 하는 경우도 있다. 즉, 인간의 심리적인 상태가, 양적인 상태와 음적인 상태를 계속 순환 반복하면서 살아가고 있다. 즉, 즐거움이 계속되다가 어느 정점에 이르러서는 다시 슬프고 비관적인 생각 속에 빠지고, 그러다가 어느 정점에 이르면 유쾌하고 즐거운 생각으로 다시 변한다. 물론 외적 환경이 즐겁고 슬픈 일을 당해서 마음이 즐겁고 슬픈 경우는 당연한 것이지만, 전혀 외적인 영향을 받지 않아도 무의식적으로 즐겁고 슬픈 생각을 반복하는 경우가 많다. 이런 현상도 음양론적 변화현상이 그대로 나타난 사례이다.

7) 가정 내에서의 음양론(부부간의 문제, 부자간의 문제, 가정 내의 문제)

이것은 가정 내에서 인간의 관계를 의미한다. 아마도 인간이 살아가는 과정에서 가장 중요하고 가장 많이 부딪히는 문제가 가정에서 부부간의 문제라고 볼 수 있다. 부부간의 관계를 보면 너, 나 없이 여러 가지 문제로 갈등과 화해가 계속 순환 반복함을 알 수 있다. 즉, 부부간에 대소 간의 문제로 싸우고 다투고 그러다가 또 화해하고 휴전하다가 평안해지고, 그러다가 다시 또 다른 문제로 다투고 싸우고 그러다가 잠잠해지고 평안해진다. 부부간의 싸움은 정도상의 문제이지 갈등과 다툼이 없는 사람은 이 지구상에 존재하지 않을 것이다. 그래서 우리말에 사람은 결혼을 해서 석 달 행복했다가 30년간 싸운다는 말이 있을 정도로 갈등이 계속되는 것이 사실이다. 여기서 싸움이란 정도상의 문제로, 심한 경우와 그렇지 않고 조용한 경우가 있다.

옛날 텔레비전 연속극의 어느 장면에서, 아래층은 부모가 살고 위층은 갓 결혼한 아들, 며느리가 사는 장면이 나온다. 조용한 장면이 나오다가 갑자기 위층에서 아들 며느리가 왁자지껄하고 우당탕하며 싸우는 장면이 나오는데, 아래층 시어머니가 위층을 보고 쟤들 '또 싸운다'고 소리를 지르고, '때가 됐다'고 말하는 장면이 나온다. 여기서 '또 싸운다'는 말은 싸움이 순환 반복한다는 표현이고, '때가 됐다'는 표현은 조용한 시간이 지나면 싸우는 시간이 나타난다는 표현이고, 이를 음양론적으로 표현하면 양이 극하면 음이 나타나는 물극필반현상을 나타낸 것이다.

뿐만 아니라 가정 내에서 부자간의 관계에서도 이런 현상이 나타남은 보편적이다.

3. 국가와 사회생활 속의 음양론(사회과학적 음양론)

사회국가의 음양론이란 국가, 사회생활 속에서 벌어지는 현상을 음양론적 관점에서 고찰한 것을 말한다. 즉, 정치, 경제, 사회, 교육 및 문화현상 속에서 벌어지는 모든 사건과 문제들이 어떻게 변화하는가를 음양론적 변화관의 관점에서 서술하고자 한다.

1) 정치현상

사회국가 현상 중에서 가장 변화가 심하고 역동적인 분야가 정치라고 볼 수 있다. 정치 현상 중에서 가장 중요한 변화현상이 권력의 변화현상이다. 정치란 권력다툼이 가장 중요한 목적이기 때문에, 권력을 누가 잡고 잃느냐가 정치에서 가장 중요한 관심사항이다. 권력을 잡기 위해 정치적 목적을 같이하는 사람끼리 모인 집단이 정당이다. 정당 중에도 집권당을 여당이라고 하고, 권력을 잡지 못한 정당을 야당이라고 한다. 그런데 민주주의 국가에서는 권력은 한 정당이 영원히 잡는 것이 아니고, 매번 선거에 의해서 권력을 잃기도

하고 잡기도 한다. 국민의 심판에 의해서 선거에 승리한 정당은 집권당인 여당이 되고, 잃는 정당은 야당이 된다.

이때 권력을 잃었다가 선거에 의해서 권력을 잡으면 음에서 양으로 변화한 것이고, 권력을 잡았다가 선거에 져서 야당이 되면 양에서 음으로 변화한 것이다. 같은 집권당 내에서도 계파 간의 관계에서 주류는 양 중지 양이고, 비주류는 양 중지 음의 입장이다. 권력을 잡지 못한 야당 중에서도 주류는 음 중지 양이고, 비주류는 음 중지 음이다.

민주주의 국가에서는 여당과 야당 간의 권력 변화가 계속 순환 반복한다. 그러나 독재정치에서는 한 정당이 계속 집권하여 계속 양의 입장을 견지하고 있다. 즉, 독재정치에서는 권력의 순환이 이뤄지지 않는다. 음양이 순환 반복하는 현상이 우주의 이치에 맞는데, 그렇지 않고 일당독재가 계속되면 이는 우주론적 자연의 이치인 우주섭리에 벗어나는 현상이다. 독재정치권력이 망하는 원인을 서양과학적 관점에서는 분석적으로 설명하나, 주역의 관점에서 보면 우주론적 자연의 이치, 즉 음양의 이치에 벗어났기 때문이다. 즉 순천을 해야 하는데 역천을 했기 때문에 순천자는 흥하고 역천자는 망한다는 우리의 전해 오는 말과 같다.

뿐만 아니라 권력을 잡는 계층과 지역 간에도 변화가 일어난다. 즉, 과거에는 문민이 주도하다가 군인들이 주도하던 시대가 있었고, 현재는 다시 문민이 주도하는 시대가 되었다. 그리고 지역 간에도 과거에는 어느 지역이 주도하다가 시대가 변하면 다른 지역이 주도한다. 그러다가 또 다른 지역 세력이 등장하여 주도를 한다. 그래서 이를 정치무상이라고 하였다.

서양에도 이런 원리가 있는데, "역정의의 법칙(reverse justice)"이라고 한다. 이는 두 개의 사회, 예를 들면 사회A와 사회B의 관계에서 A가 B를 오랫동안 지배하면, 어느 시기에 이르러서는 반대로 역전하여 B가 A를 지배할 날이 반드시 온다는 법칙이다. 여기서 A가 B를 지배하는 관계는 음양론으로 볼 때, A는 陽의 위치이고, B는 陰의 위치로 볼 수 있으며, 반대로 역전하여 B가 A를 지배하게 되면, B가 陰에서 陽이 되었고, A는 陽에서 陰으로 轉化되었다고 볼 수 있다. 이는 시간이 흐르면서 양은 음으로 변하고, 음은 양으로 변한다는 음양론의 전화법칙과 같다. 예를 들면 일본이 미국으로부터 비참한 패망을 맛보았지만, 지금에 와서는 미국이 일본에게 지배당하고 있는 상황, 또는 긴 안목으로 볼 때 동양과 서양의 관계에서도 역정의 법칙이 적용되어 현재까지는 서양이 동양에 우위를 점하고 있으나 앞으로는 그 관계가 역전될 수 있다.

다음은 정치변화현상과 관련하여 음양론적으로 구체적으로 설명하면 다음과 같다. 아마도 가장 변화의 기복이 많이 나타나는 분야라고 볼 수 있다.

첫째, 정치변화 가운데 가장 뚜렷한 변화는 독재체제에서 민주체제로 변화되었다는 점이다. 이는 과거 독재체제에서는 독재체제가 양의 위치에 있었고 민주체제는 음의 위치에 있었으나, 민주화된 지금에 와서는 독재체제는 음으로 변했고 민주체제는 양으로 바뀌었다고 볼 수 있다.

둘째, 정권의 변화현상이다. 과거에 여당이었던 정당이 정권이 바뀌면서 야당으로 변했고, 반대로 야당이 여당으로 바뀌었다. 이는 과거에 양지에 있던 여당이 음지인 야당으로 변화된 것이고, 음지에 있던 야당이 양지인 여당으로 바뀌었다고 볼 수 있다.

셋째, 정권의 변화에 따라서 정치인들의 입지도 변화되고 있다. 즉, 과거 양지에 있던 권력 핵심세력들이 권력이 바뀌면서 음지로 가고(예를 들면 80년대 정치군인들이 90년대 교도소로 간 사실), 그 당시 음지에 있던 정치인들이 양지로 바뀌는 현상(예를 들면 80년대 3김씨가 90년대 집권세력으로 등장)이 나타났다. 이는 정치인 개인수준에서 음양적 입장이 바뀌는 현상을 나타낸 것이다. 이를 더 구체적으로 나타내면 더 의미가 있다. 즉 80년대 양지에 있던 정치군인들이 90년대 음지로 바뀌었는데 이를 음양론적으로 세분해서 설명하면, 교도소로 간 정치군인들은 음 중지 음의 위치이고, 교도소에 가지 않고 일상인으로 있는 정치군인은 음 중지 양의 입장에 있다고 볼 수 있다. 반대로 90년대 양지에 있던 3김씨 가운데 권력을 잡은 김씨는 양 중지 양의 입장이고, 권력을 잡지 못한 김씨는 양 중지 음의 입장이라고 볼 수 있다. 그런데 지금에서는 다시 임기를 마치고 물러난 김씨는 양에서 음으로 바뀌었고, 권력을 이양받은 김씨는 음에서 양의 위치로 변화된 것이라고 볼 수 있다. 음양론의 一陰一陽현상과 음 중에 양이 있고, 양 중에 음이 있다고 하는 말은 이를 두고 하는 말이다.

이러한 음양 간의 변화현상은 자연의 변화이치일 뿐만 아니라 이는 그 사회, 국가의 성장과 발전을 향상시키는 힘의 원천이 된다는 것이다. 그래서 역천자(逆天者)는 망(亡)하고 순천자(順天者)는 흥(興)한다는 말도, 음양론의 변화관에서 나온 말이라고 볼 수 있다. 그래서 우리 헌정사에서 이러한 음양론의 변화관에 일치하지 않고 계속 권좌에 머물러 있으려고 한 독재자들은, 결국 좋은 결과가 없었음은 이를 잘 입증해 주는 예라고 볼 수 있다. 권좌에 오래 머물려고 하는 것은 양지에 계속해 있으려고 하는 것인데, 이는 음양론적 자연의 이치인 역의 변화 이치에 벗어난 것이고(逆天), 그래서 결국 불행한 결과를 낳았다고 볼 수 있다. 易에서는 머무는 것을 자연의 이치인 음양론의 변화관에서 벗어난 것으로 보고(逆天), 이를 죄악시하며, 그 결과 불행한 사태가 나타난 것이라고 볼 수 있다. 뿐만 아니라 세계 역사에 있어서도 자연의 이치를 무시하여 불행한 결과를 초래한 역사적 인물들이 많이 있다. 그 대표적인 인물이 나폴레옹이고, 중국의 진시황이다. 국내적으로는 독재자들이다.

나폴레옹은 자신의 사전에는 '불가능이 없다'고 큰소리친 세계적 영웅이다. 그러나 그도 러시아와 전쟁에서 패배하였고, 영국과 싸워서도 패배하여 결국 말로가 얼마나 비참하였는가? 그런데 어째서 불가능이 없다고 말할 수 있는가? 그가 '내 사전에는 불가능이 없다'고 말할 정도로 승승장구하면서 자신만만하여 최고의 자리인 황제의 자리까지 올라갔다. 아마도 나폴레옹의 운명은 사주팔자로 볼 때 황제가 그의 최고의 자리이고 운이 다한 자리라고 볼 수 있다. 그런데 최고의 자리인 황제까지 올라가서 그는 주역의 이치로 볼 때 앞으로 내리막길에 대비하며 겸허하고 근신하여야 하는데 그렇지 못하였다. 즉, 최고의 자리에 올라가서 이에 만족하고 감사하여야 하는데 그렇지 못하고, 교만하고 오만한 마음이 발동하여, 이에 만족하지 않고 전쟁을 일으켰다가 결국 패배하고 말았다. 그리고 비참한 최후로 끝났다.

주역의 이치로 볼 때 벗어나게(역천) 행동하여 비참한 최후를 마쳤으므로 인생의 실패자에 지나지 않는다. 왜냐하면 그도 어리석은 인간의 한계를 벗어나지 못하였기 때문이다. 평범한 사람들이 자신의 분수를 모르고 지나치게 행동하여 결국 화를 당하는 것과 나폴레옹, 진시황 그리고 우리나라의 독재자들도 모두 똑같이 어리석은 인간의 한계를 벗어나지 못한 사람들이다. 인간의 한계를 알고, 그 어리석음을 깨우쳐 주기 위해서 성인이 내놓은 글이 주역이다.

오히려 평범한 사람이 자신의 분수를 알아 현명하게 행동하여 행복하게 살다가 천수를 다하여 모든 가족들이 보는 가운데 조용히 생을 마감했다면 이 인생이 주역의 이치에 맞게(순천) 인생을 성공적으로 살았다고 본다.

동양학에서 인간의 성공과 실패에 대한 삶의 기준은 홍범구주의 마지막 아홉 번째 오복론과 육극론에 나타나 있다.

홍범(洪範)

홍범은 서경의 주서 편에 수록된 글이며, 상고시대 우(禹)임금이 요순(堯·舜)이래의 사상을 정리하여 집성한 천지의 대법, 즉 정치 도덕의 기본강령(법칙)을 말하며, 은나라의 기자가 주의 무왕에게 전하였다고 한다. 홍범은 큰 법을 말하며, 아홉 조목으로 이루어졌으므로 "홍범구주(洪範九疇)"라고도 한다. 홍범은 자기를 수양한 후 다른 사람을 다스리는 유교의 근본사상을 기술하였고, 구주의 내용 중 황극을 가장 중요시하여 이를 '오황극(五皇極)'이라고 한다. 주나라의 무왕이 은나라를 멸하고 은나라의 기자를 방문하여 천도를 물었을 때, 기자는 이에 홍범으로 고하였다고 한다.

먼저 인생의 성공적인 삶의 기준으로서 오복론(五福論)에 보면, 첫째, 수(壽)이다. 하늘이 인간에 부여한 命, 즉 천수를 다 누리고 사는 것을 가장 큰 복으로 여겼다. 둘째, 부(富)이다. 물질적으로 풍요롭게 부자로 사는 것을 두 번째의 복으로 본다. 셋째, 강녕(康寧)이다. 신체적으로 건강하고 마음이 편안함을 세 번째 복으로 여긴다. 넷째, 유호덕(攸好德)이다. 덕을 가진 사람을 많이 알고 지내는 것을 강조한다. 다섯째, 고종명(考終命)이다. 죽을 때 잘 죽어야 한다는 의미이다. 즉, 제 명대로 살다가 편히 죽는 것을 말한다.

실패한 삶의 기준으로는 육극론(六極論)이 있다. 첫째, 흉단절(凶短折)이다. 단명과 요절을 의미한다. 즉, 재난으로 인하여 천명을 다하지 못하고 일찍 죽는 것을 의미한다. 오십 전에 죽는 것을 단(短)이라 하고, 삼십 전에 죽는 것을 절(折)이라고 한다. 오복론의 수에 반대되는 말이다. 둘째, 질(疾)이다. 몸에 질병이 있는 것을 말한다. 오복론의 강(康)에 대한 말이다. 셋째, 우(憂)이다. 근심 걱정을 의미한다. 오복론의 영(寧)에 대한 말이다. 넷째, 빈(貧)이다. 가난함을 말하고, 오복론의 부에 대응한 말이다. 다섯째, 악(惡)한 것이다. 오복론의 유호덕에 대한 말이다. 여섯째, 약(弱)이다. 허약함을 말하고, 오복론의 고종명에 대한 말이다.

넷째, 군사정권에서 민간정부로 이양되면서 군사정권시절 민간정치인들은 陰의 입장이고, 정치군인들은 陽의 입장이었다고 볼 수 있으나, 문민정부가 되면서 민간정치인들은 음에서 양으로, 정치군인들은 양에서 음으로 변화되었다고 볼 수 있다.

이상은 정치분야에 대한 음양론적인 전화현상의 입장에서 설명한 것이다. 아마도 정치분야가 변화가 가장 심한 분야라고 볼 수 있으며, 음양론적인 변화현상이 뚜렷하게 나타나는 분야라고도 볼 수 있다. 국내정치에서든 국제정치에서든 "어제의 적이 오늘의 친구가 되고, 오늘의 친구가 내일은 적이 된다"는 정치무상을 나타내는 말이 있다. 이것은 음양론적 변화관을 잘 나타내주는 정치변화현상이라고 볼 수 있다. 즉, 어제의 적이었다는 것은 음의 관계를 나타낸 것이고, 오늘은 친구로 되었다는 것은 음에서 양의 관계로 변화된 것을 의미하고, 내일은 다시 적으로 변한다는 것은 양에서 다시 음의 관계로 변한 것을 나타낸 것이다.

2) 경제

경제문제는 국민들의 생활에 직접적인 문제이기 때문에 경제 변화는 매우 민감한 문제이다. 경제현상을 음양론적 관점에서 살펴보면, 가장 생생하게 볼 수 있는 문제가 경제의 호황과 불황의 문제이다. 경제의 변화과정을 살펴보면 호황이 계속되다가 어느 시점에 이르면 반드시 불황으로 후퇴하고, 불황이 계속되다가 어느 시점에 이르면 반드시 호황 국면을 맞게 된다. 이는 음양의 순환 반복현상이 나타남을 말하는 것이다. 호황 국면에서도 상대적으로 고도의 호황이 있는가 하면 상대적으로 낮은 호황의 시기도 있다. 전자는 양 중지 양의 상황이고, 후자는 음 중지 음의 상황을 나타낸 것이다. 불황 국면도 마찬가지로 음 중지 양과 음 중지 음의 현상이 있다.

경제성장과 분배가 순환 반복한다. 즉, 성장이 극에 달하면 분배해야 한다는 주장이 나오고, 분배가 극에 달하면 다시 성장해야 한다는 주장이 나온다.

증권의 변화 현상도 대세적으로 오르는 호황이 있고 내리는 불황이 있다. 대세적으로 오르는 장에서도 등락을 거듭하게 되는데 오르는 장은 양 중지 양이고, 내리는 장은 양 중지 음이다. 대세적으로 내리는 불황에서도 등락이 계속되므로 음 중지 양과 음 중지 음의 상황이 나타난다.

산업 간의 발전 패턴도 변화를 거듭한다. 예를 들면 수출산업이 주도하는 나라와 시대에는 수출산업이 양의 입장에 있고, 내수산업은 음의 위치에 있다고 볼 수 있다. 또한 수출산업 중에서도 상대적으로 유리한 산업은 양 중지 양이고, 불리한 산업은 양 중지 음이다. 내수산업에서도 유리한 산업은 음 중지 양이고, 불리한 산업은 음 중지 음이다.

경제발전 단계에서 어느 단계에서는 섬유를 중심으로 경공업이 주도하다가, 어느 단계에 이르면 중화학공업이 주도하게 된다. 전자는 양에서 음으로 변한 것이고, 후자는 음에서 양으로 변한 것이다.

경제운영체제가 과거 60·70년대 이후 정부가 적극적으로 개입, 간섭하는 정부주도형 경제체제에서 현재와 미래는 민간부문이 주도하는 시장경제체제로 변화해 간다고 볼 수 있다. 이때 과거 60·70년대의 정부주도 경제운용체제는 그 당시 양의 위치이고, 그 당시 민간 시장경제체제는 음의 입장이었다고 볼 수 있다. 그러나 현재와 미래의 얼마 동안은 역전이 되어 정부주도형 경제운용체제는 음의 위치로 바뀌었고, 시장경제체제는 양의 입장으로 바뀌었다고 볼 수 있다.

따라서 케인즈류의 국가개입에 의한 계획경제이론은 양지에서 음지로 전화되었고, 시장경제론은 음지에서 양지로 전화되었다고 볼 수 있다. 우리나라의 경우 60년대 초 경제개발을 시작할 때는 케인즈류의 국가 개입에 의한 계획경제가 주류이고 자유시장경제론이 전혀 인정을 못 받았지만, 지금에 와서는 완전히 역전이 되었다.

양적인 성장 위주의 전략이 질적인 구조조정과 복지·환경 분야의 강조로 변화된 점, 중화학공업 중심에서 정보·지식산업으로의 변화 현상, 단일품목 대량생산체제에서 다품종 소량생산체제로의 전환 현상, 대기업위주의 성장전략에서 중소기업 위주의 성장전략으로의 변화 현상, 국내 자본주의 경제체제에서 세계 자본주의 경제체제로의 변화 현상 등은 과거에 양의 위치에 있던 것들이 음의 위치로 바뀌고, 반대로 음의 위치에 있던 것들이 양의 위치로 바뀌는 현상들의 예라고 볼 수 있다.

Capra는 현대 사회의 위기를 경제체제의 기초를 형성하고 있는 남성적인, 즉 '양 지향적(yang-oriented)'인 가치관에 인한 것으로 설명하고 있다. 즉, 경제적 가치 중 양의 가치는 물질적 욕망, 확대, 경쟁을 포함하고 있으며, 이들 가치를 지나치게 강조함으로써 우리 사회는 위험하고, 비윤리적인 목표 추구를 권장하고, 기독교에서는 치명적인 죄라고 부르는 여러 가지 – 대식, 오만, 이기, 탐욕 – 를 제도화하고 있다.

3) 행정

첫째, 행정의 역할기능의 변화를 보면 다음과 같다. 우리나라 행정의 역할기능의 변화과정을 보면, 50년대의 안정과 질서유지를 주요 기능으로 한 체제유지형, 60년대 이후 정부주도로 국가발전 근대화작업을 적극적으로 추진한 가치창조형, 80년대의 행정은 규제자도 가치창조자도 아닌 봉사자, 유도자라는 간접유도형으로 변화해 왔다.

이러한 행정의 역할변화를 음양론의 변화관으로 설명하면, 50년대의 체제유지형은 음의 기능 역할이라고 볼 수 있고, 60년대 이후의 가치창조형은 양의 기능으로 변화되었고, 80년대 이후 대두된 소극적인 간접유도형은 다시 음의 기능으로 변화해 왔다고 볼 수 있다. 이러한 일련의 변화모형은 음양론의 변화관인 一陰一陽 현상이 그대로 나타났다고 볼 수 있다. 즉, 50년대에 행정의 소극적 기능은 陰의 기능이고, 이러한 陰의 기능이 극에 달하자 적극적인 陽의 기능이 시생하기 시작하고, 그 결과 60년대 가치창조형의 陽의 기능이 본격적으로 나타났으며, 이제는 다시 양의 기능이 극에 도달하자 음의 기능이 나타나기 시작하고, 그 결과 다시 음의 기능으로 나타난 것이 80년대의 소극적인 간접유도형이라고 볼 수 있다. 이것은 결국 음양론의 변화관을 잘 나타내 준 행정현상의 한 예라고 볼 수 있다.

둘째, 행정조직 구조 면에서도 과거에는 권위주의적 고층 피라미드형의 구조에서 계층의 수를 많이 줄이고 민주적인 네트워크 조직구조로 변화하려고 하는 것으로 볼 수 있다. 이때 권위주의적 고층 피라미드 조직구조는 陽의 시대에서 陰의 시대로 바뀌었고, 민주적인 네트워크 조직구조는 음지에서 양지로 변화했다고 본다.

셋째, 행정 역할도 과거 중앙집권적 행정체제에서 지방분권적 행정체제로 변하는 것도 음양론적으로 설명할 수 있다. 즉, 과거 중앙집권적 행정체제가 陽의 입장이라면, 그 당시 지방자치는 陰의 입장에 있었다고 볼 수 있는데, 지금에 와서는 반대로 중앙집권적 행정체제는 서서히 양에서 음의 위치로 변하고, 음의 위치에 있던 지방자치는 陰에서 陽으로 변했다고 볼 수 있다.

넷째, 행정부 내에 각 직무 부서의 역할도 과거 60·70년대는 경제발전기능과 국방 및 권력부서가 중시되고, 주도적인 역할을 하여 陽의 입장이었다고 하면, 그 당시 복지, 환경, 교육에 관련된 부서는 상대적으로 덜 중요하여 陰의 위치에 있었다고 볼 수 있다. 그러나 지금에 와서는 그 당시 양의 입장에 있던 관련 부서는 서서히 상대적으로 중요성과 위치가 낮아지고 있으며, 이는 양의 위치에서 음의 위치로 변했다고 볼 수 있다. 반면, 그 당시 상대적으로 중요하지 않던 복지, 환경, 교육부문이 상대적으로 중요성이 커지면서 음의 위치에서 양의 위치로 변하고 있다고 볼 수 있다.

다섯째, 행정학의 전공분야에서도 과거 60·70년대는 발전행정이 주요한 과목이었으나 지금은 복지·환경·지방행정 쪽으로 변하고 있다. 이는 음양론적으로 볼 때 과거 陽의 위치에 있던 발전행정은 지금은 陰의 입장으로 변했고, 陰의 입장에 있던 지방·복지·환경분야는 陽의 위치로 변했다고 볼 수 있다.

여섯째, 이 외에 관련 사항을 보면, 큰 정부에서 작은 정부로, 규제 간섭행정에서 규제완화로, 공기업에서 민영화로, 도시집중현상에서 농촌 전원주택으로, 행정 우위에서 정치 우위로, 행정만능에서 정치·행정 협력시대, 행정부 우위에서 입법부·사법부의 상대적 지위 향상으로, 양적 성장에서 질적 성장으로 변하고 있다. 이는 음양론적으로 양에서 음으로, 음에서 양으로 변하는 구체적인 행정현상들이라고 볼 수 있다.

4) 사회·문화

Capra의 연구를 중심으로 사회문화적 측면의 변화현상을 음양론으로 설명하고자 한다.

카프라는 문화적 속성을 음양론으로 크게 두 가지로 나누고, 현재 서양문화에서는 양의 문화가 지배하면서 여러 가지 위기를 초래하였다는 것이다. 즉, 음양론적 문화의 불균형으로 인하여 현대 서양문명의 위기가 심각해졌다는 것이다. 그에 의하면 음적인 문화적 특성은 동양문화적 특성을 말하는데, 구체적인 특징은 여성적, 수축적, 보수적, 수동적, 협력적, 직관적, 종합적이고, 양의 문화는 서양문화적 특성을 의미하는데, 이는 남성적, 확장적, 진취적, 도전적, 경쟁적, 이성적, 분석적 특징을 갖고 있다는 것이다.

위에서 음의 문화와 양의 문화 간의 대칭을 보건대, 우리 사회는 음의 문화보다 양의 문화를 강조해 왔다는 것이다. 즉, 직관적 지식보다 이성적 지식, 종교보다 과학, 협동보다는 경쟁, 자연보존보다는 자연개발을 일관되게 선호하고 있음이 자명하다. 이러한 편중이 부계사회제도의 뒷받침을 받고 또 과거 3세기 동안의 감각적(sensate) 문화지배에 고무되어, 현재 우리 위기의 바로 그 근저에 놓여 있는 심각한 문화적 불균형, 즉 우리들의 생각과 감정, 가치와 태도, 사회적 및 정치적 구조의 불균형을 초래한 것이다.

이러한 여러 가지 문화적 불균형 현상을 기술함에 있어 특별히 건강에 대한 영향에 주목하고자 한다. 이 건강이란 개인의 건강뿐만 아니라 사회적 및 생태적 건강을 포함하는 광의의 개념을 의미한다. 이 세 가지 수준의 건강은 상호 긴밀히 연관되어 있으며, 현재의 위기는 이들 세 가지의 건강 전부에 중대한 위협을 주고 있는 것이다. 즉, 개인의 건강, 사회의 건강 및 우리가 그 일부가 되고 있는 생태계의 건강을 위협하고 있는 것이다.

또한 Capra는 양의 가치와 태도 및 행동패턴에 대한 두드러지고 지속적인 선호가, 상호 의존적인 학문, 정치 및 경제 기조에 어떤 제도를 초래했으며, 그 제도의 활용동기가 되는 가치체계의 위험한 불균형에 대해 완전한 맹인이 되었는지를 밝히고자 하였다.

다시 말하면 음양론의 관점에서 볼 때 서구문화가 추구한 그 어떤 가치도 본질적으로 나쁜 것은 아니지만, 반대의 극(陰의 문화)을 고립시키고 양의 문화에 집중하여, 거기에 도덕적 가치와 정치적 힘을 두게 함으로써 오늘과 같은 비극적 상황을 낳았다는 것이다. 즉, 이 시대는 합리적 사상이 지배적이고, 흔히 과학적 지식이 유일한 지식으로 여겨졌다. 직관적 지식 또는 깨달음도 정당하고 신뢰할 만하다는 것이 일반적으로 인정되지 않고 있다. 과학주의라고 알려진 이런 태도가 널리 퍼져 있으며, 교육제도와 다른 모든 사회적, 정치적 제도에 침투되어 있다는 것이다.

그 결과 우리 문화는 양, 즉 인간성 가운데 자기주장이 강한 남성적 요소는 항상 보상해 준 반면, 음, 즉 여성적 또는 직관적인 면을 무시하였다. 그러나 오늘날 우리는 커다란 전화 운동의 시작을 보고 있는 것이다. 우리가 도달하려고 하는 전환점은 무엇보다도 음과 양의 역전을 의미한다. 동양고전이 말하듯 "정점에 도달한 양은 음을 위해 물러난다." 우리들의 60년대, 70년대는 철학적, 영적, 정치적 전 영역이 양의 방향으로 움직였던 것처럼 보인다. 그러나 지금은 역전되어 음과 양의 평형을 재수립하는 방향으로 움직이고 있다.

사회와 환경문제에 대한 시민운동이 형성되며, 성장에 대한 제한을 제안하며 새로운 생태적 윤리의 옹호, 적절한 소프트 테크놀로지(soft technology)의 개발로 표현되는 생태에 대한 관심이 고양되고 있다. 동시에 대기업을 찬미하던 데서 '작은 것이 아름답다'는 개념으로, 물질 소비로부터 봉사적 검소로, 경제 및 기술적 성장으로부터 내적 개발과 성장으로의 중대한 가치전환이 시작되고 있다. 이들 새로운 가치는 '인간 잠재능력' 운동이나 '전 건강 운동',

기타 각종 정신 운동에 의해 고무되고 있다. 그러나 중요한 것은 여권운동을 통해 여성에 대한 낡은 가치는 도전받고 있으며, 가장 본질적으로 변화되고 있다.

이제 쇠망해 가는 문화는 기계론적이고 분석적이며, 사변적이고 물질적이며, 개인 위주의 남성적이고 양의 특성을 지닌 것이다. 반면 새로 대두하는 문화는 시스템적이고 종합적이며, 직관적이고, 정신적이며, 환경에 민감하고, 여성적이며, 陰의 특성을 지닌 문화가 될 것이다. 우리는 문화 변역(turning point)의 대전환점에 와 있다.

이상에서 서술한 음양론적 분석을 종합하면, 나라의 정치, 행정, 경제, 사회 현상과 카프라(F. Capra)가 말한 서양의 문화적 현상까지도 지금은 음양론적으로 일대 전환기에 있다고 볼 수 있다. 즉, 과거에 양의 위치에 있던 사물과 가치는 음의 위치로, 음의 위치에 있던 사물과 가치는 양의 위치로 변하고 있다는 것을 볼 수 있다. 이러한 변화는 우주론적으로 아주 자연스러운 변화이고 따라서 이를 거스를 수 없는 변화이다. 이것은 음양론의 변화관인 일음일양지위도(一陰一陽之謂道) 현상이 현대에도 그대로 나타나는 예들이라고 볼 수 있다. 다만 이런 변화 현상이 앞의 <그림 10-3>의 음양론적 순환 중 대순환, 중순환, 소순환 어디에 해당하는 순환인가가 다를 뿐이다.

4. 음양론적 삶의 의미와 과학성

앞의 3항에서는 음양론적 관점에서 자연, 인문, 사회 변화현상을 서술하였다. 3항에서 서술한 내용은 내가 아는 범위 내의 것을 모아서 선택적으로 서술한 것이다. 이것 이외에도 수많은 현상들의 사례가 있을 것이지만 결국은 모두 음양론적 이치를 벗어날 수 없다고 본다. 즉 음양론적으로 서술할 수 있다고 본다.

대산 김석진 선생께서도 『우리의 미래』의 저서에서, 세상의 변화는 음양의 변화에서 벗어나지 않는다. 수많은 사건이 발생하고 정신 못 차릴 변화가 일어난다 하더라도 그 역시 음양의 변화일 뿐이다.

서술은 있는 사실을 이해하고 설명하기 위해 기술한 것이다. 그러나 관찰한 사실들을 기술적인 것으로 끝내면 그것을 통해서 우리가 얻는 의미가 없다. 이들 서술들의 해석을 통해서 의미와 시사점이 무엇인가를 찾아서 그에 입각한 삶에서 무엇이 도움이 되는가를 찾아보아야 한다. 따라서 음양론적 삶의 모습에서 우리가 얻을 수 있는 시사점과 의미가 무엇인가를 고찰해 보고자 한다.

시사점과 의미

첫째, 현실적인 인간 삶에서 나타나는 여러 가지 모순을 어느 정도 받아들이고 인정해야 한다는 것을 시사하고 있다고 할 수 있다. 이것은 기존의 사고방식인 흑백논리적, 이분법적 사고는 현실적으로 한계가 있고 맞지 않다는 것을 의미한다. 뿐만 아니라 천지이치인 음양론에서 벗어난 논리다. 왜냐하면 음양론은 모순적인 논리를 함의하고 있기 때문이다. 따라서 음양론을 부정한다는 것은 천지이치인 천도를 부정하는 것이다. 그런데 천지이치에 지배·종속받고 있는 인간이 이를 벗어나려고 하는 것 자체가 이치에 벗어나는 것이다. 이는 마치 낮만 있고 밤은 없어야 한다는 논리인데, 그것이 가능하지 않은 것처럼 모순을 없앨 수가 없다고 본다.

음과 양은 태극 한 뿌리에서 나왔고, 이것이 균형을 이루어야 우주가 존재할 수 있다. 따라서 모든 것에 우선하는 선(善)은 음과 양의 균형인데, 우리의 사명은 그 균형을 이룰 수 있도록 돕는 데 있다.

음양 모두를 인정하는 모순을 인정하면서도, 다만 음양 중에서 양을 선호하고 가치를 더 중시한다는 것이다. 음을 바람직하게 여기지는 않지만 전부 없앨 수는 없고, 양을 우선시하고 가치를 더 부여한다는 의미이다. 그래서 예를 들면 권선징악(勸善懲惡), 알악양선(遏惡揚善)이라는 말의 의미가 선을 선양하고 악을 미워한다는 의미인데, 이는 음양론적으로 타당한 말이다. 이는 선은 양, 악은 음이므로, 양을 취하고 음을 미워하는 것이지, 악을 없앤다는 의미는 아니다. 상식적인 관점에서는 악은 없애야 하는 것이 타당한데, 그렇지 않고 미워하거나 누른다는 의미는 없앤다는 것이 아니고 존재를 인정하면서 미워할 뿐이라는 의미이다. 왜 그랬을까? 악을 없앨 수 없으니까 그렇게 하였다고 생각된다. 악을 완전히 없앤다는 것은 음양론적으로 음을 완전히 없앤다는 의미인데, 이는 천지이치를 벗어난다는 것이며, 따라서 불가능하다는 것이다. 천지이치가 음양이 동시에 존재하는데 천지이치를 무시하고, 인간의 노력으로 어느 한쪽만 인정한다는 것은 불가능하다는 의미이기도 하다.

사서삼경 중에서 세계적인 역사학자인 영국의 토인비 교수가 황금의 중용이라고 가장 칭송 했던 책이 중용이다. 뿐만 아니라 중용은 유학의 사상을 가장 잘 나타내고 있는 책이라는 것이다. 또한 중용은 주역의 이치를 가장 잘 인사에 적용해서 쓴 글이라는 것이다. 그래서 중용을 소주역(小周易)이라고도 한다.

중용의 제6장에, 동양정치에서 최고로 어진 정치를 폈던 요순시대 순임금의 정치에 대해 다음과 같은 말이 있다.

子曰 舜은 其大知也與신저 舜이 好問而好察邇言하셔되 隱惡而揚善하시며 執其兩端하사用 其中於民하시니其斯以爲舜乎신저.
▶공자께서 말씀하시길 "순임금은 그 큰 지혜이시다. 순임금이 묻기를 좋아하고 가까운 말을 살피기를 좋아하시되, 악함을 숨기고 선을 드날리시며 그 두 끝을 잡으시어 그 중을 백성에게 쓰시니, 그 때문에 순임금이 되신 것이다."

위에서 '은악(隱惡)이 양선(揚善)하시며 집기양단(執其兩端)하사 용기중어민(用其中於民)하시니'라는 구절이 있다. 그 내용은, 악한 일을 한 사람은 숨겨주고, 착한 일을 한 사람에게는 상을 내려 그 선함을 드날리고, 바름과 그름의 양단을 잡으셔 거기서 중을 백성에게 쓰셨다는 것이다.

여기서 두 가지 내용의 글이 의미가 있다. 첫째, 악한 일을 한 사람은 숨겨주고(은악), 착한 일을 한 사람에게 상을 내려 그 선함을 드날리셨다(양선)는 내용이다. 이는 악한 행동에 대해서 벌주고 없애려고 하지 않고 숨겨 주었다는 내용이다. 물론 순임금이 하해와 같은 포용력을 가진 어진 임금이기 때문이라고도 볼 수 있다. 그러나 음양론적 관점에서는 음의 악한 행위를 없앨 수 없기 때문에, 어진 마음으로 순화시키려고 하였다고 볼 수 있다. 천지이치가 음양의 이치인데 근본적으로 음을 없앨 수 없다면, 이를 순화시켜서 발휘되지 않도록 하는 것이 현실적으로 타당한 대책이라고 볼 수 있다. 즉, 음적인 악의 존재를 인정하면서 이것이 나타나지 않도록 했다고 볼 수 있다. 그리고 착한 일에는 상을 내렸다는 것은, 좋은 일은 더 많이 하도록 권장하기 위해서 그렇게 하였다고 볼 수 있다. 이런 정책은 음적인 악한 것을 없애려고 하는 네거티브한 정책보다는, 이를 숨겨서 순화시키면서 양적인 선한 행위를 적극적으로 권장하고 드날리어, 국민이 이를 본받도록 하는 포지티브한 정책이라고 생각된다. 이런 정책은 현대 사회에서 국가의 모든 정책을 시행하는 데 시사하는 바가 크다. 둘째, 바름과 그름의 양단을 잡으사 거기에서 '중'을 백성에게 쓰셨다는 내용이다. 이는 바름만 강조하지 않고, 그름을 없애려 하기보다는 어디에도 치우치지 않은 중을 견지했다는 것이다. 이는 양만 강조하고 음을 완전히 무시하지 않았음을 시사한다. 그것이 곧 '중'이라는 것이다.

뿐만 아니라 음양론의 관점에서 볼 때 구체적인 예의 하나로 사회적인 불의와 악도 전혀 백해무익한 것이 아니고 필요하다는 것이다. 즉, 악이 있으니 선이 있고, 불의가 있으니 정의가 있다. 그리고 미움이 있으니 사랑이 있고, 어둠이 있으니 밝음이 있다. 이는 음이 있으니 양이 있고, 양이 있으니 음이 존재하는 것처럼 음양은 동시에 존재할 수밖에 없다. 그리고 음이 있음으로 해서 양이 있고, 빛난다는 것이다. 따라서 음은 양을 위해서 필요하다는 의미로 해석된다. 우리는 흔히 이분법적인 흑백논리로 불의와 악을 잘못된 행위로 백해무익하다고 극단적으로 미워하지만, 천지이치인 음양론적으로 볼 때 동시에 존재할 수밖에 없다는 의미로도 해석할 수 있다.

따라서 국가정치에서 음양론적 관점에서 정치하는 것이 현실적으로 대단히 의미가 있다. 정치란 국가적, 사회적, 경제적 문제를 국민들 간의 갈등 조정을 통해 해결하는 데 있지, 어느 한쪽에 일방적으로 편향되면 천지이치인 음양론에 부합하지 않는다고 볼 수 있다.

현실적으로도 악과 불의를 완전히 없앤 사회는 존재하지 않고, 이 지구상의 어떤 나라의 역사에도 없었다.

둘째, 음양이란 서로 반대의 입장 즉, 음과 양의 관계에서 서로에게 필요하다는 점에서 상호 보완관계이지 적대관계가 아니라는 점이다. 즉, 양이면 양, 음이면 음 하나만 바람직하고 존재해야 하는 것은 아님을 시사하고 있다.

서로 반대되는 또는 상호 모순적인 관계를 상호 배척적인 관계로 보는 것이 아니라 상호 성취의 관계, 더 나아가 운동의 추동력의 근거로 본다. 이를 주역에서는 상반 상성의 법칙이라고 한다. 상보성의 법칙이란 우리말에 '싸워야 큰다'는 말과 유사한 내용이라고 생각된다.

베르너 하이젠베르크(Werner Heisenberg)에 의하면 서로 다른 학문과 사상의 필요성을 다음과 같이 말하고 있다.

"인류의 사상사에 있어서, 두 개의 다른 사상의 조류가 만나는 그러한 지점에서 가장 풍요로운 발전이 자주 이루어진다는 것은 아마도 거의 전적으로 타당한 얘기일 것이다. 이러한 사상적 조류들은 인류 문화의 전혀 다른 분야에, 상이한 시대와 상이한 문화 환경과 상이한 종교적 전통에 그 근원을 두고 있을 것이다. 그리하여 그들 둘이 실제로 만나는 일이 이루어진다면, 행여 그처럼 긴밀히 서로 연결을 맺어 하나의 진정한 상호 작용이 일어날 수만 있다면, 우리는 그곳에서 새롭고도 흥미진진한 발전이 곧 뒤따라 전개될 것이라고 기대해도 좋으리라."

한편 서양과학이 지배하는 현상은 음양론의 관점에서 보아도, 지금 양의 위치에 있는 서양과학 자체의 발전을 위해서도 바람직하지 않으며, 서양과학 독점적 체제하에서는 더욱 바람직하지 않다. 즉, 음의 위치에 있는 동양학과 상호 역동적 평형과 경쟁관계에 있을 때 발전적 계기와 분위기가 조성된다.

지금 제도권의 학문은 서양과학 중심의 학문적 독재체제를 이루고 있다. 그런데 서구에서는 이미 오래전부터 자신들의 학문과 문명의 문제점과 한계점을 극복하고 보완하기 위한 돌파구로서 동양학을 더 많이 연구하고 있다는 것이다.

덴마크의 노벨상 수상자이자 양자물리학자인 닐스 보어는, 양자이론은 사실 '철학의 보고'이며, 지혜의 보석이 묻혀 있는 새로운 과학이라고 했다. 그러면서 비서구 문명의 전통이라는 또 다른 보고도 언급하였다. 그는 1920년대 말 양자가 입자와 파동의 성질을 동시에 보이고 있다는 역설을 설명할 방법을 찾던 중 '상보성'이란 용어를 만들어 냈다. 즉, 고전물리학을 지배하고 있는 '이것이냐 저것이냐' 식의 이분법적인 이원론을 배격하면서, 서로 다른 두 물질이 짝을 이뤄 의지하고 있다는, '이것도 저것도 모두'라는 그리고 '반대적인 것은 상호 보완적이다(Contraria Sunt Complementa)'는 상보성이론을 주장한 것이다.

주역에서는 이를 상반상성(相反相成)의 법칙이라고 한다. 즉, 서로 반대되는 또는 상호 모순적인 관계를 상호 배척적인 관계로 보는 것이 아니라 상호 성취의 관계, 더 나아가 운동의 추동력의 근거로 본다.

보어가 부딪혔던 문제는 문화적인 선입관을 뚫고 새로운 이해로 나아가기가 얼마나 지난한 일인가 하는 문제를 상기하게 만든다. 그 당시 양자택일적 사고가 오랫동안 지배했기 때문에, 상반된 것이 결합해 전체를 이룬다는 생각을 하기가 몹시 어려운 것이다.

보어는 서로 상반된 다른 문화의 철학이 이 거울을 투시할 수 있게끔 도와준다는 사실을 알았다. 20세기의 가장 혁신적인 과학적 정신이 비서구 문화로부터 개념적 영감을 얻었다는 사실은 중요하다. 이런 사람들로는 슈바이처, 샤르댕, 화이트헤드, 칼 융, 아인슈타인, 하이젠베르크, 휠러, 아이즐리, 베이트슨, 데이비드 봄, 프리고진, 매클린톡, 카프라, 셸드레이크 등을 들 수 있다(존 브름필드, 『지식의 다른 길』).

셋째, 음양론적 변화관에서 우리가 얻을 수 있는 의미와 시사점을 알아보자. 음양론적 변화관이란 음양 간에 순환 반복한다는 변화관을 말한다. 즉, 우리말 중에 '음지가 양지되고, 양지가 음지된다'는 말과 같이 음양 간에 계속 변화가 일어난다는 의미이다. 여기서 중요한 것은 양에서 음으로, 음에서 양으로 변화했지만, 다시 시간이 지나고 상황이 변하면 음에서 양으로, 양에서 음으로 다시 순환 반복해서 변화한다는 것이다. 이것은 음양론이 영원한 양지도 영원한 음지도 없고, 반드시 양에서 음으로, 음에서 양으로 변화해 간다는 법칙에 의해서 유추가 가능하다.

이런 점에서 음양론의 변화관은 지금 양지에 있는 가진 자들에게는 겸허하게 하며, 음지에 있는 사람들에게는 희망을 갖게 한다. 왜냐하면 영원한 양지가 없고, 언젠가는 양지에서 음지로 가게 되어 있으며, 그때 비참해지지 않으려면 양지에 있을 때 겸허하고 근신하는 것이 필요하기 때문이다. 그런데 일반 사람들은 양지에 있을 때 영원히 계속될 것이라고 잘못 생각하여 오만하고 교만을 부린다. 그러다가 음지로 몰락했을 때 아주 비참해지는 경우를 현재도 그리고 역사를 통해서도 우리는 잘 알고 있다. 반대로 음지에 있다고 좌절하거나 포기하지 말라는 것이다. 왜냐하면 노력하고 정진하면 반드시 음지에서 양지로 가게 돼 있기 때문이다. 즉, 밤이 깊으면 새벽은 가까이 있고, 겨울이 깊으면 봄은 가까이 있다는 말이 여기에서 유래된 말이라고 본다. 반대로 흥진비래, 화무십일홍, 권불십년이라는 말은 양지에서 음지로 간다는 것을 시사하고 있다. 그런데 음지에 있을 때 희망을 갖고 노력, 정진하는 것이 천지이치에 맞는데도 불구하고, 영원히 음지에 있을 것으로 착각하여 희망을 잃고 절망감에서 벗어나지 못하여 삶을 포기하는 자들이 있다. 이것은 주역의 천지이치를 몰라서 빚어진 사례라고 볼 수 있다.

양지에서 교만한 사람들, 음지에 있을 때 절망감에서 벗어나지 못하는 자들은 서양의 직선적, 선형적 변화관에 의한 사고에서 비롯된 행태이다. 즉, 직선적 사고는 양지에 있을 때, 영원히 계속 양지로 올라가는 것만 생각하고, 음지에 있을 때는 영원히 계속 음지로 빠져드는 생각만 하기 때문이다. 그러나 주역의 음양론적 순환반복적 변화관은 그렇지 않다. 즉, 앞에서 거듭 언급한 바와 같이 양지에서 음지로, 음지에서 양지로 변하는 관점에서 볼 때, 양지에 있는 사람들은 겸허할 수밖에 없고, 음지에 있는 사람들은 희망을 가질 수밖에 없다.

음지에서 양지로 변한다고 무조건 그렇게 된다는 것이 아니고, 성실한 마음과 자세로 정진 할 경우에만 그렇게 된다는 것이다. 왜냐하면 천도는 진실무망하기 때문이다. 현재 교육 문화정책을 동양학의 예를 들어서 설명해 보고자 한다.

지금은 서양 물질문명, 물질과학이 주도하는 자본주의 시대이다. 즉, 서양 물질문명과 물질과학의 자본주의는 양의 입장에 있고, 반대로 동양의 정신문화와 정신과학인 동양학은 음의 입장에 있다. 그런데 음양론적 변화관의 관점에서 보면, 언젠가는 반드시 동양학이 양지로, 서양 과학기술이 음지로 갈 날이 오는 것은 필연이다. 그렇다면 그때를 대비해서 동양학을 연구하고 가르치는 교육·학문기관이 어느 정도 필요하다고 볼 수 있다. 이것이 주역의 천지이치인 음양론적 관점에서 합리적인 교육·학문 정책이다.

그런데 서양 물질문명과 과학기술이 100여 년 전에 들어오면서, 제도권에서는 동양학을 완전히 추방하고 서양 과학기술로 완전히 대체해 버렸다. 그당시 시대적 흐름이 그렇기 때문에 그렇게 한 것은 타당하나, 그렇다고 동양학을 완전히 없애 버린 것은 음양론적 이치의 관점에서 비합리적이다. 비록 시대적 흐름이 서양과학과 서구 물질문명이 주도하는 시대라고 하더라도 서양과학의 삼분의 일 아니 십분의 일 정도는 동양학을 연구하고 가르치는 제도권의 교육·학문기관이 있어야 했다. 그렇게 함으로써 언젠가는 동양학이 다시 양지로 올 것에 대비하게 되므로 먼 장래의 교육·학문을 위해 바람직한 정책이다.

그렇지 않고 동양학을 제도권에서 완전히 없애고 서양 과학기술로 완전히 대체하고 완전히 서양과학 중심의 독재체제를 만들어 놓은 것은 음양론적 변화관의 관점에서, 먼 장래의 교육·학문적 변화에 비합리적인 정책이었다. 국가 정책에서 주류만 인정하고, 비주류는 일방적으로 무시하고 없애 버리려고 하는 정책은 타당치 않다.

이것은 마치 음을 완전히 없애고, 양만 존재케 하는 상황이 돼 버렸다. 그렇다 보니 불균형적인 교육·학문이 이뤄지고, 그 결과 바람직하지 못한 상황이 되었다. 즉, 정신세계에 대한 교육·학문이 이뤄지지 않고, 물질세계 위주로 편향되었으며, 그 결과 과학기술의 발전에도 한계가 나타나게 되었다. 과학기술의 발전을 위해서는 정신세계의 학문인 동양학과 물질세계의 학문인 서양과학이 동시에 존재하면서, 갈등과 경쟁 속에서 상호 보완적으로 관계를 유지해야 한다. 그렇지 않고 서양과학 독재체제를 만들어 놓고 정신세계의 학문인 동양 과학기술을 미신이고 비과학이라고 전혀 인정하지 않으면 새로운 학문적 발전이 이뤄질 수 없다. 즉, 정치에서 일당 독재체제를 하면 정치가 발전하지 못하고 양당체제에서 정치가 발전하는 것과 같다.

이상의 내용을 요약하면, 첫째, 모순을 현실적으로 인정할 수밖에 없다. 이는 흑백논리는 바람직하지 않고 이것도, 저것도 다 인정하는 논리이다. 둘째, 반대적인 것은 배척적인 관계로 보는 것이 아니라 상호 성취와 보완적인 관계, 더 나아가 운동의 추동력의 근거로 보아야 한다. 셋째, 주류만 인정할 것이 아니고, 비주류도 어느 정도 인정해야 비주류가 주류가 될 때 대비할 수 있다. 즉, 현재 주류의 입장에서 비주류를 필요 없다고 버리지 마라. 때가 되면 반드시 필요하니까. 넷째, 있을 때 겸허하고 없을 때 희망을 갖게 하는 지혜를 시사하고 있다. 인간을 비롯한 만물만사는 반드시 음과 양으로 순환 반복하기 때문에, 양지에 있을 때 겸허해야 음지에 갔을 때 비참해지지 않는다.

과학성

주역에서 제시하는 가장 이상적인 인간의 삶은 자연의 이치에 맞게 사는 것이다. 여기서 자연의 이치란 앞에서 서술한 음양론이다. 따라서 인간은 음양론적으로 사는 것이 가장 이상적인 삶의 모습이다. 이것은 다른 말로 3항의 음양론에 따라 사는 것이 바람직하다는 의미이다. 즉, 음양론적으로 삶을 살 때 가장 자연의 이치에 맞게 사는 것이고 그것은 또한 가장 바람직한 삶의 모습이다.

그렇다면 자연의 이치인 음양론에 따라 사는 모습이 실제로 잘 사는 모습인지 알아보아야, 이 이론의 과학성이 입증되는 것이다. 따라서 이 장에서는 이를 구체적 사례를 들어서 입증해 보고자 한다.

1) 개인 생활

인간의 건강 면에서 건강과 질병을 순환적으로 겪은 사람이 그렇지 않은 사람보다 건강하다. 즉, 질병에 한 번도 걸리지 않은 사람보다는 몇 번 겪고 다시 건강을 회복한 사람이 면역력도 강해서 더 건강하다. 따라서 인체에 해로운 균과 물질도 적당히 필요하다. 따라서 너무 깨끗한 결벽증적 생활보다는 적당히 더러운 생활이 더 건강하고 튼튼한 생활이다. 옛날 시골 사람들이 도시에 사는 사람들보다 더 튼튼한 것은 이를 입증해 주는 것이다. 예방주사는 이런 관점에서 바람직하다.

사람이 일평생 사는 과정에서 성공과 실패 그리고 행복과 불행을 순환적으로 겪은 사람이 그렇지 않은 사람보다 성공하는 사람들이 더 많다. 사회적으로 크게 성공한 사람들 치고 젊어서 실패와 좌절을 겪지 않은 사람은 거의 없다. 그래서 우리 선인들은 '젊어 고생은 사서도 한다'는 말을 하였고, 이는 주역의 음양론적 이치에서 나온 삶의 지혜이다.

가정생활에서 부부간에 부부싸움을 순환 반복적으로 겪은 부부들이 역동적이고 잘 산다. 그렇지 않고 전혀 싸우지 않는 집안은 역동성이 부족하고, 너무 많이 싸우는 집안은 살벌하다. 적당히 싸우고 적당히 화해하는 부부와 집안이 역동적이고 잘 산다. 인터넷에서도 부부간에 잘 싸우는 사람들이 잘 살고 오래 산다는 내용의 기사가 나왔다.

2) 자연의 생활

자연에 있어서 봄, 여름, 가을, 겨울이 순환 반복되는 온대지방이 추운 한대지방이나 더운 열대지방보다 더 역동적이고 살기가 좋다. 뿐만 아니라 세계적으로 부강한 나라는 거의 온대지방의 국가라는 점이 이를 잘 입증해 준다.

날씨가 흐려서 눈과 비가 오고, 개서 햇빛이 나는 것이 순환 반복하는 지역이 역동적이고 생명력이 있다. 이와 반대로 계속 눈비가 내리거나 계속 맑은 날이 계속되면 역동성이 떨어지고 생명력도 떨어진다.

3) 사회국가의 생활

정치의 경우 단일 정당에 의한 독재체제보다 양당체제로 정권교체가 나타나는 민주정치가 이뤄지는 나라가 역동적으로 발전하고 국가도 잘 산다. 독재체제는 음양론적 이치에 벗어난 정치체제이고 그래서 나라가 망하게 되고, 양당체제에 의한 민주체제는 음양론적 관점에서 바람직하기 때문에 나라가 흥한다.

경제의 경우 호황과 불황이 순환 반복되는 경제체제가 체질적으로 강하고 역동성이 있다. 그리고 대기업과 중소기업이 균형을 이뤄서 보완관계가 있는 경제체제일수록 경제가 역동성이 있고 발전한다. 반대로 대기업이나 중소기업 어느 한쪽에 편중된 경제체제일수록 경제의 역동성이 적고, 보완관계가 이뤄지지 않아서 경제적으로 문제가 심각하다. 뿐만 아니라 케인스류의 정부주도형 경제운영과 자유시장적 경제운영이 순환 반복하는 나라일수록 경제가 튼튼하고 발전한다. 그리고 성장 지향적 정책과 분배정책이 순환 반복할수록 경제와 사회가 견실하고, 역동적이고, 발전적이다.

사회의 경우 남녀평등인 나라일수록 사회가 역동적이고 발전적이다. 보수와 진보세력 간의 갈등과 경쟁이 순환·반복할수록 역동적이며 발전적이다. 전통적 문화와 새로운 문화의 상호 교류가 이뤄질수록 새로운 창의적 문화가 나온다. 교육·학문도 전통적 교육·학문과 서구식 새로운 교육·학문의 교류가 일어날수록 교육·학문의 새로운 발전이 일어난다. 즉, 동서양 교육·학문의 교류가 일어날수록 새로운 창의적 교육·학문이 이뤄져서 바람직하다.

제3절 오행론

오행(五行)이란 음양의 변화 작용을 더 구체적으로 표현한 용어로서 매우 많은 내용이 담겨져 있으며, 사물을 판단할 때 이 오행을 이용하고 있다.

오행설은 우주삼라만상 간에 운행하는 원기(元氣)로써 만물을 낳게 한다는 다섯 가지의 원소(元素), 즉 木·火·土·金·水 운동과 상호 작용으로 우주의 모든 현상과 만물의 생존을 관찰하여 설명한 일종의 사상 철학체계이자 과학의 원리이다. 즉, 오행은 만물을 구성하는 다섯 가지의 기본적인 원소로서 이들의 상호 연관을 통해서 정치와 사회, 인생과 자연의 각 방면에서 일어나는 변화를 설명하는 이론체계이다. 따라서 삼라만상을 木火土金水의 오대 범주로 귀납시켜서 오행학설이 성립하는데, 이 학설은 사물의 계통성을 파악하거나 사물에 내재한 연계성을 반영하는 데 중요한 의미를 가지고 있다.

결국 오행설은 인간생활과 어떤 관련이 있는 현상과 물질을 木火土金水라는 다섯 가지의 기본적 성격 또는 요소로 분류하여 그 상호 관계를 설명하고 해석하려는 방법론이다.

오행설의 다섯 가지 원소인 목화토금수의 성격적 특징을 간단히 서술하면 다음과 같다.

1. 오행의 개념과 특성

오행의 개념적 특성을 더 구체적으로 서술하면 다음과 같다. 원래 오행의 개념은 주역의 출발점인 하도낙서에서 비롯되었으나, 문자로 개념을 나타낸 것은 서경의 홍범구주에서 처음이다. 그래서 홍범구주의 오행개념을 중심으로 개략적으로 나타내고자 한다.

첫째, 木의 특성은 서경(書經)의 홍범(洪範)에서 목왈곡직(木曰曲直)이라고 하였다. 곡직(曲直)이란 생명력이 일어나는 모습을 그린 말이다. 즉, 목이란 생명력이 대지를 뚫고 한 줄기로 뻗어 오를 때(直) 힘을 효율적으로 활용하기 위하여 몸을 뒤틀며(曲) 일어나는 것을 말한다. 다른 말로 하면 강한 압력을 뚫고 나오며 용출(湧出)하는 기운을 말한다. 이런 까닭에 목기(木氣)란 압력과 반발의 투쟁에서 생겨나는 원소라고 할 수 있다. 따라서 목기는 반발하여 뛰어 오르거나 용솟음치는 힘으로 상징되며, 만물의 시작을 의미한다. 영어에서 Spring이라는 단어는 '봄', '용심철(湧心鐵)' 등을 표현하는데, 이것이 바로 목기를 가장 잘 나타낸 말이라고 볼 수 있다. 사람에게서 욕심이 생기는 것도 바로 목기발생의 원리를 그대로 본뜬 것이다. 목성(木性)은 발생과 조달(條達)을 특징으로 하므로, 이런 특성을 가진 것들은 모두 '木'으로 개괄한다. 木의 성격은 외유내강한 상으로 겉으로는 굽혀지나 안으로 곧게 뻗는 강건한 성정이 있다.

둘째, 화(火)는 서경의 홍범에서 화왈염상(火曰炎上)이라고 하였다. 염상이란 불길이 위로 타오르는 모습을 의미한다. 불은 가까이 할 수 없을 정도로 뜨겁고 밝으며 강렬하지만, 만져 보면 아무것도 잡히지 않는 빈껍데기일 뿐이다. 화기(火氣)란 하나가 둘로 나누어진, 즉 분산된 기운을 말한다. 모든 물질의 변화는 木으로 시작되지만, 木의 기운은 자라면서 분산하는 기운으로 발전하게 된다. 木에서 화기로 발전하게 되면, 木의 특성은 없어지고, 분열과 성장이라는 새로운 특성이 나타나게 되는데, 솟아오르는 힘으로 성장하던 것(木氣)이 외관으로는 화려해지면서 내부로는 부실해지는 현상이 나타나게 된다. 그러므로 '木'일 때의 특성이었던 힘이나 내용은 외관적인 수려와 허식으로 바뀐다. 인생에서는 청년기를 의미하고, 계절로는 여름에 해당된다. 여름은 외형은 무성하지만 내면은 공허해지는 때이므로, 생장의 역원(力源)은 끝나고 노쇠의 바탕이 시작되는 때이다.

셋째, 토(土)는 서경(書經)의 홍범(洪範)에서 토완가색(土爰家穡)이라고 하였다. '가색(家穡)'이란 심고(家) 거두는(穡) 농사라는 의미를 가지고 있다. 즉, 토란 사계절의 시간변화를 좇아 만물을 일구는 농사꾼의 농심과 같은 것이다. 그러므로 이미 '가색(家穡)'이라는 의미 속에는 자연 속에서 만물의 생성변화를 주관하여 생명의 입김을 불어넣는 주재자의 뜻이 나타나 있다는 것이다. 지금까지 목화의 과정은 생장의 과정으로써 만물을 발전시키는 데 중점을 두는 것이었다면, 토의 작용은 더 이상의 외형적 발전을 중지시키고 내용을 살찌우는 역할을 말하는 것으로, 결실을 위한 준비과정이 되는 것이다. 토의 성정(性情)은 내양외음(內陽外陰)의 상(象)으로 두터운 흙으로 이루어져 내실하되, 밖으로 고요히 그쳐 안정하고 있는 상이다. 土의 역할은 첫째, 생장(生長)을 정지시키고 성숙하려는 것과, 둘째 목화의 생장과 금수(金水)의 통일 사이에서 벌어지는 화와 금의 투쟁을 적절하게 중재하는 것이다. 따라서 土의 성격을 성숙과 중재 또는 중화적 특성이 있다고 본다. 그래서 토기란 그 성질이 화순하여서 불편부당한 절대 중화지기를 말하는 것이다. 다시 말하면 생장인 발전의 편도 아니고, 수장인 성수(成遂)의 편도 아니다. 그런즉 土는 동적인 양작용을 하는 것도 아니고, 정적인 음작용을 하는 것도 아닌 성질이므로, 이것을 중작용이라고 한다.

넷째, 금을 書經의 洪範에서 금왈종혁(金曰從革)이라고 하였다. 종혁(從革)이란 따르고(從) 변화하는 것(革)을 의미한다. 종혁이란 새로이 생긴 질서에 순종하는 것을 의미한다. 특히 가을 '金'의 질서는 반항하지 않고 순종하여 스스로 열매 맺는 특징이 있다. 가령 나무를 보면 여름의 흩어지던 힘으로 생긴 잎사귀가 가을이 되면 전혀 새로운 열매로 바뀌고, 스스로는 조락(凋落)하는 것과 같다. 그리고 숙살기운(肅殺氣運)이 있다. 따라서 목화토의 오행변화는 생장과 성숙 과정이었지만, 금은 새롭게 통일해 가는 과정의 첫마디로서, 金은 木과 반대되는 기질을 지니고 있다. 왜냐하면 木氣는 내부에 있는 것을 외부로 용출하는 기운이지만, 金氣는 이와는 반대로 외부의 것을 내부로 끌어들이는 성질을 가지고 있기 때문이다. 따라서 金은 이제까지 木火에서 생장한 것을, 土의 과정에서 살찌우고, 이것을 포장해 내부로 끌어들여 통일하려는 첫 과정이 된다. 金의 성격은 외강내유한 상으로, 표면은 비록 단단하나 안으로는 삭아 부스러지는 유약한 성정이 있다.

다섯째, 水는 書經 洪範에서 수왈윤하(水曰潤下)라고 하였다. 윤하(潤下)란 만물을 촉촉이 적시며 아래로 흘러 들어가는 것을 의미한다. 즉, 水란 만물을 모두 포용하고 감싸 안고 숨어드는 것을 의미한다. 오행의 마지막 단계이지만 그러면서 새로이 시작하는 곳이다. 만물의 수장(收藏)작용은 목화의 과정을 거쳐 생장하며, 토기와 금기의 도움을 받아 수에 이르러 완수 되는 것인데, 금기는 외부를 통일해 가는 기운이지만, 수기는 내부의 깊은 곳까지 응고시켜 양을 완전하게 수장(收藏)함으로써 생명을 창조하는 기본을 이룬다. 이것은 인간에 있어서는 정(精)이라 하고, 식물계에 있어서는 핵이라고 하는 것이다. 수의 성격은 내양외음의 상으로 속이 실(陽)하여 맑은 성정이 있으나 밖으로는 어둡고 음험하다. 그래서 수의 계절로는 응고작용이 있는 겨울에 비유되고, 방위로는 북방에 위치하며, 색으로는 흑색이 되고, 인생에서는 황혼기로 새로운 탄생을 준비하는 노년기에 해당된다.

이상의 오행의 속성과 관련해서 모든 것을 분류한 것이 아래 <표 10-1> 오행 속성표이다. 오행 속성표를 보면 우주삼라만상을 오행의 속성으로 분류할 수 있고, 따라서 오행의 상생상극의 원리와 작용으로도 설명이 가능하다.

오행의 원리는 모든 만물만사의 원리와 법칙들의 법칙(law of laws)이라고 볼 수 있다. 현대 사회 System Science가 개발하고자 한 보편적 법칙이 음양오행론이다.

2. 오행 간의 관계

오행설은 우주 안의 모든 사물은 다섯 가지 원소의 상호 작용, 상호 변화에 의하여 구성된다고 본다. 이들 다섯 가지 원소간의 관계를 상생(相生), 상극(相剋), 상승(相乘), 상모(相侮)라는 개념으로 나타내고 있다. 오행의 상생상극 관계는 각종 사물 사이에는 상호 자생(상생)과 상호 제약(상극)의 관계가 존재한다고 봄으로써 전체 자연계가 하나로 연결된 전체라고 본다.

『類經圖翼』에서 "造化之氣, 不可無生, 亦不可無制, 無生측發育無由, 無制측亢而爲害"[낳음이 없으면 발육하는 데 이유가 없고, 억제가 없으면 항진(亢進)하여 해(害)가 된다]라고 말한 것과 같다. 또한 "생중유극(生中有克)"과 "극중유생(克中有生)"(낳음 중에 억제가 있고, 억제 중에 낳음이 있다)이 있다고 한다. 만약 서로 낳아 주는 상생만 있고 억제하는 상극이 없으면, 정상적 평형상태를 유지할 수 없으며, 또 억제하는 상극만 있고 낳아 주는 상생이 없다면 만물의 번식이 없을 것이다. 그러므로 상생상극은 모든 사물이 평형을 유지하기 위해서 없어서는 안 될 두 가지 중요한 기능이다. 이는 우주삼라만상이 근본적으로 존재할 수 있는 기본 원리이다. 즉, 상생만 있으면 넘치고, 상극만 있으면 모든 것이 멸망하기 때문에 문제이다. 따라서 상생 속에 상극이 존재하고, 상극 속에 상생이 존재함으로써 우주의 질서는 유지가 되고 조화와 평형을 이룰 수가 있다.

상승(相乘), 상모(相侮)는 실제로는 비정상적인 상황에서의 상극현상을 의미한다.

먼저 상생관계란, 하도(河圖)에서 비롯된 것으로, 오행 간에 서로 낳고 낳아 무궁히 순환하는 관계를 의미한다. 구체적으로 기술하면, 水가 木을 낳고(水生木), 木은 火를 낳고(木生火), 火는 土를 낳고(火生土), 土는 金을(土生

金), 金은 水를(金生水) 낳아 하나의 주기과정을 이룬다는 것이다. 즉, 물로 인해서 초목(草木)이 자라고, 나무가 마찰되어 불이 일어나며, 소진된 재가 쌓여 흙을 이루며, 땅속에 물질들이 융합되어 금속이 되며, 열매가 맺히면 물이 생기고, 응고된 것이 풀리면 수액(水液)이 흐르는 이치이다.

오행의 상생이란 순서와 차례로서 보면 모자(母子)관계와 같다. 차례대로 선이 후를 밀어주고 생기를 자의로 주면서 자신은 설기(泄氣)하므로, 어머니는 노쇠하고 다음 세대는 자라며 기운이 왕성해진다. 상생의 경우 생기를 받을 때와 줄 때가 있듯이, 주는 쪽과 받는 쪽이 있다. 예를 들면 목은 木生火하며(木으로써 火에게 생기를 주면서) 자신은 설기(泄氣)되고, 즉 빼앗기고, 또한 水生木하므로 木은 水로부터 생기를 받고 있다. 즉, 木이 생기를 받기도 하고, 자신의 기운을 주기도 하듯이 다른 오행들도 마찬가지로 두 가지 경우가 있다. 예를 들면 어릴 때 부모의 도움으로 성장하여, 자신이 결혼한 후 부모가 되면, 자신의 자식에게 또한 도움을 주기도 하는 것이다.

상극관계는 낙서(洛書)에서 처음 비롯된 것으로 오행 간의 상호 제약을 통제 억제관계를 나타낸 것이다. 구체적으로 말하면 물은 불을 끄고(水克火), 불은 쇠를 녹이고(火克金), 쇠는 나무를 끊고(金克木), 나무는 흙을 파고들며(木克土), 흙은 물을 가두어(土克水) 서로를 견제하고 조절한다. 그러나 극한다는 것은 그 묘용을 다하게 한다는 뜻도 되니, 나무가 다 자라면 쇠나 톱으로 끊어 재목을 만들며(金克木), 草木이 흙에 뿌리내려 생장함으로써 땅의 황폐함을 막아 흙이 만물을 생육하게 하며(木克土), 흙으로 제방을 쌓아 홍수나 가뭄에 대비하며(土克水), 뜨거운 열기에 의하여 타는 것을 물로써 적셔 끄며(水克火), 캐낸 금속을 화기의 고열로 녹여 주조 제작하니(火克金), 만물이 그 묘용을 다하고 도를 이룸은 모두 상극의 이치에 바탕한 것이다.

상생이 보존과 압력에서 벗어나기 위한 투쟁이라면, 상극은 이질적인 기운이 서로를 '용납하지 못하여 일으키는 현상'이라고 할 수 있다. 또한 어느 한 오행이라도 지나치게 태과하여 오행의 균형을 무너뜨린다면, 우주의 질서는 무너지고, 만물은 소멸될 것이므로, 천도는 이런 변화를 방관하지 않고 기운을 조정하는 것이니 그중의 하나가 상극작용이다.

따라서 이러한 상극정신은 상대 오행을 말살하려는 것이 아니고, 발전적인 변화를 위한 상극인 경우도 있다는 것이다. 즉 목은 토를 극하지만 황무지를 개간하는 이유와 같은 목적으로 극하며, 토는 수를 극하지만 댐을 만들어 물을 가두어 두는 이유와 같이 서로의 발전을 위한 상극의 이치이다. 오행의 상생·상극관계를 그림으로 나타내면 <그림 10-5>와 같다.

상승·상모관계는 실제로 비정상적인 상황에서의 상극현상을 의미한다.

먼저 상승관계란, 오행 중 어느 일행 자체가 부족(쇠약)하여 원래 이것을 극하는 一行이 승허침습(乘虛侵襲), 즉 허한 틈을 타고 침입함으로써 그것을 더욱 부족하게 하는 것을 가리킨다. 예컨대 목(木)은 원래 토(土)를 극하지만 (목극토), 토 자체가 부족하여 목이 토의 허(虛)를 틈타서 이를 극함으로써 토를 지나치게 허하게 하는 것이다. 상모(相侮)관계란 오행 중의 어느 一行 자체가 너무 강성하여(太過) 원래 그것을 극하는 일행이 그것을 제약하지 못하고, 도리어 그것에 의하여 극제됨을 가리킨다. 예컨대 금은 원래 목을 극하는 것이지만(금극목) 목이 너무 강성하여 금이 목을 극하지 못할 뿐만 아니라 도리어 목에 의하여 극제당하여 금을 손상하게 된다.

상승·상모관계를 그림으로 나타내면 <그림 10-6>과 같다. 먼저 홍범구주에 나타난 내용을 중심으로 기술하면, 木은 목왈곡직이라 하여 생장 승발의 특성을 가지고 있고, 화왈염상이라 하여 火는 염열상향(炎熱上向)의 특성을 가지고 있으며, 토완가색(土爰家穡)이라 하여 土는 농작물을 심고 만물을 생화하는 특성이 있고, 금왈종혁(金曰從革)이라 하여 금은 숙살(肅殺)·변혁(變革)의 특성을 가지고 있으며, 수왈윤하(水曰潤下)라 하여 수는 자윤(滋潤)·하향(下向)·한냉(寒冷)의 특성을 가지고 있다.

오행의 특성에 입각하여 여러 가지를 오행으로 분류한 것이, <표 10-1> 오행 속성표와 같다.

오행설은 우주 안의 모든 사물은 다섯 가지 원소의 상호 작용, 상호 변화에 의하여 구성된다고 보았다. 이들 다섯 가지 원소 간의 관계를 상생(相生)·상극(相剋)·상승(相乘)·상모(相侮)라는 개념으로 나타내고 있다. 오행의 상생(相生)·상극(相剋)관계는 각종의 사물 사이에는 상호 자생(相生)과 상호 제약(相剋)의 관계가 존재한다고 봄으로써 전체 자연계가 하나의 연결된 전체라고 본다. 즉 "생중유극(生中有克)" 낳은 중에 억제가 있고, "극중유생(克中有生) 억제 중에 낳음이 있다고 한다. 이는 만약 일방적으로 서로 낳아 주는 상생만이 있고 억제하는 상극이 없으면 정상적 평형이 유지되지 못할 것이며, 또 억제하는 상극만 있고 낳아 주는 상생이 없다면 만물의 번식이 없을 것이다. 그러므로 상생상극은 모든 사물이 평형을 유지하기 위해서 없어서는 안될 두 가지 중요한 조건이다.

오행관계의 상승(相乘)·상모(相侮)관계는 실제로는 비정상적인 상황 아래서의 상극현상을 의미한다. 먼저 상생관계란, 하도(河圖)에서 비롯된 것으로 오행 간에 서로 낳고 낳아 무궁히 순환하는 관계를 의미한다. 구체적으로 기술하면 水가 木을 낳고(水生木), 木은 火를 낳고(木生火), 火는 土를 낳고(火生土), 土는 金을(土生金), 金은 水를(金生水) 낳아 하나의 주기 과정을 이룬다는 것이다. 즉 물로 인해서 초목이 자라고, 나무가 마찰되어 불이 일어나며, 소진된 재가 쌓여 흙을 이루며, 땅 속에 물질들이 융합되어 금속이 되며, 열매가 맺히면 물이 생기고, 응고된 것이 풀리면 수액(水液)이 흐르는 이치이다.

상극관계는 낙서(洛書)에서 처음 비롯된 것으로 오행 간의 상호 제약과 통제·억제관계를 나타낸 것이다. 구체적으로 말하면 물은 불을 끄고(水克火), 불은 쇠를 녹이고(火克金), 쇠는 나무를 끊고(金克木), 나무는 흙을 파고들며(木克土), 흙은 물을 가두어(土克水) 서로를 견제하고 조절한다. 그러나 克한다는 것은 그 妙用을 다하게 한다는 뜻도 되니, 나무가 다 자라면 쇠나 톱으로 끊어 재목을 만들며(金克木), 초목이 흙에 뿌리내려 생장함으로써 땅의 황폐함을 막아 흙이 만물을 생육케 하며(木克土), 흙으로 제방을 쌓아 홍수나 가뭄에 대비하며(土克水), 뜨거운 열기에 의하여 타는 것을 물로써 적셔 끄며(水克火), 캐낸 금속을 화기의 고열로 녹여 주조 제작하니(火克金), 만물이 그 묘용을 다하고 도를 이룸은 모두 상극의 이치에 바탕한 것이다.

오행의 상생 상극관계를 그림으로 나타내면 아래 <그림 10-5>와 같다.

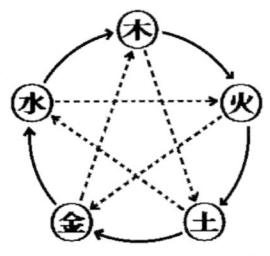

상생관계(→), 상극관계(⇢)

〈그림 10-5〉相生 相剋관계

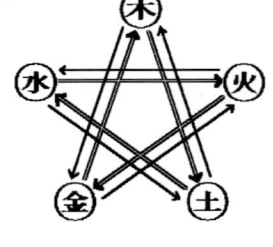

상승관계(⇒), 상모관계(→)

〈그림 10-6〉相乘 相侮관계

상승·상모관계는 실제로 비정상적인 상황하에서의 상극현상을 의미한다. 먼저 상승관계란, 오행 중의 어느 일행 자체가 부족(衰弱)하여 원래 이것을 극(克)하는 일행(一行)이 승허침습(乘虛侵襲)[승(乘)]함으로써 그것을 더욱 부족하게 하는 것을 가리킨다. 예컨대, 수(水)는 원래 화(火)를 극(克)하지만 화(火) 자체가 부족하여 수(水)가 화(火)의 허(虛)를 틈타서 이를 克함으로써 화(火)를 더욱 허(虛)하게 하는 것이다. 상모관계란, 五行中의 어느 일행(一行) 자체가 너무 강성(强盛)하여(太過) 원래 그것을 克하는 일행(一行)이 그것을 제약하지 못하고 도리어 그것에 의하여 극제됨을 가리킨다. 예컨대, 水는 원래 火를 克하는 것이지만 火가 너무 강성하여 水가 火를 克하지 못할 뿐만 아니라 도리어 火에 의하여 극제(克制)당하여 水를 손상하게 된다. 상승 상모관계를 그림으로 나타내면 위의 <그림 10-6>과 같다.

3. 오행 속성표

역학이 우주삼라만상을 설명하는 학문이라고 하면, 그 학문의 이론체계가 음양오행론이다. 음양론과 오행론의 관계는 음양론이 기본이고, 오행론은 음양론을 더 구체적으로 기운과 만물만사를 다섯 가지로 분류하여 이들 간의 관계를 나타낸 이론이다. 우주의 기운과 만물만사, 즉 우주삼라만상을 오행의 속성에 따라서 다섯 가지로 분류한 것이 <표 10-1>의 오행 속성표이다.

오행 속성표에서는 가장 큰 분류 영역으로 구분과 오행으로 나누었으며, 구분을 다시 우주론적 자연, 인체, 행태, 그리고 곡식으로 나눴고, 오행을 목 화토금수로 나누어서 표를 만들었다. 여기서 구분 영역에는 우주론적 자연, 인체, 행태, 그리고 곡식으로 나눴지만, 이 외에도 많은 영역을 추가하여 오행 으로 분류할 수 있다. 즉, 천문, 기상, 명리, 풍수 등 학문적 영역에 속하는 각 종 개념들을 오행으로 분류하여 오행 속성표에 추가할 수 있다. 여기서는 주 로 의학 중심의 대표적인 것들만 대상으로 속성표를 만들어서 제시한 것이다.

오행 속성표의 이해를 돕기 위해서 이들 간의 관계를 구체적으로 몇 가지 만 예를 들어서 설명하고자 한다.

먼저 木의 속성에 해당하는 것들 간의 관계를 체계적으로 나타내고자 한 다. 인체에서 木에 해당하는 장부로는 간과 담이 있다. 간·담은 인체의 근 육, 눈, 손톱, 제일지인 엄지손가락, 목 등과 같이 木에 속한다. 이는 무엇을 의미하는가.

동양의학에서는 장부와 인체의 각 부위가 상호 유기적인 관계가 있는 것으 로 본다. 따라서 간·담은 인체의 각 부위 중 같은 속성인 목에 해당하는 부 위끼리 연관이 있다. 즉, 간·담이 병이 나면 근육에 문제가 생기고, 눈과 손 톱, 목, 그리고 제일지에도 이상 증후가 나타난다는 의미이다. 구체적인 예를 들면, 일상생활에서 목감기 간·담 기능이 약해서 나타난 징후이다. 이때는 간·담에 좋은 음식인 신맛 나는 음식을 먹으면 낫는다. 근육을 혹사하여 근 육에 문제가 생기면 반대로 간·담에 문제가 생긴다.

인간 행태에서 목의 속성으로는 오지의 怒, 오성의 呼, 오음의 角, 오액의 泣, 오상의 仁 등이 있다. 이를 인체의 목에 해당하는 간·담과 연관해서 구 체적으로 설명하면, 간·담이 병이 나면 화(怒)를 잘 내고, 소리를 지른다(呼). 그래서 우리말에 화내고 소리 지르는 사람을 '간이 뒤집혔다'고 한다.

간·담에 병이 들면 눈물(泣)을 잘 흘린다. 담이 발달한 사람은 성품이 착하 다(仁). 그리고 간·담에서 혼(얼)이 나온다. 즉, 간·담이 발달한 사람은 얼이 강하다. 반대로 간·담 기능이 약하면 얼이 없다. 그래서 우리들 일상적인 말 중에, 얼빠진 사람을 '쓸개 빠진 사람'이라고 하는 것은 여기서 유래하였다.

식품과 간·담의 관계를 설명하면, 목에 해당하는 오미 중에 신맛, 오곡 중의 팥과 참깨, 오과의 자두, 오채의 부추, 오축의 개, 닭과 관계가 있다. 이는 신맛과 팥과 참깨, 자두, 부추, 개와 닭은 간·담에 좋은 맛과 영양이라는 것이다. 그러므로 간·담이 나쁜 사람은 신맛 나는 주스, 요구르트 그리고 팥, 자두, 부추, 개와 닭고기를 먹으면 좋다.

간·담을 자연과 관련해서 설명하면, 다섯 계절 중 봄, 하루의 새벽, 방향은 동, 오성은 목성, 오기는 풍, 천간은 갑을, 지지는 인묘 등과 관련이 있다. 이를 구체적으로 설명하면, 간·담 기능은 계절적으로 목 기운이 가장 왕성한 봄에 제일 왕성하다. 간·담 기능이 태과한 사람은 봄이 되면 좋지 않고, 허한 사람은 봄이 좋다. 간·담 기능이 태과한 사람은 봄이 되면 더 지나치게 태과하게 되므로, 비정상적 상황이 극심하게 되기 때문이다. 허한 사람은 봄이 되면 보가 되므로, 간·담 기능이 정상이 되어 좋아진다. 동양의학에서는 오장육부 간에 허실보사하여 균형을 유지할 때 건강한 것으로 보기 때문에 그렇다.

계절에 따라서 사람의 건강이 차이가 나는 현상은, 장부의 경우 계절에 따라서 다르게 영향을 받기 때문이다. 동양의학에서는 장부 간의 기능이 균형을 이룰 때 건강한 것으로 보는데, 만약 균형이 깨져서 비정상이 되면, 그에 따라 건강이 악화되는 것이다. 계절이 변화하면서 영향을 주는 계절의 기운이 장부의 기능을 정상화시키는가 그렇지 않은가에 따라서 계절에 따라 건강을 느끼는 것이 다르다. 예를 들어 폐가 허한 사람은, 금 기운이 가장 왕성한 가을이 되면, 폐가 정상으로 되기 때문에 컨디션이 좋고, 신 기능이 태과한 사람은 수 기운이 가장 왕성한 겨울이 되면 신 기능이 더욱 태과하여 비정상적 상태가 악화된다.

간·담 기능은 하루의 경우 목 기운이 가장 왕성한 새벽이 제일 좋다. 새벽은 목에 해당하므로, 장부 중 목에 해당하는 간·담 기능이 가장 왕성하다. 그리고 방향으로는 동쪽 방향이 좋고, 오기 중에 바람이 좋으며, 오색 중에는 푸른색이 좋다. 그리고 사주팔자에 천간의 갑을(甲乙), 지지에 인묘(寅卯)가 많으면 간·담 기능이 발달한 사람이다.

오행 속성표를 보면 각 영역 간의 관계를 음양오행으로 체계적으로 나타내고 있음을 알 수 있다. 그 특징을 설명하면 보는 관점에 따라서 여러 가지 있을 수 있다. 그러나 가장 특징적인 현상은, 보이는 객관적 사실뿐만 아니라 보이지 않는 세계까지 포괄하여 나타내 주고 있다는 사실이다. 예를 들면 자연 영역의 천간인 '갑을병정……'과 지지인 '자축인묘……'는 우주의 기 순환을 나타낸 것이다. 이것을 보이는 객관적 사실인 인체의 장부, 오체 등과 연관시켜서 체계화하였다는 사실은 보이지 않는 세계인 기의 세계와 보이는 객관의 세계를 모두 체계적으로 나타내 주고 있음을 입증한 것이다.

위에서 오행 속성표 중 목에 해당하는 각각의 개념들이 상호 간에 체계적으로 관련이 있음을 선별적으로 예를 들어서 설명하였다. 나머지 화토금수에 해당하는 개념들도 이런 식으로 설명할 수 있다.

여기서 설명한 것은 수박 겉핥기식으로 간략하게 서술하였다. 이를 더 체계적이고 과학적으로 설명하려면 엄청나게 많은 지면과 시간이 필요하다. 앞으로 이러한 관계를 더 과학적으로 검증하는 연구를 체계적으로 하면 오행 속성표의 과학성을 입증할 수 있을 것이다. 그 내용도 매우 실용적이어서 국민들 생활에 도움을 주는 것들이다.

서양과학이 수많은 우수한 사람들이 수많은 돈과 시간을 투자하여 나온 결과를 보면 내용면에서 별로인 경우가 많다. 그러나 오행 속성표를 보면 일반 국민들도 쉽게 이해할 수 있어서 직접 생활에 유용하게 활용할 수 있도록 되어 있다. 서양과학이 전문가들만 이해할 수 있도록 복잡하고 어렵게 되어 있는 것에 비하면 아주 대조적이다.

과학기술의 발달 정도를 평가하는 기준은, 누구나 이해가 쉽고 간단한 내용일수록 발달한 과학기술이고 학문이다. 엉터리 학문과 과학기술일수록 내용이 어렵고, 복잡하고, 무슨 내용인지 이해가 어렵다.

그런데 간단하고 쉬운 내용일수록 믿지 않고 의심하는 경우가 많다. 우리는 그동안 서양의 복잡한 분석과학을 수십 년 배우다 보니 복잡하고 어려워야 학문이지, 쉽고 간단하면 학문이 아니고 장난인 것으로 착각하여 믿지 못하는 이상한 사람이 되어 있다.

우리나라 사람들, 특히 비제도권 동양학자들 사이에 전해 오는 말에, '쉽고 간단한 내용을 복잡하고 어렵게 설명해야 믿으려고 하는 때가 오면, 그때가 바로 말세라는 것이다'라는 말이 있다. 이것이 무엇을 의미하는가? 수많은 서양철학, 과학기술자들의 그 내용 없는 가지가지 철학, 과학기술적 내용이 무엇인가를 깊게 반성하고 생각하게 하는 말이다.

나는 동양학을 연구하면서 이와 같이 간단하고 쉽게 표현하면서도 실용적으로 도움을 주는, 현대인들의 폐부에 정곡을 찌르는 말들을 많이 경험하였다. 그 쉽고 간단한 내용을 제시할 수 있는 학문적 무기가 음양오행론이다. 음양오행론에만 통달하면 사물을 매우 쉽고 간단하게 이해할 수 있다. 즉, 서양과학적 눈으로 볼 수 없는 현상을 아주 간단하고 쉽게 볼 수 있다.

나는 서양의 분석과학과 철학자들의 복잡하고 어려운 내용보다도 우리 선인들의 간단하고 쉬운 내용이 훨씬 의미 있고 가치 있음을 많이 느꼈다. 이 점이 동양학의 우수성이다.

〈표 10-1〉 오행 속성표

五行 區分		木	火		土	金	水
			君火	相火			
	六臟(陰)	肝	心	心包	脾	肺	腎
	六腑(陽)	膽	小腸	三焦	胃腸	大腸	膀胱
人體	五體 五竅 五榮 五指 몸통 입 눈	筋 目 瓜 第一指 목 목구멍 검은자	血 舌 面色 第二指 얼굴 혀 눈 핏줄		肉 口 脣 第三指 배통 입술 눈꺼풀	皮 鼻 毛 第四指 가슴 입천장 흰자위	骨 耳 髮 第五指 허리 치아 눈동자

	五季	春	夏	長夏	秋	冬
	五時	새벽	아침	한낮	오후	밤
	方向	東	南	中央	西	北
	五星	木星	火星	土星	金星	水星
	五氣	風	熱	濕	燥	寒
	天干	甲乙	丙丁	戊己	庚申	壬癸
自然	地支	寅卯	巳午	辰戌丑未	辛酉	亥子
	숫자	3 8	2 7	5 10	4 9	1 6
	五色	푸른색	빨간색	누런색	흰색	검은색
	五化	生	長	化	收	藏
	天道	元	亨		利	貞
	八卦	震 巽	離	艮 坤	乾 兌	坎
	한글	ㄱ ㅋ	ㄴㄷㄹㅌ	ㅇ ㅎ	ㅅㅈㅊ	ㅁㅂㅍ
	特性	曲直	炎上	稼穡	從革	潤下
食品	五味	酸	苦	甘	辛	鹹
	五穀	팥·참깨	수수	기장	현미	콩
	五果	자두	살구	대추	복숭아	밤
	五菜	부추	근대	미나리	파·마늘	미역
	五畜	개·닭	염소	소	말	돼지
行態	五志	怒	喜	思	憂	恐
	五聲	呼	笑	歌	哭	呻
	五音	角	徵	宮	商	羽
	五液	泣	汗	침	콧물	침뱉음
	五常	仁	禮	信	義	智
	五情	魂	神	意智	魄	精
	五色	靑	赤	黃	白	黑
	五臭	조(臊)	焦	香	腥	腐

제3부 각론

지금까지 제1부와 2부에서 서술한 내용은 동양학의 개념, 학문적 체계, 학문적 인식모형, 그리고 가장 기본이 되는 개념과 이론 및 사상을 개괄적으로 나타낸 내용이다. 여기에서는 이들 개념과 이론 및 사상을 실제 생활에 접목 응용하여 실용적으로 인간생활에 도움을 주는 내용에 해당하는, 즉 응용학문 인 전문분야의 각론에 대해서 구체적으로 살펴보고자 한다.

'구슬이 서 말이라도 꿰어야 보배이고, 부뚜막의 소금도 집어넣어야 짜다'

우리 속담 중에 '구슬이 서 말이라도 꿰어야 보배이고, 부뚜막의 소금도 집어넣어야 짜다'라는 말이 있다.

필자가 앞에서 아무리 주역에서 비롯된 동양학의 철학사상, 기본개념과 이론인 기와 음양오행론이 훌륭하고 어마어마하다고 침이 마르도록 역설을 해도, 구체적이고 실용적으로 우리의 실제 삶에 접목 응용하여 국민들의 실제 생활에 구체적으로 도움을 주지 못하면 의미가 없다. 마치 서양철학 사상과 서양학의 내용이 아무리 훌륭하다 해도 실제 국민생활에 크게 도움을 주지 못하면 의미가 없는 것과 같이 말이다. 예를 들면 서양 과학기술 중에서 자연 과학의 기초과학에 해당하는 물리, 화학, 생물학이 아무리 최첨단으로 발달하고 훌륭한 내용이라도, 이런 학문의 내용을 구체적으로 공학, 의학, 농학, 약학 등으로 실용화하여 국민 생활에서 실제적인 문제해결에 도움을 주지 못하면 큰 의미가 없는 것처럼 말이다.

한때 대중매체를 타고 동양학이 크게 유행하였지만, 예를 들면 도올 김용옥 선생의 노자강의, 소설 『丹』이 80년대 국민들의 민족혼을 깨워 주는 데 크게 이바지하였지만 일과성 유행으로 끝났지, 국민들의 실제 생활에 파고들어 실질적인 도움은 주지 못하고 있다.

그런 내용은 정신적으로 또는 현대 사회의 서구 중심의 물질적 가치만을 추구하는 서구화된 사회에서 나타나는 치열하고 냉혹한 경쟁사회 그리고 승자 위주의 엘리트적 문화에 소외된 사람들의 심리적 박탈감과 소외감을 잠시 달래 주고 어루만져 주는 데서 정신적 위안을 줄 뿐이다. 이런 동양학은 실제 삶에 크게 도움을 주지 못하기 때문에 생명력이 없이 잠시 유행하다가 사라지기 쉽다. 마치 약자의 구차한 변명과 같은 내용에 지나지 않는, 즉 현대 서양 첨단과학문명시대에 생명력 없는 죽은 철학과 사상에 불과하다.

　그런데 노자강의나 소설 단에 대해서는 그렇게 국민들이 관심을 갖고 흥분을 하면서 그것보다 훨씬 더 많이 오랜 세월 동안 더 많이 국민들에게 실질적으로 생활에 도움을 주어 왔고 뿐만 아니라 지금 당장도 도움을 받고 있는 우리 일상생활에 넓게 퍼져 있는 동양학의 의미와 가치에 대해서는 새롭게 인식을 못하고 있는 것이 미아리철학관 중심의 역학과 역술이다. 우리는 무언가 지금 눈과 귀가 멀어서 진짜를 보지 못하고 엉뚱한 것에 빠져 있는 어처구니없는 연구와 생각을 하고 있다.

　그러나 주역에서 비롯된 역학과 역술은 서양 첨단과학기술보다도 더 새롭고, 앞섰으며, 동양학의 어떤 철학사상적 학문보다도 국민생활에 실질적으로 더 많이 영향을 주고 도움을 주고 있다. 그래서 지금 현재도 아무리 미신이고 비과학이라면서 천시하고, 서양 첨단과학기술이 발달하고, 그 독점지배하에 있어도, 비제도권의 일반 국민들에게는 확고한 신뢰와 도움을 주고, 현재도 생명력을 갖고 끈질기게 살아 숨 쉬고 있다. 그러면서도 그 의미와 가치를 모르고 있으니 답답하고 안타까울 뿐이다.

　서구적 학문이 별거겠는가. 이는 모든 국민들이 서양학, 특히 과학기술에 빙의가 되어 제정신이 아니기 때문에 나타나는 희한한 현상이다. 실제 제도권의 서양학보다 더 도움을 받고 생활을 하면서도 의미와 가치를 모르고 있으니 참으로 기이하고 이상한 일이다. 마치 서양첨단과학기술보다도 새롭고 앞선 과학기술을 옆에 두고 먼데, 즉 하버드 노벨상에서 찾느라고 야단이다.

　그러나 주역에서 비롯된 철학 사상뿐만 아니라 역학과 역술은 제도권에서 전혀 가르치고 연구를 하지 않을 뿐만 아니라 그렇게 천시를 해도 없어지기는커녕 국민들 생활 속에 알게 모르게 깊이 뿌리를 내리어 생생하게 살아서 국민들 생활에 도움과 영향을 주고 있다. 왜 그럴까? 그것은 서양철학사상과 과학기술보다도 국민들의 생활에 구체적이고 실제적으로 도움을 주기 때문이다. 다만 이를 무시하고 홀대하는 습관에서 벗어나지 못해 의미 있게 인식을 하지 않아서 모르고 있을 뿐이다. 그러므로 이를 환기시켜서 국민들에게 우리 민족의 전통철학과 과학기술의 우수성과 과학성을 서양철학과 과학기술에 대항해서 입증하고 일깨워 주면 서구물질문명과 서양과학에 찌들어 잃어버린 학문적 가치와 의미뿐만 아니라 민족적 주체성과 민족혼 그리고 자긍심을 깨우쳐 주는 데 실질적으로 크게 도움을 줄 수 있다.

특히 지금과 같이 물질적 가치를 추구하기 위하여 모든 사람들이 온갖 노력을 기울이고 있는 시대에 이들의 노력에 실질적이고 현실적으로 도움을 줄 때 그 학문의 의미와 가치가 있고 빛이 난다. 그리고 현실적으로 생명력이 있다.

더욱이 제도권의 지배적 위치에 있는 서양학의 문제점과 한계점을 보완 극복해 주며 새롭고 앞선 철학사상이고 과학기술일 때는 더 말할 나위가 없다. 즉, 비실용적인 공허하고 현학적인 백 마디 철학 사상적 말보다 현실적인 인간생활의 문제를 해결하고 극복해 주는 과학기술적인 학문이 훨씬 생명력이 있고 가치가 있다. 여기서 인간생활이란, 구체적으로 인간 개인의 문제뿐만 아니라 국가 사회의 정치 경제 사회생활 등에 이르기까지 모두를 의미한다.

어떤 의미에서 동양학은 정신세계와 물질세계를 아우르는 만능적 학문이라고 해도 지나친 말이 아니다. 그것을 실제 체험해 본 사람만이 느낄 수 있는 귀한 학문적 경험이다.

그래서 과거의 동양학의 대가들인 도통한 기인 달사들이 왜 그렇게 평범한 생활을 하지 않고 기이한 생활을 하였는가를 희미하게나마 이해를 할 수 있다. 우리는 그런 행태를 지금의 자본주의적 물질적 풍요로움과 편리한 생활 속에 빠진 세속적인 눈으로 전혀 이해할 수 없는 정신세계의 어마어마한 세계를 경험하면서 사는 사람들이라는 것을 알아야 한다. 그들은 진리의 세계에서 물질세계에서 경험할 수 없는 정신세계의 최고의 경지에서 행복한 생활을 하는 사람들이다.

이와 비슷한 경우를 살펴보면, 예를 들면 동서양의 역사에서 최고의 진리 속에 노닐다가 사라져 간 세계적인 삼대 성인인 예수, 석가, 공자가 물질적으로 풍요롭고 편리한 삶을 살다간 사람들인가? 그리고 그렇게 살았던 삼대 성인들이 물질적인 풍요를 누릴 줄을 몰라서 그런 초라하고 빈한한 삶을 살았던가? 그들은 물질적으로 경험할 수 없는 정신세계의 최고의 경지를 살다 간 성인들이다.

그런데 현대 사회의 최고의 지성을 자랑하는 사람들이 항상 주장하는 것이 일반인들과 전혀 다르지 않게 물질적 풍요와 세속적 삶의 의미만을 강조하는 교육·학문이니 최고의 지성을 자랑하는 지성인으로서의 의미가 무엇인가?

최고의 지성을 자랑하는 대학의 최고의 지성인들의 삶의 의미와 목표에 대한 지적인 판단이 겨우 세속적인 물질세계의 풍요로움만을 그리고 있다면 일반인과 다를 것이 무엇이 있는가? 정신세계를 무시하고 물질적으로 풍요롭고 편리한 생활을 무슨 지상천국의 생활로 착각을 하고 그런 삶을 동경하는 지성의 세계라면 지성인으로서의 의미가 무엇인가. 참으로 영혼을 잃어버린 교육·학문의 세계이다.

동양학의 응용학문에 관련된 분야를 살펴보면, 대표적인 분야가 상수학적 동양학으로 동양오술인 명리학, 점술, 의학, 상학, 산학이 있고, 그 외에 천문기상, 음악, 율려, 무용, 수학, 예술분야 등이 있다. 그리고 의리학적 동양학으로 유가, 도가, 묵가, 제자백가, 그리고 신유학인 성리학 등이 있다.

여기에서는 상수학의 가장 기본이 되는 동양오술인 명리학, 주역점, 의학, 풍수지리, 산학과 천문기상 그리고 현대 사회에 첨단 자연과학자들에 의해서 새롭게 대두되는 동양학을 연구하는 내용을 개괄적으로 서술하고 나머지 분야는 다음으로 미루고자 한다. 그리고 의리학적 동양학으로 유학의 대표적 학문인 사서삼경, 도가와 도교, 성리학 등을 주역과 관련해서 서술하고자 한다.

제11장 상수학적 동양학

제1절 명리학

비제도권의 동양학 분야 중에서 국민들이 가장 선호하고 생활에 활용하는 분야가 사주명리학 분야이다. 비공식 통계에 의하면 우리나라 성인인구의 60〜70%가 철학관을 이용하며, 연 간 시장규모가 수조 원에서 많게는 수십조 원에 이른다는 것이다. 뿐만 아니라 필자가 많은 국민들을 대상으로 인터뷰를 하고 직접 찾아다니면서 면담한 결과, 많은 국민들이 철학관에 찾아가서 여러 가지 생활상의 문제를 상담하고 조언을 듣는 것이 일반화된 것으로 나타났다. 특히 사업을 하는 중소 상인뿐만 아니라 내로라하는 대기업의 기업주, 정계의 지도자들까지도 철학관의 역술인들에게 상담하고 조언을 구하는 것을 모든 국민들은 알고 있다.

그만큼 명리학은 우리 국민들에게 생활필수 학문이라고 해도 과언이 아니다. 음성적으로 방치하지 말고 양성화하여 하루빨리 제도권에서 흡수하여 연구하고 가르치면, 국민들의 학문적 지적 수요에 크게 기여하고, 그렇게 되면 질 높은 지적 서비스를 공급하게 되어 국민들에게 진정으로 기여하는 교육·학문이 된다.

동양학의 역학·역술 중에서 가장 기본이 되는 학문이 사주명리학이다. 사주명리학(四柱命理學)은 국민들에게 가장 많이 알려지고 일반화되었을 뿐만 아니라 학문적으로도 모든 역술 분야 중에서 가장 기본이 되는 학문이다. 그리고 우리의 전통적 역사와 문화에서 국민생활에 가장 많은 영향을 끼친 학문이다. 그래서 우리들의 일상적인 언어 습관에서 사주 명리학과 관련된 내용이 가장 많다.

예를 들면 '운수, 재수, 일진, 네 분수를 알라, 그럴 수가 있나, 좋은 수가 있나'라는 말들 중에 '수(數)'란 운의 규칙적인 패턴을 나타낸 것이다. 규칙적인 변화의 패턴이 있기에 그것을 수로 나타낼 수 있다. 좋은 운의 패턴이 올 때는 좋은 '수'이고 이때는 좋은 일이 있는 것이고, 나쁜 패턴이 올 때는 흉한 '수'이기 때문에 흉한 일이 일어나는 것이다. 이는 상수역의 수와 관련된 말이다. 사람팔자 시간문제다. 사람은 팔자대로 산다. 팔자는 못 속인다. 운칠기삼. 도둑맞을 운이면 짖던 개도 안 짖는다. 팔자에 살 사람은 뭐를 먹고도 살고 죽을 팔자는 죽을 짓만 한다. 욕심을 지나치게 부리면 너 명 재촉한다고 말하고, 재산을 잃으면 명을 잇는다고 한다. 재수가 없으면 뒤로 넘어져도 코가 깨진다.

1. 개념 정의

명리학이란 인간이 타고난 명의 이치를 밝혀서 변화하는 시간, 즉 운에 따라서 그 사람의 미래에 펼쳐질 일을 예측하고 가늠해서 피흉추길, 즉 흉한 것은 피하고, 길한 것은 적극적으로 추구하기 위한 역술의 한 분야이다. 불확실한 삶을 살고 있는 현대인에게 가장 필요한 지혜로운 학문이고, 현대 서양과학의 학문적 목적과도 일치한다.

명리학에는 네 가지 주요개념이 있다. 즉 명, 운, 운명, 그리고 피흉추길이 그것이다. 네 가지 개념 간의 관계는 앞에서 언급한 바와 같다.

첫째, 인간은 태어나면서 명을 하늘로부터 받는다(천명)는 공간적인 현상이 있다.

둘째, 운이라는 시간적인 변화현상이 있다. 운이란 고정되어 있는 것이 아니고, 시간이 흐르면서 항시 변화하고 변한다는 의미이다. 그래서 시간과 운은 밀접한 관계가 있다. 명은 일정한데 운은 시간과 함께 변화한다는 의미이다. 우리나라 말에 '쥐구멍에도 볕 들 날이 있다'는 말이 있다. 쥐구멍은 공간적인 명을 나타낸 것이고, 볕 들 날은 시간적 운의 변화를 나타낸 것으로 볼 수 있다. 시간의 변화, 즉 운이 변하면서 그늘진 공간인 쥐구멍에도 볕이 들어 좋은 운이 올 때가 있다는 것이다. 이것은 인간사를 비롯해서 모든 만물만사는 영원한 음지도 영원한 양지도 없고, 시간의 변화에 따라서 좋고 나쁜 일이 순환한다는 의미이다.

셋째, 운명이란 다른 말로 명운이라고도 하는데, 명과 운이 상호 작용하면서 나타난 현상을 말한다. 즉, 변화하는 운에 인간의 명이 어떻게 대응하느냐에 따라서 그 사람의 미래가 펼쳐진다는 것을 의미한다. 타고난 명은 일정한데 운이 변하므로, 그 변화하는 운이 나의 명에 좋을 때가 길하고, 나쁠 때는 흉하다. '운명의 장난'이란 말은 명과 운의 상호 작용으로 나타난 결과가 바람직하지 않을 때 빗대어 하는 말이며, '운명론'이란 운과 명의 상호 작용으로 모든 것이 결정된다는 학설을 표현한 말이다.

넷째, 피흉추길은 자신의 미래를 미리 예측하여 대비하고자 하는 것을 의미한다. 즉, 흉한 일은 피하고, 길한 일은 적극적으로 취하는 행위를 말한다. 이 네 가지를 더 자세하게 고찰해 보고자 한다.

1) 명(命)

명이란 인간이 태어날 때 하늘로부터 부여받은 인간의 기(氣)이다. 여기서 기를 더 구체적으로 말하면 오운육기를 의미한다. 즉, 인간이 태어나는 연월일시의 우주의 기의 상태, 즉 현대적으로 표현하면 우주의 별의 위치변화에 따라서 나타나는 '우주의 분위기'를 오운육기로 나타낸 것을 말한다. 따라서 사람이 태어나는 연월일시에 해당하는 우주의 기운, 다른 말로 하면 우주의 분위기를 받고 태어나기 때문에 그 시간대 우주의 분위기를 그 사람의 명이라고 한다.

이때 우주의 분위기와 기운은 그때의 별자리 위치에 의해서 조성된 우주의 분위기라고 말할 수 있다. 즉, 별들이 어떻게 우주에 배열되어 있느냐에 따라서 우주의 기운이 다르며, 그것을 나타낸 구체적인 이론체계가 오운육기이다.

인간이 태어나는 시간대인 연월일시에 해당하는 우주의 기운인 우주의 분위기를 나타낸 구체적인 기의 상태가 그 사람이 하늘로부터 받은 명인 '사주팔자'이다. 그러므로 그 사람이 태어난 연월일시에 해당하는 사주팔자가 그 사람의 명이다. 즉, 사주팔자가 그 사람이 하늘로부터 부여받은 천명(天命)을 의미한다. 따라서 사주팔자를 음양오행론적으로 분석하고 연구하여 이치를 밝혀서 천명을 인식하고, 이를 근거로 인간의 미래를 예측하여 피흉추길하는 학문이 명리학이다.

인간의 사주팔자를 천간지지의 속성과 구조 그리고 천간지지를 음양오행으로 변환시켜서 음양오행의 속성과 상호 관계를 분석하고 고찰하면, 인간의 거의 모든 면을 파악할 수가 있다. 그리고 그 내용들이 정말로 인간생활에 필요한 실제적으로 도움을 주는 실용적인 내용이 많다. 즉 인간의 체질, 건강, 적성, 재운, 관운, 다양한 인간관계의 운 등이 있다.

실로 엄청난 학문이다. 이렇게 인간의 문제를 속속들이 밝힌 실용적인 학문이 서양과학에 어디 있는가? 눈을 씻고 보아도 서양과학에는 말만 많고 체계화는 잘 되어 있는데, 내용이 없는 형식에 치우친 빈껍데기 학문임을 동양학과 비교하면 확연히 알 수가 있다. 예를 들면 오늘(음력 2008년 2월 5일 12시) 이 시간대의 우주의 분위기, 즉 기운을 나타내면, 戊子년, 乙卯월, 辛亥일, 甲午시이며, 연월일시에 해당하는 간지(干支)를 사주(四柱), 즉 네 개의 기둥이고, 각각의 기둥에 2字씩이므로 4×2=8 여덟 자, 즉 팔자(八字)이다. 사주와 팔자를 합쳐서 사주팔자라고 한다.

사주팔자(四柱八字)는 우주의 일정한 시간대별의 위치에 따른 우주의 분위기 또는 기운을 나타낸 부호 또는 비밀코드이다. 이 부호 내지 비밀코드를 분석, 고찰하여 해석하면 그 시간대의 의미를 알 수 있다. 그 시간대의 의미를 알면 그 시간대에 태어난 인간의 명운뿐만 아니라 모든 사물의 운명도 파악할 수 있다.

여기서 중요한 것은, 사주팔자를 통해 인간의 명운 또는 운명을 파악할 수 있을 뿐만 아니라 모든 사물의 운명도 파악할 수 있다는 것이다.

우주에 오운육기가 운행 순환하면서 인간뿐만 아니라 지구상의 모든 사물에 영향을 준다는 것이다. 그런데 어떤 사물이 처음 시작 내지 탄생할 때, 즉 연월일시의 사주팔자가 그 사물의 명이 된다. 따라서 사물의 명을 알기 위해서는 그 사물의 탄생과 시작을 알리는 연월일시의 간지, 즉 사주팔자를 알아야 한다. 사물의 탄생 시기인 사주팔자를 알면 그 사물의 운명을 알 수가 있다.

사주팔자는 다른 의미로 말하면 불교에서 말하는 전생의 업으로 보는 견해도 있다. 불교에서 말하는 인과응보론은 인간 생활의 길흉은 인간이 전생에 지은 업의 결과로 나타나는 현상이라는 것이다. 즉, 전생에 선업이 많으면 그 선업으로 인해서 현생의 삶에 좋은 일이 많고, 반대로 악업을 많이 지었으면 그로 인해서 현생에 흉한 일이 많다는 것이다. 불교에서는 전생과 현생의 인과응보를 막연하게 말했지만, 사주 명리학에서는 구체적, 학문적으로 나타내 주고 있다. 그리고 미리 예측하여 피흉추길하도록 처방도 제시해 준다는 점에서 더 객관적이고 과학적이며 실용적인 학문이다.

2) 운(運)

운이란 시간에 따라서 변화하여 나타나는 우주의 기운 또는 분위기를 말한다. 운을 구체적으로 나타낸 이론체계가 오운육기이다.

앞에서 설명한 명(命)이 인간이 태어날 때 하늘로부터 부여받은 어느 한 시점의 우주의 기운, 즉 오운육기의 한 시점을 나타낸 것이라면, 운(運)은 계속 변화하는 패턴을 나타낸 이론체계이다. 즉, 명은 공간적 의미이고, 운은 시간적 의미로 말할 수 있다.

따라서 명은 한번 설정되면 영원히 변하지 않지만, 운은 계속 변화하는 기의 패턴이다. 역의 세계가 변하고 변하는 세계의 학문이라면 변화하는 근본적 요인 중의 하나가 운이다. 즉, 운이 계속 변화하면서 우주삼라만상에 영향을 준다.

만물만사에 어떤 운이 와서 어떻게 작용하느냐에 따라서 다양한 변화가 나타난다. 그중에서 인간에 영향을 주는 운이 어떠하냐에 따라서 인간이 태어날 때 받은 명의 반응이 다양하게 나타난다. 여기에서 중요한 것은 동일한 운이 와도 인간의 명이 어떠냐에 따라서 다르게 나타난다는 점이다. 예를 들어서 해운 하나만 가지고 보았을 때, 2008년 무자년 운에, 인간의 명이 갑자년 생, 정해년 생, 을유년 생이냐에 따라서 그 결과가 다르다는 것이다.

그 결과 인간에 따라서 다르게 길흉을 판단할 수가 있으며, 그런 학문이 소위 운명학인 명리학이다.

역의 세계는 천·지·인 삼재가 독립된 별개가 아니고 氣라는 매개체를 근거로 하여 상호 영향을 주고받는 하나의 일체이다. 그런데 그중에서도 하늘이 주도세력이다. 그래서 주역에서도 '천수상 현길흉(天垂象 見吉凶), 재천성상코 재지성형하니(在天成象코 在地成形하니) 변화 현이다(變化 見이다)'라고 하였다. 여기서 하늘이라면 단순히 관찰 가능한 물리적 현상이 아니고, 우주가 운행하면서 변화하는 보이지 않는 세계인 우주의 기운, 즉 그 분위기 오운육기를 말한다. 이때 우주의 기운, 즉 오운육기를 '상(象)'이라고도 한다. 주역의 천수상의 상을 구체적으로 나타낸 이론체계가 오운육기이다.

하늘에 드리워진 상을 파악하면 우주삼라만상의 변화를 판단할 수가 있다. 그런데 이 상이란 아무나 볼 수 있는 것이 아니다. 마음이 깨끗하고 사사로움이 없는 특수한 능력자만이 볼 수 있다. 일반인들은 볼 수 없으므로 일반인들이 파악할 수 있도록 만들어 놓은 이론체계가 오운육기이다.

운은 크게 네 가지로 나눠 볼 수 있다. 즉, 십 년 주기로 변화하는 대운, 일 년 단위로 변하는 연운 또는 세운, 월별로 변하는 월운, 일별로 매일 변하는 일운, 소위 일진이 있다.

이 네 가지의 운의 배열이 어떠하냐에 따라서 인간의 명에 미치는 영향이 다르다. 예를 들면, 대운은 좋은데 연운이 나쁘고, 월운은 좋고, 일진은 좋은 경우와 반대로 대운은 나쁜데 연운이 좋고, 월운은 나쁘고, 일진은 나쁘면, 그 명에 미치는 영향이 전혀 다르다. 그런데 이 네 가지 운 중에서도 대운이 가장 큰 영향을 준다는 것이다. 즉, 다른 운이 비록 바람직하지 않다 해도 대운이 좋으면 별문제가 없다는 것이다. 그러나 반대로 다른 운이 다 좋아도 대운이 좋지 않으면 결과적으로 좋지 않다는 것이다. 그래서 일반적으로 말하는 소위 운이라고 하면 대운을 말한다.

3) 운명(運命)

운명이란 명운이라고도 하는데 명과 운이 상호 작용을 하면서 나타난 결과를 운명이라고 볼 수 있다. 명은 처음 부모로부터 태어날 때 이미 결정된 사주팔자이고, 운은 인간이 살아가면서 맞이하는 총체적 관계를 말한다.

인간이 하늘로부터 부여받은 천명, 즉 사주팔자가 변화하는 우주의 기운, 즉 운이 어떠하냐에 따라서 상호 작용이 다양하며, 그 상호 작용의 결과가 펼쳐지는 현상을 운명이라고 볼 수 있다.

인간이 타고난 명, 즉 사주팔자에 잠재되어 있는 내용인 체질, 재복, 관운 등이 구체적으로 실제 발현되기 위해서는 운이 도와주어야 한다. 즉, 우주의 분위기인 운이 인간의 명에 잠재되어 있는 능력과 소질, 재능 등이 실제 발현되도록 도와주어야 비로소 그런 것들이 나타난다.

예를 들면 사주팔자에 돈을 많이 벌 수 있는 재복(財福)을 타고났다 해도 그런 복이 구체적으로 발현되도록 도와주는 운이 나타나야 큰돈을 벌 수 있는 일이 벌어지고, 그래서 큰돈을 벌게 된다는 것이다. 반대로 큰돈을 벌 수 있는 명을 타고났다 해도 큰돈을 벌 수 있도록 도와주는 운이 오지 않으면, 돈을 벌려고 노력해도 그렇게 되지 않는다는 것이다. 운이 좋지 않은데 인간이 욕심에 사로잡혀 큰돈을 벌려고 일을 벌이면, 즉 사업을 크게 하면 실패한다는 것이다.

그러니까 때를 알고 나아갈 때 나아가고, 물러날 때 물러날 줄을 알게 하는 학문이 운명학이다. 그래서 운명학은 때(時)의 과학기술적 학문이다. 얼마나 지혜롭고, 위대하며, 실용적인 학문인가? 현대적으로 표현하면 시의가 적절해야 한다는 말과 같다. 아무리 능력이 있고 의욕이 있어서 일을 잘하려고 해도 때에 맞지 않으면 노력에 비해서 결과가 좋지 않은 것과 같다.

명과 운의 관계로 인간의 미래를 예측하기 위한 사주의 구체적인 분석기준, 즉 분석모형에는 여러 가지 학설이 있다. 대표적인 학설로서, 적천수, 궁통보감, 연해자평 등이 있다. 동일한 사주팔자라고 해도 어떻게 분석하고 해석하느냐에 따라서 조금씩 차이가 난다. 분석하는 기준과 방법 및 모형에 따라서 학설이 다르고, 그에 따라서 학파가 다양하게 나눠진다. 그러나 궁극적으로는 동일하다는 것이다.

운과 명의 상호 작용을 몇 가지로 나눠서 설명할 수 있다. 첫째, 명을 잘 타고났고 운도 좋은 경우, 둘째, 명은 좋은데 운이 나쁜 경우, 셋째, 명은 나쁜데 운이 좋은 경우, 넷째, 명도 나쁘고 운도 나쁜 경우를 들 수 있다. 이 중에서 첫 번째가 제일 바람직한 운명이고 네 번째가 가장 나쁜 경우이다. 그런데 두 번째와 세 번째의 경우는 어느 것이 바람직하다고 확실하게 말하기가어렵다. 둘째는 명이 좋은데 운이 그렇지 않고, 세 번째는 운은 좋은데 명이 그렇지 않은 경우로서 완전히 반대이다. 간단히 두 사례를 비교하면, 명이 좋은 경우가 바람직한 것인가, 운이 좋은 경우가 바람직한 것인가를 판단하는 문제이다. 이 경우에 운이 좋은 것이 명이 좋은 경우보다 더 바람직하다는 것이다. 왜냐하면 명이 아무리 좋아도 운이 나쁘면 좋은 명이 발휘되지 못하고 사장되어서 고생만 할 수 있다는 것이다. 반대로 명은 크게 태어나지 않았지만 운이 좋으면, 큰일은 하지 못해도 작은 일이나마 술술 잘 풀려서 순탄한 삶을 산다는 것이다.

예를 들어서 자동차로 비유하면, 명은 좋은데 운이 나쁜 사람은 자동차는 그랜저인데 운이 나빠서 진흙탕에 빠져서 고생하는 격이고, 명은 별로인데 운이좋은 사람은 자동차는 프라이드인데 운이 좋아서 고속도로를 씽씽 달리는 격으로 비유할 수 있다. 그래서 운 좋은 것이 명 좋은 것보다 낫다는 말이 있다.

4) 길흉화복(吉凶禍福)

원래 주역에서는 길흉화복이라는 말은 없고, 길흉회린(吉凶悔吝)이라는 표현이 있다. 아마도 주역의 길흉회린이라는 학술적 표현이 길흉화복이라는 표현으로 일상적인 용어로 쉽고 편하게 사용되는 것이 아닌가 싶다.

계사상전 제3장에 '길흉자(吉凶者)는 言乎其失得也요 悔吝者는 言乎其小疵也오 無咎者는 善補過也니(길과 흉은 그 득실을 말함이요, 회와 린은 그 조그만 병폐를 말함이요, 무구는 허물을 잘 고친다는 것이니)'라는 표현이 있다.

인간의 행위에는 반드시 길흉회린 네 가지의 결과가 나타나는데, 길흉이란 얻는 것과 잃는 것을 말하며, 이는 이미 화와 복의 결과가 나타난 것을 의미하고, 회린은 소자 즉 조그마한 병폐를 의미하는데, 이는 선과 악이 이루어지기 전의 기미(조짐)와 같은 것이다. '선보과'는 허물이 있었던 것을 잘 처리하여 평상시 상태로 만들었다는 뜻이니 '무구' 즉 허물이 없다가 된다.

계사하전 제1장에 보면 '길흉회린자(吉凶悔吝者)는 생호동자아(生乎動者也)오(길하고 흉하고 뉘우치고 인색한 것은 동하는 데서 나타난다)'라는 표현이 있다. 이는 모든 인간사의 길하고, 흉하고, 뉘우치고, 인색한 일들은 인간의 움직임, 즉 일을 함으로써 나타난다는 의미이다. 다른 말로 하면 움직이지 않으면 길흉회린의 일이 나타나지 않는다는 의미이다. 따라서 운이 좋을 때는 일을 적극적으로 행하고, 운이 나쁠 때는 가만히 있는 것이 상책이다. 운이 좋을 때 가만히 있으면 그만큼 좋은 일을 얻지 못하는 것이고, 운이 나쁠 때 움직이면 나쁜 일을 불러들이는 격이 된다. 그러므로 운을 미리 알아서, 흉한 운일 때는 가만히 있고, 길한 운일 때는 적극적으로 나아가는 것이 현명하고 지혜롭게 대처하는 일이다. 즉, 예측을 통해서 피흉추길하는 것이다.

5) 피흉추길(避凶趨吉)

사람이 타고난 명에는 길하고 흉한 명이 있고, 운에도 흉한 운과 길한 운이 있다. 따라서 사람은 피흉추길하는, 즉 흉한 것은 피하고 길한 것은 적극적으로 취하는 자세가 자연에 지배당하지 않고 주체적으로 살아가려는 인간의 지혜로운 태도이다. 이것이 또한 인간이 다른 동물과 다르게 사는 삶의 태도이다.

결국 명리학은 인간의 삶에 펼쳐지는 모든 일이 명과 운의 작용으로 나타나는 것으로 보고, 그런 일들에는 길하고 흉한 것이 있기 때문에 예측(prediction)을 하여 미리 대비(control)하기 위한, 즉 피흉추길하기 위한 과학기술이다. 여기서 과학기술이란 철학사상과 같이 추상적이고 관념적인 내용의 공허한 성격을 떠나서 구체적이고 실용적 성격을 의미한다.

명리학이 연구하는 내용인 명과 운 그리고 운명 연구의 궁극적인 목적은 예측을 통해 미래에 대비하려는, 즉 피흉추길하고자 하는 데 있다. 마치 과학의 목적이 사물을 이해, 설명하고, 이를 바탕으로 예측하고 통제(control)하여 인간이 주체적으로 살아가려고 하는 데 있는 것과 아주 똑같다. 과학에서 통제에 관련된 내용이 명리학의 피흉추길과 거의 같은 내용이다. 서양과학이 하고자 하는 목적과 명리학이 하고자 하는 학문적 목적이 다른 것이 없다. 다만 사물을 이해, 설명하는 개념과 이론 그리고 접근방법이 다를 뿐이다. 그러면 서양과학으로 예측을 하는 것이 정확한가, 명리학으로 예측하는 것이 정확한가를 우리는 따져 볼 필요가 있다. 더 정확한 것이 인간에게 더 도움을 주기 때문이다. 서양과학이기 때문에 무조건 믿고, 철학관의 명리학이라고 무조건 미신이고 비과학이라고 무시할 이유가 무엇인가? 제도권의 서양 과학기술에 빙의가 된 서양과학을 하는 식자층과 지도층이 문제이다. 일반 국민들은 오히려 순수하고 열려있으며 누가 뭐라 해도 철학관에 찾아가는 것이 거의 생활화되어 있다. 왜 그럴까? 철학관의 명리학이 생활에 도움을 주니까 간다. 제도권에서 초등학교부터 대학, 대학원에서 배운 서양과학으로 알 수 없는 지적 호기심을 충족시켜 주고, 그것이 또한 생활에 도움을 주니까 간다. 그 이상하고 허름한 골목에 있는 철학관에 사람들은 간다.

따라서 명리학이 운과 명 그리고 운명에 대한 개념과 이론을 통해 이해, 설명하여 예측만 하고, 이에 대해 피흉추길하는 내용이 없으면 명리학은 호소력이 떨어진다. 그러나 크게 도움을 주는 내용이 있기 때문에 그렇게 미신이고 비과학이라고 천시를 해도 없어지기는커녕 더 확산되고 더 많은 국민들이 활용하고 있다. 진리는 마구 짓밟고 짓밟는다고 해도 없어지려야 없어질 수가 없다. 우리나라 말에 '민심은 천심'이라는 말이 실감나는 현상이다. 천심이란 다른 말로 하면 하느님의 마음과 같은 내용이다. 하느님의 마음을 서양과학이 능가할 수가 있을까. 도저히 상대가 되지 않는다. 다만 운세가 비색해서 인정을 못 받고 있을 뿐이다.

제2절 주역점

동양의 사상, 철학, 과학기술이 모두 주역에서 비롯되었다고 앞에서 여러 번 언급을 하였다. 특히 과학기술인 역학과 역술은 전적으로 주역에서 비롯되었다. 그런데 역학·역술은 주역의 원리를 응용하여 주역과 독립된 전문분야로 발전하였기 때문에, 주역 원본만을 이해해서는 역술을 응용하여 생활에 구체적으로 실용화할 수가 없다. 따라서 주역을 배우고 별도로 전문분야인 역술을 다시 배우고 익혀야 생활에 실용적으로 활용할 수 있다. 그런데 예외적으로 주역만 익혀도 생활에 구체적이고 실용적으로 활용할 수 있는 분야가 주역 점술분야이다.

1. 점의 개념과 의미

동양 과학기술(역학·역술)의 하나인 주역점은 인간의 관심사항에 대한 예측을 통해 피흉추길(避凶趨吉)하는 데 있다. 주역점은 주역을 구성하고 있는 상(象)·수(數)·리(理)·점(占) 네 가지 중의 하나로서 예측을 위한 술법을 말한다. 즉, 주역은 예측학의 비조이며 역경의 괘사 효사는 점사(占辭)의 성격을 띤다.

주역의 64개의 괘사와 384개의 효사는 여러 정보가 축적되어 있는 창고로서, 인간의 모든 길흉화복과 변화소장의 상태를 나타내 주고 있다. 그러므로 인간의 어떤 일도 64卦(괘)와 384爻(효)에서는 벗어나지 못한다는 것이며, 반드시 64괘 중 어느 한 괘의 상태에 해당된다. 그러면 인간이 궁금하게 생각하는 사항의 미래가 과연 64괘 384효 중 어느 것에 해당하는가를 예측해 보는 방법이 占을 치는 것이다.

우리 모두는 점쟁이다

점은 판단이다. 그 판단이 빠르면 빠를수록 해를 줄이고 이익을 늘일 수 있다. 자신이 판단하는 것도 占이고, 남에게 물어보는 것도 占이며, 신에게 물어보는 것도 역시 占이다. 모든 일에는 반드시 그 조짐(兆朕)이 있다. 그것은 어떤 일이 발생하는 것이 결코 우연이 아니라는 뜻이다. 조짐을 보고 앞으로 발생할 일을 아는 것이 占이고, 그 일에 대비하고자 하는 것(피흉추길, 避凶趨吉)이 占을 치는 목적이다.

또한 사람이 이 세상에 태어난 것도 점(占)이요, 잠자리에서 일어나 눈을 뜨는 것도 占이다. 사람은 생각하고 그 생각 속에는 의심이라는 것이 있으니까 알고자 하는 욕망에는 철학이나 과학이나 다를 바가 없다. 과학기술자가 컴퓨터를 만들어도 그 제품이 작동을 잘 것인가 의심해 보고 궁금해하는 것도 다 점(占)이라 할 수 있다. 결국 우리가 살아가며, 생각하고, 행동하는 모든 것이 전부 점(占)이다.

따라서 이 세상에 점(占)을 치지 않으면서 살아가는 사람은 거의 없다. 도구를 가지고 점(占)을 치거나 무당이 치는 점(占)만 점(占)이 아니다. 사람의 본능이 점(占)이다. 무릇 모든 생물은 예지 본능이 있다. 미물 짐승도 언제 비가 오고, 언제 날이 갤지 아는데 사람이라고 왜 예지본능이 없겠는가. 점(占)과는 전혀 상관없어 보이는 과학자들도 마찬가지이다. 설계도를 보며 정밀하게 만들어 놓고 마지막에 '이것이 제대로 작동이 되려나?' 궁금한 것도 점(占)이다. 결국 우리가 살아가며 생각하는 모든 것이 전부 占이다.

또한 우주 자연의 법칙 그리고 세상 만사만물의 이치가 점(占)이며 그것을 알아내는 행위를 '점을 친다'고 한다. 주역 계사전 上의 제5장에서 "極數知來之謂占(수를 궁구하여 미래를 알아내는 것이 占이다)"이라고 하였다. 즉, 변화에 통달하는 것을 일러 점(占)이라 했다. 따라서 우리의 일상생활이 占이라 할 수 있으며, 1+1=2가 된다고 하는 사실도 점(占)이라 할 수 있으며, 밥을 먹으면 배가 불러진다고 생각하는 것도 점(占)이다. 곧 우리의 삶 전체가 점(占)이나 다를 바가 없다.

점(占)을 통한 예측은 잠재의식을 통해 생물과 물리 간의 관계를 소통시켜 자연과 심리 간의 관계를 감응시킬 수 있어 가능하다. 이는 대단히 심오하기 때문에 만약 점복예측에서 미신적 색채를 제거하고 과학적 성격을 추출할 수만 있다면 그것의 전도는 추측할 수 없을 정도로 광대할 것이다. 따라서 핀란드 국가과학기술원의 한 학자가 다음과 같이 말한 것은 전혀 이상할 바가 없는 것이다. "예측학의 측면에서 중국의 주역이 거둔 성과는 장차 서양을 놀라게 할 것이다(中國易經 在未來豫測學方面的成就 將會震驚西方)."

원래 점(占)은 정치를 하기 위해서 발달했다

원래 占은 정치를 하기 위해서 생겼다. 초기에는 占을 쳐서 백성을 다스렸고, 占을 쳐서 가물 것 같으면 가뭄에 대비하고, 장마가 지겠으면 제방을 쌓던가 해서 미리 막았다. 그래서 이전민용(以前民用), 백성 앞에 모두 내놓고 썼다고 했고, 백성을 위해서 백성과 더불어 근심 걱정하는, 즉 여민동환(與民同患)하는 것이 주역점이다. 혼자만 잘 살기 위해서 슬그머니 점을 쳐서 혼자 슬쩍 행하는 것은 점이 아니다. 그것은 도둑질하는 것과 마찬가지이다. 성인들도 옳게 占을 쳐서 바르게 신령에게 물어 신령이 알려주는 대로 행하여 백성을 잘살게 해 주는 것이 占이라는 것이다.

결국 占이란 인간이 궁금하게 생각하는 것을 예지해 보려는 노력으로써, 우주자연의 원리와 이치에 입각하여 인간이 궁금하게 생각하는 문제를 판단하기 위해 행하는 행위가 占이라는 것이다. 그런데 판단에 있어서 신에게 물어 보아 판단하는 것이 소위 말하는 주역 占이다. 이런 占은 원래는 사사로운 개인의 이기적 목적을 위하여 사용된 것이 아니고 백성을 위해 자연의 변화이치에 맞게 올바른 정치를 하기 위해 백성 앞에 내놓고 정당하게 하였던 것이다.

그런데 이렇게 좋은 점이 왜 우리 사회에서 왜곡되어 있는지 반성해 볼 필요가 있다. 주역에서 말하는 占을 친다는 것은 성인의 말씀에 따른다는 뜻이다. 성인은 천지와 더불어 그 덕을 합하였기(與天地合其德) 때문에 성인의 말씀이 천지이치와 어긋날 수가 없다. 그런데 요즘 세상에서는 占을 통해 성인의 말씀에 귀 기울이려 노력하기보다는 자기 욕심을 실현하려는 도구로 이용하고 있다. 이처럼 점이란 어떤 의미에서 신성한 일인데, 占이 인간의 욕심에 의해 오염되고 있다는 데 심각한 문제가 있다.

2. 점을 치는 방법[서의법(筮儀法)]

점을 치는 방법과 기술에 관한 기록 가운데 가장 오래된 자료로는 공자가 지은 주역 계사전이 있다. 역의 서법(筮法)에 대해서는 예부터 여러 가지 설이 있으나 본서법·중서법·약서법의 세 가지 방법이 있다. 본서법은 계사전에 상세히 나와 있는 십팔변(十八變)의 방법이다. 중서는 이것을 생략하여 육변(六變)으로 한 것이고, 약서는 더욱 생략하여 삼변(三變)으로 한 것으로 모두가 이유가 있는 것이다. 어느 서법에 의하든지 지성을 가지고 신에게 통한다면 신의 명을 받는 것은 같기 때문에 사람에 따라서 사용하는 방법이 다르다.

주역 계사전에 나타난 본서법의 십팔변에 의하여 괘(卦)를 얻는 방법을 구체적으로 나타내면 다음과 같다.

① 50개의 서죽(筮竹) 중에서 하나를 뽑아 가로로 놓는다. 이것은 태극을 상징한다.

② 나머지 49개의 서죽을 들고 정성스러운 마음으로 서죽을 이등분한다. 이는 양의(陰陽)를 상징한다.

③ 오른손에 있는 서죽 무더기를 내려놓고 그중 하나를 뽑아 왼손의 넷째와 다섯째 손가락 사이에 끼운다. 이때 왼손의 서죽 무더기는 하늘, 내려놓은 오른손의 서죽은 땅, 손가락 사이에 끼운 것은 사람으로 천·지·인 삼재를 상징한다.

④ 오른손으로 왼손에 들고 있는 서죽 무더기를 넷씩 센 후 나머지(1, 2, 3, 4 중 하나다)를 왼손 셋째와 넷째 손가락 사이에 끼운다. 손가락 사이에 끼운 나머지를 제외한 서죽 무더기는 왼쪽에 내려놓는다. 이때 네 개씩 세는 것은 사계절을 뜻하고 나머지를 끼우는 것은 윤달을 상징한다.

⑤ 오른손으로 ③에서 놓아두었던 서죽 무더기를 든다. 그다음 왼손으로 오른손에 들고 있는 서죽을 위와 같은 방법으로 센 후에 나머지를 둘째와 셋째 손가락 사이에 끼운다. 손가락 사이에 끼운 것을 제외한 서죽 무더기는 오른쪽에 내려놓는다.

⑥ 왼손에 모인 서죽을 모두 합하여 처음 일자(太極)로 내려놓은 서죽의 왼쪽 위에 수직방향으로 놓는다. 이것이 18변 중의 일변이다. 설시(揲蓍)는 아래 <그림 11-1>과 같이 3변을 단위로 한 효가 이루어지며, 이것을 6번, 즉 모두 십팔 변이 끝나야 한 괘(6爻)를 얻는다[이를 득괘(得

卦) 또는 작괘(作卦)라고 한다].

⑦ 태극과 ⑥에서 내려놓은 서죽을 제외한 나머지 무더기로 ②③④⑤를 반복한 후 태극을 상징한 서죽의 중간에 수직방향으로 올려놓는다(二變).

⑧ 태극과 ⑥과 ⑦에서 내려놓은 것을 제외한 나머지 무더기로 ②③④⑤를 반복한 후 태극을 상징한 서죽 제일 오른쪽에 수직방향으로 올려놓는다(三變).

⑨ 이렇게 하여 <그림 11-1>과 같이 세 개의 서죽 무더기에 의해 첫 번째 효를 얻는다. <그림 11-1>과 같이 태극을 상징한 산가지의 왼쪽에 놓인 무더기는 9개 아니면 5개이고, 가운데 놓인 것과 오른쪽에 놓인 산가지는 8개 아니면 4개로 이루어진다. 이것을 6번 하여 육효, 즉 한 괘를 얻는다.

이상의 서법에서 득괘(得卦)에 제일 중요한 결정적 요인은 ②번의 서죽을 이등분할 때이다. 이때 어떻게 이등분하느냐에 따라서 점의 결과인 괘의 모양이 다르게 나타나기 때문이다. 이때 공간의 영의(靈意)가 서죽의 수(數)에 감(感)하여 제대로 나타날 수 있도록 하느냐 여부에 따라서 점의 정확도가 달라진다고 볼 수 있다. 즉, 신의 뜻이 정확하게 전달되도록 하는 상황에서 서죽을 나누어야 하며, 그렇게 하여야 신이 말하고자 하는 뜻을 제대로 나타낸 괘를 얻을 수 있다. 그러기 위해서는 49개의 서죽을 왼손으로 밑을 쥐고 앞을 부챗살 모양으로 펼쳐, 오른손 엄지를 서죽의 좀 펼쳐진 중간쯤에 대고 나머지 네 손가락으로 밖에서부터 서죽을 감싸 쥔다. 그런 다음 이마 위에 올려 눈을 감고 숨을 그치고 점칠 일을 한 마음으로 염원하며, 잡념을 쫓고, 정성스런 마음으로 정신통일을 한다. 숨이 막힐 정도에서 다시 더욱 기력을 충실히 하여 서죽을 이등분한다.

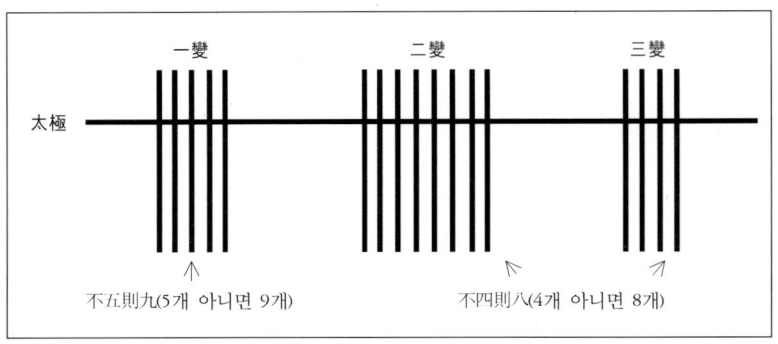

<그림 11-1> 설시 삼변(일효)의 예

이때 공간의 영의가 서죽의 수에 감하여 나타난다.

영국의 조셉 니덤(Josehp Needham)도 『중국의 과학과 문명』에서 주역점의 본질을 과학적인 견지에서 다음과 같이 진술하고 있다.

점의 여러 형식을 조사해 보면, 서로 상이한 개개의 단위가 트럼프를 섞듯이 섞인 뒤, 어떤 배열이 될 것인지는 예측할 수 없지만, 이들 개개의 단위의 집합이 어느 것이나 모두 예언이라는 목적에 소용된다는 것이 고대의 신념이었음은 거의 의심의 여지가 없다. 궁극적인 배열을 결정하는 상황의 사소한 변화에도 보이지 않는 힘이(unseen power) 영향을 줄 수 있다고 하는 한편, 생각할 수 있는 모든 배열을 설명하는 의미 체계(code)의 깊은 뜻을 전수받은 자가, 이 보이지 않는 힘의 의지와 지식을 해석할 수 있었다. 또 그는 다음과 같이 부연했다. 서양의 점술과 다를 바 없이 점쟁이는 알아야 할 대상에 주의를 집중하도록 했다. 그렇게 함으로써 영적인 영향이 이 서죽을 뽑는 조작 과정에서 근육이나 그 밖의 요소를 지배할 수 있다고 믿었음에 틀림없을 것이다.

설시할 때, 즉 서죽을 조작할 때의 주의사항은 다음과 같다.

① 시초점(蓍草占)은 그 묻는 바에 대해, 정성스런 마음으로 한 번만 칠 것이며, 나쁜 괘가 나왔다고 해도 같은 물음에 대해 두 번, 세 번 치는 것은 삼가야 한다(山水蒙괘 괘사 - 初筮어든 告하고 再三이면 瀆이라).

② 정당한 것을 물어야 하며 사악한 것을 묻는 것은 금할 것(水地比괘 괘

사 — 原筮호대 元永貞이면 无咎리라)

③ 점을 통해 얻은 괘에 대한 해석은 다양할 수도 있기 때문에, 상황에 따라 객관적인 입장이 되어 해석할 것

④ 점은 사람의 지혜를 다하여 추리하고 연구하여도 판단을 내리지 못할 경우에만 친다. 자신의 지혜를 다하지 아니하고 안이한 마음으로 점을 치는 자는 좋은 반응을 얻기 어렵다.

왕선사는 옛날에 占을 치는 자는 신을 섬기고 사람을 다스리는 큰일에 있어서, 우선 자기 마음속에서 스스로 구하여도 납득할 수 있는 도리가 구해지지 않을 때 묻는다 했다. 즉, 제후들은 널리 고을의 선비들과 의논하고, 서인이나 선비는 스승이나 친구에게 가르침을 구하여도 따를 만한 도리를 얻을 수 없게 된 뒤에 비로소 점을 쳐서 자기의 선택을 결정한다고 한다. 우선 占을 치는 것은 신령(神靈)에 맡기지 않을 수 없을 정도의 대사여야 하고, 다음으로 가볍게 곧바로 역에 묻지 말고 스스로 반복하여 생각을 깊이 해 보고 다시 이웃 사람들에게 물어보아도 결정할 수 없을 경우에 비로소 신의 지시에 따르는 것이다.

⑤ 점친 예: <그림 11-2>는 설시하여 얻은 결과(得卦)를 나타낸 것이다.

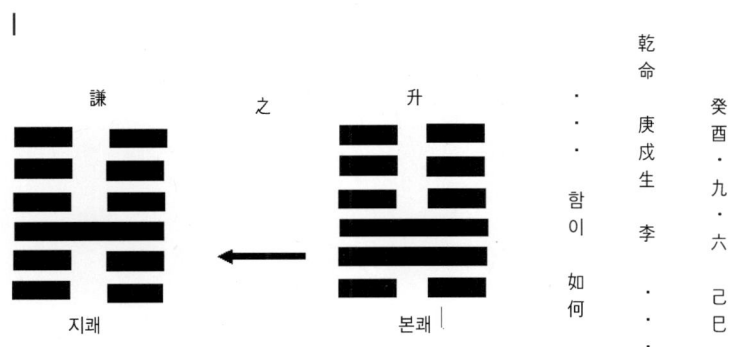

〈그림 11-2〉 설시 예

2009년(庚寅年) 2월 6일(陰) 오전 10시(巳時)에, 1970년 생(庚戌) 李○○ (男)가 ○○○에 대해 점을 칠 경우(남자일 경우 '건명(乾命)'이라 하고, 여자일 경우는 '곤명(坤命)'이라고 한다), 점을 쳐서 지풍승괘(地豐升卦) 두 번째 효(爻)가 변했을 때, 升之謙(승괘에서 겸괘로 갔다)이라고 하며, 한 효가 변했으므로 본괘인 地風升卦의 九二 효사(爻辭)의 내용이 체가 되며, 지괘인 地山謙卦의 六二 효사의 내용이 용이 된다.

참고로 본괘인 지풍승괘(地風升卦) 이효(二爻)의 효사와 지괘(之卦)인 지산겸괘(地山謙卦) 이효(二爻)의 효사를 보면 다음과 같다.

地風升卦의 九二爻의 爻辭 : 孚乃利用禴이니 无咎리라(믿어서 이에 간략한 제사를 씀이 이로우니, 허물이 없으리라). 象曰九二之孚는 有喜也라(상에 가로되 '구이지부'는 기쁨이 있으리라).

地山謙卦의 六二爻의 爻辭 : 鳴謙이니 貞코 吉하니라(울리는 겸이니 정하야 길하니라). 象曰 鳴謙貞吉은 中心得也라(상에 가로되 '명겸정길'은 중심을 얻음이라).

위의 본괘인 지풍승괘의 九二효의 효사와 지괘인 지산겸괘의 六二효의 효사를 해석하면 점친 사항에 대한 일을 예측할 수 있다.

3. 주역점의 구조와 방법·절차

주역점술의 과학성을 알아보기 위하여 먼저 주역점의 작괘과정(作卦過程), 즉 점을 치는 과정의 논리적인 절차와 구조를 구체적으로 그림으로 나타내고 각 과정의 과학성과 의미를 고찰해 본다.

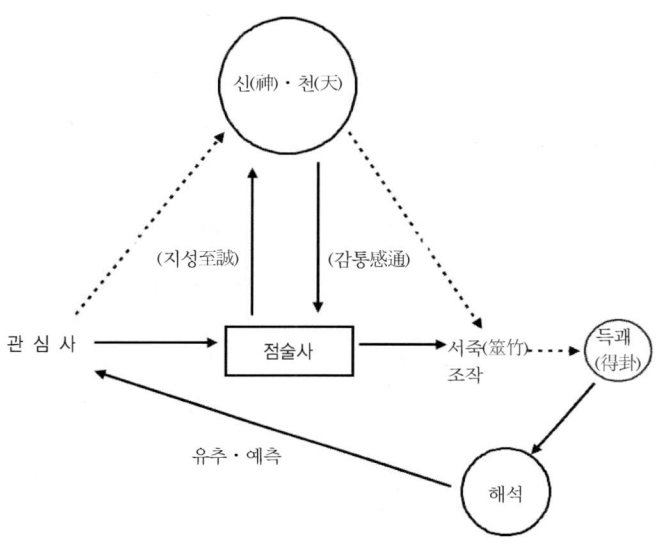

〈그림 11-3〉 주역점술의 득괘(得卦) 과정의 구조와 절차 그리고 괘의
해석을 통한 관심사항에 대한 판단과정

<그림 11-3>의 주역점술의 작괘과정(作卦過程), 즉 괘를 얻는 과정과 관심사항에 대한 최종적인 판단의 논리적 구조와 절차를 구체적으로 기술하면 다음과 같다.

먼저 주역점을 치고자 하는 점술사가 알고자 하는 관심사항을 신 또는 하늘에 물어보면, 신은 신이 알고 있는 것을 점술사에게 알려 주기 위하여 영향을 줄 것이며, 점술사는 그 영향을 받아서 서죽(筮竹), 점을 치는 대나무를 조작하여 괘를 짓는다(得卦). 이때 득괘 한 괘의 괘사와 효사를 해석하면 신이 인간에게 알려 주고자 하는 뜻을 알 수 있다. 그래서 관심사항에 대한 일이 어떻고 어떻게 될 것인가를 유추하고 예측할 수 있다. 여기서 占의 정확성을 위해 두 가지가 중요하다.

첫째, 점술사가 신의 뜻에 제대로 감응할 수 있는 능력이 있어야 한다. 즉, 신의 계시를 받아 이를 서죽을 조작하여 신의 계시에 일치하는 작괘 또는 득괘, 즉 괘를 만들 수 있어야 한다. 다시 말하면 신의 뜻을 정확히 나타낸 괘를 얻을 수 있어야 한다. 그러기 위해서는 점술사의 특별한 능력이 필요하다.

필요한 능력조건으로 주역 계사전(繫辭傳)에서는 감통(感通)을 제시하였다. 계사전 제10장에서 "易은 無思也하며 無爲也하야 寂然不動이라가 感而遂通 天下之故하나니 非天下之至神이면 其孰能與於此 리오(역은 생각함도 없으며 하옴도 없어서, 고요히 동하지 않다가 느껴서 드디어 천하의 연고에 통하나니, 천하의 지극한 신이 아니면 그 누가 능히 참여하리오)"라 하였다.

일본사람 고도탄상(高島呑象)은 신에 통하는 길은 오직 지성과 지선이라 하였다. 그에 의하면 오직 천하의 지성(至誠)이라야 그의 성(性)을 다할 수 있으며, 그의 성을 다할 수 있으면 곧 만물의 성을 다할 수 있다. 만물의 성을 다할 수 있으면 곧 하늘과 땅의 화육을 도울 수 있게 될 것이며, 하늘과 땅의 화육을 도울 수 있게 되면 곧 하늘과 땅과 더불어 참여할 수 있게 될 것이다. 신에 통하는 길은 모두 지성에 귀일시키고 있다. 여기서 지성이라는 것은 또한 신념의 응결이라는 것이다. 그러므로 정확한 득괘를 위해서 지성을 다해서 신에게 묻고 계시받는 것이 곧 易이라는 것이다. 또한 신의 명은 마치 행동하는 것과 같은 것으로써 지성을 다하기만 하면, 거기에 무엇인가가 있어서 말로 알려 주는 것처럼 서(筮)의 수에 나타난다는 것이다.

성인들의 가르침이 인간의 지혜를 다하여도 그에 미치지 못할 때는 천명을 받아야 한다고 했다. 성인들은 천명에 의하여 세상을 구하고 백성을 편안하게 한다는 것이며, 그러므로 성인들의 귀결점은 오직 천명을 받아야 하는 것이다. 여기서 천명이란 인지로 알 수 없는 것을 신에게 물어 그 명을 받는 것이다. 그러므로 천명을 받으려면 신을 모시고 신지(神智)를 받아야 한다. 그런데 신을 모시고 신과 접촉하는 길은 지극한 정성과 착한 뜻으로 마음을 깨끗이 씻고 경건한 마음으로 하여야 한다는 것이며, 이것을 지성과 지선이라 하였다.

고도탄상(高島呑象)은 자신의 경험에 비추어 말하기를 자신이 점서의 길에 들어서, 목적하는 바를 마음속에 새기어 눈을 감고 서죽을 갈랐더니 어긋나는 일이 없었다는 것이다. 어떻게 해서 어긋나지 않는가는 신과 일체가 되어 보지 않고서는 알 수 없다. 어쨌든 감통에 의한 것만은 사실이며, 그 감통에 의한 판단도 어긋나지 않았다는 것이다. 이것은 지성을 다하여 감통할 수 있는 경지에 이르면 누구나 다 신의 신지를 받을 수 있다는 것을 의미한다. 특히 설시(揲蓍)를 하여 득괘를 하는 데 가장 결정적으로 영향을 주는 것은 처음에 49개의 서죽을 양분할 때이다. 이때 점서자는 묻고 싶은 대의(大疑)를 늘 염두에 두고서 무심히 좌우로 양분하지 않으면 안 된다. '무심히'라고 하는 것은 우연인 귀모(鬼謀)에 의도적인 인모(人謀)가 앞서서 작용하면 안 되기 때문이다. 빈 마음의 고요함이 음양의 변화를 움직이고, 거기에 예측할 수 없는 신묘함이 나타난다. 이 신묘한 작용은 신의 지시를 추구하는 사람의 행위 그 자체 속에 있는 것이지, 예측할 수 있는 신이 따로 있는 것은 아니다. 왕선산은 그것을 성(誠)일 뿐이라고 한다. 즉, 정성된 정(情)의 움직임이 예측할 수 없는 신을 맞이하고, 거기에 사람이 참여함으로써, 천인 합용의 易이 나타나는 것이다. 그리고 거기에 개시(開示)된 명을 실현하는 것이 사람에게 요구되는 것이다.

둘째, 점술사가 정확하게 신의 뜻을 받아서 득괘를 하였으면, 득괘한 것을 정확하게 신의 뜻에 맞게 해석하여야 한다. 신은 인간이 알고자 하는 것을 가르쳐 주기 위해 말로 할 수 없으므로 괘라는 수단으로 나타내 주고자 하는 것이다. 이것에 대하여 주역 계사전 제9장의 설시하는 방법에서 "顯道하고 神德行이라 是故로 可與酬酌이며 可與祐神矣니(도를 나타내고 덕행을 신비스럽게 하라. 이런 까닭에 귀신과 더불어 수작할 수 있으며 더불어 신을 도울 수 있으니)"라고 한 것에서 보는 바와 같이, 시초점(蓍草占)과 신의 관계를 잘 나타내 주고 있으며, 또한 여기에서 신의 뜻이 곧 괘라는 것을 나타내 주고 있다. 즉, 신에게 물어보기 위해 시초를 뽑는 것이 '수(酬)'요, 괘로서 답을 하여 따르게 하는 것이 '작(酌)'이다. 즉, 주역의 괘효를 통하여 신과 인간 사이에 말과 뜻이 오고 간다는 뜻이다. 그리고 가여우신의(可與祐神矣)의 뜻은, 신이 인간을 위해 가르쳐 주고 싶어도 표현할 방법이 없던 것을, 괘를 통해서 가르쳐 줄 수 있으니 신을 돕는 것이며, 또 신이 하고자 하는 의도를 괘를 해석함으로써 따르니 역시 신을 돕는 것이라는 것이다.

그런데 문제는 괘를 정확히 해석하는 데 여러 가지 어려움이 있다는 점이다. 왜냐하면 易에는 괘를 해석하여 놓은 괘사(卦辭)와 효사(爻辭)가 있다 해도, 그 내용이 구체성이 없고, 매우 추상적이고, 상징적으로 표현해 놓았고,

또한 그 내용이 몇천 년 전에 쓰인 것이므로 현재의 실제 문제와 연관시켜서 타당하게 적용하고 해석하는 것이 그렇게 용이하지 않은 것이다. 따라서 괘의 효사와 괘사를 현실 문제와 연관시켜 정확히 해석하는 것도 매우 중요하다. 아무리 점술사가 신과 감통(感通)하여 정확한 득괘(得卦)를 하였다 해도, 이를 잘못 해석하여 현실 문제에 적용하면 정확한 판단을 할 수 없기 때문이다.

결국 주역점의 방법과 절차의 중요한 내용을 요약하면, 먼저 신의 뜻에 따라서 정확한 득괘(得卦)를 하고, 그것을 정확히 해석, 적용하면 관심사항에 대한 정확한 판단이 가능하다. 그런데 두 가지 조건 중 어느 하나라도 정확하지 않으면 점에 의한 판단의 정확성은 떨어질 수밖에 없다.

이렇게 볼 때 주역점도 점 나름으로 어떤 문제에 대한 해답과 판단을 위한 방법상의 논리적이고 합리적인 과학적 근거가 있음을 볼 수 있다. 즉, 모든 현상은 인간의 인지에 의해서 알 수 없는 힘 또는 변수가 작용하고 있으며, 그 알 수 없는 힘 또는 변수 중의 하나가 신의 작용이며, 이 신의 뜻을 파악하기 위한 방법 중의 하나가 주역점이다.

4. 역(易)과 점(占)의 원리

대산 김석진 선생은, "요즈음 사람들은 점복이라 하면 미신이라 하여 경원시하는 경향이 있지만 점복의 본뜻은 미신과 거리가 멀다"고 하였으며, 대만의 남회근 국사는, '占을 치는 여러 방법 속에 수많은 과학적 철학적 이치가 내재되어 있다는 점을 간과해서는 안 된다'고 하여 점의 의미와 과학성을 주장하였다.

서구 사람들 중에서 역의 과학성을 말하는 대표적 학자인 Carl G. Jung은 역에 대하여 다음과 같이 표현하였다.

역의 세계에는 우리들 서양의 과학적＝인과율적 세계관과 완전히 다른 것을 갖고 있다. 역의 근거가 되는 원리는 언뜻 보기에 우리의 과학적 인과율적인 사고와 완전히 다른 것으로 보여서, 극도로 미신시하고 터부시하고 우리의 과학적 사고의 바깥 범위에 있어서 불가해한 것으로 보인다는 것이다. 그러나

역의 과학적 원리는 서양의 과학적 원리와 다르다는 것을 말하고 있다. 즉, 중국의 역도 역의 과학성을 갖고 있으며, 서구과학의 원리와 다른 역의 독특한 과학성을 인정해야 한다는 것이다. 역은 서양의 인과율(causality principle)에 근거하지 않은 과학으로서, 이를 잠정적으로 공시율(synchronicitic principle)에 의한 과학이라고 한다.

인과율은 원인과 결과 간의 연관을 의미하는 것이고, 공시성의 원리란 의미 있는 일치(meaningful coincidence)가 동시성(simultaneity)과 의미(meaning)에 의해 연결되는 것을 말한다. 이것은 어떤 실험과 여러 가지 관찰법이 기존의 사실에 근거해서 받아들여지는(assume) 것과 같이 원인과 결과 간에 연관이 있는 것 외에, 사건이 관련되어 표현되고 그것이 우리에게 의미 있는 것으로 나타나는 다른 요인이 또 있다는 것이다. 우리에게 의미 있게 나타나는 요인은 우리가 알 수 있는 그런 것이 아니다. 그러나 이는 아주 불가능한 것으로 보이는 것도 아니다.

서양의 인과율적인 합리적 사고가 모든 것을 포괄하는 것이 아니고, 여러 가지 관점에서 볼 때 수정되어야 할 하나의 관점에 지나지 않는다. 즉, 인과율이란 절대적인 것이 아니고, 단지 통계학적인 진리이기 때문에 어떤 사건이 다른 사건으로부터 시차를 두고 발생하는 것을 나타낸 일종의 가설로 볼 수 있다는 것이다. 반면에 공시율은 시공적으로 어떤 사건이 단순한 우연 이상의 의미 있는 일치성으로 일어난 것으로 받아들이고, 이것은 객관적 사건과 관찰자의 주관적(심리적) 상태의 특수한 상호 의존성을 의미한다.

인과율이 사건의 연속성(sequence)을 서술한 것과 같이 주역의 공시성(synchronicity)은 사건의 일치성(coincidence)을 다룬다. 즉, 사건 일치성이란 우연 이상의 의미 있는 것을 강조하는 것이다. 주역 64괘는 64개의 서로 다른 상황의 의미를 결정할 수 있는 도구(instrument)이다. 이런 해석은 인과율의 설명과 동등한 것이다. 즉, 서양사상의 근저를 이루는 인과율이 우연이란 것을 인정하지 않는 데 반해(그래서 우연을 설명하지 못한 채로 버려둔다) 주역의 공시성은 우연적인 사건을 설명해 주고 있다.

주역에서 괘·효를 얻는 방법은 우연성에 기초한다. 점복은 인간의 합리적,

지성적 인식 능력이 한계에 부딪혔을 때 사용하는 방법이다. 18번의 조작에 의하여 괘를 얻는 과정은 일정한 수리에 따라 이루어지지만, 그 기저를 이루는 것은 어디까지나 우연성이다. 그리고 서법에 의하여 얻어진 괘를 읽을 때에도 논리적 분석보다 상징적 의미를 전체적으로 포착해야 한다. 이 방법은 비합리적이며 원시시대의 미개한 주술적 행위로 평가받기도 하지만, 주역은 무의식을 의식화시키는 도구이며, 무의식을 드러내는 장치라는 시각에서 본다면 주역의 점복에는 의식의 한계 상황에서 인과율과 시·공의 제약을 넘어서는 무의식이 활성화됨으로써, 무의식의 절대지가 의식이 도달할 수 없는 세계를 파악하는 공시성 원리가 작용한다고 말할 수 있을 것이다. 이것은 합리주의적 세계관의 이론적 바탕이 되고 있는 인과율만으로 포착할 수 없는 삶의 현실을 자각적으로 포착하려는 노력으로 이해해야 한다.

독일의 주역연구 대가인 리하르트 빌헬름에 의하면, 공시성이란 공간과 시간 속에서 사건들이 동시에 병발하는 것은 우연 이상의 어떤 것이라는 뜻이다. 다시 말해 객관적인 사건들 사이의, 그리고 객관적인 사건들과 관찰자의 주관적(심리적) 상태 사이의 독특한 상호 의존성을 의미하는 것이다. 역경은 실제가 어디에 있건 모든 실제를 파악하는 비인과적인 기법을 제안한다는 의미에서 세계를 다루는 또 하나의 완벽하고 포괄적인 방법인 것이다. 역경의 체계는 다차원 세계의 표상이다. 이 세계에는 불변하면서 규칙적으로 변화하는 패턴이 있다. 그러므로 역경의 기초를 이루고 있는 것 중의 하나인 주술적 사고는 제대로만 한다면 논리적·수학적 사고만큼이나 진실된 것이다. 주역의 사고체계는 원시적인 것이 아니라, 지금 서양에서는 사라진 원초적 사고의 특정한 기초를 포착해서 발전시켜 온 것이다.

주역의 점이 맞는다는 것은 현실적으로 사실이라는 주장이 있다. 그 근거는 주역의 점이 맞으니까 점이 수천 년간 없어지지 않고 지금과 같이 과학이 고도로 발달한 시대에도 없어지지 않고 존속되고 있지 엉터리라면 전해 왔겠냐는 것이다. 현실적으로 점이 맞는다는 것은 그 나름의 어떤 과학적 근거가 있다는 것을 의미한다. 그 근거를 현대 서양과학이 입증을 못한다고 무시하기보다는 그것을 밝히려고 하는 것이 더 과학적인 태도라고 본다. 그렇다면 점이 맞는다는 것을 무엇으로 설명할 수 있느냐 하는 것이 논점의 핵심이 된다. 이에 대해 주역의 출발점인 태극이론에 입각하여 가설적으로 설명한 것에 의하면 다음과 같다.

주역에서 말하는 모든 만물이 태극에서 나왔다면, 우주만물 하나하나에 태극에서 나온 공통된 기류가 흐르고, 특히 같은 종류끼리는 공통된 기류가 더욱 많이 흐르게 된다. 따라서 우주 안의 모든 만물을 태극이라는 공통된 인자에 의해 엮을 수 있다. 이렇게 생각하면 왜 점이라는 것이 유용한 것인지를 알 수 있을 것이다. 점을 칠 때 혹은 기도를 할 때 사람들은 정성된 마음으로 정신을 집중하게 된다. 바로 이 정성된 마음으로 정신을 집중할 때 신과의 대화, 다시 말해서 우주 전체의 파장 주파수와 자신의 파장 주파수가 일치한다.

앞에서 말했듯이 우주 안의 만물은 태극에서 분화 생성된 것이고, 그래서 태극의 유전적 요소가 공통된 기류로 흐르고 있기 때문에, 서로가 공명(진동수 또는 주파수가 같거나 비슷해서 서로 동조하는 현상을 말하며 이 상태에서 에너지 전달이 낭비 없이 잘된다)하기가 쉽고, 따라서 서로 간에 에너지 전달이나 알고 있는 정보를 전달하기가 쉽게 된다. 즉, 우주라는 거대한 정보 창고(컴퓨터에 있어서 중앙시스템이라고 생각해도 좋다)와 소우주로서 나라는 (대형의 중앙 컴퓨터에 연결된 소형컴퓨터라고 생각해도 좋다) 작은 개체에 있어서 공명상태만 이룰 수 있다면, 중앙 컴퓨터와 연결된 소형컴퓨터가 지정된 약속만 맞으면 정보를 교환해 쓸 수 있듯이, 우주와 에너지 및 정보의 상호 교환이 가능하다.

그러면 공명(感應)상태를 어떻게 하면 쉽게 이룰 수 있는가. 공자가 주역 계사전 상 제9장에서 "인간이 알고자 하는 일을 가르쳐 주고 싶어도 표현할 방법이 없어 돕지 못하는 것을 괘상(卦象)이란 매개체를 통해 표현하니, 그 점치는 사람이 신이 하고자 하는 바를 돕는 것이며, 또 신이 하고자 하는 의도를 괘를 해석함으로써 따르니 신을 돕는 것이다(顯道하고 神德行이라 是故로 可與酬酌이며 可與祐神矣니)"라고 하였다. 이는 신이 괘상을 통해서 인간이 알고자하는 바를 알려 준다는 주역점의 원리를 나타낸 것이다. 그러면 모든 주역점을 쳐서 나타난 괘상은 정확하게 모든 문제를 알려 준다는 것인가.

그것은 또한 아니라는 것이며, 공명상태를 이룬 상태에서 나타난 괘상(卦象)만이 알고자 하는 바의 정확한 정보가 된다. 그러므로 점을 잘 치고 못 치고를 결정하는 데 중요한 것은 공명상태를 이룰 수 있느냐 여부가 중요하다. 그래서 공자도 계사전 상 제10장에서 "易은 생각함도 없으며 함(爲)도 없어서, 고요히 움직이지 않다가 느껴서 드디어 천하의 연고에 통하게 되니, 천하의 지극한 신이 아니면 그 누가 여기에 참여하리오(易은 無思也하며 無爲也하야 寂然不動이라가 感而遂統天下之故하나니 非天下之至神이면 其孰能與於此)", 즉 인간과 지구, 지구와 우주는 상호 동조하기 쉬운 공명체계 안에 있기 때문에 조금만 노력하면 상호 정보교환이 가능하다는 것이다.

하지만 보통 사람은 이런 일에 익숙하지 않기 때문에, 비록 짧은 순간이지만 점을 치거나 혹은 기도할 때 자연과의 공명상태에 들어감으로써, 조금이나마 정보를 얻을 수 있게 된다. 따라서 정신을 더 집중할 수 있는 사람의 점이나 기도가 더 잘 맞고, 더 잘 든다고 할 수 있다.

그렇다면 여기서 "더불어 신을 도울 수 있으니"에 대한 명확한 대답이 주어질 수 있다. 즉, 우리가 지구나 우주와 일치, 혹은 근접한 주파수를 유지하는 시간이 길면 길수록 지구나 우주의 균형에 도움이 된다는 뜻이다. 알다시피 주파수가 다른 파장들은 서로 간섭하며, 이런 간섭이 있음으로 해서 서로 간에 도움을 주거나 해를 입히는 작용을 하기 때문이다.

따라서 점은 그 과정이나 그 결과를 통해 우주와 나의 일치를 유도하고, 이런 과정을 반복함으로써 개개인의 수양도 되고 우주 전체의 흐름에도 일조하게 된다고 볼 수 있다. 우주의 거대한 흐름에는 순응하면서 시간과 장소에 따라 나름대로 개척 방법을 찾아가는 것이 주역을 하는 목적이라면, 占을 치는 목적도 여기에서 벗어나지 않는다.

어떤 점을 치든지 최후의 판단은 자신이 한다. 따라서 평소 직관을 기르는 훈련이 필요하다. 직관은 순수하고 정성스런 마음에서 자라난다. 정성스런 마음으로 정신을 집중할 때 신과의 대화, 다시 말해서 우주 전체의 파장 주파수와 자신의 파장 주파수가 일치할 수 있기 때문이다.

누구나 보고 듣고 하는 일은 알 수 있다. 그러나 보이지 않고 들리지 않는 일은 알기 어려우며, 더구나 마음속에 있는 일은 귀신도 알지 못한다. 사람이 궁금해 하는 것은 일의 결과이며, 그것도 결과를 보고 아는 것이 아니라 미리 알고 싶어 하므로 점을 필요로 한다. 주역 64괘 384효는 천변만화한다. 괘사와 효사를 중심으로 오행을 대입하고, 호괘(互卦)와 지괘(之卦)를 참고하여 풀이하면 일의 대강을 알 수 있다. 조짐에 따라 여러 가지로 변화하는 자연과의 대화를 통해 미래에 대비하고 자신의 성찰 영역을 넓히고자 하는 것이 점의 목적이다.

제3절 의학

동양학 중에서 제도권과 비제도권에서 가장 일반화되고 국민들이 가장 많이 사용하고 친근한 학문이 의학 분야이다. 그리고 동양 과학기술 중에서 제도권에서 인정하여 가르치고, 연구하는 유일한 학문은 의학 하나뿐이다. 그것도 약(藥) 위주의 한의학이 주류이다. 침과 뜸에 대한 의학은 제도권보다는 비제도권에서 많이 활용한다.

의학이란 인간의 질병과 건강에 대한 과학기술이다. 따라서 질병과 건강에 대한 개념이 있으며, 이를 진단하는 진단방법이 있고, 진단 결과에 따르는 치료처방이 논리적으로 체계화되어 있으면 그것이 의학이다. 의학에는 크게 서양의학과 동양의학이 있다. 서양의학은 거의 제도권에서 단일하게 가르치고 연구를 하는데 비해서, 동양의학은 제도권과 비제도권으로 이원화되어 있다.

동양의학의 최고 경전은 황제내경이다. 동양의학의 근원은 황제내경이며, 현대 사회의 각종 동양의학에 관한 책들의 내용을 보면 거의 이 책을 근거로 해서 현대적 의미로 서술한 것이다.

황제내경(黃帝內經)

황제내경은 중국의 전국시대에서 양한시대에 걸쳐 이루어진 의서(醫書)로서 소문(素問)과 영추(靈樞) 두 부분으로 이뤄졌으며, 동양의학 문헌 중 가장 최초의, 그리고 가장 완비된 고전이다. 한의학의 최고 경전으로 지금도 그 기본원리는 변함없이 동양의학의 골간을 이루고 있으며, 소문이 생리·양생·병인·병리 등 의학의 개론과 원리를 주로 논했고, 영추는 진단·치료·침구법 등을 논했다. 내경은 의학경전으로뿐만 아니라 천문학·기상학·심리학·역산학(曆算學)·생물학·인류학·철학·논리학 등 여러 학문의 내용을 담고 있어서, 주역(周易)과 함께 서로가 서로를 빛내 주고 있다. 그러므로 중국의학 이론의 원조일 뿐만 아니라 기타 여러 과학, 특히 철학에도 중요한 영향을 끼쳤다.

1. 동양의학의 이론 체계

동양의학이론의 가장 핵심적인 내용은 장상론(臟象論)과 경락학설(經絡學說) 그리고 음양오행론이다.

장상경락학설이 바로 동양의학이론의 핵심이다. 장상(臟象)은 육장육부계통의 생리병리기능 상태의 표현이며, 경락은 황제내경의 靈樞 經脈에서 "經脈者, 所以決死生, 處百病, 調虛實, 不可不通(경맥에 의해 생사가 결정되고 백병이 치료되며, 허실이 조화되므로 반드시 그 이치를 알아야 한다)"의 생명 메커니즘으로, 그 주요 작용은 정보 전달이며, 기혈(氣血)은 정보 운반체이다.

인간의 몸에는 생리적으로 기혈의 통로인 경락이 존재하고, 경락에 의해서 육장육부 간의 상호 관계가 있고, 장부와 신체조직 및 기관과의 상호 유기적인 관계가 있다. 그래서 장부에 문제가 있으면 경락을 통해서 신체 조직과 각 기관에 증상이 나타나는데, 이를 연구하는 분야를 장상론이라 한다. 그리고 장부 간의 관계와 신체의 각 기관 간의 상호 관계를 나타낸 구체적인 이론체계가 음양오행론이다.

동양의학의 특징을 더 구체적으로 살펴보면, 첫째, 인간의 신체적, 정신적 모든 질병과 건강상태를 장부와 관련하여 전체적, 종합적으로 본다는 데 있다. 예를 들면 신체기관의 일부인 코에 병이 있다고 하면, 우선 코라는 신체기관에 병적 증상이 우선적으로 나타나지만, 콧병의 근본문제는 코를 주관하는 장부인 폐와 대장에서 찾고 있다. 그래서 코의 질병을 치료하는 증상치료를 표치(標治)라고 하고, 콧병과 관련된 폐와 대장의 음양·허실·한열을 조절하여 기능을 조화시키는 치료를 본치(本治)라고 한다. 그래서 증상치료인 표치만 하여 코의 기능이 원활하게 되었다고 해도, 그와 관련된 장부의 기능을 조절하는 본치를 하지 않아 장부의 기능이 조절되지 않았다면, 근본적인 치료가 되었다고 보지 않는다. 그렇게 되면 다시 재발한다. 장부 간의 관계는 독립적인 것이 아니고 기능적으로 상호 밀접한 관계가 있다. 따라서 동양의학은 장부와 신체 각 조직 및 기관을 상호 유기적으로 연계해서 보는 장부 중심의 의학이며, 또한 종합적, 전체적으로 인간의 질병과 건강을 본다는 데 특징이 있다.

둘째, 인간의 몸에는 생리적 메커니즘으로 경락학설을 강조하고 있다. 즉 4600여 년 전 황제내경 이후 인간의 신체에는 12개의 경맥(經脈)과 15개의 낙맥(絡脈)이 있으며, 또한 8개의 기경(寄經) 및 360여 개의 경혈(經穴)이 있다. 경락이란 전신에 두루 퍼져 있는데, 인체의 기(氣)·혈·진액(津液)이 운행하는 주요 통로이며, 인체의 각 부분이 서로 연결되게 하는 것이다. 따라서 경락은 전신으로 기혈을 나르며, 장부지절(臟腑肢節)을 연결하고, 상하내외를 소통시키는 통로이다. 예컨대 난경에서 "經脈者, 行血氣, 通陰陽, 以營于身者也(경맥은 혈과 氣를 운행시키고, 음양을 통하게 하여, 몸에 영양을 공급하게 한다)"라고 한 것과 같다. 그러므로 인체의 모든 장부·기관·공규(孔竅)·근육·골격 등의 조직은 경락(經絡)의 교통과 연결에 의하여 하나의 통일체로 이루어진다.

셋째, 인간의 질병과 건강의 중심인 육장육부의 관계를, 동양사상의 가장 기본이 되는 음양오행론의 틀로써 이해하고 설명하고 있다. 인체는 유기적 정체(整體)이면서 자연계와 통일성을 유지한다. 인간은 자연계에서 태어나 자연조건에 의존하여 생존하므로 인간의 생명활동은 자연환경의 제약과 영향을 받고, 유기체는 자연환경의 영향에 대해 필연적으로 상응하는 반응을 하게 된다. 그래서 동양의학의 장상학은 오행학설을 응용하여 자연계의 5方·5時·5氣·5化 등을 인체의 5대 기능계통과 긴밀하게 연결 지음으로써 내외가 상응하는 정체적 도식을 제시하였다. 따라서 사람과 자연계를 관련시키고, 음양오행설과 결합시켜 예방원칙을 확립해서, 병상변화와 시간을 선정해서, 예방과 치료방법을 동시에 고려한다는 것은, 모두 동양의학에서 사람과 천지의 상응이라는 천인합일의 전체적 관념의 구체적 실천인 것이다. 즉, 음양오행설은 고대 천인합일의 자연관으로서 동양의학에서는 이를 생명체 관찰의 이론적 방법으로 삼고 있다.

결국 동양의학에서는 인간의 건강과 질병을, 장부를 중심으로 본다는 데서 특징을 찾아볼 수 있다. 생리적 메커니즘으로는 경락학설을 전제로 하며, 장부 간의 관계는 동양의 자연관인 음양오행론으로 설명하고 있다. 그리고 인간의 건강과 질병을 천인합일설에 의해서 천지자연과 유기적인 관계로 종합적으로 보고 있다.

동양의학에서는 인간의 성격과 행태적 특징을 동양의학의 이론체계에 입각해서 장부와 관련하여 이해하고 설명하는 것이 특징이다. 즉, 신체적 질병과 건강을 장부와 연관하여 이해하고 설명하는 것처럼 성격과 행태적 특징도 장부와 연관하여 이해하며 설명하고 있다. 이런 예는 일상생활 속에서 통용되는 말 속에서도 쉽게 찾아볼 수 있다. 예를 들면 "간 큰 남자, 담이 센 사람, 쓸개 빠진 사람, 간이 뒤집혔다, 오장육부가 그렇게 생겨 먹었다" 하는 말들은 모두 인간의 행태적 특징을 장부와 관련하여 기술하고 있는 예들이다. 그러므로 사실상 우리들은 일상생활 속에서 동양의학적 관점에서 인간행태를 이해·설명하고 있다. 그러나 우리가 일상적으로 이렇게 이야기하면서도, 왜 그렇게 말하는지에 대해서는 의문을 갖지 않고, 관례적으로 전해 오는 대로 사용하는 것이 사실이다.

1) 경락학설

동양의학에서 인간의 생리·병리현상을 나타내 주는 가장 기본적인 인자가 기(氣)와 혈(血)이다. 그런데 기혈 중에서도 기가 혈보다 더 중요하다. 왜냐하면 기가 혈을 움직이게 하는 동력이기 때문이다. 즉, 인체의 기 순환이 원활하면 혈도 원활하게 순환한다. 따라서 기가 원활하게 순환하면 영양을 운반하는 혈이 원활하게 순환하기 때문에 신체의 모든 생리작용이 정상이 된다. 아무리 음식을 잘 먹어서 섭취한다 해도 섭취된 영양이 신체의 모든 부분에 공급되어야 그곳의 세포가 건강하게 되고, 그 결과 신체의 각 조직과 기관이 건강하게 되어 전체적으로 몸이 건강하게 된다.

그런데 영양을 공급하는 운반체가 혈이며, 또한 혈을 움직이게 하는 동력은 기이다. 따라서 몸속에서 먼저 기가 정상적으로 순환해야 혈이 정상적으로 순환하고, 그럼으로써 영양을 신체에 고루 공급하는 것이 가능하다. 따라서 동양의학에서는 기의 정상적인 순환이 인체 건강의 가장 중요한 독립변수이고 척도이다. 사실상 의학뿐만 아니라 동양 과학기술의 전 분야에서 기가 가장 중요한 기본 인자인 것처럼 의학도 예외는 아니다.

인체에서 기혈의 통로가 경락이다. 동양의학에서는 장부를 중심으로 인간의 생리·병리 현상을 설명하고, 그러한 논리적 근거가 경락에 의해서 설명이 가능하다. 즉, 기혈의 통로인 경락이 장부와 신체의 각 부분을 연결하고 있기 때문이다. 그래서 장부에 문제가 생기면 그 장부와 관련된 경락을 통해서 몸의 각 부분에 반응이 나타나 이상 현상이 나타난다.

예를 들면 장부에 해당하는 폐와 대장에 이상이 생기면, 폐와 대장과 관계된 경락인 수태음폐경과 수양명대장경을 통해서 코에 문제가 생긴다. 즉, 폐와 대장에 문제가 생기면 인체의 코에 문제가 생기는데, 그렇게 되는 까닭은 폐 대장과 관계된 경락인 수태음폐경과 수양명대장경이 코로 지나가기 때문에 코에 이상이 나타난다.

이때 코의 병적 증상을 치료하는 것은 표치(標治)라고 하고, 코의 병을 일으킨 원인이 되는 폐와 대장을 치료하는 것은 본치(本治)라고 한다. 즉, 병이 나타난 부위인 콧병을 치료하는 것은 표면적으로 나타난 증상치료이기 때문에 표치라고 하고, 폐와 대장을 치료하는 것은 병을 일으킨 근본적인 원인을 치료하기 때문에 본치라고 한다. 이때 만약 증상치료인 콧병만 치료하고 원인인 폐와 대장을 치료하지 않으면 다시 콧병이 재발할 수 있다. 왜냐하면 병을 일으킨 원인이 되는 폐와 대장을 치료를 하지 않았기 때문이다.

그래서 동양의학에서는 인간의 신체적, 정신적 모든 조직과 기관 및 현상을 장부와 상호 연관된 것으로 보는 장부 중심의 의학이라고 볼 수 있다. 그리고 장부 간의 관계는 상호 독립된 객체가 아니고, 상호 밀접하게 관련된 유기체적 정체적 관계가 있으며, 자연계와 통일성을 유지한다. 자연계와 통일성을 이룬다는 의미는, 장부는 자연환경인 오운육기의 작용과 변화원리에 영향을 받는다는 것이다. 따라서 운의 변화에 따라서 인간의 건강과 질병에 변화가 나타난다는 것이다. 동양의학에서 운기의 변화에 따라서 인간의 건강과 질병을 판단하는 이론이 운기체질론이다.

2) 음양오행론

음양학설과 오행학설은 동양고대의 자연관으로서 당시의 천문·역산(曆算)·지리·농업·의학 등과 같은 자연과학은 모두 이것의 영향을 받았으며, 이것을 응용하여 자연계의 각종 현상을 해석하였다.

음양오행설은 한의학의 이론체계형성과 발전과정에도 매우 큰 영향을 끼쳤다. 예컨대 인체의 생리·병리에 대한 인식과 변증시치(辨證施治) 등 유관이론을 음양오행설의 토대 위에서 설명한다. 따라서 음양오행론은 동양의학의 기초이론으로서 중핵을 이루고 있으며, 황제내경의 소문·영추에서 이미 전개되었다.

변증시치란 한의학의 진단방법을 운용하여, 환자의 복잡한 증상에 대해 분석·종합하여 어떤 성질의 증(증후)인가를 판단하는 것이 변증(辨證)이고, 다시 한의학의 치료원칙에 근거해서 치료방법을 확정하는 것이 시치(施治)이다.

동양의학 이론체계의 기본 틀이 동양사상과 철학의 기본을 이루고 있는 음양오행론이라는 데 독특한 특징이 있다. 즉, 인간의 자연생리적 현상인 건강과 질병에 관한 이해와 설명을, 동양사상과 철학의 기본인 음양오행론을 빌려와서 사용하고 있다는 것이 특이하다고 볼 수 있다.

이렇게 사상과 철학적 기본 틀로 인간의 자연생리적인 건강과 질병을 설명하는 기본 전제는, 인간은 소우주이며 자연은 대우주이므로, 대우주인 자연과 우주의 변화원리인 음양오행론은 소우주인 인간의 생리현상을 설명하는데 그 대로 적용이 가능하다는, 소위 천인합일설에 입각하여 보는 데 있다.

그래서 동양 고대철학 중의 기와 음양오행론은 동양의학 이론체계에서 사유의 발단으로 인식론과 방법론의 의의를 갖고 있을 뿐만 아니라, 이미 수많은 구체적인 이론과 하나로 융합되었기 때문에 본체론의 의미도 갖고 있다는 것이다.

3) 장상론(臟象論)

장상학설은 인체의 외부증상을 관찰함으로써 장부의 생리기능과 병리변화 및 상호 관계 등을 연구하는 학설이다. 이른바 장상의 상은 형상을 말한다. 체내에 있는 장(臟)은 체외로 그 형상을 드러낸다. 즉, 체내 장부의 상태가 체외에 그대로 나타난다는 것이다. 그러므로 장상이라 한다. 다시 말하면 장(臟) 은 인체 내에 있는 형태구조를 갖춘 장부(臟腑)이고, 상(象)은 외부로 드러난 내장기능 활동의 징상(徵象)이다. 즉, '상(象)'은 '장(臟)'의 외재적 반영이며, '장'은 '상'의 내재적 본질이다. 이는 동양의학 특유의 인식방법에 따라 인체의 정상적 생리기능의 활동규율과 아울러 이런 생리활동과 외부환경의 상호 관계를 연구하는 학문이다. 즉, 인체표면에 나타난 각종 생리·병리 현상은 모두 그 특징에 따라 그를 각각 상이한 장기의 작용범위에다 귀납시킬 수 있다는 것이다.

결국 장상학설은 장부 간의 관계, 장부와 인체의 생리·병리 현상, 그리고 장부와 외부환경의 상호 관계를 연구하는 학설이라고 볼 수 있다. 그리고 장상학에서 장부 간의 관계와 장부의 기능으로 나타나는 생리·병리 현상과 외부환경의 상호 관계를 음양오행학설로 이해하고 설명하고 있다.

장부의 생리기능

동양의학에서 오행학설을 응용하여 장부의 생리기능을 설명한다는 것은 오행속성의 추상적 개념에 근거하여 인체의 내장을 오행에 귀속시킴으로써, 오행이 가지고 있는 특성을 이용해 오장의 생리활동 특징을 설명한다는 뜻이다.

예컨대 목성(木性)은 발생을 특징으로 하고, 肝은 생리적 특성상 조달(條達)·소설(疏泄)을 주로 하므로 간(肝)은 목(木)에 배속된다. 화성(火性)은 양열(陽熱)과 상염(上炎)을 특징으로 하고, 심장(心腸)은 온조의 생리작용을 가지고 있으므로 심은 화(火)에 배속된다. 토성(土性)은 장양(長養)과 변화를 특징으로 하여 만물을 생화하고, 비(脾)는 생화의 근원이자 후천의 근본이므로 비는 토(土)에 속한다. 금성(金性)은 청숙(淸肅)과 수렴을 특징으로 하고, 폐(肺)는 숙강(肅降)기능을 주로 하므로 폐(肺)는 금(金)에 속한다. 수성(水性)은 윤하(潤下)를 특징으로 하고, 신(腎)은 주수(主水)·장정(藏精)하므로 신은 수(水)에 배속된다.

이런 배속은 억지로 끼워 맞춘 것이 아니라 각기 그들의 특성에 비추어 취류비상(取類比象)의 방법을 이용함으로써 성질의 유동에 따라 오류로 분별 귀납시킨 것이다. 더욱이 인체의 오장과 오행을 배속시킨 것은, 오행의 생극 관계를 이용하여 오장 간의 생리·병리 현상과 그의 운동·변화하는 규율을 해석하려는 데 목적이 있다.

장부 간의 관계와 외계환경의 관계

인체의 장부조직 간에 내재하는 연계성도 오행의 생극관계로서 설명이 가능하다. 상생의 관계로 말하자면, 목생화는 간장혈로써 제심(濟心)하고, 화생토는 심지혈(心之熱)로써 온비(溫脾)하고, 토생금은 비(脾)의 화생정미기능(化生精微機能)으로써 충폐(充肺)하고, 금생수는 폐의 청숙(淸肅)·하행(下行)기능으로써 조신수(助腎水)하고, 수생목은 신지정(腎之精)으로써 양간(養肝)한다.

또한 상극의 관계로 말하자면, 금극목은 폐기(肺氣)가 청숙하강(淸肅下降)함으로써 간양(肝陽)의 상항(上亢)을 억제하고, 목극토는 간(肝)의 조달(條達)로써 비(脾)의 울체(鬱滯)를 소설(疏泄)하고, 토극수는 비(脾)의 운화(運化)로써 신수(腎水)의 핍남(乏濫)을 제지하고, 수극화는 신수(腎水)의 자윤(滋潤)으로써 심화(心火)의 항열(亢烈)을 방지하고, 화극금은 심화(心火)의 양열(陽熱)로써 폐금(肺金)의 청숙(淸肅)이 태과하는 것을 제약한다.

이상 장부의 생리·병리 기능과 장부 간의 관계 및 장부의 외부 환경 간의 관계를 표와 그림으로 간단히 나타내면 <그림 11-4>, <그림 11-5>, <그림 11-6>과 <표 11-1>과 같다.

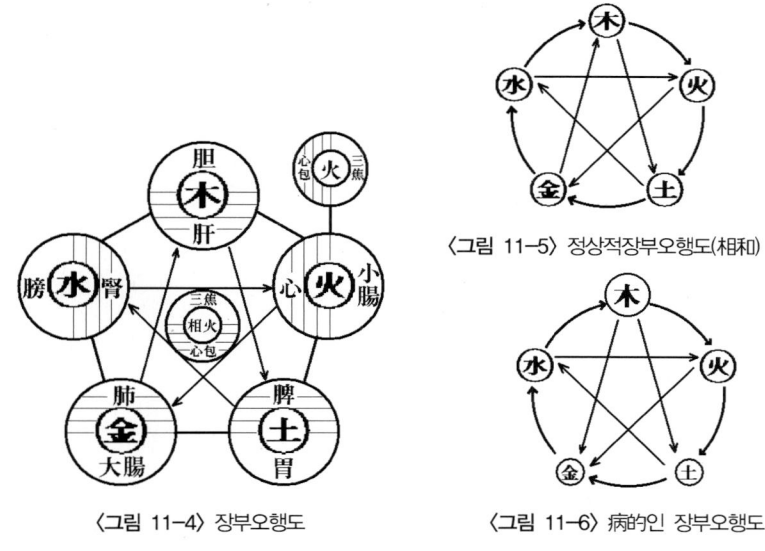

〈그림 11-5〉 정상적장부오행도(相和)

〈그림 11-4〉 장부오행도

〈그림 11-6〉 病的인 장부오행도

위 그림은 앞에서 설명한 장부 간의 관계를 제2장에서 기술한 음양오행 간의 관계이론에 입각하여 나타낸 것이다. 이 장부오행도는 동양의학에서 질병의 진단과 처방을 하는 데 사용되는 가장 기본이 되는 이론도이다. <그림 11-4>에서 빗금 친 부분은 음에 해당하는 육장을 의미하고, 빗금 치지 않은 부분은 양에 해당하는 육부를 말한다. 즉, 간·담은 오행의 목의 성격과 같아서 목에 배속시켰고, 그 가운데 간은 음에 속하고 담은 양에 해당된다. 다른 장부도 이와 같이 설명된다.

위 그림에서 장부 간의 관계를 설명하면 다음과 같다. 목에 해당하는 간·담을 기준으로 볼 때, 수의 신장·방광 그리고 화의 심·소장과의 관계는 오행의 수생목, 목생화의 상생관계를 의미하며, 토인 비·위장과 금인 폐·대장과의 관계는 오행의 목극토, 금극목의 상극관계에 있다. 따라서 위의 그림에서는 장부를 음양오행으로 모두 분류하였고, 그들의 관계를 상생상극 관계로 나타내고 있다. 다만 심포 삼초만은 심·소장과 같이 배속시킨 것이 특이하다. 학자에 따라서는 심포 삼초를 중앙에 놓는 사람도 있다.

<그림 11-5>는 건강할 때 육장육부의 기능 간에 완전 균형을 이룬 상화(相和)의 상태를 나타낸 것이다. 그러나 <그림 11-6>은 병적인 상태에서 장부 간의 관계를 나타낸 하나의 예이며, 이때는 장부 간의 기능의 부조화 상태를 나타낸 것이다. 즉, 목에 해당하는 간·담의 기능이 지나치게 성(盛)한 데 비해서 상대적으로 비·위장과 폐·대장이 약한 것을 나타낸 것이다. 이때의 간·담과 비·위장의 관계는 오행관계의 목승토(木乘土)의 상승 관계가 되고, 간·담과 폐·대장의 관계는 오행의 목모금(木侮金)의 상모관계를 의미한다. 따라서 상승 상모 관계는 상극관계가 병적으로 나타난 것을 의미한다. 이때의 치료원칙은 간·담을 사(瀉)하고 비·위장과 폐·대장을 보(補)해서 전체의 균형을 맞추면 된다.

다음 페이지에 있는 <표 11-1>은 장부와 인체, 외부 자연환경과 식품 그리고 행태의 관계를 나타낸 것이다. 이들의 관계는 같은 속성, 즉 오행의 속성에 따라서 상호 관계가 있다. 예를 들면 오행 중에서 목에 해당하는 간·담과 인체의 근육(筋), 목(目), 손톱(瓜) 그리고 제일지(第一指)는 상호 연관이 있어서 목(木)에 배열을 한 것이다. 즉, 간·담에 문제가 있으면 근육이 아프고, 눈이 나빠지고, 손톱에 문제가 생기며, 제일지인 엄지손가락과 연관이 있다. 간·담과 자연을 관련해서 설명하면 간·담이 너무 실(實)해서 문제가 있으면 봄에 컨디션이 좋지 않고, 하루 중 새벽에 더욱 심하고, 동쪽으로 향하면 좋지 않고 바람을 싫어한다. 그러나 간·담이 허(虛)한 사람은 이와 반대이다. 간·담과 식품의 관계는 간·담이 허해서 문제가 있으면 신맛이 좋고, 팥과 자두, 부추, 개고기가 좋다. 실한 경우는 이와 반대이다.

간·담과 행태의 관계는 간·담이 병들면 화를 잘 낸다(怒). 그래서 우리나라 말 중에 화를 내고 소리를 마구 지르는 사람에게 '간 뒤집혔다'는 말이 전해 오고 있다. 그리고 눈물이 많이 나온다. 반대로 간이 건강한 사람은 착한 마음을 갖는다(仁). 또한 얼이 빠지고 자존심도 없는 사람에게 '쓸개가 빠졌다'고 하는 말은 간·담에서 혼(魂)이 나오기 때문이다.

이처럼 한의학에서는 오행의 귀류(歸類) 또는 속성에 의하여 자연현상(사물)을 관찰하고, 또 자연현상과 인체의 오장을 비롯한 각 부분을 상관성에 입각하여 상호 결부시켜 관찰하였다. 즉, 인체의 오장육부·오체·오관을 하나의 통일된 전체로 인식함과 동시에 인체의 각 부분과 외재적 요소인 오계·오기·오색·오미의 관계를 상호 관련이 있는 것으로 관찰하였다.

〈표 11-1〉 장부 오행 속성표

| 五行 \ 區分 | | 木 | 火 | | 土 | 金 | 水 |
			君火	相火			
人體	六臟(陰)	肝	心	心包	脾	肺	腎
	六腑(陽)	膽	小腸	三焦	胃腸	大腸	膀胱
	五體	筋	血		肉	皮	骨
	五竅	目	舌		口	鼻	耳
	五榮	瓜	面色		脣	毛	髮
	五指	第一指	弟二指		第三指	第四指	第五指
自然	五季	春	夏		長夏	秋	冬
	五時	새벽	아침		한낮	오후	밤
	方向	東	南		中央	西	北
	五氣	風	熱		濕	燥	寒
	天干	甲乙	丙丁		戊己	庚辛	壬癸
	地支	寅卯	巳午		辰戌丑未	申酉	亥子
食品	五味	酸	苦		甘	辛	鹹(짠맛)
	五穀	팥	수수		기장	현미	콩
	五果	자두	살구		대추	복숭아	밤
	五菜	부추	근대		미나리	파	미역
	五畜	개	염소		소	말	돼지
行態	五志	怒	喜		思	憂	恐
	五聲	呼	笑		歌	哭	呻
	五音	角	徵		宮	商	羽
	五液	泣	汗		침	콧물	침뱉음
	五常	仁	禮		信	義	智
	五情	魂	神		意智	魄	精
	五色	靑	赤		黃	白	黑
	五臭	조	焦		香	腥	腐

다른 나머지 오행과 관련된 장부도 위와 같이 설명된다. 따라서 오행 속성표는 상호 간의 관계가 있어서 배열한 것이지 그냥 관계가 없는 것이 아니다. 실제 동양의학을 하는 사람들에게 임상한 결과를 보면 오행 속성표대로 거의 나타난다.

<표 11-1>에서 보는 바와 같이 동양의학에서는 체내의 오행적 요소와 체외의 오행적 요소의 관계를 상호 관련성이 있는 것으로 인식하는 까닭에, 체내의 오행적 요소와 이에 관련된 체외적 요소를 속성·형태·현상 등 고유한 오행적 특성에 따라 동류끼리 각각 오행에 귀속시켜 오종으로 분류·정리하였다.

결국 동양의학에서는 인체·자연·식품 및 행태를 오행의 속성에 맞춰서 다섯 가지로 분류하였으며, 이들 분류는 단순한 분류가 아니라 같은 속성에 해당하는 것끼리는 상호 밀접한 상관성이 있다는 것이다. 그런 의미에서 동양의학에서는 인체의 장부와 신체의 각 조직과 기관 간, 장부와 외계 환경 및 행태, 식품 간에 유기적·정체적 관계로 인식하고 있음을 알 수 있다.

2. 건강과 질병론

1) 건강과 질병의 개념

세계 최고 최대의 의학 경전이며 원전이라고 일컬어지는 황제내경의 영추종시 편에 보면, 오장육부와 인간의 질병과 관련해서 다음과 같은 글이 있다.

五藏爲紀 陰陽定矣. 陰者主藏, 陽者主府, 陽受氣于四末, 陰受氣于五藏. 故瀉者迎之, 補者隨之, 知迎知隨, 氣可令和, 和氣之方, 必通陰陽, 五藏爲陰, 六府爲陽. 傳之後世以血爲盟, 敬之者昌 慢之者亡 無道行私 必得天殃……

▶오장은 벼리가 되고 음양이 정해진다. 음경은 오장을 근원으로 하고, 양경은 육부를 근원으로 하고 있다. 또한 양경은 수족의 말초에서 맥기를 받고, 음경은 오장에서 맥기를 받고 있다. 그래서 사법은 맥의 흐름에 거슬러서 자침하고, 보법은 맥의 흐름에 따라서 자침한다. 이는 영수보사에 의하여 이상상태에 있는 혈기를 조화시키는 것이다. 이 혈기를 조화시키는 방법은 음양의 법칙을 이해하여 오장은 음, 육부는 양이라는 기본원칙에 준거한 것이다. 이를 후세에 전하는 데 있어서는 혈맹을 한 다음에 전수해야 한다. 이 종시편의 의술을 지키는 자는 번영하지만 그렇지 않으면 반드시 망할 것이다. 분별없이 사방을 쓰는 자가 있다면 그 자는 하늘의 재앙을 받게 될 것이다.

황제내경을 연구하여 오행생식을 개발한 고 김춘식 선생은 그의 저서인『오행생식요법』에서 위의 내용을 간단하게 요약적으로 다음과 같이 언급하고 있다.

만병의 근원은 오장육부의 음양, 허실, 한열에 있다 하였으며, 또 말하기를 만병의 근원이 오장육부에 있음은 하늘의 도리인데, 이 도리를 믿지 않고 되지 못한 사방(私方), 즉 증상치료, 병명치료, 국소치료, 통계치료를 하면 하늘의 파멸이 내린다고 하였다. 여기서 강조한 것은 만병의 근원이 오장육부에 있다는 것이며, 이를 무시하고 사방, 즉 증상치료, 병명치료, 국소치료, 통계치료를 하면 하늘이 파멸을 내린다는 점이다. '하늘이 파멸을 내린다'고 할 정도로 오장육부의 중요성을 강조하고 있다.

동양의학에서 인간 질병의 개념 정의는, 육장육부의 음양·허실·한열기능의 부조화 정도로 판단하고 있다. 따라서 인간 질병의 치료 및 건강을 증진시킨다는 것은 육장육부 간의 음양·허실·한열 기능을 조화시키는 것이라고 볼 수 있다.

동양의학에서 건강을 나타내는 가장 중요한 기준은 육장육부의 음양·허실·한열의 조화 또는 균형을 말한다. 이것은 장부 간의 상호 상생상극이 적절하게 이루어져서 육장육부 간에 기능적으로 균형 내지 평형이 이루어진 상태를 의미한다. 반대로 질병이란 장부 간의 기능이 부조화되어 전체적인 균형이 깨어진 비정상상태를 말한다. 그 부조화의 정도가 클수록 균형의 부조화 상태가 심하고 그럴수록 병이 심하다고 본다.

뿐만 아니라 단순히 소극적으로 장부의 기능을 조절하여 정상적인 평형을 이루는 치료법도 중요하지만, 적극적으로 인간의 건강을 증진시키는 적극적 건강법도 있다. 이는 기와 혈을 보해 줘서 기와 혈이 강력해지는 건강증진법을 말한다. 이를 보기보혈이라고 한다.

2) 질병의 원인

인간이 건강하고 그렇지 못한 것은, 위에서 설명한 바와 같이, 육장육부의 음양·허실·한열의 조화와 부조화의 정도를 말한다. 즉, 육장육부 상태의 균형과 불균형의 정도는 건강과 질병을 판단하는 기준이 된다.

질병은 육장육부의 음양·허실·한열의 균형이 파괴되어 나타나는 현상인데, 이를 일으키는 원인에는 크게 세 가지가 있다. 외인, 내인, 불내외인이 그것이다.

첫째, 외인(外因)은, 인체 외부에서 오는 질병의 원인을 말한다. 외인에는 육기, 즉 풍·한·열·습·조·화를 의미하며, 이는 자연기후로부터 오는 질병의 원인이다. 동양과학의 가장 기본 이론인 천기, 즉 오운육기가 인체에 영향을 주어서 나타나는 질병의 원인을 말한다. 동양의학에서는 오운육기가 인체에 미치는 영향을 연구하는 의학이 운기체질론이다.

둘째, 내인(內因)은, 인간의 정신적 작용인 칠정, 즉 희·노·우·사·비·공·경으로부터 오는 원인을 의미한다. 정상적인 상황에서는 질병으로 이어지지는 않지만 지나친 경우에는 질병으로 이어진다.

셋째, 불내외인(不內外因)은 위에서 서술한 외인과 내인에도 속하지 않는 나머지 원인에 해당하는 원인을 말한다. 가장 대표적인 것이 음식이며, 그다음 피로, 무절제한 방사, 해충, 상해, 중독, 유전 등이 있다. 음식의 경우 무절제하게 과식하거나 음식을 먹지 못하는 경우, 불결한 음식, 과음, 그리고 오미를 편식하는 경우이다.

동양의학에서 질병의 원인이 되는 내용은 매우 간단하고, 분명하며, 아주 쉽게 이해할 수 있다. 그리고 실제 활용하기가 매우 실용적이고 효과가 뚜렷하게 나타난다.

3. 진단과 치료 처방법

1) 진단법

동양의학에서 건강과 질병을 진단하는 방법에는 여러 가지가 있으나, 가장 일반화된 기본적인 방법이 맥진법이다. 맥진의 방법은 손목의 촌구와 목의 인영맥을 기준으로 측정하여 건강과 질병을 판단한다.

맥을 측정하는 구체적인 목적은, 육장육부의 음양·허실·한열의 정도를 측정하기 위해서이다. 즉, 맥을 측정해서 육장육부의 음양·허실·한열의 균형과 부조화의 정도를 알 수 있다.

맥진법의 경우, 간·담에 질병이 있으면 현맥(弦脈)이 나타나고, 심·소장의 경우는 구맥(鉤脈), 비·위장은 홍맥(洪脈), 폐·대장은 모맥(毛脈), 신·소장은 석맥(石脈), 심포삼초는 구삼맥(鉤三脈)이 나타난다. 건강한 사람의 맥은 평맥(平脈)으로 나타난다.

2) 치료 처방

맥진법에 의해서 각 장부의 음양·허실·한열의 부조화 정도를 측정하고, 그에 따라 처방하여 육장육부의 균형을 맞추어 주는 것이 치료이다. 즉 맥으로는 평맥이 나오도록 하는 것이다.

치료수단 또는 기구로서 침·뜸(灸)·약·음식(생식)·자기·운동·기수련(정신수련) 등이 있다. 동양의학에서 질병과 건강의 개념과 치료목적은 동일하나, 치료 수단과 기구 및 재료가 무엇이냐에 따라서 치료방법이 다르다고 볼 수 있다. 즉, 치료수단은 다르다 해도 목적은 모두 육장육부의 음양·허실·한열의 조화를 이루게 하는 것이다. 그 조화와 부조화의 정도를 측정하는 것이 맥진법이다. 특히 정신수련, 즉 기수련이 동양의학에만 특이한 서양의학과 다른 점이다.

동양과학은 정신·물질 일원론적 학문이고 과학기술이기 때문에 의학에서도 정신수련을 매우 중시한다. 즉, 정신과 신체가 기를 매개체로 해서 매우 밀접하기 때문에 기수련을 통해서 육체를 건강하게 할 수 있다. 더욱이 동양학에서는 정신을 육체보다 더 중요시한다는 점에서 정신수련이 매우 중요하다.

대학 첫 장에 주자 주의 '心者 身之所主也(심은 몸의 주인이다)'에서 보는 바와 같이 마음이 신체의 주인이라는 점에서, 정신적 건강이 신체의 건강에 아주 중요하다. 따라서 비제도권에 많이 확산되어 있는 각종 정신수련은 단순히 정신적 건강을 위한 것뿐만 아니라 신체의 건강을 위해서도 매우 중요하다.

치료처방의 목적은 육장육부 간의 음양·허실·한열의 부조화를 조화시켜서 균형을 맞추어 주는 데 있다. 즉, 허실의 경우 허한 때는 보를 해 주고, 실한 경우는 사를, 한한 경우는 열을 올려 주고, 열한 경우는 열을 내려 주어서 균형을 맞추어 주면 그것이 치료이다. 이것을 '본치(本治)'라고 한다.

제4절 상학(풍수지리)

지금까지 명리학이 인간이 태어난 생년월일을 근거로 하고, 점술은 인간이 궁금하다고 생각되는 사안에 대해 판단하는 동양 과학기술이라면, 상학(相學)이란 눈에 보이는 물체, 즉 상(相)을 보고 판단하는 학문을 말한다. 상의 술법에는, 인상(印相)·명상(名相)·인상(人相)·수상(手相)·가상(家相)·묘상(墓相)이 있다. 인상(印相)은 개인이 소지하고 있는 세칭 도장에 개인 이름의 모양을 어떻게 하느냐에 대한 술법을 말한다. 명상(名相)은 이름을 어떻게 짓느냐에 따라 인간의 길흉화복에 영향을 준다는 것을 연구하는 술법을 말한다. 인상(人相)은 소위 관상학을 말한다. 사람 얼굴의 모습을 보고 그 사람의 길흉화복을 판단하는 술법을 의미한다. 수상(手相)은 사람의 손의 선(손금) 모양을 보고 그 사람의 여러 가지를 판단하는 술법을 말한다. 끝으로 가상과 묘상이 풍수에 관한 학문이다. 가상은 집의 위치와 방향, 모양 등에 관한 풍수이고, 묘상은 돌아가신 망인의 묘의 위치와 방향 등에 관한 풍수를 의미한다.

이상의 상학 중에서 가상과 묘상에 관한 학문인 풍수지리만 설명하고자 한다. 나머지 인상(印相), 명상(名相), 수상(手相), 인상(人相)은 다음으로 미루고자 한다.

풍수는 작게는 개인의 길흉과 크게는 국가의 흥망성쇠를 가늠한다고 믿었기에 옛날부터 논쟁을 하면서 발전하여 왔다. 즉, 개인이 발흥하는 것은 사는 집과 조상의 산소가 풍수적으로 좋아야 하고, 나라가 번영하려면 수도나 궁궐이 명당과 길지(吉地)에 제대로 들어서야 한다.

전해 오는 우리나라 말 중에, '탈신공 개천명(奪神工 改天命), 인걸은 지령(地靈)이다, 좌청룡 우백호, 삼대 적덕을 해야 동대문의 남향집에 살 수 있다,

먹는 것은 아무것이나 가리지 말고 먹어도 잠자리는 가려서 자야 한다. 집 짓고 삼 년, 들고 삼 년, 나고 삼 년 아무 일이 없어야 한다'는 말들은 모두 풍수와 관련된 말들이다.

'탈신공 개천명'이란 신의 조화를 차지해서 천명을 바꾼다는 말이다. 천명을 바꾼다는 말은 다른 말로 하면 팔자를 바꾼다는 말이다. 팔자를 바꾼다는 것은 자신의 운명을 바꿀 수 있다는 것이다. 이만큼 풍수의 위력이 대단하다는 이야기이다.

"인걸은 지령이다"란 말은 위대한 인물은 땅의 영기(靈氣)를 받지 않고는 태어나지 못한다는 말이다. 인간의 인물 됨됨이와 능력은 땅의 영기를 받고서 태어난다는 말이다. 그만큼 풍수의 영향력이 인간에게 크다는 말이다.

"삼대적덕을 해야 동대문의 남향집에 살 수 있다"는 말은 풍수와 적덕과의 관계를 나타낸 말이다. 풍수의 양택풍수에서 가장 바람직한 명당 주택은 풍수적 이치에 맞게 동쪽 대문의 남향집을 최고의 명당으로 친다. 그런데 단순히 돈이 많아서 구하고 싶어도 인연이 닿지 않으면 그런 집을 구하기가 쉽지 않다는 것이다. 여기서 인연이란 어떤 인연이냐가 중요하다. 즉, 삼대적덕을 한 사람이라야 인연이 되어 명당에 집을 마련할 수 있다는 것이다. 적덕과 풍수의 명당의 관계를 나타낸 말이다. 정신-물질 일원론적인 의미를 표현한 내용이다.

'집 짓고 삼 년, 들고 삼 년, 나고 삼 년'이란 말이 있다. 이는 집을 새로 짓고서 삼 년 동안, 그리고 '나고 삼 년'이란 조상이 돌아가신 후 산소를 쓰고 삼 년 동안 아무 일, 특히 흉한 일이 없어야 한다는 말이다. 그래야만 풍수적으로 문제가 없다는 의미이다. 그리고 '들고 삼 년'이란 옛날 대가족시대에 그 집안에 들어오는 며느리가 어떤 사람이냐가 매우 중요하던 시대에, 새로 들어 온 며느리로 인해서 삼 년 동안 집안에 불화가 없어야 문제가 없다는 것을 표현한 말이다.

1. 풍수지리

'풍수(風水)'라는 말은 장풍(藏風)과 득수(得水)라는 말을 줄인 것이다. 장풍이란 바람을 잠재우고, 득수란 물이 있어야 한다는 의미이다. 풍수학에서는 돌아가신 망자의 좋은 자리, 즉 묘지를 '음택(陰宅)'이라 하고, 살아 있는 사람이 살면서 생활하는 공간, 즉 집터를 양택(陽宅)이라고 한다. 풍수학은 바람직한, 즉 명당에 음택과 양택을 정하기 위해 연구하는 학문이다.

동양학에서는 이 우주에 꽉 찬 가장 기본적인 구성인자를 기(氣)라고 한다. 기는 앞에서 자세히 기술한 바와 같이 모든 것의 가장 기본적인 구성인자이고 모든 인간과 사물에 영향을 주고받는 인자이다. 이런 점에서 동양학은 기 하나의 개념으로 모든 것을 설명하고 있다. 풍수도 예외가 아니어서 기의 관점에서 발달한 학문이다.

이 세상의 인간을 비롯한 만물만사는 기의 작용과 변화원리에 의해서 생장소멸한다. 즉, 기가 모이면 생명이 태어나고, 흩어지면 생명이 끊어진다. 결국 생과 사는 기의 취산(聚散), 즉 모으고 흩어짐의 결과이다. 이와 같이 생과 사의 핵심을 쥐고 있는 것이 우주 속에 꽉 차 있는 기의 작용이니, 이것이 생명의 본체라고 볼 수 있다. 그런데 이런 기운을 흩어지게 하는 작용을 하는 것이 바람이기 때문에 풍수에 있어서 가장 기피하는 것이 바로 바람이다.

이와 같이 우주의 본체는 바로 기로 형성되어 있기 때문에 그 기가 흩어지지 않는 곳, 또 기가 많이 모일 뿐만 아니라 가장 바람직하게 흐르는 곳을 찾는 방법론이 풍수학인 것이다.

일반인들은 기(氣)를 눈으로 볼 수 없고, 현대 첨단 과학적 장비로도 측정이 불가능하기 때문에 주변 환경의 형상을 보고 알 수가 있다. 즉, 기는 형체(꼴)에 따라 유동되기 때문에 주변의 자연환경인 산세의 형태나 모양, 세력들을 보아 기의 강약과 장단을 인식할 수 있다.

득수(得水)란 풍수적으로 생기를 얻는다는 말을 의미한다. 풍수에서 물이란 생기의 본체를 의미하기 때문이다. 우주 간에 기가 없다면 물은 존재하지 못한다. 왜냐하면 기는 바로 물의 근본이 되기 때문이다. 이렇게 물의 근본이 되는 기의 유행을 정당하게 얻는 방법을 바로 득수라고 한다.

결국 풍수란 인간이 우주에 꽉 찬 기(氣)를 어떻게 잘 활용하는가에 대한 학문으로서 가장 핵심적인 방법론이 장풍과 득수이다. 장풍과 득수가 잘 된 지형이 가장 바람직한 묘지와 사람이 생활하는 집터가 되는 명당이라고 한다.

풍수는 글자 그대로 풍(風)과 수(水)라고 하는 바람과 물을 의미하는 두 개의 단어로 이루어진 용어이다. 왜 그러면 풍수에서 바람과 물이 중요하며, 그리고 바람과 물이 기와는 어떤 관계에 있는가? 이것이 풍수의 가장 기본이 되는 핵심 내용이라고 볼 수 있다.

바람과 물은 지구의 곳곳을 흐르고 움직이며 순환하는 두 개의 자연 요소이다. 또한 그것은 인간이 살아가는 데 있어서 필요한 기본 요소이기도 하다. 바람 또는 공기는 사람이 숨을 쉬는 것과 같다. 우리는 호흡하지 않으면 곧 죽고 만다. 그리고 물은 생명수에 해당한다. 바람과 마찬가지로 물이 없다면 우리는 며칠 안에 목이 말라 죽게 될 것이다. 이처럼 바람과 물이 적절하게 결합하여 기후를 결정하고, 나아가 식량 공급에 지대한 영향을 미친다. 결국에는 생활 스타일, 건강, 에너지, 분위기에도 영향을 주게 된다. 그래서 사회 곳곳에도 큰 영향을 미칠 수 있다.

그러나 풍수의 본질은 기이다. 바람과 물은 본래의 흐르는 특성대로 기의 운반자 역할을 한다. 그러므로 풍수에서는 바람과 물은 형식적 개념이고, 본질적인 개념은 기이다. 기는 보이지 않는 실체이므로 일반적인 인간의 감각으로는 파악이 어렵다. 따라서 기를 파악할 수 있는 간접적인 방법으로 바람과 물을 보고 판단하는 것이다. 즉, 장풍과 득수가 잘 된 곳이 좋은 기가 잘 모여 있는 혈처(穴處)라고 판단하는 것이다.

장풍과 득수가 잘 된 곳을 판단하는 기준은, 눈에 보이는 산세와 평야 등과 같은 지형지물의 모양과 위치, 방향, 그리고 물의 존재 여부와 흐름 등을 보고서 판단한다. 그것은 곧 최종적으로 그 지역의 기가 어떠한가를 판단하는 객관적 기준이 되는 것이다. 그리고 그 기가 어떠한가를 근거로 최종적으로 명당이냐 흉지냐를 판단한다. 이 말은 아무리 장풍 득수가 잘 되어도 최종적으로 그 지역의 기가 바람직하지 않다면 의미가 없다는 뜻이다. 반대로 장풍

득수에 문제가 있어도 바람직한 기운이 있다면 그것은 바람직한 곳이다.

그래서 진짜 명당자리는 산의 겉모양을 보고서 잡는 것이 아니라 땅의 기운이 뭉친 혈자리를 찾아야 하는데, 이런 신묘한 이치는 글로써 표현하기가 어렵다. 그러므로 옛날 현철들은 한결같이 '천문은 오히려 쉽거니와 지리는 정말 어렵다'고 일러 왔던 것이다. 이렇게 어렵다는 지리는 오로지 심안(心眼)으로 통하고 직관으로 인지하는 것이지, 결코 이론으로 성취하는 분야가 아니라는 것이다. 그래서 '선무당 사람 잡고 반풍수 집안 망친다'는 말이 나왔다고 볼 수 있다. 풍수를 알려면 완벽하게 알아야지 섣불리 알아서 잘못하면 큰일 난다는 말이다.

이것은 매우 중요하다. 풍수에서 본질적인 개념은 기이고, 장풍득수는 기를 판단하기 위한 형식적인 개념이기 때문이다. 형식에 지나치게 집착하여 본질을 잃어버리면 주객이 전도되는 오류를 범할 수 있다. 따라서 만약 땅속의 기를 정확하게 측정할 수 있는 기계가 개발되어서 곳곳의 기를 정확하게 측정할 수 있다면 어렵고 힘든 풍수문제는 해결이 된다. 그렇게 되면 모든 사람들이 어렵지 않게 명당에서 살 수 있고, 조상을 모실 수가 있다.

1) 양택풍수

양택풍수란 인간의 생활공간인 가정의 주택과 각종 건물의 사무실과 각종 업무공간에 관한 풍수를 말한다.

이 우주는 기로 꽉 찬 공간이고 인간과 만물만사는 기의 작용과 변화원리에 의해서 영향을 받고 있기 때문에 기를 무시하고는 이해가 불가능하다. 따라서 인간의 건강을 비롯한 모든 문제는 기의 소행이다. 뿐만 아니라 조직과 국가의 흥망성쇠도 기의 영향을 벗어날 수 없다. 따라서 기의 학문인 동양학을 모르고는 우주삼라만상의 변화를 이해할 수 없다.

양택풍수란 인간의 생활공간인 가정과 사무실 및 업무공간의 기의 흐름과 조화 문제를 연구하는 풍수이론이다. 인간이 생활하는 공간의 기 흐름과 그 공간에서 생활하는 사람의 기의 조화가 인간의 건강을 비롯한 운에 영향을 준다는 것이다. 그래서 인간의 건강과 운명에 좋은 영향을 주도록 하기 위해서 생활공간의 기운을 개선하기 위해 연구하는 학문이 양택풍수이다.

양택풍수에서 고려하는 내용은, 첫째, 주택과 건물의 위치와 방향이 주변의 자연환경과 어떤 관계가 있는가를 연구하는 대풍수 이론이 있다. 즉, 주택과 건물의 위치와 방향이 주변의 산과 들 그리고 강과 하천 등의 지형지물과 어떠한 관계에 있는가를 고찰하는 학문을 대풍수(大風水) 또는 자연풍수이론이라고 한다. 둘째, 소풍수(小風水)이론으로서, 주택과 건물 내부 공간의 배치와 크기, 대문의 위치, 담장의 높이, 건물의 벽과 바닥의 색깔 그리고 각종 가구와 물건의 위치 등에 관해 연구하는 학문이 있다. 소위 이를 현대적인 표현으로 실내풍수, 즉 풍수인테리어가 여기에 해당한다.

2) 음택풍수

우리나라 역사에서 음택풍수, 즉 묘지풍수에 관한 전설적인 이야기들이 많이 있다. 원광대학교의 조용헌 교수가 지은 『500년 내력의 명문가 이야기』에 우리나라 유명한 15가문에 대한 내력이 소개되어 있다. 주 내용이 풍수와 관련하여 복을 받아서 오늘날 각계의 유명인을 많이 배출하였다는 것이다.

소개된 내용 중에서 어느 가문은 선대에서 적선을 많이 하여 그것으로 인해서 조상을 명당 터에 모시게 되었고, 그 결과 그 집안이 크게 발복하여 현대에 와서 각계의 훌륭한 지도급 인재를 많이 배출하였다는 내용이다.

조상을 명당 터에 모시고 발복하여 그 집안이 잘되게 되었다는 이야기는 어제오늘의 이야기가 아니고, 우리의 민간 차원에서 오래도록 전해 오는 일반화된 이야기이다.

음택풍수는 조상을 좋은 터에 모시면 그 터의 기운이 동기감응이론에 의해 그 후손에게 좋은 영향을 주어서 그 후손이 잘된다는 이론이다.

음택풍수의 이치는, 인간에게 영혼백이 있어서 죽으면 영혼은 하늘로 올라가고, 백은 뼈와 함께 묘지에 남는다는 것이다. 이를 체백(體魄)이라고 한다. 그리고 뼈에 남아 있는 체백의 영향이 후손에게 미친다는 것이다. 만일 묘지에 남아 있는 체백이 좋은 터, 즉 명당에 있으면 편안하게 되고, 그렇게 되면 후손에게 좋은 영향을 주고, 그 결과 후손은 운이 좋아져서 하는 일마다 잘된다는 것이다. 이때 조상의 묘지에서 후손에게 영향을 주는 원리를 동기감응(同氣感應)의 원리라고 한다. 동기감응이란 돌아가신 조상과 같은 기운 사람에게 조상 터의 기운이 전해진다는 이치이다. 즉, 같은 기운끼리 감응하여 영향을 받는다는 것이다.

풍수의 시조라는 중국 진나라 사람 곽박(郭璞)이 지었다는 풍수의 근원적인 경전인 『금낭경』의 첫머리에 다음과 같은 글이 있다.

> 葬者, 乘生氣也. 五氣行乎地中. 人受體於父母, 本骸得氣, 遺體受蔭. 氣感而應, 鬼福及人……
> ▶장사(葬)란 생기를 타는 것이다. 오행의 기운이 땅속에서 다니고 있다. 사람은 부모에게서 몸을 받으니, 본래의 유골이 기운을 얻으면 남긴 몸이 음덕을 받게 된다. 기운이 감응하면 귀신의 복이 사람에 미친다……

돌아가신 조상을 땅에 매장하는 장사는 땅속의 생기가 있는 혈(穴)자리에 하는 것이다. 여기서 중요한 것은 생기가 있는 혈자리가 중요하다는 것이다. 오행의 기운이 땅속에 흐르고 있으니 이를 찾는 것이 핵심이 된다. 무릇 사람은 부모의 몸으로부터 태어나므로 부모의 유골이 생기를 탈 수 있으면, 자손들이 음덕을 받아서 자손이 흥하고 복될 것이다.

이러한 음택풍수의 원리 때문에 돌아가신 조상을 잘 모시기 위해 좋은 터를 구하고자 하는 것이 음택풍수의 핵심이다. 그 내용은 양택 풍수와 다를 것이 없다. 다른 점은 양택 풍수는 살아 있는 사람이 사는 주택을 위한 풍수이고, 음택풍수는 죽은 자를 위한 묘지풍수이다.

음택풍수의 핵심은 돌아가신 조상을 잘 모시기 위한 효에 바탕을 둔 후손으로서의 도리이다. 그리고 그러한 행위의 결과 덤으로 후손이 좋은 영향을 받는다는 것이다. 즉, 조상을 잘 모시고자 하는 효의 마음에서 좋은 터를 구하는 마음이 중요하다. 여기서 중요한 것은, 살아 있는 후손이 잘되기 위해서,

즉 이해관계로 조상을 잘 모시고자 하는 것이 아니라는 것이다. 어디까지나 조상을 편안히 모시고자 하는 후손의 효성스러운 그리고 정성스러운 마음자세가 우선적으로 중요하다는 것이다. 그렇지 않고 살아 있는 후손이 잘되기 위해서, 즉 이해관계로 조상을 잘 모시려고 하는 것은 잘못된 마음이고, 그렇게 되지도 않는다는 것이다.

주역 곤괘 문언전에 '積善之家는 必有餘慶하고 積不善之家는 必有餘殃하나니(선을 쌓은 집안은 반드시 남은 경사가 있고, 착하지 않은 것을 쌓은 집은 반드시 남은 재앙이 있나니)'라는 말이 있다. 즉, 선을 많이 쌓은 집안은 반드시 경사스러운 일이 많이 있고, 착하지 않은 일을 많이 쌓은 집안은 반드시 재앙이 있다는 말이다. 이 말의 내용을 여러 사례에 적용하여 설명할 수 있으나, 풍수에서도 이 말의 내용이 적용된다고 본다. 즉, 사람이 살아생전에 좋은 일을 많이 하면, 하늘의 도움을 받아서 좋은 터에 묻히고, 그렇게 되면 망자가 편안해지며, 그 결과 후손에게 좋은 영향을 주어서 후손들이 건강하고, 하는 일마다 잘되어 그 집안에 경사스러운 일이 많다는 것이다. 반대로 악행을 많이 저지르면 명당 터에 묻히지 못하고, 흉지에 묻히게 되고, 그렇게 되면 후손에 나쁜 영향을 주고, 그 결과 재앙이 따른다는 것이다. 결국 풍수사상은 인간의 적덕과 명당발복 그리고 가문의 경사의 관계를 이치적이고 과학적으로 설명해 준다고 볼 수 있다.

공자 왈 맹자 왈 하면서 도덕 윤리적 내용을 일방적으로 강요하는 것보다 풍수사상에 의해서 이치적으로 과학적으로 선한 행동을 많이 하고 악한 행동을 못하도록 설득하는 것이 훨씬 현대인들에게 가슴에 와 닿는 윤리도덕 교육이다. 주역이 이점에서 다른 동양학과 다르다. 풍수사상과 이론을 국민교육 차원에서 많이 연구하여 보급하면 매우 바람직한 국민 윤리교육이라고 본다.

그런데 풍수사상이 우리 조상들이 수천 년 연구하여 전해 오는 지혜인데도 불구하고, 이를 계승하여 발전시키는 데 노력하지 않고, 오히려 현대에 와서는 풍수사상의 근본적인 내용이 많이 훼손되었다. 일반인들뿐만 아니라 제도권의 지도층들까지도 풍수사상의 내용을 많이 왜곡시켜 잘못 보급하고 있다. 안타까운 일이다. 예를 들면, 국가에서는 조상 산소를 자연파괴의 원인으로 치부하여 화장을 하여 납골당을 권장하고, 국민들 중에는 이해관계로 조상을 잘 모시려고 많은 돈을 주고 풍수사를 모시고 명당을 찾아 헤매는 일들은 잘못된 행위이다. 이런 행위는 조상을 잘 모시려고 하는 효를 바탕으로 나타난 정책이 아니고, 살아 있는 사람의 이해관계로 그런 행위를 한다는 점에서 심히 유감스러운 일이다. 그러니 지하의 조상님들과 하늘의 신이 뭐라고 생각을 하겠으며, 그리고 국민들의 조상에 대한 정신교육은 어떻게 되겠는가? 동방예의지국이요 조상을 잘 모시는 우리의 전통적인 효와 민족혼의 관점에서 보면 전혀 이해가 되지 않는 정책과 행위이다.

동양학은 서양과학의 고전물리학인 뉴턴의 역학적 과학관과 다르게 정신-물질 일원론적 학문이라는 점을 풍수에서도 느낄 수 있다. 인간이 의식 또는 생각과 육체로 구성되어 있는 것과 같이 인간의 생활은 정신세계가 있고 물질세계가 있다. 그런데 동양학에서는 정신세계와 물질세계가 상호 관계가 깊다는 것을 앞에서 많이 강조하였다.

풍수에서는 인간의 정신세계인 도덕 윤리적 선한 행위가 인간의 물질적 세계와 관계가 깊음을 입증해 주고 있다. 인간이 살아생전에 적선을 많이 쌓으면 그런 선한 행위로 인하여 죽어서는 명당 터에 묻히고, 그렇게 되면 명당발복으로 인해서 후손이 건강하고, 하는 일마다 잘되어서 부귀영화를 누린다는 것이다. 즉, 정신적 선한 행위와 명당발복 그리고 가문의 경사가 상호 관계가 깊다는 것이다.

이것은 정신세계인 선한 행위와 물질적 부귀영화가 이치적, 즉 과학적으로 관계가 있음을 나타낸 것이고, 이는 정신-물질 일원론적인 과학관의 한 예라고 볼 수 있다. 반대로 악한 행위로 인해서 죽어서는 흉지에 묻히고, 그렇게 되면 후손에 좋지 못한 영향을 주고, 그 결과 후손의 건강이 나빠지고 불행한 삶을 살게 된다는 것이다.

제5절 산학

산학(山學)이란 육체와 정신수련에 의해 몸과 마음을 굳세게 하여 인간완성을 목적으로 하는 술법이다. 즉, 인간의 삶에 대한 궁극적 의미와 가치를 알고자 깨달음의 경지에 도달하기 위한 접근방법을 의미한다. 옛날에는 산에 가서 수련을 하였기 때문에 산학이라고 불렀다.

깨달음이란 무엇인가? 실로 삶의 의미를 찾던 모든 이들이 태곳적부터 지금까지 단 한 번도 쉬지 않고 우리에게 던졌던 질문이다. 깨달음에 대한 이해가 자신에게 너무나 값지고, 자신의 행복에 너무도 소중했기에, 사람들은 시공을 넘어서 온갖 고난과 역경을 무릅쓰고, 심지어는 사회적인 추방까지도 감수하면서 전력을 다해 그 해답을 발견하려고 애를 썼다. 그들을 이끈 힘은 자기 자신을 알려는 충동이었다.

'나는 누구인가?', '나는 어디서 왔는가', '나는 지금 왜 여기 이 자리에 있는가?', '나는 지금 어디로 가고 있는 것일까?', '인생이란 대체 무엇인가?', '인간의 삶의 궁극적 의미는 무엇인가?' 이 모든 의문의 맨 밑바닥에 하나의 명제가 도사리고 있으니, 그것이 바로 '깨달음이란 무엇인가?'이다.

오늘날엔 더 많은 사람들이 그 길을 찾아가고 있다. 해답도 명쾌하지 않고, 행복이란 것도 시원하게 안겨 주지 않는 현상계에 끊임없이 불평을 터뜨리면서도 사람들은 그 길을 가고 있다. 의식의 본질을 연구하는 과학자들이나, 소위 깨달음의 진정한 가치를 막연하지만 흥미롭게 받아들이는 호기심 어린 사람들까지도 바로 이 유서 깊은 질문을 던지고 있는 것이다. 그리하여 깨달음의 이해에 관련된 단체나 사람들도 역사상 처음으로 사업적인 성공을 구가하고 있는 실정이다. 말하자면 깨달음이 거대한 사업거리가 된 셈이다. 사람들과 격리된 고독한 산중에서 수십 년에 걸쳐 자기 자신과 싸우던 진지한 수행의 모습도, 넘실거리는 광고의 물결에 싸여 이제 찾으려야 찾을 길이 없게 되었다. 바야흐로 깨달음이 모든 사람을 위한 시대가 된 셈이다(존 화이트, 『깨달음이란 무엇인가』).

한국정신과학연구원 박병운 박사의 정신수련법을 근거로 하여 깨달음에 이르는 수행법에 대하여 다음과 같이 설명하고자 한다.

　동양사상의 가장 큰 특징은 모든 것은 그 근원이 하나라는 사상이다. 모든 만물은 하나인 태극에서 비롯되었으며, 아무리 분리되어 있다고 하더라도 그 근본은 결국 하나이기 때문에, 모든 만물은 공통적인 그 '하나'를 다 가지고 있다고 생각한다.

　현재까지 전해져 오는 동양 사상들, 천부경, 주역, 노장사상, 유교, 불교 등은 이와 같이 현재 서양의 과학사상과는 완전히 다른 우주관을 표현하고 있다. 따라서 동양의 전반적인 과학은 이 사상에 기반을 두고 있기 때문에 이들의 이해는 필수적이며, 물질과학과는 전혀 다른 정신과학의 기초를 다지는 역할을 할 것이다.

　그렇다면 수련이란 무엇인가? 수련이란 인간이 대우주와 같이 닮아 가는 과정이다. 다시 말해 육체는 좁은 몸속에서도 대우주와 같이 기혈 순환에 아무 장애 없이 유동할 수 있도록 만들고, 정신은 사심과 욕심의 감정에서 벗어나 대우주의 정신과 같이 무욕이면서 공심이 되도록 만드는 과정이 수련인 것이다(고남준, 『청산선사』).

　이것이 바로 수신연성(修身煉性)이고 다른 말로는 성명쌍수(性命雙修)라고 하는 것이다.

　이를 위한 접근방법에는 크게 정신수련에 의한 직접접근법과 학문적인 연구에 의한 간접접근법의 두 가지가 있다.

　첫째, 직접접근법을 다른 말로 하면 시사규례(施事規例)라고 하며, 이는 논리나 이성에 근거한 학문적인 것을 떠나서, 정신수행을 통해서 인간의 본성에 직접 다가가 견성에 이르는 깨달음의 경지에서 직관적으로 사물의 이치를 그대로 인식하는 접근방법이다.

　둘째, 간접적 접근법인 학문적 연구는 육사이화(六司理化)라고도 하며, 각각의 다양한 분야를 이성적, 논리적인 학문으로 연구하고 이해함으로써 근원에 접근하여 깨달음에 이르는 방법이다.

　동양의 학문은 정신적인 깨달음에 의해 형성되어 각 분야에 응용된 것이기 때문에, 그의 학문적 접근은 마치 나뭇가지의 끝에서 줄기를 따라 뿌리에 접근하는 것과 같다. 이 두 가지 접근 방법에 대하여 간단하게 논술하여 본다.

1. 정신수련법(시사규례)

정신수련법이란 정신의 능력을 일깨워 인간과 우주의 근본을 깨우치게 하는 방법을 말한다. 예로부터 여러 가지 방법이 전해 오고 있으며, 모두가 완전한 깨우침이라는 공통된 목표를 지향하고 있지만, 다양한 접근방법들을 사용하고 있다. 마치 원의 중심은 하나지만 원주상에는 무수한 점들이 있고, 그 점으로부터 중심으로 가는 길도 무수히 많은 것과 같다.

흔히들 조심(調心), 조식(調息), 조신(調身)의 세 가지가 이루어졌을 때 이러한 깨달음에 이를 수 있다고 하는데, 이들 각각이 별개로 분리되어 있지 않으며, 어느 하나를 하다 보면 자동적으로 다른 것들도 수련하기 때문에 서로 밀접하게 연결되어 있다. 따라서 들어가는 문이 이 세 가지 중 어느 것을 강조하는가에 따라 이 정신수련법들을 다음과 같이 크게 다섯 가지로·분류할 수 있다. 이 수련법들의 가장 공통된 기본은 바로 정신집중법이다. 이를 구체적으로 나타내면 호흡수련법, 주문법, 관법, 영가무도법, 육체수련법 등이 있다.

먼저 호흡수련법에는 여러 가지 방법들이 전해 내려오고 있는데 그 방법에 따라서 숨을 멈추지 않는 조식법과 숨을 멈추는 지식법의 두 가지가 있다.

조식법은 정신을 밝히는 데에 중점이 있으며, 지식법은 육체의 단련에 중점이 있다. 따라서 정신수련법에는 조식법이 주종을 이루고, 차력과 같은 순간적인 기의 운용에는 지식법이 주종을 이루고 있다. 하지만 조식이나 지식도 어느 수준 이상이 되면 숨의 전환점에서 멈춘 것도 아니고, 멈추지 않는 것도 아닌, 미묘한 상태로 빠지게 되며, 호흡의 길이가 늘어남에 따라 숨을 쉬는 것도 아니고, 쉬지 않는 것도 아닌, 아주 미세한 호흡상태, 소위 태식이라고 일컫는 상태로 발전하기 때문에, 올바르게 하면 둘 사이의 구분은 어려워진다. 따라서 구태여 구분을 하자면, 지식은 의지적으로 숨을 멈추는 경우로 국한해야 한다. 자연스러운 지식은 결국 조식으로 발전하게 된다.

주문법도 무수한 방법들이 전해 오고 있다. 주문이란 특별한 의미를 가지고 있는 진언을 뜻할 수도 있으나, 아무런 의미를 가지고 있지 않으면서 단순히 정신집중의 수단으로 사용되는 것도 많다. TM명상이 그 대표적인 것으로, 이것은 진언보다는 이를 통한 정신집중이 더 중요하다. 그리고 우리나라에서 전통적으로 내려오는 것들로서 가장 유명한 것은, 은나라 말기의 태사인 문태사를 구천응원 뇌성보화천존으로 모시면서 외우는 옥추보경이 있다. 주로 무당들이 외우는 경으로 유명하지만, 이런 주문들은 우주상에 특별한 에너지 장을 형성하여 거기에 맞는 신장들을 불러들여, 그들의 힘을 빌리는 수단으로 사용된다. 하지만 주문수련도 결국은 고도의 정신집중을 요구하며, 이런 정신집중상태에서 평소에는 경험할 수 없는 신비한 정신세계를 경험하게 되므로, 외부의 신장들을 부른다고 하지만, 결국은 자신의 정신력을 일깨우는 방향으로 나아가게 된다.

관법은 그 범위가 아주 광범위하다. 여기서 단순히 관법이라는 범주로 분류하는 것에는 보는 관점에 따라 달리 분류할 수도 있다. 그 대표적인 것으로는 불교의 사념처법이다. 이를 또한 비파사나 명상법이라고도 하는데, 현대에는 인도의 라하나마하리시의 '나는 누구인가'라는 관법이 같은 부류에 속한다. 이 방법들은 자신의 생각이나, 호흡, 육체 등이 현화하는 상태나 흐름을 객관적인 관점에서 그 생장멸의 과정을 관찰하면서, 그러한 변화의 근원에 대한 의문을 제기하여 파고들어 가는 방법이다. 이것은 호흡법처럼 일정하게 정해진 형식이 없으며, 자유롭게 익힐 수 있기 때문에 쉬운 듯이 여겨지지만, 결국 엄청난 정신집중력을 요구한다. 불가의 화두참선이나 도가의 무위도식도 넓은 의미에서 관법류로 볼 수 있다.

이 관법의 중요한 요결은 바로 관하는 주체가 관하는 객체를 이성적으로나 논리적으로 이해하고 파악하려고 해서는 안 되며, 그 자체와 하나가 되어 매 순간 생생하게 관하고 있어야 한다는 것이다. 이 경계가 바로 주가 객이면서 객이 아니고, 객이 주면서 주가 아닌 그러한 상태를 일컫는다.

영가무도법이란 인간이 자연과 완전히 하나가 되도록 자신의 의지를 벗어던지고, 수동적인 자세로 자연의 흐름에 몸과 마음을 완전히 맡기는 방법이다. 여기에는 예술이나 체술 등이 속하는데, 우리나라의 창이나 춤 등이 가장 대표적인 것이라 할 수 있다. 인도의 라즈니쉬나 불가의 선무, 단학계통의 단무 등도 모두 자신을 완전히 자연에 맡기고, 그 변화나 흐름과 하나가 됨으로써 새로운 정신세계를 경험하게 되는 것이다. 이것은 결국 우리의 가락이나 춤, 체술 등이 자연에 몰입된 어떤 경지를 나타내는 표현의 수단이라는 것을 의미한다.

육체수련법은 말 그대로 자신의 신체를 단련하는 과정에서 정신적인 깨달음을 얻는 것을 의미한다. 이는 정신과 육체가 하나라는 관점에서 본다면 쉽게 이해할 수 있는 것이다. 불가에서는 육체를 결국 멸하여 사라지는 존재로서 그 가치를 소중하게 여기지 않는 듯싶으나, 사실은 정신을 담은 그릇으로서 지극히 소중하게 다루고 있으며, 단지 불변의 진리에 대한 탐구의 경계 방편인 것이다. 선도계통에서는 육체를 영원히 보존하기 위해 수많은 방법들이 개발되었다. 인도의 하타요가나 불가의 선무도, 선도의 도인술 등이 대표적인 것이다.

이상의 방법들은 정신과학을 연구하기 위한 기본적인 요구 조건이 되는 것이다. 이를 통하여 인간과 자연의 본질에 대한 깊은 통찰과 깨달음을 얻는 것이 연구의 전제 조건이다. 이런 방법들은 수천 년 동안 계승되면서 나름대로 여러 유파를 발생시키고 다양하게 발전되어 왔다. 이제 이 방법들을 현대의 급변하는 사회생활에 맞게 개발하면서, 더 효율적으로 인간의 본성과 우주의 근본을 깨우치는 방법을 개발하기 위해 연구해야 한다.

2. 학문적 연구(육사이화)

동양의 가장 중요한 학문 분야는 바로 역(易)의 사상이다. 역은 '변한다'는 것을 의미하기도 하고, '쉽다'는 것을 의미하기도 한다. 즉, 우주는 항상 변화하며, 그 자체로서 완전하기 때문에 알기 쉽다는 것이다. 이 역의 기본이 되는 기(氣)와 태극 그리고 음양오행사상은 동양학의 거의 모든 분야의 기본이 된다. 따라서 동양학을 이해하기 위해서는 기(氣)와 태극 그리고 음양오행사상을 반드시 이해해야 한다.

우리나라에서 고유하게 전해져 온 것으로 알려진 천부경에도 태극과 음양 사상이 그대로 담겨 있다. 천부경은 주역보다 1,000여 년 앞서 만들어진 우리 나라 역이다. 주역과 천부경에서는 우주를 천·지·인으로 구성되어 있는 것으로 나타내고 있다. 천·지·인은 다시 천문, 지리, 인사에 대한 학문으로 따로 따로 발전되었지만, 그것은 결코 분리되어 연구될 수 없는 것으로서 서로의 상관관계를 반드시 연구해야 완전하게 이해되는 학문이다. 왜냐하면 천·지·인 도 태극 하나에서 분화된 것이므로, 그 근원은 모두 하나로 귀착이 된다.

동양학의 학문적 체계에 대한 내용은 제3부의 동양학이란 무엇인가의 동양 학과 동양과학의 개념에서 자세히 서술하였으므로 참고하기 바란다.

사실상 주역과 천부경은, 인간과 우주삼라만상이 하나라는 궁극적 깨달음에 다다른 최고의 성인이, 일반 범인들이 우주삼라만상의 이치를 이해할 수 있도록 문자와 부호로 체계화해 놓은 학문이다. 즉, 궁극적 깨달음에 이르지 않은 범인들이 쉽게 우주삼라만상의 궁극적인 진리를 배워서 이해할 수 있도록 성 인이 만들어 놓은 학문이다. 따라서 우리는 이런 학문을 미신이고 비과학이라 고 무시하거나 의심하지 말고, 사실로 받아들여서(assume) 배우고 연구하여 우 리들의 모든 생활에 활용하면 된다. 예를 들면 현대 사회의 필수품인 컴퓨터의 경우, 컴퓨터에 대한 그 구체적인 원리와 이치를 몰라도 쉽게 일반인들이 사용 할 수 있도록 해 놓은 것처럼 말이다. 일반인들은 컴퓨터를 만든 컴퓨터의 복 잡한 원리를 몰라도 쉽게 생활에 사용할 수 있도록 전문가들이 만들어 놓았으 므로, 의심하지 않고 조작하여 생활에 활용하는 것과 같이 말이다.

사실상 이런 점에서 볼 때 동양학은 이미 우주삼라만상의 궁극적인 진리를 일반인들이 이해하고 배울 수 있도록, 최고의 깨달음을 얻은 성인이 만들어 놓은 학문이다. 그러나 서양과학은 아직 이런 동양학의 수준에 미치지 못하 고, 그런 수준에 도달하기 위한 과정에 있다고 볼 수 있다. 그러므로 서양과 학이 더 많은 연구를 하여 더 발전하면은 비로소 동양학의 수준에 도달할 수 있다고 볼 수 있다. 그런데 서양과학의 수준과 기준에서 동양학을 이해하지 못한다고 무시하고 미신이라고 하면 그것은 잘못된 것이다.

3. 깨달음이란?

나는 존 화이트(John White)가 편저한 『깨달음이란 무엇인가(What is Enlightenment)』란 책을 읽고 많은 것을 느꼈다. 제일 먼저 느낀 것은, 우리의 정신세계에 대한 보물인 전통적 학문을 저들에게 도둑맞은 기분이다. 우리가 늦게 배운 물질과학, 물질문명에 정신을 못 차리고 있는데, 저들은 물질세계를 넘어서 정신세계의 어느 경지에 가 있으니, 참으로 부끄러운 일이다. 늦게 배운 도둑질에 밤새는 줄 모르고, 중이 고기 맛을 알면 빈대가 남아나지 않는다더니 우리가 그 짝이 아닌가 생각된다.

존 화이트는 의식의 탐구 분야에서 세계적인 명성을 얻고 있는 저술가이자 편집자이다. 그는 다트머드와 예일대학에서 학위를 받았고, 미국과 캐나다 각지를 돌며 강연과 세미나를 가졌다. 그는 인간의 잠재능력과 천체 연구단체인 Institute of Noetic Sciences의 교육 담당과 Alpha Logic의 회장을 맡고 있다. 그의 편저의 서문인 편집자의 글을 중심으로 깨달음에 대한 내용을 고찰해 보고자 한다.

우리가 일상적으로 알고 있는 최고의 성인과 고승들 그리고 현대 사회의 수행자들이 한결같이 말하는 궁극적 깨달음이란 무엇인가에 대해 알고 싶어서 물어 보고 말해 보면, 한결같이 말하기를 깨달음이란 말로 나타낼 수 있는 것이 아니라고 한다. 원래 이름이나 상징을 떠나서 언어를 통한 묘사가 제 아무리 시적이고 암시적이더라도 직접적인 체험을 통하지 않고는 이해할 수 없다는 것이다.

언어도, 이미지도, 개념도 절대로 불가능하다. 정신이 아무리 날카롭고 예리해도, 그리고 지능이 아무리 교묘해도 그것들은 결코 깨달음을 포착할 수 없다. 논리, 분석, 모든 이성적 정신활동으로도 불가능하다. 상징은 드러난 부분만큼 감춰져 있으며, 언어는 다만 진리에 관한 것일 뿐, 진리 그 자체가 될 수 없다.

깨달음에 관한 독서가 영적인 수련이나 성전의 실행을 대신해서는 안 되는 것이다. 실제적인 체험이 있어야 한다. 나아가서 제 아무리 힘을 들이더라도 깨달음은 성취될 수 없다. 다만 발견될 따름이다. 이미 인간은 깨달아 있다는 것이다. 그런데 현실에 눈이 멀어서 모르고 헤매고 있을 뿐이라는 것이다. 그래서 불교에서는 모두가 부처라고 했으며, 모두가 불성을 갖고 있다는 것이다.

깨달음이란 인간의 타고난 권리인 것이다. 천부의 권리를 주장하는 것이 쉬운 일은 결코 아니다. 은총은 하늘에서 비처럼 떨어진다. 하지만 역시 비처럼 적절히 '받으려는' 그릇을 준비해야만 붙잡힌다. 그 준비란 의식의 변화를 의미한다.

불교에서 부처(佛)란 인도말로 붓다(Buddha)라고 하는데, '깨친 사람'이란 뜻이다. 부처님의 가르침이란 본래 인간의 자성 법성을 바로 깨치는 길, 즉 깨치는 방법을 가르치는 것이 근본이다. 그런데 그 깨치는 방법이 자기 스스로가 선정(禪定)을 닦아 자기의 자성을, 일체 만법의 법성을 바로 깨쳐서 부처가 되는데 있다. 즉, 불교에서는 부처가 되는 성불이 목적인데, 언어문자에 의한 언설과 이론만 가지고는 불가능하다는 것이다. 그러므로 팔만대장경은 깨달음에 이르기 위한 일종의 노정기, 즉 안내문에 지나지 않는다. 결국 동양의 신비사상가들은 궁극적인 실재는 추론, 즉 드러낼 수 있는 지식의 대상이 될 수 없다고 거듭 주장한다. 그것은 우리의 언어나 개념의 근원이 되는 감각이나 지성의 영역 밖에 있는 것이기 때문에 말로써 적절하게 기술될 수 없다는 것이다.

사실상 어떤 인식 대상에 대한 정확한 이해의 어려움은, 보이지 않는 정신세계뿐만 아니라 보이는 객관의 세계인 물질세계를 연구하는 서양과학에서도 마찬가지이다. 즉, 객관적 사물을 언어, 문자를 통해 기술하고, 이해·설명하는 데도 마찬가지이다. 다만 정도의 차이 문제라고 본다.

정자가 쓴 주역전의의 서문에, '得於辭不達其意者有矣 未有不得於辭而能通其意者也(글을 얻더라도 그 뜻에 통달하지 못한 자도 있지만, 글을 얻지 못하면 그 뜻을 통할 수 있는 사람은 없다)'라는 말이 있다. 말을 들어도 그 뜻을 알지 못하는 자가 있는데, 하물며 말을 듣지 않고서는 그 뜻을 알 수 있는 자가 없다는 의미이다. 여하튼 사물에 대한 의미를 알기 위해서는 불완전하지만 일단은 그 사물에 대한 언어문자로 된 설명을 들어야 한다는 것이다.

그래야 불완전하지만 그 사물에 대한 의미를 일차적으로 이해할 수 있는 단초가 되고, 이를 근거로 더욱 궁구하고 수행하면 완전한 이해에 가까이 갈 수 있다는 의미이다.

그래서 실제 체험을 통해서만 인식할 수 있는 정신수련에 의한 깨달음의 본질을 언어문자로 가능한 가까이 비슷하게 이해할 수 있도록 서술해 보고자 한다.

정신세계의 최고의 경지에 도달한 신비한 경이적인 각성의 순간을, 리차드 버크는 '우주의식'이라고 불렀으며, 붓다는 그 경지를 니르바나(Nirvana), 즉 열반이라고 하였고, 예수는 '하느님의 왕국' 또는 '천국'이라고 불렀다. 성 바울은 그것을 '그리스도'라고 불렀다. 모하메드는 '가브리엘(Gabriel)', 단테는 '베아트리체(행복 만들기)', 휘트만은 '나의 큰 영혼', 카프라는 '절대지(absolute knowledge)'라고 불렀다.

최고의 경지를 경험한 우주 의식의 상태를 글로 표현하면, 세부적인 부분은 당사자만이 알 수 있기에 상당한 차이가 존재하는 것이 당연하지만, 다음 몇 가지의 공통점이 있다.

첫째, 아무런 사전 경고도 없이 갑자기 화염이나 장밋빛 구름 속으로 침잠하는 느낌을 갖게 된다. 혹은 마음 자체가 그러한 구름이나 안개로 채워지는 느낌을 가질 수도 있다. 둘째, 바로 그 순간에 희열, 확신, 승리, 구원의 정감에 흠뻑 젖게 된다. 셋째, 앞에서 말한 감각 또는 정서적 경험과 동시 아니면 곧바로 뒤따라서 묘사하기 힘든 지성의 각성이 나타난다. 마치 한 줄기 섬광처럼 만물의 목적과 의미에 대한 뚜렷한 개념이 그의 의식에 나타난다. 그리고 자아의식으로 보면, 죽은 물질로 만들어져 있는 우주가 사실상 그와 전혀 다른 살아 움직이는 실체임을 느끼게 된다. 그리고 이 세계를 떠받치는 원리는 사랑임을 알게 되고, 일상적인 자아의식에 속한 개념이 스러짐에 따라서 거대한 전체의 개념을 얻게 된다. 넷째, 도덕적 향상과 지성의 각성을 따라서 불멸의 감각이 찾아온다. 다섯째, 각성과 함께 죽음의 공포가 마치 낡은 가면처럼 떨어지고 죄의식에서도 해방된다. 이 세상에서 빠져나와야 할 죄의 존재가 더 이상 보이지 않는 것이다.

4. 수행의 목적

수행의 목적은 깨달음의 완성을 의미한다. 이를 단적으로 표현하면, '의식의 궁극적 확장'이라고 볼 수 있다.

의식에는 단순의식과 자아의식 그리고 우주의식이 있다. 단순의식은 동물적 차원의 생물학적 의식을 의미하고, 자아의식이란 독립된 개체로서 주체적 에고적이며, 일상적이고, 현실적인 의식을 의미하며, 우주의식은 궁극적 깨달음의 경지에 다다른 최고의 의식을 말한다.

인간은 나서 자라면서 모든 것으로부터 배우고 경험하면서 자신의 의식이 확장되고 결정된다. 이는 어떻게 배우고 경험했느냐에 따라서 인간의 의식의 상태가 결정된다고 볼 수 있다. 그런데 인간의 현실적인 의식은 그 사람이 배우고 경험한 제한된 범위 내의 의식이다. 이는 다른 의미로 말하면 궁극적인 깨달음의 경지에 다다른 의식의 상태가 아니다. 이런 의식을 가진 현실 속의 인간은 탐진치의 굴레를 벗어나지 못하여, 자기 연민, 독단, 분노, 탐욕, 불안과 불만, 방황, 그리고 절망 등과 같은 고뇌와 망상에 시달리면서 하루하루를 힘겹게 살아간다고 볼 수 있다.

그러면서 이를 벗어나 궁극적이며 흔들림 없고 걸림 없는 최고의 정신적 상태에 도달하고자 하는 생각을 하게 되고, 이를 위한 구체적인 방법으로 각종 정신적 수련법들이 나타나고 있으며, 이를 운영하는 각종 수련단체도 많이 있다.

깨달음의 단계에 이르는 수행이나 방법에는 각 종교마다 그리고 수행단체마다 매우 다양하다. 길은 수 없이 많으나 궁극적인 목적지는 같다. 즉, 깨달음의 경지에 도달하는 수행방법인 접근방법은 수없이 많다는 것이다. 그런데 이들 방법을 크게 분류하면 앞에서 언급한 바와 같이 두 가지가 있다. 즉, 육사이화와 시사규례가 그것이다. 육사이화는 학문적 탐구에 의해서 깨달음에 이르는 방법이다. 이렇게 깨달음에 이른 대표적인 성인이 공자이다. 시사규례는 정신수련을 통해서 깨달음의 경지에 도달하는 접근방법을 말한다. 그의 대표적인 성인이 석가, 예수이다.

깨달음을 추구하는 자들의 모든 의문의 맨 밑바닥에 하나의 공통된 명제가 도사리고 있으니 그것이 바로 '깨달음은 무엇인가?'이다. 예를 들면 불교는 내 안의 진아로 돌아가서 진정한 나를 찾아서 궁극적 단계에 이르는 열반, 즉 최상의 행복에 이르고자 수행하고, 이를 회광반조라고 한다. 이런 단계에 이른 사람들은 이 세상 무엇과도 바꿀 수 없는 희열과 행복감을 느낀다고 한다. 기독교 성경에서는 '나는 진리요 길이요 생명이요', '나 이외의 신을 믿지 말라'에서 '나'는 내 안의 진아를, 내 안의 신을 의미한다고 볼 수 있다.

깨달음의 궁극적 단계에 이름과 상징으로서써 사도 바울은 깨달음은 '우주의식'이라고 불렀으며, 모하메드는 가브리엘(Gabriel)이라고 불렀으며, 단테는 베아트리체(행복 만들기)라고 불렀다. 휘트먼은 우주 의식을 나의 큰 영혼이라고 불렀다. 리차드 버크는 '이해를 넘어서는 하느님의 평화'라고 불렀다. 선에서는 견성이요, 요가에서는 '사마디(samadhi)' 내지 '모크샤(moksha)'이며, 수피즘에서는 '화나(fana)'이다. 구르지예프는 '객관적인 의식'이라는 상표를 붙였고, 스리 오로빈도는 '초월정심'이라고 불렀다. 신비주의 학파들은 '해방' 또는 '자아실현'이라고 했다.

깨달음의 상징으로는, 힌두교에서 말하는 천개의 꽃잎을 가진 연꽃, 기독교에서 말하는 성스러운 술잔(최후의 만찬에서 사용했다는), 불교에서 말하는 깨끗한 거울, 유대교에서 말하는 다윗의 별, 도교에서 말하는 음양의 순환고리 등이 있다.

우주의식(Cosmic Consciousness)

수련자들이 수련을 하다가 어느 경지에 이르면 깨달음의 단계, 즉 우주의식에 들어간다는 것이다. 우주의식에 들어선 거의 모든 사람들은 처음에는 어느 정도 당황한 나머지 그 새로운 감각이 혹시 정신병의 징후가 아닐까 하는 의문에 사로잡혔던 것 같다. 모하메드도 깜짝 놀랐고, 바울도 그러했으며, 다른 사람들도 비슷한 충격을 받았다.

그렇다면 이 새로운 감각이 당사자를 헛된 망상에 빠뜨리는 정신병의 한 형태가 아니라는 것을 어떻게 알 수 있는가? 우선 그 상황의 추세가 전혀 다르다는 점이다. 정신병의 경우는 도덕을 무시하거나 부도덕성을 보이기도 하는 반면에, 새로운 감각의 경우는 고도로 도덕적이다. 둘째로, 모든 형태의 정신병에서는 자기억제력이 극도로 감소되거나 없어져 버리기까지 하는 반면에, 우주 의식의 경우에는 자기억제력이 엄청나게 증대된다. 셋째, 대체적으로 현대의 종교는 그 새로운 감각이 주는 가르침에 상당히 많은 부분을 의존하고 있다. 그리하여 '스승'들은 그 새로운 감각에서 영감을 얻고, 세상의 나머지 사람들은 스승의 책이나 추종자들을 통해서 가르침을 얻는다.

우주의식을 경험한 다양한 사람들의 보고를 보면 본질에 있어서는 일치되는 것이다(다소간에 차이점이 있더라도 그것은 보고 자체의 문제라기보다, 그 보고를 오해한 우리 마음의 문제인지 모른다). 그런 까닭에 동일한 체험을 통과한 다른 사람의 가르침을 거부하는 깨달음을 얻은 사람은 지금까지 단 한 사람도 없었던 것이다.

깨달음이란 '궁극적인 의식의 확장'이라고 앞에서 개념 정의했을 때, 깨달음의 완성을 이룬 성인과 수행자들의 의식상태, 즉 우주의식 상태에 들어갔을 때 그들이 세계를 보는 시각을 묘사해 보면 다음과 같은 특징을 볼 수 있다.

첫째, 이 우주는 둘이 아니고 하나이다. 철학적인 용어로 말하면, 깨달음이란 모든 이원성의 통합, 모든 대립의 조화로운 혼합, 끝없는 다양성의 귀일이라고 할 수 있다. 심리학의 용어를 빌린다면, 그것은 그 여로 자체가 가르침이요, 그 길과 종착역이 궁극적으로 하나라는 것을 이해하는 일이다. 신학적인 용어를 빌린다면, 그것은 신과 인간의 합일을 이해하는 것이다. 올더스 헉슬리는 이를 '영원한 철학'이라고 하였다. 1944년에 출간된 『영원한 철학』은, 깨달음을 전 세계 종교 경전들이 담고 있는 핵심적 진리로서 분명히 밝힌 최초의 책이다. 이 책은 또한 인류의 전 역사를 통해서 깨달음이 가졌던 수많은 이름과 형태의 이면에 존재하는, 그 핵심적 진리의 단일성과 보편성을 처음으로 보여 주었다. 영원한 철학은 사물과 영혼이 공존하는 다면적인 세계의 본질적인 신성한 실체에 일차적인 관심을 갖는다. 그러나 이 하나의 실체는 일정한 조건들, 즉 사랑을 행하고, 마음을 순후하게 하고, 정신을 고요하게 침묵시키기로 스스로 선택한 사람들에 의해서만 직접적이고도 즉각적으로 포착될 수 있다.

둘째, 리처드 버크는 1872년 35세의 캐나다인 심리학자로서 경이적인 각성의 순간을 체험하고 나서, 자신의 삶을 더 나은 차원으로 완전히 탈바꿈시킨 그 현상의 연구에 전력했다. 1901년에 쓴 『우주의식(Cosmic Consciousness)』은 현대 사회에 일고 있는 전 세계적인 의식운동의 성립을 도와준 고전적인 문헌 가운데 하나라고 할 수 있다. 우주의식에 들어가면 그는 배우지 않고도 다음과 같은 내용을 인식하게 된다고 말하고 있다.

① 우주는 죽은 기계가 아니라 살아 있는 존재이다. 우주는 기계가 아니고, 살아 있는 유기체적 존재라는 것을 인식하게 된다는 것이다. 따라서 지구상에 일어나는 여러 가지 재난이나 크나큰 이변은, 살아 있는 지구라는 생명체가 인간에게 보여 주는 무언의 암시이고 사인이라는 것이다. 따라서 이런 지구 생명체의 의도와 뜻을 재빨리 알아차려서 이에 대응하여야 한다는 것을 안다는 것이다. 이것은 동양학의 재이설과 일치하는 내용이다.

② 본질과 목적상 우주는 무한히 선하다. 이는 동양학의 성선설과 연관이 있다. 동양학의 성선설은 우주의 이치에서 나온 인간 본성에 대한 학설이지 단순히 인간의 도덕적 판단이 아니다. 즉, 천지는 대우주이고, 인간은 소우주이므로, 소우주인 인간은 대우주의 이치에 맞게 태어났고, 또한 그렇게 사는 것이 자연스러운 것이다. 또한 대우주를 본받고 태어난 인간은 대우주인 천지의 본질과 같을 수밖에 없다. 따라서 대우주의 본질이 무한히 선하므로 인간인 소우주도 본질상 선하다고 할 수 있다. 따라서 인간의 본성이 선하다는 성선설은 우주론적 이치의 관점에서 타당한 학설이다.

③ 개별적인 실존은 소위 죽음이라는 것을 넘어서 연속적이다. 이것은 인간의 죽음은 단순히 육체는 없어져도 영혼은 영원하다는 의미이다. 이는 사후세계가 있다는 말과 같은 내용이라고 볼 수 있으며, 불교의 윤회설도 이와 유사한 내용이라고 볼 수 있다.

셋째, 우주의식에 들어가면 인간은 배움과 행동 모두에 대한 엄청난 능력을 갖게 된다. 이는 석가, 예수와 같은 성자들이 이적행위를 통해서 인간의 죽을병을 고쳐 주고, 시간을 넘어 일어나는 일들에 대한 예지력, 원격투시, 염력과 원격치료, 순간 이동, 손에서 먹을 음식과 빵이 가득히 나오고, 그리고 텔레파시로 상대방의 생각을 알아내는, 기적과 같은 행위와 능력은 단순한 이야깃거리가 아니고, 실제 인간의 능력으로 가능한 일이다. 즉, 궁극적 깨달음의 경지에 도달한 사람들에게는 덤으로 이런 기적적인 초능력이 생긴다는 것이다. 여기서 중요한 것은 초능력이란 수행하는 과정에서 부수적으로 생기는 능력이지 그것이 목적이 아니라는 사실이다. 궁극적인 목적은 깨달음의 경지에 도달하는 것이다. 만약 초능력이 생겼다고 수행을 게을리하고 초능력을 사용하는 데만 전념하고, 또한 초능력을 삿되게 잘못 사용하면 크게 문제가 되어, 결국에는 재기불능의 폐인이 되기 쉽다는 것이다. 이는 하늘의 준엄한 심판이다. 현대 사회의 사이비 종교가들이 이런 사례의 하나라고 볼 수 있다.

이러한 초능력은 단순히 전해오는 신비스러운 이야기 거리인 미신이나 비과학적이 아니고, 이미 현대 양자물리학자들에 의해서 인간의 능력으로 가능한 것으로 입증된 과학적 사실이다.

제6절 천문기상

동양과학에서는 우주삼라만상을 분류하는 가장 기본적인 분류체계로 천·지·인 삼재를 들고 있다. 즉, 하늘(天)을 나타내는 천문과 땅(地)을 나타내는 지리, 그리고 그 사이의 만물만사를 대표하는 인(人)에 해당하는 인사를 가장 기본적인 분류체계로 출발한다. 그래서 동양 과학기술에서는 천·지·인 삼재와 관련해서 나타낸 말이 상통천문(上通天文), 하달지리(下達地理), 중찰인사(中察人事)라고 한다. 이 말은 위로는 천문에 통하고, 아래로는 땅의 이치에 통달하며, 가운데로는 만물만사를 살펴서 안다는 뜻이다.

상통천문에 해당하는 대표적인 학문이 태을신수(太乙神數)이고, 하달지리에 관한 학문이 기문둔갑(奇門遁甲)이며, 중찰인사에 관련된 학문이 육임(六壬)이다. 이들 세 학문을 기을임삼수(奇乙壬三數,) 또는 삼식(三式)이라고 부른다.

사람이 '이 세 학문을 터득하면 신선자리와도 바꾸지 않는다'고 할 정도로 무불통지, 즉 알지 못하는 바가 없게 된다는 것이다.

천·지·인 세 학문의 중요도를 살펴보면, 천문이 가장 중요하고, 다음으로 지리가 중요하고, 그다음으로 인사가 중요하다. 아무리 인사나 지리에 통달한 사람일지라도 천문을 모르면 피상적으로 아는 것에 지나지 않는다. 왜냐하면 땅과 사람은 하늘 천문을 떠나서 따로 존재하는 것이 아니라, 하늘의 큰 영향을 받고 있기 때문이다. 즉 하늘의 영역 안에 사람과 땅이 있고, 땅의 영역 안에 사람이 살아가기 때문이다.

이들의 관계를 나타낸 이론체계인 음양오행으로 보면, 하늘에도 음양오행이 있고, 땅에도 음양오행이 있으며, 사람에게도 음양오행이 있는데, 하늘의 음양오행은 땅과 사람의 음양오행에 조응(照應)하여 작용한다는 뜻이다. 즉, 땅과 사람에게서 일어나는 모든 사건이나 일은 하늘에서 미리 조짐이 보인다. 거꾸로 보면 모든 세상사가 하늘의 영향을 받아 일어난다는 뜻도 된다.

천·지·인 삼재 중에서도 천지를 독립변수로 보고, 천지 사이의 만물만사를 대표하는 인을 종속변수로 본다. 그래서 동양학에서 모든 삼라만상의 변화와 현상을 한마디로, 우리가 어린 시절 어른들께 많이 들어왔던 "모든 것이 천지일월의 조화다, 일월성신이니, 또는 천지조화로 그렇다"는 것이다. 천지일월 중에서 천지가 체이고, 일월성신이 천지를 대행하는 용에 해당한다.

그런데 동양학에서 가장 중시하는 독립변수라고 하면, 천·지·인 삼재 중에서 천지이지만, 천지 중에서도 천(天), 즉 천문을 가장 중시한다. 여기서 천이라고 하면 단순히 물리적 현상의 하늘을 의미하는 것이 아니고 천기, 즉 하늘의 기운을 말한다.

그래서 주역에서도 64괘 중 하늘(천)을 나타내는 괘인 중천건괘를 제일 첫 번째 괘로 놓고, 그다음 땅(지)을 나타내는 중지곤괘를 놓고 있다. 그다음 만물(인)이 나타나기 시작하는 것을 나타내는 수뢰둔괘를 배열하고 있다. 그리고 주역 계사전 제1장이 주역의 가장 기본적인 원리를 나타낸 주역의 강령에 해당하는데, 그 첫머리에 "天尊地卑하니 乾坤이 定矣오(하늘은 높고 존하며, 땅은 낮고 비하니 건과 곤이 정해진다)······ 在天成象코 在地成形하니 變化

見矣라(하늘에서 상을 드리우고, 땅에서 형을 이루니 변화가 나타난다)"고 하였다. 여기서 하늘은 존귀한 것으로 나타내고, 지는 낮고 비한 것으로 나타낸 점과 하늘을 먼저 상을 드리우면 땅에서 형을 나타내므로 변화가 나타난다는 것은, 결국 하늘이 땅보다 우선시 또는 중시하는 것으로 볼 수 있다. 결국 이상의 내용에서 보는 바와 같이, 동양학에서는 하늘(天)의 기운을 모든 학문의 출발점으로 하고 있음을 알 수 있다.

하늘과 땅과 사람은 보이지 않는 기로 연결되어 서로 유기적인 관계를 형성하고 있다. 그런데 가장 우선적인 출발은 하늘이다. 그래서 땅과 사람에게 일어날 일은 미리 하늘의 기운, 즉 상(象)으로 조짐이 나타난다.

동양학이 우주론적 순환론적 자연의 이치인 오운육기적 음양오행론에 입각해서 만물만사를 고찰하는 학문이라고 하면, 그 이치의 가장 기본적인 출발점은 천기이다. 즉, 천기의 순환현상으로 땅 위에 있는 만물만사의 변화가 땅(지)의 기운과 음양오행론적으로 어우러지면서 나타나고 있다.

이런 점에서 볼 때 하늘의 기운을 나타내는 학문인 천문의 중요성을 말하지 않아도 짐작이 가고도 남는다. 하늘의 기운, 즉 천기를 연구하는 학문이 천문이다.

1. 천문

천문이란 글자 그대로 하늘의 무늬, 즉 해와 달 그리고 별을 비롯한 하늘에서 보이는 모든 현상을 말한다. 인류는 고대로부터 하늘에서 벌어지는 현상을 보고, 그것이 지상에 미칠 영향을 예견하는 경험과 기술을 연구하여 왔다. 이러한 기술은 때로는 정치적 목적으로 이용되기도 하였으나, 대부분의 경우는 국민들의 삶을 유익하게 하는 데 쓰였다.

하늘의 별들의 변화로 나타나는 천문을 연구하는 학문을 크게 분류하면 두 가지로 나눠 볼 수 있다(김수길·윤상철 공역, 『천문유초』).

첫째, 하늘의 별들의 형상과 색깔 등에 따라 지상의 일을 알아내는 분야가 있다. 동양천문에서 하늘은 인간세계의 축소판으로 생각한다. 하늘의 별들을 인간세계의 각각의 것들과 동일하게 보고, 그것의 형상과 색깔의 변화에 따라서 지상의 일들의 변화를 알아내는 것이다. 예를 들면 하늘의 별들 중에 임금이 있고, 신하가 있으며, 백성이 있을 뿐만 아니라, 궁궐이 있고, 별장이 있으며, 명당이 있고, 부엌이 있으며, 곳간 등이 있다. 임금에 해당하는 별자리는 밝고 별자리의 형태를 뚜렷이 갖추어야 지상에 밝은 정치가 이루어지며, 내시에 해당하는 별자리는 형태는 뚜렷이 갖추어야 하나 밝으면 좋지 않고……식으로 판별하게 된다.

천문학이란 하늘의 별들의 모양과 색깔의 변화에 따라 지상의 모든 일들을 판단하는 과학기술이다. 어떤 사람은 하늘에서 갑자기 "혜성이 지나갔다고 정권이 바뀐다는 것이 말이 되느냐?"고 할지 모른다. 어쩌다가 우연의 일치로 그렇게 된 것이지 상식적으로 이해가 안 된다는 뜻일 것이다.

서양의 과학이론에 의하면 머릿속에서 발생하는 전기 작용을 화학적으로 바꾸면서 생각이 일어난다고 한다. 요즘 우리가 많이 쓰는 컴퓨터도 전기적인 작용만으로 생각하고 저장하는 기능을 한다. 저 하늘의 무수한 별들은 각기 고유의 파장을 방출하는데, 이를 우주파라고 한다. 이 중에는 사람의 뇌파와 파장이 비슷해 영향을 많이 미치는 것도 있고, 파장이 달라 조금 미치는 것도 있을 것이다.

하늘에는 인간에게 영향을 미치는 파장도 엄청나게 많을 것이다. 그러한 하늘에 혜성이 지나가면서 평상시의 우주파를 교란시켰다면, 인간에게 미치는 영향이 어떨 것이라는 것은 쉽게 상상이 간다. 즉, 평상시의 우주파가 혜성이 지나가면서 교란시키면, 인간의 사고에 변칙적인 변화가 나타나고, 그렇게 되면 변칙적인 행동으로 이어지면서, 정상적인 사람들이 반란을 생각하는 따위의 일이 벌어지는 것이다.

둘째, 태양계와 북극성을 중심으로 28개의 별, 즉 28수, 그리고 북두칠성의 변화를 대상으로 연구하는 오운육기론이 있다. 오운육기론이란 지구에 영향을 미치는 태양계와 북극성을 중심으로 28수 등 별들의 변화로 나타나는 하늘의 기운 변화를 학문적으로 체계화하여 나타낸 분야이다. 간단히 말해서 우주의 기운, 또는 현대적 표현으로 우주의 분위기(천기)의 변화로 나타나는 지상의 변화를 음양오행론의 관점에서 체계적으로 연구하는 분야이다. 오운육기에 대해서는 제10장 음양오행론에서 자세히 서술했으므로 여기서는 생략한다.

2. 기상

기상이란 기(氣)의 상(象)을 나타내는 것으로서 상이란 천기의 변화 양태를 의미한다. 주역 繫辭傳에서 "在天成象코 在地成形하니 變化見矣라(하늘에서는 상을 이루고 땅에서는 형을 이루니 변화가 나타난다)"라는 말과 "天垂象 見吉兇(하늘에서 상을 드리우니 길흉이 나타난다)"이라는 말이 있다. 이는 다른 말로 하면 하늘에서 천기의 어떤 상의 모습을 드리우면, 그것이 지상에 영향을 주어 온갖 변화가 일어난다는 의미이다.

상(象)이라는 개념은 형(形)과는 바로 반대되는 개념이다. 형이란 인간의 감각에 의해서 쉽게 감지할 수 있는 형태를 말하고, 상이란 일반적인 인간, 즉 마음의 밝음(명)을 잃은 인간이나 자연법칙을 관찰할 줄 모르는 사람에게는 인식되기 어려운 무형을 말하는 것이다.

주역 계사상전 제1장의 "在天成象코 在地成形하니 變化見矣라(하늘에서는 상을 이루고, 땅에 있어서는 형체를 이루니 변화가 나타났다)"에서 象과 形을, 朱子는 '象者, 日月星辰之屬, 形者, 山川動植物之屬(상이라는 것은 해와 달과 별의 붙이고, 형이라는 것은 산과 내 동식물의 붙이며)'이라고 하였다.

주자가 상이라는 것을 일월성신지속이라고 한 것은, 천기를 나타낸 것이라고 볼 수 있다. 일월성신이란, 단순한 물리적인 형상만을 말하는 것이 아니고, 일월성신에 의해서 우주에 나타나는 분위기인 기운, 즉 천기를 의미하는 것을 나타낸 것이다. 천기란 일월과 우주의 모든 별들이 발하는 기운을 말하고, 그 발하는 기운을 상이라고 한다. 따라서 상이란 우주의 일월성신이 발하는 기운의 모습을 말하고, 일월성신의 변화에 따라서 우주의 기운도 변화하고, 그에 따라서 상도 바뀐다. 그 바뀌는 상을 사람들이 쉽게 이해할 수 있도록 체계적으로 나타낸 이론이 오운육기인 육십갑자이고, 이는 이론적으로는 음양오행론이다.

사실상 우주에서 일월성신의 변화로 나타나는 기운의 변화를 범인들의 눈으로는 감지할 수 없다. 왜냐하면 범인들은 세속적인 사회생활과 거기에서 오는 사리사욕과 정욕 때문에 심성이 탁해져서 그런 인식능력을 잃어버렸기 때문이다. 다만 성인 수준의 사람이 만들어 놓은 오운육기론의 이론체계를 학문적으로 연구하여 간접적으로 이해할 수 있다.

주자가 형이라는 것을 산천동식물지속이라고 말한 것은 지상에 나타난 형상을 말한다. 산천동식물이란 인간의 오감으로 인식할 수 있는 물체들이다. 이런 산천동식물이라는 형들은 우주의 기운인 천기의 상에 영향을 받아서 생장소멸의 변화를 겪는다. 뿐만 아니라 인간의 모든 일도 형의 일부로 본다. 따라서 천기의 상의 변화로 지상의 모든 사물에 영향을 주어 변화가 일어난다. 그래서 '천수상(天垂象) 현길흉(見吉兇)'이라고 표현했다.

그러므로 오행의 목화토금수라는 것도 그 본질은 다섯 가지 기운의 상인데, 다만 그것이 응결하여서 형체를 이루면 형인 물체가 되고, 분열하여서 기화(氣化)하면 그것을 상이라고 한다. 그런즉 형과 상이란 것은 현실적으로는 이질적인 음성과 양성의 두 가지로 나누는 것이나, 그 본질을 따져 보면 하나의 본체의 양면성에 불과하다.

형과 상은 이와 같은 관계에 있는데도 불구하고 인간은 형을 볼 수 있지만, 상을 관찰하지는 못하는 것이다. 사실상 상을 볼 수 있으면 지상에서 일어나는 모든 사물에 대해서 미리 알 수가 있다. 왜냐하면 하늘의 상이 먼저 드리우고, 지상에서 모든 사물의 변화가 나타나기 때문이다. 즉, 상이 원인이고, 형인 사물이 결과이기 때문이다. 이런 점에서 상은 형의 원인인 기미, 즉 조짐에 해당한다. 따라서 사물의 기미, 즉 조짐을 미리 알면 지상에서 일어나는 모든 변화인 형(만물 만사)의 변화를 미리 알 수 있다.

따라서 기상이란 일반적으로 기후변화를 연구하는 학문 분야로만 알고 있는데, 엄밀하게 말하면 그해의 전반적인 기의 흐름으로써 날씨를 포함하여 사람들의 건강이나 심리 등 일체 사물의 상태가 어떤가를 다루는 학문분야라고 할 수 있다.

이런 점에서 천문기상학은 기후를 비롯한 지상에서 벌어지는 일체의 사물에 대한 학문분야이다. 천문기상학의 기본 이론이 오운육기론이고 이는 다시

기와 음양오행론이다.

동양학의 동양오술뿐만 아니라 전 분야는 천문기상학과 직간접으로 관련이 있음을 알 수 있다. 따라서 천문기상학이 동양학의 가장 기초가 되는 과학기술적 학문이라고 볼 수 있다. 이를 통해서 보면 기와 음양오행론의 학문적 의미와 가치가 어마 어마함을 느낄 수 있다.

이상의 내용을 요약하여 설명하면, 하늘의 뭇 성좌들과 일월성신(日月星辰)들이 서로 밀고 당기며 이끌어 주는 공조작용에 의해서 파생되는 기운을, 인간이라는 첨단기계는 그대로 받아들여, 그 기운대로 행동하며 발전과 변화를 영속하게 된다.

그러므로 인간은 우주의 운동법칙에 따라 각종 역사적 사건을 일으키고, 태평한 세상, 천재지변, 환란, 전쟁, 살상 등이 뒤엉키는 상황에서 살아갈 수밖에 없다. 그런데 이런 길흉의 발단은 사람들의 사상, 행위, 의사결정과 판단 등에 의해서 생겨나게 되나, 이런 생각이나 행동들은 사실 천도지사연(天道之使然), 즉 하늘이 그렇게 하도록 시킨 것이지 인간 자체의 자유의지나 사고에 의해서 발단된 것은 아니다.

다시 말해서 인간사에서 일어나는 크고 작은 모든 사건들은 바로 천체의 운행에서 생겨나는 우주의 섭리가 인간에 의해서 표출된다는 의미이다. 그렇기 때문에 고금을 막론하고 인간으로서는 어찌할 수 없는 불가항력의 사태에 부딪쳤을 때, 하늘의 섭리라고 체념할 수밖에 없었던 것이다.

공자께서 주역을 우환지서(憂患之書)라고 한 것은 이런 이유 때문이다. 주역을 알아야 이런 환란과 우환에서 벗어나 예측을 통해서 피흉추길할 수 있다는 깊은 의미를 말씀하신 것이다(장태상, 『기문둔갑 예측학』).

제7절 서양 과학기술과 접목 응용 그리고 통합 연구 분야

나는 동양 과학기술인 역학과 역술이 제도권 지도층과 식자층에서 미신이고 비과학이라고 홀대받는 데 비해서, 현대과학기술의 종주국인 서구와 우리나라의 극히 일부 첨단과학자들이 주축이 되어 만든 한국정신과학학회에서는 매우 의미 있게 21세기 서구 물질문명의 위기를 극복하기 위한 새로운 과학기술로 칙사 대접을 받는 것을 보고 매우 흥미로운 호기심을 갖게 되었다. 하기는 예수님도 고향에서는 얼마나 탄압과 질시를 받고 십자가에 처형을 당했는가?

동양학을 현대 사회에 의미 있게 인식하고, 접목 응용하기 위해 연구하는 것은 시대적으로 어쩌면 당연한 일이다. 그것은 국수주의적으로 우리 것이기 때문이 아니라, 정말로 현대 사회의 여러 가지 현상과 문제를 제대로 이해하고 대처하기 위해서는 지금 지배적 위치에 있는 서양 과학기술만으로는 불가능하다는 것은 모두가 다 아는 상황에서, 그 대안으로서 다른 것을 찾아야 한다면 동양사상에서 찾아야 한다는 것이 국내뿐만 아니라 세계적인 지도자들과 학자들의 공통된 주장이다.

그런데 이들의 주장은 동양사상을 강조하는 데 막연해서 구체적으로 와 닿는 내용이 없다. 즉, 총론적으로는 동양사상에서 찾아야 한다고 주장하면서, 각론에 가서는 의미 있는 구체적인 내용이 없다. 그러면 "동양사상이란 구체적으로 무엇인가?" 하고 물으면, 기껏 하는 말이 공맹과 노장사상 그리고 우리나라의 퇴계, 율곡, 다산 선생 위주의 유학과 실학사상을 들먹이는 것이 거의 전부이다. '유학사상이란 또 무엇인가?' 하고 찾아보면, 사서와 성리학 중심의 규범적인 철학사상이 주류이다. 그런데 이 도덕 윤리 중심의 사서와 성리학의 내용을 들여다보면, 현대 사회에서 학문적으로 의미 있게 배우고 연구하고 싶은 내용이 전혀 아니다. 또 그런 내용도 거의 없다.

뿐만 아니라 노장사상도 말은 거창하고 어마어마하지만 실속이 없는 허구적이고 구름 잡는 내용뿐이다. 노자의 도덕경도 그 사상적 근원은 주역에서 비롯되었지만 실제 생활에 접목 응용한 구체적인 과학기술적인 내용이 없다. 그냥 도덕경의 어느 구절의 내용을 들먹이면서 어떻다 하고 도통한 사람처럼 행세하는 막연한 내용이다. 따라서 서양 과학기술적 학문과 비교를 해 보면 잠시 휴식시간에 새로운 내용의 이야기를 들어서 머리를 식히는 정도의 이야깃거리에 지나지 않는다. 그러니 배우고 연구하여 실제 생활에 접목 응용할 수 있는 구체적으로 의미 있는 과학기술적 내용은 아니다.

왜냐하면 현대 사회에서 학문이라고 하면 과학기술적인 학문이 주류이고 지배적인데, 과학기술적인 내용이 아니라 규범적인 윤리도덕이고 허구적 실속 없는 내용이라 시대적으로 한심스럽다는 생각이 들기 때문이다.

그런데 비제도권의 철학관 중심의 역학과 역술을 보면 학문적으로 매우 의미 있는 내용이 엄청나게 많다. 역학과 역술은 인간생활에 필요한 건강과 물질세계의 실용적인 과학기술적 내용을 제공해 줄 뿐만 아니라 윤리도덕과 정신세계의 문제를 이치적으로, 즉 과학기술적으로 설명해 주기 때문에 매우 역동적이고 시대적으로 부합되는 의미 있는 학문이다. 그래서 이에 관심을 갖고 배우고 연구하는 제도권 학자들이 있다.

이러한 연구 방식은 기존의 동양오술 중심의 전통적 동양 과학기술인 역학과 역술 분야와 다른 새롭게 대두되는 동양학 연구 분야이다. 즉, 동양 과학기술적 개념과 이론을 서양 과학기술적 개념과 이론과 비교하면서, 기존의 서양 과학기술적 개념과 이론으로 설명할 수 없는 현상과 문제를 서술함으로써 문제를 해결하고자 하는 연구 분야이다.

동양 과학기술은 현대 사회의 서구물질문명의 문제점과 폐해, 즉 자원의 고갈, 환경파괴, 인간성 상실 등을 보완 극복하는 데도 도움을 주지만, 학문적으로 서양 과학기술이 설명할 수 없는 물질세계의 현상과 문제를 기와 음양오행론으로 설명함으로써 처방과 대책을 만들 수 있다. 그래서 문제를 해결할 수 있다. 이것이 현대 사회의 동양 과학기술의 의미와 가치이며, 이를 구체적으로 접목 응용하여 연구를 시도하는 사람들이 늘어나고 있다.

이는 동서양의 학문을 통합적으로 접목 응용하는 새로운 학문적 연구 영역으로 나타나고 있다. 아마도 21세기 새로운 문명의 창조를 위해 노력하고자 한다면, 이런 유의 학문적 연구가 필요하지 않을까 생각이 된다. 이것은 아마도 그러한 조짐이라고 해도 좋을 듯싶다.

20세기의 역사가 서양의 과학기술 문명을 앞세운 팽창과 갈등의 역사였다면, 21세기는 절제와 화합에 의한 인류평화의 시대가 되어야 한다는 인류의 염원에 따라서, 그 가능성을 동양사상에서 찾을 수 있다는 것이다.

니체는 20세기에 접어들면서 서양문명의 위기를 예언했고, 토인비는 21세기는 태평양의 시대가 될 것이라고 진단했다. 뿐만 아니라 1972년에 발간된 로마클럽의 보고서 '성장의 한계'에서는 서양문명의 병폐를 진단하면서 그 처방으로 동양사상을 들었다. 이처럼 서양인들은 이미 자신들의 과학기술 문명의 한계와 문제점을 발견하고, 그것을 극복하기 위해 동양의 지혜, 즉 동양의 사상과 과학기술을 배우고 실천하려 하고 있다. 하여튼 20세기는 분명 서양 과학기술 문명이 동양을 정복하고 세계를 지배한 시대이지만, 자원의 고갈이나 환경 파괴, 인간성 상실 등 문명의 위기가 속출하고 있는 것이 오늘날의 현실이다.

그래서 자본주의 과학기술 물질문명의 병폐(환경파괴와 인간성 상실)를 수정 보완해야 한다는 소리가 높고, 그 방법은 동양사상과 과학기술에서 찾아야 한다는 소리와 함께, 바야흐로 세계의 사조는 대서양에서 아시아, 태평양으로 옮겨 오는 것만은 엄연한 사실이다.

이런 시대적 흐름에 따라서 단순히 공허한 사상 철학적 그리고 방향제시적 차원을 넘어서 매우 구체적이고 실용적인 동양사상과 과학기술을 배우고 연구하는 움직임이 첨단 과학자들을 중심으로 일어나고 있음은 매우 고무적인 현상이다. 동양사상 중에서도 동양문화의 가장 기본이 되고, 가장 최고의 철학이며 과학기술인 주역에서 비롯된 역학과 역술이 대두하고 있다.

구체적인 예로는, 자연환경 파괴와 관련해서는 풍수지리, 우주론적 관점에서 인간의 궁극적 삶의 의미와 깨달음을 통한 인간성의 회복에는 산학, 인간의 삶에서 여러 가지로 겪는 길흉화복의 의미와 대응자세는 명리학, 모든 사물의 변화하는 이치에 대해서는 음양론적 변화관, 서양의학과 다른 동양의학의 종합적이고 유기체론적 건강론 등을 들 수 있다.

과학기술이 변해야 현대 사회의 위기가 근본적으로 치유된다

현대 사회의 과학기술 분야는, 단순한 건강과 물질적 가치를 추구하는 도구나 수단으로만 끝나는 것이 아니고, 인간의 사상과 철학적 가치관과 세계관까지 영향을 주고, 더 나아가 정치, 경제, 사회, 문화의 모든 분야에 영향을 미친다. 즉,

과학기술의 내용이 어떠하냐가 인간의 거의 모든 부문에 영향을 주고 있다고 볼 수 있다.

1967년 앨빈 토플러와 함께 '미래협회'를 만들어 미래학(future studies)이란 학문분야를 처음으로 개척한 선구자이며, '미래학의 대부'라 불리는 하와이 대학 미래학연구소장인 제임스 데이터(James Dator)는, 그가 엮은 미래연구 보고서인 『다가오는 미래(Advancing Futures)』의 서문에서 사회변화와 과학기술의 관계를 다음과 같이 설명하고 있다.

사회 변화에 대해 많은 미래학자들이 다양한 지론을 설명하고 있지만, 사회 변화에 대한 최종 결론은 사회변화의 주요 동력은 과학기술이며(인구, 지구환경 변화, 정치경제적 불안정, 문화변동 등), 다른 모든 '쓰나미'의 형성에 상당히 기여하는 이 과학기술에 우리가 반드시 '올라타야' 한다는 것이었다. 이 문제를 자세히 설명하려면 너무 길어질 것 같으므로 1967년 마셜 맥루언(Marshall Mcluhan)의 경구로 대체한다. "우리는 우리의 도구를 만들고, 그 이후에는 우리의 도구가 우리를 만든다."

인간은 자신이 처한 환경과의 상호 작용을 통해 그리고 과학기술을 통해 인간다워진다. 가치관, 윤리, 관습, 종교적 신념, 법 등은 모두 인간은 어떤 식으로 행동할 수 있는가(그리고 난 후 자신이 취한 행동의 결과로서 스스로에 관해 무슨 생각을 갖게 되는가)와 관련해 형성된다.

과학기술이 변하면 행동이 변하고, 그리하여 결국에는 자의식 및 사회의식도 변한다. 새로운 행동과 새로운 자기의식은 새로운 과학기술에 의해 가능하거나 강요되는데 둘 다인 경우, 새로운 기술이 가능케 한 행동은 기존의 가치관과 규칙들에 도전하게 되고, 따라서 사회는 변화하는 것이다.

결국 인간의 의식을 변화시키는 데는 과학기술이 매우 주요한 요인이다. 이것을 다른 말로 뒤집어 말하면 과학기술을 변화시킬 수 없는 사상철학은 인간의 의식을 근본적으로 변화시킬 수 없고, 단지 일시적으로 공허한 지적 유희에 지나지 않는다는 말과 같다.

따라서 기존의 서양 과학기술로 초래된 병폐와 문제점은, 이를 완화하고 해결해 줄 수 있는 새로운 과학기술을 개발함으로써 가능해진다. 그러기 위해서는 기존의 서양 과학기술을 대체할 수 있는 새롭고 앞선 관학기술을 개발해야 한다.

현대 사회의 물질적 풍요로움과 편리한 생활뿐만 아니라 여러 가지 병폐도 거의 전적으로 그 근원은 현대 사회의 지배적인 뉴턴·데카르트적 물질론적, 기계론적 서양 과학기술의 결과라고 볼 수 있다.

현대 자본주의의 물질적 풍요로움과 편리성에 모든 사람들의 관심과 행복의 가치 척도가 집중되다 보니, 물질적 가치가 최고가 되었고, 물질적 가치를 추구하는 데 서양 과학기술이 가장 많이 도움이 되고 기여하기 때문에, 사람들은 서양 과학기술을 최고의 학문으로 자연스럽게 인식하고, 모두가 이를 경쟁적으로 배우고 연구하게 되었으며, 그 결과 서양 과학기술이 지배하는 시대가 되었다. 그 결과 서양 과학기술의 바탕이 되는 과학철학사상이 모든 국민의 의식을 지배하게 되었다.

따라서 현대 사회의 물질적 풍요로움과 편리함을 주는 서양 과학기술의 의미와 가치를 살리면서, 한편으로는 현대 사회의 병폐와 위기를 초래한 문제를 해결해 줄 수 있는 새로운 과학기술이 필요하다. 이를 위해서는 현대과학기술을 대체하는 새로운 과학기술, 즉 신과학(new science)이 나옴으로써 가능하다고 본다. 즉, 현대 서양 과학기술의 좋은 점인 물질적 풍요와 편리성을 충족시켜 주면서, 병폐와 문제점을 해결해 줄 수 있는 과학기술을 새롭게 개발하여야 한다.

이것은 다른 말로 표현하면, 현대 서양 과학기술을 대체하거나 변화시키지 않고, 현대과학기술과 부합되지 않는 또는 대체할 수 없는 단순한 사상, 철학, 윤리도덕으로는 현대인들의 의식, 즉 가치관과 세계관을 근본적으로 바꿀 수 없다는 것이다. 즉, 생명력 없는 단지 일과성 지적 유희로 끝나고 만다. 이것이 현대 사회 문제를 근본적으로 인식하고, 근본적으로 치유할 수 있는 단서를 제공해 준다.

따라서 현대 서양과학 물질문명으로 야기된 병폐와 위기를 근본적으로 극복하기 위해서는 현대 서양 과학기술보다 새롭고 앞선 과학기술을 제공하여, 모든 국민이 혜택을 실제로 피부로 느끼고, 새로운 과학기술의 의미와 가치가 위대하다고 가슴에 와 닿을 때 관심을 갖게 되고, 그렇게 될 때 그 과학기술이 만들어 내는 새로운 가치관과 세계관을 의미 있게 받아들이게 된다. 그렇게 되면 기존의 서양 과학기술에 바탕을 둔 세계관과 가치관이 바뀌고, 그 결과 서양 과학기술에 의한 병폐와 문제점이 근본적으로 치유될 수 있는 계기가 마련된다.

역학과 역술은 현대 사회 위기 극복을 위한 대체과학기술이다

현대 서양과학 기술문명의 병폐와 문제점을 완화하고 개선시키기 위해서는 현대 서양 과학기술이 추구하는 물질적 풍요와 편리성을 충족시키면서 새롭고 앞선 과학기술을 개발해서 제공해야 한다. 그러한 과학기술이 결론적으로 주역에서 비롯한 역학과 역술이다.

동양 과학기술은 인간의 건강과 물질적 가치를 추구하는 데 도움을 주는 새롭고 앞선 과학기술일 뿐만 아니라, 정신세계의 문제를 해결하는 데도 도움을 준다는 점에서 영원한 과학기술이고 철학이다. 서양 과학기술은 물질적 가치와 생명에 대한 문제 해결에는 도움을 주지만, 정신세계의 문제해결에는 크게 도움을 주지 못한다.

그러면 서양 과학기술과 동양 과학기술인 역학과 역술을 비교해 보고자 한다. 서양 과학기술은, 300여 년 전 뉴턴역학의 물질론적, 기계론적, 심신 이원론적, 인과율에 의한 결정론적, 분석적 환원주의적 과학관과 우주관에 근거하여 발달한 과학기술이다. 이에 비해서 동양 과학기술인 역학과 역술은, 정신-물질 일원론적 정신 차린 유기체론이고 전체론이며, 확률론적 과학관과 우주관에 근거한 과학기술을 말한다.

그런데 현대 사회의 위기와 병폐를 초래한 주범이 물질론적, 기계론적 이원론에 바탕을 둔 서양 과학기술과 사고체계이며, 따라서 이를 대체할 수 있는 정신-물질 일원론적 유기체론적 동양 과학기술과 사고체계가 필요하다. 뿐만 아니라 쪼개고 쪼개는 분석적 방법이 아니라 총체적으로 직관에 의해 통찰하는 과학기술도 필요하다. 그런데 한쪽, 즉 서양 과학기술 쪽으로 일방적으로 편향되어 있어 현대 사회의 위기가 초래된 것이므로, 궁극적으로는 양자가 균형을 이루는 상태가 되어야 한다. 이와 관련해 최근 역학과 역술이 주목을 받고 있다.

최근에 현대 서양 물질문명과 물질과학기술의 한계와 문제점이 크게 부각됨으로 해서 새롭게 대두되는 현상이 동양의 정신세계와 관련된 문화와 학문, 특히 역학과 역술인 동양 과학기술이다. 이러한 현상은 동서양 공히 새롭게 대두되는 현상이다. 그러면서 동서양 학계에서 대두되는 것이 동양의 문화와 학문이다. 그 문화와 학문의 가장 기본이 되는 학문이 주역에서 비롯된 역학과 역술이다

현대 동서양의 동양학에 대한 연구경향을 크게 분류해 보면, 첫째, 동양 과학기술의 기본 개념과 이론에 대한 과학적 검증, 그리고 현대 분석과학적으로 서술 내지 해설, 둘째, 서양 과학기술과 상호 보완적 통합적 연구, 셋째, 새롭고 앞선 과학기술의 관점에서 대체과학기술로의 활용 등을 볼 수 있다.

첫째, 서구에서 동양 과학기술의 과학성을 밝히기 위해서 연구하는 가장 기본개념이 기(氣)이다. 즉, 기의 실체를 규명하기 위해 많은 투자를 하고 있다. 그리고 중국과 일본에서도 기의 실체를 밝히기 위한 연구가 국가의 정책적 지원하에 진행되고 있다. 우리나라에는 젊은 첨단과학자들이 주축이 되어 만든 한국정신과학회가 있다.

둘째, 서양 과학기술과 상호 보완적 통합적 연구 또는 대체과학기술로는 의학, 풍수, 정신수련 그리고 주역점술 등이 있다.

셋째, 현대 물리학자들을 중심으로 신과학이 대두되면서 기존의 뉴턴 · 데카르트적 과학기술적 사고의 한계점과 문제점을 인식하고, 동양의 역경을 비롯한 불교, 힌두교와 같은 동양사상에 관심을 갖고 연구하게 되었다. 대표적인 학자와 저서로서 카프라의 『현대 물리학과 동양사상』, 쥬커브의 『춤추는 물리』 등이 있고, 우리나라에서는 충남대학교 환경공학과 장동순 교수의 『동양사상과 서양과학의 접목과 응용』, 『100년의 기상 예측』, 표준과학연구소의 방건웅 박사의 『기가 세상을 움직인다』, 『신과학이 세상을 바꾼다』, 한국항공우주연구원의 최기혁 박사의 '오운육기와 기상 및 기후의 관계' 연구논문, 인하대학교 경영학과 장휘용 교수의 『보이는 것만이 진실은 아니다』, 건축설계

사인 박시익 박사의『한국의 풍수지리와 건축』등이 있다.

이상의 내용은 서구의 뉴턴·데카르트적 과학관과 세계관 및 우주관의 문제로 초래된 문제점과 위기를 극복하기 위한 노력으로 정신-물질 일원론적 유기체론적 전체론적 학문의 필요성을 인식하면서 그러한 학문인 동양학 특히 주역에서 비롯된 역학과 역술에 대한 관심과 연구가 진행되고 있다. 이는 현대 사회에서 새롭게 대두되는 과학기술로서 동양 과학기술의 전문 연구 분야라고 볼 수 있으며 21세기 새로운 문명 창조를 위한 돌파구로써 매우 의미 있고 고무적인 현상이라고 볼 수 있다.

라딘(Radin)은 새로운 개념이 과학계에서 받아들여지기까지는 4단계를 거친다고 하였다. 1단계는 기존의 과학적 법칙에 위배되기 때문에 절대로 불가능하다는 것이고, 2단계는 가능할 수도 있지만 별로 대수로운 것이 아니며 그 효과도 미약한 것이라고 마지못해 인정하는 것이다. 3단계에서는 매우 중요할 뿐만 아니라 사회에 미치는 영향이 크다는 것을 이해하게 되며, 4단계에서는 모든 사람들이 당연한 것으로 받아들이게 된다. 그는 우리나라의 역학·역술과 유사한 성격의 사이(psi) 현상에 대해서 3단계가 이제 수평선 위로 힘차게 솟아오르는 중이라고 하였다.

표준과학연구소의 방건웅 박사는『기가 세상을 움직인다』는 저서에서, 현대 서구에서 기를 비롯한 초상현상에 대한 연구현황을 다음과 같이 언급하고 있다.

초상현상에 대한 각국의 연구 현황을 보면, 라딘이 전망하였듯이 초상현상이 있느냐 없느냐 하는 논쟁의 단계는 이미 지났다. 이러한 주제를 갖고 논하는 사람은 이 분야에 대해 잘 모르고 있다고 고백하는 것과 같다. 이 분야의 연구 결과를 전체적으로 조망할 때 물질론적 세계관이 서서히 무너지고 있음을 감지할 수 있다. 물질과 정신의 경계가 사라짐에 따라 앞으로 일어날 변화는 자연과학, 심리학, 의학 등의 과학기술계뿐만 아니라 경제활동을 포함하여 일상생활 전반에 미칠 만큼 엄청날 것으로 예상된다. 주관과 객관의 분류도 무의미하게 될 것이며, 자아에 대한 관심조차도 변할 가능성이 엿보인다. 앞으로 과학의 패러다임뿐 아니라 우주에 대한 기본적인 패러다임이 바뀌면서 가치관조차도 지금까지와는 전혀 판이한 것이 수용될 가능성이 높다. 어쩌면 우리는 이미 코페르니쿠스와 같은 지각 변동의 한복판에 있는 것일지도 모른다.

21세기에 들어서면서 물리학의 연구 영역이나 개념의 확장, 그리고 초물리학(paraphysics)의 의미 변화 등을 예측하는 사람들이 늘고 있다. 이제 비정상적인 것이 더 이상 비정상적인 것이 아니라는 실험적 물증이 쌓이면서, 이에 대한 진지한 검토가 이루어지고 있다. 초상현상이 비정상적으로 보였던 이유는 우리가 밖을 내다보는 창문이 좁았기 때문이지, 그 자체는 본디부터 자연적이고 지극히 정상적인 것이었다. 서구에서는 이미 창틀의 한계를 벗어나기 위해 여러 가지로 진지한 접근을 시도하고 있는데, 우리는 아직도 물질론적 세계관이라는 생각의 도그마에 갇혀 있는 것이 아닌가?

제12장 의리학적 동양학(인생론)

제1절 주역과 유학

1. 주역과 유학

유학은 "술이부작(述而不作: 전술은 하고 창작은 하지 않았다), 신이호고 (信而好古: 옛것을 믿고 좋아하다)"라 한 공자 자신의 말에 나타나 있듯이 공자에 의해 새로이 창시된 것이 아니라, 일반적으로 전설시대라고 일컬어지는 요순시대부터 형성된 방대한 사상체계이다(이기동, 『동양삼국의 주자학』). 요순시대의 사상을 집대성한 책이 사서삼경 중에 서경(書經)이다. 그러므로 서경이 유학의 규범적인 근본사상의 출발점이 된다고 본다.

서경은 사천 년 전 중국의 이제 삼왕의 치천하지대경대법, 즉 천하를 잘 다스린 요순 이제와 삼대(하·은·주)의 시조인 우·탕·무왕·삼왕이 세상을 다스린 큰 벼리와 큰 법을 기록한 동양 최고의 경전이다.

서경은 중국역대왕조에서 치국의 귀감이 되었고, 지식인들의 사고기저가 되기도 했다. 따라서 정치도의, 정치생활의 기준인 제왕학의 원전이 되었는가 하면 지식인 관료들의 윤리도덕 규범인 도덕 윤리관의 원조가 되었다. 전자의 경우 유교 경전의 정치관 도덕정치가 여기에서 유래되었거나 여기에 응결되어 있고, 후자의 경우도 유교의 도덕 윤리가 여기에서 유래하였거나 여기에 응결되었다.

공자는 전설적인 요·순 두 임금과 하·은·주 삼대의 우·탕·문무 삼왕이 다스리던 시대를 가장 이상적인 정치가 행해지던 성군의 시대라고 보았다. 공자가 이들을 성군이라고 떠받드는 것은 이들이 법이나 형벌보다도 덕으로써 나라를 다스렸기 때문이다. 서경의 첫머리 요전(堯典)에서 요임금의 공업(功業)을 서술한 대목을 보아도 거기에서 이미 유가의 학문적인 이상을 발견하게 된다.

공자는 요순시대의 사상을 집대성하였고, 자사와 맹자가 그것을 부연하였다. 그리고 그 주된 표현형식은 그들(공자, 자사, 맹자를 비롯한 유학의 여러 사상가들)이 단편적으로 진술한 언어의 기록에 의한 것이다.

따라서 유학에는 한 시대 한 개인의 논술에 의해 기술된 사상에 비하여 논리체계가 정비되어 있지 않다. 바로 이 점이 많은 중국사상연구자들로 하여금 중국사상을 체계적으로 이해하는 것을 어렵게 하는 부분이다.

일찍이 일본의 吉川幸次郎 씨는 安田二郎 씨의 저서, 『중국근세사상연구』의 서문에서 "중국사상을 연구하는 자들에게 늘 고통스러운 것은 사상가들의 말이 논어를 위시하여 너무나도 단편적이라는 점이다. 단편적인 결과 서로 모순되는 말이 양립되어 병기되어 있는 경우조차 드물지 않다"고 기술한 바가 있다.

이와 같이 유학은 상호 모순되는 요소를 동시에 내포하는 종합적 학문체계이기 때문에 이러한 모순성을 조화롭게 통일하는 전체적인 이해를 동반하지 않는 부분적 연구는 맹인이 코끼리를 더듬는 것과 같아서, 결국 유학사상이 갖는 단편성을 더욱 불려 놓는 결과가 되지 않을 수 없다. 유학사상 연구에 참여한 많은 학자들의 견해 차이로 인하여 유학사상사가 경전의 해석을 둘러싼 주석사적 성격을 띠게 된 것은 이러한 이유에서이다.

따라서 유학사상의 전 영역에 걸쳐 구조를 파악하는 것이 유학사상의 종합적인 이해를 위한 선결요건이다.

유학사상은 이미 전술한 바와 같이 공자에 의하여 집대성된, 요순시대부터 계승 발전되어 온 중국 전통사상인데, 그 계승 발전되어 온 내용의 중심은 중(中)을 실천하는 사상이다. 주자가 쓴 중용장구 서문에서, 천하의 대성인 요·순·우가 천하의 대사인 천자의 제위를 주고받을 때 신중히 일러 준 말의 내용이 '중(中)'을 실천하는 것이었으므로, 천하의 이치는 이 '중'을 실천하는 것보다 더 중요한 것이 없다고 기술하고 있다. 이 중의 사상은 그 이후에도 계승되어 공자, 안자, 증자를 거쳐 자사에 이르러 중용이란 책으로 정리되었다. 어쨌든 요순 이래 계승 발전되어 온 중국 전통사상, 즉 유학사상에 있어서 계승 발전되어 온 내용의 중심을 이룬 것은 바로 이 중(中)의 사상이라고 말할 수 있을 것이다.

성균관대학의 이기동 교수는, 유학이 추구하는 인간사회의 궁극적인 목적은, 첫째, 안으로 향해지는 자기완성(成己)을 목적으로 하는 수기지학(修己之學)이고, 둘째, 밖으로 향해서는 각각의 단계에 있어서의 공동체(집단으로서의 가정, 국가, 세계)를 통치하여 그 구성원을 편안케 하는 것(成物)을 목적으로 하는 치인지학(治人之學)으로서 이다. 그리고 이 수기(修己)와 치인(治人)의 두 끝을 조화롭게 통합하는 중용지학으로 나타나는 것이다.

충남대학교 이현중 교수는,『역경과 사서』라는 저서에서 주역과 유학의 관계를 자세하고 구체적으로 나타내 주고 있다.

유학은 성인에 의하여 형성되고, 군자에 의하여 실천되는 학문이다. 성인은 천지의 도가 인신, 즉 인간으로 화신된 존재로 인류 역사상에 나타나 인간의 삶의 원리인 인도와 그 존재 근거인 천지의 도를 밝혔다. 주역에서는 성인이 밝힌 천지의 도와 인도를 공간성을 중심으로 삼재지도로 규정하고 있다. 천·지·인 삼재에 관통하는 근본원리를 밝혀서 나타내고 있다. 주역이 삼재지도를 밝힌 목적은 군자로 하여금 인도를 자각하여 실천하게 하려는 것이다. 이처럼 삼재지도를 밝힌 경전을 바탕으로 형성된 학문이 유학이다.

뿐만 아니라 유학의 최고 가치인 중용사상도 주역의 중정(中正)사상에서 연유된 사상이라는 것이다. 대산 선생께서는 중용이란 한쪽으로 치우치지도 않고 기울지도 않으며(불편불의: 不偏不倚) 늘 가운데인 상태, 사람이 중심이 되고 중도를 이루어 나가는 것을 말한다. 마땅히 가야 할 길을 한가운데로 가는 것은 중도로 가는 것이다.

중용이란 주역의 괘로 말하면 중정이 되는 상태를 말한다. 주역의 중정사상을 바탕으로 한 유교의 중정지도를 잇는데, 중용을 지은 자사가 중용으로 이은 것이다. 중은 앞서 말했듯이 불편불의(不偏不倚)한 것이다. 그러면 '바를 정(正)'은 '떳떳할 용(庸)'과 한가지인 셈이다. '용(庸)'은 평상, 즉 늘 그대로 한결같은 것, 떳떳한 것, 변치 않는 것을 말한다. 중을 얻었으면 그 중이 늘 떳떳해야 한다. 그래서 중은 치우치지 않는 것이고, 용은 떳떳한 것이라 해서 중용이라고 한다.

중용은 주역에서 유래된 말인데, 주역 중천건괘의 문언전에서 정중자야(正

中者也)에서 中자를 따고, 용언지신(庸言之信) 용행지근(庸行之謹)의 용(庸)자를 취하면 결국 중용이 된다. 그래서 주역을 대주역이라 말하고, 중용은 소주역이라 말하는 것이다.

우리 조상들이 오랜 세월 동안 배우고 중시하여, 우리 역사와 문화에 절대적인 영향을 준 유학의 경전을 말하라고 하면, 흔히 사서삼경인 칠서(七書), 즉 사서(四書)인 대학·중용·맹자·논어와 삼경(三經)인 시경·서경·역경과 조선 오백 년 동안 통치이념이었던 성리학이다.

그런데 "왜 사서삼경이냐" 하고 물으면 아는 이가 별로 없다. 사서삼경과 성리학의 관계를 나타낸 글은 많이 있으나, 왜 사서삼경을 배우는가에 대한 논리적 설명이 되어 있지 않다. 분명히 사서삼경을 배워야 할 학문적 교육적 근거가 있을 텐데 말이다. 즉 유학의 교육목표를 구체적으로 제시하고 그 교육목표와 관련하여 사서삼경 각각의 책의 내용과 의미를 체계적으로 자세하게 서술하여야 한다. 동양학이 학문적 체계화가 되어 있지 않다는 것은 여기에서도 입증된다.

제도권 동양학자들의 저서에서도 사서삼경에 대한 해설과 연구 논문은 있으나 왜 사서삼경을 배워야 하는지에 대한 논리적 설명을 체계적으로 해 놓은 것은 발견할 수 없었다. 그냥 전해들은 이야기로 막연히 사서삼경이 우리 조상들이 오랫동안 배웠던 유학의 기본학문으로 알고 있고, 거기에 성리학이 중국으로부터 통치자의 일방적 의도로 도입되어 조선시대의 통치이념으로 작용했다고만 알고 있다.

이에 좀 더 추가해서 천자문, 동문선습, 명심보감, 소학 등을 배웠다는 것만 알고 있지, 왜 그런 것을 배웠고 이들 학문 간의 관계가 어떤 것인지 잘 모르고 있다. 즉, 현대식으로 표현하면 사서삼경에 대한 교과과정, 즉 커리큘럼을 잘 모르고 있다.

그러나 현대인의 입장에서 볼 때, 사서삼경 각각의 학문 내용과 의미를 체계적으로 밝혀 놓아야 사서삼경의 교육·학문적 의미를 이해할 수 있다. 그래야 조선시대가 아닌 현대 사회에서 계승 발전시킬 수 있는 학문이 무엇인가를 생각해 볼 수 있다.

내가 여기서 동양학을 접하면서 느낀 점과 문제점은 서양과학과 다르게 제도권의 동양학자들뿐만 아니라, 비제도권의 역학·역술가들도 왜 사서삼경을 배워야 하는지에 대한 설명이 없다는 것이다. 단지 자신의 관심 분야에 대한 책을 문자풀이식으로 해설해 놓은 내용만 열심히 나열하고 있는 것이 주류이다.

그렇다 보니 동양학의 문외한인 사람들은 단지 문장 구절 중심으로 의미와 흥미 위주로 읽는 경우가 많다. 그래서 동양학을 읽어 본 많은 독자들의 대화 내용을 보면 누가 지은 어느 부문에 어떤 문장과 구절이 참 마음에 들고 의미 있다는 식으로 말한다. 동양학을 배우고 익힌 사람들도 다를 것이 없다.

이렇게 되면 소설을 읽은 사람과 학문을 한 사람 사이에 차이가 거의 없다. 그러나 소설과 학문은 근본적으로 차이가 있다. 소설은 체계성이 없고, 학문은 체계성이 있어서 각 학문 간 그리고 개념과 이론 간의 의미와 필요성에 대한 서술이 되어 있다는 데 차이가 있다.

따라서 동양학을 단순히 한자풀이식의 해설 위주로 소개하는 것보다 동양학 전반에 대해 거시적 관점에서 종합적으로 각각의 학문적 의미와 필요성에 관한 커리큘럼을 제시하고, 그런 다음 각각의 학문적 내용을 소개하여야 학문하는 맛이 난다. 즉, 학문적 성취감을 느낄 수 있다. 그래야만 전체적인 학문적 체계 속에서 각 전문 분야의 위치와 의미, 필요성을 조망해 볼 수 있고, 그것을 알아야 배우고자 하는 의미와 방향을 인지하게 된다. 그리고 현대 사회에 계승 발전시키고자 하는 생각을 할 수가 있다. 뿐만 아니라 현대 사회에서 계승 발전시켜야 하는 학문과 내용을 취사선택을 할 수 있는 식견이 생길 수 있다. 그냥 조선 오백년 동안 우리 조상님들이 해 온 학문이기 때문에 그리고 막연히 현대 사회 위기를 극복하기 위해서 해야 한다는 식의 주장은 설득력이 없다. 왜냐하면 동양학 특히 제도권 동양학자들의 공허한 사상 철학적 내용과 도덕 윤리적 내용을 들먹이면서 무슨 구세주 같은 학문으로 역설하기 때문이다. 현대는 도덕 윤리를 강조하는 인본주의 시대가 아니고 자본주의 시대인데 화석화된 내용을 자꾸 말하고 강조를 하면 시대착오적인 말이다. 우리나라 말에 선비도 시속을 따르라고 했듯이 말이다.

바로 이 점이 궁금하던 차에 대산 김석진 선생님이 『주역 강의』에서 왜 사서삼경을 배워야 하는지에 대한 각각의 학문적 의미와 필요성을 일목요연하게 서술하고 있어 대단히 반가웠다. 사서삼경에 대한 커리큘럼 내용을 처음으로 들었다.

여기서는 동양학 중에서 가장 기본이 되는 텍스트였던 사서삼경의 각 핵심적 내용과 커리큘럼의 내용에 대해 고찰하고, 성리학과 어떤 관계가 있는가를 살펴보고자 한다. 그리고 주역이 동양학의 근원적인 학문이라고 했는데 주역과 사서삼경 그리고 성리학과는 어떤 관계가 있는가를 대산 김석진 선생의 말씀과 1986년도에 한국교육출판공사에서 발행한 사서오경 각 역해자들의 서문의 글을 중심으로 고찰하고자 한다.

2. 주역과 사서삼경론

대개 한문으로 된 동양학의 기본은 사서삼경이 대표적이다. 대학·중용·맹자·논어를 사서(四書)라 하고, 시경·서경·역경을 삼경(三經)이라 한다. 사서는 현인이 지은 글이므로 서(書)나 전(傳)이라 하고, 삼경은 성인이 지은 글이므로 경(經)이라 한다. 이를 '성경현전(聖經賢傳)'이라고 한다. 사서인 전과 삼경인 경과 관련해서 말하면, 논불리경(論不離經)이라는 말이 있다. 즉, 논은 경을 벗어날 수 없다는 의미이며, 이는 사서보다 삼경의 글이 학문적으로 더 높은 수준에 있다는 말이다. 그래서 경은 신 앞에 내놓아도 부끄럽지 않다는 글이다.

이 사서와 삼경을 합해서 칠서(七書)라고 하는데, 이 가운데 주역을 최고봉의 학문이라고 한다. 그래서 주역을 만학의 제왕이라고 하며, 다른 학문을 모두 익힌 다음 마지막으로 가르친다.

첫째, 근대식 서양교육기관이 들어오기 전에 우리의 전통 교육기관은 서당이었다. 팔세가 되면 서당에 들어가 제일 먼저 배우는 것이 사서 전에 소학(小學)을 가르친다. 어른이 되기 전에 먼저 천자문, 사자소학, 계몽편, 동몽선습, 통감 등을 가르친 후에, 성인이 된 사람(15세) 중에 선별해서 사서와 삼경을 가르쳤다.

특히 뼈와 힘줄이 굳기 전에 사람의 도리를 알아야 한다는 뜻에서, 여덟 살이 되면 필수적으로 소학을 가르쳤다. 즉, "물 뿌리고, 비질하고, 예하고 대답하고, 묻는 말에 조리 있게 대답하는 것, 어른 앞에 나아가는 법, 어른에게서 물러나는 법"과 "부모를 사랑하는 것, 어른을 존경하는 것, 스승을 높이는 것, 벗을 사귀는 것"을 배움으로써, 어려서부터 사람의 도리가 몸에 배도록 한 것이다. 이것을 익힌 후 성년이 되어야 비로소 사서삼경을 배우는데, 제일 먼저 대학을 배운다.

둘째, 사서삼경 중에 대학(大學)을 제일 먼저 배운다.

15세가 되면 제일 먼저 사서 중에 대학을 가르친다. 대학은 옛 사람들의 학문하는 큰 방법(大方)과 학문의 처음과 끝을 전체적으로 나타낸 글이다. 여기서 학문의 처음과 끝이란 주로 인사(人事)의 도(道)에 관한 내용을 의미한다. 사서삼경은 거의 대부분 인간의 정신수련과 도덕 윤리적 인사에 관한 내용이 주류이다. 현대 사회의 자연과학과 같은 자연의 도에 관련된 내용은 주로 도교와 역학·역술에서 다루었다.

대학은 유가의 모든 '인사의 도'에 해당하는 학문의 뼈대를 이루고 있는 큰 틀을 제공해 주고 있다고 볼 수 있다.

학문하는 방법과 큰 틀이 이루어지면, 그 방법(격물치지: 格物致知)으로 획득한 지식을 그 틀(성의, 정심, 수신, 제가, 치국, 평천하)에 채워서 내용을 충실히 하면 된다. 즉, 팔조목 중 처음 두 조목인 격물치지는 학문 방법이고, 나머지 여섯 조목인 성의, 정심, 수신, 제가, 치국, 평천하는 큰 틀이 된다. 그러므로 대학 이외의 학문은 대학이 구축해 놓은 큰 틀 속에 채워지는 내용들이라고 볼 수 있다. 즉, 유학에 다양한 학문이 있지만, 그러한 학문의 내용은 인간이 수기(修己)(성의, 정심, 수신), 치인(治人)(제가, 치국, 평천하)하기 위한 구체적인 내용들이라고 볼 수 있다.

대학은 경과 전 두 부분으로 되어 있으며, 경은 증자가 공자의 말씀을 기술한 것이고, 전은 증자의 견해를 그의 제자들이 기록한 것이다. 그러므로 대학의 핵심은 경에 있고, 그 진수는 경문 속의 삼강령 팔조목(三綱領 八條目)에 있다.

사서 가운데 다른 책들은 때와 장소, 일에 따라 대화나 산문으로 말이 달라

지기도 하고 서로 연관이 없는 말이 이어지기도 하지만, 대학은 삼강령 팔조목을 기본으로 하여 질서정연하게 논리를 전개하고 있다. 여기서 '질서정연하게 논리를 전개하다'는 의미는 체계화가 잘 되어 있다는 뜻이다. 사서삼경 중에서 학문적 맛이 가장 많은, 즉 체계화가 잘 되어 있는 글은 대학과 중용 그리고 주역이다. 사서 중 논어, 맹자는 주자가 말한 바와 같이 '어맹(語孟)은 수사문답(隨事問答)하여 난견요령(難見要領)이다.' 이는 '어맹, 즉 논어 맹자는 일에 따라서 묻고 답을 하여서 요령을 알기가 어렵다'는 표현이고 이는 현대적 의미로 학문적 체계성이 없다는 것이다.

대학은 경을 체(體)로 하고, 전을 용(用)으로 하여, 유교사상의 기본 구조를 밝힘과 동시에 수기치인하는 방법을 합리적으로 가르쳐 주는, 사서 가운데 가장 이론적인 책이다.

체(體)와 용(用)

여기서 체와 용이란 표현이 있는데, 이것은 앞으로 종종 사용되는 동양학의 독특한 개념으로, 체는 간단히 말하면 근본적인 것을 의미하고, 용은 근본적인 체에서 파생된 가지와 잎에 해당하는 개념이다. 자칫 이를 원인과 결과라고 오해하기 쉬운데 그것은 아니다. 예를 들면 바다가 체라면, 파도는 용처럼, 바다와 파도는 원인 결과와 같은 관계가 아니다. 왜냐하면 파도의 원인은 바람이지 바다가 아니기 때문이다.

체계적이고 현실적으로 선후본말을 분명히 하여 설명한 대학은 시대를 뛰어넘어 모든 이의 필독서인 것이다.

대학의 첫 머리에 나오는 삼강령에 보면, "대학의 도는 밝은 덕을 밝히며, 백성을 새롭게 하며, 지극한 선에 그치는 데 있느니라[大學之道는 在明明德하며 在新民(경문에는 親民, 경문을 해설한 전문에는 新民으로 풀이)하며 在止於至善이니라]"라고 되어 있다. 이는 '사람이 하늘로부터 타고날 때 밝은 덕을 받고 태어났지만, 욕심에 가려 묻게 되니, 그것을 닦아 본성을 회복하는 것이 공부다'라는 뜻이다.

대학 삼강령의 중요한 내용 중에서 이해가 쉽지 않은 개념이 첫 번째 강령인 재명명덕의 '명덕(明德)'의 개념이다.

자신을 깨끗이 하여 새로워진 뒤에, 새로워진 것을 가지고 남을 새롭게 만들어 주니, 온 세상이 깨끗해져서 지극히 선한 데 그치게 된다. 여기서 지선(至善)이란 윤리적으로 착하다는 의미라기보다는 사리의 당연한 극치, 즉 천리의 극치를 다하여 털끝만한 인욕(人慾)의 사사로움조차 없는 순수한 진리를 의미한다.

그래야 "사물에 이르러 그 사물의 이치를 알아내고, 그것으로 인해 정성스레 마음을 바로 하게 되는 것(格物致知誠意正心)"이고, "마음을 바로 해 몸을 닦아서 자신을 수양하니, 집안을 다스리고 나라를 다스릴 수 있게 되어, 온 세상이 평안해짐(修身齊家治國平天下)"을 이루게 된다.

그래서 대학에는 '명덕(明德)·친민(親民)·지어지선(至於止善)'을 학문의 총괄적인 뿌리 또는 벼리가 된다 하여 '삼강령'이라 하고, '격물·치지·성의·정심'과 '수신·제가·치국·평천하'는 구체적인 수기치인의 실천적 사항으로 여덟 개의 가지 또는 조리가 되는 항목으로 '팔조목(八條目)'이라 하여, 대학의 근간으로 삼고 있다.

그래서 주자는 대학을 수기치인이라는 유교의 이상, 즉 공자의 가르침의 골격을 깨우치는 '초보자가 덕성함양에 들어가는 문, 즉 초학입덕지문(初學入德之門)'으로 간주한다. 주희는 사서 가운데서도 대학을 가장 중시했고, 대학 가운데서도 격물 두 자를 특히 중시했다.

팔조목에 대한 내용을 구체적으로 서술하면, 먼저 격물은 모든 사물에 부딪쳐 보는 것으로 '이를 격(格)'자 그대로 사물에 이른다는 뜻이다. 내가 이 세상에 살면서 온갖 사물과 마주하고 살아야 하는데, 모든 사물을 '사물은 사물이고 나는 나'식으로 본체만체한다면 사물의 이치를 알지 못하여 답답한 사람이 된다. 그래서 그러한 이치를 알려고 접촉하는 것이다. 현대적인 과학적 방법론이 현실에 근거하여 체계적으로 관찰하고 실증적 연구를 하려고 과학적 태도와 같다고 본다. 그래서 서구인들은 격물을 investigation(관찰)이라고 번역한다.

치지(致知)는 격물한 다음 그 속에 있는 이치를 알아내는 것으로 '이를 致'

와 '알 知', 곧 앎을 이루는 것이다. 서구인들은 치지를 complete knowledge라고 번역한다.

이렇게 앎을 이루었으면 성의(誠意), 곧 뜻을 성실히 가지게 된다는 것이다. 뜻을 성실히 가짐에 따라서 정심(正心), 곧 마음을 바로 하게 되고, 수신(修身)은 마음을 바로 해서 몸을 닦는 것이다. 따라서 수신이란 정심과 같은 내용이라고도 볼 수 있다. 즉, 몸을 닦는다는 수신은 곧 마음을 바로 하는 정심을 의미하기 때문이다. 글자 그대로 수신이란 육체를 단련한다는 의미가 아니고 마음을 바로 하는 것을 의미한다. 동양학에서는 마음은 몸의 주인으로 보기 때문에, 즉 '심자 신지소주야(心者 身之所主也), 심이란 몸의 주인이다'는 관점에서 볼 때 몸을 닦는다는 것은 곧 마음을 닦는 것이다.

자기 몸을 닦은 다음에는 제가(齊家), 곧 집을 가지런히 하는 것이다. 제가 이후에는 치국(治國), 곧 나라를 다스리고, 나라를 다스린 뒤에는 평천하(平天下), 즉 천하를 평치하는 데 이르게 된다는 것이다.

당나라 시대에 신유학(新儒學: 朱子學) 형성의 출발점이요, 선구자적 위치에 있는 韓愈(768~827)는 '원도(原道)'란 글에서 요(堯)·순(舜)에서부터 공자·맹자로 이어지는 유학의 전통을 논했는데, 여기서 대학의 팔조목 장을 끌어내어 수신으로부터 평천하에 이르는 것을 도의의 근거로 삼았다. 그리고 그러한 것들은 옛날의 이른바 정심하고 성의한다는 것은 유위(有爲)한 일을 하려는 것이다. 이러한 사상을 강조한 것은 그 당시 불가나 도가가 그 마음을 다스리면서도 공(空)과 무위(無爲)를 강조하고, 천하 국가를 도외시하고, 천륜을 거역하고 있다는 것을 비판한 것이다.

사람의 마음을 다스리는데서 출발하기는 대학도 '불가'나 '도가'와 마찬가지이다. 그러나 차이점은 도의 목표가 치국평천하에 이르고, 이르지 않음에 큰 차이가 난다는 것이다. 그래서 유가는 도가나 불가와 다르게 인간세상을 경영하는 경세에 관심이 많은 학문임을 알 수 있다.

대학을 배운 다음 중용을 배운다. 대학과 중용의 공부 순서에 대해서, 주자는 "중용은 읽기 어려운 책이므로, 대학과 '논어' '맹자'를 보고 나서 마지막으로 중용을 읽으라"고 했고, 대산 김석진 선생은 "대학이 외적인 진리의 선

(善)을 주장하고 있다면, 중용은 내적인 정신적 수행의 의미의 성(誠)을 강조하고 있어서 서로 표리가 되므로, 대학을 먼저 하고 그 다음에 중용을 읽는 것이 좋다"고 견해를 달리했다.

셋째, 대학을 배운 후 중용(中庸)을 배운다.

삼강령과 팔조목을 가르치는 대학을 배우다 보면, 온갖 사물의 이치를 알아내는 격물치지에만 몰두하여 자칫 정신이 산만해질 수 있다 하여, 정신을 안으로 집중되게 모으기 위해 중용(中庸)을 배운다.

격물치지는 인간 밖의 사물에만 관심을 두고 연구하기 때문에, 인간 내부의 마음세계에 대해서 소홀하기 쉽다는 것이다. 그렇게 되면 인식의 주체인 정신이 산만해질 우려가 있으므로, 정신을 모으고 수련하기 위한 공부가 필요하다.

특히 동양학은 정신세계에 대한 학문이다 보니, 객관의 세계인 물질세계에 대한 연구를 하는 서양과학에 비해서 정신자세가 매우 중요하다고 본다.

중용은 유교의 기본 사상이 함축적, 철학적으로 표현된 경전이다. 역전(易傳)과 함께 유교사상의 철학적 해명을 기도한 것으로써, 후세 성리학인 주자학을 열어준 기틀이 된 책이다. 우주론적 근거와 배경에 바탕을 두고 인간문제를 구명하는 중용은 성선관(性善觀)에 바탕을 둔 천인합일을 그 주제로 삼고 있다.

전부 33장으로 되어 있는데, 전반은 중용, 후반은 성(誠)에 대한 내용으로 구성되어 있다. 제1장은 이 책의 전체적 조망과 내용을 압축한 유가의 인생철학, 심성철학의 요지를 짜임새 있게 해명하고 있다.

중용 첫머리 장에 "천명지위성(天命之謂性)이요 솔성지위도(率性之謂道)요 수도지위교(修道之謂敎)니라"고 되어 있는데, 하늘이 우리에게 명해 준 것이 성품이므로 곧 천명지위성이고, 하늘로부터 타고난 성품을 내가 그대로 따라가는 것이 길이므로 곧 솔성지위도이고, 그 성품을 따르는 도를 잘 닦아 나가는 것, 즉 마름질하는 것이 하나의 교육적인 가르침이 되는 것이니 수도지위교이다. 해석이 성선설에 입각하여 해석한 것이라면, 성악설의 관점에서는 다르게 해석하고 있다.

성악설에 의하면 "하늘이 명(命)한 것을 식욕, 성욕, 투쟁심과 같은 본능성이라 하고, 성인이 백성들의 본능성을 통솔하는 것을 도라 하고, 성인이 도를 백성에게 넓혀 익히게 함을 교(敎)라 한다." 우리들에게 잘 알려진 해석은 전자인 주자의 것이다. 그러나 후자와 같은 독특한 해석이 있음을 간과해서는 안 된다. 해석은 늘 열려 있다. 오늘을 사는 우리에게 중용의 독해법이 꼭 주희의 방식 그 하나뿐이어야 할 절대적 이유는 없다.

중용의 첫머리부터 성(性)·도(道)·교(敎)를 말함으로써 도를 닦는 근본을 가르침을 나타내었다. "기뻐하고 성내고 슬퍼하고 즐거워하는 것이 드러나지 않은 것을 중(中)이라 이르고, 발해서 다 중절을 지키는 것을 화(和)라고 하니……, 중화(中和)를 이루면 천지도 본 위치를 지키며 만물이 길러진다(喜怒哀樂之未發을 謂之中이요 發而皆中絶을 謂之和니……, 致中和면 天地位焉하며 萬物이 育焉이니라)"고 하여 中을 강조한 것이 중용이다. 정명도(鄭明度)는 "중의 이치는 지극하다. 陰만으로는 생성되지 않고 陽만으로도 생성되지 않는다. 치우치면 금수가 되고 중(中)이면 사람이 된다. 中인즉 치우치지 않음이요, 용(庸)인즉 바뀌지 않음이다. 중만으로는 그 의미를 다하기에 불충분하므로 중용이라 했다"고 말했다.

중용사상의 핵심은 물론 '중'에 있다. '중'이란 말에는 원래 사방의 중앙, 중심, 적중 등의 뜻이 있다. 그러나 앞에서 언급한 정주학파(程朱學派)의 '중'은 덮어놓고 중간을 뜻하는 것이 아니다. 일정한 두 지점 사이의 거리에 있어서 그 가장 중간되는 곳을 가리키는 곳이 아니다. 여기에서 '중'은 그러한 기계적, 물리적 中이 아니다. 사람과 사람, 또는 사물과 사람 사이에 생기는 문제에 있어서 누구에게나 가장 알맞은 도리가 바로 中이다. 그렇다고 안일무사주의나 소극적인 처세관을 중이라고 하면 그것도 그릇된 생각이다. 안이한 타협이나 절충은 '중'이 될 수 없다. 이런 행위는 사이비 중용이다. 즉, 높은 윤리성과 도덕관을 전제로 한 것이 아니면 중용이라고 할 수 없다. 단순히 이것과 저것의 중간을 선택하는 것은 진정한 중용이 아니기 때문이다. 정이천의 중용에 대한 언급에서 "중은 천하의 정직(正直)이요, 용은 천하의 정리(定理)"라고 했듯이, 중용은 정직이므로 부정에 대한 저항을, 또 정리이므로 비정리에 대한 거부를 의미한다.

'중'은 시간이 바뀌고, 모든 사물이 차이가 나며, 상대적이고 변통해 감에 따라 거기에 알맞은 도리를 말한다. '중'은 평범한 사위(事爲) 속에서도 변통성 있는 타당의 극치이므로 곧 지선(至善)의 경지인 것이다. '용(庸)'은 언제 어디에나 있고 영원불변하다는 뜻이다. 그렇기 때문에 중용은 일상적인 범위를 벗어나지 않으므로 얼핏 보기에 그때그때 순간적인 진리인 듯하면서도, 기실은 우주의 근본이 되는 영원무궁한 진리인 것이다. 곧 중용의 도는 가장 평범한 듯하면서도, 상당한 덕의 수양이 있어야만 그것을 올바로 행할 수 있다.

지금까지 언급한 중용 전반부의 중화사상(中和思想)은 중용을 철학적으로 다르게 표현한 것이라면, 후반부의 '誠'은 전반부의 내용과도 깊이 관련되어 있는데, 바로 우주만물의 지극히 정성스러우면서 쉼이 없는(至誠無息) 그 성실성을 문자로 표현한 것이다.

'성(誠)은 하늘의 도이며(誠者天地之道也), 성되려고 하는 것은 사람의 도다(誠之者人之道也)'고 말하듯, 성은 천·지·인, 즉 삼재를 관통하는 원리다. 즉, 성실한 것은 우주의 원리이고, 성실하려고 노력하는 것은 인간의 도리라는 것이다. 이것은 또한 중화를 실현하려면 행동 주체면으로부터 생생불이(生生不已, 낳고 또 낳아 그치지 아니함), 곧 현상 생성의 간단없는 원동력이 뒷받침되어야 한다. 이 원동력을 중용에서는 성(誠)이라 했다. 성(誠)은 부단한 노력, 한결같이 변함없는 것을 요건으로 한다. 중용은 후반부에서 "성은 하늘의 도요, 성해지려고 하는 것은 사람의 도다(誠者 天地之道也 誠之者 人之道也)"라고 하여 전반부의 내용을 포괄 발전시켜 나가고 있다. 저절로 잘되어 진실무망(眞實无妄)한 것이 하늘의 도요, 참되도록 노력해야 하는 것이 사람의 도다.

성(誠)이 극치에 이를 때 하늘로부터 부여받은 본연의 성(性)이 그대로 실현되는 것이요, 그렇게 되면 사물의 성(性)도 아울러 실현될 수 있다. 이것이 곧 인간이 자신을 확립하고 천지 만물의 화육(化育)을 돕는 것이다. 이와 같이 성(誠)은 우주를 움직이는 생명체요 원동력이다. 무슨 일이든지 성(誠) 없이는 시작도 할 수 없고, 따라서 성공도 기대할 수 없다. 그래서 중용에서는 성은 사물의 처음이요 끝이니, 성이 있지 않으면 사물은 없다(誠者 物之終始

不誠無物)고 하여, 우주와 인간의 모든 문제를 성(誠)에 귀결시키고 있다.

요컨대 오로지 성(誠)에 의해서만 미발(未發)의 中이 서고, 절(節)에 맞도록 발(發)하여 화(和)를 이룰 수 있는 것이요, 그것이 바로 하늘이 부여한 본연의 성(性)을 그대로 실현하는 것이다. 이러한 성(誠)으로 일관된 마음을 가질 때 종국에 가서는 행하는 모든 일이 저절로 법도에 맞아 어그러짐이 없어, 덕(德)의 최고 형태인 '성(聖)'의 경지에 이르게 된다는 것이다. 성(誠)의 경지에 달한 인간형인 성인이야말로 천명을 받아 세상을 다스릴 수 있는 사람이요, 그의 덕(德)으로 교화된 이상적인 사회가 바로 대동사회(大同社會)이다.

그러므로 인간은 우주의 운행 원리인 성(誠)을 배우고, 실천하며, 체득하는 데서 인격을 완성할 수 있다. 이렇게 우주 자연과 인간이 하나로 합쳐진다는 이른바 천인합일(天人合一)의 경지나 원리는 중용의 핵심인 동시에 유교가 지향하는 최종적인 목표다. 이런 관점에서 볼 때 중용은 주역의 천일합일 사상과 천도의 이치를 미루어 인사를 논한 가장 전형적인 글이기 때문에 소주역(小周易)이라고 한다.

성(性)·도(道)·교(敎), 여기에서 시작하는 중용을 공부하다 보면 안으로 정신 집중이 잘된다는 것이다. 그래서 중용의 핵심을 '정성 성(誠)' 한 글자로 표현하는데, 이렇게 해서 대학의 선(善)과 중용의 성(誠)은 겉과 속이 된다(內誠外善).

넷째, 중용을 배운 후 맹자(孟子)를 배운다.

중용만을 공부하면 속으로 육조배포(六曹配布)만 했지 밖으로 발표를 못할 우려가 있으므로, 표현력을 기르기 위해서 다음에 맹자를 가르친다. 맹자를 배우면 맹자의 호변이 뛰어나기에, "맹자 칠 권을 읽은 사람은 말을 잘 하니 그 사람과는 말도 하지 말라"는 말이 전해 온다.

맹자는 논어에 나타난 공자의 가르침을 계승 확장하는 형태로 설명하고 있으며, 맹자의 언행과 사상을 기록한 7편을 각각 상하로 나누어 14편으로 만들었다.

맹자(孟子)의 근본정신은 논어(論語)가 그렇듯 책의 첫 구절(양혜왕·상)에 잘 드러나 있다. "孟子見梁惠王하신대, 王曰 叟不遠千里而來하시니 亦將有

以利吾國乎잇가(맹자가 양혜왕을 찾아가시니까 양혜왕 하는 말이, 노인네가 천릿길을 멀다 않고 이렇게 날 찾아오셨으니, 앞으로 우리나라를 이롭게 해주시렵니까?)" 이렇게 '이로울 이(利)'를 먼저 말했습니다. 이에 대해 "孟子對曰 王은 何必曰利잇고? 亦有仁義而已矣니이다(맹자가 답하시기를 왕은 하필 이를 말하시오? 또한 인의가 있을 뿐입니다)"라고 대답하였다. 이렇게 맹자는 공자가 강조한 인에다 의를 덧붙여 '인의(仁義)'를 강조한다. 그리고 그 기초가 되는 성선설을 이어, 이에 입각한 '왕도정치론'을 말한다. 그리고 더불어 호연한 기운(浩然之氣, 호연지기), 즉 대자연과 합일하는 인격체를 추구할 것을 주장하고 있다.

공자의 인(仁)은 육친 사이에 나타나는 자연스러운 친애의 정을 널리 사회에 미치게 하려는 것이다. 그것은 먼 곳보다는 가깝고 친근한 곳으로 정이 더 가는 이른바 원근법적인 사랑으로서 가족제에 입각한 차별애라 할 수 있다. 맹자는 이를 계승하여 보편적인 인애의 덕을 주장하는 한편, 그 실천 면에서는 현실적인 차별상에 따라 합당한 태도를 결정하는 의(義)의 덕을 내세웠다.

한편 앞서 말한 맹자의 왕도정치론은 민본주의와 혁명론을 축으로 하고 있다. 물론 맹자의 민본주의는 현대의 민주주의와 같은 개념이 아니다. 맹자의 민본주의는 선한 본성을 지닌 인간에 대한 신뢰에 바탕을 두고 있다. 맹자는 국가가 백성(民)·국토(社稷)·정치(王)의 세 요소로 구성된다고 보고, 그 가운데서도 백성이 가장 귀하고 임금이 가장 가벼운 것이라고 보았다.

군주로서의 덕성을 상실하고 백성의 지지를 받지 못하는 폭군은 한낱 지아비에 불과하다는 평가와 민의에 의한 정치적 혁명을 긍정한 혁명론은 애민(愛民)·중민(重民)사상에 기초한 맹자의 정치적 이상을 잘 보여 준다. 아울러 맹자는 사람에게는 누구나 먹고 살 수 있는 최소한의 생업, 즉 항산(恒産)이 있어야 인간다움을 추구하는 도덕의식, 즉 항심(恒心)도 요구할 수 있다고 보아 다양한 경제 정책을 제시한다.

맹자는 인간의 도덕 실현의 가능 근거로서 사단(四端), 즉 인(仁)의 단서(端緒)인 측은지심(惻隱之心), 의(義)의 단서인 수오지심(羞惡之心), 예(禮)의 단서인 사양지심(辭讓之心), 지(智)의 단서인 시비지심(是非之心)을 들고 있다.

이것은 인간이 태어나면서부터 갖추고 있는 이 사단을 확충하면 인의예지(仁義禮智)의 덕성을 이룰 수 있다는 인간의 자기완성의 가능성에 절대적인 신뢰를 둔 이론이다. 맹자의 이 성선설은 순자의 성악설과 대비되며, 이후 중국 사상사의 정통 학설로 존중받고, 동아시아 사회의 긍정적, 낙관적 인간론을 형성하는 주요 이론이 된다.

이상의 내용에서 보는 바와 같이 맹자는 기백과 언변이 뛰어난 데다, 인의의 도를 강조하고 왕도와 패도를 명확히 구분하여, 호연지기, 대장부론을 짓고 사단설을 확립하였다.

다섯째, 맹자를 배운 후 논어(論語)를 배운다.

맹자를 배우는 데서 그치고 말면, 표현력은 길러졌지만 말만 앞세울 염려가 있으므로, 예의규범을 배워 실질 행동에 힘쓰라고 논어를 가르치게 된다.

논어는 공자와 그 제자들의 언행이 담긴 어록이다. 공자와 그 제자들이 유교의 이상인 대학(大學)의 도를 어떻게 실천했는가를 살펴볼 수 있는, 이른바 유교이론의 구체적 실천이 생생하게 담긴 자료집이다. 그런데 이런저런 이유로 해서 논어의 내용은 논리적이거나 체계적이지 않다. 즉, 공자의 개념 설명은 대화 상대가 누구냐에 따라 다르며, 그 내용의 깊이 또한 일정치 않다. 따라서 읽는 사람에 따라 다른 해석을 내릴 여지가 적지 않다.

논어에서 핵심을 이루는 사상은 우리 모두가 잘 알고 있는 인(仁)이다. 즉, 천하의 인간사가 모두 인(仁)에 의해 위로되고 결정될 수 있음을 말한다. 따라서 위정자는 인의 덕치를 베풀어 만인들이 다 같이 평등한 행복을 누리도록 애써야 함은 물론이고 백성은 위정자의 그와 같은 은혜에 심복(心服)할 것을 강조한다.

여기에서 인애사상(仁愛思想)을 말하는데 왜 정치도덕을 먼저 말하느냐 하면, 유가의 이른바 이상세계는 치자와 피치자 간의 긴밀한 결속으로 이루어지는 사회의 안정을 바탕으로 하기 때문이다. 그리고 그와 같은 궁극적인 목적을 달성하기 위한 발전적 단계로서 수기며 수신의 과정을 밟아 가는 것이다. 따라서 공자의 인애사상은 어디까지나 그 주체가 인간이 된다.

인(仁)의 뜻을 알기 위해서 이와 관련된 구절을 살펴보고자 한다. 즉, 안자가 공자에게 인을 여쭈니까 극기복례(克己復禮)라고 말하였다. 이는 자기 몸의 편벽된 기질과 사사로운 욕심 때문에 인을 행할 수 없으니 이를 다 이겨내고서 하늘로부터 본래 타고난 예를 회복해야 한다고 말씀하시며, "一日克己復禮면 天下歸仁焉(하루라도 극기복례를 잘하면 천하가 인으로 돌아간다)이라"고 하였다. 공자는 이런 사람이 있다면 인을 아주 잘하는 사람으로 인정해 주겠다고 말씀하셨다.

논어는 위기지학(爲己之學)으로서, 남을 위해서나 남한테 잘 보이려고, 또는 배운 것이 많음을 남한테 잘 보이려고, 또는 배운 것이 많음을 남한테 보여 주려고 공부하는 것이 아니고, 남이야 뭐라 하든 나 스스로 사람이 되기 위한 공부를 하는 것이다.

논어 첫 대목의 세 구절에는 그 전편의 사상이 대략 압축되어 있는데, 이를 보면 "子曰 學而時習之면 不亦說乎아! 有朋이 自願方來면 不亦樂乎아! 人不知而不慍이면 不亦君子乎아!(공자 말씀에 배우고 때때로 다시 익히면 또한 기쁘지 않으랴! 나를 알아주는 벗이 먼 곳에서 오면 또한 즐겁지 않으랴! 남들이 나를 알아주지 않아도 성내지 아니하면 또한 군자가 아니랴!)" 하였다.

공자는 첫 구절 "학이(學而)……"에서 배우는 기쁨을 제일 먼저 내세우고 있음을 알 수 있다. 사람이 태어나서 사람으로서 갖출 기본 교양을 닦아 사람의 도리를 하며 사람답게 살아가는 데서 향유할 수 있는 기쁨을 제시한 것이다. 배움을 통한 자기완성은 바로 '사람이 사람으로서 바로 사는 기쁨'인 것이다.

이렇게 인간의 묻고 배움(學問)과 자기수양의 과정에서 드러나는 사람임·사람됨의 무늬(人文)는 인륜·윤리를 성립케 한다. 이어 둘째 구절 "유붕(有朋)이……"에서는 자기완성을 위해 힘쓰는 자에게는 그 뜻을 알아주고 서로 어울려 사는 모습이 있게 마련이다. '사람이 서로 무리 지어 어울려 사는 즐거움'의 무늬가 바로 친구들의 찾아듦일 것이다. 덕 있는 인간의 윤리와 덕이 있는 정치인 덕치(德治)도 여기서 성립한다. 마지막 구절인 "人不知……"는 남이 알아주지 않더라도 불만스럽게 여기지 않는다는 것이다. 이는 남의 이목 때문이 아니라 '자신을 위해서' '마땅히 해야 할 일', '가치 있는 일' 그 자체를 자신이 진정으로 원해서 함을 말한다. 하지만 그것은 누구나 가능한 것이 아니다. 그것을 초연히 해낼 수 있는 사람은 바로 '사람이 사람으로서 해야 할 가치를 추구하고 실현하는 인간'인 군자인 것이다.

그래서 이 책의 마지막은, 군자가 되기 위해서는 '하늘이 부여한 길(하늘의 뜻)'을 알아야 하며(知命), 사회에 몸을 뚜렷이 세우기 위해서는 '예'를 알아야 하며(知禮), 사람이 어떠한가를 잘 알기 위해서는(그 관계 맺음의 기본인) '말'을 알아야 한다(知言)는 글로 장식된다.

여섯째, 사서를 배우고 나면 시경(詩經)을 가르친다.

논어를 공부하면 참 점잖아지고 행동을 잘 하지만 좀 고리타분한 데가 있다는 것이다. 본래 사람은 이성만 있는 것이 아니라 감성을 아울러 갖추고 있으므로, 흥도 제때에 풀어야 하는데 그걸 못하는 것이다. 그리고 "男女七歲不同席(남녀가 일곱 살이 되면 한자리에 앉으면 안 된다)"이라고 해서 어려서부터 이성 교제를 엄격히 규제하고, "身體髮膚는 受之父母(몸과 터럭은 모두 부모에게 받은 것이다)"라고 해서 어떻게 손톱을 깎아 내고 머리털을 베어 낼 수 있느냐 한다. 그래서 이렇게 너무 고지식한 데서 탈피하고 흥을 좀 풀라고 시경을 가르친다.

시경은 중국 최고의 시가집으로 여기에서는 고대 중국의 각 지방에서 유행하던 민간의 토속적 노래, 조정에서 향연과 조회에 쓰던 노래, 조정에서 신과 선조들의 성덕을 기리던 노래들이 실려 있다. 이들은 내용 면에서 각각 풍(風)·아(雅)·송(頌)으로 분류되는데, 당시의 사회적 배경과 정치적 여론, 일상생활에 대한 모든 상황을 반영하고 있다. 그러나 무엇보다도 시경의 근본정신은 인간의 희로애락에 대한 꾸밈없이 솔직한 감정의 표현에 있다.

풍(風)·아(雅)·송(頌) 삼백 여 편의 시 내용 가운데 한마디로 시경의 성격을 포괄적으로 대변할 수 있는 문구(文句)를 찾는다면 魯頌 (駉篇)의 시구인 '사무사(思無邪)'일 것이다. 이 시는 공자보다 백오십 년 전 노나라의 僖公이 伯禽의 법에 사념이 없이 따랐다는 말이지만, 공자는 이 말 한마디가 시경의 모든 작품에도 통하고 있다 하여 "詩三百 一言而蔽之曰思無邪"(논어 爲政篇)라고 했다. 즉, 시 삼백 편의 내용은 한마디로 말하면 마음에 간사한 생각이 없다는 말이다. '시경'에는 자유 분망한 연애감정, 봉건사회에서 고통받는 민중의 증오·풍자 등이 어우러져 있으며, 그 바탕에는 순수한 인간의 본디 모습이 자리 잡고 있는 것이다.

아(雅)와 송(頌)의 작품들은 귀족계급 사이에 만들어지고 불린 것들이지만, 시경(詩經)의 중심을 이루는 정신은 풍(風)에 있는 것이다. 풍에는 젊은 남녀들이 함께 모여 발을 구르며, 춤추며, 합창하는 노래가 대부분이다. 이들 노래는 가사의 의미보다는 리듬에 중점을 두고 있다. 리듬이 단조롭고, 행이 짧으며, 반복이 많은 것으로 보아 무도가로 보이는 점이 특이한 것이다.

남녀들은 제사 때에 모여 춤을 추거나 또는 들판에서 나물을 캐면서, 또는 나무 열매를 던지면서, 또는 동문 밖이나 강가에서 밀회하면서 사랑의 노래를 유희적으로 불렀던 것이다.

시경의 첫 구절에는 쌍쌍이 끼륵끼륵 울며 물가에 노니는 물수리들을 보고서 하는 말이, "關關雎鳩 在河之洲로다. 窈窕淑女 君子好逑로다(한번 만나 제 짝을 정하면 다시 다른 짝을 구하지 않고 늘 쌍쌍이 노니는 저 물수리처럼 요조숙녀는 군자의 좋은 배필이니 서로 만나야 한다)"고 하였다. 이 시구는 주나라 文王과 그 后妃인 사씨를 두고 한 말인데, 시경의 이 글귀에 따라 덕성과 행실이 훌륭한 여자를 요조숙녀라 하고, 그러한 남자를 군자라고 일컫는 것이다. 또 "參差荇菜를 左右流之로다(마름나물을 이리저리 구하듯이 요조숙녀를 자나 깨나 찾고 구해서 결국은 만나 가지고)", "窈淑女를 琴瑟友之로다(거문고 뜯고 비파 뜯어 가며 서로 즐긴다)"라고 하였다.

일곱째, 시경을 배우고 난 후에 서경(書經)을 배운다.

이렇게 시경을 배우며 흥을 푸는 데만 빠지면 나라가 어떻게 되는지 또 정치가 부패하는지 나는 모른다 하고서 '흥야(興也)라 부야(賦也)라' 하며 낙관적이고 낭만적으로 놀게 된다. 그래서 백성과 나라를 생각하고 정치를 할 줄 알라고 서경을 가르친다.

서경은 다른 말로 상고의 서를 존경하고 숭상한다는 의미에서 '상서(尙書)'라고도 하며, 원래는 3천여 편이었으나, 공자께서 1백 편으로 간추렸고, 진시황 때 없어졌다가 그 후 다시 복원되었다. 서경은 요순시대부터 진나라 목공

때까지 3천여 년 동안의 정치사 및 정교를 하(夏)·은(殷)·주(周)시대의 사관이 기술한 왕도정치의 전범이다.

상고시대 중국의 조정에는 좌우이사(左右二史)가 있어 좌사(左史)는 왕의 말씀을 기록하고, 우사(右史)는 왕의 행사를 기록하여, 말씀을 기록한 것은 상서(尙書)인 서경이 되고, 행사를 기록한 것은 춘추(春秋)가 되었다.

서경은 사천 년 전 중국의 이제 삼왕의 치천하지대경대법(治天下之大經大法), 즉 천하를 잘 다스린 요순 이제와 삼대(하·은·주)의 시조인 우임금·탕임금·무왕 삼왕이 세상을 다스린 큰 벼리와 큰 법을 기록한 동양 최고의 경전이며, 그 내용은 치도의 근본을 밝혀 세상을 화평되게 하기 위한 정치서이다.

사마천의 사기(史記)에 보면, '역(易)'은 천지·음양·사시·오행 등을 나타낸 것이므로 '변(變)'에 장점이 있다면, '서(書)'는 선왕의 '사(事)'를 기록한 것이므로 '정(政)'에 장점이 있다고 하였다.

서경에는 성현정치가 잘 묘사되어 있다. 중국의 고대정치·제도·사회·경제·법률·도덕 등에서 대표적이고도 모범적인 것은 총망라되어 있다.

서경은 역대 중국왕조에서 치국의 귀감이 되었고, 지식인들의 사고기저가 되기도 했다. 따라서 정치도의, 정치생활의 기준인 제왕학의 원전이 되었는가 하면, 지식인 관료들의 윤리도덕의 규범인 윤리도덕관의 원조가 되었다. 전자의 경우 유교 경전의 정치관, 곧 도덕정치가 여기에서 유래하거나 여기에 응결되어 있고, 후자의 경우도 유교의 윤리도덕이 여기에서 유래하거나 여기에 응결되었다.

공자는 전설적인 요·순 두 임금과 하·은·주 삼대의 우·탕·문무 삼왕이 다스리던 시대를 가장 이상적인 정치가 행해지던 성군의 시대라고 보았다. 공자가 이들을 성군이라고 떠받드는 것은 이들이 법이나 형벌보다도 덕으로써 나라를 다스렸기 때문이다. 서경의 첫머리 요전(堯典)에서 요임금의 공업을 서술한 대목을 보아도 거기에서 이미 유가의 학문적인 이상을 발견하게 된다.

서경의 첫 편인 '堯典' 첫머리에, "曰若稽古帝堯대한 曰方勳이시니 欽明文思 安安하시며 允恭克讓하사 光被四表하시며 格于上下하시니라 克明峻

德하사 以親九族하신대 九族이 旣睦이어늘 平章百姓하신대 百姓이 昭明하
며 協和萬邦하신대 黎民이 於變時옹 하니라(옛 제요를 상고하건대 이르되
지극한 공훈이시니 공경하시며 환하시며 문채나시며 생각하심이 자연스러우
시며, 진실로 공순하시며 능히 사양하시어 빛이 사표에 비치시며 하늘과 땅에
까지 이르시니라. 능히 큰 덕을 밝히시어 이로써 구족을 친케 하신, 즉 구족
이 이미 친목하기에 백성을 고르고 밝히신, 즉 백성이 소명하며 만방을 합하
여 고르게 하신, 즉 예민이 오호! 변하여 이에 화하느니라)"고 하신 내용은,
위대한 덕을 잘 밝힘으로써 온 집안을 화친케 하셨고, 온 집안이 화친케 된
뒤에는 백성을 다스리어 밝게 하셨으며, 백성들이 밝아지니 만방을 화평케 하
시어 만민이 변화하고 화합하게 되었다는 의미이다.

이 글을 잘 고찰해 보면 요임금이란 바로 유가에서 주장하는 수신·제가·
치국·평천하의 실천자임을 알 수 있다. '위대한 덕'이란 요임금의 수신의 완
성을 뜻하며, '온 집안을 화친케 하셨다'는 것은 그의 덕을 바탕으로 한 제가
를 뜻하며, '백성들을 다스리어 밝게 하셨다'는 것은 그 덕을 더욱 확장시켜
치국을 완성하였음을 뜻하며, '만방을 화평케 하셨다'는 것은 최종 목표인 평
천하의 달성을 뜻한다.

결론적으로 서경(書經)에서 주장하는 주안점은 어디까지나 인간의 본성에
근거하여, 천하가 지속·형성되어 가는 하나의 커다란 규약으로서의 정치는,
그 수단으로 서술되어 있다. 이는 본성의 깨끗하고 착한 의지가 결여된 정치
란 인민을 악의 구렁텅이로 몰아넣는 패도의 근거가 될 뿐이며, 동시에 그런
정치를 행하는 자에게는 응당 천벌이 그 몸에 내리게 된다는 것이다. 따라서
이 책에 기록된 성왕(聖王)의 치적은 그 후대인을 경각시키기 위한 하나의 지
침서와 같은 역할을 한다.

여덟째, 끝으로 예측학인 주역(周易)을 가르친다.

서경을 공부하면 정치도 할 줄 알게 되지만, 앞일을 몰라 막상 눈뜨고 앞
못 보는 봉사나 다름없다. 정치가는 미래를 예견하고 정치를 해야 밝은 정치
를 할 수 있는데, 그렇지 못하면 눈뜨고 앞 못 보는 장님이나 다름없는 눈먼
정치를 하게 된다. 그래서 멀리 내다보고 지혜로운 정치를 할 수 있도록 하

고, 사람의 생을 영위하는 데도 미래를 예측해 가면서 슬기롭게 살아 보라고 마지막으로 예측학인 주역을 가르친다.

주역은 우주론과 인생론, 그리고 점서(占筮)로도 해석되며, 다른 모든 학문의 기본적 원리를 제공하므로 사서삼경의 수경(首經)이 되었다. 역경(易經)과 역전(易傳)을 합해서 주역이라 하고, 그 이론을 일컬어 역리라 한다. 이는 철학, 과학, 문화를 하나의 용광로에 용해한 빛나는 고전이다. 그래서 주역은 만학의 제왕이며 위정자의 학문이라고 하여, 옛날에는 일반인은 가까이하기 힘든 학문이었다.

계절의 변화, 한 나라의 흥망성쇠, 만물이 나고 죽음 등에는 모두 일정한 법칙이 있다. 주역은 이러한 일정한 법칙을 연구하여 미래를 예측하는 학문이다. 주역의 해설서인 주역 계사전에 "역이 천지와 균등하다" 하고, 천지는 한 주역이요 주역도 한 천지이다. 역은 우주 대자연의 오묘한 진리를 괘(卦)와 효(爻)로써 상징하고 문자로 엮어낸 유가의 최대 경전이며 최고의 철학서이다.

역에서는 세상의 모든 일이 음양의 관계로 설명된다. 양은 밖으로 발산팽창작용을 하고, 음은 안으로 응축수렴작용을 하는데, 이러한 음과 양의 두 운동에 따라 천지사방에 음과 양이 퍼져서 지역에 따라 많고 적음이 생긴다. 또이렇게 분포된 음과 양은 다시 시간에 따라 한 번은 양이 성행하고 음이 쇠퇴하며, 한 번은 음이 성행하고 양이 쇠퇴하게 된다. 그리고 삼라만상은 양이 성행하냐 음이 성행하냐에 따라 생장소멸을 한다고 보는 것이다.

우주는 단순히 음과 양이 변화하며 순환운동을 함으로써, 음과 양이 많고 적은 장소를 만드는 동시에, 낮과 밤을 만들고 사계절을 만들며, 우주의 시작과 끝을 만든다. 여기에 무슨 사심이 있어서 특정한 장소나 시간에 음 또는 양을 더하고 덜어 변화를 바꾸고자 함은 없는 것이다.

그러나 만물에게는 음양이 순환하는 과정에서 각기 합당하고 합당하지 않은 자리가 있고, 자신에게 좋은 때와 좋지 않은 때가 있으며, 자신을 도와주는 환경이 있고 미워하는 환경이 있게 되므로 자신이 처한 경우에 따라 길함과 흉함이 있게 된다.

옛 사람은 바로 이 음양의 순환과정을 깨달아 낮과 밤의 운행을 알고, 사계절 24절후의 변화를 알게 되었으며, 남쪽은 따뜻하여 동물과 식물이 많고, 북쪽은 추워서 살기가 힘들다는 것도 알게 되었다. 그래서 이 예측 능력을 활용하여 자신의 생활주기에 적용시켰으며, 이러한 지혜가 바로 천지의 운행과 변화에 통하는 학문인 역으로 발전하게 된 것이다.

'건(乾)'하면 우주의 온갖 만물을 생기게 하는 하늘이 열리고, '곤(坤)'하면 온갖 만물을 실어 포용하는 땅이 열리며, 건괘 첫머리에 '원형이정(元亨利貞)'이라는 문구가 나온다. 이는 천도의 운행을 나타낸 것으로, '元'코 하면 따뜻한 봄기운에 만물이 파릇파릇 싹이 트며, '亨'코 하면 여름의 더운 기운에 만물이 무럭무럭 자라나고, '利'코 하면 가을의 서늘한 기운에 열매를 맺고, '貞'하니라 하면 겨울의 추위로 인해 밖으로는 모든 만물이 모습을 감추지만, 그 속에 봄을 기다리는 씨알을 간직한다는 내용으로 시작하는 주역! 이 주역까지 배우게 되면 유학의 최대 경전이며, 철학으로도 최고의 철학을 익히게 되어, 인격이 그 안에서 완성되는 것이고, 따라서 사서삼경의 모든 가르침도 여기에 귀착되게 된다.

이상 사서삼경의 학문체계를 요약하면, 먼저 대학으로 학문의 기본을 세우고, 중용으로 정신을 집중하고, 맹자로 논변을 익히고, 논어로 덕성과 예를 닦고, 시경으로 마음의 감흥, 즉 정서를 순화하고, 서경으로 옛 성인의 정치를 본받고, 역경으로 미래를 예측하는 지혜를 열어 인격과 학문의 완성을 마무리하는 것이다. 칠서 가운데 최고봉으로서 유학공부의 최종 관문이 바로 주역(周易)이다. 동양 최대의 경전이자 최고의 철학서인 역경에서부터 모든 학문이 비롯되므로, 예로부터 이 역경을 만학의 제왕이고 위정자의 학문이라는 뜻으로 제왕학이라 하였다.

지금까지 사서삼경에 대하여 개괄적으로 그 핵심 되는 내용과 커리큘럼의 내용을 살펴보았는데 이들을 단적으로 하나의 단어로 요약해서 말한다면, 대학은 '착할 선(善)', 중용은 '정성 성(誠)', 맹자는 '옳을 의(義)', 논어는 '어질 인(仁)'으로 말할 수 있다. 시경은 사무사(思無邪: 생각에 간사함이 없음)로서 '바를 正', 서경은 백성을 다스리는 데 중요한 '공경 경(敬)', 주역은 음양불측(陰陽不測: 음과 양으로 헤아리지 못함)의 '귀신 신(神)', 이렇게 한 글자로 요약할 수 있다.

사서삼경에 대한 내용을 현대적인 의미로 간추려서 보면, 사서는 주로 수양과 도덕 윤리 및 이지적인 교육의 내용이고, 시경은 정서적 교육을 위한 학문이며, 서경은 사회과학, 즉 정치, 사회, 경제적인 내용의 학문이다. 끝으로 주역은 자연과 인간생활의 이치에 관한 과학과 철학, 종교, 점술의 원리를 모두 종합적으로 나타내고 있으며, 여기에서 파생된 학문이 사서와 시경, 서경이라고도 볼 수 있다. 그러므로 주역은 동양문화권의 종합적인 학문이며 기초학문이라고 볼 수 있다. 그러므로 주역을 모르고는 동양의 역사와 문화 그리고 학문을 근본적으로 알 수가 없다는 것이다.

사서삼경을 주제별로 재분류하면 첫째, 주역과 중용의 일부는 우주론에 관련되어 있으며, 둘째, 논어, 맹자, 시경, 중용의 일부, 주역 그리고 대학의 일부는 인생론에 관한 내용이고, 셋째, 대학의 격물치지와 주역은 인식론과 방법론에 관한 학문이라고 볼 수 있다. 물론 이들 분류는 엄격하게 나누어지는 것이 아니므로 상호 중복된 내용이 있음은 사실이다.

동양학 중에서 현대 사회에 가장 의미 있는 학문은 주역이다

위에서 사서삼경에 대한 커리큘럼과 핵심내용을 개괄적으로 서술하였다. 그렇다면 이 내용을 근거로 현대 사회에 의미 있는 학문을 취사선택하는 것이 중요하다. 즉, 동양학 전체에 대한 학문적 내용의 의미와 가치를 비교해 보고, 시대적 상황과 관련하여 현대 사회에 의미 있는 학문을 계승 발전시키는 문제를 고찰해 보아야 한다.

우리가 우리의 전통학문을 모두 배우고 연구하는 것이 가장 바람직하지만, 시간과 노력을 절약하여 효율적으로 하기 위해서는 시대의 흐름에 따라서 우선순위를 정해서 취사선택하는 것이 현실적으로 매우 중요하다. 모든 학문은 시대적 필요에 의해서 의미가 있기 때문이다.

사서삼경 중에서 현대 사회의 '의미 있는 학문'이라는 의미는 구체적으로 어떠한 학문이고 그 기준은 무엇인가를 먼저 고찰하여야, 이것을 근거로 사서삼경 각각의 의미와 중요성의 우선순위와 가치를 알 수 있다.

모든 학문은 그 시대의 국가적 필요와 국민들의 수요에 의해서 발전하기 때문에 먼저 시대적 배경을 고찰하여야 한다. 즉, 그 시대의 국가가 지향하는 발전 정책이 무엇이고, 발전 방향이 무엇이냐에 따라서, 이에 필요한 학문과 교육이 이뤄진다.

　　조선시대는 전제군주에 의해 성리학을 통치이념으로 국가발전이 추진하였다. 따라서 국민들은 이에 부응해서 성리학 위주의 도덕 윤리 중심의 사서삼경을 배우고 가르쳤다. 그러나 현대는 인본주의적 조선시대가 아니라 경제와 과학기술이 주도하는 자본주의 시대이다. 그래서 인본주의적 조선시대의 성리학은 용도가 폐기된 구시대의 학문이 되었고, 물질적 가치를 중시하는 과학기술이 주도하는 자본주의 시대이다. 대한민국의 통치이념은 민주주의이고 자본주의 시대이다.

　　특히 현대 사회는 물질적 가치를 중시하는 자본주의 시대이고, 따라서 인간의 건강과 물질적 가치를 추구하는 데 도움이 되는 서양 과학기술과 서양 물질문명이 주도하는 사회가 되었다. 그리고 한편으로는 물질적 가치를 추구하는 과정에서 나타난 문제점을 보완하고 극복하기 위해 새로운 가치가 대두되고 있다. 즉, 지나친 서구물질문명과 과학기술의 발달로 인해 나타난 인간성 상실과 환경파괴를 극복하기 위해 새로운 정신적 가치가 대두되고 있다.

　　동양학도 이러한 시대에 맞게 국민들의 학문적 수요를 충족시켜주는 내용의 학문을 공급해 주어야 한다. 그것이 수시 변역하는, 즉 시대에 맞는 학문적 태도이다. '선비도 시속을 따르라'는 우리의 옛말과 같이 말이다.

　　현대는 위에서 말한 바와 같이 인간의 건강과 물질적 가치 추구에 도움이 되는 지적 수요와, 한편으로는 인간성 회복과 환경 보호를 위한 저탄소 녹색 성장을 위한 학문적 수요가 대두되고 있다. 이러한 지적 수요에 바람직한 동양학이 주역에서 비롯된 동양 과학기술인 역학과 역술이다.

　　주역에서 비롯된 역학과 역술은 인간의 건강과 물질적 가치를 추구하는 데 도움을 주는 지적 수요를 충족시켜 줄 뿐만 아니라 황폐화되고 공허해진 정신세계를 복원하고 충족시켜 주며, 파괴된 자연환경을 복원하는 데 도움을 주는 과학기술이며 철학이다. 즉, 주역은 물질적 가치를 추구하고 파괴된 환경을 복원하는 데 도움을 주는 과학기술을 제공해 줄 뿐만 아니라 정신세계 문제를 해결해 줄 수 있는 Mind Technology이다.

따라서 현대 사회에서 가장 의미 있는 학문이 주역에서 비롯된 역학과 역술이다. 특히 서구 물질문명의 지나친 발달로 인해 나타난 현대 사회의 병폐인 환경파괴와 인간성 상실, 그리고 정신세계 문제를 해결하는 데 가장 의미 있는 학문이다.

그래서 제도권에서는 의학을 제외하고는 역학과 역술을 전혀 가르치고 연구를 하지 않지만 비제도권에서는 미아리철학관 중심의 사주 명리학, 풍수지리, 주역점, 제도권 한의학과 다른 의학, 즉 수지침 오행생식 그리고 각종민간요법, 정신수련, 천문기상, 율려 등이 널리 보급되어 생활에 도움을 주고 있다.

왜 그럴까? 이 시대에 국민들의 생활에 필요한, 즉 건강과 물질적 가치를 추구하는 데 필요한 지적 수요를 제도권 교육·학문이 충분히 제공해 주지 못하고 있기 때문이다. 뿐만 아니라 정신세계와 환경보호를 위한 보다 새롭고 앞선 과학기술적 학문을 제공해 주기 때문이다. 따라서 현대 사회의 가장 의미 있는 동양학은 사서삼경 중에서 주역임은 너무도 당연한 말이다.

동양문화의 근간은 유학의 사서삼경이지만, 사서삼경 중에서도 삼경인 시경, 서경, 역경이 주류라는 것이다. 즉, 시경이 동양문학의 조종이라면, 서경은 동양역사의 조종이며, 역경은 동양철학과학기술의 조종이라고 할 수 있다. 동양사상은 이 삼경을 바탕으로 연면히 발전되어 왔으며 삼경은 바로 동양의 성전이라고까지 말할 수 있다는 것이다.

시경에 담겨 있는 노래들이 지닌 서정, 서경에 적혀 있는 정치 이상, 역경에 담겨 있는 인생과 우주에 관한 철학과 과학기술들은 바로 우리의 의식과 사고를 형성하는 요인의 하나가 되어 왔다.

특히 주역은 천지자연의 이치를 간결하고도 질서정연한 체계에 입각해서 기술하고 있고, 항구여일이란 존재하지 않는다는 원리를 대전제로 제시해 놓고서 천지자연의 변화 현상으로 인간계의 변화현상을 설명하고 있다. 주역은 길흉화복을 미리 알아보려는 염원에서 생겨난 점서임에는 틀림없다. 하지만 그것이 단순한 우연적인 요행심으로 치는 점이 아니고, 천지자연의 섭리에 입각해서 인간사를 풀이한다는 데 철학적 과학적 의미가 있다.

주역과 사서삼경론

동양의 역사와 문화의 가장 근본적이고 기본적인 학문이라고 하면 앞에서 누차 언급한 바와 같이 주역이다. 따라서 주역은 동아시아의 가장 대표적인 학문이라고 할 수 있다. 동아시아의 철학사상과 규범적 도덕 윤리적 학문인 의리역과 과학기술적 학문인 상수역인 역학·역술도 모두 그 근원이 주역이다.

여기서는 동아시아의 가장 기본적인 유학의 교과서적 학문인 사서삼경을 주역과 관련하여 구체적으로 고찰하고자 한다. 이 내용은 주로 대산 김석진 선생의 강의 내용과 성균관대학교 유학과 교재편찬위에서 펴낸『유학사상』, 그리고 충남대학교 이현중 교수의『역경과 사서』를 중심으로 살펴보았음을 밝혀 둔다.

사서삼경이 기본 텍스트인 유학의 기본 구조를 간략하게 설명하면, 첫째, 철학적 기반은 역에 두고 있으며, 둘째, 현세적이고, 셋째, 지행합일을 주장하고, 넷째, 천인합일적 사유를 하였다. 그리고 유학의 근본사상은 사랑과 변화의 철학이다(최근덕 외 6인,『유학사상』).

위의 유학의 네 가지 기본구조 중에서 둘째와 셋째는 형식적 특색을 나타낸 것이고 첫째와 넷째는 유학의 학문적 내용을 나타낸 것이다. 유학의 학문적 내용의 철학적 기반을 역에 두고 있음과 천인합일적 사유뿐만 아니라 근본사상인 사랑과 변화의 철학이라는 내용은 모두 주역에서 비롯되었음을 나타내고 있다. 이는 두말할 것 없이 유학의 학문적 내용이 주역에서 비롯되었음을 분명히 밝히고 있다. 즉, 유학의 연원은 주역에서 찾아야 한다는 것이다.

유학의 근본사상인 사랑 또는 인(仁)은 불교의 자비, 기독교의 사랑·박애와 모두 유사한 개념이다. 주역에서는 이러한 사상을 계사상전 제5장의 '生生之謂易이오', 계사하전 제1장 '天地之大德曰生이오'에서 보는 바와 같이 생(生)이라고 볼 수 있다. 즉, 주역의 생의 개념은 유학의 인과 불교의 자비 그리고 기독교의 사랑과 같은 개념으로 볼 수 있다.

제5장 오행 속성표에서 오화(五化), 천도(天道), 오상(五常), 오계(五季)를

비교해 보면 생의 개념을 간단히 알 수 있다. 五化(생장화수장)의 생, 天道(원형이정)의 원, 五常(인예신의지)의 인 그리고 五季(춘하장하추동)의 춘은 모두 같은 속성으로 오행 중의 목에 속해 있다. 즉 생(生), 원(元), 인(仁), 춘(春)은 서로 관계가 있어서 동일하게 오행 중의 목(木)에 속해 있다. 살리는 生의 의미는 최고의 덕이므로 元이고 이는 사랑 인(仁)이며 이는 계절로는 봄이다. 봄이 되면 따뜻한 기운, 즉 사랑의 기운으로 겨우내 움츠려 있던 만물이 살아나므로 이를 생이라 하며 이는 사덕 중에 최고의 덕인 원덕(元德)에 해당한다. 즉, 모든 것 중에서 사랑이 최고인 것은 사랑은 만물을 살리는 생(生)을 나타내기 때문이다. 생이 있어야 그다음 기르는 장(長)이 있을 수 있고 그리고 변화하는 화(化), 수렴하는 수(收), 감추고 저장하는 장(藏)이 가능하다. 만약 오화 중에서 최초의 사물의 생이 없으면 그 이후의 장화수장이 일어날 수 없다. 그럼으로 일 년 사계절의 오화 중에서 봄의 생이 최고인 원덕이 되듯이 인간에게도 살리는 생의 기운인 사랑이 최고의 가치가 된다. 마치 춥고 꽁꽁 얼어붙은 대지가 봄의 따뜻한 기운에 의해서 봄눈 녹듯 서서히 풀리면서 그동안 추위에 움츠려 있던 만물이 대지를 뚫고 살아나는 현상은 따뜻한 사랑의 기운이 모든 만물을 살리는 현상과 같다.

주역에서는 이와 같이 우주론적 천지변화 이치에 근거해서 논리적으로 가치나 주장을 나타내고 있음이 과학적이라는 점에서 다른 경전과 다른 점이다.

결국 유학사상의 사랑과 변화의 철학은 주역에서 비롯되었음을 위의 설명에서 알 수 있다.

유학사상의 가장 기본이 되는 사서삼경과 주역과 관련해서 총론적인 것을 벗어나 구체적으로 살펴보고자 한다. 사서삼경으로 나누어서 부르는 것은 사서는 현인의 글이고 삼경은 성인의 글이기 때문이다. 이를 성경현전(聖經賢傳)이라고 한다. 그런데 사서의 내용은 삼경을 벗어날 수가 없다는 것이다 그래서 이를 논불리경(論不離經)이라고 한다.

이는 결국 사서삼경이 하나인데 학문적 난이도와 인간으로서 갖추어야 할 도덕 윤리적 내용과 인간적 사회적으로 갖추어야 할 내용에 따라서 우선순위를 정한 것 같다. 그러나 그 내용은 하나이다. 즉, 사서삼경의 내용이 주역에서 비롯된 하나의 내용이라고 볼 수 있다.

주역과 사서(四書)를 많이 배우고 익혀 어느 경지에 다다른 사람들의 말을 들어 보면 주역의 내용이 거의 사서에 다 있으며 이는 거꾸로 주역을 보다 잘 이해하기 위해서는 사서에 달통을 하여야 한다는 것이다.

사서를 배우는 순서를 보면 사서를 먼저 배우고 그다음 삼경 중에서 시경을 배우고 그다음 서경, 그리고 마지막으로 주역인 역경을 배운다. 주역을 배워야 유학의 학문적 완성을 이룬다는 것이다. 그래서 유학자가 주역을 배우지 않아서 모르면 이름만이 유학자이지 헛된 유학자라는 것이다.

최근의 중국이나 한국의 학계에서는 사서와 역경이 무관하다는 주장이 대세를 이루고 있다. 특히 공자의 말씀을 기록한 논어마저도 주역과 전혀 무관하다고 주장하고 있다. 그러나 논어를 보면 주역을 떠나서 도저히 이해될 수 없다. 논어에 나타난 역경의 내용을 살펴보면 우선 성인과 군자의 개념을 들지 않을 수 없다. 유가철학의 이상적 인격체인 성인과 군자의 존재 특성은 역경에서부터 밝히고 있다. 주역의 중천건괘 문언전에서 "君子 行此四德者"라고 하여 인간 본래성을 자각하여 실천하는 존재가 군자로 자각한 본래성의 내용이 仁義禮智의 사덕이기 때문에 사덕을 실천하는 존재가 군자임을 분명하게 밝히고 있다. 논어 역시 군자의 사덕을 중심으로 논의가 전개되고 있다(이현중, 『역경과 사서』).

구체적으로 사서를 살펴보면 많은 부분에서 삼경의 내용을 인용하고 있는 것을 볼 수 있다. 사서의 타당함을 논증하는 증거 자료로 삼경이 인용되고 있는 것이다. 그것은 사서가 삼경을 근거로 쓰였음을 나타낸 것이다. 따라서 사서를 연구하기 위해서는 사서를 비교하여 연구하는 것은 물론 더 나아가 삼경의 바탕이 되어야 한다(이현중, 『역경과 사서』).

사서의 글 중에 보면 詩經과 書經을 인용한 '詩曰', '書曰'이라고 하여 그 전거를 밝히고 있다. 그러나 사서에서 '易曰'이라는 말이 나타나지 않았다. 이러한 현상을 피상적으로 이해하면 역경과 사서가 무관하다는 증거라고 생각할 수 있다. 그러나 '易曰'이라는 말은 사용하지 않았지만 사서의 도처에서 가장 빈번하게 인용되고 있는 것이 역경이다. 그 까닭은 사서는 물론 삼경을 일관하는 근본 원리가 역경을 통하여 천명된 역도이기 때문에 그것을 따로 드러내지 않았던 것으로 생각된다.

역경에서 밝히고 있는 역도의 내용을 작용원리를 중심으로 나타내면 도생 역성 작용과 역생도성 작용임을 알 수 있다. 그런데 도생역성 작용은 정령(政令) 작용(作用)이며, 역생도성 작용은 율려(律呂) 작용(作用)이다. 이러한 역도 의 내용을 정령의 측면에서 나타낸 경전이 書經이며, 역경의 내용을 율려의 측면에서 나타낸 경전이 詩經이다. 즉, 서경은 정치적 측면에서 역사적 사건 을 따라서 역경의 내용을 나타낸 것이며, 시경은 예약의 측면에서 인간의 정 감을 중심으로 역경의 내용을 나타낸 것이다. 따라서 삼경의 이해는 역경을 중심으로 이해되어야 하며, 삼경을 근거로 형성된 사서 역시 역경을 중심으로 연구되어야 한다.

유가의 경전이 역경을 근거로 저작되었다는 것은 선진 유가 철학이 역학을 존재 근거로 형성되었음을 뜻한다. 그러나 동일한 역도를 근본 원리로 하였을 지라도 그것을 나타내는 관점은 서로 다르다. 그것은 바꾸어 말하면 역도를 여러 관점, 즉 도덕 윤리적 인간의 도리, 사회정치, 예술 등에서 나타내기 위 하여 다양한 유가의 경전들이 쓰인 것이라고 할 수 있다.

제2절 주역과 성리학(신유학)

중국의 전목(錢穆)은 그의 저서인 『朱子學提綱(주자학의 세계)』에서 중국사 상에 대해 다음과 같이 언급하고 있다.

중국의 학술사에 있어서 가장 뚜렷한 발자취를 남긴 두 사람을 든다면 고 대에 있어서는 공자(B.C. 551~479)이고 근대에 있어서는 주자(A.D. 1130~ 1200)이다. 이 두 사람은 중국의 사상사나 문화사에 있어서 크게 명성을 떨쳤 을 뿐만 아니라 후세에까지 계속해서 막대한 영향을 끼친 인물들이다. 이 점 에 있어서 이 두 사람에게 필적할 제3의 인물을 찾기란 쉽지 않다.

공자는 춘추 이전의 학술사상을 집대성해서 유학을 개창하여 중국의 학문인 유학에 주요한 뼈대를 마련하였다. 그리고 송대에는 성리학이 일어나 유학이 새로이 각광을 받는 계기가 마련되자, 주자는 성리학을 집대성함과 아울러 공자 이래의 학술사상까지도 집대성하였다. 이 두 사람은 역사의 앞뒤에 우뚝 서서 다 같이 여러 학술사상의 흐름을 모아서 한 방향으로 흐르게 할 수가 있었다. 주자가 출현한 뒤부터 공자 이래의 유학은 성리학으로 다시 탄생하였고 그래서 성리학은 유학을 새롭게 재탄생시켰다고 하여서 신유학(Neo-Confucianism)이라고도 한다.

공자와 주자는 유학적 전통의 중심이자 또한 중국의 학술사상사에 있어서 정통과 이단 양측에서 다 같이 주목하는 중심이기도 하였다. 따라서 유학을 공부하는 사람들뿐만 아니라 다른 여러 사상을 공부하는 사람들도 반드시 이 두 사람을 주목해야 한다. 그들은 마치 그물의 벼리와 같고, 옷의 깃과도 같으며, 정통과 이단을 다 겸하고 또 전체를 관통했기 때문이다.

성리학은 송나라 때 완성되었다고 하여 '송학'이라고도 하고, 도(道)의 실천을 근본문제로 삼는다 하여 '도학'이라고도 한다. 그리고 주자가 완성하였다고 하여 주자학이라고도 하고, 유학을 새롭게 일으켰다고 하여 '신유학'이라고도 한다.

성리학이 탄생하던 송나라의 시대적 배경은, 불교와 노장사상이 널리 유행했고 유학이 상대적으로 쇠퇴한 상황에서, 불교와 노장사상의 사회 정치적 폐단이 두드러지던 시대였다. 이에 송의 유학자들은 그러한 폐단을 비판하고 유학의 윤리사상을 근간으로 하여 불교와 노장사상의 이론적 성과물들을 흡수함으로써 유학의 전통을 새롭게 수립하였다. 그리고 이러한 작업은 주자에 의하여 완성되었다.

유학자들이 불교를 비판한 내용을 보면, 불교가 중국인들의 인생관과 아주 다르다는 데 초점을 맞추었다. 중국의 유학자들은 철저하게 현실적인 사람들이었다. 그들은 현실에서 설명할 수 없거나 현실에 도움이 되지 않는 것들은 모두 허구나 거짓으로 여겼다.

불교의 핵심교설인 인과응보설이나 윤회설 혹은 열반에 관한 주장은 그들에게 현실적으로 수긍할 수 없는 것으로 간주되었다. 극단적 현실주의자들이었던 그들은 불교를 비현실적인 몰역사주의적 출세간주의로 간주하고 비판하기 시작하였다.

불교를 비판한 가장 대표적인 학자의 한 사람인 한유는 '원도'라는 글에서, 요순부터 공자 맹자로 이어지는 유학의 전통을 논했는데, 여기서 대학 팔조목의 장을 끌어내어 수신으로부터 평천하에 이르는 것을 도의(道義)의 근거로 삼았다. 그리고 "그러한즉 옛날의 이른바 정심하고 성의한다는 것은 단순히 마음을 닦기 위한 것이 아니고 유위(有爲)한 일을 하려는 것이다. 지금은 불가나 도가들이 그 마음을 다스리려 하면서도 천하국가를 도외시하고 천륜을 거역하고 있다"고 했다. 사람의 마음을 다스리는 데서 출발하기는 대학도 불교나 도교와 마찬가지이나, 그 도표(道標)가 치국평천하에 이르고, 이르지 않음에 큰 차이가 난다는 것이다.

당 말의 유학자들이나 송대의 성리학자들 중에서 조금이나마 불교를 배우지 않은 이들은 없었던 듯하다. 그중에는 이고(李翶)나 주렴계처럼 불교를 긍정적으로 생각하는 이들도 있으나 대부분 불교에 비판적이었다. 그중에서도 구양수는 불교를 가장 극렬하게 비판하였다. 그는 한유의 '원도(原道)'를 읽고 크게 느끼는 바가 있어 불교비판에 부족하다고 느낀 점을 보충하여 '본론'을 지었다고 한다.

이 당시 불교를 비판한 내용의 중심이 되는 주제는 불효, 불충, 오랑캐 문화, 혹세무민, 타락으로 요약된다. 첫째, 불교는 무엇보다도 자신만의 안일을 위해 처자와 가정을 버리고 떠나므로 비인간적이다. 둘째, 불교는 백성 된 자로서의 책무인 국가와 왕에 대한 헌신을 저버리므로 비사회적이다. 셋째, 불교는 중국의 고유하고 고귀한 문화를 파괴하고 천박한 오랑캐의 문화를 퍼뜨리므로 비문화적이다. 넷째, 불교는 윤회니 업이니 인과니 하는 비현실적이고 헛된 가르침을 퍼뜨려서 선량한 백성들을 혹세무민한다. 다섯째, 불교는 거짓된 삶을 살기 때문에 당연히 타락할 수밖에 없다는 것 등이다.

주자 당시의 송나라는 북방 이민족의 침략에 의해 사회가 혼란하고 국가가 위태로운 침체기를 맞고 있었다. 주자는 사회의 혼란과 국가의 위기가 도덕의 타락과 기강의 문란에서 비롯된 것이라고 판단했다. 그리고 이러한 도덕의 타락과 기강의 문란은 현실의 역사를 외면하는 출세간주의, 즉 불교가 원인이라고 생각했다. 주자는 쓰러져가는 조국의 국운을 되살리는 길은 타락한 도덕과 문란해진 기강을 다시 바로 세우는 길뿐이라고 확신했다. 그는 도덕과 기강을 바로 세우기 위해서는 공맹 이후로 끊어진 유교의 도통을 회복해야 한다고 생각했으며, 그것은 타락과 문란의 원인인 불교를 척결하는 데서부터 시작해야 한다고 굳게 믿었다. 주자는 이러한 신념 아래 불교 비판을 통해 유교를 새롭게 해석하고 체계화하는 과업에 착수하였으며, 그래서 완성한 학문이 성리학이다.

송대의 주자를 비롯한 성리학자들의 사상체계는 불교비판 위에서 이루어진 것이었으나, 동시에 불교로부터 많은 영향을 받기도 하였다. 혹자는 주자가 불교를 배우고 다시 불교를 비판하기도 한 점을 들어 그와 불교의 관계를 '사랑과 증오'의 관계라고 부르기도 한다.

성리학의 학문적 체계의 근거는 주역이다

주자는 중국의 가장 큰 전통사상인 유교를 재해석하여 새롭게 체계화함으로써 엄청난 학문적 업적을 이루었으며, 나아가 그의 업적은 동아시아 사람들의 삶에 오랫동안 지대한 영향을 끼쳤다.

퇴계 선생이 선조임금을 유학의 이상적인 성군이 되기를 바라는 뜻에서 성리학의 요점을 열 가지 그림으로 쉽고 간략하게 보여 주려고 지은 책이 『성학십도(聖學十圖)』이다.

성학십도의 첫 번째 그림이 주돈이의 태극도설이다. 태극도설은 주역의 이치에 근거해서 우주의 원리와 생성과정을 설명함과 동시에 인간의 도덕 원리와 표준을 제시하였다. 따라서 태극도설은 성리학의 가장 기본적 출발이 되는 논리적 근거가 된다. 그런데 이 태극도설은 주역에서 비롯된 학설이다.

주자학에서는 우주자연의 질서와 인간심성의 구조가 동일하다고 생각하였고, 그렇기 때문에 우주 자연의 질서가 곧 인간사회의 당위가 된다고 믿었다. 그래서 이를 증명하기 위하여 이기론을 전개하였는데, 그 목적은 우주 자연의 근본이치인 리(理)가 인간의 성(性)과 일치한다는 것을 밝히는 데 있었다.

학문적 준거는, 먼저 우주론적 질서를 주역의 이기론에 입각하여 태극과 음양오행을 근간으로 인간의 심성정(心性情)을 체계화하였고, 인간의 심성론은 중용의 성즉리(性卽理), 즉 하늘의 리가 인간의 성으로 화생되었다는 내용과 맹자의 성선설을 근거로 하였다고 본다.

음양오행의 기와 그 기의 운동법칙인 리는 자연세계와 인간세계의 만물 속 어디에서나 구체적으로 존재하는 것들이다. 그렇다면 리(理)와 기(氣)의 합인 인간의 심(心) 역시 구체적으로 존재하는 어떤 물(物)이다. 그러므로 심도 여타의 물과 마찬가지로 리와 기로 구성되어 있는 것이다. 심의 리는 심의 미발(未發)이자 원리인 성(性)이 되고, 이 성이 심을 통하여 발할 때 그것이 정(情)이 된다고 한다.

이를 밝히기 위하여 이기론을 전개하였는데, 그 목적은 우주 자연의 근본 이치인 리가 인간의 성과 일치한다는 것을 밝히는 데 있었다. 그리고 그 방법론으로 제시된 것이 격물치지의 인식 공부와 거경(居敬)과 성(誠)의 수양 공부였고, 공부의 최종 도달점은 천명을 알고 본성을 회복하여 성인이 되는, 즉 복성성성(復性成聖)이었다. 그리고 이러한 철학적 토대에 기초하여 사회윤리학을 확립하였다. 그는 오륜 중심의 질서를 구축하고 왕도 정치의 이상을 확립하여 사회 기강을 바로잡고자 하였다.

성리학의 구체적인 학문적 구조체계는 퇴계 선생의 천명신도를 근거로 다음과 같이 제시하였다.

주역의 천지자연의 이치를 생활에 접목 응용한 대표적인 학파로서 의리와 상수학파가 있음을 앞에서 서술하였다. 의리역은 일체 사물의 존재이유나 사물의 이치와 원리를 연구하는 학파를 의미하고, 상수역은 인간생활의 길흉화복을 연구하는 학파를 의미한다.

상수역의 대표적인 학문으로는 점을 비롯한 동양오술이 있고, 의리역의 대표적인 학문으로는 성리학이 있다. 성리학은 주역의 천지이치, 즉 우주론적 순화론적 자연의 이치를 통해 인간의 도리를 체계화한 과학적 도덕 윤리학이라고 볼 수 있다. 결국 주역의 천지자연의 이치인 태극과 음양오행론의 관점에서 인간의 사상과 도리를 연구한 학파가 의리역이고, 의리적 내용을 실제도덕 윤리 생활에 접목 응용하여 체계화한 학문이 성리학이다.

성리학에서는 우주·인간 만물을 포함한 존재론을 우주론의 기본개념인 리·기의 개념으로 분석하고 있으며, 우주(천지)의 존재구조와 소우주인 인간의 존재구조가 상응하는 것으로 파악한다. 그래서 "천지의 태극이 인간에서 성이요, 천지의 동정·음양이 인간에서 심이요, 천지의 오행이 인간에서 오상(인의예지신)이요, 천지가 화생하는 만물은 인간에서 만사이다(天地之太極, 在人便是性, 天地之動靜陰陽, 在人便是心, 天地之金木水火土, 在人便是仁義禮智信, 天地之化生萬物, 在人便是萬事)"라고 하여, 우주에서 태극·음양·오행이 인간존재에서 성·심·오상·만사로 상응하는 것임을 확인하고 있다. 여기서 태극과 성은 하나의 리요, 음양·오행·만물은 기라고 할 수 있지만, 심·만사는 그대로 기라고 할 수 없고, 리와 기가 결합된 존재, 즉 물(物)이며, 오상은 성으로서 리라 할 수 있다.

성리학은 노·불사상을 극복하기 위해 주역(周易)의 이치와 중용(中庸)의 성명론(性命論), 그리고 맹자의 사단칠정론(四端七情論)을 결합하여 본래의 유학(儒學)을 재구성함으로써 이루어진 학문이라 하여 신유학(Neo-confucianism)이라고도 한다. 주역의 이치와 중용의 성명론을 결합한 내용을 구체적으로 서술하면 다음과 같다.

성리학에서 주역의 우주론적 순환론적 자연의 이치인 천지자연의 이치를 도덕 윤리 생활에 접목 응용한 그 구체적 내용을 <그림 12-1> 퇴계 선생의 천명도를 근거로 설명해 보고자 한다.

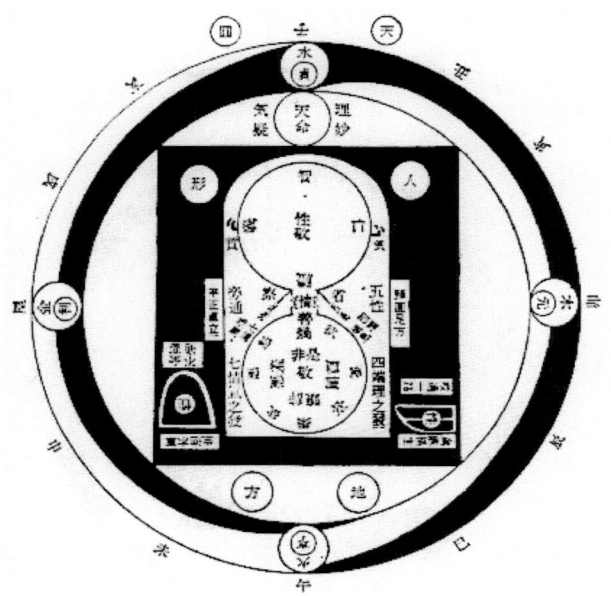

〈그림 12-1〉 퇴계 선생의 천명신도(天命新圖)

　이 그림은 퇴계 선생이 주역의 천지이치인 태극과 음양오행론의 관점에서 인간의 심(心)·성(性)·정(情)의 관계를 나타낸 천명신도이다. 이 그림에 대한 자세한 내용은 생략하고, 간단히 그 내용의 구조, 즉 성리학의 구조를 살펴보고자 한다.

　먼저 그림을 크게 세 가지, 즉 천·지·인(天地人)으로 나눠 볼 수 있다. 그림에서 제일 바깥의 원형은 하늘을 나타내는 것으로 천원(天圓)이라 했고, 가운데 네모난 검은 부분은 땅을 나타낸 것으로 이를 지방(地方)이라 했으며, 한가운데 흰색 부분은 인간을 나타낸 것으로 인형(人形)이라 표기하였다.

　인간을 나타낸 인형은 천지의 기와 이치를 받고 사람이 태어났음을 암시하고 있다. 인간이라는 형태로 태어났다면, 이는 천기와 지기의 영향을 받고 태어났음을 암시하고 있다. 그래서 인간을 나타낸 인형의 모습도 육체 부분은 땅을 본받아 네모난 방형을 이루고, 머리 부분은 하늘을 본받아 둥근 모양의 원형을 이루고 있다. 이를 두원족방(頭圓足方), 머리는 둥글고 발은 네모나다고 하였다.

그림에서 천·지·인을 나타낸 것을 더 자세하게 서술하면 다음과 같다.

첫째, 하늘을 나타낸 바깥의 원형은 다시 두 부분인 흰색과 검은색으로 나눠져 있는데, 이는 천기의 음양의 순환을 나타낸 태극문양이다. 태극은 우주를 나타낸 문양이므로 태극문양 안에 우주론적 순환론적 자연의 이치인 원형이정과 목화금수가 짝을 이루고 있다. 그리고 제일 바깥에 12지지인 자(子)·축(丑)·인(寅)·묘(卯)·진(辰)·사(巳)·오(午)·미(未)·신(申)·유(酉)·술(戌)·해(亥)가 있다.

천기의 음양순환에서, 12지지의 '자(子)' 근처에서 음기, 그림에서는 검은색이 가장 많고, 그 이후에는 양기, 그림에서는 흰색이 점점 늘어나서 '묘(卯)'에 이르러 음양이 대등하게 존재하고, 그 이후에는 양기가 음기에 비해서 더 많아진다. 음기가 줄어들어서 '오(午)' 근처에서 양기가 가장 많고, 음기가 가장 적다. 그다음 다시 음기가 점점 많아지고 양기는 점점 줄어들어서 '유(酉)'에 이르러 다시 대등해지고, 그 이후에는 음이 점점 많아지고 양이 점점 줄어들어서 다시 원래 출발했던 '자'에 이르러 순환이 끝난다. 끝이 나면 영원히 끝나는 것이 아니고, 다시 그곳에서 시작하여 새로운 순환이 계속된다. 이를 종즉유시(終則有始), 끝나면 시작이 있다는 원리이다. 우주의 순환원리가 종즉유시이므로 인간사도 이 원리와 마찬가지로 끝나면 다시 시작을 한다는 것이다. 그래서 영원히 순환 반복하는 것이다.

순환 반복하는 12지지의 변화 현상을 일 년 사계절에 대입해 보면, 해자축은 음력으로 겨울인 10, 11, 12월을 나타내고, 인묘진은 봄인 1, 2, 3월, 사오미는 여름 4, 5, 6월, 신유술은 가을 7, 8, 9월을 나타낸다. 12지지를 하루의 시간대와 대입하면, 하루 24시간을 2시간을 단위로 자(밤 11시)시에서 시작하여 축·인·묘·진·사·오·미·신·유·술·해(밤 10시)에 한 순환이 끝난다.

큰 원형 그림 안에 큰 동그라미가 네 방위로 네 개가 있는데, 각각의 동그라미에는 목화금수(木火金水)가 있고, 또 작은 동그라미에는 원형이정(元亨利貞)이 있다. 즉, 목과 원, 그리고 12지지의 인묘진, 화와 형 그리고 사오미, 금과 리 그리고 신유술, 수와 정 그리고 해자축이 각각 짝을 이루고 있다. 이는 오행의 속성상 원과 12지지의 인묘진이 목의 성격을 갖고 있어서 목과 같이 있고, 형과 사오미는 화의 속성, 리와 신유술은 금의 속성, 정과 해자축은 수의 속성이기 때문에 각각 짝을 이루고 있다.

이상 하늘의 기운 변화를 태극문양과 관련하여 음양오행과 원형이정 및 12지지를 중심으로 나타냈는데, 이들 변화는 인간에게 영향을 준다는 것이며, 이를 천명(天命)이라고 한다. 그런 의미에서 그림 맨 위의 동그라미 바로 밑에 있는 동그라미 속에 천명이라고 표기한 것으로 볼 수 있다. 천명은 다시 리와 기로 나타내고 있다. 음양을 리기(理氣)로 나타내면, 음과 양은 기를 나타낸 것이고, 음양이 변화하는 소이연(所以然), 즉 까닭에 해당하는 것은 리이다.

둘째, 땅을 나타낸 부분은, 그림의 가운데 네모난 검은색 부분을 말한다. 이를 맨 아래에 지방(地方)이라고 표현했다. 옛 사람들은 땅을 평평하다고 생각했는지 네모난 땅의 모양을, 즉 지방으로 나타냈다. 하늘은 둥글다고 하여 천원이라고 하였고, 땅은 평평하게 네모나다고 생각하여 지방이라 하였으며, 이를 합쳐 한마디로 천원지방(天圓地方), 즉 하늘은 둥글고 땅은 네모난 것이라고 하였다.

그림에서 보면, 땅에 대해서는 특별한 내용이 없다. 하늘에 대해서는 많은 변화 현상을 12지지와 음양오행론으로 나타내고 있는 데 비해서 땅에 대해서는 뚜렷한 내용이 없다. 이는 하늘이 주(主)이고, 땅은 하늘의 변화를 받아들이는 종의 입장에 있음을 암시하고 있는 것 같다.

주역에서도 땅을 나타내는 곤괘의 단전에서도 "至哉라 坤元이여 萬物이 資生하나니 乃順承天이니(지극하도다! 곤의 원이여 만물이 바탕하여 생하느니 이에 순히 하늘을 이으니)"에서, '내순승천(乃順承天, 이에 순히 하늘을 이으니)'이란 하늘과 땅의 관계에서 땅의 특성을 나타낸 표현이다. 즉, 땅은 순하게 하늘의 뜻을 따른다는 것을 나타낸 것이다. 결국 땅은 하늘의 변화를 그대로 순하게 받아들여서 만물을 낳고 기르고 할 뿐이지, 독자적으로 앞으로 나아가는 것이 없음을 나타내고 있다. 그래서 땅을 나타내는 곤괘를 해설한 문왕의 괘사에서도 "先하면 迷하고 後하면 得하리니 主利하니라(먼저 하면 혼미하고, 뒤에 하면 얻으리니 이로움을 주장하니라)"고 하였다. 이는 유약하고 어두운 상태인 음으로서는 마땅히 양의 부름을 기다려 화답함이 순리이니, 양보다 먼저 나아가면 아득하고 양을 앞세운 후 뒤따르면 그 결실이 있게 된다는 의미이다. 결국 땅의 이런 특성 때문에 그림에서 아무 내용도 나타내지 않은 것으로 보인다.

셋째, 인간을 나타낸 부분이 그림의 가운데 흰색 부분이다. 이를 인형(人形)으로 나타냈다. 인간은 하늘의 천기와 땅의 지기를 받고 태어났기 때문에 이를 상징적으로 나타내기 위해서 하늘의 둥근 모양과 땅의 네모난 모양을 합쳐서 두원족방(頭圓足方), 머리는 둥글고 발은 네모난 모양으로 나타냈다. 그것이 인형, 즉 인간의 형체로 나타났다고 표현하였다. 따라서 인간인 人形은 하늘의 천기와 땅의 지기의 영향을 받고 태어났으므로 당연히 리도 함께 부여받았다. 왜냐하면 모든 만물은 천지기운에 의해서 태어나 형체를 갖추게 되는데 거기에는 또한 반드시 리도 함께 부여되기 때문이다. 즉, 형체는 기에 의해서 이뤄지고 그 형체에는 반드시 기의 리가 함께 부여된다.

그림의 흰색부분인 인형을 보면, 위아래에 둥근 원이 두 개가 있다.

먼저 위의 둥근 원에는 원내의 네 곳에 인례의지(仁禮義智)가 있고, 가운데 성(性)과 경(敬)이 있으며, 心字가 원의 좌우에 분리되어 쓰여 있다. 그리고 위의 둥근 원과 아래의 둥근 원 사이에 정(情)이 있다. 아래 원에는 선기(善幾)와 사단[측은(惻隱)·사양(辭讓)·수오(羞惡)·시비(是非)] 그리고 칠정인 희로애구애오욕(喜怒哀懼愛惡欲)이 있다. 그리고 가운데 경(敬)이 있다.

위의 인례의지는 성(性)이고, 이는 마음이 사물에 감촉되지 않은 상태, 즉 심의 미발(未發)을 나타낸 것, 다른 말로 발현되지 않은 것이고, 마음이 사물에 이미 감촉된 상태, 이발, 즉 발현된 상태를 정(情)이라고 한다. 결국 미발의 성이 발한 것이 정이며, 사단과 칠정은 모두 정에 속한다. 선기(善幾)는 성선설의 기미를 의미하는 것으로 보인다. 맹자 성선설의 구체적인 내용을 사단으로 나타낸 것으로 보인다.

경(敬)은 다른 말로 주일무적(主一無適)이라는 의미로, 이는 글자 그대로 하나에 집중하여 나아가지 말라는 의미이다. 현대적 의미로 정신을 차리고 항상 깨어 있으라는 의미와 유사하다. 인간의 본성인 도심(道心)인 인의예지를 항상 간직하고, 이에서 벗어나지 말라는 의미이다. 왜냐하면 인간은 사사로운 감정과 인욕의 사사로움, 즉 인심(人心)에 현혹되어 도심인 인의예지의 성을 이탈하기 쉬우므로, 그렇게 되지 않도록 정신을 차리고 항상 깨어 있으라는 의미인 것 같다.

인례의지는 또한 오행으로 볼 때 목화금수이며, 그래서 각각의 배열도 목화금수의 배열과 같이 짝을 이루게 하였다. 즉, 인은 목의 방향으로 배열하였으며, 예는 화, 의는 금, 지는 수의 방향으로 배열하였다. 그리고 사단의 경우에도 동일한 원리로, 측은·사양·수오·시비도 인례의지의 단서이므로 같은 방향으로 배열하였다. 즉, 측은은 인의 단서이므로 오행의 목의 방향으로 배열하였고, 사양은 예의 단서이므로 화의 방향, 수오는 의의 단서이므로 금의 방향, 시비는 지의 단서이므로 수의 방향으로 동일하게 배열하였다. 여기서 잠깐 주의 깊게 살펴보면, 그림의 가운데 인형부분의 둥근 두개의 원 사이에 오른쪽 중간에 오성(五性)이라는 말이 있다. 인례의지(仁禮義智)에 신(信)을 추가하여 오성이라고 한다.

사실상 하늘의 순환 이치는 음양과 오행으로 표현하면 오행에 맞는 오성을 제시하여야 맞는다. 그런데 그림에서는 원형이정과 짝을 맞추기 위해서 그렇게 했는지 모르지만, 오행 중 목화금수만을 나타내고 토를 나타내고 있지 않다. 그런데 오행에 맞게 성을 제시하면 오성, 즉 인례의지신(仁禮義智信)를 제시하여야 한다. 아마도 주역의 하늘을 나타내는 중천건괘에 대한 문왕의 괘사인 '원형이정(元亨利貞)'과 짝을 맞추기 위해서 오성 중 토에 해당하는 신(信)을 생략한 것으로 보인다. 아니면 원래는 천지이치인 원형이정에 맞게 사성(四性)인 인의예지를 사용하다가, 그 이후에 오행이 나타나면서 오성(仁禮信義智)으로 발전했는지도 모른다. 그러나 다른 문헌에 보면 오행에 맞게 오성을 쓰는 경우가 일반화되어 있다.

이상은 퇴계 선생의 천명신도를 보고 천의 천원과 지의 지방 그리고 인의 인형의 관계를 개괄적으로 설명하였다. 결론적으로 인간은 하늘과 땅의 음양오행의 리기(理氣)의 천명을 받고, 인형으로서의 형체와 성을 받고 태어났음을 알 수 있다. 즉, 천지의 기를 받아서 형체가 되었고, 그와 동시에 천지의 리를 받아서 성을 부여받았다고 볼 수 있다. 성은 심의 미발인 잠재적인 본성을 나타내고, 이 미발된 성이 사물에 감촉하여 나타나면 정이 된다. 즉, 인은 측은지심으로 나타나고, 예는 사양지심으로 나타나고, 의는 수오지심으로 나타나고, 지는 시비지심으로 나타난다는 것이다.

결국 인간은 천지의 이치인 음양오행의 천명을 받고 태어났으므로, 인간은 평생 이를 벗어나지 말고 바르게 살아야 한다는 도리를 제시한 것이다. 즉, 하늘은 인간에게 천명의 리(理)로서 오성인 인의예지신을 부여했으니, 성경(誠敬)한 태도로, 즉 한순간도 이를 이탈하지 말고 정성을 다하여 진실무망하게 옳게 살라는 의미이다.

이상과 같은 성리학의 인간의 도리에 대한 내용을 주역의 설괘전 제1장에서는 '궁리진성(窮理盡性)하야 이지어명(以至於命)하니라'로 나타내고 있다. 즉, 천지의 이치를 궁구하여 성을 다함으로써 명에 이른다. 천지의 이치를 궁구하여 인간의 성품을 다 밝힌다는 것은 천지이치가 인간에 부여한 성품임을 깨달아, 그 성품대로 사는 것이 하늘이 인간에 부여한 천명대로 사는 것이라고 볼 수 있다.

천지의 리와 기의 천명에 의한 인간의 형체와 성의 관계는 중용의 제1장에도 다음과 같이 잘 나타나 있다.

天命之謂性이오 率性之謂道오 修道之謂敎니라.
▶ 하늘이 명한 것은 성(性)이라 이르고, 성을 따르는 것을 도(道)라 이르고, 도를 닦음을 교(敎)라 이르느니라.

앞글은 주자가 구체적으로 주해한 내용을 중심으로 살펴보면 다음과 같다.

명은 령(令)과 같고, 성즉리(性卽理), 성은 리이다. 하늘이 음양오행으로써 만물을 화생하여 기로써 형체를 이루고, 그리고 또한 거기에 리를 부여하였으니, 이것이 곧 하늘이 명령하는 것과 같다. 이에 사람과 물건이 태어남에 각기 부여받은 바의 리를 얻음으로 인하여 건순 오상의 덕을 삼으니, 이른바 성이다.

성즉리(性卽理)에서 리는, 퇴계 선생의 천명신도에서 천지자연의 이치인 음양오행과 주역 중천건괘의 원형이정을 말하며, 성은 인의예지신 오성을 말한다. 천지 이치인 음양오행으로써 만물을 화생, 또는 낳을 때, 기로써 형체를 이루고 그리고 또한 거기에 리, 인간에게는 오성인 인의예지신을 부여하였으니 이것이 하늘, 즉 하느님이 명령하는 것과 같다.

결국 성리학은, 주역의 우주론적 순환론적 자연의 이치인 태극과 음양오행론의 관점에서, 인간의 심·성·정의 관계를 체계화하여 인간의 도리를 제시한 과학적 윤리도덕학이라고 볼 수 있다.

성리학의 학문적 성격의 특징을 몇 가지로 나타낼 수 있다.

첫째, 주역의 천인합일사상에 근거하고 있음을 알 수 있다. 그런데 천지는 주이고, 인간은 천지에 지배 종속된 종의 위치에 있다. 따라서 천지의 이치에 또는 변화질서에 맞게 사는 것을 이상적 인간으로 보았다. 즉, 천지는 대우주, 인간은 소우주이며, 소우주는 대우주에 종속되어 있으므로, 소우주인 인간은 대우주의 이치에 맞게 사는 것이 가장 타당한 삶으로 보았다. 여기서 우리가 생각을 해야 할 것이 대우주인 천지이치는 다른 말로 하느님의 의지 또는 말씀과 같다. 자칫 가까운 객관적 사실에 근거한 소소한 인간의 능력으로 조작할 수 있는 과학적 이론 또는 원리와 같은 서양과학적 이치가 아님을 유의해야 한다.

둘째, 성리학의 출발점 또는 근거가 성즉리, 즉 천지의 '리'가 인간에 부여한 것이 '성'이라는 원리를 대전제로 하고 있다. 여기서 하늘이 인간에게 부여한 성의 해석에 대해서 생각해 보아야 한다. 성리학에서는 성을 성선설에 근거해서 인간의 도리를 오성, 즉 인의예지신인 도심(道心)의 관점에서 제시했지만, 성악설에서는 인간의 본능적 성인 인심(人心)적 측면을 강조하여 전혀 다르게 보고 있으므로, 이에 대해서도 고려해 보아야 한다. 인간이 천지의 기를 받고 태어났는데, 거기에는 이치로서 음양의 이치가 있으므로 인간의 성도 음양적 측면을 벗어날 수 없다고 본다. 따라서 인간의 성에도 음적인 성, 즉 성악적 측면과, 양적인 성, 즉 성선적 성 둘이 있다고 볼 수 있다. 서양에서도 인간을 야누스적으로 보는 것은 인간의 양면성을 인정하는 좋은 예라고 볼 수 있다.

셋째, 동양학이 천도를 미루어 인사를 밝혔다는 관점에서 생각해 보고자한다. 천도란 글자 그대로 하늘의 이치를 말하고, 이는 기의 작용과 변화이치인 음양오행론을 말한다. 하늘의 변화이치인 음양오행론은 곧 인간의 모든 인사의 준칙이 된다. 준칙인 음양오행론은 다른 말로 하면 천명에 해당하는 것이며, 이는 곧 하느님의 뜻이기도 하다. 따라서 인간의 윤리도덕도 인사의 하나이므로 당연히 하늘의 이치인 천도에 입각하여 준칙을 제시한 것이다. 그것이 곧 천명이고 하느님의 말씀이다. 동양학은 하느님의 뜻을 이치적으로 학문적으로 나타내고 있음을 알 수 있다.

제3절 주역과 도가 그리고 도교

한국도교학회장이었던 도광순은 『도교와 과학』의 서문에서 유교와 도교를 비교 설명하면서 도교의 학문적 성격을 다음과 같이 서술하였다.

유교와 도교는 동양의 양대 문화로서 그 성격이 대조적이다. 전자가 윤리적·정치적인 문화라면, 후자는 철학적·과학적 종교적인 문화이다. 유교가 현실사회의 봉건적 질서 유지를 위해서 스콜라적 지식에 매달려 있었다면, 도교는 이러한 테두리에서 벗어나서 자연의 경험적, 실험적 연구에 관심을 집중시키고 있었으며, 대자연 속에 살면서 자연의 법칙과 기밀을 알아내어 이것을 인간에 이용함으로써 인간 생명의 불멸, 즉 불로장생의 꿈을 실현하고자 하였다. 여기에 도교가 과학기술의 개발과 연결되는 필연성이 있다. 도교는 대자연과 인간의 혼연융합을 기도하는 점에서 신비주의적이고 주술적인 성격이 강하다.

도교가 인간과 자연의 관계에서 불로장생의 꿈을 실현하고자 인간 생명에 대한 과학기술의 개발에 노력하였다는 점에서 오늘날 우리가 관심을 갖게 된다. 유가가 주로 인간의 도덕적 수양적 관점에 초점을 두었다면, 도교는 자연과 인간과의 관점에 초점을 둔 자연과학기술적 내용으로 과학기술이 중요한 현대 사회에 더 의미가 있을 수 있기 때문이다. 즉, 인간의 건강을 위한 양생또는 건강관리와 질병치료를 목적으로 도교의 과학기술을 현대적으로 계승발전시키는 것이 중요하다.

도교의 자연과 인간의 관계에서 장생불사를 위한 과학기술적 내용을 구체적으로 살펴보면, 거의 도와 기, 태극, 음양오행론적 주역적 내용이 주된 것이다. 뿐만 아니라 도교의 우주적 자연관을 보면 천인합일적 또는 천인감응적사상이며, 또한 이들 천·지·인의 상호 관계를 나타낸 구체적인 이론체계도거의 기와 도, 음양오행론적인 주역의 내용이 주류를 이루고 있다. 이런 점에서 주역의 학문적 내용을 도교에서도 많이 차용하여 발전시키고 있음을 알수 있다.

도교는 오로지 인간의 생리적 욕망에 영합해서 불로장생을 위한 정신과 신체를 단련하기 위한 각종 과학기술, 종교적 주술, 부적, 그리고 신에 대한 의식을 통해서 구체적으로 생존 문제를 해결하고자 하였다. 인간은 누구나 생존에 대한 욕구와 아울러 죽음에 대한 공포에서 벗어나기 위해 장생불사와 우화등선을 애오라지 희구하고, 악귀를 쫓아내고 행복한 삶을 영위하기를 바라기 때문에 도교의 이론과 신의 계보·의식·방법 등을 신봉할 수 있었다.

결론적으로 유교는 인간세계의 인간 간의 윤리도덕과 사회질서와 수양에관한 인사의 도를 강조하였다면, 도교는 불로장생을 위한 자연과 인간의 관계를 강조한 자연의 도를 탐구하였다고 볼 수 있다. 그 자연의 도의 내용은 거의 주역의 이론들이 주류를 이루고 있다.

도가와 도교의 관계를 구별해 보면, 도가도 도교와 같이 자연의 법칙을 탐구하되 자연의 법칙을 자연의 법칙으로서 탐구하려 했다는 점에서 동일하다. 그것은 인간의 의지나 인간에 의한 규범의식이나 윤리관념에서 떠나서 자연을 자연현상으로만 보는 입장이다. 다시 말하면 그것은 반 인간중심주의적인 자연관이고, 자연현상을 인과법칙에 의해서 탐구하는 입장인 동시에, 자연을 목적론적으로 보는 견해를 거부하는 입장이다. 다만 도교는 도가의 자연법칙을 존중하면서 신과 종교적 주술적인 것을 응용 접목하여 인간의 생존 욕구를 해결하고자 하는 종교적·철학적 과학기술적 성격이 도가와 다른 특징이다. 또한 도교의 근본은 도가의 노자나 장자가 주장하는 것과 같이 정신적 초월에 있지 않고, 오히려 현실세계에 살면서 더 나은 삶을 영위하고자 하는 인간들의 심리적 욕망과 현실적인 여러 가지 문제들을 해결하려는 데 있는 것이다.

결국 도교와 도가의 유사점과 차이점은, 도가와 도교가 자연의 법칙을 탐구하여 무위자연적 자연 법칙에 따르려고 하는 데는 유사점이 있으나, 도교는 그러한 자연의 법칙에 근거하여 인간의 생존 욕망인 불로장생을 이루기 위해 주술적 종교적 신적인 요소를 가미하였다는 점에서 종교적 색채가 강하다. 그리고 도가가 초세간적 인간세계와 초월적 입장인 데 비해서, 도교는 현실적인 인간의 욕구를 해결해 주고 노력했다는 점에서 현실적이다.

이상에서 유가와 도가 그리고 도교의 관계를 개괄적으로 살펴보았다. 이들 세 학파의 내용을 살펴보면 공통점을 찾아볼 수 있다. 그것은 세 학파 모두 주역의 이론과 사상에 영향을 받았다는 것이다. 특히 도가와 도교의 천인합일적 우주적 자연관은 주역의 우주론적 자연관과 동일하고, 도교의 과학기술적 내용인 도, 기, 태극, 음양오행론은 주역의 내용과 일치하는 것을 보면 뚜렷하게 알 수 있다.

주역은 유가의 사상체계뿐 아니라 도가에도 영향을 미쳐 도가에서도 존중되었다. 유가와 도가 두 학파는 주역의 일정한 부분을 나름대로 발전시켜 각자 독특한 사상체계를 이루었다.

도가는 부드러운 가운데 강함이 있고 고요한 가운데 미동이 있다. 유가는 주역의 이치에 의해서 사회조직단체를 중시하고, 도가는 자연과 개체를 중시한다. 그러므로 유가는 사회 도덕 윤리를 중요시하여 사회와 인간관계에서의 수양을 강조하고, 도가는 인간의 수련을 인간과 우주자연의 관계로써 강조한다.

중국 문화대학 고희민 교수에 의하면, 공자와 노자로 대표되는 유가, 도가의 양대 철학은 학설의 강조점과 가르침을 행하는 방식에는 차이가 있지만, 그 철학적 근원과 이론적 방향은 다 같이 주역의 철학을 계승하고 있다고 한다. 다만 다른 방향과 입장에서 이야기하고 있을 뿐이다. 그러므로 구별하여 말하면 유가와 도가 두 학파이지만, 합하여 말하면 실은 역학이라는 일파이다.

대산 김석진 선생은 주역과 노장철학에 대해서 다음과 같이 차이점을 말하고 있다.

노자철학이 '무'의 철학이며, 그 사상의 핵심은 무위자연(無爲自然: 하지 않아도 스스로 그러한 것)의 세계로 복귀하는 데 있다. 이 무위자연의 세계는 또한 '무위이무불위(無爲而無不爲: 하지 않아도 하지 못함이 없다)'하다는 것인데, 주역 계사전에서의 '감이수통 천하지고(感而遂通 天下之故: 느껴서 천하의 연고에 통하게 된다), 부질이속(不疾而速: 빨리 아니해도 빠르다), 불행이지(不行而至: 행동하지 않아도 도달한다)'와도 일치한다고 볼 수 있다. 이렇게 무위의 경지까지 가는 방법에서는 대동소이하다고 말할 수 있다.

그러나 주역이 덕행과 사업을 펴 나감으로써 천하를 다스리는 데 뜻을 두고 있다면, 노자는 덕행과 사업에 의해 천하를 경영하고자 하는 뜻이 없고, 다만 천하 만물이 스스로 생기고 변화함을 방해하지 않는다는, 지극히 방임적이고 소극적인 정치관을 갖고 있다는 데 차이가 있다.

제4절 의리학적 동양학의 학문적 영역

앞의 1, 2, 3절에서 주역과 사서삼경, 도가, 도교 및 성리학을 서술한 것은 동양학적 동양학을 소개한 것이다. 동양학적 동양학이란 주제와 문제 중심으로 체계화된 서양학과 대비하여 나타낸 개념이다. 즉, 동양학적 동양학이란, 동양학의 내용을 저서와 철학, 사상가 중심으로 나타낸 학문적 특색을 나타낸 것이다.

그러나 이 절에서는 앞의 1, 2, 3절 동양학의 내용을 모두 종합하여 주제와 문제 중심으로 재분류하여 개념과 이론을 체계적으로 정리한 것을, 장대년 교수의 『동양철학대강』을 중심으로 설명하고자 한다. 즉, 사서삼경과 도가, 도교, 성리학, 묵가, 제자백가의 모든 사상과 철학을 종합하여 우주론, 인생론, 그리고 인식론과 방법론 등 세 가지 주제와 문제 중심으로 재분류하여 개념과 이론을 체계적으로 정리한 것을 의미한다. 결국 내용 면에서 앞 절의 내용과 이 절의 내용은 동일하나 표현하는 방식이 다를 뿐이다. 그런데 현대 서양 분석 과학적 한글세대들의 입장에서 볼 때, 주제와 문제 중심으로 개념과 이론을 체계화한 표현형식이 동양학을 이해하는 데 훨씬 용이하고 의미가 있다.

나는 장대년 교수의 『동양철학 대강』을 읽고서, 동양학의 전반적인 학문적 체계를 대체적으로 이해할 수 있어서 반가웠다.

나는 책을 읽을 때마다 그 책의 내용이 체계적으로 정리가 되지 않으면 책 읽는 보람과 재미를 느낄 수가 없다. 즉, 학문적 성취감을 느낄 수 없다. 그래서 단편적인 사상이나 철학적 내용을 나열식으로 소개한 글을 읽으면 그것이 무슨 의미와 가치가 있나하고 의문을 갖게 된 것이 수없이 많다. 철학 사상가의 주관적인 사상 철학이 무슨 의미가 있는가. 단지 지적 유희에 지나지 않는다. 즉, 실용성 없는 사상과 철학은 소설과 같은 공허한 이야기에 지나지 않는다. 왜냐하면 그러한 단편적인 철학 사상은 이 지구상에 존재하는 사람 수만큼 많이 있을 수 있기 때문이다. 이 세상에 사상철학이 없이 사는 사람은 거의 없다. 모든 인간은 의식적이건 무의식적이건 나름대로 사상철학, 즉 우주관 세계관 인생관을 갖고 그에 입각하면서 살아가고 있다. 그렇지 않은 사람은 이 지구상에 존재하는 사람들치고 거의 없다고 해도 과언이 아니다. 다만 그러한 사상철학을 글로서 체계적으로 표현하지 못할 뿐이다. 어떤 의미에서 세계적인 철학 사상가들보다 더 위대한 사상철학가들이 평범한 사람들 속에도 많이 있을 수 있다. 단지 그것을 글로써 체계적으로 표현을 못하여 학계에 인정을 못 받고 혼자서 생각을 하다가 사라져 버린 것이다.

나는 동서양철학 사상서를 보면서 역사적으로 수없는 사람들의 철학 사상적 내용을 읽고서 그것이 무슨 의미가 있나 하고 의문을 갖고는 하였다. 그래서 밑도 끝도 없는, 즉 특별한 준거기준이 없이 개인의 주관적인 아이디어 중심의 이야깃거리나 소설을 읽는 것과 같이 공허하기만 하였다. 특히 동양철학 사상서의 특징은 역사적 연대순으로 어느 때 누구의 사상이 있었고 하는 식의 단순히 나열식으로 소개하는 내용을 많이 보아 왔다. 나열식으로 소개를 하기 때문에 학문적으로 전체적인 체계화가 되어 있지 않다. 그래서 정리도 되지 않고 의미와 가치를 이해할 수가 없어서 학문적 성취감을 느낄 수 없었다.

그러던 차에 북경대학의 장대년 교수의 『동양철학 대강』이라는 저서를 만나서 비로소 학문적 갈급증을 해소할 수 있었다. 즉 동양학의 학문적 체계가 대체적으로 정리가 되어 학문적 성취감을 느낄 수가 있었다. 내 개인적인 생각으로는 동양학을 주제와 문제 중심으로 종합하여 체계화한 학자는 장대년 교수가 처음이라고 생각한다.

장대년 교수에 의하면, 동양학을 주제별 영역으로 크게, 우주론 또는 천도론, 인생론 또는 인도론, 치지론 또는 방법론, 수양론, 정치론의 다섯 부분으로 나누었다. 그중에서 우주론, 인생론, 치지론 세 부분이 근간이 되며, 대체로 이 세 부분은 서양의 이른바 철학에 해당된다. 수양론과 정치론은 특수철학이라고 말할 수 있으며 일반 철학의 범위에 들지 않는다. 따라서 동양학의 학문적 영역은 우주론과 인생론 그리고 인식론과 방법론이 가장 기본이 된다고 볼 수 있다.

이들 영역을 구체적으로 서술하고자 한다.

1. 우주론

우주는 일체를 총괄하는 하나의 명사이다. 온갖 일과 사물 등 모든 것들은 총합하여 하나가 되는데, 이름하여 우주이다. 이러한 우주는 지극히 크고 경계가 없다.

우주라는 문자를 해석하면, 상하사방의 공간을 우(宇)라 하고, 왕래고금의 시간을 주(宙)라고 한다. 우는 실재하는 것으로써 일정한 한계를 규정할 수 없는 것이며, 주는 시간이 길게 늘어서 있으되 처음과 끝을 알 수가 없는 것이다. 우는 전체의 공간이며, 주는 전체의 시간이다. 합하여 말하면, 우주는 곧 모든 시간과 공간이며 그 속에 일체를 포괄한다. 즉, 천·지·인 모두를 우주라고 할 수 있다. 천·지·인 중에서 천은 시간의 개념이고, 지는 공간의 개념이며, 인은 모든 일체의 사물인 인간을 포함한 만물만사를 의미한다. 동양학의 천·지·인의 인은 인간만을 의미하는 것이 아니고, 인간을 포함한 만물 만사를 포괄하여 나타낸 것이다. 그러니까 천·지·인을 다른 말로 표현하면 우주삼라만상이라고도 볼 수 있다.

중국철학에서는 우주라는 말이 나오기 전에는 하늘(천)이라는 개념이 있었다. 하늘(天) 개념은 가장 크고 모든 것을 포괄한다고 여겼으며, 모든 것의 가장 근본으로 보았다.

중국철학에서 하늘에 대한 사상은 유가 학파와 도가 학파의 내용이 다르다. 유가 쪽에서는, 사람의 일은 모두 하늘의 지배를 받으며 하늘이 사람의 일의 최후 결정자이다. 전통적인 신앙에서 하늘은 인격적 상제(上帝)이다. 즉, 높고 푸른 하늘은 일체를 생성하고 일체를 통치하는 최고의 주재자라고 생각하였다. 유가의 상제개념은 기독교의 하느님과 같은 개념이라고 해도 무리가 없다.

이에 반해 도가 쪽에서는 하늘이 일체의 최고의 주재자라고 보는 관념을 타파한다. 도가의 대표적인 사상가인 노자는 하늘이 결코 가장 근본적일 수 없으며, 하늘의 근본이 되는 것이 따로 있다고 보았다. 도가에서는 가장 근본적인 것이 '도(道)'이며, 도는 천지보다 먼저 있고, 상제보다 먼저 있는 것이다. 도는 누구의 아들인지 모르지만, 모든 것의 궁극적 시원이며, 가장 먼저 존재한 것이다. 하늘은 도 다음에 있으며, 도를 본받는다. 도는 온갖 사물을 본받지 않으며, 자기 스스로 그렇게 있다.

노자는 중국 우주론의 창시자이다. 그는 하늘을 최고의 주재자로 보는 관념을 타파한 후에 우주론 철학을 정식으로 수립했다. 노자 이후 매우 많은 사상가들이 그의 영향을 받아서, 하늘을 최고의 주재자로 여기지 않았다.

요컨대 공자와 묵자 중심의 유가에서는 하늘을 일체의 최고 주재자로 여겼으나, 아직 우주론에 관한 토론이 없었다. 중국 우주론의 시조는 당연히 노자로 인정된다. 그는 하늘이 일체의 최고 주재자라는 것을 부인하고 궁극적인 것을 탐구해서 우주론의 출발점을 이루었다. 노자 이전은 우주론이 논의되기 전이었으며, 우주론은 노자로부터 비롯되어 체계적인 우주론 학설이 있게 된다.

우주론은 다시 구체적으로 본체론과 우주변화 과정론(大化論)이 있다.

1) 본체론(本體論)

본체론은 우주의 가장 궁극적인 것에 관한 것을 말하며 이를 다른 말로 도체론(道體論)이라고도 한다. 여기서 본체란 세 가지의 의미를 포함한다고 할 수 있다.

첫째, 시작의 뜻이다. 현재 보이는 바의 세계는 온갖 사물이 복잡하게 가득 펼쳐져 있으나, 이 모든 사물은 그 유래를 가지고 있다. 예를 들면 태초는 우주의 시작인 본체이다. 즉, 태극을 의미하는 말이다. 둘째, 궁극적인 하늘의 도(道: 天道)의 뜻이다. 천도란 온갖 사물이 의존하는 관계를 말하며, 구체적으로 온갖 사물의 변화 이치를 의미한다. 셋째, 통괄의 뜻을 의미한다. 통괄이란 온갖 사물은 비록 번잡한 이치를 극도로 세밀하게 지니고 있으나, 그것을 하나로 통일하는 이치도 지니고 있다는 것을 말한다. 나눠서 보면 온갖 사물은 같지 않으나 그 배후의 공통점에서 보면 하나로 통합된다.

본체에 대립하는 것은 물 즉 사물이며, 사물은 본체에 의해서 생겨나는 것이다. 본체는 본원이라는 뜻이며, 이 본원에서 유출되는 또는 발생하는 것이 용(用) 또는 작용이다. 본체의 작용으로 모든 사물이 발생하고, 변화하며, 소멸된다고 볼 수 있다.

본체의 특성은 네 가지가 있다.

첫째, 생겨나지도 않고 의존하는 것도 없다. 온갖 사물이 모두 본체에 의해서 생겨나지만, 본체는 좇아서 생겨나는 바가 없다. 본체는 독립적으로 본래부터 존재하고 다시 무엇을 기다려서 의존하는 바가 없다. 둘째, 본체는 변화함이 없이 언제나 있다. 본체는 변화하지 않으나, 모든 사물은 끊임없이 변화하는 과정 속에 있다. 본체는 언제나 변함없이 영원히 존재하고, 어그러짐도 없고, 줄어들지도 않는다. 셋째, 치우치지 않고 맺히지도 않는다. 온갖 사물은 모두 한 곳에 치우치며 맺히는 바가 있다. 이런 성질을 가지면 저런 성질이 없고, 여기에 있으면 저쪽에 있을 수 없다. 온갖 사물은 모두 유한하고 상대적이다. 그러나 본체는 무한하며 상대적인 것을 초월한다. 본체는 한곳에 치우치는 성질이 없고 모든 것에 두루 통한다. 넷째, 형체가 없고 형체를 넘어선

다. 즉, 본체는 반드시 형체가 없다는 것이다. 모든 형체가 있는 온갖 사물은 본체가 될 수 없고, 본체는 실제로 형체를 초월한다.

결국 본체란 사물이 생겨나고 변화하게 하는 근본적인 원리인 자연의 이치 또는 법칙을 의미하는 것으로 볼 수 있다. 이러한 원리와 이치 또는 법칙은 사물이 나타나기 이전부터 존재해 왔고, 또한 영원히 없어지지도 않는 것을 의미한다. 이것은 오랜 세월동안 동양학자들이 연구하여 개발한 개념과 이론이라고 볼 수 있다. 즉, 동양학에서 본체론은 우주삼라만상의 궁극적 진리를 찾기 위한 노력으로 얻어진 결과라고 볼 수 있다.

그러면 서양과학의 과학적 이론과 동양학의 본체론을 비교해서 고찰해 보자.

서양과학도 우주삼라만상의 궁극적 진리를 발견하기 위해 수많은 사람들이 오랜 세월과 많은 돈을 투자하여 연구하고 있다. 그렇다면 동양학의 본체론과 서양과학에서 발견된 현대 사회의 과학적 개념과 이론들은 어떤 관계가 있는가?

다 같이 우주삼라만상의 궁극적 진리를 발견하고자 연구한다는 점에서는 다를 것이 없다. 다만 발견된 궁극적 진리의 개념과 이론의 표현이 다를 뿐이다. 아마도 동양학의 본체론은 이미 완성된 개념과 이론인 데 비해서, 서양과학은 거기에 도달하기 위한 과정에 있지 않나 생각된다. 바둑이 철수부터 시작을 해서 세계화까지는 왔으나 아직은 우주화까지는 도달하지 못했다. 즉, 동양학의 본체론은 이미 완성된 우주삼라만상의 궁극적 진리이고, 서양과학은 아직 이에 훨씬 못 미친 미완성 학문이라고 볼 수 있다.

본체론에 관련된 구체적인 개념과 이론에는 도·태극·음양 오행론·기 (氣)·리·심이 있다.

본체론의 근본은 본체가 반드시 형체를 초월한다고 생각하며, 또한 본체를 형체가 없고 물질적 바탕이 없는 속에서 반드시 찾으려고 하는 것이다. 즉, 물질적 바탕이 없다고 곧 아무 것도 없는 것이 아니고, 그 가운데 세 가지가 있으니 그것이 리·기·심이다. 그래서 본체에 관한 세 가지 학설이 있는데, 이치를 본체로 여기는 것은 도론과 유리론이며, 기를 본체로 하는 학설이 태극론과 기론이며, 마음을 본체로 하는 학설은 주관적 유심론이다. 이기론은 이치 말고도 기를 언급하기 때문에 이는 일종의 이원론이라고 할 수 있다.

동양학에서 본체론의 가장 기본적인 문제는 이치와 기의 문제이며, 그다음은 마음과 자연의 문제라고 할 수 있다. 이치와 기의 문제에 관해서는 유리론과 유기론이 대립하는데, 전자는 이치를 근본으로 여기며, 후자는 기를 근본으로 여긴다. 유리론은 이치를 언급하고 또한 기를 언급하며, 유기론도 기를 언급하고 또한 이치를 언급하는데, 쟁점은 어느 것을 가장 궁극적인 것으로 여기는가에 있다.

우리나라 역사에서 조선 오백 년간 인간의 성리학적 도덕 윤리 문제를 리와 기의 문제로 보고, 어느 것을 우선시하는가에 따라서 주리론, 주기론으로 나누어져서 많은 논쟁이 있어 왔음은 주지의 사실이다.

2) 우주변화 과정론

우주론의 우주변화 과정론 또는 대화론에서는 우주가 변화하고 움직이며 이 우주는 생성하고 또 생성함이 끊임없는 하나의 변화과정이라고 생각한다. 그런데 그 변화과정 속에 변화하지 않는 늘 그러함(常)이 있다고 했는데, 변화과정 속에 변화하지 않는 불변의 법칙은 무엇인가? 동양학에서 변화하는 과정 속에서 변화하지 않는 불변의 법칙이 반복이다. 우주삼라만상의 일체 모두 반복의 법칙에 의존하여 변화한다.

사물은 한편으로 늘 변화하면서 극한에 이르고, 그 변화의 방면으로 더 밀고 나갈 수 없으면 반드시 한 번 변화하여 반대의 방향으로 변화하는데, 이와 같은 과정을 끊임없이 하는 것을 반복이라고 한다. 더 정확히는 순환반복이라고 한다.

모든 사물은 성장하면 곧 시들어 떨어지게 되는데, 이것을 반(反)이라고 한다. 시들어 떨어지는 것이 극도에 이르면 마침내 다시 시작되는데, 이것을 복(復)이라고 한다. 한 번 반(反)하고 한 번 복(復)하는 것이 사물변화의 법칙이다.

동양철학에서 반복과 밀접하게 서로 관련되는 것이 양(兩)과 일(一)의 관념이다. 양은 음과 양 간의 대대(待對: 대응 또는 상호 의존) 또는 대립이며, 일은 합일(合一) 또는 통일이다. 양과 일은 곧 대대와 합일, 대립과 통일을 의미한다. 역의 계사전에서는 음양 간의 대대와 합일을 변화와 반복의 원리로 보며, 그 원리로 인하여 변화가 있으며, 변화의 원리는 곧 반복이며, 서로 밀어주는 대대관계의 작용 속에 변화의 원리가 있다고 생각했다. 모든 대대관계는 다 그 합일 통일을 지니고 있으며, 모든 존재는 반드시 대대의 성질을 포함하고 있는데, 대대란 서로 마찰하고, 서로 움직이며, 서로 반발하고, 서로 요구함으로써 변화를 일으키는 것이다.

이상 반복과 대대합일의 개념을 설명하였는데, 반복과 대대합일의 관계를 간단히 말하면, 반복은 변화의 법칙이며, 대대(待對)와 합일(合一)은 변화의 근본이다.

동양철학자들이 대대와 합일에 대해서 많이 논의하고 있지만 그 논의한 방향이 서로 같지 않다. 그것을 종합해서 말하면 다음 몇 가지로 나눌 수 있다.

첫째, 대대의 필연은 곧 대대의 필연성과 보편성이다. 모든 사물은 홀로 우연히 존재하는 것이 없고, 일체는 양극이 아닌 것이 없다. 이것은 양과 일의 관념에 관한 것들 중에서 가장 간단한 사상이다.

둘째, 대대와 합일의 관계이다. 대대와 합일의 관계는 다시 다섯 가지로 나누어 볼 수 있다. ① 대대는 서로 의존하는 것, 곧 대대는 서로 의존하여 존재하는 것이다. 이것이 있어야 저것이 있고, 저것이 있어야 이것이 있다. 저것이 없으면 이것도 없고, 이것이 없으면 저것도 없다. ② 대대는 서로를 포함하는 것, 곧 대대는 서로를 포함하여 속에 갖추고 있는 것이다. 이것은 저것을 포함하고, 저것 역시 이것을 포함한다. ③ 대대는 서로 전환되는 것, 곧 대대는 전환되어 서로 생성하게 하는 것이다. 저것이 전환되어서 이것이 되고, 이것이 전환되어서 저것이 된다. ④ 대대는 서로 고르게 있는 것, 곧 대대는 서로 구별이 있는 것이다. ⑤ 대대는 함께 있는 것, 곧 대대는 하나로 통합되는 것이다. 대대는 비록 대대가 되지만 그 일치하는 바가 있으며, 더 큰 존재에 통합되어 소속되니 합일 속에서의 대대이다.

셋째, 대대의 종합은 대대하는 것이 하나로 종합되어 다시 원만한 사물을 이루는 것이다. 갑과 갑이 아닌 것은 대대관계에 있지만, 갑은 갑이 아닌 것을 용납할 수 있으며, 갑의 원만함에 이를 수 있다. 여기에서 말하는 종합은 서로를 포함하는 것과 같지 않다. 서로를 포함하고 있다는 것은 갑이 본래 갑이 아닌 것을 포함하여 지니고 있다는 말인데, 이 종합은 갑과 갑 아닌 것이 서로 융합하여 하나의 새로운 형태가 된다는 것을 말한다.

넷째, 대대와 합일 및 변화는 또한 대대하는 것이 서로 밀어 움직이는 것으로서, 대대와 합일의 관계를 가지고 변화를 설명하는 것이다. 우주 안의 모든 존재는 다 변화과정 속에 있다. 그러나 어떻게 변화가 있는 것인가? 변화가 존재하는 원인은 곧 대대하는 것이 서로 밀어 움직여 주기 때문이다. 대대관계의 상호 작용이 곧 변화의 원인 또는 원리이다.

다섯째, 대대와 합일의 관계는 곧 양과 일의 관계를 논하는 것이며, 이것은 대대와 합일에 관한 비교적 가장 정밀하고 미묘한 총괄적 사상이다.

중국철학에서 대대와 합일의 관념은 서양철학의 변증법에서 이른바 대립과 통일의 원칙과 매우 비슷하다고 할 수 있다. 대립과 통일의 원칙은 변증법의 핵심이지만, 중국의 철학가들이 밝혀 드러낸 것이 더 정밀하고 상세하다. 비록 분명하지 않고 완비되지 않은 점이 있으나, 대체로 대단히 풍부하고 깊으며 철저하다.

서양철학에서 우주변화론에는 목적론과 기계론이 있지만, 중국에서는 순수한 목적론도 없고 순수한 기계론도 없다. 천지론(天志論)이 목적론에 가깝고, 자연론이 기계론에 가깝다. 특이한 것은 신화론(神化論)이 있다는 점이다. 신화론의 중심사상은 일체의 변화가 모두 저절로 움직이는 것이며, 내재하는 능동의 동력에서 일어난다는 것이다. 오직 그 변화는 스스로 움직이는 것이기 때문에 일정한 방향이나 장소에 구애됨이 없고, 헤아릴 수 없으며, 예정된 계획에 따라서 변화하는 것이 아니고, 기계적 형식이 있는 것도 아니다. 총괄적으로 말하면 중국철학에서 우주변화 과정론에는 변화·반복·대대(待對)·합일 등이 있다.

2. 인생론

인생론은 중국철학의 중심부분이며, 세계적으로 인생에 관한 철학사상은 실제로 중국이 가장 풍부하며, 언급한 문제도 매우 많고, 그 논의가 도달한 경지도 깊다. 중국 철학가들이 생각하고 논의한 것 중에서 3분의 2가 모두 인생문제에 관한 것이라고 말할 수 있다.

원래 중국철학은 구분을 중시하지 않으므로, 우주론과 인생론은 중국철학의 입장에서 볼 때 역시 잘 구분이 되지 않는다. 대개 중국 철학가들의 문장과 논의는 언제나 제일 먼저 우주를 이야기하고, 두 번째로 인생을 이야기한다. 그리고 이것에 그치는 것이 아니고 중국철학 사상가들의 대다수가 인생의 규범이 곧 우주의 본체이며, 우주의 본체가 곧 도덕의 표준이라고 생각하였다. 즉, 우주의 근본 원리에 관한 문제는 역시 인생의 근본 원리에 관한 문제이다. 그러므로 늘 한 구절에서 이미 우주를 말하고, 또한 인생을 이야기하고 있는 것이다. 하늘과 사람이 서로 통한다는 학설에서는 하늘의 근본 덕성이 곧 사람의 심성 속에 포함되어 있다고 주장하는데, 천도와 인도가 실제로 하나로 관통한다고 여긴다. 그래서 우주의 본체는 인륜도덕의 근원이며, 인륜도덕은 우주 본체의 유행이자 발현이다. 즉, 우주본체에도 도덕의 의미가 있고, 도덕에도 역시 우주의 의미가 있다.

중국철학에서의 인생론은 우주론에 비해서 상세하여 네 가지 부분으로 나누어 볼 수 있다. 즉, 그것은 천인관계론, 인성론, 인생이상론, 인생문제론이다.

1) 천인관계론

천인관계론은 인생 문제의 발단이다. 즉, 천인관계론의 발단 문제는 우주간에서 인간이 처한 위치의 문제이다. 우주 안에서 인간의 위치 문제는 또한 인생의 의미 문제라고 말할 수 있다. 역사적으로 이 문제의 제기는 결코 빠르지 않다. 가장 초기의 철학가들은 모두 인생의 이상을 나타내 보이는 데에 주의를 기울였다. 그 후의 사상은 점점 세밀해져서 인생의 이상을 나타내 보이기에 앞서서 먼저 우주 간에서 인간의 지위를 연구하였다.

사람과 우주의 관계에 대해서 중국철학에는 하나의 특이한 학설, 즉 천인합일론이 있다. 동양철학에서 천인관계론은 천인합일론을 말하며, 천인합일론은 두 가지 의미를 가지고 있다. 하나는 하늘과 사람이 서로 통한다는 천인상통이고, 다른 하나는 하늘과 사람이 서로 유사하다는 천인상류이다. 천인상통의 관념은 맹자에게서 발단하여 송대의 도학, 즉 성리학에서 크게 성취되었다.

하늘과 사람이 서로 통한다는 천인상통학설에서는 하늘의 근본덕성이 곧 사람의 심성 속에 포함되어 있다고 주장하는데, 천도와 인도가 실제로 하나로 관통한다고 여긴다. 우주의 본체는 인륜 도덕의 근원이며, 인륜도덕은 우주 본체의 유행이자 발현이다. 우주 본체에는 도덕의 의미가 있고 도덕에도 역시 우주의 의미가 있다. 사람이 짐승과 다른 이유는 사람의 심성이 하늘과 서로 통하는 것이 있기 때문이다. 사람은 하늘의 성덕(性德)을 받아서 근본 성덕으로 삼는다.

중용에도 하늘과 인간이 서로 유사하다는 사상이 있다. 중용에서는 말하였다.

> 하늘이 명한 것을 성이라 하며, 성을 따르는 것을 도라고 하며, 도를 닦는 것을 교라고 한다.
> ▶天命之謂性 率性之謂道 修道之謂敎(중용 1장)

성은 하늘이 명한 것이며 인도의 근본이다. 도는 성으로부터 나오며 성은 하늘에서 받는다. 궁극적으로 말해서 하늘은 인도의 원천이다.

하늘과 사람이 유사하다는 천인상류(天人相類)의 사상은 일종의 억지로 끌어다 맞춘 이론이며, 하늘과 사람이 형체와 성질 면에서 모두 유사하다고 여긴다. 천인상류를 주장한 사람은 동중서이다. 그는 "사람은 하늘의 이치와 부합한다(人副天數)"고 주장했다. 하늘과 사람이 서로 유사하다는 것은 사람이 서로 통한다는 것은 아니다. 그러나 역시 한편의 의미로는 천인합일이다.

2) 인성론

인성(人性)은 중국철학에서 중대한 문제이다. 이 문제는 역대로 논의가 그친 적이 없으며 학설의 분파 또한 매우 여러 갈래이다.

제일 먼저 성을 논의한 사람은 공자이다. 공자는 이렇게 말했다.

> 타고난 성은 서로 가깝지만, 습관에 따라서 서로 멀어진다.
> ▶性相近也 習相遠也(논어 陽貨 2)

공자가 말하는 성은 습관과 서로 대립된다. 공자는 선악으로 성을 논하지 않고, 단지 사람의 타고난 성은 서로 가깝지만 후에 서로 다르게 되는 것은 모두 습관에 기인한다고 보았다.

공자 이후에 맹자(孟子)는 선(善)으로써 성을 말했다. 그래서 성이 선한가 악한가의 문제는 드디어 맹자 이후에 성을 논하는 주요 쟁점이 되었다.

성에 대한 주요 쟁점의 대표적인 학설이 성선설과 성악설이다. 성선설의 대표적인 학자가 맹자이고, 성악설은 순자이다.

맹자는 성 속에 인의예지(仁義禮智)라는 네 개의 단서가 있으며, 인의예지라는 네 개의 근본적인 선은 성 속에 이미 그 단서로 갖추어져 있으며, 성은 본래 지니고 있는 것이지 본래 없는 것인데 열심히 힘써 수양해서 이루는 것이 아니라고 했다. 사람은 모두 측은(惻隱), 수오(羞惡), 사양(辭讓), 시비(是非)의 마음 즉 인의예지라는 단서를 지니며, 이것은 사람이 본래부터 지니고 있는 것으로서 때에 따라서 발현하는 것이지 습관에 의존하는 것은 없다.

사람이 배우지 않고도 할 수 있는 것은 양능(良能)이며, 생각하지 않고도 알 수 있는 것은 양지(良知)이다. 인의(仁義)는 사람의 양지와 양능이며, 배움에 의존하지 않고 사려에 의존하지 않는 것이다. 일체의 도덕은 모두 사람의 성에서 나온다. 이에 반해 순자(荀子)는 성악(性惡)을 주장했다. 그는 사람의 성은 이익을 좋아하고 욕구가 많으며, 성 속에는 결코 예의는 없으며, 일체의 행위는 모두 후천적인 노력과 훈련으로 이루어진다고 했다. 사람의 성은 악한데, 선한 것은 인위적인 것이다. 인위적이라는 것은 사람의 힘으로 이루어진다는 말이다. 무릇 성이 지니고 있는 바는 모두 악한 것이다. 선은 인위적인 것으로서 후천적인 것이다. 도덕은 모두 성을 인위적으로 고쳐서 만든 것이다.

후천적인 도덕규범이 사람의 성질을 바르게 단속한 뒤에야 비로소 세상이 다스려져서 어지러워지지 않을 것이다. 만약 모든 제약을 없애 버리면 세상은 짧은 순간에 크게 어지러워질 것이다. 이런 이유로 보면 사람의 성이 악하다는 것과 선은 열심히 억지로 노력함에서 나온다는 것을 알 수 있다.

맹자가 성이 선하다고 한 것은 사람을 사람되게 하는 특질이 인의예지라는 네 가지 단서라고 말한 것이다. 순자가 성이 악하다고 한 것은 사람이 태어나면서부터 갖추어진 본능의 행위 속에는 결코 예의가 없다고 말한 것이다. 즉, 도덕행위는 모두 반드시 훈련을 쌓은 뒤에 이루어질 수 있다는 것이다. 맹자가 말한 성은 순자가 말한 성과 실제로 같은 것이 아니다. 맹자가 강조한 것은 성을 반드시 넓히고 채워야 한다는 점이었고, 순자가 강조한 것은 성은 반드시 바꾸어서 고쳐야 한다는 점이었다. 비록 한 사람은 성선을 강조하고 다른 한 사람은 성악을 강조했지만, 실제로 완전히 상반되는 이론은 결코 아니다. 말하자면 두 학설은 처음부터 서로 용납될 수 없는 것은 아니었다. 그러나 두 학설은 실제로 중대한 차이점을 지니고 있다.

3) 인생이상론

동양철학의 중심부분은 인생론이며 인생론의 중심부분은 인생이상론이다. 인생이상론은 인생의 최고 준칙에 관한 이론이다.

인생이상론의 발생은 가장 빨랐으며 공자가 창시했다. 공자와 묵자철학의 주요 부분은 곧 인생이상론이다. 그들은 특별한 우주론도 특별한 인성론도 없었으나, 그들이 일생 동안 갖은 고생 끝에 제시한 것은 인생의 당위 준칙과 그것에 관련되는 정치이상이었다. 우주론에서 말하는 도는 소이연(所以然: 원리)의 의미가 있다. 인생론의 입장에서는 이른바 도는 당위의 의미인 소당연(所當然: 마땅한 바)이다.

인생이상론의 주요 내용은 공자의 인, 묵자의 겸애, 노자의 무위, 순자의 유위 사상 등이다.

제일 먼저 인생 이상을 제시한 사람은 공자이다. 공자는 인(仁)을 인생이상이라고 보았다. 인의 관념은 그 함축된 의미가 매우 넓고 높고 평이하며 알차고 쉽다. 논어에서 제시한 인의 정의를 살펴보면 다음과 같다.

무릇 인이란 자기가 입신하고자 할 때에는 다른 사람을 입신하게 하며, 자기가 사리에 통달하고자 할 때에는 다른 사람을 통달하게 하는 것이다. 가까운 데에서 취하여 비유할 수 있으면 인을 실행하는 방법이라고 말할 수 있다.
▶夫仁者 己欲立而立人 己欲達而達人 能近取譬 可謂仁之方也(논어 옹야 28)

"자기가 입신하고자 할 때에는 다른 사람을 입신하게 하며, 자기가 사리에 통달하고자 할 때에는 다른 사람을 통달하게 한다"는 것은 공자가 규정한 인의 정의이다. 여기에서 '입(立)'이라는 것은 이루는 바가 있어서 의존하는 것이 없는 것이며, '달(達)'은 통달하는 바가 있어서 대중에게 드러날 수 있는 것이다. 자기 스스로 입신하고자 하면 아울러 다른 사람도 입신하게 하고, 자기 스스로 통달하고자 하면 아울러 다른 사람도 통달하게 하는 것이니, 곧 스스로 노력을 그치지 않고 다른 사람을 위해서 일을 도모하는 것이다. 간단히 말하면 자신도 이루고, 타인도 이룬다는 것이다. '가까운 데에서 취하여 비유할 수 있다(能近取譬)'는 것은 인의 방법이며, 곧 가까운 곳에서부터 먼 곳까지 미루어 나아가고, 자기로부터 타인에게까지 미루어 나아가는 것이다. 이것은 자기가 하고자 하는 바는 또한 다른 사람을 위해서 그것을 도모해 주고, 자기가 하고 싶어 하지 않는 것은 또한 다른 사람들에게 더함이 없는 것이다.

맹자는 공자의 사상을 발전시켰으며, 역시 인을 인생의 첫째 원칙으로 삼았다. 또한 의(義)를 중시하고 인과 의를 함께 언급하여 생활실천의 기본 준칙으로 삼았다. 공자철학의 중심관념이 인이라면 맹자 철학의 중심관념은 인과 의이다.

둘째, 동양철학의 인생이상론 중 공맹사상 다음으로 많이 논의되는 사상이 묵자의 겸애(兼愛)사상이다. 묵자철학의 출발점은 이로움이다. 묵자가 말하는 이로움은 사람들의 큰 이익을 의미하는 것이지, 한 사람의 사적인 이로움이 아니다. 묵자의 모든 주장은 천하 사람들의 사적인 이로움이 아니다. 묵자의 모든 주장은 천하 사람들의 큰 이익을 추구하는 것이 기본이다. 공자가 인(仁)을 인생의 도(道)로 여긴 이래로 인은 일반 사람들의 최고 이상이 되었다. 묵자도 인을 말했으나 이로움으로써 인을 말했다. 묵자는 이렇게 말했다.

> 인을 체득한 사람이 임무로 삼는 것은 반드시 천하의 이로움을 일으키고 천하의 해로움을 제거하는 것이니, 인을 체득한 사람은 이것을 임무로 삼는다.
> ▶仁人之所以爲事者 必興天下之利 除去天下之害 以此爲事者也(묵자 겸애 중)

인을 체득한 사람은 천하의 사람들을 위해서 이로움을 일으키고 해로움을 제거할 수 있는 사람이다. 묵자는 의를 매우 숭상했으며, 의가 모든 일 중에서 가장 귀한 것이라고 했다. 묵자는 말했다.

> 온갖 일들은 의보다 귀한 것이 없다.
> ▶萬事莫貴于義(묵자 겸애 중)

그러므로 인의 실질과 의의 내용은 곧 겸애이다. 천하의 사람들에게 가장 이로운 행위는 겸애이다. 겸애는 근본적으로 당위의 규범이다. 겸애의 '겸(兼)'이란 총체 또는 전체의 의미이며, 통합적이어서 차별이 없다는 뜻이다. 겸애는 모든 사람에 대해서 사랑하지 않는 바가 없고, 멀고 가까움의 구분이 없으며, 계급적 차등도 없고, 사람들을 동등하게 널리 사랑하는 것이며, 차별이 없는 사랑이다. 겸애는 또한 줄여서 겸이라고도 칭한다. 겸은 구별과 서로 대립한다. 구별은 타인과 나를 나누어서 보는 것으로, 스스로를 사랑하면서 남을 사랑하지 않는 것이다. 겸은 타인과 나를 구분하지 않아서, 타인을 나와 같이 보고 타인을 자기처럼 여기는 것이다. 묵자는 겸이 곧 의라고 보았으며, 실천하여 따라야 할 최고 준칙이라고 했다.

셋째, 선진시대 철학 중에 인과 겸애 외에 세 번째로 가장 영향력 있는 인생이상론은 무위(無爲)이다. 무위의 학설은 老子에게서 비롯되었다. 노자는 도가(道家)의 창시자이다. 춘추시대에는 세상으로부터 도피하고 자신을 청결하게 할 것을 주장한 많은 은둔자들이 있었다. 이른바 도가류의 사람들은 실제로 이러한 은둔자들에 근원을 둔다.

공자와 동시대의 은둔자는, 공자가 분주하게 돌아다니며 세상을 구제하는 행위를 찬성하지 않고 늘 공자를 비웃었다. 그 당시 은둔자의 한 사람인 신문은 공자에게 "불가능한 것을 알면서도 실천하는 사람"이라고 했으며, 은둔자들은 바로 불가능함을 알아서 실천하지 않는 사람이라고 했다.

노자는 지극하게 깊이 사색한 은둔자로서, 넓고 크며 깊고 정밀한 철학체계를 수립했다. 노자의 학문적 공헌은 우주론과 인생론의 입장에서 볼 수 있는데, 그의 인생론은 우주론에 기초하여 유래된 것이다. 그는 우주의 본체는 곧 道라고 보았으며, 도는 무위한 것이라고 했다. 사람은 마땅히 도를 의존하고 따라야 하므로, 사람도 무위해야만 한다고 보았다. 무위는 노자 인생론의 중심관념이다. 노자는 말했다.

> 이 세계는 근원인 도가 있으니 그것을 모체라고 한다. 그 모체를 파악하면 그 모체에서 생산된 아들인 온갖 사물을 알 수 있다. 이미 그 아들인 온갖 사물을 알면 다시 그 모체인 도를 지킬 수 있어서 종신토록 위태롭지 않다.
> ▶天下有始 以爲天下母 旣得其母 旣知其子 復守其母 歿身不殆(노자 하편 52)

세계의 근원인 모체는 곧 도이다. 도로 말미암으면 세계의 온갖 사물의 실상을 알 수 있다. 이미 세계의 온갖 사물의 실상을 알고 다시 그 도를 지킬 수 있으면, 종신토록 위태로워지지 않을 수 있다.

노자의 무위는 저절로 그러하다는 의미이다. 인위적인 것에 뜻을 둠이 없으면 비록 행위 하더라도 인위적인 것이 없게 되므로, 무위하면 곧 하지 않는 바가 없게 될 수 있다. 공자와 묵자의 도는 모두 나날이 늘어가는 것이며, 노자의 도는 나날이 덜어져서 줄어드는 것이다. 공자와 묵자는 모두 인위적인 것이 있지만, 노자는 인위적인 것이 없다.

넷째, 공자의 인과 묵자의 겸애는 본래 모두 유위사상이다. 그러나 그 당시에는 특별하게 유위를 제창하여 종지로 삼은 것은 없었다. 노자는 무위사상을 제기했으며, 장자에 이르러 충분히 발전했다. 장자는 모든 인위를 배척하여, 모든 것을 잊고 자연과 하나가 되는 신비한 삶을 이상적인 경지로 여겼다. 장자의 이러한 극단적인 무위사상은 결국 반동사상을 이끌어 내게 되니, 荀子는 철저한 유위의 철학을 제기했다.

순자 철학의 일관된 관념은 인위를 가지고서 자연적인 것을 변혁하는 것이다. 중국철학에서 대다수의 사상가들은 모두 하늘(天)을 높이고 숭배하지 않았으며, 단지 사람을 중시하여 사람으로 하여금 하늘에 부합하게 하는 것을 찬성하지 않고 하늘이 사람에 부합해야 된다고 주장했다.

순자는 인위를 철학의 출발점으로 삼았다. 순자는 말했다.

> 도란 하늘의 도가 아니고, 땅의 도도 아니며, 사람의 것으로서 도이다.
> ▶道者非天之道 非地之道 人之所以道也(순자 유효)

순자는 우주의 도를 주장하지 않고, 단지 인생에서 도를 논의해야만 한다고 여겼다. 순자는 인생의 가장 중요한 일은 인간의 능력을 충분히 발휘하는 것이며, 반드시 자연을 이해할 필요는 없다고 보았다.

하늘의 운행은 자연의 변화과정이다. 자연의 변화과정에는 변화하지 않는 한결같음이 있는데, 이것은 사회의 다스려짐과 혼란함과는 아무런 관계가 없다. 다스려짐과 혼란함은 하늘에 말미암은 것이 아니고, 실제로 사람에게 말미암은 것이다. 사람은 다만 자기의 힘을 충분히 발휘하여 질서 있는 사회를 추구해야지, 자연의 변화에 대해서 좋은 것을 바라서는 안 된다.

순자는 하늘을 제어하고, 하늘을 이용하며, 사물을 변화시키고, 사물을 관리하는 것을 중시했는데, 이것은 자연을 지배하고, 자연을 이용하며, 물질을 변화시키고, 물질을 관리하는 것이다.

4) 인생문제론

인생문제론은 생활 속의 각종 문제에 관한 연구와 토론이다. 천인관계론과 인성론은 인생과 자연의 상태에 관한 토론이다. 인생이상론은 인생의 당위에 관한 총체적 토론이다.

인생문제론은 인생 각 방면의 문제에 대한 토론이다. 천인관계론과 인성론은 인생과 자연의 상태에 관한 토론이다. 인생이상론은 인생의 당위에 관한 총체적 토론이다. 인생에는 많은 모순이 포함되어 있는데, 이른바 인생의 문제는 이러한 모순으로부터 비롯되어 발생하며 이 모순적인 것을 해결하고자 한다.

학파에 따라 인생의 문제에 대한 토론이 다르다. 유가와 묵가가 주로 토론하고 연구한 인생의 문제는 의(義: 의로움)와 이(利: 이로움) 그리고 명(命)이다. 이것 외에 유가와 도가의 논쟁은 자연과 인위, 손과 익, 동과 정, 욕과 이, 정과 무정 등의 문제이다. 여기에서는 의와 이 그리고 명에 대한 학설만 소개한다.

첫째, 의로움(義)과 이로움(利)은 중국철학에서 하나의 큰 문제이다. 유가는 의로움을 숭상하여, 일을 할 때에는 오직 이 행위를 해야 할 것인가 아니면 하지 말아야 할 것인가를 반드시 묻고 개인의 이해관계를 항상 고려하지는 않는 것이라고 했다. 묵가는 비록 이로움을 가장 중시하면서도 결코 의로움을 주장하지 않는 것은 아니며, 역시 의로움을 귀하게 여길 것을 강조했으며 다만 의로움과 이로움이 서로 일치한다고 여겼다.

공자의 일생은 어떤 일이 이로움이 있는가 없는가를 묻지 않고, 오직 그것이 의로움에 맞는가를 묻는 것이었다. 의로움에 맞는 행위는 역시 이로움이 있는 것임을 인정할 수 있지만, 유가는 결코 궁극적으로 이로움이 있는가 없는가를 중시하지 않았고, 단지 그것이 의로움에 맞는가 맞지 않는가를 주의했다.

맹자는 의로움을 숭상하고 이로움을 반대함이 공자에 비하여 더욱 심했다. 맹자는 모든 행동이 반드시 의로움으로 기준을 삼아야만 하고, 반드시 그 밖의 것은 결코 고려할 필요가 없다고 했다.

묵자의 태도는 유가와 바로 대립된다. 그는 이로움을 지극히 중시했고, 의로움도 중시했다. 그는 의로움과 이로움이 서로 반대되는 것이 아니며 통일적인 것이라고 보았다. 이로움은 곧 의로움이다. 우리는 어떻게 하나의 행위가 의로운지, 의롭지 않은지를 분별할 수 있는가? 묵자는 오직 하나의 근거는 이 행위의 이로움과 이롭지 않음에 있다고 했다. 이로움이 있으면 곧 해야만 하는 것이며, 이로움이 없으면 하지 말아야 하는 것이다. 행위의 이로움과 이롭지 않음을 제외하고는 결코 다른 표준으로 행위의 의로움과 의롭지 않음을 판별할 수 없다.

묵자에서 말하는 이로움은 "사람들의 큰 이로움(人民之大利)", "사람들의 이로움(民之利)", "천하의 이로움(天下之利)", "나라 사람들의 이로움(國家百姓之利)"을 말하는 것이다. 묵자가 말하는 이로움은 전체적인 이로움을 의미한 것이며, 개인적인 이로움이 아닌 최대 다수의 이로움이다. 유가에서 말하는 이로움은 늘 개인적인 이로움을 의미하여, 언제나 개인과 이로움을 나눌 수 없다고 했다. 그러므로 유가와 묵가의 경우 비록 한쪽이 이로움을 반대하고, 다른 한쪽은 이로움을 중시했지만, 그들이 말하는 이로움은 실제로 절대로 한 가지를 말하는 것이 아니다. 단지 유가와 묵가의 근본적인 태도는 다르며, 유가는 본래 개인의 사적인 이로움을 멸시했고 또한 사람들의 큰 이로움도 주장하여 논의하지 않았다.

둘째, 명도 중국철학의 매우 중요한 문제이다. 아마도 다른 어떠한 주제보다도 명에 대한 논의가 일반 대중에게는 더 의미 있는 관심 문제라고 볼 수 있다.

공자가 명이 있음을 주장한 이래 후대의 유학자들은 모두 명이 있음을 주장했다. 도가는 유가의 명에 관한 논의를 받아들여 아주 극단적으로 치달았다. 묵자는 명에 반대해서 비명(非命)을 제창했다.

공자는 50세가 되는 해에 생활의 경험 속에서 비로소 그가 말하는 명을 체험한 뒤에 말했다.

나는 15세에 배움에 뜻을 두었고, 30세에 학문의 기초가 섰고, 40세에 미혹되지 않았고, 50세에 이르러 천명을 알았다.
▶吾十有五而志於學 三十而立 四十而不惑 五十而知天命(論語 爲政 4)

공자는 명을 매우 중시했으므로 또 말했다.
▶不知命 無以爲君子也(논어 요왈 3)

　공자가 말한 명은 무슨 의미인가? 대체로 명은 사람의 힘으로 어찌할 수 없는 것을 의미한다고 할 수 있다. 우리가 어떤 일을 할 때 그것의 성공과 실패는 곧 그것의 최후 결과가 어떠한가라는 문제인데, 이는 개인의 힘으로 결정될 수 있는 것이 결코 아니다. 명은 소극적인 면에서는 사람의 행위에 대한 자연의 제한이다. 사람의 일을 극진히 발휘해도 오히려 성공할 수 없는 것은 곧 명이 그렇게 하는 것이다. 그러나 명은 또한 적극적인 측면이 있는데, 하나의 일이 성공하는 것은 곧 명이므로, 명은 일종의 힘을 격려할 수 있는 무엇이다. 종합하여 말하면, 명이란 사람의 행위에 대한 환경의 제한이라고 말할 수 있다.
　공자 이후로 맹자도 명을 주장했다. 맹자는 이렇게 말했다.

무엇을 노력함이 없는데도 그렇게 되는 것은 천이다. 무엇을 이르게 하지 않았는데도 이르는 것은 명이다.
▶莫之爲而爲者 天也 莫之致而致者 命也

　일찍이 무엇을 이르게 하지 않았는데도 결과가 궁극적으로 이와 같이 이르는 것은 바로 명이다. 명은 사람의 일 밖에 있는 것이며, 사람의 힘으로 이르게 할 수 있는 것이 아니다.
　도가가 명을 주장한 것은 유가에 비하여 더욱 철저하다. 유가는 비록 명을 주장했지만, 여전히 사람의 일을 폐지하지 않아서 실제로는 사람의 일을 극진히 다하는 것을 기본으로 삼았다. 도가는 사람의 일을 말하지 않고 오로지 천명만을 언급했다. 도가가 말하는 명도 사람의 힘으로 미칠 수 없고, 사람의 힘으로 어찌할 수 없는 것이라는 의미이다.

무엇을 이루게 하는 것을 탐구해도 알아낼 수 없으면, 그것은 "명일 것이다(命也夫)"라고 말하지 않을 수 없다. 명은 특별한 원인이 없다고 말할 수 있다. 장자는 말했다.

> 어쩔 수 없는 것을 알아서 명과 같은 것에 편안히 머무는 것을 덕의 지극함이라고 한다.
> ▶知其不可奈何而安之若命 德之至也

어쩔 수 없는 때에 이르면 오직 마땅히 명에 편안히 머물러야 한다. 명을 알면 성공과 실패 및 재앙과 복을 고려하지 않아도 되고, 마음이 안정되고 태연해질 수 있으며, 얻고 잃음의 생각이 마음속에 들고나지 않는 데에 이를 수 있다고 했다.

묵자는 명에 반대하여 명을 믿는 것은 반드시 일을 폐지하는 데에 이른다고 했다. 사람은 본래 나태한 성품이 있고, 먹는 것을 좋아하며, 일을 게을리하고, 기꺼이 힘든 노력을 하지 않으니, 명을 믿으면 결코 근면하게 일하지 않는다. 명은 게으른 자의 자기변명을 위한 일종의 설명방법에 불과하나, 사실은 사람을 해치는 것이므로 반대하지 않을 수 없다. 그래서 묵자는 非命을 주장하고, 사람의 노력을 중시했다.

나라가 안정되고, 위태로우며, 다스려지고, 혼란한 것과 사람이 현명하고 못난 것은 모두 사람의 노력과 관계가 있는 것이지, 결코 명으로부터 비롯되는 것이 아니다. 노력하여 일에 종사하면 좋은 결과를 얻고, 노력하지 않고 일에 종사하지 않으면 좋지 않은 결과를 얻는다. 그러므로 이른바 명이란 결코 없다.

이 중에서 인성론에 관하여 가장 중시한 것은 중국철학의 특징 중의 하나인 천인관계다. 우주 속에서 사람의 위치에 관한 중국 철학가들의 논의 중에서 비교적 간략하지만 특수한 관계, 즉 "知行合一"이라는 것이 있는데, 이것은 중국 인생론에서 하나의 근본관점이다. 중국 인생론을 정립하는 단계는 우주론으로부터 천인관계를 논의하고, 나아가 인성론에 미치고, 다시 그 인성론으로부터 인생의 최고 규범을 논의하며, 인생의 최고 규범을 확립한 뒤에 곧 그 원리를 미루어 부연해서 인생의 여러 문제를 논의하는 것이 일반적이다.

이상에서 인생론의 네 영역의 구체적인 기본개념과 이론들을 열거하여 보면 다음과 같다.

첫째, 천인관계론 속에는 우주에서 인간의 위치와 천인합일론이 있으며, 둘째, 인성론에는 성선론과 성악론이 있으며, 성무선악론(性無善惡論)과 성초선악론(性超善惡論), 성유선악론(性有善惡論)과 성삼품론(性三品論), 성이원론(性二元論)과 성일원론(性一元論), 마음에 관한 학설이 있다. 셋째, 인생이상론에는 인(仁), 겸애(兼愛), 무위(無爲), 유위(有爲), 성(性) 및 자연과의 합일, 이치와 합일 등이 있다. 넷째, 인생문제론에는 의(義)로움과 이로움, 명과 비명, 사회적 실천과 개인적 실천, 자연과 인위, 덜어냄과 보탬, 정과 무정, 욕망과 이치 등이 있다.

3. 인식론과 방법론

동양철학이란 개념이 매우 포괄적이어서 그 가운데는 사상체계를 달리하는 여러 사상들이 내포되어 있고, 그 사상적 취지에 따라 그 방법도 일정하지 않다.

1) 인식론

먼저 인식론의 문제는 대체로 셋으로 나누어 볼 수 있다. 그것은 곧 지식의 성질과 기원, 지식의 가능성과 한계, 참된 지식의 표준과 오류의 문제이다.

첫째, 지식의 성질과 기원에 관한 문제이다. 이는 그 근본쟁점이 인식주관(內)과 외부세계(外)에 있다. 인식론에서 인식주관으로서 안과 외부세계로서 밖 중에서 어느 것이 근본인가? 지식은 인식주관에서 생기는 것인가, 아니면 외부세계에서 근원하는가? 이 문제에 관해서 여러 철학가들의 학설은 대체로 셋으로 나누어 볼 수 있다.

① '외부세계를 주로 삼는 학설(主外說)'은 외부세계의 독립성을 인정하고, 지식이란 감각기관이 외부세계로부터 유래하여 얻는 인상(印象)에서 발생한다고 여긴다.

② '인식주관과 외부세계를 함께 중시하는 학설(兼重內外說)'은 외부세계의 독립성은 인정하지만, 지식의 기원에 관해서는 인식주관과 외부세계를 함께 중시한다.

③ '인식주관을 주로 삼는 학설(主內說)'은 지식이란 마음속에서 나오는 것이지, 외부세계에 기인하는 것이 아니라고 본다.

둘째, 지식의 가능성과 한계에 관한 문제이다. 이에 대한 중국철학의 학설은 매우 간략하다. 장자는 지식을 의심했고, 또한 도가 중에는 지식이 사물세계에 제한된다고 여긴 경우도 있다. 유가와 묵가는 지식의 가능성을 인정하고, 지식에는 절대적 한계가 없다고 보았다.

셋째, 참된 지식의 표준에 관한 문제이다. 장자는 '참된 사람이 있어야만 비로소 참된 지식이 있다'고 말했으며, 순자는 '지식에 부합하는 바가 있는 것을 지혜라고 한다'고 말했다. 최초로 참된 지식의 표준을 주장한 사람은 묵자이다. 묵자는 참된 지식의 표준으로서, 외부사물과 실제로 부합하는 것을 주장한 것이 아니라, 사람들이 귀와 눈으로 실제로 듣고 본 사실을 근원적으로 탐구하는 것을 주장했다. 또한 그는 한 사람의 실천에 효과가 있음을 주장한 것이 아니고, 나라와 사람들의 이로움에 알맞은가를 관찰하는 것을 주장한 것이다. 즉, 경험의 증거가 있고, 실천할 수 있는 것이 참된 지식이다.

2) 방법론

공자 이후로 중국철학자들이 사용한 학문적 연구방법은 크게 나누어 여섯 가지로 말할 수 있다.

첫째, 실천해서 검증하는 것(險行), 즉 구체적인 실천 또는 실제적인 응용을 근거로 삼는 방법이다.

둘째, 도의 체득, 즉 우주본체로서의 도를 직접적으로 체득하는 것이다. 이 것은 일종의 직관적 방법을 의미하는 것이다.

셋째, 사물의 분석, 즉 외부사물에 대하여 관찰하고 분석하는 것이다.

넷째, 사물의 체인 또는 이치의 탐구, 즉 사물에 대한 고찰로부터 우주본체 의 원리에 대한 직관을 획득하는 것으로서, 직관과 사변을 중시하는 것이다. 이것은 도를 체득하는 것과 사물을 분석하는 것, 두 가지 방법의 종합이라고 말할 수 있다.

다섯째, 마음을 극진히 발휘하는 것(盡心), 즉 마음을 드러내어 말하는 것 을 방법으로 삼는 것으로써 이것도 일종의 직관법이라고 할 수 있다.

여섯째, 대대와 합일 또는 변증이다. 도를 체득하는 것과 마음을 극진히 발 휘하는 것은 모두 직관적인 방법이지만, 하나는 향외적이며 하나는 향내적이 다. 사물을 분석하는 것은 이지적인 방법이다. 사물을 체인하는 것 또는 이치 의 탐구는 직관과 이지를 겸용하는 방법이다. 실천에서 검증하는 것은 실천적 방법이다. 대대와 합일은 서양철학의 변증법과 유사한 점이 있다.

유가적 입장에서 문제를 중심으로 고찰하면, 그 시대와 인물에 따라서 그 학문 방법도 동일하지 않다. 동양학의 대표적인 방법론에 대학(大學)의 격물 치지론이 있다. 주자는 격물을 즉물(卽物), 즉 물에 즉(卽)해서 그 리를 궁구 하는 것(卽物而窮其理也)이라고 하였다. 이것이 치지의 방법이다.

그러면 물에 즉(卽)한다는 것은 무엇인가. 즉(卽) 자의 뜻을 먼저 밝히면 이 는 즉에는 나아감(就也), 좇음(從也), 가까워짐(近也), 이르름(至也), 머무름(舍 也) 등의 여러 가지 뜻이 있다. 이러한 "즉(卽)"자의 뜻을 미루어 생각한다면, 물에 즉해서 리를 추구하는 방법이란 곧 탐구하고자 하는 대상과 되도록 접 근하여 그 리를 탐구하는 방법이라고 규정할 수 있다. 즉, 사물을 직접 관찰 탐구하여서 사물의 이치와 원리 또는 법칙을 찾아내는 연구방법을 의미한다 고 볼 수 있다.

그런데 즉물(卽物)에서 물의 개념은 오늘날 물질의 물의 개념에 그치는 것 이 아니고, 물의 개념에는 관념적인 존재도 포함되어 있다. 주자뿐만 아니라 고인들이 대체로 "물(物)은 사(事)야"라 하였으니, 인간의 사위(事爲)와 관련되는 일체 존재를 물(物)이라고 보았다. 그러므로 물(物)에 즉해서 궁리하는 방법이란 사위(事爲), 즉 생활을 통하여 지(知)를 추구하는 방법이라고 규정해 볼 수 있다. 생활에 즉해서 지를 추구하는 태도 그것이 유가적 학문에 있어서 일관된 태도이다.

James Legge는 대학을 영어로 번역하였는데, 대학 팔조목의 하나인 격물(格物)을 통찰(Investigation)이라고 번역하였다. 즉, 격물은 사물에 나아가 이를 관찰하는 것을 말한다. 치지는 Complete Knowledge라고 하였다. 결국 격물치지란 사물을 관찰하여 지식을 획득하는 연구 행위를 의미한다.

현대과학이 사물을 조사하고 관찰해서 얻는 지식과 다를 바가 없다고 본다. 현대과학이 체계적으로 관찰한다는 관점에서 체계성을 연구방법의 특성으로 하지만, 격물치지에는 물론 체계적으로 관찰한다는 표현되어 있지 않지만, 격물치지에도 체계적인 관찰이 포함되었으리라고 본다. 체계적으로 관찰한다는 체계성은 학문성을 의미하고, 학문이란 '학이취지(學而聚之) 문이변지(問而辨之), 곧 배워서 모으고 물어서 구별한다'에서 나온 말이란 관점에서 보면, 학문에 체계성이 포함되어 있다고 본다.

이완재 교수는 『동양철학을 하는 방법』에서, 사물에 즉한 지식의 추구방법의 특성을 다음과 같이 나타내고 있다.

첫째, 침잠(沈潛)을 강조한다. 침잠이란 탐구하는 주체가 대상 속에 푹 잠겨야 한다는 것이다. 이것이 곧 주·객 이원화가 아니라, 주·객 일원화의 경지이다.

둘째, 완색(玩索)이 강조된다. 완색(玩索)의 완자(玩字)는 즐긴다는 뜻이다. 그러므로 완색이란 즐기면서 탐색한다는 뜻이다. 원만한 생명적 교감이란 일방적으로 성립하기 어렵다. 주·객 간의 자연스러운 교섭과 동화 속에서 비로소 가능하다. 완색은 이지 일변도가 아니라 정리, 즉 정서와 이지가 혼연히 융합된 전인적인 생명주체로서의 탐구태도이다.

셋째, 체득이 강조된다. 체득은 단순한 지적 이해나 인지와는 다르다. 몸으로 느끼고 몸에 배이게 대상을 경험하는 것으로써 진지(眞知)를 얻어야 한다. 동양에서는 진리 추구에 있어서 체득(體得)·체찰(體察)·체인(體認)·체험

(體驗) 등의 용어를 즐겨 쓴다. 이 體得의 공부는 앞서 열거한 침잠·완색 등을 통해서 가능한 것이라고 할 수 있다.

넷째, 적공(積功)이 강조된다. 대상과의 자연스런 조화를 통하여 대상의 본질을 체득하기 위해서는 오랜 학습 노력이 필요하다는 것이다. 중용(中庸)의 성지(誠之)는 바로 이 적공의 원리라고 할 수 있다. "정성스러우면 엉기고, 엉기면 드러나게 되고, 드러나면 분명해지고, 분명해지면 움직이고, 움직이면 변하고, 변하면 화하게 된다(誠則形 形則著 著則明 明則動 動則變 變則化)"고 하였다. 즉, 지성스럽게 노력해서 대상과 더불어 화해지는 지경까지 가야 한다. 자연스럽게 변화할 때 생명의 창달을 보기 때문이다. 그래서 중국철학에서는 깨달음을 강조하고, 논증은 중요시하지 않는다. 즉, 형식상의 세밀한 논증은 중요하게 여기지 않고, 또한 형식상의 이론체계도 없다. 중국철학가들은 경험상의 철저한 이해와 실천의 일치를 곧 진리의 증명이라고 여겼다. 생활경험을 해석할 수 있고 또한 실천에서 사람이 응용할 수 있으면 곧 충분한 것이다. 반드시 문자상으로 세밀하게 추구할 필요가 없는 것이다.

활연관통(豁然貫通)

중국철학은 생활상의 실증 또는 마음속의 신비한 깨달음을 중요하게 여기고 논리적인 논증을 중요하게 여기지 않았다고 말할 수 있다. 체험이 오래 쌓여 갑자기 깨닫게 되어, 이전의 많은 의문이 환하게 밝혀져서 일상의 경험이 곧 활연관통(豁然貫通: 마음이 밝게 탁 트여 도를 환하게 깨달음)에 이르게 되는데, 이와 같은 것이 바로 깨달음을 얻는 것이다.

중국철학가들의 관습은 이 깨달아 얻은 바를 묘사하는 것인데, 자세히 그것을 증명하지는 않는다. 그러므로 중국철학가들의 문장은 늘 단편적이다. 다만 그들은 체계적인 장편의 논설이 단편의 모음집에 비하여 귀하다고 여기지 않았을 뿐이다. 즉, 중국철학가들은 결코 세밀한 논증이 필요하다고 여기지 않았다. 도리어 그것을 군더더기로 여겼다.

동양학 방법론의 또 다른 내용을 분류해 보면 육사이화와 시사규례라는 방법이 있다.

육사이화(六司理化)란 학문적으로 많은 연구를 통해서 높은 도의 경지에 이르러, 도를 통해서 우주삼라만상의 이치를 꿰뚫어 버리는 것이다. 즉, 선현들이 연구해 놓은 학문을 배우고 연구하여서 우주삼라만상의 이치를 깨닫는 것을 의미한다. 이에 해당되는 대표적인 학자로서 공자, 주자, 소강절, 우리나라의 퇴계, 율곡, 이토정 같은 분이 있다. 앞에서 서술한 격물치지론이 여기에 해당하는 방법론이라고 본다.

시사규례란 학문적으로 출발해서 깨달음에 이르는 방법이 아니고, 어떠한 정신적 또는 정신 또는 기(명) 수련을 통해서 높은 깨달음의 경지에 이르러 만물의 이치를 인지하게 되는 방법론이다. 동양의 학문은 추상적인 논리의 조작에서 끝나지 않고, 주체적인 체현(體現)에까지 가야 한다고 하였다. 다시 말해서 우주 운행의 진리를 체현하기 위해서는 이론적인 지식만이 아니라, 실천적인 수련이 뒷받침되어야 한다. 이것 없이는 아무리 대단한 체계를 이루는 지식도 한갓 관념에 불과하다. 불교의 경우 그 대단한 이론체계의 교종을 가지면서도, 한편으로는 문자를 거부하고 선으로써 그 진리를 체증(體證)하려는 까닭이 바로 이러한 데 있다. 대표적인 사람으로서 예수, 석가, 고승들이 이에 속한다고 볼 수 있다.

그런데 재미있는 것은, 동양학의 내용도 모르는 사람이 단순히 수행을 통해서 높은 도의 경지에 올라 사물에 대해 깨달은 이치와, 학문적으로 학습을 통해서 깨달은 이치가 일치한다는 것이다. 결국 방법은 다르지만 그 나타난 결과는 동일하다는 데 동양학의 학문적 의미가 매우 대단하다고 느낀다. 이런 점에서 볼 때 동양학은 이미 완성된 궁극적 학문이라고 해도 과언이 아니다.

이상에서 살펴보았듯이 동양학의 인식론과 방법론에서 서양학의 방법론과 비교해서 가장 특징적인 것은 깨달음을 통해 사물을 인식하는 방법론이다. 즉, 정신적 수행을 통해서 높은 도의 단계에 이르러서 사물을 주관적이고 직관적으로 인식한다는 점이다. 이러한 인식론이 현대 서양과학적 연구방법론과 전혀 다른 방법이다.

4. 학문적 영역과 주역

지금까지 동양학의 삼대 영역을 개괄적으로 살펴보았으며, 이 가운데 우주론과 인생론, 인식론과 방법론 그리고 동양과학론의 관계를 살펴보고자 한다.

장대년 교수의 동양학의 학문적 영역의 내용을 살펴보면, 거의 주역을 주제와 문제 중심으로 재구성해 놓은 것이다.

우주론 중에 본체론의 내용은 주역의 이치를 그대로 재구성해 놓은 것에 지나지 않는다. 본체론의 태극과 음양오행 그리고 기와 리, 도의 개념은 주역의 내용을 그대로 나타낸 것이다. 우주 변화과정론의 반복, 대대, 합일론의 내용은 주역의 음양론의 변화관을 나타낸 것이다.

주역은 천도(天道)를 미루어 인사(人事)를 밝힌 학문이다

인생론도 주역의 이치, 즉 우주변화의 이치에 근거해서 인간에 적용해서 나타낸 것이라고 볼 수 있다. 주역의 이치, 즉 천도에 근거해서 인간의 도리적 측면을 나타낸 의리역이라고 볼 수 있다. 이를 다른 말로 하면 천도를 미루어 인사를 밝힌 내용이다. 여기서 인사란 인간의 윤리적 도리와 규범적인 내용이다.

인생론에서 '중국 철학가들의 문장과 논의는 언제나 제일 먼저 우주를 이야기하고 그다음 인생을 이야기한다. 즉 인생의 본체가 곧 우주의 본체이며, 우주의 본체가 곧 도덕의 본체이다'라는 표현은, 먼저 역의 이치를 말하고, 그에 입각하여 인간의 도리를 이야기한다는 의미이며, 이는 의리역적 내용의 표현이라고 볼 수 있다.

주역의 이치란 우주의 이치이고, 이는 곧 인간의 윤리도덕의 준거기준이 된다는 의미이다. 이런 점에서 윤리도덕적 내용이지만 과학적 특성을 갖고 있다. 여기에서 동양학의 윤리도덕적 내용의 과학적 특성이라는 의미는 단순히 개인의 주관적 생각을 나타낸 것이 아니고, 우주론적 보편적 기준이 되는 우주의 이치에 근거하고 있다는 의미이다.

주역은 모든 학문의 표준이기 때문에 인사나 물리를 막론하고 모두 이것을 법칙으로 삼는다. '천지의 표준'이라는 것은 우주 최고의 표준이요, 최고의 논리이다. 뿐만 아니라 역경은 관념적인 유희가 아니라는 것이다. 이것은 과학적인 절차를 거쳐 확립된 것이다. 즉, '위로는 천문을 관찰하고, 아래로는 지리를 살펴' 연구를 거듭한 결과이다.

이런 점에서 동양학은 서양철학과 다르게 논리 전개의 종지(宗旨)가 뚜렷하다. 종지가 뚜렷하다는 것은 사상, 철학, 윤리, 도덕이 개인의 주관적 사고가 아니고, 인간의 궁극적 가치의 기준이 되는 우주의 이치에 근거하고 있다는 의미이다. 우주의 이치는 다른 말로 하면 기독교의 하느님, 불교의 부처님과 같은 궁극적인 영원한 기준이 된다.

대만 총통의 국사였던 남회근(1918~)은 『주역강의』에서, 주역의 입장에서 성경의 하느님을 비유해서 설명해 놓았다. 성경에서는 하나님이 자신의 모습을 본떠 만물을 창조했다고 했는데, 여기서 말하는 하나님, 또는 천(天)은 천지의 천이 아니라 형이상적 법칙이다. 만물의 다양한 모습은 형이하적 현상이다. 이 구체적 현상은 형이상적인, 알 수도 없고, 설명할 수도 없는 어떤 것으로부터 변화되어 나와 그 고유한 형태를 갖추게 된 것이다. 형이상적 법칙이란 자연의 법칙이고, 이것이 하느님이다. 따라서 하느님은 자연법칙일 뿐이다.

동양학은 천도를 미루어 인사를 밝힌 학문이라고 말한다. 천도란, 우주의 이치, 자연의 이치, 자연의 섭리, 우주의 섭리라고 볼 수 있으며, 이에 근거해서 인사를 밝혔다는 것이다. 여기서 인사에 해당하는 구체적인 내용에는 인간의 도리와 철학 사상적 내용과 길흉화복에 대한 피흉추길과 같은 과학기술적 내용이 있다.

이것은 결국 동양의 삼대 유파인 유가, 도가, 묵가 그리고 제자백가뿐만 아니라 과학기술적 상수역의 내용까지 모두 주역에서 비롯되었다는, 많은 주역 대가들의 말씀이 이곳에서 실제로 입증이 되는 것이다.

그런데 주역의 양대 학파인 상수역적 내용은 거의 언급이 없는 것이 이해가 되지 않는다. 즉, 우주론적 이치인 주역의 이치에 의해서 인간의 규범적 측면인 의리역적 내용인 인생론은 있는데, 인간의 건강과 길흉회린 또는 화복 그리고 천문 기상과 관련된 상수역적 내용은 전혀 없다. 즉, 상수역인 명리학,

점술, 의학, 산학, 풍수 그리고 천문기상 등과 같은 내용을 우주론과 연관하여 나타낸 설명은 전혀 찾아볼 수 없다.

다시 말해, 인생론에서 인간의 도리를 나타내는 의리적 내용은 있는 데 비해서, 인간 생활의 건강과 길흉을 나타내는 과학기술적 상수역적 내용은 전혀 없다. 인생론 또는 인사에는 도리적 내용도 중요하지만, 건강과 길흉화복에 대한 내용이 더 중요하다. 시대적으로 볼 때 현대 사회에서는 도리적 내용보다는 건강과 길흉화복과 같은 과학기술적 내용이 더 중요한데도 말이다.

동양학 중에서도 과학기술적 학문인 상수역에 관련된 내용은 전혀 언급하지 않은 것은, 장대년 교수도 우리나라의 제도권 동양학자들과 같이 동양학의 과학기술인 역학과 역술을 금기시하지 않았나 생각된다. 그래서 성리학적 의리적 내용만 서술한 것으로 생각된다.

그러나 동양학의 연구범위를 더 완전하게 하려면 상수역이 언급되어야 한다. 지금과 같이 상수역을 배제하고 의리역적 인생론만을 언급한 것은 절반의 동양학이라고 할 수 있다. 그리고 시대에 뒤떨어진 동양철학 연구라고 볼 수 있다. 이런 현상은 동아시아 국가인 한·중·일 세 나라의 제도권 동양학자들의 공통된 현상이 아닌가 생각한다. 따라서 장대년 교수의 『동양철학대강』의 3대 주제인 우주론, 인생론 그리고 인식론과 방법론에 상수역인 과학론을 인생론에 추가하여야 동양학으로서 완전한 체계를 갖추게 되는 것이라고 생각된다. 즉, 우주론, 인생론의 도리론과 길흉화복론, 그리고 인식론과 방법론으로 구성되어야 동양학으로서 완전한 체계를 갖추는 것이라고 본다.

저자의 동양학에 대한 연구 발표논문과 저서

1. 논문

(1996). 「동양의학적 인간모형」.『한국행정학회 하계학술대회 발표논문집』. 43~61.

(1997). 「음양오행론의 행정학에서의 함의.『사회과학연구(충북대사회과학연구소)』. 14(1): 135~153.

(1997). 「오행인의 인간관계론」.『한국행정학회 동계학술대회 발표논문집』. 433~452.

(1998). 「동양과학의 근대화」.『한국정신과학회 추계학술대회 발표논문집』. 17~31.

(1998). 「동양과학의 근대화」.『한국정신과학회지』. 2(2): 1~12.

(1998). 「동양과학적 인간모형의 비교고찰」.『충북행정학회지』. 창간호. 75~95.

(1998). 「음양론의 변화관」.『한국행정학회 동계학술대회 발표논문집』. 55~74.

(1999). 「조직론에서 오행인의 의미와 유용성」.『한국정신과학학회지』. 3(1): 66~74.

(1999). 「의사결정에서 주역점술의 의미와 유용성」.『한국행정학회 동계학술대회 발표논문집』. 905~922.

(2000). 「주역점의 원리와 과학성」.『한국정신과학회 춘계학술대회 발표논문집』. 75~88.

(2000). 「주역점의 원리와 과학성의 평가」.『한국정신과학학회지』. 4(1): 1~16.

(2001). 「동양과학의 학문적 체계」.『한국정신과학학회지』. 5(2): 1~22.

(2001). 「동양학(역학·역술)의 과학성 고찰」.『사회과학연구(충북대사회과학연구소)』. 18(2): 55~78.

(2002). 「동양과학의 학문적 인식체계모형 고찰」.『한국정신과학회지』. 6(1): 55~69.

(2002). 「동양학의 학문적 체계와 과학성」.『충북행정학회보』. 5: 89~126.

(2003). 「동양행정론」.『한국행정학회 동계학술대회 발표논문집』. 738~774.

(2003). 「인간행태에 대한 동양의학적 고찰」.『충북행정학보』. 89~102.

(2004). 「주역 음양론의 변화발전론」.『한국정신과학회 춘계학술대회 논문집』. 107-135.

(2004). 「동양과학론」.『한국정신과학학회지』. 8(1): 1~26.

(2004). 「현대행정에서의 음양론적 변화관」.『정부학 연구(고려대학교 정부학연구소)』. 10(2): 326~356.

(2005). 「동양사회과학론」.『충북대 사회과학논문집』. 22(1): 1~52.

(2005). 「우리 문화 속의 음양론적 변화관」.『한국정신과학회지』. 9(1): 31~52.

(2005). 「현대 사회에서 동양학의 의미와 필요성」.『한국행정학회 동계학술대회

발표논문집』. (10): 25~46.

(2007). 「동양은 동양이요 서양은 서양이다」. 『한국정신과학회 추계학술대회 발표논문집』. 117~134.

(2007). 「주역에서 본 동서양문화의 비교연구」. 『한국행정학회 동계학술대회 발표논문집(9)』. 889~908.

(2008). 「주역에서 본 동서양문화의 비교연구」. 『한국정신과학학회지』. 12(1): 9~30.

(2008). 「주역의 음양론적 삶의 의미와 과학성」. 『충북행정학보』 제11집. 19~46.

(2009). 「주역의 음양론적 삶의 의미와 과학성」. 『한국정신과학회 춘계학술 대회논집』. 155~182.

(2009). 「주역에서 본 동서양문화의 비교 고찰(동서양 학문의 비교고찰을 중심으로)」. 『한국정신과학학회지』. 3(1): 23~38.

(2009). 「주역의 음양론적 삶의 의미와 과학성」. 『한국행정학회 동계학술대회 발표논문집』. 제6분과. 1~30.

(2009). 「유교문화적 관광자원개발」. 『충북행정학보』 제12집. 1~11.

(2010). 「동양학과 서양과학의 비교고찰」. 『충북대 사회과학연구』. 제27집 2호. 37~58.

(2010). 「동양문화적 관광자원 개발」. 『한국행정학회 추계학술대회 발표논문집』. 제9분과 7. 13~20.

(2010). 「의사결정에 있어서 주역점술의 의미와 유용성」. 『충북행정학보』 제13집, 1~20.

(2011). 「주역의 기와 음양오행론과 System Theory」. 『한국정신과학회 춘계학술대회 논문집』. 43~61.

(2011). 「주역의 기와 음양오행론과 System Theory」. 『한국 시스템다이나믹스학회. 5월 월례세미나.

(2011). 「동양학적 위기관리론」. 『국가 위기관리학회 춘계학술대회 발표논문집』. (1), 74~79.

(2011). 「주역의 기와 음양오행론과 System Theory」. 『한국행정학회 동계학술대회』. 1회의 4분과.

(2011). 「궁극적 깨달음으로서 학문 주역」. 『한국정신과학학회 추계학술대회 논문집』. 33~51.

(2011). 「궁극적 깨달음으로서 학문 주역」. 『한국정신과학학회지』. 15(2).

(2011). 「주역의 기와 음양오행론과 System Theory」. 『충북지방자치학회지』.

2. 저서

(2006). 『하버드·예일보다 미아리철학관이 더 위대하다』. 서울: 한솜미디어.

(2010). 『동양과학개론』. 청주: 충북대 출판부.

(2012). 『주역학 개론』

(2012). 『주역과 우리의 역사 문화와 서구 그리고 21세기』

색인

권일찬

1947년 충북 보은 출생
1968년 청주교육대학교 졸업
1978년 단국대학교 행정학과 졸업
1980년 고려대학교 대학원 행정학 석사
1988년 동 대학원 행정학 박사
1991~1992년 미국 Duke대학 Visiting Scholar
(사)한국행정학회 이사 역임
(사)동방문화진흥회 이사 역임
(사)한국정신과학회 이사(전통사상 분과 위원장)
1982년~현재 충북대학교 행정학과 교수

『하바드·예일보다 미아리철학관이 더 위대하다』(2006)
『동양과학개론』(2010)

1993년부터 현재까지
1. 주역강의 수강: 대산 김석진 선생, 이산 장태상 선생, 고 김충렬 고려대 명예교수, 월간역학 (w.abg.co.kr)의 전용원 박사, 아트앤스터디(w.artnstudy.com)의 황태연 교수와 이기동 교수, 상생방송(w.stb.co.kr)의 양재학 박사, 전통문화연구회(w.juntong.or.kr)의 전호근 박사의 주역 강의 수강. 대산 김석진 선생의 대학, 중용, 논어 등 강의 청취
2. 역학·역술 수강: 수지침, 오행생식, 씨앗요법, 사주명리학, 풍수지리, 하락이수, 매화역수, 구성학, 육효점, 천문유초, 기수련, 기공수련, 오운육기학, 위빠사나 명상, 수맥탐사, 이침요법, 봉침요법, 생체자기 경락요법, 우주 초염력, 쑥뜸요법, 주역점학, 상생방송(w.stb.co.kr)의 윤창렬 교수의 고 한동석 선생의 『우주변화의 원리』

2003년부터 현재까지
일반대학원과 행정대학원에서 동양행정론(Eastern Public Administration), 동양과학론(Eastern Science), 동양학적 의사결정론[I Ching(周易) Approach to Decision Making], 동양학적 변화발전론 [I Ching(周易) Approach to Change and Development], 동양학적 인간론 등을 강의하고 있음.

동양학 원론

바르고 따뜻한 교육학문, 동양학

초판인쇄 | 2012년 7월 12일
초판발행 | 2012년 7월 12일

지 은 이 | 권일찬
펴 낸 이 | 채종준
펴 낸 곳 | 한국학술정보㈜
주　　소 | 경기도 파주시 문발동 파주출판문화정보산업단지 513-5
전　　화 | 031) 908-3181(대표)
팩　　스 | 031) 908-3189
홈페이지 | http://ebook.kstudy.com
E-mail | 출판사업부　publish@kstudy.com
등　　록 | 제일산-115호(2000. 6. 19)

ISBN　　978-89-268-3432-9 93150 (Paper Book)
　　　　　978-89-268-3433-6 98150 (e-Book)

내일을여는지식 은 시대와 시대의 지식을 이어 갑니다.